Gudrun Wedel · Lehren zwischen Arbeit und Beruf

L'HOMME *Schriften*
Reihe zur Feministischen Geschichtswissenschaft

Band 4

HERAUSGEBERINNEN: Erna Appelt, Innsbruck/Wien; Susanna Burghartz, Basel; Ute Gerhard, Frankfurt a. M.; Hanna Hacker, Wien; Christa Hämmerle, Wien; Karin Hausen, Berlin; Waltraud Heindl, Wien; Brigitte Mazohl-Wallnig, Innsbruck/Salzburg; Herta Nagl-Docekal, Wien; Edith Saurer, Wien; Regina Schulte, Bochum/Florenz; Claudia Ulbrich, Berlin.

Im Jahr 1990 wurde L'Homme. *Zeitschrift für Feministische Geschichtswissenschaft* gegründet. Es ist ihr Programm, neue Forschungsthemen und aktuelle Fragestellungen zu präsentieren und zu diskutieren, Sprachgrenzen und Wissenschaftskulturgrenzen durch eine starke Berücksichtigung internationaler Beiträge und Diskussionen zu überwinden. Die L'Homme *Schriften*, Reihe zur feministischen Geschichtswissenschaft, greifen diese Interessensfelder in umfangreichen Themenzusammenhängen auf.

Gudrun Wedel

LEHREN ZWISCHEN ARBEIT UND BERUF

Einblicke in das Leben
von Autobiographinnen aus
dem 19. Jahrhundert

BÖHLAU VERLAG WIEN · KÖLN · WEIMAR

Gedruckt mit Unterstützung durch
das Bundesministerium für Wissenschaft und Verkehr, Wien,
das Bundesministerium für Unterricht und kulturelle Angelegenheiten, Wien,
und die Alexandra-Stiftung, Wellesweiler

Die Deutsche Bibliothek – CIP-Einheitsaufnahme

Ein Titeldatensatz für diese Publikation ist bei
Der Deutschen Bibliothek erhältlich

ISBN 3-205-99041-2

Das Werk ist urheberrechtlich geschützt. Die dadurch begründeten Rechte,
insbesondere die der Übersetzung, des Nachdruckes, der Entnahme von
Abbildungen, der Funksendung, der Wiedergabe auf photomechanischem
oder ähnlichem Wege, der Wiedergabe im Internet
und der Speicherung in Datenverarbeitungsanlagen, bleiben,
auch bei nur auszugsweiser Verwertung, vorbehalten.

© 2000 by Böhlau Verlag Ges. m. b. H und Co. KG.,
Wien · Köln · Weimar
http//www.boehlau.at

Gedruckt auf umweltfreundlichem, chlor- und säurefreiem Papier.

Druck: Novographic, Wien

Inhalt

Vorwort V

1. Einleitung 1
   Autobiographien als Quellen 10
   Methoden 23

2. Die Autobiographinnen und das zeitgenössische Bildungssystem 33
   1 Schule und Lehrerinnentätigkeit 33
   2 Das Sozialprofil der Autobiographinnen 46
   3 Bildungswege und Arbeitsleben 59

3. Zeiten 73
   1. Biographische Zeit 75
      1 Der Weg in die erste Stelle 78
         Die erste Generation 79
         Die zweite Generation 87
         Die dritte Generation 100
      2 Phasen von Lehrtätigkeit im Lebensverlauf ... 110
         Positionen, Dauer, Arbeitsbereiche 110
         Zwischenphasen ohne Lehrtätigkeit 119
      3 Das Ende von Lehrtätigkeit 127
   2. Arbeitszeiten 137
   3. Zeit und Geld 149

4.	Orte	167
	1. Geographische Orte	168
	2. Arbeitsplätze	179
	1 Privathaushalte	181
	Lehrerin zu Hause	183
	Lehrerin im fremden Haushalt	189
	2 Internatsschulen	203
	Pensionate als private Unternehmen	203
	Diakonissenanstalten	219
	Das Königlich Preußische Lehrerinnenseminar in Droyßig	228
	Vereine	230
	3 Schulen	233
	Volksschulen	233
	Höhere Mädchenschulen	243
	Berufsbildende und weiterbildende Schulen	254
	4 Kurse	258
5.	Ausblick	267
	Anhang	271
	Kurzbiographien	271
	Literaturverzeichnis	290
	Autobiographien und andere Selbstzeugnisse	290
	Allgemeine Literatur	295
	Register	319
	Personen	319
	Orte	325
	Sachbegriffe	328

Vorwort

Während meiner jahrzehntelangen Beschäftigung mit den Autobiographien von Frauen hat die Faszination nie nachgelassen, und ein Ende der Auseinandersetzung mit diesen Quellen ist nicht abzusehen. So sind auf dem hindernisreichen und verschlungenen Weg zwischen Forschung und Erwerbstätigkeit mehrere Schriften zum Themenkreis Autobiographik entstanden. Dazu gehört meine Dissertation, die 1997 vom Fachbereich Geschichtswissenschaften an der Freien Universität Berlin angenommen wurde. Als umfangreicheres Vorhaben bereite ich im Rahmen eines DFG-Projekts eine etwa 1 000 Autobiographinnen umfassende Dokumentation zur Publikation vor. Die vorliegende Studie ist auf der Basis dieser Quellen und aus Teilen der Dissertation hervorgegangen, sie setzt allerdings den Schwerpunkt auf Formen von Arbeit, speziell unter den Aspekten ihrer zeitlichen Strukturen und den Einflüssen des Ortes.

Im Lauf der Jahre habe ich von vielen Anregung und Ermutigung erhalten. Nicht allen kann ich dafür namentlich danken. Doch ich möchte es nicht unterlassen, diejenigen zu nennen, die in wichtigen Phasen den Fortgang der Arbeit unterstützten: Monika Bösel, Herrad-Ulrike Bussemer-Stöppler, Annette Deeken, Rolf Engelsing, Ruth Federspiel, Sabine Gerasch, Irene Hardach-Pinke, Charlotte Heinritz, Hartmut Kaelble und Markus Werle. Zu danken habe ich zudem den Mitarbeiterinnen und Mitarbeitern der von mir besuchten Bibliotheken, insbesondere denen der Universitätsbibliothek der Freien Universität Berlin. Mein Dank gilt auch den Herausgeberinnen der Reihe "L'Homme Schriften", insbesondere Edith Saurer, für ihr Interesse, sowie dem Böhlau Verlag.

Für die Diskussion der Endfassung danke ich Gabriele Jancke, die eine unermüdliche und kritische Gesprächspartnerin zum Thema Autobiographien ist. Mein besonderer Dank gilt Claudia Ulbrich, die seit der Abschlußphase der Dissertation meinen wissenschaftlichen Weg begleitet hat. Ihre konstruktiven Ratschläge haben entscheidend dazu beigetragen, daß ich diese Arbeit aus der Hand gebe.

Während der ganzen Zeit konnte ich mich auf die Unterstützung meines Lebenspartners Gerhard Wedel verlassen.

Berlin, im März 2000   Gudrun Wedel

1. Einleitung

Im Lauf des 19. Jahrhunderts kam es im Zuge der Industrialisierung zu weitreichenden gesellschaftlichen Arbeitsteilungen und -verlagerungen. In ihrer Folge besetzten Männer nahezu vollständig den marktvermittelten, entlohnten und expandierenden Arbeitsbereich der Wirtschaft und der "öffentlichen Hände". Frauen arbeiteten im allgemeinen weiterhin sowohl im nichtmarktvermittelten Bereich der privaten Haushalte als auch im marktvermittelten Erwerbsbereich. Allerdings zeichnete sich bereits im 18. Jahrhundert eine Differenzierung nach gesellschaftlichen Schichten ab, deren Grenze etwa in der oberen Mittelschicht verlief. Frauen aus Schichten unterhalb dieser Grenze arbeiteten sowohl im Erwerbsbereich wie in ihrem Haushalt. Für Frauen aus Schichten oberhalb dieser Grenze, insbesondere für Frauen aus dem Bürgertum, sah das zunehmend Geltung beanspruchende bürgerliche Frauenideal ausschließlich Arbeit im privaten Haushalt vor. Doch diese Arbeit wurde umdefiniert. Mit der Begründung der naturgemäßen Bestimmung der Frau zur Hausfrau, Gattin und Mutter gelang es, die Hausarbeit aus dem allgemein geltenden Bewertungssystem auszuschließen, so daß eine Entlohnung der Hausarbeit von Frauen aus der pekuniären Sphäre in die ideelle Sphäre der Liebe verlagert werden konnte.

Mit dieser Umwertung verbunden war eine zunehmende Ideologisierung der Position, die die Frauen aus dem Bürgertum in der Familie einnehmen sollten. Das neue bürgerliche Frauenideal von der liebenden Gattin, Hausfrau und Mutter weitete vor allem seit der Mitte des 19. Jahrhunderts seinen Geltungsbereich aus. Es beherrschte den öffentlichen Diskurs, wenn Bürger über Frauen aus dem Bürgertum sprachen, und auch Frauen selbst bezogen sich immer wieder darauf, wenn sie die Bestimmung ihrer eigenen Position in der Gesellschaft thematisierten. Da nicht alle Frauen sich mit diesem vorgegebenen Leitbild arrangieren wollten, weil es ihren Handlungsspielraum einengte und in Widerspruch zu ihren Erfahrungen und ihrem Selbstbild stand, versuchten sie, sowohl durch die Teilnahme an diesem Diskurs als auch durch eigene Aktivitäten Verbesserungen herbeizuführen.

Die zentralen Felder der Auseinandersetzung waren dabei der Zugang zu Bildung und zu Erwerbstätigkeit sowie zu den während des 19. Jahrhunderts noch ehrenamtlich betriebenen Formen von Wohltätigkeit für Bedürftige. Vor allem ging es Frauen aus dem Bürgertum darum, auf dem sich ausbildenden Berufsmarkt durch qualifizierte und entsprechend bezahlte Erwerbstätigkeit soviel Geld zu verdienen, daß sie einen standesgemäßen Lebensunterhalt finanzieren konnten. Die darauf beruhende Unabhängigkeit von einem männlichen Ernährer und der Zuwachs an Selbständigkeit mußten mit dem restriktiven bürgerlichen Frauenleitbild in Konflikt geraten und das sowohl auf der ideologischen Ebene wie in der Praxis.

Die allgemeine Diskussion konzentrierte sich auf zwei Vorgänge, durch die das Problem Erwerbstätigkeit nicht grundsätzlich, aber kurzfristig zu lösen war: Der erste bestand darin, daß der Personenkreis der Frauen aus dem Bürgertum auf diejenigen verengt wurde, die nicht durch eine Ehe versorgt waren und deshalb in Not gerieten. Nur in diesen Fällen sollte Erwerbstätigkeit akzeptabel sein. Der zweite Vorgang bedeutete ebenfalls eine Verengung, denn nicht die individuellen Fähigkeiten oder Angebot und Nachfrage auf dem Arbeitsmarkt sollten den Zugang zu einer Erwerbstätigkeit regeln, sondern eine geschlechtsspezifische Zuschreibung und Wertung von Arbeit: Nur die Tätigkeit als "Lehrerin" galt als "standesgemäß" und konnte den sozialen Abstieg verhindern.

Doch die Maßstäbe und Wertungen, die auf der Ebene des öffentlichen Diskurses Geltung beanspruchten, eigneten sich für die alltägliche Lebensbewältigung nur bedingt, um praktikable Lösungen zu finden. Und die Trennlinien zwischen Gegnern und Befürwortern einer Erwerbstätigkeit von Frauen aus dem Bürgertum verliefen nicht immer zwischen konservativen Vätern und fortschrittlichen Töchtern. Weniger wohlhabende Eltern sahen durchaus einen Vorteil darin, Töchter nicht nur durch eine aufwendige Mitgift, sondern auch durch eine Ausbildung für die Zukunft ausstatten zu können. Auch Brüder hatten meistens wenig dagegen einzuwenden, wenn die Schwestern sich ihren Lebensunterhalt auf respektable Weise selbst verdienen wollten.

Vor diesem Hintergrund habe ich den Rahmen für das Thema der vorliegenden Studie inhaltlich und zeitlich abgesteckt. Im Mittelpunkt stehen die vielfältigen Formen von Lehrtätigkeit, wie Frauen sie praktizierten und in ihren Lebenslauf integrierten. Daß dafür die bislang dominierende Einengung auf beruflich strukturierte Arbeit zu überwinden und Arbeit in verschiedenen sozialen Kontexten in den Blick zu nehmen ist, soll der Titel "Lehren zwischen Arbeit und Beruf" zum Ausdruck bringen. Den zeitlichen Rahmen bildet das "lange" 19. Jahrhundert, in dessen Verlauf es in Deutschland zum Aufbau eines differenzierten Schulsystems kam. Erst die Weimarer Verfassung brachte den Frauen die beamtenrechtliche Gleichstellung und eröffnete ihnen damit neue Chancen der Berufs- und Lebensplanung.

Der Konflikt zwischen dem bürgerlichen Frauenideal und den individuellen Bedürfnissen von Frauen aus dem Bürgertum ist Ausgangspunkt dieser Studie, die um folgende Fragen kreist: Wie agierten Frauen aus dem Bürgertum, wenn sie lehren wollten und Geld verdienen mußten oder wollten? Wie versuchten sie also, ihre eigenen Wünsche und Fähigkeiten mit familiären und sozialen Anforderungen sowie den gesellschaftlichen Rahmenbedingungen zu vereinbaren? Um den Voraussetzungen individuellen Handelns möglichst nahe zu kommen und um Entwicklungen verfolgen zu können, erwies es sich als sinnvoll, die Lebensläufe von Frauen zu untersuchen, die Lehrtätigkeit in irgendeiner Form ausgeübt haben. Außerdem sollten die Begründungen und Wertungen ihrer Handlungen und Entscheidungen in die Analyse einbezogen werden. Autobiographien von Frauen waren dafür die geeigneten Quellen.

Auf dieser Basis ist die leitende Frage formuliert: Weshalb und wie übten Frauen Lehrtätigkeiten aus? Die Antworten lassen sich auf vielfältigen Wegen suchen. Hier sollen die zeitlichen Dimensionen von Lehrtätigkeit und die Orte dieser Arbeit analysiert werden.[1] Im ersten Komplex über "Zeiten" geht es um die Frage, zu welcher Zeit im Lebensverlauf, in welcher sozialen Konstellation und aus welchen Motiven eine Frau mit Lehrtätigkeit beginnt, wie diese aussieht, wie lange sie ausgeübt wird, und wann und unter welchen Umständen sie ein Ende findet. In enger Beziehung dazu steht das Verhältnis von aufgewendeter Zeit und erzielbarem Einkommen. Der zweite Komplex "Orte" erfaßt die geographischen und institutionellen Merkmale von Arbeitsplätzen, um deren Funktionen für die Lebensbewältigung zu ermitteln. Dabei ist zu klären, wie groß die Bereitschaft war, den Herkunftshaushalt zu verlassen, um an entfernten Orten eine Lehrtätigkeit aufzunehmen, und wie die Ausgestaltungsmöglichkeiten einzelner Lehrtätigkeiten unter gegebenen privaten wie institutionellen Rahmenbedingungen aussahen. Davon ausgehend ist zu fragen, wie Frauen konkrete Arbeitsplätze nutzten, um ihre individuellen Bedürfnisse zur Geltung zu bringen, was sie veränderten oder verändern wollten, woran sie sich anpaßten und wann sie sich für einen Wechsel entschieden. Bei allen Aspekten geht es darum, Aussagen über typische Verhaltensweisen wie zum Beispiel Anpassung oder Widerstand und Einflußnahme oder Innovation abzuleiten.

Diese komplexe Thematik ist im Rahmen einer weitgefaßten Sozialgeschichte einzuordnen, etwa in dem Sinne einer "neuen Sozialgeschichte", wie Tamara K. Hareven sie beschrieben hat.[2] Das berührt den Bereich der Bür-

---

[1] Im Rahmen meiner Dissertation habe ich außerdem die Inhalte von Lehrtätigkeit näher untersucht, vor allem hinsichtlich der geschlechtsspezifischen Zugangsmöglichkeiten oder Beschränkungen, s. Gudrun Wedel: Frauen lehren. Arbeit im Leben von Autobiographinnen aus dem 19. Jahrhundert. Berlin 1997, Kapitel "Inhaltliche Dimensionen von Lehrtätigkeiten" S. 124-230.

[2] Tamara K. Hareven: Familie, Lebenslauf und Sozialgeschichte. In: Josef Ehmer (Hg.): Historische Familienforschung. Ergebnisse und Kontroversen. Michael Mitterauer zum 60. Geburtstag. Frankfurt/Main 1997, S. 17-37, hier S. 36.

gertumsforschung insofern, als die von bürgerlichen Männern entwickelten Berufsstrukturen daraufhin untersucht werden, wie aufnahmefähig sie für Frauen aus dem Bürgertum waren. Hier stehen die Implikationen und Grenzen des bürgerlichen Frauenideals zur Diskussion. Dabei stützt sich die vorliegende Studie auf Ergebnisse und Methoden der historischen Frauenforschung und auf Erkenntnisse aus benachbarten Wissenschaften, vor allem der Germanistik mit ihrer intensiv geführten Diskussion über Autobiographien.

Ergebnisse der mittlerweile in der Soziologie etablierten Biographieforschung erwiesen sich als ausgesprochen anregend und stellenweise ergiebig, vor allem für die Formulierung meiner Untersuchungsperspektive.[3] Erziehungswissenschaftliche Arbeiten liegen insbesondere aus dem Bereich der historischen Bildungsforschung vor, die sich lange auf die Institution Schule konzentrierte.[4] Ansätze, die sich explizit der historischen Schul- und Lernwirklichkeit zuwandten, blieben Ausnahmen.[5] Erst in den letzten Jahren hat die berufsbiographisch orientierte empirische Lehrerforschung einen Aufschwung genommen.[6]

Und auch mit Mädchenbildung und Lehrerinnenberuf befaßten sich lange Zeit nur vereinzelte Forscherinnen. Das änderte sich grundlegend seit den 1980er Jahren durch den Aufschwung der Frauenforschung.[7] Es entstanden Studien zu bislang vernachlässigten Themen, und die expandierende Biographieforschung rückte ins Bewußtsein, wie stark Frauen am "Erziehungsgeschäft" in seinen vielfältigen Formen und an der Wissensvermittlung beteiligt

---

[3] Zum Stand der Diskussion vgl. Wolfram Fischer-Rosenthal; Gabriele Rosenthal: Warum Biographieanalyse und wie man sie macht. In: Zeitschrift für Sozialisationsforschung und Erziehungssoziologie 17 (1997) S. 405-427.

[4] Karl-Ernst Jeismann; Peter Lundgreen (Hg.): 1800-1870. Von der Neuordnung Deutschlands bis zur Gründung des Deutschen Reiches. (Handbuch der deutschen Bildungsgeschichte. 3) München 1987; Christa Berg (Hg.): 1870-1918. Von der Reichsgründung bis zum Ende des Ersten Weltkriegs. (Handbuch der deutschen Bildungsgeschichte. 4) München 1991; kritisch zum Stand der Historischen Bildungsforschung: Heinz-Elmar Tenorth: Die professionelle Konstruktion der Schule. Historische Ambivalenz eines Autonomisierungsprozesses. In: Achim Leschinsky (Hg.): Die Institutionalisierung von Lehren und Lernen. Beiträge zu einer Theorie der Schule. Weinheim 1996, S. 285-298, bes. S. 286f.

[5] Gerhardt Petrat: Schulunterricht. Seine Sozialgeschichte in Deutschland 1750-1850. München 1979; ders.: Schulerziehung. Ihre Sozialgeschichte in Deutschland bis 1945. München 1987.

[6] Vgl. das Vorwort von Fritz Loser und Ewald Terhart zum Themenheft "Von Beruf Lehrer" in der Zeitschrift: Bildung und Erziehung 49 (1996) S. 253-256.

[7] Zur Kritik an der mangelnden Berücksichtigung von Geschlechterverhältnissen in den Erziehungswissenschaften vgl. Brita Rang: Frauen und Weiblichkeit in pädagogischer Perspektive. Ein Beitrag zur Theoriegeschichte. In: Jahrbuch für Pädagogik 1994. Geschlechterverhältnisse und die Pädagogik. Frankfurt/Main 1994, S. 201-223, hier S. 201.

waren. Inzwischen liegen umfangreiche Überblickswerke vor,[8] und die Lücken des konventionellen Quellenfundus werden durch neue Quellensammlungen verkleinert.[9] An einer angemessenen Integration der Befunde in die erziehungswissenschaftliche Forschung mangelt es jedoch.[10]

Da ich mich im folgenden darauf konzentriere, Arbeitsverhältnisse im Leben von Frauen zu untersuchen, verstehe ich meine Studie als Beitrag zur Frauengeschichte vor dem Hintergrund einer sich auf die gesamte Gesellschaft beziehenden Geschlechtergeschichte. Geschlecht meint in diesem Zusammenhang eine historisch bedingte soziale Kategorie, die als Ergebnis der Zuschreibung von Eigenschaften gesellschaftlich konstruiert ist.[11]

Meiner Untersuchung liegt ein weiter Begriff von Arbeit zugrunde.[12] Dabei konnte ich an eine seit den 1970er Jahren weit vorangeschrittene Diskussion vor allem in der sozialwissenschaftlichen Frauenforschung anknüpfen, die eine neue Sicht von Arbeit zur Folge hatte.[13] Noch 1983 verstanden Wirt-

---

[8] Elke Kleinau; Claudia Opitz (Hg.): Geschichte der Mädchen- und Frauenbildung. Band 1: Vom Mittelalter bis zur Aufklärung; Band 2: Vom Vormärz bis zur Gegenwart. Frankfurt/Main 1996.

[9] Vgl. Johanna Weiser: Das preußische Schulwesen im 19. und 20. Jahrhundert. Ein Quellenbericht aus dem Geheimen Staatsarchiv Stiftung Preußischer Kulturbesitz. Köln 1996; Elke Kleinau; Christine Mayer (Hg.): Erziehung und Bildung des weiblichen Geschlechts. Eine kommentierte Quellensammlung zur Bildungs- und Berufsbildungsgeschichte von Mädchen und Frauen. 2 Bände. Weinheim 1996.

[10] So Marianne Horstkemper: Von der "Bestimmung des Weibes" zur "Dekonstruktion der Geschlechterdifferenz". Theoretische Ansätze zu Geschlechterverhältnissen in der Schule. In: Die Deutsche Schule 90 (1998) S. 1-26, hier S. 22.

[11] Vgl. Annette Treibel: Einführung in soziologische Theorien der Gegenwart. Opladen 1993, S. 133; zur Geschlechterforschung in der Soziologie ebd. S. 253-271, zur "vergessenen Differenz" innerhalb der Geschlechter ebd. S. 258-260. Über die Ansätze zur expandierenden "Männerforschung" s. L. Christof Armbruster; Ursula Müller; Marlene Stein-Hilbers (Hg.): Neue Horizonte. Sozialwissenschaftliche Forschung über Geschlechter und Geschlechterverhältnisse. Opladen 1995, Einleitung S. 9-11. S. a. Hanna Schissler: Soziale Ungleichheit und historisches Wissen. Der Beitrag der Geschlechtergeschichte. (Einleitung) In: dies. (Hg.): Geschlechterverhältnisse im historischen Wandel. Frankfurt/Main 1993, S. 9-36, hier S. 26; einen Überblick gibt Karin Hartewig: Neue Forschungen zur Frauen- und Geschlechtergeschichte. In: Archiv für Sozialgeschichte 35 (1995) S. 419-444.

[12] Zu unterschiedlichen Definitionen von Arbeit vgl. Gert Dressel: Historische Anthropologie. Eine Einführung. Wien 1996, S. 119-123.

[13] Vgl. Helga Milz; Ingeborg Wegehaupt-Schneider: Der respektlose Umgang mit Frauenarbeit oder: Von Gratisarbeit und Niedriglohn. In: Brigitte Brück u. a.: Feministische Soziologie. Eine Einführung. Frankfurt/Main 1992, S. 93-133. Zu "Arbeit des Alltags" vgl. Karin Jurczyk; Maria S. Rerrich: Einführung: Alltägliche Lebensführung: der Ort, wo "alles zusammenkommt". In: Karin Jurczyk; Maria S. Rerrich (Hg.): Die Arbeit des Alltags. Beiträge zu einer Soziologie der alltäglichen Lebensführung. Freiburg i. Br. 1993, S. 11-45, bes. S. 30-33 zur Definition ihres Arbeitsbegriffs. Anna Borkowsky; Ursula Streckeisen: Arbeitsbiographien von Frauen. Eine soziologische Untersuchung struktureller und subjek-

schaftshistoriker unter Frauenarbeit "in der Regel nur die unselbständige, außer Haus verrichtete Erwerbstätigkeit."[14] Daß auch selbständig tätige Frauen und Hausfrauen für die Wirtschaft bedeutsam waren, bedurfte noch einer besonderen Hervorhebung. Ansatzpunkt der Kritik am konventionellen Konzept der gesellschaftlichen Arbeitsteilung, das die Arbeitsteilung zwischen Männern und Frauen als "gleichsam ahistorische Restgröße" verstand,[15] war die ungleiche Bewertung von gesellschaftlicher Arbeit, je nachdem ob sie ein Mann oder eine Frau verrichtete. Vor allem spielte die Hausarbeit, die anderen Regeln folgt als den vom Arbeitsmarkt vorgegebenen und die deshalb traditionell ausgegrenzt blieb, zumindest auf der Diskursebene eine zentrale Rolle.[16]

In diesem Kontext verstehe ich unter gesellschaftlicher Arbeit ganz allgemein jede Arbeit, die eine Person für eine andere Person verrichtet, oder aus der Perspektive der Einzelperson gesehen: gesellschaftliche Arbeit beginnt da, wo die Tätigkeit für die eigene Person aufhört. Dabei ist es zunächst gleichgültig, ob es sich um bezahlte oder unbezahlte Arbeit handelt, ob sie über den Arbeitsmarkt oder durch persönliche Beziehungen – beispielsweise die Familie – vermittelt wird, ob sie innerhalb oder außerhalb des privaten Haushalts stattfindet, oder ob es sich um Arbeit in der Kindheit oder im Alter handelt. Unter Erwerbsarbeit verstehe ich jede marktvermittelte und bezahlte Arbeit, für die eine Ausbildung nicht vorausgesetzt wird und bei der die Entlohnung nicht nur als Geldzahlung, sondern auch in Form von Naturalien und Dienstleistungen, zum Beispiel als Gewährung von Kost und Logis samt Bedienung, wie im Fall der Gouvernanten, stattfinden kann.

---

tiver Aspekte. Grüsch 1989; Ursula Streckeisen: Statusübergänge im weiblichen Lebenslauf. Über Beruf, Familie und Macht in der Ehe. Frankfurt/Main 1991; Bettina Dausien: Biographie und Geschlecht. Zur biographischen Konstruktion sozialer Wirklichkeit in Frauenlebensgeschichten. Bremen 1996, bes. S. 72-77.

[14] Vgl. Hans Pohl: Einführung. In: ders. (Hg.): Die Frau in der deutschen Wirtschaft. Stuttgart 1985, S. 2-17, Zitat S. 4.

[15] Karin Hausen: Wirtschaften mit der Geschlechterordnung. Ein Essay. In: dies. (Hg.): Geschlechterhierarchie und Arbeitsteilung. Zur Geschichte ungleicher Erwerbschancen von Männern und Frauen. Göttingen 1993, S. 40-67, hier S. 40; dies.: Geschlecht und Ökonomie. In: Gerold Ambrosius (Hg.): Moderne Wirtschaftsgeschichte. München 1996, S. 89-103.

[16] Wegbereitend Gisela Bock; Barbara Duden: Arbeit aus Liebe. Liebe als Arbeit. Zur Entstehung der Hausarbeit im Kapitalismus. In: Gruppe Berliner Dozentinnen (Hg.): Frauen und Wissenschaft. Beiträge zur Berliner Sommeruniversität für Frauen. Juli 1976. Berlin 1977, S. 118-199; Ilona Ostner: Beruf und Hausarbeit. Die Arbeit der Frau in unserer Gesellschaft. Frankfurt/Main 1978; Rosemarie von Schweitzer: Einführung in die Wirtschaftsgeschichte des privaten Haushalts. Stuttgart 1991. S. a. den Überblick von Bärbel Kuhn: Das Unterste zuoberst gekehrt. Beiträge zu Theorie und Praxis von Hausarbeit im 19. und 20. Jahrhundert. In: Beate Fieseler; Birgit Schulze (Hg.): Frauengeschichte: gesucht – gefunden? Köln 1991, S. 22-46.

Ein Teil dieser Erwerbsarbeit war als Beruf organisiert, wobei Beruf – im Sinne von Hannes Siegrist – "eine Kombination spezifischer Fähigkeiten und Fertigkeiten meint, die als Leistungspotential die Grundlage für eine kontinuierliche Erwerbs- und Versorgungschance des Individuums abgibt. Er bildet die Basis und Rechtfertigung der gesellschaftlichen Position und ist eines jener vergleichsweise stabilen Merkmale, die das Individuum mit gesellschaftlichen Strukturen und Prozessen verbinden"; von einer "Tätigkeit" oder einer "Profession" unterscheidet sich "Beruf" demnach nur graduell.[17]

Doch diese geschlechtsunspezifisch formulierte Begriffsbestimmung verdeckt, daß bereits mit der Herausbildung von Berufen im 19. Jahrhundert, insbesondere der bürgerlichen Berufe, eine Abschließung nicht nur gegenüber Frauen allgemein, sondern gerade gegenüber Frauen aus dem Bürgertum einherging. Von einigen Grundprinzipien einer bürgerlichen Gesellschaft, wie formale Eigentumsfreiheit und die rechtliche Gleichstellung mit Bürgern, blieben sie ausgeschlossen.[18] Vor allem galten bürgerliche Werte wie Leistung und Erfolgsstreben für Frauen aus dem Bürgertum nur sehr eingeschränkt: Lehrerinnen, die die gleichen Tätigkeiten wie ihre männlichen Kollegen ausübten, erhielten dafür im allgemeinen einen geringeren Lohn. Leistung zahlte sich für sie also weniger aus. Insbesondere beim Zugang zu den bürgerlichen Professionen, im vorliegenden Zusammenhang zur Position des akademisch gebildeten Gymnasiallehrers, konnten die Hindernisse für Frauen nur sehr langsam abgebaut werden. Das gelang rascher im Berufsbereich der Volksschullehrer, in dem Professionalität und Bürgerlichkeit am stärksten umstritten waren.[19]

Die in den Erziehungswissenschaften geführte Professionalisierungsdebatte, die geschlechtsspezifische Aspekte – bis auf wenige Ausnahmen[20] – außer acht gelassen hat, trägt deshalb zur Klärung der hier aufgeworfenen

---

[17] Hannes Siegrist: Bürgerliche Berufe. Die Professionen und das Bürgertum. In: ders. (Hg.): Bürgerliche Berufe. Zur Sozialgeschichte der freien und akademischen Berufe im internationalen Vergleich. Göttingen 1988, S. 11-48, Zitat S. 13. Zur Bestimmung des Berufsbegriffs auf der Basis der subjektbezogenen Berufstheorie vgl. Borkowsky/Streckeisen, Arbeitsbiographien von Frauen, 1989, S. 123-128.

[18] Siegrist, Bürgerliche Berufe, 1988, S. 18.

[19] Siegrist, Bürgerliche Berufe, 1988, S. 38. Vgl. Frank-Michael Kuhlemann: Modernisierung und Disziplinierung. Sozialgeschichte des preußischen Volksschulwesens 1794-1872. Göttingen 1992, S. 29f., der dem Begriff "Verberuflichung" den Vorzug gibt.

[20] Vgl. James C. Albisetti: Professionalisierung von Frauen im Lehrberuf. In: Kleinau/Opitz (Hg.), Geschichte der Mädchen- und Frauenbildung. Band 2. 1996, S. 189-200; Juliane Jacobi zieht die Begriffe "Berufsverständnis und Berufsausgestaltung" dem Begriff "Professionalisierung" vor, dies.: Modernisierung durch Feminisierung? Zur Geschichte des Lehrerinnenberufs. In: Zeitschrift für Pädagogik 43 (1997) S. 929-946, hier S. 930, s. a. S. 938f.

Frage wenig bei.[21] Betrachtet man Lehre ganz allgemein als die Vermittlung von Wissen und Bildung, muß im Blick bleiben, wie in der gesamten Gesellschaft mit Wissen umgegangen wird, in welchen Kontexten wer an wen Wissen weitergibt, welche Wissensbestände hoch bewertet und entsprechend gefördert und weiterentwickelt werden und welche dahinter zurückstehen müssen, und zwar unabhängig davon, wie wichtig sie für das Funktionieren der Gesellschaft sind.[22]

Dagmar Hänsel eröffnet mit ihrer Bestimmung des Professionalisierungskonzepts insofern eine neue Perspektive, als sie das Verhältnis zwischen "Professionellen" und "Laien" hervorhebt: "Professionelle" – gemeint sind bürgerliche Männer – haben Instrumentarien und Strukturen zur Begründung ihrer eigenen besonderen Nützlichkeit und Unentbehrlichkeit entwickelt, um konkurrierende "Laien" – gemeint sind ledige und verheiratete Frauen aus dem Bürgertum – zu verdrängen.[23] Ob diese Differenzierung nur zwischen den Geschlechtern anzutreffen ist, bleibt zu prüfen.

Als weiterer Gesichtspunkt ist bei der Verwendung der Begriffe Beruf und Erwerb die Bedeutung von Beruf im historischen Sprachgebrauch zu beachten.[24] Zum einen verwandten die Autobiographinnen den Begriff Beruf in der traditionellen Bedeutung von Berufung. Sie sprachen häufig vom "Beruf der Mutter und Hausfrau", bezogen ihn also auf einen Bereich der gesellschaftlichen Arbeit, an dem bürgerliche Männer als Berufsausübende keinen Anteil hatten. Auf terminologisch-ideologischer Ebene war so ein komplementärer Bereich zur Berufswelt der Männer geschaffen. Der damit verbundene Anspruch auf eine Wertschätzung dieser geleisteten Arbeit fand – ebenfalls ideologisch und damit immateriell – mit der Idealisierung dieser Zuweisung auf Haushalt und Familie eine Antwort.

Zum anderen ist die spezifische Reichweite der Begriffe Arbeit, Beruf und Erwerb im Zusammenhang mit statistischen Untersuchungen zu berücksichtigen. So verstand man um die Jahrhundertwende in der Volkswirtschaft unter Beruf im allgemeinen die Zugehörigkeit einer Person zu einem der

---

[21] Vgl. zum Beispiel Sebastian F. Müller; Heinz-Elmar Tenorth: Professionalisierung der Lehrertätigkeit. In: Enzyklopädie Erziehungswissenschaft. Band 5: Organisation, Recht und Ökonomie des Bildungswesens. Stuttgart 1984, S. 153-171.

[22] Vgl. dazu die Analyse von Lehrfächern, besonders im Bereich Haushalt in: Wedel, Frauen lehren, 1997, S. 124-230.

[23] Dagmar Hänsel: Wer ist der Professionelle? Analyse der Professionalisierungsproblematik im Geschlechterzusammenhang. In: Zeitschrift für Pädagogik 38 (1992) S. 873-893; kritisch dazu Juliane Jacobi, Modernisierung durch Feminisierung, 1997, S. 939-941.

[24] Vgl. Christine Mayer: Zur Kategorie "Beruf" in der Bildungsgeschichte von Frauen im 18. und 19. Jahrhundert. In: Elke Kleinau (Hg.): Frauen in pädagogischen Berufen. Bad Heilbrunn 1996, S. 14-38.

Arbeitszweige, in die sich das Erwerbsleben der Bevölkerung teilte. Schon Gertraud Wolf hat 1916 in ihrer Studie zum Frauenerwerb darauf hingewiesen, daß mit diesem Wortgebrauch ein bedeutender Bereich der Arbeit von Frauen verschwiegen wird, nämlich "die Haushaltungstätigkeit und die erzieherische Tätigkeit der Frau, wenigstens sofern sie den Zwecken des eigenen Haushalts dient."[25]

Daß gerade die sich gegen Ende des 19. Jahrhunderts etablierende amtliche Statistik einen beträchtlichen Anteil daran hatte, nicht nur die Hausarbeit von Frauen, sondern auch ihre Erwerbsarbeit systematisch auszugrenzen, haben schon Zeitgenossen und Zeitgenossinnen kritisiert. Robert Wilbrandt wies darauf hin, daß die statistisch ermittelte Gesamtzahl der weiblichen Erwerbstätigen falsch war, nach der im Vergleich zur Zählung von 1882 die Erwerbsarbeit verheirateter Frauen im Jahr 1895 um das Dreifache gestiegen war. Der enorme Zuwachs fand eine Teilerklärung darin, daß 1895 methodisch feinere Erfassungskriterien angewandt wurden, so daß nun die mithelfenden Ehefrauen in höherem Maß berücksichtigt wurden.[26] Die systematisch zu niedrig angesetzten Zahlen für Nebenerwerbstätigkeit bei Frauen wiederum beruhen auf fehlenden Angaben. Wilbrandt führte das darauf zurück, daß "die massenhaften Nebenerwerbsheimarbeiterinnen, Arbeiters- und Beamtensfrauen, aus Gleichgültigkeit, Scham oder auch aus Furcht vor Erhöhung der Einkommensteuer ihren Erwerb überhaupt nicht angeben."[27] Diese Kritik an der amtlichen Statistik wird anscheinend heute noch übersehen, wenn in der Soziologie statistische Daten über Lohnarbeit herangezogen werden, um als "objektive Indikatoren der Verhaltensweisen von Frauen und ihren Veränderungen" zu dienen.[28]

Die Perspektive auf Arbeit insgesamt ist für meinen Untersuchungsbereich aus zwei Gründen notwendig. Erstens ist es nur unter dieser Voraussetzung möglich, den Stellenwert einer bestimmten Arbeit – hier der Lehrtätigkeit – innerhalb des individuellen Arbeitsvolumens in einem Lebenslauf zu

---

[25] Gertraud Wolf: Der Frauenerwerb in den Hauptkulturstaaten. Nach amtlichen statistischen Quellen. München 1916, hier S. 2.

[26] Robert Wilbrandt: Die Frauenarbeit. Ein Problem des Kapitalismus. Leipzig 1906, hier S. 42f. und 93. Wilbrandt war Mitarbeiter am "Handbuch der Frauenbewegung" Berlin 1902, hg. von Gertrud Bäumer und Helene Lange.

[27] Wilbrandt, Frauenarbeit, 1906, S. 39 und 94.

[28] So konstatiert z. B. Helgard Kramer als "statistische Evidenz": "nach einer Phase beschleunigten Anstiegs der Zahl erwerbstätiger Frauen in Deutschland wurde die Marge von etwa einem Drittel erwerbstätiger Frauen in der gesamten gesellschaftlichen Arbeitskraft kurz nach der Jahrhundertwende erreicht und stagnierte dann bis Anfang der siebziger Jahre." Diese "Evidenz" ist in Zweifel zu ziehen. Helgard Kramer: Einleitung. In: dies.; Christel Eckart; Ilka Riemann: Grenzen der Frauenlohnarbeit. Frauenstrategien in Lohn- und Hausarbeit seit der Jahrhundertwende. Frankfurt/Main 1986, Zitate S. 27 und S. 11.

erfassen und diejenigen Situationen identifizieren und untersuchen zu können, in denen verschiedene Anforderungen miteinander vereinbart werden mußten. Zweitens kann erst mit dieser Gesamtperspektive nach den vielschichtigen, in der Regel nicht beachteten Übergängen und Grauzonen zwischen Arbeit im Haushalt und Arbeit auf dem Arbeitsmarkt gefragt werden, denn es ist ein Merkmal der Lehrtätigkeit von Frauen, daß sie in fast allen gesellschaftlichen Bereichen vorkommt. Es geht insofern um Dimensionen und Trennlinien sowohl der gesellschaftlichen wie der geschlechtsspezifischen Arbeitsteilungen, aber auch um neue Kombinationen verschiedener Arbeitsformen im Leben einzelner Personen.

Autobiographien als Quellen

Maßgebend für die Entscheidung, Autobiographien von Frauen als Hauptquellen zu wählen, waren folgende Überlegungen: Um sowohl Informationen über den Verlauf der individuellen Arbeitsleben von Frauen zu erhalten als auch darüber, wie diese Frauen selbst die verschiedenen Arten von Arbeit in ihrem Leben bewertet haben, waren Frauen zu suchen, von denen Selbstzeugnisse[29] als Texte zugänglich sind. Innerhalb der Selbstzeugnisse ist die Textsorte Autobiographie geeignet, worunter ich ganz allgemein die Erinnerungen an das eigene Leben verstehe, die eine Person in fortgeschrittenem Alter aufschreibt. Tagebücher schieden aus, weil sie in der Regel das aktuelle Geschehen wiedergeben oder kommentieren und selten den gesamten Lebenslauf abdecken. Mit diesem Argument wurden auch Briefe ausgeschlossen, die meistens nur "einseitig" vorliegen. Als ergänzende Quellen habe ich jedoch veröffentlichte Briefe[30] und Tagebücher der ausgewählten Frauen herangezogen.

Für veröffentlichte Autobiographien als Hauptquellen sprachen folgende Vorteile: Erstens werden Autobiographien in der Regel in vorgerücktem Alter verfaßt. Es ist also zu erwarten, daß in diesem Rückblick mehr oder weniger ausführlich über das gesamte Leben und damit auch über die verschiedenen Arten von Arbeit berichtet wird. Selbst wenn das nicht der Fall ist, schreibt die Autorin doch von einem Standpunkt aus, bei dem sie

---

[29] In der Biographieforschung gelten "Selbstzeugnisse" vor allem als Zeugnisse aus der Vergangenheit, die zusammen mit "erzählten Lebensgeschichten" u. a. unter dem Oberbegriff "biographische Selbstpräsentation" gefaßt werden, so Fischer-Rosenthal/Rosenthal, Warum Biographieanalyse, 1997, S. 412.

[30] Vgl. zum Thema Briefe Heide von Felden: Zur Geschichte der schreibenden Frau. In: Heide von Felden (Hg.): ... greifen zur Feder und denken die Welt ... Frauen-Literatur-Bildung. Oldenburg 1991, S. 7-44, hier S. 18-20.

zumindest auf der Grundlage dieses Rückblicks argumentiert. Dieser Standpunkt ist Teil des Selbstbildes, wie es zur Zeit der Niederschrift der Autobiographie besteht.

Zweitens präsentieren publizierte Autobiographien als Teil eines öffentlichen Diskurses dasjenige Selbstbild der Autorin, das sie der öffentlichen Kritik aussetzen will; bei den zu Lebzeiten publizierten Werken ist von daher ein relativ hoher Wahrscheinlichkeitsgehalt anzunehmen, es sei denn, die Autorin weist selbst ihr Publikum auf fiktionale Elemente hin.

Will man historische Individuen untersuchen, dann bieten, drittens, vor allem Autobiographien Informationen darüber, wie Individuen ihr Arbeitsleben mit Familie oder – allgemeiner – innerhalb von Personenkonstellationen, aber auch mit gesellschaftlichen Rahmenbedingungen zu vereinbaren suchten. Das Selbstbild in der Autobiographie gibt Hinweise darauf, wie die Autorin sich selbst unter diesen Bedingungen innerhalb der Gesellschaft plaziert. Es kann widersprüchlich sein oder vielschichtig ausfallen, zum Beispiel wenn die Autorin in ihrer Autobiographie andere Selbstzeugnisse wörtlich zitiert: Autobiographinnen haben oft eigene oder fremde Briefe, die Künstlerinnen unter ihnen Rezensionen und Kritiken, in den Text aufgenommen, manchmal sind Auszüge aus Tagebüchern und Hauschroniken wiedergegeben. Andere Beigaben wie Abbildungen, Faksimiles von Dokumenten oder Stammtafeln signalisieren eine dokumentarische Absicht der Autobiographin

Die komplexe Struktur, die Vielfalt von Themen, der nicht exakt zu bestimmende Wahrheitsgehalt von Autobiographien sowie ihre historisch bedingten Erscheinungsformen erfordern einen beträchtlichen Aufwand bei der Auswertung. Trotzdem sind Autobiographien aufgrund ihrer Anschaulichkeit und unterstellten Realitätsnähe häufig und gern benutzte Quellen. Doch gerade die anschaulichen subjektiven Aussagen bringen sie in den Ruf von Unzuverlässigkeit und begrenzter Reichweite. Beide Vorbehalte verlieren an Gewicht, wenn die Subjektivität in ihren verschiedenen Artikulationsweisen theoretisch und methodisch ernst genommen wird.

Eine Theorie der Autobiographie, die dieser Komplexität gerecht wird, steht noch aus. Als hinderlich haben sich konventionelle Bewertungen erwiesen: Kriterien wie "berühmt" oder "bedeutend" für Personen und "literarisch akzeptabel" für Werke enthoben der Mühe, unbekannte Verfasserinnen mit ihren nur schwer oder gar nicht recherchierbaren Personendaten sowie Werke von sehr bescheidener Ausdrucksfähigkeit einzubeziehen. Das führte zu kanonähnlichen Zusammenstellungen[31] und beeinträchtigte den Blick auf das breite Spektrum des autobiographischen Schreibens. Die Gestaltung eines auszuwertenden Quellenkorpus beeinflußt jedoch erheblich die Art der möglichen Schlußfolgerungen. Das gilt für die Geschichtswissenschaften ebenso wie für die Germanistik und die Erziehungswissenschaften.

Welche neuen Bereiche noch zu erschließen sind, zeigen die Forschungsergebnisse in der popularen Autobiographik.[32] Eine der wichtigsten Sammlungen, die Wiener "Dokumentation lebensgeschichtlicher Aufzeichnungen", enthält zwar hauptsächlich Schriften von Personen, die nach 1900 geboren sind und aus unteren Bevölkerungsschichten stammen, aber auch zahlreiche Texte von bürgerlichen Autorinnen und Autoren. Daß dabei der Anteil der Frauen über die Hälfte aller Schreibenden ausmacht,[33] verdient besondere Aufmerksamkeit, da nach dem bisherigen Stand der Kenntnisse der Anteil der Männer in der Autobiographik des 19. Jahrhunderts den der Frauen um ein Mehrfaches übersteigt.

Notwendig ist deshalb eine interdisziplinäre und vergleichende Analyse von größeren Mengen von Autobiographien mit einem vorerst weitgefaßten Begriff von autobiographischem Schreiben. Das scheiterte bislang an der noch unzureichenden Erfassung und Erschließung dieser Quellen in Bibliographien. Als Beitrag dazu versteht sich das entstehende Nachschlagewerk

---

[31] Im Sinne von Renate von Heydebrand ist hier ein "akuter Kanon" von geringerer Festigkeit gemeint, im Unterschied zum "Kernkanon" mit einer langen Tradition; dies.: Probleme des 'Kanons' – Probleme der Kultur- und Bildungspolitik. (Plenumsvortrag) In: Johannes Janota (Hg.): Kultureller Wandel und die Germanistik in der Bundesrepublik. Band 4: Germanistik, Deutschunterricht und Kulturpolitik. Tübingen 1993, S. 3-24, hier S. 5. Zur gegenwärtigen Diskussion vgl. dies. (Hg.): Kanon Macht Kultur. Theoretische, historische und soziale Aspekte ästhetischer Kanonbildung. Stuttgart, Weimar 1998, bes. S. 612-625. Zur Kanonbildung vgl. die Auswahl bei Kay R. Goodman: German Women and Autobiography in the Nineteenth Century. Louise Aston, Fanny Lewald, Malwida von Meysenbug und Marie von Ebner-Eschenbach. Madison, Wisconsin 1977; Juliane Jacobi-Dittrich: Growing Up Female in the Nineteenth Century. In: John C. Fout (Hg.): German Women in the Nineteenth Century. A Social History. New York 1984, S. 197-217.

[32] Vgl. Christa Hämmerle (Hg.): Plurality and Individuality. Autobiographical Cultures in Europe. Proceedings of an International Research Workshop at IFK Vienna, 21. – 22. October 1994. Wien 1995.

[33] Vgl. Christa Hämmerle: "Ich möchte das, was ich schon oft erzählt habe, schriftlich niederlegen ..." Entstehung und Forschungsaktivitäten der Dokumentation lebensgeschichtlicher Aufzeichnungen in Wien. In: BIOS 4 (1991) S. 261-278. Der Anteil von Frauen beträgt etwa 65 % (1991 bezogen auf ca. 750 Texte, 1995 bezogen auf ca. 900 Texte), so Christa Hämmerle, Preface. In: dies. (Hg.), Plurality and Individuality, 1995, S. 5. Günter Müller: "So vieles ließe sich erzählen..." Von der Geschichte im Ich und dem Ich in den Geschichten der popularen Autobiographik. In: Institut für Wirtschafts- und Sozialgeschichte, Universität Wien (Hg.): Wiener Wege der Sozialgeschichte. Themen – Perspektiven – Vermittlungen. Wien 1997, S. 335-356, er analysiert hier die gegensätzlichen Lebensgeschichten zweier Lehrerinnen, beide 1902 geboren.

über die autobiographischen Schriften von Frauen, die im 19. Jahrhundert geboren wurden und zum deutschsprachigen Raum gehörten.[34]

Da Autobiographien eine zentrale Quelle für Untersuchungen über individuelle Lebensvollzüge in selbstbestimmter Präsentation darstellen, haben sich Wissenschaftler und Wissenschaftlerinnen in verschiedenen Disziplinen schon immer ihrer bedient. Die theoretische Auseinandersetzung mit dieser Quellensorte, die um die Jahrhundertwende einsetzte und mit der "Geschichte der Autobiographie" des Dilthey-Schülers Georg Misch[35] schon früh ein Grundlagenwerk erhielt, verlief in den einzelnen Wissenschaftszweigen nicht immer einheitlich. Mit dem folgenden kurzen Überblick über die Forschungsentwicklung in der Germanistik und der Geschichtswissenschaft möchte ich den Rahmen für meine eigenen Überlegungen zu diesen Quellen vorstellen.

Die Autobiographie-Forschung hat in den 1970er Jahren eine Renaissance erlebt, die in engem Zusammenhang mit einer Liberalisierung des Literaturbegriffs steht. In deren Folge erweiterte die Literaturwissenschaft ihren Gegenstandsbereich auch auf Zweck- und Gebrauchsformen der Literatur, auf "triviale" Literaturen und auf Rezeptionsaspekte.[36] Gerade die unterschiedlichen literarischen Formen von Selbstzeugnissen wie Brief, Tagebuch und besonders die Autobiographie förderten aufgrund ihrer Position im Übergang zwischen fiktionaler und nicht-fiktionaler Literatur eine intensive Diskussion über formale und inhaltliche Aspekte und Strukturen.[37] Einen großen Anteil an dieser Neuorientierung hatte das zunehmende sozialgeschichtliche Interesse, in dessen Folge neue, in der Literaturwissenschaft bislang vernachlässigte Personengruppen als Literaturproduzenten wie als Literaturrezipienten Aufmerksamkeit auf sich zogen. Daß noch 1989 Arbeiter und Frauen als "soziale Rand- und Sondergruppen" wahrgenommen wurden, zeigt, wie schwer kanonische Festlegungen zu überwinden sind.[38]

Maßgebliche Unterstützung erfuhren die neuen Ansätze sowohl von Seiten einer sich ebenfalls neuen Betrachtungsweisen öffnenden Volks-

---

[34] Hieran arbeite ich im Rahmen des DFG-Projekts "Netzwerke Autobiographinnen", Leitung Claudia Ulbrich, Freie Universität Berlin. Die vorliegende Studie baut bereits auf der Kenntnis dieser Quellendokumentation über etwa 1 000 ermittelte Autobiographinnen auf.
[35] Georg Misch: Geschichte der Autobiographie. 4 Bände, Frankfurt/Main 1907-1969.
[36] Vgl. dazu Renate von Heydebrand: Wertung, literarische. In: Reallexikon der deutschen Literaturgeschichte. 2. Aufl. 1984, S. 828-871, hier S. 828f.
[37] Vgl. Günter Niggl (Hg.): Die Autobiographie. Zu Form und Geschichte einer literarischen Gattung. Darmstadt 1989, Einleitung S. 7.
[38] So formuliert von Niggl (Hg.), Autobiographie, Einleitung der 1. Aufl. 1989, S. 9; von ihm im Nachwort zur 2., um ein Nachwort zur Neuausgabe und einen bibliographischen Nachtrag erg. Aufl. 1998 korrigiert, S. 599f.

kunde[39] als auch durch den Aufschwung der Biographieforschung in den Sozialwissenschaften einschließlich der Erziehungswissenschaft. Dahinter stand ein allgemeiner Interessenwandel, der zunehmend den individuellen Menschen in seiner historischen Gebundenheit, seinen Handlungs- und Ausdrucksmöglichkeiten in den Blick nahm. Daß Frauen als historische Subjekte agierten und nicht zuletzt im Literaturbetrieb eine Rolle spielten, konnte trotz weiter bestehender Marginalisierungsmechanismen sichtbar gemacht werden.[40]

Es überrascht indessen nicht, daß es zunächst Wissenschaftlerinnen waren, die seit den 1980er Jahren für einen deutlichen, immer noch anhaltenden Aufschwung sorgten. Den Anfang machten Untersuchungen aus dem angloamerikanischen Raum.[41] Doch schon bald beteiligten sich deutsche Kolleginnen aus verschiedenen Disziplinen,[42] und erste Überblicke über die autobiographischen Schriften von Frauen erschienen.[43] Einen wesentlichen

---

[39] Rolf Wilhelm Brednich konstatierte 1981 eine "Wende zur Lebenswelt"; vgl. ders.: Zum Stellenwert erzählter Lebensgeschichten in komplexen volkskundlichen Feldprojekten. In: ders.; Hannjost Lixfeld; Dietz-Rüdiger Moser; Lutz Röhrich (Hg.): Lebenslauf und Lebenszusammenhang. Autobiographische Materialien in der volkskundlichen Forschung. Freiburg i. Br. 1982, S. 46-70, hier S. 46. Vgl. Carola Lipp: Alltagskulturforschung im Grenzbereich von Volkskunde, Soziologie und Geschichte. Aufstieg und Niedergang eines interdisziplinären Forschungskonzepts. In: Zeitschrift für Volkskunde 89 (1993) S. 1-33; Brigitta Hauser-Schäublin; Birgitt Röttger-Rössler (Hg.): Differenz und Geschlecht. Eine Einleitung. In: diess. (Hg.): Differenz und Geschlecht. Neue Ansätze in der ethnologischen Forschung. Berlin 1998, S. 7-22.

[40] Zur Subjektorientierung vgl. Carola Lipp: Überlegungen zur Methodendiskussion. Kulturanthropologische, sozialwissenschaftliche und historische Ansätze zur Erforschung der Geschlechterbeziehung. In: Frauenalltag – Frauenforschung. Frankfurt/Main 1988, S. 29-46, bes. S. 30f.

[41] Vor allem Goodman, German Women, 1977; dies.: Die große Kunst, nach innen zu weinen. Autobiographien deutscher Frauen im späten 19. und frühen 20. Jahrhundert. In: Wolfgang Paulsen (Hg.): Die Frau als Heldin und Autorin. Neue kritische Ansätze zur deutschen Literatur. Bern, München 1979, S. 125-135; dies.: Weibliche Autobiographien. In: Hiltrud Gnüg; Renate Möhrmann (Hg.): Frauen Literatur Geschichte. Schreibende Frauen vom Mittelalter bis zur Gegenwart. Stuttgart 1985, S. 289-299.

[42] Marianne Vogt: Autobiographik bürgerlicher Frauen. Zur Geschichte weiblicher Selbstbewußtwerdung. Würzburg 1981; Rotraut Hoeppel: Weiblichkeit als Selbstentwurf. Autobiographische Schriften als Gegenstand der Erziehungswissenschaft. Eine exemplarische Untersuchung anhand ausgewählter Texte aus der frühen bürgerlichen und der neuen autonomen Frauenbewegung. Würzburg 1983; revidiert und ergänzt in dies.: Historische Biographieforschung. In: Eckard König; Peter Zedler (Hg.): Bilanz qualitativer Forschung. Band 2: Methoden. Weinheim 1995, S. 289-308.

[43] Gudrun Wedel: Frauen schreiben über sich selbst: Lebensläufe im 19. Jahrhundert. In: Weibliche Biographien. Beiträge zur feministischen Theorie und Praxis. 7. München 1982, S. 18-22; dies.: Rekonstruktionen des eigenen Lebens. Autobiographien von Frauen aus dem 19. Jahrhundert. In: Gisela Brinker-Gabler (Hg.): Deutsche Literatur von Frauen. Band 2: 19. und 20. Jahrhundert. München 1988, S. 154-165.

Fortschritt stellte Eda Sagarras Bibliographie dar,[44] die maßgeblich dazu beitrug, die für die Anfangsphase verständliche Konzentration auf die Werke "bedeutender" Frauen zu überwinden.

In den 1990er Jahren wuchs die Zahl der wissenschaftlichen Beiträge stetig, die Themen und Aspekte differenzierten sich, und die Diskussion konnte auf einer breiteren, zum Teil durch Neueditionen verbesserten Textbasis geführt werden. Den gegenwärtigen Stand der literaturwissenschaftlichen Diskussion über die Autobiographik von Frauen fassen die Sammelbände von Michaela Holdenried und Magdalene Heuser zusammen.[45] Vornehmlich auf Einzelstudien basierend, die den Zeitraum vom Mittelalter bis zur Gegenwart umspannen, geht es in beiden Bänden um eine Korrektur der bislang dominierenden "klassischen" Definition von Autobiographie, die aufgrund ihrer Abhängigkeit von den von Männern entwickelten Kategorien und Modellvorstellungen nur begrenzt gültig sein kann und deshalb obsolet geworden ist.

Im folgenden gehe ich davon aus, daß für Autobiographien die literarischen Konventionen von Ästhetik und Polyvalenz nicht in gleichem Maß gelten wie für andere literarische Gattungen. Das bedeutet insbesondere, daß es aufgrund der spezifischen Kommunikationssituation zwischen dem Verfasser oder der Verfasserin einer Autobiographie und dem anonymen Lesepublikum in der Entscheidung der Lesenden liegt, inwieweit der autobiographische Text als literarischer oder als nicht-literarischer gelesen wird.[46] Für die vorliegende Untersuchung habe ich die Autobiographien als nicht-literarische Texte gelesen, auch wenn sie fiktionale Elemente enthalten.[47] Die Berechtigung dazu gibt der explizit formulierte oder unterstellbare

---

[44] Eda Sagarra: Quellenbibliographie autobiographischer Schriften von Frauen im deutschen Kulturraum 1730-1918. In: Internationales Archiv für Sozialgeschichte der deutschen Literatur 11 (1986) S. 175-231. Elke Ramm stützt sich bei einer Untersuchung über autobiographische Schriften von Frauen um 1800 auf ein Textkorpus von etwa 200 autobiographischen Schriften im weiteren Sinn; vgl. dies.: Warum existieren keine "klassischen" Autobiographien von Frauen? In: Michaela Holdenried (Hg.): Geschriebenes Leben. Autobiographik von Frauen. Berlin 1995, S. 130-141, hier S. 131 und 138.

[45] Holdenried (Hg.), Geschriebenes Leben, 1995. Magdalene Heuser (Hg.): Autobiographien von Frauen. Beiträge zu ihrer Geschichte. Tübingen 1996; s. a. Niggl, Autobiographie, 1998, S. 593-602.

[46] Zum Nebeneinander von referentiell orientierter und "fiktionalisierter" Richtung vgl. Volker Hoffmann: Tendenzen in der deutschen autobiographischen Literatur 1890-1923. In: Niggl (Hg.), Autobiographie, 1989, S. 482-519, zur Terminologie fiktional-referentiell-literarisch bes. S. 485, Anm. 11.

[47] Über nicht-fiktionale Rede vgl. Simone Winko: Wertungen und Werte in Texten. Axiologische Grundlagen und literaturwissenschaftliches Rekonstruktionsverfahren. Braunschweig 1991, S. 166ff.

Anspruch der Verfasserin auf Referentialität, also ihre Absicht, über Wirklichkeit zu reden und nicht über Fiktion.[48]

In der Geschichtswissenschaft standen quellentheoretische Überlegungen zu Autobiographien zwar am Anfang der Beschäftigung mit diesen Quellen.[49] Aber die theoretischen und methodologischen Bemühungen um Autobiographien blieben gering, was ihre Beliebtheit als Steinbruch für anschauliche Zitate keineswegs beeinträchtigte. Diese Situation änderte sich allmählich, als sich Ende der 1970er Jahre mit dem Aufkommen der Oral History das Interesse auf die Lebensweise und Lebensansichten gerade der sogenannten einfachen Leute richtete und die Diskussion um die Bewertung der Aussagekraft von Selbstzeugnissen neue Impulse erhielt.[50] In den Sozialwissenschaften konzentrierten sich die Aktivitäten jedoch bald auf die von Forschenden erst zu initiierenden Quellen, zum Beispiel durch narrative Interviews. Sie können in größerer Zahl, unter weitgehend bekannten und kontrollierten Bedingungen und gezielt zu ausgewählten Themenbereichen produziert werden. Die nur mühsam recherchierbaren "konventionellen" Autobiographien mit ihrer inhaltlichen und formalen Vielfalt blieben Material für Einzelfallstudien, seltener von Gruppenstudien. Von daher machten die Diskussionen über theoretische Annahmen zu Autobiographien in diesem Forschungskontext nur geringe Fortschritte.[51]

---

[48] Zum "autobiographischen Pakt" zwischen Autobiograph und Leser, in dem der Anspruch auf Aufrichtigkeit erhoben wird, vgl. Philippe Lejeune: Der autobiographische Pakt. In: Niggl (Hg.), Autobiographie, 1989, S. 214-257. Elisabeth W. Bruss kritisiert daran, daß die Autor-Leser-Beziehung statisch und damit unhistorisch auf Zeitgenossenschaft begrenzt sei; vgl. dies.: Die Autobiographie als literarischer Akt. In: Niggl (Hg.), Autobiographie, 1989, S. 258-279, hier S. 259. S. a. Gudrun Wedel: Vom Wert der Arbeit und der Kunst. Die Lebenserinnerungen der Florentine Gebhardt. In: Heuser (Hg.), Autobiographien von Frauen, 1996, S. 352f.; Ruth Klüger: Zum Wahrheitsbegriff in der Autobiographie. In: Heuser (Hg.), Autobiographien von Frauen, 1996, S. 405-410. Auch Niggl betont den Referenzcharakter, ders. (Hg.), Autobiographie, 1998, bes. S. 598.

[49] Hans Glagau: Die moderne Selbstbiographie als historische Quelle. Eine Untersuchung. Marburg 1903; Hans W. Gruhle: Die Selbstbiographie als Quelle historischer Erkenntnis. In: Melchior Palyi (Hg.): Hauptprobleme der Soziologie. Erinnerungsgabe für Max Weber. Band 1. München, Leipzig 1923, S. 155-177.

[50] Vgl. Alexander von Plato: Oral History als Erfahrungswissenschaft. Zum Stand der "mündlichen Geschichte" in Deutschland. In: BIOS 4 (1991) S. 97-119. Eine wissenschaftsgeschichtlich ausgerichtete Einordnung der Oral History gibt Lothar Steinbach: Bewußtseinsgeschichte und Geschichtsbewußtsein. Reflexionen über das Verhältnis von autobiographischer Geschichtserfahrung und Oral History. In: BIOS 8 (1995) S. 89-106.

[51] Einen Überblick über die Entwicklung der alten wissenschaftlichen historischen Biographik sowie eine Aufstellung der Möglichkeiten und Aufgaben einer neuen sozialhistorischen Biographieforschung gibt Andreas Gestrich: Einleitung. Sozialhistorische Biographieforschung. In: ders.; Peter Knoch; Helga Merkel (Hg.): Biographie – sozialgeschichtlich. Göttingen 1988, S. 5-28.

Zunehmend beteiligten sich auch Historiker an der soziologisch orientierten Diskussion um die Bedeutung von Selbstzeugnissen, die im Rahmen des biographietheoretischen Diskurses vor allem in der interdisziplinär ausgerichteten, 1988 gegründeten Zeitschrift BIOS geführt wird. Detlef Briesen und Rüdiger Gans gehen in einem grundlegenden Beitrag über den Wert von Zeitzeugen auf die immer noch bestehende Distanz gegenüber der Oral History ein. Die von ihnen referierten Vorbehalte gegenüber lebensgeschichtlichen Interviews entsprechen weitgehend den Vorbehalten gegen Autobiographien als Quellen. Briesen und Gans kritisieren, daß die Verfasser von Traditionsquellen, also auch die von Autobiographien, anscheinend prinzipiell der Manipulation verdächtigt werden.[52] Beide sehen diesen Einwand allerdings als Ausdruck eines unzureichenden methodischen Instrumentariums, das für das Problem Erinnerung nicht taugt. Sie verweisen deshalb darauf, die in neuerer Zeit vorgelegten physiologischen und kognitionspsychologischen Erkenntnisse einzubeziehen.[53] Nur am Rande sei darauf hingewiesen, daß auch kulturwissenschaftliche Forschung an die Erkenntnisse der Oral History anknüpft, wenn sie, vom kommunikativen Gedächtnis mit seinem Vier-Generationen-Horizont ausgehend, das kulturelle Gedächtnis untersucht.[54]

Auf neue Wege führte die Diskussion in der Geschichtswissenschaft erst, als Historiker und Historikerinnen der Frühen Neuzeit sich mit Selbstzeugnissen intensiv auseinanderzusetzen begannen.[55] Im Umkreis von Rudolf Dekker entstanden umfassende Dokumentationen über niederländische Quellen, und Winfried Schulze legte in dem Band "Ego-Dokumente" die ersten Ergebnisse zur deutschen Geschichte vor.[56] Als allgemeingültiger und übergeordneter Begriff über alle Formen von Selbstzeugnissen stößt

---

[52] Detlef Briesen; Rüdiger Gans: Über den Wert von Zeitzeugen in der deutschen Historik. Zur Geschichte einer Ausgrenzung. In: BIOS 6 (1993) S. 1-32, bes. S. 23f.

[53] Briesen/Gans, Wert von Zeitzeugen, 1993, S. 28.

[54] Vgl. Jan Assmann: Kollektives Gedächtnis und kulturelle Identität. In: Jan Assmann; Tonio Hölscher (Hg.): Kultur und Gedächtnis. Frankfurt/Main 1988, S. 9-19, hier S. 11f. Einige Jahre später konstatiert er, daß sich um den Begriff der Erinnerung ein neues Paradigma der Kulturwissenschaften aufbaut; ders.: Das kulturelle Gedächtnis. Schrift, Erinnerung und politische Identität in frühen Hochkulturen. München 1992, S. 11.

[55] Gabriele Jancke hat im Zusammenhang mit ihrer Dissertation eine Quellenkunde über autobiographische Schriften aus dem 15. und 16. Jahrhundert vorbereitet, dies.: Gruppenkultur, Beziehungen und Handeln in Kontexten. Autobiographische Schriften des 15. und 16. Jahrhunderts im deutschen Sprachraum. Freie Universität Berlin 2000.

[56] Winfried Schulze (Hg.): Ego-Dokumente. Annäherung an den Menschen in der Geschichte. Berlin 1996; ders.: Ego-Dokumente: Annäherung an den Menschen in der Geschichte? In: Bea Lundt; Helma Reimöller (Hg.): Von Aufbruch und Utopie. Perspektiven einer neuen Gesellschaftsgeschichte des Mittelalters. Für und mit Ferdinand Seibt aus Anlaß seines 65. Geburtstags. Köln 1992, S. 417-450.

"Ego-Dokumente" zumindest in der Germanistik auf Vorbehalte, denn er bringt die Literarisierung von Selbstzeugnissen nicht zum Ausdruck und bezieht sich einseitig auf den dokumentarischen Aspekt.[57] Zu kurz kommt dabei auch die Bedeutung von Autobiographien als kommunikativem Handeln.[58]

In der Neueren Geschichte dienen Autobiographien zunehmend als wichtige Quellen auch von empirisch angelegten Studien.[59] Vielfach wird jedoch darin nicht auf die spezifischen Probleme dieser Quellen näher eingegangen, und explizite Bemühungen um eine inhaltliche und terminologische Klärung finden sich nur vereinzelt. Noch in neuerer Zeit hat zum Beispiel Jörg Engelbrecht in einem Beitrag über Autobiographien und Memoiren als Quellen die fragwürdige Abgrenzung von Bernd Neumann übernommen.[60] Nach Neumanns altersbezogenem Sozialisationskonzept soll die Darstellung des eigenen Entwicklungsganges bis zum Erwachsenwerden als Autobiographie gelten. Vom Eintreten in das Berufsleben an, mit dem die Integration in die Gesellschaft vollzogen werde, handele es sich dann um Memoiren.[61]

Diese Bestimmung, die vom Lebenslauf von Männern aus dem Bürgertum vor allem im 19. Jahrhundert abgeleitet ist, schließt "normale" Frauen aus dem Bürgertum als Verfasserinnen von Memoiren von vornherein aus, denn sie bleiben ja auch als Erwachsene auf den Raum des privaten Haushalts beschränkt. Proletarierinnen dagegen kommen demnach – theoretisch – als Memoirenschreiberinnen in Frage, und zwar schon ab einem recht frühen Lebensalter, nämlich mit der Aufnahme von Erwerbstätigkeit. Wie fruchtlos und sogar irreführend die davon abgeleitete konventionelle Unterscheidung

---

[57] Vgl. Heuser (Hg.), Autobiographien von Frauen, 1996, Einleitung S. 1, Anm. 1; Holdenried (Hg.), Geschriebenes Lebens, 1995, Einleitung S. 11.

[58] Vgl. dazu Gabriele Jancke: Autobiographische Texte – Handlungen in einem Beziehungsnetz. Überlegungen zu Gattungsfragen und Machtaspekten im deutschen Sprachraum von 1400 bis 1620. In: Schulze (Hg.), Ego-Dokumente, 1996, S. 73-106, bes. S. 75.

[59] Über den neuen Trend, Selbstzeugnisse als Quellen heranzuziehen, s. Michael Sauer: Bildungsgeschichte (Literaturbericht) Teil I. In: Geschichte in Wissenschaft und Unterricht 49 (1998) S. 761-772.

[60] Jörg Engelbrecht: Autobiographien, Memoiren. In: Bernd-A. Rusinek; Volker Ackermann; Jörg Engelbrecht (Hg.): Einführung in die Interpretation historischer Quellen. Paderborn 1992, S. 61-79; Bernd Neumann: Identität und Rollenzwang. Zur Theorie der Autobiographie. Frankfurt/Main 1970.

[61] Neumanns strikte Abgrenzung "Indem die Memoiren vor dem privaten Bereich enden, enden sie dort, wo die Autobiographie beginnt." (S. 13) ist an sich schon problematisch, aber seine Behauptung "Die Memoiren sind die adäquate Form für die Lebenserinnerungen des handelnden Menschen." (S. 11) enthüllt die implizite, geschlechtsspezifische Wertung. Dem entspricht der Identitätsbegriff: "Von der objektiven Seite, der Seite der Gesellschaft her gesehen, bedeutet das Erreichen der Identität die feste Übernahme einer sozialen Rolle, der Berufsrolle in der Regel." (S. 23); Zitate in: Neumann, Identität und Rollenzwang, 1970.

ist, geht aus Engelbrechts eigener Analyse von Fallbeispielen hervor: Er kann diese Werke weder dem von ihm definierten Quellentyp Autobiographie noch dem Quellentyp Memoiren eindeutig zuordnen und muß deshalb zusätzlich die Mischform Lebenserinnerungen einführen. Dabei bleibt offen, ob er diese Mischform als eigenen Quellentyp betrachtet und in welcher strukturellen und hierarchischen Beziehung sie zu Autobiographien und Memoiren stehen soll.[62]

Ergiebiger für die Autobiographiediskussion sind die Überlegungen von Peter Hüttenberger, der von einer spezifischen Relation zwischen Handlung[63] und Quelle ausgeht und Autobiographien einem Überschneidungsbereich von "Handlungsüberresten" und "Berichten" zuordnet: "Eine Autobiographie ist, und will es sein, vorwiegend ein 'Bericht' von vergangenen Handlungen aus der Sicht eines Menschen. Aber sie kann auch Teil einer Handlung und damit 'Überrest' sein."[64] Diese – unvollständige – Begriffsbestimmung betont einen oft vernachlässigten Aspekt: Autobiographien sind selbst Ereignisse in einer Handlungsabfolge. Sie stehen in einem Kommunikationsprozeß, der mit der Niederschrift der Autobiographie noch längst nicht abgeschlossen ist. Gerade Hüttenbergers Beschreibung der verschiedenen, mit Informationsverlusten verbundenen Differenzstufen, die zwischen Handlungen, den sie überliefernden Überresten und Berichten und der schließlich ausgewerteten Quelle liegen, schärft den quellenkritischen Blick.

Analytisch ist zu differenzieren zwischen dem Lebenslauf, der die Gesamtheit von Ereignissen, Erfahrungen und Empfindungen mit einer unendlichen Zahl von Elementen meint, die je nach Gesellschaftszustand mehr oder weniger stark sozial institutionalisiert sein kann – ein direkter

---

[62] So bezeichnet Engelbrecht die Erinnerungen von Werner von Siemens einmal als Lebenserinnerungen (S. 69, 73), einmal als Autobiographie (S. 70, 73); in den Erinnerungen von Carl Linde sieht er demgegenüber einen "ganz anderen Typ von Autobiographie" (S. 75), dann wieder sind die Erinnerungen von Siemens und Linde "zwei Formen von Memoiren" (S. 77); weshalb Engelbrecht die Erinnerungen von Ernst Körting als autobiographische Schrift bezeichnet (S. 77), bleibt offen; Zitate in: Engelbrecht, Autobiographien, Memoiren, 1992.

[63] Handlungen sollen im Sinne von Jürgen Kocka als Ausgangspunkt und Bezugsgröße von historischen Strukturen verstanden werden: "... es ist eine fundamentale Erkenntnis, daß historische Strukturen vor allem in der Phase ihrer Entstehung aus individuellen und kollektiven, erfahrungsgeleiteten und zielmotivierten Handlungen hervorgehen und von solchen immer wieder beeinflußt, verstetigt oder verändert werden"; vgl. ders.: Sozialgeschichte zwischen Strukturgeschichte und Erfahrungsgeschichte. In: Wolfgang Schieder; Volker Sellin (Hg.): Sozialgeschichte in Deutschland. Entwicklungen und Perspektiven im internationalen Zusammenhang. Band 1: Die Sozialgeschichte innerhalb der Geschichtswissenschaft. Göttingen 1986, S. 67-88, hier S. 79.

[64] Peter Hüttenberger: Überlegungen zur Theorie der Quelle. In: Rusinek u. a. (Hg.), Einführung, 1992, S. 253-265, hier S. 256.

Zugang zu diesem konkreten Leben ist nicht möglich – und der Autobiographie, in der das Individuum seinen Lebenslauf zum Thema macht.[65] Diese Thematisierung ist Bestandteil des Lebenslaufs und wirkt auf diesen zurück; sie kann im Lauf der Zeit unterschiedliche Gestalt annehmen. Auf Gesellschaft bezogen heißt das: "Gesellschaftliche Veränderungen haben veränderte Lebensläufe, diese wiederum veränderte Biographien zur Folge."[66] Biographien kommen aufgrund von vielschichtigen Selektionsvorgängen – bewußten wie unbewußten – zustande. Bei diesen Prozessen können neue Zusammenhänge hergestellt oder externe Elemente einbezogen werden, die den Lebenslauf bereichern. Zudem unterliegt eine Biographie dem mehr oder weniger ausgeprägten Gestaltungswunsch des schreibenden Individuums, der wiederum durch Kommunikationshandlungen beeinflußt wird.

Das alles bewirkt, daß sich die Biographie im Lauf der Zeit mehr oder weniger stark wandelt. Eine der möglichen Gestalten von Biographie zu einer bestimmten Zeit stellt die Niederschrift von Lebenserinnerungen in Form einer Autobiographie dar. Bettina Dausien hat von einem handlungstheoretisch fundierten Ansatz aus folgende Definition vorgenommen: "Eine Lebensgeschichte, die von einem konkreten Subjekt in einer konkreten biographischen und sozialen Situation 'konstruiert' wird, ist keineswegs 'frei' erfunden, sondern bezieht sich auf ein gelebtes und erlebtes Leben und hat für das Subjekt eine Gültigkeit, die in hohem Maße handlungsorientierend ist."[67]

In diesem Zusammenhang ist ein spezifischer Einflußfaktor hervorzuheben, dessen Wirkung auf die Formulierung eines autobiographischen Textes bisher weder von der Literaturwissenschaft noch der Geschichtswissenschaft einschließlich Oral History noch den Sozialwissenschaften angemessen

---

[65] Vgl. Alois Hahn: Biographie und Religion. In: Hans-Georg Soeffner (Hg.): Kultur und Alltag. Göttingen 1988, S. 49-60, hier S. 51. Zu neuen Modellen vgl. Kai-Olaf Maiwald: Die Wirklichkeit des Lebens und seiner Deutung. Auf dem Weg zu einer Methodologie der Biographieforschung (Sammelbesprechung). In: Soziologische Revue 19 (1996) S. 465-473. Zur Differenz "Biographie" und "Lebenslauf" in bildungshistorischer Sicht s. Heinz Elmar Tenorth: Biographie und gelebtes Leben. Notiz über einige unvermeidliche Fiktionen. In: Inge Hansen-Schaberg (Hg.): "etwas erzählen". Die lebensgeschichtliche Dimension in der Pädagogik. Bruno Schonig zum 60. Geburtstag. Baltmannsweiler 1997, S. 189-200, hier S. 190f.

[66] Winfried Marotzki: Qualitative Bildungsforschung. In: Eckard König; Peter Zedler (Hg.): Bilanz qualitativer Forschung. Band 1: Grundlagen qualitativer Forschung. Weinheim 1995, S. 99-133, hier S. 116.

[67] Bettina Dausien: Biographieforschung als "Königinnenweg"? Überlegungen zur Relevanz biographischer Ansätze in der Frauenforschung. In: Angelika Diezinger u. a. (Hg.): Erfahrung mit Methode. Wege sozialwissenschaftlicher Frauenforschung. Freiburg 1994, S. 129-153, hier S. 145.

berücksichtigt wurde: das situationsbedingte und spontane mündliche Erzählen aus dem eigenen Leben. Nur die Volkskunde hat sich damit befaßt. Eine systematische Untersuchung zu lebensgeschichtlichen Aussagen "durchschnittlicher" Erzähler hat zuerst Albrecht Lehmann 1983 vorgelegt.[68] Ohne im einzelnen darauf einzugehen, möchte ich den für das autobiographische Schreiben wesentlichen Aspekt anführen: Es ist anzunehmen, daß Autobiographinnen schon vielfach am mündlichen Erzählen aus dem Leben entweder aktiv als Erzählende oder passiv als Zuhörende teilgenommen haben, bevor sie ihre Autobiographie verfaßten. Sie haben sich somit im Lauf der Zeit ein Repertoire von Geschichten aus ihrem Leben angeeignet, auf das sie nach Bedarf zurückgreifen konnten. Einige Geschichten werden sie häufiger, andere seltener einem Publikum präsentiert haben. Das mehrfach Erzählte und in seiner Publikumswirkung Erprobte wurde dabei stärker durchformt und ließ sich aufgrund der Übung leichter erinnern.[69] Bei der Niederschrift der Autobiographie und der Auswahl der darzustellenden Themen wird dieses Repertoire bewährter Geschichten eine nicht zu unterschätzende, aber schwer zu fassende Rolle gespielt haben.

Vor dem Hintergrund der beschriebenen Forschungslage verstehe ich Autobiographien als aussagekräftige, wenn auch "schwierige" historische Quellen. Generell bilden die Texte der ausgewählten Autobiographinnen die Basis der Auswertung. Die Aussagen darin werden allerdings je nach Fragestellung unterschiedlich gewichtet. Zum einen betrachte ich Aussagen in Bezug auf ihre Präsentation als wahr, denn die Autorin will, daß das von ihr Niedergeschriebene in dieser sprachlichen Gestaltung ein Publikum erreicht. Sie setzt ihre Darstellung damit der Kritik kompetenter Zeitgenossen und Zeitgenossinnen aus. Zum anderen berücksichtige ich die Verarbeitung des früheren Geschehens im Lauf der Zeit, unter dem Einfluß neuer Erfahrungen und möglicherweise geänderter Bewertungen und nehme an, daß die Erinnerungen besonders während der Niederschrift zu einem präsentablen Selbstbild geformt werden. Das Ausmaß an Überformung hängt indessen nicht nur von dem bewußten Gestaltungswillen der Autorin ab, es wird auch von weniger bewußten literarischen Konventionen der Darstellung, von unbewußter Selektion und nicht zuletzt vom verlegerischen Kalkül beeinflußt.

Weitere Aspekte kommen hinzu: Je nachdem wie eng die beschriebenen Sachverhalte mit den Intentionen der Autorin zusammenhängen, ist mit einer größeren oder geringen Überformung oder auch Selektion der ihr präsenten

---

[68] Albrecht Lehmann: Erzählstruktur und Lebenslauf. Autobiographische Untersuchungen. Frankfurt/Main 1983, S. 31f.; s. a. Rudolf Schenda: Von Mund zu Ohr. Bausteine zu einer Kulturgeschichte volkstümlichen Erzählens in Europa. Göttingen 1993.
[69] Vgl. Lehmann, Erzählstruktur, 1983, S. 23.

Erinnerungen zu rechnen. Das gilt vor allem für diejenigen Tatsachen, mit denen sich das Selbstbild im gewünschten Sinn modellieren läßt. Autobiographinnen können ihr Selbstbild "profilieren", um sich interessant zu machen, oder Ungewöhnliches relativieren oder verschweigen, um ihr Selbstbild zu "normalisieren". Beide Strategien gehören zu den "autobiographischen Effekten".[70]

Generell unterstelle ich, daß die Autorin nicht bewußt Fakten fälscht. Die Annahme gilt solange, bis abweichende, meist externe Informationen ermittelt werden oder textinterne Widersprüche es nötig machen, auf mögliche bewußte Fälschungen zu achten. Aber nicht immer läßt sich entscheiden, ob das der Fall ist oder Gedächtnislücken oder Erinnerungsfehler vorliegen. Als anthropologische Konstante ist in diesem Zusammenhang zu berücksichtigen, daß es zur Überlebensfähigkeit von Menschen gehört, Negatives schneller zu vergessen als Positives. Das stützt die Vermutung, daß gesellschaftlich gering bewertete Handlungen, zum Beispiel Hausarbeit, keinen hohen Wert als Erinnerungen für Autobiographien besitzen.

Wichtige Themen konnen aber trotz Abwertung oder Tabuisierung in den autobiographischen Text gelangen. Das geschieht oft mit Hilfe von Retrojektion. Darunter verstehe ich eine spezifische Darstellungsweise in Autobiographien, bei der schwierige Inhalte oder gesellschaftlich gering bewertete Themen in der Präsentation des Lebenslaufs zeitlich zurückversetzt werden: Alltägliche Verrichtungen und der Umgang mit alltäglichen Dingen werden meistens dann relativ ausführlich dargestellt, wenn sie sich während der eigenen Kindheit und Jugend ereigneten, zu einer Zeit also, in der die Autobiographin selbst zwar schon daran beteiligt sein konnte, aber vor allem als Anfängerin und Lernende, nicht als Verantwortliche. So erfährt das Publikum eher Details über den Haushalt der Eltern der Autorin als über ihren eigenen als erwachsene Frau. Zum Teil läßt sich das damit erklären, daß länger Zurückliegendes interessanter erscheint als zeitlich Näherliegendes. Offen ist jedoch die Frage, welche zeitlichen Distanzen notwendig sind, um Erinnerungen zu formulieren oder überhaupt zuzulassen. Ob Retrojektion indessen immer auf Kindheitserinnerungen als Artikulationsraum abzielt oder ob sie nur in einem bestimmten zeitlichen Abstand zum auslösenden Thema zu stehen braucht, kann hier nicht weiter verfolgt werden.

Zusammenfassend sind die konventionellen Vorbehalte gegenüber Autobiographien weitgehend als Ausdruck methodischer Defizite anzusehen. Zugestanden sei, daß die gewollten und ungewollten Lücken in den Autobiographien Verständnisprobleme verursachen, die nicht ohne weiteres aufzulö-

---

[70] Vgl. dazu Wedel, Frauen lehren, 1997, S. 20f.

sen sind. Dieser Nachteil sollte jedoch als Herausforderung aufgefaßt werden. Er steht zudem in keinem Verhältnis zu den Vorteilen, die eine Auswertung dieser Quellen für eine Reihe von Fragestellungen bietet: Autobiographien liefern nicht nur Details zu Bereichen, die sonst kaum oder gar nicht zugänglich sind, sie bieten vor allem Informationen darüber, aus welchen Motiven Frauen handelten, welche Wertungen sie dabei leiteten und in welchem sozialen und damit gesellschaftlichen Zusammenhang die Handelnden standen. Auf der Ebene des autobiographischen Diskurses lassen sich die Texte zudem als Indikator dafür heranziehen, in welcher Art und Weise Individuen ihre Leistungen oder Probleme öffentlich verhandeln wollten.

Methoden

Die komplexe Quelle Autobiographie und unterschiedliche Perspektiven auf die Bedeutung von Lehrtätigkeiten im Lebensverlauf von Frauen erforderten die Anwendung vielfältiger Auswertungsverfahren.[71] Im wesentlichen handelt es sich um Deskription und Vergleich sowie Interpretation und systematische Analyse. Je nach Fragestellung und Ergiebigkeit der Quellen werden die genannten Verfahren in den einzelnen Teilen der Untersuchung in unterschiedlichem Maß angewandt und miteinander kombiniert, eine einseitige Bevorzugung von qualitativem oder quantifizierendem Vorgehen entfällt somit.[72] Auf terminologische Besonderheiten gehe ich im jeweiligen thematischen Kontext ein. Mit der Entscheidung für eine feste Gruppe von Autobiographinnen wurde die Textbasis der Auswertungen für alle Kapitel festgelegt. Aus diesem Grund werde ich im folgenden ausführlich beschreiben, welche Überlegungen der Auswahl zugrunde lagen.

Da der vergleichende Blick auf individuelle Biographien konstituierend für die Fragestellung war, kam weder eine Einzelfallstudie[73] in Betracht noch

---

[71] Vgl. zum "Methodenmix" Hans-Paul Bahrdt: Autobiographische Methoden, Lebensverlaufforschung und Soziologie. In: Wolfgang Voges (Hg.): Methoden der Biographie- und Lebenslaufforschung. Opladen 1987, S. 77-85, hier S. 83; im Rahmen von Frauenforschung s. Bettina Dausien, "Königinnenweg"? 1994, S. 3.

[72] Zur Position der Frauenforschung vgl. Gabriele Sturm: Wie forschen Frauen? Überlegungen zur Entscheidung für qualitatives oder quantifizierendes Vorgehen. In: Diezinger u. a. (Hg.), Erfahrung mit Methode, 1994, S. 85-103.

[73] So hat Inge Hansen-Schaber eine biographische und systematische Untersuchungsweise miteinander verbunden; dies.: Minna Specht – Eine Sozialistin in der Landerziehungsheimbewegung (1918 bis 1951). Untersuchung zur pädagogischen Biographie einer Reformpädagogin. Frankfurt/Main 1992, hier S. 18f. Fünf lebensgeschichtliche Interviews sind die Grundlage einer sozialhistorisch-biographischen Analyse von Petra Clephas-Möcker; Kristina Krallmann: Akademische Bildung, eine Chance zur Selbstverwirklichung für

eine quantitative Untersuchung anhand von aggregierten Daten. Die Entscheidung für eine mittlere Gruppengröße hatte Konsequenzen für die Intensität sowohl von Recherchen wie von Auswertungen. Weder konnte für alle Autobiographinnen so intensiv recherchiert werden, wie Einzelfallstudien es erfordern; Archivalien blieben deshalb unberücksichtigt. Noch läßt die Analyse dieser heterogenen Gruppe Verallgemeinerungen zu, wie sie bei einer repräsentativen Auswahl aus einer definierten Grundgesamtheit vielfach das Ziel sind. Von einer mittleren Gruppengröße war zu erwarten, daß sie eine differenzierte Deskription ermöglicht und eine Hypothesengewinnung zu vielfältigen Aspekten zuläßt.

Grundsätzlich ging es darum, Einzelbeobachtungen zu ordnen und auf wechselseitige Beziehungen hin zu untersuchen, also Einflußgrößen zu identifizieren, die die Entscheidung einer Autobiographin für oder gegen eine Lehrtätigkeit oder deren spezifische Ausprägung bestimmten. Darüber hinaus konnten auf analytischem Weg ausreichend Informationen gewonnen werden, die sowohl Erklärungen auf der Plausibilitätsebene gestatteten als auch die Grundlage für Typenbildung boten. Der methodische Ansatz der "Kollektivbiographie" schied insofern aus, als es im vorliegenden Kontext nicht um ein bestehendes Kollektiv von Personen ging, sondern darum, gemeinsame Merkmale einzelner Personen erst zu erschließen.[74]

Unter diesen Umständen galt der Auswahl der zu analysierenden Autobiographinnen besondere Aufmerksamkeit. Ein komplexes Auswahlverfahren sollte inhaltliche sowie quantitative Aspekte beachten: Erstens war die Anzahl der zu untersuchenden Autobiographinnen zu bestimmen. Einerseits durfte sie eine bestimmte Größenordnung nicht überschreiten, um die einzelnen Biographien angemessen berücksichtigen zu können; andererseits sollte das Sample groß genug sein, um Vergleiche innerhalb und zwischen Altersgruppen zu ermöglichen. Die Größe von Interviewgruppen in der Oral History lieferte dafür Anhaltspunkte.[75] Für ein Sample von neun Autobiographinnen entschied sich zum Beispiel Juliane Jacobi, als sie Mädchenkind-

---

Frauen? Lebensgeschichtlich orientierte Interviews mit Gymnasiallehrerinnen und Ärztinnen der Geburtsjahre 1909 bis 1923. Weinheim 1988.

[74] Vgl. Wilhelm Heinz Schröder: Kollektive Biographien in der historischen Sozialforschung: Eine Einführung. In: ders. (Hg.): Lebenslauf und Gesellschaft: Zum Einsatz von kollektiven Biographien in der historischen Sozialforschung. Stuttgart 1985, S. 7-17. Mit einem vorher festgelegten Modell und einer festen Bestimmung der Untersuchungsgruppe ließ sich mein Ziel, bislang übergangene und "undefinierte" Bereiche von Lehrtätigkeit zu erfassen, nicht verfolgen.

[75] Für homogen zusammengesetzte Interviewgruppen sind 15 bis 30 Personen üblich, wenn statistisch abgesicherte Repräsentativität nicht notwendig ist; zum Auswahlverfahren vgl. Franz-Josef Brüggemeier: Aneignung vergangener Wirklichkeit. Der Beitrag der Oral History. In: Voges (Hg.), Methoden der Biographie- und Lebenslaufforschung, 1987, S. 155.

heiten im 19. Jahrhundert untersuchte.[76] Abgesehen von der vom Thema abhängigen Auswahl stützte auch sie sich auf veröffentlichte Autobiographien, berücksichtigte aber nur Frauen, die mit der Öffentlichkeit in Beziehung standen. Das erweckt den Eindruck, als ob allein diese Frauen sich der Widersprüche in der eigenen Entwicklung bewußt gewesen seien und sie zum Ausdruck bringen konnten.[77] In neueren Analysen auf der Basis von Autobiographien fehlen dagegen oft Hinweise auf Kriterien hinsichtlich der Auswahl und der Anzahl der zugrundegelegten Quellen.[78]

Zweitens habe ich im Unterschied zu der üblichen Vorgehensweise gerade nicht beabsichtigt, nur auf diejenigen Autobiographinnen zurückzugreifen, die im Hauptberuf Lehrerin waren. Es sollten vielmehr Frauen einbezogen werden, die geringfügige oder kurzfristige Lehrtätigkeiten ausübten. Nur dann bestand die Chance, Übergangsverhältnisse analysieren zu können und zu prüfen, wie der Grenzbereich zwischen Erwerbs- und Nichterwerbstätigkeit beschaffen sein konnte. Dem lag die Vermutung zugrunde, daß Frauen aus dem Bürgertum häufig nicht vor der Alternative Erwerb oder Nichterwerb standen, sondern daß es dazwischen ein Spektrum von Erwerbsmöglichkeiten gab, die spezifische Ergänzungsfunktionen erfüllten. Inwieweit diese die Vorstufe zu einer vollständigen Erwerbstätigkeit darstellten oder ob "unvollständige" Tätigkeitsformen für finanzielle Notlagen oder Engpässe ausreichten und deshalb nur von Zeit zu Zeit praktiziert wurden, mußte der Autobiographin nicht klar gewesen sein. Auch die Ausführlichkeit, mit der in der Autobiographie über die eigene Lehrtätigkeit berichtet wurde, bildete kein positives Kriterium, da die subjektive Bewertung von Lehrtätigkeit für den Lebensverlauf interessierte, und dafür können

---

[76] Jacobi-Dittrich, Growing Up Female, 1984: Fanny Lewald (1811-1889), Mathilde Franziska Anneke (1817-1884), Hedwig Dohm (1813-1919), Franziska Tiburtius (1843-1927), Helene Lange (1848-1930), Lily Braun (1865-1916), Marianne Weber (1870-1954), Gertrud Bäumer (1873-1954) und Elly Heuss-Knapp (1881-1950).

[77] Jacobi-Dittrich, Growing Up Female, 1984, S. 198.

[78] Silvia Ungermann wertet die Kindheits- und Jugenderinnerungen von 42 Personen aus, ohne die Auswahlkriterien für ihre heterogene Gruppe zu erläutern; dies.: Kindheit und Schulzeit von 1750-1850. Eine vergleichende Analyse anhand ausgewählter Autobiographien von Bauern, Bürgern und Aristokraten. Frankfurt/Main 1997, zugl. Wuppertal, Univ. Diss. 1996, hier S. 13. Die Gruppe der untersuchten Frauen setzt sich folgendermaßen zusammen: keine Bäuerin; Bürgerinnen: Helene Adelmann (1841-1915), Therese Devrient (1803-1882), Fanny Lewald (1811-1889), Anna Malberg (1850-?); Adel: Elise von Bernstorff (1789-1867), Ferdinande von Brackel (1835-1905), Elisa von der Recke (1754-1833), Tony Schumacher (1848-1931); ebd. S. 18. Auch Jutta Becher listet die von ihr verwendeten 32 Autobiographien lediglich auf; dies.: Kindermädchen. Ihre Bedeutung als Bezugspersonen für Kinder in bürgerlichen Familien des Zweiten Deutschen Kaiserreichs (1871-1918). Frankfurt/Main 1993, zugl. Köln, Univ. Diss. 1992.

knappe Formulierungen genauso aufschlußreich sein wie langatmige Beschreibungen.

Ausgangspunkt des mehrstufigen Auswahlverfahrens war meine Dokumentation über die veröffentlichten Autobiographien von 804 Frauen, die im 19. Jahrhundert geboren sind und zum deutschsprachigen Raum gehören. Aus diesem Quellenkorpus habe ich 256 Frauen identifiziert, die in irgendeiner Form eine Lehrtätigkeit verrichtet oder das Lehrerinnenexamen abgelegt haben. Mit diesem relativ hohen Anteil von fast einem Drittel bilden sie die zweitgrößte Gruppe nach den Schriftstellerinnen.[79]

Die nächste Phase der Eingrenzung folgte drei Gesichtspunkten: Erstens mußte die geographische Herkunft im Gebiet des Deutschen Reiches in den Grenzen von 1914 liegen; zweitens wurden diejenigen Frauen ausgesondert, die zwar ein Lehrerinnenexamen besaßen, von denen aber keine Lehrtätigkeit bekannt war; drittens habe ich die im Jahrzehnt von 1890 bis 1900 geborenen Autobiographinnen ausgeschlossen, weil bei ihnen nur noch der kürzere Teil eines möglichen Arbeitslebens in den behandelten Zeitraum des langen 19. Jahrhunderts fällt.

Damit sank die Zahl der in Frage kommenden Autobiographinnen auf 126, aus denen ich die für meine Untersuchung relevanten zusammenstellte. Als Kriterium diente das Geburtsjahr, das die ansonsten bewußte Auswahl um ein Element der Zufälligkeit ergänzte. Um Altersgruppen im Generationenabstand vergleichen zu können, habe ich drei Kohorten ermittelt.[80] Zusätzlich wurden alle Autobiographinnen berücksichtigt, die sich im Titel ihrer Autobiographie als Lehrende zu erkennen geben, beispielsweise durch Begriffe wie "Erzieherin", "Lehrerin" oder "Pädagogin", und somit "Berufsberichte" erwarten ließen. Aus der Gruppe der 126 Autobiographinnen waren demnach neun Frauen zu berücksichtigen. Zwei von ihnen gehören aufgrund ihres Geburtsjahres gleichzeitig zu jeweils einer Kohorte. Der Bekanntheitsgrad oder die – wie immer definierte – Bedeutung der Autobiographin spielten keine Rolle.[81]

---

[79] Eine grobe Schätzung der Schriftstellerinnen ergibt einen Anteil von mindestens der Hälfte der Autobiographinnen. Zu berücksichtigen ist allerdings, daß es bisher für die Zuordnung zu den Schriftstellerinnen keine zuverlässigen, allgemein anerkannten Kriterien gibt und daß bei der hier vorgenommenen Differenzierung nach Tätigkeiten Überschneidungen vor allem mit den Lehrerinnen vorkommen.

[80] Nach Ewald Terhart sind Längsschnittuntersuchungen in den Erziehungswissenschaften selten; für die gegenwärtige Lehrerforschung kann er kein entsprechendes Projekt nennen; vgl. ders.: Der Kontext des Forschungsprojekts. In: ders., Curt Czerwenka; Karin Ehrich; Frank Jordan; Hans Joachim Schmidt (Hg.): Berufsbiographien von Lehrern und Lehrerinnen. Frankfurt/Main 1994, S. 15-32, hier S. 21.

[81] Ein Indikator für den Bekanntheitsgrad bzw. die zugeschriebene Bedeutung ist die Aufnahme in Lexika. In 16 ausgewerteten Lexika kommen 8 der 32 Autobiographinnen nicht

Dem Zeitraum von 1800 bis 1890 wurden drei Generationen zugewiesen. Als Generation werden hier diejenigen Personen verstanden, die während der gleichen Zeitperiode geboren wurden, wobei eine Periode unterschiedlich definiert werden kann. Um die Vergleichbarkeit zu erleichtern, habe ich, wie in der Demographie üblich, 30 Jahre für die Dauer einer Generation veranschlagt.[82] Ausgehend von der Geburt dauert eine Generation also so lange, bis – im Durchschnitt – das erste eigene Kind geboren wird und damit die nächste Generation beginnt. Der Begriff Generation dient hier also nicht in einem soziologischen Sinn als Bezeichnung für diejenige Gruppe von Menschen im gleichen Alter, die – überregional und schichtunabhängig – durch gemeinsame Erfahrungen, Erlebnisse, Vorstellungen und Werte miteinander verbunden sind, denn diese Voraussetzungen treffen für das 19. Jahrhundert noch nicht zu.[83]

Von den insgesamt 32 Autobiographinnen gehören sieben zur ersten Generation der "Großmütter". Zur Kohorte der in den Jahren 1815 bis 1817 geborenen Frauen zählen Hedwig von Bismarck, Isabella Braun, Wilhelmine Canz, Malwida von Meysenbug, Ottilie Wildermuth sowie Bertha Buchwald, deren Autobiographie zugleich einen Berufsbericht darstellt. Auch Dorette Mittendorf (1826 geboren), die einen Berufsbericht verfaßt hat, wird zugeordnet.

Zur zweiten Generation der "Mütter" gehören 15 Autobiographinnen. Die Kohorte der in den Jahren 1848 bis 1850 geborenen Frauen bilden Charitas Bischoff, Helene Lange, Emma Vely, Rosa Sucher, Luise Kraft, Hedwig

---

vor, 6 Autobiographinnen werden jeweils nur in einem Lexikon erwähnt. Fast die Hälfte (14) sind demnach relativ unbekannt.

[82] Nach Arthur E. Imhof werden Generationen im Lauf der Zeit kürzer. Das betrifft weniger das Alter von 29 Jahren, in dem im Durchschnitt das erste Kind geboren wird, sondern mehr das Alter, in dem das letzte Kind geboren wird: Dieses Alter sinkt von 40 Jahren (um 1800) auf 35 Jahre (1949), im Durchschnitt kommt es mit 38 Jahren zur letzten Geburt; ders.: Die gewonnenen Jahre. Von der Zunahme unserer Lebensspanne seit dreihundert Jahren oder von der Notwendigkeit einer neuen Einstellung zu Leben und Sterben. Ein historischer Essay. München 1981, S. 164-166.

[83] Darauf hat Michael Mitterauer hingewiesen, ders.: Sozialgeschichte der Jugend. Frankfurt/Main 1986, S. 247. Zu den soziologischen Termini "Generationenlage" und "Generationsgestalt" vgl. Helmut Fend: Sozialgeschichte des Aufwachsens. Bedingungen des Aufwachsens und Jugendgestalten im zwanzigsten Jahrhundert. Frankfurt/Main 1988, hier S. 166 und 178. Vgl. auch die Differenzierung des Begriffs bei Hans Jaeger: Generationen in der Geschichte. Überlegungen zu einer umstrittenen Konzeption. In: Geschichte und Gesellschaft 3 (1977) S. 429-452; zur Vernachlässigung dieses Aspekts in der Erziehungswissenschaft s. Ulrich Herrmann: Das Konzept der "Generation". Ein Forschungs- und Erklärungsansatz für die Erziehungs- und Bildungssoziologie und die Historische Sozialisationsforschung. In: Neue Sammlung 27 (1987) S. 354-377; Gabriele Conen: Generationenbeziehungen sind auch Geschlechterbeziehungen. In: Zeitschrift für Frauenforschung 16 (1998) S. 137-153.

Heyl, Clara Jurtz, Anna Malberg, Elisabeth Gnauck-Kühne, Bertha Riedel-Ahrens und Luise Adolpha Le Beau. Hinzu kommen Auguste Mues (1838 geboren), N. L. (etwa 1844 geboren), Auguste Sprengel (1847 geboren) und Thekla Trinks (1831 geboren), die Autobiographien als Berufsberichte verfaßt haben.

Zur dritten Generation der "Töchter" gehören zehn Autobiographinnen. Die Kohorte der in den Jahren 1877 bis 1879 Geborenen besteht aus Meta Diestel, Mathilde Ludendorff, Margarete Klinckerfuß, Else Wentscher, Marie-Elisabeth Lüders, Gretchen Wohlwill und Minna Specht sowie Marie Franz, die ihre Autobiographie als Berufsbericht präsentiert. Weiterhin haben Florentine Gebhardt (1865 geboren) und Marie Torhorst (1888 geboren) Berufsberichte veröffentlicht.

Das erste Kapitel der Studie gibt einen Überblick über das zeitgenössische Bildungssystem und die Entwicklung des Lehrerinnenberufs. Es stellt die ausgewählten Autobiographinnen mit ihrem Sozialprofil, ihren Bildungswegen und Arbeitsverläufen gegliedert vor.

Für die Analyse des sozialen Status, der im allgemeinen nach der Zugehörigkeit zu einer sozialen Schicht und zu einer Berufsgruppe bestimmt wird, orientierte ich mich weitgehend an dem von der Lundgreen-Arbeitsgruppe entwickelten Schichtungsmodell,[84] das repräsentativ für die städtische Gesellschaft im 19. Jahrhundert sein soll. Es beruht auf einer Staffelung nach Sozialgruppen und geht von einem hierarchischen Drei-Schichten-Modell aus, in dem innerhalb der Oberschicht und Mittelschicht weiter nach gruppenspezifischen Merkmalen horizontal differenziert wird. Das Modell umfaßt 15 Sozialgruppen, die ich als Raster für alle tatsächlich vorkommenden Berufsbezeichnungen in den Quellen oder in der biographischen Sekundärliteratur übernommen habe. Allerdings waren Modifikationen notwendig, die meine sowohl qualitativ als auch quantitativ unterschiedliche Datenbasis berücksichtigten. So spielen hier die Angehörigen der nichtakademischen freien Berufe und die Künstler eine besondere Rolle.[85] Während sie bei Lundgreen nur als Untergruppe gelten, habe ich sie als eigene Gruppe definiert, sie bleiben aber der Mittelschicht zugeordnet. Da Angehörige der

---

[84] Peter Lundgreen; Margret Kraul; Karl Ditt: Bildungschancen und soziale Mobilität in der städtischen Gesellschaft des 19. Jahrhunderts. Göttingen 1988. Lediglich ergänzend wurde die Studie von Schüren herangezogen, da sie in den unteren Gesellschaftsschichten sehr fein differenziert, nicht aber in den oberen Gesellschaftsschichten, denen die meisten der ausgewählten Autobiographinnen angehören. Reinhard Schüren: Soziale Mobilität. Muster, Veränderungen und Bedingungen im 19. und 20. Jahrhundert. St. Katharinen 1989.

[85] Vgl. Lundgreen u. a., Bildungschancen, 1988, S. 357.

Unterschichten in der Quellenauswahl selten vorkommen und für die zentrale Fragestellung marginal bleiben, konnte ich sie zu einer Gruppe zusammenfassen.

Ein Vorteil von Autobiographien als Quelle besteht darin, daß Berufe nach zeitlichen Dimensionen – historisch wie biographisch – differenziert werden können. Der ausgeübte Beruf sollte deshalb möglichst in Bezug auf eine bestimmte Lebensphase oder -stufe erfaßt werden. Es führt zu einer tendenziell zu hohen Einstufung der Väterberufe, wenn nur die höchste erreichte Position berücksichtigt wird, wie es in biographischen Lexika üblich ist. Soweit es die Quellen erlaubten, habe ich deshalb denjenigen Beruf des Vaters zugeordnet, den er in dem Zeitraum ausübte, in dem die Autobiographin aufwuchs und die entscheidende familiäre Sozialisation durchlief.

Unbefriedigend ist die bislang vorherrschende Praxis, die soziale Stellung von Frauen ohne größere Bedenken allein über den Status und die Berufsposition ihres Ehemannes zu definieren.[86] Einerseits wird damit ihr Anteil an der Arbeitsleistung für die Familie und damit auch für die Gesellschaft ausgeblendet. Andererseits kann man das als Hinweis darauf verstehen, daß für bürgerliche Männer die eheliche Beziehung zu einer Frau und damit das Recht auf ihre Arbeitsleistung und ihr Vermögen zum eigenen Status gehörte und ein wesentlicher, aber nicht-definierter Bestandteil der eigenen Berufsausübung war. Arbeitsleistungen jedoch, die nicht über den Markt vermittelt wurden und deshalb nicht zur Erwerbsarbeit zählten, gelangten erst spät in den Themenkatalog wirtschaftlicher Analysen.[87]

Um die Mütter der Autobiographinnen wenigstens partiell aus dem dunkeln zu holen und ihren Beitrag zur Sozialisation und Berufsorientierung der Töchter berücksichtigen zu können, habe ich sowohl den Beruf der Mutter als auch die soziale Stellung und den Beruf ihres Vaters, von der Autobiographin aus gesehen also des Großvaters mütterlicherseits, zusätzlich erfaßt und nach dem gleichen Schema kategorisiert wie den ihres Vaters. Auf diese Weise wird zwar das Übergewicht männlicher Berufstätigkeit vergrößert. Die Informationen über den Großvaterberuf mütterlicherseits relativieren aber gleichzeitig die Dominanz des Vaterberufs, indem sie Auskunft über das Herkunftsmilieu der Mutter geben. Sie lassen eine differenziertere Beurteilung der sozialen Herkunft der Autobiographin zu. Als vorteilhaft hat sich

---

[86] Wie sich die Ergebnisse ändern, wenn Frauen aufgrund ihres eigenen Berufs sozial eingeordnet werden, hat Ruth Federspiel für das 20. Jahrhundert vorgeführt; vgl. dies.: Soziale Mobilität im Berlin des 20. Jahrhunderts. Frauen und Männer in Berlin-Neukölln 1905-1957. Phil. Diss. Freie Universität Berlin 1994, S. 110ff.

[87] Vgl. von Schweitzer, Wirtschaftslehre, 1991.

insbesondere erwiesen, daß damit Hinweise über eine Berufsorientierung der Mutter verbunden sind.

Im zweiten Kapitel werden die zeitlichen Dimensionen von Lehrtätigkeiten der unterschiedlichsten Art untersucht.[88] Zunächst interessiert die Position und Dauer von Lehrphasen im gesamten Lebenslauf, wobei nach den Bereichen Familie – Schule – Beruf unterschieden wird. Diese Gruppierung bildet ein Grundmuster für die gesamte Darstellung.

Methodisch habe ich mich grob an der klassischen Kohortenanalyse orientiert, wie sie das Lebenszyklusmodell innerhalb der Theorie der Altersschichtung vorsieht. Danach stellt der Lebenslauf eine Folge klar bestimmbarer Altersphasen dar, deren Grenzen durch institutionelle, auf sozialen Normen beruhende Regulierungen gezogen werden. Da aber in diesem Ansatz Überlagerungen und dynamische Verläufe nicht berücksichtigt sind, kam eine Übernahme dieses Modells nicht in Frage.[89] Eine flexible Handhabung war schon allein deshalb notwendig, weil die von mir gebildeten Kohorten um die Verfasserinnen der "Berufsberichte" erweitert wurden. An die Lebensverlaufsforschung knüpfe ich insofern an, als dort neben dem chronologischen Alter auch die Verweildauer in einzelnen Zuständen, die Zeitspannen vor und nach Lebensereignissen sowie der zeitliche Bezug zwischen individuellen Übergängen und gesellschaftlichen Ereignissen eine große Rolle spielen.[90] Unter dem Aspekt der Einbeziehung von Motiven, Bewertungen und der Analyse von sozialen Konstellationen stehe ich der in der Soziologie entwickelten Biographieforschung nahe, vor allem einer offenen Position, wie sie Bettina Dausien vertritt.[91]

---

[88] Zum Umgang mit den biographischen Daten ist anzumerken, daß bei quantifizierenden Auswertungen wie Häufigkeiten und Verteilungen die betreffenden Personen nicht immer im einzelnen nachgewiesen werden. Detaillierte Angaben zur Gruppierung der Autobiographinnen innerhalb der Generationen oder generationenübergreifend sind in meiner Dissertation in den Fußnoten zum Text dokumentiert. Da dort in der Regel die Namen mit angegeben werden, lassen sich Aussagen personenbezogen nachvollziehen.

[89] In diesem Sinn kritisiert von Johannes Huinink; Matthias Grundmann: Kindheit im Lebenslauf. In: Manfred Markefka; Bernhard Nauck (Hg.): Handbuch der Kindheitsforschung. Neuwied 1993, S. 67-78, hier S. 68f.

[90] Vgl. Karl U. Mayer (Hg.): Lebensverläufe und sozialer Wandel. Opladen 1990, S. 9; ders.: Lebensverläufe und gesellschaftlicher Wandel. Eine Theoriekritik und eine Analyse zum Zusammenhang von Bildungs- und Geburtenentwicklung. In: Johann Behrens; Wolfgang Voges (Hg.): Kritische Übergänge. Statuspassagen und sozialpolitische Institutionalisierungen. Frankfurt/Main 1996, S. 43-72. Vom Standpunkt der Frauenforschung aus vgl. Regina Becker-Schmidt: Diskontinuität und Nachträglichkeit. Theoretische und methodische Überlegungen zur Erforschung weiblicher Lebensläufe. In: Diezinger u. a. (Hg.), Erfahrung mit Methode, 1994, S. 155-182, hier S. 176-179.

[91] Dausien kommt zu dem Schluß, "daß Biographieforschung keine fest umrissene Methode, sondern einen komplexen methodologischen und theoretischen Forschungsansatz bezeich-

An diese Ansätze anknüpfend entschied ich mich für folgendes Verfahren: Ausgehend von Altersgruppen untersuchte ich Phasen von Lehrtätigkeit, die nicht von vornherein festgelegt sind, damit diejenigen – internen wie externen – Faktoren bestimmt werden können, von denen die Dauer der Phasen abhängt. Die biographischen Gründe für Phasenanfänge und -beendigungen werden durch Identifizierung und Interpretation von Motiven ermittelt und inter- und intragenerationell verglichen. Da die Zeitbestimmungen in den Autobiographien oft lückenhaft sind oder vage bleiben, habe ich die erforderlichen Jahresangaben errechnet, abgeleitet oder geschätzt. In einigen Fällen können zeitliche Verzerrungen vorkommen. Sie sind dann in Kauf zu nehmen, wenn sie für die Analyse zentraler Tendenzen keine entscheidende Rolle spielen.

Dieses Vorgehen steht der berufsbiographischen Lehrerforschung nahe, wie sie Ewald Terhart vertritt,[92] wobei eine direkte Übertragung der methodischen Verfahren auf die historische Quelle Autobiographie nicht zur Diskussion stand. Die Nähe beruht vielmehr auf der Auswahl der zu untersuchenden Aspekte: Berücksichtigung des gesamten Berufslebens, von Selbstdeutungen und Geschlechterunterschieden sowie Einbeziehen des "Privatlebens". In methodischer Hinsicht ist die Kombination von qualitativen und quantitativen Verfahren sowie der Vergleich mehrerer Generationen gemeinsam.[93] Ein wesentlicher Unterschied besteht allerdings darin, daß meine Studie nicht nur beruflich organisierte Lehrtätigkeit in den Blick nimmt, sondern sie in Beziehung setzt zu außerberuflichen Lehrtätigkeiten und generell zu Arbeit im Lebensverlauf.

Schließlich wird untersucht, in welcher Beziehung aufgewendete Zeit und erzieltes Einkommen stehen, und in welchem Umfang damit der Lebensunterhalt gesichert werden konnte.

Das dritte Kapitel befaßt sich mit den Orten, an denen Lehrtätigkeiten stattfanden, zum einen mit geographischen, um die Gründe und das Ausmaß der regionalen Mobilität lehrender Frauen zu erfassen, zum andern mit privaten und institutionellen, wobei die Darstellung dem Grundmuster Familie –

---

net, der im je konkreten Fall unterschiedliche Erhebungs- und Auswertungsverfahren zur Anwendung bringt und darüber hinaus in verschiedene, durchaus inkompatible Theoriekontexte eingebunden sein kann." Dausien, "Königinnenweg"? 1994, S. 152; über die von ihr formulierten Ansätze zu einer Theorie weiblicher Biographiekonstruktion, bes. S. 137f., s. ihre Kritik an verschiedenen soziologischen Modellen von "Normalbiographie" in dies., Biographie und Geschlecht, 1996, S. 24-43.

[92] Einen Überblick gibt Ewald Terhart: Lehrerbiographien. In: König/Zedler, Methoden, 1995, S. 225-264.

[93] So die Liste der "systematischen Anforderungen" nach Terhart, Lehrerbiographien, 1995, S. 230-233.

Schule – Beruf folgt. Vor allem den Pensionaten und Internatsschulen, die in einem Übergangsbereich zwischen privatem Haushalt und der Institution Schule liegen, gilt dabei das Interesse, denn hier haben Frauen ihre unternehmerischen Fähigkeiten entfaltet, wie am Beispiel von Thekla Trinks näher ausgeführt wird, die einige Jahre lang Leiterin und Besitzerin eines Mädchenpensionats war. Ziel ist es, die räumlichen Kontexte einzelner Lehrtätigkeiten zu beschreiben, um die Vielfalt von Arbeitsformen verorten zu können. Am Beispiel der Lehrtätigkeit kann somit der Zusammenhang von unterschiedlichen gesellschaftlichen Bewertungen von Arbeit mit dem jeweiligen Ort dieser Arbeit aufgedeckt werden.

Im Anhang werden die 32 Autobiographinnen in Kurzbiographien vorgestellt, die Hinweise auf Umfang und Abfassungszeit der Autobiographie enthalten.[94]

---

[94] Zum Entstehungskontext der Autobiographien s. die ausführlichen Arbeitsbiographien der ausgewählten Frauen in: Wedel, Frauen lehren, 1997, S. 351-542.

2. Die Autobiographinnen und das zeitgenössische Bildungssystem

2.1 Schule und Lehrerinnentätigkeit

Aus dem 18. Jahrhundert stammen die Vorstellungen der Aufklärer, daß eine breite "Volkserziehung" nützlich für die gesamte Gesellschaft sei und daß jeder seinen Platz in der Gesellschaft durch Bildung verbessern können solle. Da gleichzeitig das Interesse einer kameralistischen Staatspolitik an gut ausgebildeten Arbeitskräften zunahm, setzte in den Jahren nach 1800 der Ausbau von Bildungseinrichtungen, insbesondere des Schulwesens, ein. Den meisten Mädchen und Frauen allerdings blieben bis weit in die zweite Hälfte des 19. Jahrhunderts diese Errungenschaften verschlossen. Die historische Entwicklung ihrer Bildungsmöglichkeiten folgte einem anderen Phasenverlauf.

Daß die weitgehende Alphabetisierung der Bevölkerung dem immer wirkungsvoller durchgesetzten Schulbesuch und einem verbesserten Unterricht zu verdanken ist, bedarf keiner Hervorhebung. Trotzdem und um eine Überbewertung der vermeintlich originären Funktion von Schule zu relativieren, ist in diesem Zusammenhang darauf hinzuweisen, daß gesellschaftlich anerkannte und gewünschte Kenntnisse und Fertigkeiten, einschließlich der Kulturtechniken Lesen, Schreiben und Rechnen, auch durch andere Institutionen und auf anderen Wegen vermittelt werden konnten.

In der gängigen bildungshistorischen Diskussion werden selten Untersuchungen darüber zur Kenntnis genommen, daß Lesenlernen nicht nur durch die Schule vermittelt wurde, sondern daß es auch – und ebenfalls wirkungsvoll – durch die Kirche geschehen konnte, wie es in Schweden die Pfarrer in ihrer Gemeinde taten.[1] Ebenso stiefmütterlich wird die Frage behandelt, welchen Anteil Frauen als lehrende Mütter, Tanten oder als schreibgewohnte Frau in der Familie an der Alphabetisierung hatten. Dieses

---

[1] So Arthur E. Imhof: Die Lebenszeit. Vom aufgeschobenen Tod und von der Kunst des Lebens. München 1988, S. 213-215. Über gegenwärtige Lernprozesse außerhalb von Bildungsinstitutionen, bes. in der Erwachsenenbildung, vgl. Dieter Nittel: Zertifikate ohne Ende. Einige Anmerkungen über "abschlußbezogene" Varianten des lebenslangen Lernens. In: Hessische Blätter für Volksbildung 46 (1996) S. 243-255.

Ausblenden betrifft ebenfalls Väter, wenn sie ihren Kindern zu Hause Unterricht gaben.

Mit der Ausweitung des Lernortes von Kindern über den Familienkreis hinaus und der Ausgestaltung der Schule als gesellschaftlicher Bildungsinstitution ging eine Veränderung der Lernprozesse und Lerninhalte einher, die zunehmend die polyfunktionale Volksbildung beeinflußte.[2] Das bis dahin praktizierte Lernen durch Teilnahme am Leben und Arbeiten der Erwachsenen machte dem Unterricht in der Schule Platz. Er wurde vom einfachen "Schule-Halten" durch fortschreitende Differenzierung der Inhalte in Fächer und in zunehmendem Maß mit Hilfe didaktisch-pädagogischer Methoden und altersspezifischer Vermittlung weiterentwickelt.

Dieses neu entstehende Schulsystem entwickelte hinsichtlich von Spezialisierung, Gruppensozialisation und Zeitmanagement ähnliche Strukturen wie industrialisierte Arbeit.[3] Es gilt aus heutiger Sicht als historischer Umbruch bei der gesellschaftlichen Gestaltung von Kindheit. Schule erhält zentrale gesellschaftliche Funktionen: Sie qualifiziert, verstanden als die Vermittlung kulturüblicher Bestände an Grundwissen und Basisfertigkeiten, sie teilt Berechtigungen zu und löst damit die historisch ältere Berechtigung durch Geburt ab, und sie sozialisiert, indem sie der heranwachsenden Generation Wert- und Arbeitshaltungen beibringt.[4]

Im allgemeinen wird die Wende vom 18. zum 19. Jahrhundert als Beginn des Schulausbaus gesehen, und man ist sich weitgehend einig, daß mit den normierenden Eingriffen des Staates die Herausbildung der Volksschule

---

[2] Vgl. Wolfgang Seitter: Geschichte der Erwachsenenbildung. In: Harney, Klaus; Heinz-Hermann Krüger (Hg.): Einführung in die Geschichte von Erziehungswissenschaft und Erziehungswirklichkeit. Opladen 1997, S. 311-329, hier S. 314f., der auf die Vernachlässigung dieses Themas hinweist.

[3] Zur Schule als "Disziplinierungsarena" s. Hubert Treiber; Heinz Steinert: Die Fabrikation des zuverlässigen Menschen. Über die "Wahlverwandtschaft" von Kloster- und Fabrikdisziplin. München 1980. Zur psychologischen Sicht historisch bedingter schulischer Bedeutungsstrukturen, bes. der "Schuldisziplin", vgl. Klaus Holzkamp: Lernen. Subjektwissenschaftliche Grundlegung. Frankfurt/Main 1993, S. 341-359.

[4] Reinhard Pekrun; Andreas Helmke: Schule und Kindheit. In: Manfred Markefka; Bernhard Nauck. (Hg.): Handbuch der Kindheitsforschung. Neuwied 1993, S. 567-576, hier S. 567; s. a. Kuhlemann, Modernisierung, 1992, bes. S. 44, über die Kennzeichen einer modernen Gesellschaft. Einen Teilüberblick über schulhistorische Forschung, ohne jedoch die vorliegenden Ergebnisse im Rahmen der Frauenforschung zu erwähnen, gibt Bernd Zymek: Konjunkturen einer illegitimen Disziplin. Entwicklung und Perspektiven schulhistorischer Forschung in der Bundesrepublik Deutschland. In: Peter Albrecht; Ernst Hinrichs (Hg.): Kultur und Gesellschaft in Norddeutschland zur Zeit der Aufklärung. 2: Das niedere Schulwesen im Übergang vom 18. zum 19. Jahrhundert. Tübingen 1995, S. 1-14.

einsetzte.[5] Zwar nahmen bereits im 18. Jahrhundert die Versuche zu, durch Reformprojekte, durch obrigkeitliche Regelungen und die Einführung einer Schul- beziehungsweise Unterrichtspflicht den unteren Volksschichten ein Minimum an Bildung zukommen zu lassen, das "ausgedehntes Einüben des Buchstabierens, Lesen anhand von Bibel und Katechismus, wenig Übungen im Schreiben und nur noch wenig Rechnen"[6] umfaßte.

Die Einflußnahme des landesherrlichen Regiments auf das niedere Schulwesen stieß aber auf Widerstände, wenn sie gegen eine bestehende Traditionalität und eine resistente Eigengesetzlichkeit der schulischen Strukturen gerichtet war. Das hat Wolfgang Neugebauer für die ländlichen Gebiete der Provinz Brandenburg-Preußen im Zeitraum von der Reformation bis ins 18. Jahrhundert nachgewiesen; und Frank-Michael Kuhlemann, der die darauf folgende Zeit bis zur Gründung des Kaiserreichs untersucht hat, kommt zu dem Schluß, daß in Preußen die staatliche Volksschulpolitik zumindest auf dem Lande als eine bewußt defensive Modernisierungshaltung zu kennzeichnen ist.[7]

Preußen nahm in dieser Anfangsphase insofern eine führende Stellung ein, als die während der Reformära entwickelte Form des Gymnasiums sich als das dominierende Modell für die höhere Schulbildung durchsetzte, das eine "klassische" Bildung mit hoher Selektionskraft vermittelte und den Vorrang des Berechtigungs- und Laufbahnwesens im öffentlichen Dienst stärkte,[8] zumal seit 1834 das Abitur die allgemeine Zugangsvoraussetzung zur Universität bildete. Das Gymnasium befriedigte vielfältige Bedürfnisse, denn es konnte flexibel und differenziert von unterschiedlichen Bevölke-

---

[5] Marion Klewitz; Achim Leschinsky: Institutionalisierung des Volksschulwesens. In: Enzyklopädie Erziehungswissenschaft. Band 5. 1984, S. 72-97, hier S. 75, 79. Rainer Bölling: Sozialgeschichte der deutschen Lehrer. Ein Überblick von 1800 bis zur Gegenwart. Göttingen 1983, S. 11-13; er legt den Beginn mit dem Preußischen Allgemeinen Landrecht in das Jahr 1794; vgl. den Überblick von Peter Drewek: Geschichte der Schule. In: Harney/Krüger (Hg.), Einführung, 1997, S. 183-207.

[6] Preußen 1717; Bayern 1770/71, insbesondere 1802, s. Klewitz/Leschinsky, Volksschulwesen, 1984, S. 73, Zitat S.75.

[7] Wolfgang Neugebauer: Absolutistischer Staat und Schulwirklichkeit in Brandenburg-Preußen. Berlin, New York 1985, S. 626f.; zum begrenzten Erfolg staatlicher Normierungsversuche vgl. Kuhlemanns Ausführungen zur teilweisen Wirkungslosigkeit der Stiehlschen Regulative von 1854, ders., Modernisierung, 1992, S. 90-93.

[8] Heinrich Kaufhold: Deutschland 1650-1850. In: Ilja Mieck (Hg.): Europäische Wirtschafts- und Sozialgeschichte von der Mitte des 17. Jahrhunderts bis zur Mitte des 19. Jahrhunderts. Stuttgart 1993, S. 523-588, hier S. 548f. Karl-Ernst Jeismann: "... der gelehrte Unterricht in den Händen des Staates." Zum Bildungsbegriff in den preußischen Gymnasialprogrammen des Vormärz. In: Reinhart Koselleck (Hg.): Bildungsgüter und Bildungswissen. Stuttgart 1990, S. 317-345, bes. S. 345.

rungsschichten mit spezifischen Interessen genutzt werden.[9] Die Schüler hatten hier sowohl die Möglichkeit, ihre Schulpflicht zu absolvieren, als auch das Abitur abzulegen. Der praktische Gebrauch des Gymnasiums unterschied sich insofern von der theoretischen Absicht. Die höheren Schulen nahmen im Vergleich zur Volksschule überdurchschnittlich zu, zumindest in Preußen, und differenzierten sich in mehrere Zweige: Neben das traditionelle humanistische Gymnasium mit den klassischen Sprachen, akademisch gebildeten Lehrern und mit Schülern vorwiegend aus der akademischen und wirtschaftlichen Oberschicht traten seit Ende der 1870er Jahre Oberrealschulen, die neue Sprachen anboten und vor allem Schüler aus dem neuen Mittelstand anzogen. Seit 1882 gab es Realgymnasien mit Latein und modernen Sprachen, deren Klientel sich zu einem bedeutenden Anteil aus dem alten Mittelstand rekrutierte.[10]

Eine mittlere Schulstufe, die sich an den Erfordernissen einer industriellen Wirtschaft orientierte, wurde erst in der zweiten Hälfte des 19. Jahrhunderts etabliert, gewann aber keine große Bedeutung, da sie nur begrenzte Berechtigungen verlieh und dem Gymnasium nachgeordnet blieb.[11] Diese Mittelschulen gab es hauptsächlich in kleineren Städten, die keine höhere Lehranstalt besaßen. Sie wurden bevorzugt von Mädchen besucht, deren Anteil vielfach höher als 50 Prozent lag.[12]

Die Entwicklung der Volksschule verlief in den Städten und auf dem Land unterschiedlich.[13] Während es in den Städten ein breites Spektrum von Volksschultypen mit fließenden Übergängen zwischen den verschiedenen

---

[9] Zur Kontroverse darüber zwischen D. K. Müller und P. Lundgreen vgl. die Rezension zu Lundgreen/Kraul/Ditt, Bildungschancen, 1988, von Edwin Keiner in: Paedagogica Historica 1990, S. 143-146.

[10] Wolfram Fischer: Deutschland 1850-1914. In: Wolfram Fischer (Hg.): Europäische Wirtschafts- und Sozialgeschichte von der Mitte des 19. Jahrhunderts bis zum Ersten Weltkrieg. (Handbuch der europäischen Wirtschafts- und Sozialgeschichte. 5) Stuttgart 1985, S. 357-442, hier S. 386.

[11] Bölling, Sozialgeschichte, 1983, S. 11f.

[12] Fischer, Deutschland 1850-1914, 1985, S. 384f.; Frank-Michael Kuhlemann: Niedere Schulen. In: Berg (Hg.), Handbuch der deutschen Bildungsgeschichte. Band 4, 1991, S. 179-217. Nach den Mittelschulbestimmungen von 1910 gab es zwei Mittelschultypen: institutionell-organisatorisch einerseits als grundständiger Schultyp mit neun aufsteigenden Klassen, andererseits als weiterführender Schultyp ohne entsprechenden Unterbau. Von den fünf voneinander abweichenden Lehrplänen bezog sich Plan III auf Mädchenmittelschulen mit Förderung der späteren Erwerbstätigkeit, während Plan IV die Vorbereitung u. a. auf höhere Mädchenschulen vorsah; S. 189f. und S. 201.

[13] Kuhlemann sieht im Gegensatz zwischen Stadt und Land das entscheidende Strukturmerkmal für die heterogene Entwicklung des preußischen Volksschulwesens im 19. Jahrhundert; ders., Niedere Schulen, 1991, S. 193.

Schulen gab[14] und der vorhandene kommunale Spielraum eine relativ rasche Anpassung an die wirtschaftliche Entwicklung ermöglichte, dominierte auf dem Lande noch lange die einklassige Dorfschule, in der Kinder in "Haufen" ohne altersmäßige Gruppierung und oft nur während der Wintermonate unterrichtet wurden.[15]

Vor allem die noch lange fortbestehende Kinderarbeit begrenzte den Schulbesuch, denn nur die Fabrikarbeit von Kindern hörte nach der Verabschiedung der Kinderschutzbestimmungen von 1839 und 1853 auf, nicht aber die Kinderarbeit in der Hausindustrie, in kleinen handwerklichen Betrieben und in der Landwirtschaft.[16] Doch insgesamt wuchs der Schulbesuch stetig. Gingen in Preußen zu Beginn des 19. Jahrhunderts etwas mehr als die Hälfte der schulpflichtigen Kinder in öffentliche Schulen, so erreichte die Einschulungsrate in den 1880er Jahren bereits die Hundertprozent-Marke.[17]

Die Anzahl der Schüler und Schülerinnen, die gemeinsam in einer Klasse unterrichtet wurden, schwankte beträchtlich. Hohe Werte von 120 Kindern pro Klasse waren keine Ausnahme. Sie geben Aufschluß über die Arbeitslast der Lehrenden und über die Lernsituation der Schüler und damit auch über ihre Lernchancen.[18] Bis 1911 hatte sich in Preußen die Situation so weit verbessert, daß nun 56 Schüler auf einen Lehrer kamen, und aufgrund der

---

[14] Detailliert zu den einzelnen Volksschultypen s. Kuhlemann, Modernisierung, 1992, S. 143-236; in Berlin gab es kommunale Armenschulen, Privatschulen, Parochialschulen, besondere Vereinsschulen (z. B. Schule der französischen Kolonie, der jüdischen Gemeinde, Schulen katholischer und evangelischer Vereinigungen) oder die neugegründeten "Stadtschulen", ebenda S. 182.

[15] Dazu Kuhlemann, Modernisierung, 1992, S. 102f.

[16] So Kuhlemann, Modernisierung, 1992, S. 113, der sogar von einer ansteigenden Kinderarbeit im 19. Jahrhundert spricht.

[17] Detailliert dazu Kuhlemann, Modernisierung, 1992, S. 107-135; er sieht die Leistungsfähigkeit der preußischen Volksschulpolitik u. a. darin, daß die Zahl der Volksschüler schneller anstieg als die Bevölkerung wuchs, vgl. S. 108, s. a. S. 128f. Zum Analphabetismus Klewitz/Leschinsky, Volksschulwesen, 1984, S. 80; dort Daten zum Schulbesuch in Sachsen, Bayern und Berlin. Kaufhold urteilt zu optimistisch, wenn er den Analphabetismus bereits um 1828/30 als "weitgehend überwunden" ansieht, ders., Deutschland 1650-1850, 1993, hier S. 549; abweichend Wolfram Fischer, der Daten für ältere Menschen heranzieht, ders.: Deutschland 1850-1914. In: ders. (Hg.): Europäische Wirtschafts- und Sozialgeschichte von der Mitte des 19. Jahrhunderts bis zum Ersten Weltkrieg. Stuttgart 1985, S. 357-442, hier S. 384; s. a. Rolf Engelsing: Analphabetentum und Lektüre. Zur Sozialgeschichte des Lesens in Deutschland zwischen feudaler und industrieller Gesellschaft. Stuttgart 1973, hier S. 96-99.

[18] Zur Bedeutung der Relation Lehrer: Einwohnerzahl für Lernchancen vgl. Wolfram Fischer, Wirtschaft und Gesellschaft Europas 1850-1914, In: ders. (Hg.), Europäische Wirtschafts- und Sozialgeschichte. Band 5. Stuttgart 1985, S. 91.

vorangeschrittenen Differenzierung in Klassenstufen besuchten noch etwa acht Prozent der Volksschüler eine einklassige Schule.[19]

Das System der beruflichen Bildung entstand erst spät. Die traditionellen Sonntagsschulen, in denen das im Elementarunterricht Gelernte gefestigt und eine christliche Haltung vermittelt werden sollte, und die Abendschulen für Handwerker wurden vor allem in den Städten zu Fortbildungsschulen, den späteren Berufsschulen, ausgebaut.[20] Dieser Bereich des Schulsystems blieb Stiefkind staatlicher Interessen.[21]

Volksschule und Gymnasium bildeten somit lange Zeit die Dreh- und Angelpunkte des entstehenden Schulsystems. Diese Zweiteilung bewirkte und konservierte zugleich die konfliktträchtige Spaltung der männlichen Lehrkräfte in die zwei unterschiedlich bewerteten Statuskategorien Oberlehrer und Volksschullehrer.[22] Der Oberlehrerberuf entwickelte sich zu einem "Stand" neuer Art, dessen Ansehen stieg. Auch die Volksschullehrer bildeten einen neuen "Stand", denn der Staat hatte ein Interesse an deren Ausbildung und richtete deshalb Lehrerseminare ein. Noch zu Beginn des 19. Jahrhunderts besaßen die meisten Volksschullehrer keine berufliche Qualifikation, und ihr geringes Einkommen zwang sie dazu, zugleich als Küster, in einem erlernten Handwerk oder in der Landwirtschaft zu arbeiten. Lehrersein galt als ein wenig einträgliches Dienstleistungsgewerbe, das von Männern und Frauen der unteren Schichten ausgeübt wurde, wobei die Ehefrauen der Schulmeister oft und in beträchtlichem Umfang am Unterrichten beteiligt waren.[23]

In bildungshistorischen Untersuchungen gilt die Zeit der Reichsgründung ganz allgemein als Zäsur.[24] Zwar brachte die staatliche Neuordnung keine Veränderung der politisch-rechtlichen Zuständigkeit für Bildungsangelegen-

---

[19] Auf dem Land waren es 16,1 %, in der Stadt 0,5 %; so Kuhlemann, Niedere Schulen, 1991, S. 217, Tabelle 1.
[20] Fischer, Deutschland 1850-1914, 1985, S. 385.
[21] S. den Überblick von Klaus Harney: Geschichte der Berufsbildung. In: Harney/Krüger (Hg.), 1997, Einführung in die Geschichte von Erziehungswissenschaft und Erziehungswirklichkeit. S. 209-245. Zu Forschungsdefiziten s. Heidemarie Kemnitz; Heinz-Elmar Tenorth; Klaus-Peter Horn: Der Ort des Pädagogischen. Eine Sammelbesprechung bildungshistorischer Lokal- und Regionalstudien. In: Zeitschrift für Pädagogik 44 (1998) S. 127-147, hier S. 31.
[22] Diese Zweiteilung ist im Allgemeinen Landrecht von 1794 in den Paragraphen 26 und 65 angelegt, vgl. Bölling, Sozialgeschichte, 1983, S. 12.
[23] Vgl. Kuhlemann, Modernisierung, 1992, S. 98-100.
[24] So Kuhlemann, Modernisierung, 1992, S. 42; er versteht die Zeit des ausgehenden 18. Jahrhunderts mit ihren Revolutionen und deren Folgewirkungen als Epoche der Modernisierung und interpretiert die Zeitspanne der preußischen Reformgesetzgebung, des Vormärzes und der nachrevolutionären Ära bis zur Schwelle des Kaiserreichs als eine Phase politischer, wirtschaftlicher, sozialer und sozialkultureller Modernisierung.

heiten – zuständig blieben die Einzelstaaten und Gemeinden –, aber Schule als Bildungsinstanz setzte sich durch: Im Vergleich zur Situation zu Beginn des Jahrhunderts wurde um 1870 der Schulbesuch der Kinder weitgehend akzeptiert, die Ausbildung der meisten Lehrer und die Qualität ihres Unterrichts hatten sich verbessert, die Gemeinden erklärten sich leichter bereit, Lehrerstellen einzurichten,[25] und der Einfluß der Geistlichen wurde zurückgedrängt. Allerdings vollzog sich dieser Wandel in der Praxis je nach den regionalen Gegebenheiten in ganz unterschiedlicher Geschwindigkeit und verschiedenem Umfang.

An der Mädchenbildung gingen diese Entwicklungen vorbei, denn private Organisationsformen behielten hier zahlenmäßig den Vorrang vor öffentlichen Einrichtungen. Die Vernachlässigung durch den Staat hatte zur Folge, daß Mädchen im Vergleich zu Jungen über eine andere schulische Qualifikation verfügten, was ihre Konkurrenzfähigkeit auf dem Arbeitsmarkt beeinträchtigte, und über eine geschlechtsspezifische Qualifikation, die sie auf den Arbeitsbereich des privaten Haushalts festlegte. Die zahlreichen privaten Mädchenschulen boten Schulbildung auf unterschiedlichem Niveau. Hier unterrichteten vor allem Lehrerinnen, oft unter der Leitung von Frauen, die zugleich als Besitzerinnen der Schulen das unternehmerische Risiko trugen.[26] Über den konkreten Schulbetrieb und die Leistungsfähigkeit dieser Schulen ist ebenso wenig bekannt wie über ihr quantitatives Gewicht innerhalb des gesamten Bildungsangebotes.[27] Erst in den letzten Jahren haben Lokalstudien den Kenntnisstand erweitert.[28]

---

[25] Vgl. Klewitz/Leschinsky, Volksschulwesen, 1984, S. 81.

[26] Über die Forschungsdefizite zur Berufsposition von Schulleiterinnen s. Angela Forberg: Rollen- und Führungsverständnis von Schulleiterinnen beruflicher Schulen. Eine berufsbiographisch-orientierte Untersuchung. Weinheim 1997, hier S. 15f.

[27] Daten zur Situation um 1900 gibt Gertrud Bäumer auf der Grundlage der vorläufigen Ergebnisse der Preussischen Statistik vom 27.6.1901, s. Gertrud Bäumer: Geschichte und Stand der Frauenbildung in Deutschland. In: Helene Lange; Gertrud Bäumer (Hg.): Der Stand der Frauenbildung in den Kulturländern. (Handbuch der Frauenbewegung, III. Teil) Berlin 1902, S. 1-128, Tabelle IV hinter S. 128

[28] Bereits 1983 hat Ludwig Fertig die Vernachlässigung der privaten Mädchenbildung kritisiert, ders., "Schulalternativen" in historischer Sicht. Anmerkungen zum Verhältnis von Familienerziehung und öffentlichem Schulwesen im 18. und 19. Jahrhundert. In: Neue Sammlung 23 (1983) S. 390-406, bes. S. 401. Kuhlemann, Modernisierung, 1992, S. 165-169, ebd. S. 183 über Berlin, aber nichts über Frauen! Vgl. auch Kuhlemann, Niedere Schulen, 1991, S. 200. S. den Überblick von Juliane Jacobi: Die Reformpädagogik. Lehrerinnen in ihrer Praxis, Geschlechterdimensionen in der Theorie. In: Dietlind Fischer; Juliane Jacobi; Barbara Koch-Priewe (Hg.): Schulentwicklung geht von Frauen aus. Zur Beteiligung von Lehrerinnen an Schulreformen aus professionsgeschichtlicher, religionspädagogischer und fortbildungsdidaktischer Perspektive. Weinheim 1996, S. 29-44, bes. S. 29f., sowie dies., Zwischen Erwerbsfleiß und Bildungsreligion, 1995, S. 656f.

Die höheren Mädchenschulen oder höheren Töchterschulen, wie sie zunächst oft genannt wurden, unterschieden sich stark voneinander.[29] Als Abgrenzungskriterium gegenüber der Volksschule galt der zusätzliche Unterricht in mindestens einer Fremdsprache. Die zahlreichen Bezeichnungen wie "gehobene Volksschule", "Bürgerschule" oder "bürgerliche Mädchenschule" zeigen indessen, daß es zwischen Volksschule und höherer Mädchenschule, so wie sie 1908 mit der Reform in Preußen als zehnklassiges Lyzeum etabliert wurde, zahlreiche Zwischenstufen gab. Im allgemeinen ließ sich das Bildungsniveau höherer Mädchenschulen mit dem von Mittelschulen vergleichen. Beide Schularten zählten in Preußen zum niederen Schulwesen.

Diese privaten Schulformen wurden im Zuge der voranschreitenden Monopolisierung durch Staat und Kommunen ausgegrenzt und zurückgedrängt; manche wurden bei entsprechenden Anpassungsleistungen nachträglich konzessioniert und in kommunale Einrichtungen überführt. Gegenüber den staatlichen Schulen besaßen sie Vor- und Nachteile: Sie waren aufgrund ihrer meist geringen Größe und bei wenig ausgebildeten bürokratischen Strukturen flexibel und teilweise innovativ, oft aber auch instabil und unsicher. Selbst Zeitgenossen und Zeitgenossinnen wie Karl Supprian oder Gertrud Bäumer, die unterschiedliche Positionen zur Bildung von Frauen vertraten, sahen in dieser größeren Flexibilität durchaus einen Vorteil.[30] Supprian ging sogar so weit, die Privatschulen als Reservoir für den Lehrerinnenbedarf des Staates zu betrachten.[31] Das Gewinnstreben ihrer Betreiber oder Betreiberinnen machte sie empfänglich für die Wünsche der zahlenden Eltern und hielt die Löhne der Lehrer und Lehrerinnen auf niedrigem Niveau. Gut ausgebildete Lehrkräfte wechselten deshalb so bald wie möglich in besser dotierte Stellen. Die Folge war eine hohe Fluktuation, verbunden mit starken Qualitätsschwankungen. Die zahlreichen kleinen Privatschulen, Winkelschulen, Pressen und Privatzirkel bildeten somit ein kontinuierliches, aber kein stabiles Element im Bildungssystem beziehungsweise in der Infrastruktur eines Ortes.

Frauen haben auf unterschiedliche Art und Weise ihr Wissen erworben und weitergegeben. Abgesehen von den direkten personalen Lehraktivitäten in

---

[29] Besonders für das frühe 19. Jahrhundert ist die Quellenlage ungünstig, einen ersten Überblick geben Martina Käthner; Elke Kleinau: Höhere Töchterschulen um 1800. In: Kleinau/Opitz (Hg.), Geschichte der Mädchen- und Frauenbildung, Band 1, 1996, S. 393-408, hier S. 395.

[30] Karl Supprian: Frauengestalten in der Geschichte der Pädagogik. Kulturgeschichtliche Skizzen zur Frauenfrage. Leipzig 1897, S. 271; Bäumer, Geschichte und Stand der Frauenbildung, 1902, S. 109.

[31] Supprian, Frauengestalten, 1897, S. 270f.

unmittelbarer Kommunikation mit Schülern und Schülerinnen haben zahlreiche Frauen zusätzlich oder auch ausschließlich über die Themen Bildung und Erziehung geschrieben und veröffentlicht. Über die Breite dieser Publikationen ist allerdings wenig bekannt.[32] Besser erforscht sind die Entwicklung der Mädchenbildung und die Herausbildung des Lehrerinnenberufs. Im Vergleich zur allgemeinen Schulentwicklung und zur Berufsgeschichte der Lehrer zeigen sie einen anderen Verlauf, denn die bereits im 18. Jahrhundert vorhandene Vielfalt von Unterrichtseinrichtungen als Arbeitsorte von Frauen blieb zunächst bestehen.[33] Für das lange 19. Jahrhundert[34] lassen sich vier Phasen festlegen:

Seit Beginn des 19. Jahrhunderts – und damit als erste Phase – wurden die in den unteren und mittleren Schichten arbeitenden "Schulmeisterinnen" zunehmend durch seminaristisch ausgebildete Lehrer ersetzt, ein Verdrängungsvorgang, dem die Forschung wenig Aufmerksamkeit gewidmet hat.[35] Da Frauen die Ausbildung in einem Seminar nur sehr begrenzt offenstand, mußten sie sich die Lehrbefähigung autodidaktisch und durch Praxis aneignen. Unterrichtsmöglichkeiten boten die vielen privaten Mädchenschulen in den Städten oder die Anstellung als Erzieherin in einer Familie. In beiden Fällen, Familie wie Schule, hing die Gestaltung des Arbeitsverhältnisses weitgehend von den zahlenden Eltern ab. Deren Wille und Initiative bestimmten somit Gestalt und Inhalt des Unterrichts für Mädchen, sofern diese überhaupt einen besonderen Unterricht erhielten. Zwar diskutierten aufgeklärte Bürger und Pädagogen ausgiebig über die Erziehung von Mäd-

---

[32] So Caroline Hopf: Frauenbewegung und Pädagogik: Gertrud Bäumer zum Beispiel. Bad Heilbrunn 1997, S. 9.

[33] Zu Preußen vgl. Elke Kleinau, Bildung und Geschlecht. Eine Sozialgeschichte des höheren Mädchenschulwesens in Deutschland vom Vormärz bis zum Dritten Reich. Weinheim 1997, S. 28-42; zu Westfalen s. Barbara Stolze: Ausbildung und Berufstätigkeit von Volksschullehrerinnen in Westfalen 1832-1926. Eine institutionengeschichtliche und berufsbiografische Studie. Pfaffenweiler 1995. Zu Österreich Gunda Barth-Scalmani: Die (Volksschul)Lehrerin. Zur historischen Dimension eines Frauenberufes. In: Beiträge zur Historischen Sozialkunde 25 (1995), S. 113-119; dies.: Geschlecht: weiblich, Stand: ledig, Beruf: Lehrerin. Grundzüge der Professionalisierung des weiblichen Lehrberufes in Österreich bis zum Ersten Weltkrieg. In: Brigitte Mazohl-Wallnig (Hg.): Bürgerliche Frauenkultur in Österreich. Wien 1995, S. 343-400.

[34] Die Annahme eines "kurzen" 19. Jahrhunderts von etwa 1830 bis in die 1890er Jahre, wie Paul Nolte es vorschlägt, eignet sich nicht für dieses Thema; ders.: 1900. Das Ende des 19. und der Beginn des 20. Jahrhunderts in sozialgeschichtlicher Perspektive. In: Geschichte in Wissenschaft und Unterricht 47 (1996) S. 281-300.

[35] Renate Hinz: Lehrerinnen im Bildungsauftrag des frühen 19. Jahrhunderts. In: Heike Fleßner (Hg.): Aufbrüche – Anstöße. Frauenforschung in der Erziehungswissenschaft. Oldenburg 1995, S. 79-113. Für Bremen vgl. Bettina Busch-Geertsema: Schule wird Pflicht. Niederes Schulwesen zwischen Nachbarschaft und Staat. Erste bildungspolitische Ansätze im niederen Schulwesen Bremens im frühen 19. Jahrhundert. Münster 1996, S. 111.

chen und die Bildung von Frauen, die Akteure der Reformära beschränkten ihre konkreten Bemühungen jedoch auf die männlichen Nachkommen. Die steigenden Bildungsanforderungen strahlten indessen auch auf Mädchen aus, zumal für bürgerliche Kinder eine besser ausgebildete Mutter und für bürgerliche Ehemänner gebildete Ehefrauen wünschenswert und statusgemäß erschienen.

Die zweite Phase setzt zu Beginn der 1830er Jahre ein, als innerhalb weniger Jahre mehrere Seminare zur Ausbildung von Lehrerinnen und Erzieherinnen gegründet wurden,[36] und reicht bis zur Reichsgründung. Der Lehrerinnenberuf gewann an Kontur, da Ausbildungsgänge eingerichtet und Prüfungsordnungen erlassen wurden. Die sogenannten höheren Töchterschulen standen als Privatschulen in der Regel unter weiblicher Leitung und besaßen etwa das Niveau von Mittelschulen. Von einzelnen Schulen ist bekannt, daß sie innovativen Charakter besaßen.[37] In katholischen Gebieten, vor allem in Bayern, wurden diese Privatschulen meist durch geistliche Orden betrieben. Der erfolgreiche Besuch einer höheren Mädchenschule berechtigte zum Besuch des Lehrerinnenseminars.

In der dritten Phase, die etwa von der Reichsgründung bis 1908 reicht, fanden die härtesten Auseinandersetzungen statt und wurden die wichtigsten Erfolge für die Mädchenbildung und damit für die beruflichen Chancen von Frauen erzielt. Anfang der 1870er Jahre wirkten mehrere Faktoren beschleunigend: Die Frauenbewegung befand sich seit 1865 im Aufschwung,[38] und in der Ära Falk gewannen liberale Vorstellungen an Boden. Da Bismarck im Zuge des von ihm ausgelösten Kulturkampfes die geistliche Schulaufsicht einschränkte und in diesem Zusammenhang Nonnenlehrerinnen entlassen wurden, entstand Bedarf an weltlichen Lehrerinnen. Zudem steigerte die

---

[36] Gahlings, Ilse; Elle Moering: Die Volksschullehrerin. Sozialgeschichte und Gegenwartslage. Heidelberg 1961, lassen im Unterschied zu Bölling, Sozialgeschichte, 1983, S. 7f., ihre Sozialgeschichte der Volksschullehrerin mit dieser Zeit beginnen: Der historische Überblick umfaßt die Jahre 1830 bis 1919; vgl. ihre Kapiteleinteilung; ebenso Kleinau, Bildung und Geschlecht, 1997; Stolze, Ausbildung und Berufstätigkeit, 1995.

[37] Zur Kritik am traditionellen Begriff von Reformpädagogik vgl. Elke Kleinau: Reformpädagogik und Mädchenbildung. Zur Relevanz sozialhistorischer Forschung im Kontext heutiger Ausbildung von Lehrerinnen und Lehrern. In: Elke Kleinau; Katrin Schmersahl; Dorion Weickmann (Hg.): "Denken heißt Grenzen überschreiten". Beiträge aus der sozialhistorischen Frauen- und Geschlechterforschung. Eine Festschrift zum 60. Geburtstag von Marie-Elisabeth Hilger. Hamburg 1995, S. 193-208; Kleinau bezieht sich auf die "Schule des Paulsenstifts" in Hamburg.

[38] Vgl. James C. Albisetti: Schooling German Girls and Women. Secondary and Higher Education in the Nineteenth Century. Princeton, N. J. 1988, S. 93-95; Herrad-Ulrike Bussemer: Frauenemanzipation und Bildungsbürgertum. Sozialgeschichte der Frauenbewegung in der Reichsgründungszeit. Weinheim, Basel 1985.

rasch wachsende Bevölkerung die Nachfrage nach Lehrkräften. Aber auch im Schulsystem selbst machte die Entwicklung Fortschritte, denn die Etablierung der Mittelschule 1872 löste einen Gründungsboom für höhere Mädchenschulen aus. Allein in den Jahren von 1873 bis 1880 wurden 71 neu gegründet.[39]

Im gleichen Jahr 1872 tagte in Weimar eine Versammlung von Mädchenschulpädagogen, um über den gesetzlichen Rahmen für den Ausbau der höheren Mädchenschulen zu beraten. Mit dieser Veranstaltung, in der sich die männliche Standespolitik offen präsentierte, wurde die "Lehrerinnenfrage" der Lehrer zum öffentlichen Thema. Die im folgenden Jahr den "deutschen Staatsregierungen" vorgelegte Denkschrift führte die Forderungen nach einer Normierung der höheren Mädchenschulen gemäß den berufsständischen Interessen der Mädchenschulpädagogen weiter aus. Vor allem ein Satz erregte die Gemüter von Frauen, da er ungeschminkt die männlichen Wunschvorstellungen hinsichtlich der "Natur und Lebensbestimmung" von Frauen zum Ausdruck brachte. Helene Lange schreibt darüber in ihren Lebenserinnerungen: "Ich erinnere mich noch deutlich der ungläubigen Verblüffung, mit der ich zuerst diesen Satz las: 'Es gilt, dem Weibe eine der Geistesbildung des Mannes in der Allgemeinheit der Art und der Interessen ebenbürtige Bildung zu ermöglichen, damit der deutsche Mann nicht durch die geistige Kurzsichtigkeit und Engherzigkeit seiner Frau an dem häuslichen Herde gelangweilt und in seiner Hingabe an höhere Interessen gelähmt werde, daß ihm vielmehr das Weib mit Verständnis dieser Interessen und der Wärme des Gefühls für dieselben zur Seite stehe.' Es war fast, als ob der Satz in seiner ungeheuerlichen Prätension als Fingerzeig dafür dienen sollte, warum in der Mädchenbildung irgend etwas nicht stimmen wollte."[40] Aber auch Zeitgenossen wie der Schulleiter Karl Supprian kritisierten diesen Satz als "unvorsichtige Äußerung der Weimarer Versammlung".[41]

Ein Jahr später (1874) erließ Preußen eine Prüfungsordnung, die eine einheitliche Ausbildung für Lehrerinnen an Volksschulen, an mittleren und höheren Mädchenschulen vorsah. Lediglich die Prüfungsleistungen, im Vergleich zu den Volksschullehrerinnen weitergehende Leistungen in Deutsch und Geschichte sowie Grundkenntnisse in Englisch und Französ-

---

[39] Vgl. Tabelle 1 bei Albisetti, Schooling, 1988, S. 37.
[40] Helene Lange: Lebenserinnerungen. Berlin 1921, S. 127; vgl. Margret Kraul: Normierung und Emanzipation. Die Berufung auf den Geschlechtscharakter bei der Institutionalisierung der höheren Mädchenbildung. In: Karl-Ernst Jeismann (Hg.): Bildung, Staat, Gesellschaft im 19. Jahrhundert. Mobilisierung und Disziplinierung. Stuttgart 1989, S. 219-231.
[41] Supprian gibt den Satz verkürzt wieder und als unrichtige Jahreszahl für die Weimarer Versammlung 1878 an; Karl Supprian, Frauengestalten, 1897, S. 280.

sisch, qualifizierten für mittlere und höhere Mädchenschulen. Das schuf zwar eine gewisse Durchlässigkeit der Laufbahnen, denn Volksschullehrerinnen konnten mit entsprechenden Ergänzungsprüfungen die Qualifikation für mittlere und höhere Mädchenschulen erwerben. Eine Gleichstellung mit den seminaristisch ausgebildeten Kollegen ermöglichte diese Prüfungsordnung indessen nicht.[42]

Schon 1866 hatte Adolf Lette in Berlin den "Verein zur Förderung der Erwerbsfähigkeit des weiblichen Geschlechts" gegründet, seit 1872 Lette-Verein genannt, der als erste Einrichtung dieser Art vorbildlich für die Bildung und Berufsvorbereitung von Mädchen und Frauen wurde.[43] Bald darauf im Jahr 1869 und in relativer Distanz zur Frauenbewegung setzte mit der Gründung des Viktoria-Lyzeums, des ersten Lyzeums für Damen in Berlin[44], eine professionelle Erwachsenenbildungsarbeit ein.[45] Konzipiert als eine Art Volkshochschule für Töchter aus wohlhabenden Familien und von Kreisen des Berliner Hofes gefördert, erzielte diese Einrichtung einen durchschlagenden Erfolg. Sie blieb in Preußen bis 1908 die einzige Möglichkeit für Frauen, sich außerhalb der Universität beruflich auf akademischem Niveau weiterzubilden.[46] Seit 1888 gab es spezielle Kurse für Lehrerinnen, die auf die Prüfung zur Oberlehrerin vorbereiteten.

---

[42] Marion Klewitz: Gleichheit als Hierarchie. Lehrerinnen in Preußen (1900-1930). In: Juliane Jacobi (Hg.): Frauen zwischen Familie und Schule. Professionalisierungsstrategien bürgerlicher Frauen im internationalen Vergleich. Köln 1994, S. 78-107, hier S. 82f.; dies.: Zwischen Oberlehrern und Müttern. Professionalisierung im Lehrerinnenberuf (1870-1920). In: dies.; Ulrike Schildmann; Theresa Wobbe (Hg.): Frauenberufe – hausarbeitsnah? Zur Erziehungs-, Bildungs- und Versorgungsarbeit von Frauen. Pfaffenweiler 1989, S. 59-98, hier S. 66; dies.: Lehrerinnenausbildung 1890-1925 (in Preußen). In: Jutta Dalhoff; Uschi Frey; Ingrid Schöll (Hg.): Frauenmacht in der Geschichte. Beiträge des Historikerinnentreffens 1985 zur Frauengeschichtsforschung. Düsseldorf 1986, S. 113-124, hier S. 115; s. a. Martina Nieswandt: Lehrerinnenseminare. Sonderweg zum Abitur oder Bestandteil höherer Mädchenbildung? In: Kleinau/Opitz (Hg.), Geschichte der Mädchen- und Frauenbildung. Band 2. 1996, S. 174-188. In Österreich dagegen wurden Lehrerinnen im staatlichen Schulwesen hinsichtlich der Qualifikation bereits 1869 (Reichsvolksschulgesetz) ihren Kollegen gleichgestellt, s. Eva Tesar: "... wie ganz besonders sich ein Krokodil zur Erziehung einer Eidechse eignet." Professionalisierung, Selbstverständnis und Kämpfe der ersten Lehrerinnengeneration in Österreich. In: Birgit Bolognese-Leuchtenmüller; Michael Mitterauer (Hg.): Frauen-Arbeitswelten. Zur historischen Genese gegenwärtiger Probleme. Wien 1993, S. 149-167.

[43] Vgl. Bussemer, Frauenemanzipation, 1985, S. 101-119.

[44] Weitere "Damenlyceen" wurden kurz darauf gegründet: 1870 in Darmstadt, 1871 in Breslau, um 1870 in Köln usw. s. Albisetti, Schooling, 1988, S. 117.

[45] Als Vorläufer kann die 1850-52 in Hamburg bestehende "Hochschule für das weibliche Geschlecht" angesehen werden, an der Malwida von Meysenbug tätig war.

[46] Bussemer, Frauenemanzipation, 1985, S. 231-233; Albisetti, Schooling, 1988, S. 117-121 und zum Studium in der Schweiz S. 122, 135.

Die Lehrerinnen artikulierten zunehmend selbst ihre Interessen, sie gründeten Vereine und Zeitschriften und organisierten Versicherungseinrichtungen in Selbsthilfe.[47] Angesichts der schweren Krankheit des Kronprinzen Friedrich III., die keine lange Regierungszeit erwarten ließ, gaben die führenden Frauen der bürgerlichen Frauenbewegung die Hoffnung auf liberale Reformen und Unterstützung durch den künftigen Kaiser, vor allem durch seine Frau, auf. Sie ergriffen die Initiative und richteten 1887 eine Petition an den Reichstag, deren Begleitschrift, bekannt als Gelbe Broschüre, Helene Lange verfaßte. Diese Schrift löste zwar heftige Diskussionen aus, blieb aber politisch vorerst ohne konkrete Folgen. Doch die Lehrerinnen formierten sich.[48] Sie erreichten, daß 1894 die wissenschaftliche Lehrerinnenprüfung und 1900 die Oberlehrerinnenprüfung eingeführt[49] und 1905 Frauen zum Examen für das "Lehramt an höheren Schulen" nach der Prüfungsordnung für männliche Kandidaten zugelassen wurden.[50] 1896 legten in Berlin die ersten sechs Frauen das Abitur ab, auf das sie sich in den von Helene Lange privat organisierten, aber staatlich konzessionierten Gymnasialkursen vorbereitet hatten. Es dauerte noch bis zur Mädchenschulreform von 1908, daß Mädchen in Preußen auf "normalem" Wege, also innerhalb des allgemeinbildenden Schulsystems, das Abitur ablegen konnten und damit die Berechtigung zum Universitätsstudium erlangten.[51]

In der vierten Phase schließlich, die von 1908 bis 1920 anzusetzen ist, kam es zur Differenzierung und Ausweitung des Lehrerinnenberufs: Die nachschulischen Bildungsangebote wurden erweitert, sowohl in der allgemeinen Bildung als auch berufsorientiert und da vor allem auf sozialem Gebiet.[52]

---

[47] Albisetti, Schooling, 1988, S. 84, 87; zur Rolle von Helene Lange s. Juliane Jacobi: "Geistige Mütterlichkeit". Bildungstheorie oder strategischer Kampfbegriff gegen Männerdominanz im Mädchenschulwesen? In: Die Deutsche Schule. Beiheft 1990, S. 209-224.

[48] Klewitz spricht von einer "Oberlehrerinnenbewegung" in den Jahren 1887-1908/13; vgl. dies, Zwischen Oberlehrern und Müttern, 1989, S. 60. Christa Uhlig konstatiert für die Zeit um die Jahrhundertwende einen "Emanzipationsschub im Lehrerinnenberuf", dies.: Professionalisierung in eigener Regie. Beispiele von Selbstorganisation und Selbstbildung von Lehrerinnen um die Jahrhundertwende. In: Fischer u. a. (Hg.), Schulentwicklung geht von Frauen aus, 1996, S. 65-78, hier S. 66.

[49] Zum Begriff Oberlehrerin, der zwei unterschiedliche Positionen bezeichnen kann und sich nicht auf die gleiche Position bezieht wie Oberlehrer vgl. Klewitz, Zwischen Oberlehrern und Müttern, 1989, S. 60; dies., Gleichheit als Hierarchie, 1994, S. 84, 86.

[50] Klewitz, Gleichheit als Hierarchie, 1994, S. 83.

[51] Hedwig Kettler gründete 1893 in Karlsruhe das erste humanistische Mädchengymnasium; vgl. Helene Lange, Lebenserinnerungen, 1921, S. 204, 209.

[52] Vgl. Albisetti, Schooling, 1988, S. 277f.: 1909 in Berlin: Evangelische soziale Frauenschule der Inneren Mission, 1911, in Leipzig: Leipziger Hochschule für Frauen und in Heidelberg: Soziale Frauenschule.

Allerdings brachte die Reform von 1908 auch die endgültige Spaltung der bis dahin weitgehend einheitlichen Lehrerinnenausbildung in den Zweig der Volksschule und in den der höheren Schule mit sich. Die Ausbauphase hatte insofern negative Auswirkungen für Lehrerinnen, als deren Berufsaufnahme gerade zu dieser Zeit deutlich behindert wurde.[53] Zusätzlich bremste der Erste Weltkrieg die Weiterentwicklung. Den entscheidenden Fortschritt brachte erst die Weimarer Verfassung, deren Artikel 28 die beamtenrechtliche Gleichstellung von Frauen festlegte und so die Benachteiligung der Lehrerinnen, zum Beispiel durch das Zölibat, beseitigte. Außerdem wurden Frauen nun zur Habilitation und damit zur höchsten Stufe der Lehre zugelassen.

Mit der Einführung der allgemeinen Schulpflicht hatte sich das allgemeinbildende öffentliche Schulwesen konsolidiert, und die soziale Stellung des Lehrers wie der Lehrerin wurde aufgewertet.[54] Das verbesserte die beruflichen Chancen von Frauen, reduzierte aber gleichzeitig den Arbeitsmarkt für Frauen gravierend: Der größte Teil des Privatunterrichts, sei es in Privatschulen oder in Familien, fiel jetzt weg, denn die öffentliche Schule besaß nun mit der vierjährigen Grundschule das Ausbildungsmonopol für alle sechs- bis zehnjährigen Kinder. Ausnahmeregelungen kamen nur noch selten vor und spielten für den allgemeinen Arbeitsmarkt keine Rolle mehr.[55] In welcher Weise das die Hausaufgabenbetreuung von Schulkindern durch ihre Mütter beeinflußte, wäre noch zu untersuchen.

2.2 Das Sozialprofil der Autobiographinnen

Wenn Frauen in fortgeschrittenem Alter daran gehen, ihre Lebenserinnerungen aufzuschreiben, so setzt das ein gewisses Maß an Bildung und Muße voraus. Von daher signalisiert schon allein das Verfassen einer Autobiographie die Zugehörigkeit zu bürgerlichen oder bildungsnahen Schichten. Mit Autobiographinnen, die zu den unteren Schichten der Gesellschaft gehören,

---

[53] Klewitz, Lehrerinnen in Berlin. Zur Geschichte eines segregierten Arbeitsmarktes. In: Benno Schmoldt (Hg.): Schule in Berlin gestern und heute. Berlin 1989, S. 141-162, bes. S. 151-153.

[54] Dieser Statusgewinn läßt sich am Aufstieg innerhalb der sozialen Schichten ablesen: Volks- und Mittelschullehrer werden bis 1920 zur unteren Mittelschicht, danach zur oberen Mittelschicht gezählt, s. Schüren, Soziale Mobilität, 1989, S. 314.

[55] Einen Überblick über Karrieremuster von Lehrerinnen im historischen Verlauf gibt Karin Ehrich: Karrieren von Lehrerinnen 1870-1930. In: Elke Kleinau (Hg.): Frauen in pädagogischen Berufen. Bad Heilbrunn 1996, S. 76-104.

rechnet man weniger. Diese Annahmen treffen im großen und ganzen auf die Autobiographinnen aus dem 19. Jahrhundert und damit auch auf die ausgewählten 32 Autorinnen zu. Der folgende Überblick über die soziale Herkunft und die späteren Lebensverhältnisse dieser Autobiographinnen-Gruppe soll ein differenzierteres Bild von deren Sozialstruktur geben.[56]

Generell übt die soziale Herkunft einen wesentlichen Einfluß auf die gesellschaftliche Plazierung von Individuen und damit auch auf ihren Entscheidungs- und Handlungsspielraum aus. Das Hineingeborenwerden in eine Familie legt maßgeblich fest, welche und wieviele Ressourcen für den künftigen Lebensweg aller Voraussicht nach zur Verfügung stehen werden.[57] Abgesehen von den historischen und lokalen Rahmenbedingungen sind damit sowohl materielle Werte wie Vermögen und Einkommen als auch der Zugang zu Bildung und Wissen und zu gesellschaftlich organisierter Arbeit sowie die Verankerung in mehr oder weniger einflußreichen sozialen Beziehungsnetzen gemeint.

Um die soziale Herkunft als Ausgangslage für den späteren Lebensweg zu erfassen, wurde sie zeitlich nicht auf das Datum der Geburt der Autobiographin beschränkt, sondern bis zum Erwachsenwerden berücksichtigt. Dafür ließ sich allerdings kein allgemein anerkanntes Lebensalter festlegen, bei den Autobiographinnen handelt es sich um diejenige Lebensspanne, die etwa zwischen 14 und 25 Jahren auslief, die sich also vom Ende der Schulzeit bis zum Ende des "Heiratsalters"[58] erstreckte.

Die Gesichtspunkte, unter denen nun Kindheit und Jugend der Autobiographinnen betrachtet werden, konzentrieren sich auf den Geburtsort und die Religionszugehörigkeit, die Schichtzugehörigkeit und die berufliche Orien-

---

[56] Nach Birgit Pollmann: Lehrerinnen in Deutschland und in den USA zwischen Emanzipation und Anpassung. Frankfurt/Main 1989, S. 103f., lassen sich aufgrund der begrenzten Daten die sozialen Herkunftsschichten nur schwer bestimmen. Zur sozialen Herkunft von Schülerinnen an der Lehrerinnen-Bildungsanstalt in Hannover s. Ilse Brehmer; Karin Ehrich; Barbara Stolze: Berufsbiographien von Lehrerinnen. Vom Anfang des 19. Jahrhunderts bis zum 1. Drittel dieses Jahrhunderts. In: Johann Georg von Hohenzollern; Max Liedtke (Hg.): Der weite Schulweg der Mädchen. Die Geschichte der Mädchenbildung als Beispiel der Geschichte anthropologischer Vorurteile. Bad Heilbrunn 1990, S. 313-334, hier S. 314f.

[57] Zur Bewertung privater Haushaltssysteme als soziale Systeme s. von Schweitzer, Wirtschaftslehre, 1991, S. 158; Klaus Harney; Carola Groppe; Michael-Sebastian Honig: Geschichte von Familie, Kindheit und Jugend. In: Harney/Krüger (Hg.), Einführung, 1997, S. 157-181; vgl. Pierre Bourdieu: Die feinen Unterschiede. Kritik der gesellschaftlichen Urteilskraft. 11. Aufl. Frankfurt/Main 1999, S. 188, 196.

[58] Vgl. Gudrun Wedel: Bemerkungen zum Altwerden und Altsein von Frauen im 19. Jahrhundert als Themen in ihren autobiographischen Schriften. In: Christoph Conrad; Hans-Joachim von Kondratowitz (Hg.): Gerontologie und Sozialgeschichte. Wege zu einer historischen Betrachtung des Alters. Beiträge zu einer internationalen Arbeitstagung am Deutschen Zentrum für Altersfragen, Berlin, 5.-7. Juli 1982. Berlin 1983, S. 105-119.

tierung der Eltern, die Familienkonstellation und schließlich auf Bildung und Ausbildung. Zwei weitere Aspekte, die die Bedeutsamkeit der sozialen Herkunft für den späteren Lebensweg belegen, beziehen sich auf historische Gegebenheiten: Zum einen auf die Tatsache, daß es bis in die zweite Hälfte des 19. Jahrhunderts für eine Frau ausreichte, eine gewisse Allgemeinbildung zu besitzen und "aus guter Familie" zu stammen, um als Gouvernante eine Stelle zu finden oder um an privaten und öffentlichen Schulen Elementarunterricht oder "technischen" Unterricht geben zu dürfen. Eine bestimmte soziale Herkunft ersetzte somit eine berufliche Ausbildung.[59] Zum andern war bis Ende des 19. Jahrhunderts die Auffassung verbreitet, daß seit der Mitte dieses Jahrhunderts "ungezählte Töchter des unbemittelten Bürgerstandes" gezwungen waren, eine Erwerbstätigkeit aufzunehmen.[60] Für die Autobiographinnen ist zu klären, ob sie oder einige von ihnen zu dieser Gruppe gehörten und was im einzelnen einen Erwerbszwang hervorrief oder ob andere Gründe eine Rolle spielten. Vor allem ist zu fragen, was unter "unbemittelt" zu verstehen ist. Möglicherweise fehlten einer Familie die Mittel nicht generell, sondern die vorhandenen Mittel wurden in die Ausbildung der Söhne investiert und nicht in die Mitgift oder eine Ausbildung für Töchter. "Unbemittelt" waren in diesen Fällen nur die Töchter. Als Drittes kommt hinzu, daß für Zeitgenossen und Zeitgenossinnen aus dem 19. Jahrhundert offenbar nur eine Erwerbstätigkeit als Lehrerin als "standesgemäß" für Frauen aus dem Bürgertum galt, wobei es sich gerade für Frauen als nützlich erwies, daß der Begriff "standesgemäß" dehnbar war.

Der Geburtsort besitzt in den Erinnerungen an die eigene Kindheit häufig eine besondere Bedeutung, da er Schauplatz der ersten Erkundungen und Erfahrungen außerhalb des Hauses und dessen näherer Umgebung ist. Im 19. Jahrhundert handelte es sich für den größten Teil der Bevölkerung um den überschaubaren Lebensraum auf dem Land. Gegen Ende des Jahrhunderts war die Verstädterung schon weit vorangeschritten – seit Anfang der siebziger Jahre mit zunehmender Beschleunigung –, und die Industrialisierung hatte die Erwerbsstrukturen verändert. Dieser Wandel der lokalen Verhältnisse verlief nicht gleichmäßig, je nach Region setzten sich Strukturveränderungen schnell oder nur stockend durch.[61] Die Charakterisierung der

---

[59] Vgl. Bölling, Sozialgeschichte der deutschen Lehrer, 1983, S. 95; Gahlings/Moering, Volksschullehrerin, 1961, S. 25.
[60] Vgl. Robert Wilbrandt; Lisbeth Wilbrandt: Die deutsche Frau im Beruf. Berlin 1902, S. 318.
[61] Zum Begriff der Region vgl. Wolfgang Zorn: Territorium und Region in der Sozialgeschichte. In: Wolfgang Schieder; Volker Sellin (Hg.): Handlungsräume des Menschen in der Geschichte. Göttingen 1986, S. 137-161, hier S. 138f. Zum Begriff "ökonomische

Geburtsorte soll eine Vorstellung davon vermitteln, mit welchem Bildungsangebot die heranwachsenden Autobiographinnen rechnen und welche Erwerbszweige sie kennenlernen konnten. Hatten sie die Gelegenheit, außerhalb der Familie Menschen bei den unterschiedlichsten Arbeiten zu beobachten, was vor allem auf dem Lande und in kleinen Städten nahe lag, oder waren für sie arbeitende Menschen bereits hinter Fabriktoren und in Verwaltungsgebäuden verschwunden, wie es Großstädte erwarten ließen?

Geographisch weist die Lage der Geburtsorte seit der zweiten Generation der Autobiographinnen ein erkennbares Nord-Süd-Gefälle auf: Bezogen auf den gesamten Zeitraum stammt die Hälfte der Autobiographinnen aus dem norddeutschen Raum, fast ein Drittel aus Mitteldeutschland und knapp ein Viertel aus Süddeutschland.[62] Innerhalb dieser drei Zonen kommt es zu markanten Verteilungen. In Süddeutschland liegen die meisten Geburtsorte relativ dicht nebeneinander im Neckar-Raum: Rastatt, Stuttgart, Tübingen, Jettingen, Rottenburg und Hornberg; nur Velburg liegt weitab in der bayerischen Oberpfalz. In Mitteldeutschland sind die Geburtsorte breiter gestreut; es sind in West-Ost-Richtung: Ledde in Westfalen, Wiesbaden, Braunfels, Rodenbach in Hessen, Wilhelmshütte bei Gandersheim, Kassel, Meiningen, Siebenlehn in Sachsen und Wüstegiersdorf in Schlesien. In Norddeutschland dominieren die großen Städte: Bremen, Hamburg, Lübeck, Hannover und Berlin; hinzu kommen die kleinen Orte Reinbek, Waren, Küstrin, Crossen, Schönhausen, Oldenburg und Gut Musenburg bei Osnabrück.

Die Zugehörigkeit zu einem politischen Territorium blieb bedeutsam, da nach der Reichsgründung von 1871 die Regelungen des Bildungssystems weiterhin in der Kompetenz der einzelnen Bundesstaaten lagen. Trotz der zunehmenden Dominanz von Preußen überdauerte eine Vielfalt von Bildungssystemen, die sowohl Vorteile wie Nachteile für Frauen hatten. Erst allmählich setzten sich einheitliche Standards überregional durch. Hinsichtlich der Verteilung nach Territorien zeigt ein erster Überblick über die Geburtsorte die Dominanz des Königreichs Preußen, in dem fast die Hälfte der Autobiographinnen geboren ist.[63] In den anderen Königreichen wurde

---

Territorialstruktur" Gerhard Narweleit: Die Wandlungen der ökonomischen Territorialstruktur im Deutschland des 19. Jahrhunderts unter dem Einfluß der ökonomischen Revolution. In: Jahrbuch für Wirtschaftsgeschichte (1989) S. 175-182.

[62] Die Geburtsorte von N. L. und Franz sind nicht bekannt. Franz stammt wahrscheinlich aus Preußen, möglicherweise aus Charlottenburg bei Berlin; ich habe sie zu Norddeutschland gezählt.

[63] In Preußen sind 12 Frauen geboren; aus der 1. Generation: Buchwald, von Bismarck; aus der 2. Generation: Jurtz, Malberg, Vely; aus der 3. Generation: Wentscher, Gebhardt, Franz, Torhorst, Specht, Ludendorff, Lüders.

ein Viertel der Frauen geboren,[64] und ebenso viele stammen aus den verschiedenen Herzogtümern.[65] Drei Autobiographinnen wurden in Freien Hansestädten geboren.[66] Insgesamt nimmt die anfängliche breite Streuung im Lauf der Generationen ab.

Die Größe der einzelnen Geburtsorte, gemessen an der Einwohnerzahl, dient als Indikator für einen ländlichen oder städtischen Charakter. In der ersten Generation dominiert eine dörfliche und in der zweiten Generation eine kleinstädtische Herkunft; die dritte Generation zeigt eine gleichmäßige Verteilung. Über alle Generationen hinweg gilt, daß jeweils etwa ein Drittel der Autobiographinnen in Städten aufwuchsen, die als Residenzstadt einschließlich der Hauptstadt Berlin oder als Freie Hansestadt durch eine spezifische Wirtschaftsstruktur geprägt waren. Die Beamten- und Kaufmannschaft spielte eine hervorgehobene Rolle, die in den kleineren dieser Städte ebenso wie in den größeren zum Tragen kam.

In enger Beziehung zu den lokalen Verhältnissen steht die Dauer des Aufenthalts einer Familie am Ort. Betrachtet man, wie lange die Autobiographinnen an ihrem Geburtsort wohnen blieben und aus welchen Gründen sie zum ersten Mal umzogen, dann zeigt sich eine deutliche Veränderung im Lauf der drei Generationen. In der ersten Generation verließen die Autobiographinnen zusammen mit der Familie ihren Geburtsort. Häufig war das der Fall, wenn der Vater aus beruflichen Gründen den Ort wechselte wie bei Ottilie Wildermuth, Malwida von Meysenbug und Bertha Buchwald. Ebenso oft kam es zu einem Umzug im Interesse der besseren Ausbildung der Kinder, vor allem der Söhne, Ziel war dann eine größere Stadt. Hedwig von Bismarcks Eltern zogen aus diesem Grund nach Berlin. Im Falle einer Verwitwung wechselten Frauen bevorzugt in Städte, in denen Verwandte lebten: Die verwitwete Mutter von Wilhelmine Canz ging mit ihren Kindern nach Tübingen, wo ihre Verwandten lebten, und auch die verwitwete Mutter von Isabella Braun zog nach Augsburg der besseren Ausbildung ihrer Kinder und der dort ansässigen Verwandten wegen.

In der zweiten Generation tauchen neue Gründe für den Wegzug vom Geburtsort auf. Zwar gibt es immer noch einige Fälle, bei denen der Ortswechsel mit der beruflichen Versetzung des Vaters zusammenhängt wie bei

---

[64] 8 Autobiographinnen; Königreich Hannover: Mittendorf, Mues; Königreich Sachsen: Bischoff; Königreich Württemberg: Wildermuth, Klinckerfuß, Diestel; Königreich Bayern: Braun, Sucher.

[65] 8 Autobiographinnen; Großherzogtum Baden: Canz, Le Beau; Herzogtum Sachsen-Meiningen: Trinks; Großherzogtum Mecklenburg-Schwerin: Sprengel; Großherzogtum Oldenburg: Lange; Herzogtum Braunschweig: Gnauck-Kühne; Kurfürstentum Hessen: von Meysenbug, Kraft.

[66] Bremen: Heyl; Lübeck: Riedel-Ahrens; Hamburg: Wohlwill.

Thekla Trinks, Anna Malberg, Elisabeth Gnauck-Kühne und Luise Le Beau. Aber fünf Autobiographinnen verließen das Elternhaus, um selbst eine Erwerbstätigkeit aufzunehmen, und allein drei von ihnen – Auguste Mues, N. L. und Bertha Riedel-Ahrens – wurden Gouvernante. Neu ist in dieser Generation auch, daß Autobiographinnen – Hedwig Heyl und Helene Lange – auswärts eine ein- oder zweijährige Pensionszeit verbringen, und es kommt zum ersten Mal vor, daß eine Autobiographin – die Halbwaise Auguste Sprengel – das Elternhaus verläßt, um in einer anderen Stadt eine bessere Schule zu besuchen. Bei ungünstigen örtlichen Schulverhältnissen waren Eltern mithin bereit, auch für Töchter die auswärtige Unterbringung zu finanzieren. Neu ist auch der Grund, wie bei der Halbwaise Clara Jurtz, daß die Berufsausbildung zur Lehrerin auswärts absolviert wird. Im Unterschied zur ersten Generation bedeutet der Ortswechsel oft zugleich die Trennung von der Familie. Die Gründe liegen in der Person der Autobiographin, sei es die Aufnahme einer Ausbildung oder einer Erwerbstätigkeit. Ein zweiter, damit zusammenhängender Unterschied kommt hinzu: Die Autobiographinnen der zweiten Generation verlassen erst in späteren Lebensjahren ihren Geburtsort. Zwei Drittel aus der zweiten Generation sind bereits 16 Jahre alt, und für die meisten von ihnen sind individuelle Gründe maßgebend: Pensionszeit, Berufsausbildung und Erwerbsaufnahme.

In der dritten Generation setzt sich diese Tendenz mit veränderter Gewichtung fort: Erwerbstätigkeit als Umzugsgrund hat ab-, die Aufnahme einer Ausbildung hat zugenommen. Zwei der Autobiographinnen – Else Wentscher und Marie Torhorst – verließen das Elternhaus, um eine bessere Schule zu besuchen. Familiäre Gründe spielen jetzt als Umzugsgrund kaum noch eine Rolle. Verlängert hat sich in dieser Generation die Zeitspanne, die die Autobiographinnen an ihrem Geburtsort verbringen: Drei von ihnen – Minna Specht, Marie-Elisabeth Lüders, Meta Diestel – zogen erst in einem Alter ab 16 Jahren weg, und drei – Florentine Gebhardt, Gretchen Wohlwill, Margarete Klinckerfuß – waren deutlich über 20 Jahre alt.

Für die Altersjahre der Autobiographinnen zeigt ein Blick auf den letzten Wohnort, daß auch hier ein ausgeprägtes Nord-Süd-Gefälle zu beobachten ist, und daß Städte, besonders Großstädte, durch die Dominanz von Berlin an Gewicht noch zugenommen haben. Die Bedeutung des ländlichen Raumes ist zwar insgesamt weiter zurückgegangen, es zeigt sich jedoch eine umgekehrte Tendenz wie bei den Geburtsorten: Im Lauf der Generationen nehmen kleine Orte auf dem Land als letzter Wohnort zu. Nur drei Autobiographinnen – Auguste Mues (Gut Musenburg), Marie-Elisabeth Lüders (Berlin) und Gretchen Wohlwill (Hamburg) – sind in ihren Geburtsort zurückgekehrt.

Bei der Religionszugehörigkeit innerhalb der Autobiographinnen-Gruppe besitzt die evangelische Konfession im Vergleich zur Gesamtbevölkerung ein Übergewicht. Von den 32 Autobiographinnen wurden 29 evangelisch getauft;[67] katholisch waren Isabella Braun und Rosa Sucher und konfessionslos Gretchen Wohlwill, die aus einer jüdischen Familie stammte. Diese Verteilung hängt mit der regionalen Herkunft zusammen, denn keine der Frauen stammt aus den überwiegend katholischen Provinzen Preußens: Rheinland, Posen, Schlesien und Westfalen.[68] Dies ist um so bedauerlicher, als gerade für die Katholikinnen der Lehrerinnenberuf eine traditionelle und anerkannte Erwerbsmöglichkeit darstellte.[69]

Im Lauf ihres Lebens haben einige Autobiographinnen die Konfessionszugehörigkeit geändert. Vier von ihnen sind aus der evangelischen Kirche ausgetreten. Dazu gehört Malwida von Meysenbug aus der ersten Generation, aus der dritten Generation sind es die beiden Sozialistinnen Marie Torhorst und Minna Specht sowie Mathilde Ludendorff. Elisabeth Gnauck-Kühne konvertierte zur katholischen Kirche. Evangelisch blieben Dreiviertel aller Autobiographinnen.

Im allgemeinen wird der soziale Platz, den eine Person in der Gesellschaft einnimmt, mit Hilfe ihrer Schichtzugehörigkeit und ihrer Erwerbs- oder Berufstätigkeit bestimmt. Im folgenden Überblick geht es zuerst um die Schichtzugehörigkeit der Eltern der Autobiographinnen, dann um die Berufe und die Berufsorientierung.

Die Schichtzugehörigkeit ergibt für die Väter einen klaren Befund: Sie gehören überwiegend entweder zur Oberschicht oder – in geringerem Maß – zur Mittelschicht. Keiner gehört zur Unterschicht. Bei einer weiteren Differenzierung lassen sich fast zwei Drittel der Väter der unteren Oberschicht und der oberen Mittelschicht zuordnen. Die Schichtzugehörigkeit der Mütter, bestimmt nach der ihrer Väter, weicht davon ab: Auch sie gehören meistens zur Oberschicht, aber deutlich seltener zur Mittelschicht. Ein einziger Fall –

---

[67] Einschließlich N. L. und Riedel-Ahrens, für beide fehlen die Daten, der Kontext der Erinnerungen legt aber eine evangelische Konfessionszugehörigkeit nahe.

[68] Diese extreme Verteilung ist nicht typisch für die Gesamtheit der lehrenden Autobiographinnen, die näher am Durchschnitt der Gesamtbevölkerung liegen und unter denen zahlreiche Jüdinnen vertreten sind.

[69] Zu den Forschungsdefiziten s. Gabriele Weigand: Die weiblichen Schulorden und die Mädchenbildung. In: Hohenzollern/Liedtke (Hg.), Der weite Schulweg der Mädchen, 1990, S. 127; vgl. auch Gahlings/Moering, Volksschullehrerin, 1961, S. 30f.; zum besonderen Berufsbewußtsein von Lehrnonnen s. Albisetti, Professionalisierung von Frauen im Lehrberuf, 1996, S. 191. Zur Situation im überwiegend katholischen Österreich s. Tesar, Professionalisierung, 1993.

der Großvater mütterlicherseits von Charitas Bischoff – ist der Unterschicht zuzuordnen. Sowohl bei Vätern wie bei Müttern dominiert eine Herkunft aus der unteren Oberschicht.

Betrachtet man die Verteilung im Lauf der drei Generationen, dann tritt eine Verlagerung zutage: Während die Väter der ersten und zweiten Generation überwiegend zur Oberschicht gehören, sind die aus der dritten Generation gleich auf Oberschicht und Mittelschicht verteilt. Bei den Müttern ergibt sich ein abweichendes Bild: Fast alle aus der ersten und aus der dritten Generation gehören zur Oberschicht, aber die Mütter aus der zweiten Generation gehören weitgehend zur Mittelschicht. Der Blick auf die Einzelfälle konkretisiert diesen Unterschied zwischen den Generationen: In der ersten Generation haben Mütter aus der Oberschicht – die von Bertha Buchwald und Isabella Braun – Ehemänner aus der Mittelschicht geheiratet; in der zweiten Generation haben vier Mütter in eine höhere Schicht geheiratet;[70] und in der dritten Generation sind wiederum zwei Mütter aus der Oberschicht – die von Else Wentscher und Florentine Gebhardt – durch ihre Heirat in die Mittelschicht abgestiegen. Ausschließlich in der zweiten Generation haben demnach Mütter von Autobiographinnen durch Heirat ihren sozialen Status verbessert. Ob das auf offenere soziale Grenzen in diesem Zeitraum hindeutet oder mit einem ungewöhnlich hohen Bildungsgrad der Mütter zusammenhängt, kann hier nicht weiter verfolgt werden.

Die Berufe von Vätern und von Großvätern mütterlicherseits verteilen sich ganz unterschiedlich auf den agrarischen und gewerblichen Wirtschaftssektor und auf die Sektoren Dienstleistungen und Militär.[71] Sowohl auf der väterlichen wie auf der mütterlichen Seite dominiert der Dienstleistungsbereich. Er umfaßt jeweils die Hälfte der Fälle, an zweiter Stelle folgt der gewerbliche Sektor mit etwa einem Viertel der Fälle.[72] Im Generationenvergleich lassen sich Unterschiede ausmachen. In der ersten Generation sind beide Eltern entweder dem agrarischen oder dem Dienstleistungssektor zuzuordnen, mit einem Übergewicht bei den Dienstleistungen, das bei den Vätern stärker ausfällt als bei den Müttern. Nur bei den Eltern von Wilhelmine Canz kommt es zu einer Kombination beider Bereiche. In der zweiten Generation ist der Gewerbesektor erstmals und sogleich mit einem relativ hohen Anteil

---

[70] Die Mütter von Heyl, Sprengel, Vely haben aus der Mittelschicht in die Oberschicht, die Mutter von Bischoff hat aus der Unterschicht in die Mittelschicht geheiratet.

[71] Nach dem Modell der Lundgreen-Gruppe ist als 5. Kategorie der Sektor "Sonstiges" vorgesehen, dem bei den Vätern 3 Fälle, bei den Großvätern (mütterlicherseits) 4 Fälle zugeordnet wurden. Daten liegen von 22 Großvätern vor.

[72] Verteilung der Väter auf die Wirtschaftssektoren: Dienstleistung 16, Gewerbe 8, agrarisch 3, Militär 2, Sonstige 3; Wirtschaftssektoren der Großväter (mütterlicherseits): Dienstleistung 11, Gewerbe 4, agrarisch 3, Militär 0, Sonstige 4.

von etwa einem Viertel vertreten und das sowohl auf der väterlichen wie der mütterlichen Seite. Bei drei Elternpaaren gehören die Partner jeweils zu verschiedenen Sektoren; bemerkenswert ist daran, daß sich unter ihnen zwei der durch Heirat aufsteigenden Mütter befinden.[73] In der dritten Generation unterscheidet sich die Berufszugehörigkeit der Väter und der Großväter mütterlicherseits am deutlichsten: Die Väter gehören fast alle zu den Sektoren Dienstleistung und Gewerbe mit etwa gleich großen Anteilen, aber die Großväter sind nahezu geschlossen zum Dienstleistungsbereich zu rechnen. Festzuhalten bleibt, daß sowohl bei Vätern wie bei Müttern der Dienstleistungsbereich über die Generationen hinweg dominiert, mit einer Einschränkung: Bei den Müttern aus der zweiten Generation überwiegt der gewerbliche Sektor.

Aufgrund dieser Dominanz des Dienstleistungsbereichs sollen die dazu gehörenden Berufsgruppen und Berufe näher betrachtet werden. Die zur Oberschicht zählenden höheren Beamten bilden die größte Untergruppe, und das sowohl auf der väterlichen wie mütterlichen Seite als auch im Verlauf der Generationen. Allerdings handelt es sich selten um Schullehrer. Von den zehn höheren Beamten unter den Vätern sind nur zwei Lehrer im weiteren Sinn, und sie gehören beide zur dritten Generation der Autobiographinnen: Der Vater von Meta Diestel war Professor der Theologie und der Vater von Mathilde Ludendorff war Gymnasialprofessor. Unter den Großvätern mütterlicherseits ist nur der von Marie-Elisabeth Lüders als Gymnasialdirektor zu den Lehrern zu rechnen. Unter den Vätern gibt es mehrere mittlere Beamte, auch hier sind nur zwei von Beruf Lehrer: der Vater von Dorette Mittendorf aus der ersten und der von Rosa Sucher aus der zweiten Generation.

Wenn eingangs von "unbemitteltem Bürgerstand" die Rede war, so ist die Frage für die Autobiographinnen dahingehend zu beantworten, daß diejenigen von ihnen dazu gerechnet werden können, deren Väter zu diesen mittleren Beamten gehörten oder die ihr Gewerbe nicht den Anforderungen von Industrialisierung und Wirtschaftskrisen anpassen konnten. Insgesamt ist die Zahl dieser Autobiographinnen mit etwa einem Viertel der Gesamtgruppe nicht groß. Zudem ist mit dieser Berufszugehörigkeit noch nicht gesagt, daß der Beruf allein als Risikofaktor – beispielsweise aufgrund von geringem Einkommen – gelten kann. Möglicherweise löst erst ein früher Tod des Vaters die existenzbedrohende Notlage der Familie aus. Hervorzuheben ist an diesen Ergebnissen der hohe Anteil von Vätern und Großvätern in staatsnahen Berufen und der geringe Anteil von Lehrern. Dieses Ergebnis ist gleichzeitig als eine schwach ausgeprägte Berufsvererbung zu interpretieren.

---

[73] Es sind die Mütter von Heyl und Sprengel.

Es überrascht kaum, daß in der ersten und zweiten Generation der Autobiographinnen keine berufstätigen Mütter vorkommen; mit einer Ausnahme in der zweiten Generation, die zugleich einen Sonderfall darstellt: die Handwerkerstochter Amalie Dietrich, die Mutter von Charitas Bischoff. Sie wurde von ihrem Ehemann zur Botanikerin und Naturalienhändlerin ausgebildet und leitete von 1863 bis 1873 eine Forschungsexpedition durch Australien. Anschließend arbeitete sie für ihren Auftraggeber, den Hamburger Kaufmann Cäsar Godeffroy, weiter an ihren Sammlungen. Als diese in den Besitz der Stadt Hamburg übergingen, wurde sie vom Botanischen Museum als Kustodin angestellt.

Unter den Müttern der Autobiographinnen aus der dritten Generation gibt es bereits sechs Frauen, die erwerbstätig waren. Zwei von ihnen, die Mutter von Florentine Gebhardt und die verwitwete Mutter von Meta Diestel, nahmen Pensionäre in ihren Haushalt auf; außerdem verdienten sie durch Heimarbeit wie Stricken, Sticken und Haararbeiten Geld. Sie wären diesen Tätigkeiten nach zur Unterschicht zu zählen, aufgrund von Herkunft, Verheiratung und Lebensstil – Frau Gebhardt war Pfarrerstochter und Frau Diestel Professorenwitwe – nahmen sie aber einen weitaus höheren Sozialstatus ein. Die verwitwete Mutter von Else Wentscher leitete einen großen Fabrikkindergarten im schlesischen Wüstegiersdorf und nahm deshalb eine ähnliche Position ein wie ihr verstorbener Ehemann, der Beamter, also Angestellter in dieser Fabrik gewesen war. Ebenfalls auf vergleichbarer Ebene wie der verstorbene Ehemann arbeitete die Mutter von Minna Specht, denn sie führte den gemeinsam mit ihrem Ehemann aufgebauten Hotelbetrieb nach dessen Tod selbständig weiter. Die Mutter von Mathilde Ludendorff ist die einzige der Mütter, von der bekannt ist, daß sie ein Lehrerinnenexamen besaß. Als Witwe leitete sie für einige Zeit ein Mädcheninstitut; sie gehört insofern zur oberen Mittelschicht, zählt aber aufgrund der beruflichen Position ihres Ehemannes, des Gymnasialprofessors Dr. Spieß, zur unteren Oberschicht.

Als Ausnahmefall kann die Mutter von Margarete Klinckerfuß gelten. Sie war die Tochter eines Kapellmeisters und machte bereits als elfjähriges Mädchen "Karriere" als Wunderkind am Klavier. Auf Empfehlung von Clara Schumann und Julius Stockhausen erhielt sie ein Stipendium der Stadt Hamburg, das ihr eine Musikausbildung am Stuttgarter Konservatorium ermöglichte. Anschließend war sie Schülerin von Franz Liszt in Weimar. Nach ihrer Heirat mit dem Pianoforte-Händler Apollo Klinckerfuß trat sie weiterhin als Konzertpianistin auf und erteilte Klavierunterricht. Sie führte den Titel einer württembergischen Hof-Pianistin. Dem sozialen Status nach nahm sie eine vergleichbare Position wie ihr Ehemann ein. Ob beide der oberen Mittelschicht zuzuordnen sind – wie es hier vorgenommen wurde – oder eher der unteren Oberschicht, läßt sich anhand der Autobiographie der Tochter nicht entscheiden. Am Beispiel dieser Mütter – sie waren um die Mitte des 19. Jahrhunderts geboren und standen somit etwa im gleichen Alter wie die Autobiographinnen aus der zweiten Generation – wird deutlich, daß Frauen sich nicht ausschließlich auf den "Beruf" der bürgerlichen Hausfrau festlegen ließen und zumindest als Witwen auf dem Arbeitsmarkt präsent waren.

Daß sich die väterliche Berufsausübung nicht unmittelbar auf die Berufswahl der Tochter auswirkte, zeigt die geringe Berufsvererbung. Weniger offensichtlich, aber auf subtile Weise, wirkte vermutlich, welche Einstellung Väter ihrem Beruf gegenüber erkennen ließen. Nicht immer standen nämlich Väter den Anforderungen ihres Berufs positiv gegenüber. Der Vater von Ottilie Wildermuth zum Beispiel, ein Kriminalrat und später Oberamtsrichter in Marbach am Neckar, trug an seinem Beruf so schwer, daß seine Söhne nicht Juristen werden durften. Mehrere Väter wechselten den Beruf oder betrieben nebenher das, was sie stärker interessierte und wofür sie sich eher eigneten. Immerhin ein Drittel aller Autobiographinnen und aus allen Generationen erlebte einen Vater, der seinen Beruf nur ungern ausübte,[74] der berufliche Mißerfolge hinnehmen mußte,[75] der seinen Beruf wechselte oder bei dem eine starke Begabung hinter dem Brotberuf zurückstehen mußte.[76] Das normative Bild vom bürgerlichen Vater als souveränem Berufstätigen und verläßlichem Ernährer seiner Familie entsprach also ebensowenig der Realität wie das von der liebenden Gattin, Hausfrau und Mutter. Beide mußten deshalb als Ideal proklamiert werden, allerdings hat der Diskurs über die reale Arbeitsweise von bürgerlichen Vätern in der Forschung wenig Beachtung gefunden.[77] An dieser Stelle kann jedoch nicht weiter verfolgt werden, wie Frauen in ihren Autobiographien die Arbeit und die Berufstätigkeit von Männern darstellen.

Die Autobiographinnen konnten allein aus dem Vorbild ihrer Eltern verschiedene Schlüsse für die eigene Zukunftsgestaltung ziehen. Auf jeden Fall hatten sie die Erfahrung gemacht, daß Idealisierungen zwar in Widerspruch zum realen Leben gerieten, der sich aber aushalten ließ, und daß die berufliche Leistungsfähigkeit eines Vaters ebensowenig beständig wie die hausfrauliche Tüchtigkeit einer Mutter naturgegeben war. Für den eigenen –

---

[74] Es waren die Väter von Wildermuth, von Bismarck, Bischoff, Lange, Ludendorff und Wohlwill.
[75] Das trifft auf die Väter von Buchwald und Gebhardt zu.
[76] Das war bei den Vätern von Mues und Le Beau der Fall.
[77] Vgl. dazu Ute Frevert: Männergeschichte oder die Suche nach dem 'ersten' Geschlecht. In: Manfred Hettling; Claudia Huerkamp; Paul Nolte; Hans-Walter Schmuhl (Hg.): Was ist Gesellschaftsgeschichte? Positionen, Themen, Analysen. München 1991, S. 31-43, bes. S. 35-38.

abweichenden – Umgang mit dem bürgerlichen Frauenideal konnte das durchaus eine Hilfe sein.

Die Familienkonstellation gibt darüber Auskunft, ob eine Autobiographin in einer "vollständigen" Familie, das heißt mit Vater und Mutter, aufgewachsen ist, und an der Zahl von Geschwistern läßt sich abschätzen, wieviele Personen die Ressourcen eines Familienhaushaltes in Anspruch genommen haben und wer an der Beschaffung von Ressourcen beteiligt war.

Wesentlich für die materielle Versorgung einer Familie ohne großes Vermögen war das Erwerbseinkommen des Vaters. Sein früher Tod brachte in der Regel Einschränkungen, oft auch veränderte Zukunftsaussichten mit sich. Fast die Hälfte der Autobiographinnen hat noch während ihrer Kindheit und Jugend diesen Umschwung erlebt. Das hatte in drei Fällen zur Folge, daß die verwitwete Mutter eine Erwerbstätigkeit aufnahm oder intensivierte. Es sind dies die Mütter von Else Wentscher, Minna Specht und Meta Diestel aus der dritten Generation. Der frühe Tod der Mutter traf demgegenüber nur wenige Autobiographinnen. Zwei Autobiographinnen mußten die Trennung ihrer Eltern ertragen: Charitas Bischoff war zu dieser Zeit etwa elf Jahre alt, Hedwig von Bismarck etwa 17 Jahre alt.

Wie einschneidend der Verlust eines Elternteils oder beider Eltern das bisherige Leben veränderte, hing auch mit der Zahl und dem Alter von Geschwistern zusammen. Nur Charitas Bischoff und Luise Le Beau wuchsen als Einzelkinder auf. Die anderen Autobiographinnen hatten meistens mehrere Geschwister: In der ersten Generation eher wenige, in der dritten Generation eher viele. Und fast alle Autobiographinnen wuchsen zusammen mit Schwestern und Brüdern auf.

Angesichts dieser Ausgangslage ist zu fragen, bei welchen Autobiographinnen die Familienkonstellation am Ende ihres Lebens dem bürgerlichen Frauenleitbild entsprach. Zehn Autobiographinnen haben geheiratet. Die meisten von ihnen gehören zur zweiten Generation und machen dort fast die Hälfte aus. Abgesehen von Elisabeth Gnauck-Kühne, die 38 Jahren alt war, hat der eine Teil der Autobiographinnen bis 25 Jahre, der andere, etwa gleich große Teil, im Alter zwischen 26 und 30 Jahren geheiratet. Die Hälfte der Verheirateten werden Witwen, zwei Frauen – Elisabeth Gnauck-Kühne und Emma Vely – lassen sich scheiden. Mit ihren drei Ehen ist Mathilde Ludendorff eine Ausnahme: Die erste Ehe endet mit dem Tod des Ehemannes, von dem sie aber vorher schon getrennt lebte; die zweite Ehe erweist sich – ähnlich wie die von Elisabeth Gnauck-Kühne – als Fehler und endet nach kurzer Zeit durch Scheidung; ihre dritte Ehe mit Erich Ludendorff endet mit dessen Tod. Sicher ist, daß nur Ottilie Wildermuth ein langes Familienleben als

Hausfrau, Gattin und Mutter bis zum Tod des Ehemannes verbracht hat. Bei Luise Kraft und Else Wentscher ist dies wahrscheinlich auch der Fall gewesen.

Hinsichtlich der Kinderzahl ergibt sich ein relativ homogenes Bild. Am häufigsten wachsen drei Kinder in diesen Ehen heran. Auf der einen Seite steht die Bäuerin Luise Kraft mit ihren zehn Kindern, auf der anderen Seite Elisabeth Gnauck-Kühne, aus deren kurzer und später Ehe keine Kinder hervorgegangen sind. Auffällig ist, daß in einigen Fällen weder anhand der Autobiographien noch von biographischer Sekundärliteratur die Mutterschaft eindeutig geklärt werden konnte. Bei Bertha Riedel-Ahrens und Else Wentscher bleibt offen, ob sie jeweils zwei oder drei Kinder hatten. Über Rosa Sucher gibt es nur in einem einzigen Lexikonartikel den Hinweis auf einen Sohn. Marie-Elisabeth Lüders' Sohn wird zwar in der biographischen Literatur als Adoptivsohn bezeichnet, möglicherweise war er jedoch ihr leibliches Kind.

Abgesehen von den Ehefrauen und Müttern haben andere Autobiographinnen ein ausgedehntes Familienleben als Tante geführt. Malwida von Meysenbug verstand sich als Pflegemutter von Olga Herzen und blieb mit deren Familie bis zum Tod eng verbunden. Hedwig von Bismarck besaß ebenfalls eine enge "wahlverwandtschaftliche" Beziehung zur Familie ihrer früheren Schülerin und späteren Freundin Clara von Wedemeyer; und Bertha Buchwald, Auguste Mues und Meta Diestel verbrachten lange Zeiten als hilfreiche Tante bei ihren Verwandten.

Die beschriebenen Familienkonstellationen stellen allerdings nicht das gesamte Spektrum der von den Autobiographinnen praktizierten Lebensformen dar, denn nur wenige Ledige lebten allein. Es gab weitere familiäre Lebensgemeinschaften, beispielsweise von erwachsenen Töchtern und alten Eltern oder von Geschwistern. Außerhalb der Familie führten häufig Freundinnen einen gemeinsamen Haushalt. Das war nicht möglich, wenn mit dem Arbeitsplatz als Erzieherin oder als Lehrerin in einem Internat zugleich die Wohnform bestimmt wurde. Das wiederum beeinflußte die Möglichkeiten, am geselligen Leben teilzunehmen.

Die berufsmäßig ausgeübte Lehrtätigkeit wirkte sich zudem auf die Lebenshaltung aus. Dienstwohnungen ohne Küche oder "sparsame" Pensionatsleiterinnen konnten für angestellte Lehrerinnen gesundheitsgefährdende Folgen haben. Generell wäre es lohnend, den Einfluß der Berufsausübung auf die genannten Lebensumstände von Lehrerinnen systematisch zu untersuchen. Im folgenden komme ich im Zusammenhang mit den zentralen Fragen immer wieder darauf zu sprechen.

2.3 Bildungswege und Arbeitsleben

Alle Autobiographinnen erhielten in der einen oder anderen Form Bildung im Sinne von Schulbildung. Nur unter den Autobiographinnen aus der ersten Generation besuchten zwei – Malwida von Meysenbug und Bertha Buchwald – keine Schule, sondern wurden zu Hause von Hauslehrern und Gouvernanten unterrichtet. Von der zweiten Generation an sind alle Autobiographinnen zur Schule gegangen. Häuslicher Unterricht und Privatstunden bei verschiedenen Lehrern und Lehrerinnen blieben zwar weiterhin als ergänzendes Element erhalten, aber der Unterricht wurde nun fachspezifisch erteilt. Vollständig von einer Gouvernante unterwiesen wurde nur noch Minna Specht, und das auch nur bis zum Eintritt in eine Schule.

Der Schulbesuch gestaltete sich höchst vielfältig, denn die meisten Autobiographinnen gingen in eine Privatschule. Viele wechselten zudem, was in der Regel den Übergang in eine Schule mit höherem Bildungsniveau bedeutete. Vor allem die Autobiographinnen aus der zweiten Generation standen einer Vielfalt von Schulen gegenüber, die das gesamte Spektrum von der Dorfschule bis zur anspruchsvollen höheren Mädchenschule abdeckte.[78] In der dritten Generation hatte sich der Besuch einer höheren Mädchenschule durchgesetzt, alle Autobiographinnen besuchten eine dieser Einrichtungen. Und drei Frauen aus dieser Generation legten das Abitur ab: Marie Torhorst besuchte die Abiturkurse in Bonn, Mathilde Ludendorff absolvierte die Oberprima des Mädchengymnasiums in Karlsruhe und Marie-Elisabeth Lüders bereitete sich privat auf das Abitur vor.

Die Formen von Weiterbildung nach der Schulzeit waren ebenfalls höchst unterschiedlich. Zum Teil bezogen sie sich auf eine Verbesserung der Allgemeinbildung, jedenfalls in den Gebieten, die den Mädchen darin zugestanden wurden, wie Sprach-, Mal- und Singunterricht. Diese Variante von Weiterbildung wählten Mädchen aus der ersten Generation, vor allem aber die aus der zweiten Generation. Bei den Autobiographinnen aus der dritten Generation trat dieser Aspekt in den Hintergrund, was vornehmlich mit ihrer besseren Schulbildung zusammenhing. Hauptsächlich die Künstlerinnen unter ihnen entschieden sich für den beruflich orientierten Bereich der Weiterbildung.

Trotz der vielfältigen Unterweisungsarten gab es in bürgerlichen Schichten einen Grundstock zu erlernender Fertigkeiten, ebenso spezifische Lehr-

---

[78] Ausschließlich in eine Volksschule gingen 2 Autobiographinnen (Kraft, Sucher), in eine Schule mit mittlerem Niveau 3 (Jurtz, Mues, vermutlich N. L.); die übrigen 10 Autobiographinnen besuchten höhere Mädchenschulen.

personen für spezifische Lehrinhalte und eine zeitlich begrenzte und altersmäßig nur wenig variierende Lebensphase, in der Mädchen diese "übliche Lehrzeit" durchliefen. Zwei der Autobiographinnen gehen näher darauf ein, welche Bildung zu ihrer Zeit Mädchen aus ihren gesellschaftlichen Kreisen in der Regel erhielten, nachdem die Schulzeit beendet war.

Die eine, Ottilie Wildermuth aus der ersten Generation, beschreibt, wie sie als Sechzehnjährige "nach damaliger Sitte" in die Residenz nach Stuttgart kam, wo sich "in einer Art Universitätskursus" die jungen Mädchen vom Lande vervollkommnen konnten. "Man lernt Bildung und's Fransenstricken", bemerkte dazu eine ihrer Tanten.[79] Bei einer Frau von R. war Ottilie Wildermuth zusammen mit zwei weiteren Mädchen untergebracht. Ihr Status als "Kostfräulein" beinhaltete zudem die Pflege gesitteten Verhaltens, das beim gemeinsamen Spazierengehen in den königlichen Anlagen vorgeführt werden konnte, und das Einüben gesellschaftlicher Umgangsformen: "Unter die Vorteile unseres Kosthauses gehörte aber auch die 'Einführung in gebildete Familien', mit denen Frau v. R. bekannt war, und die dann pflichtgetreu die Dame 'mit ihren Kostjungfern' ein- oder einigemal zum Thee luden, eine Aufopferung, die ich erst später habe gehörig würdigen lernen."[80]

Daneben absolvierte Ottilie Wildermuth eine Reihe von Unterrichtskursen. Bei Frau Huttenlocher, die eine Speiseanstalt betrieb, lernte sie zusammen mit einer Kusine und einer anderen Bürgerstochter Kochen. Herr Kümmerle gab ihr und einigen Mädchen vom Lande Tanzunterricht. Das Nähen lernte sie bei der Witwe Schäfer, die den Unterricht zusammen mit ihren Töchtern erteilte; dazu gehörten Buntsticken, das damals in Mode war, Weißnähen und Weißsticken. Beim Weißsticken traf Ottilie Wildermuth "die jungen Fräulein aus der Residenz, deren größerer Gewandtheit und zierlicher Toilette gegenüber das Landpomeränzchen sich doch etwas untergeordnet fühlte."[81] Im Kleidernähen unterwies die verwitwete Madame Freund vor allem Mädchen vom Land. Bügeln, genauer das Fälteln und Feinbügeln, lernte Ottilie Wildermuth bei Jungfer Nane Wenzel, die mit dieser Lehrtätigkeit ihre alten Eltern ernährte. Zu dem Unterricht in der "Wissenschaft"

---

[79] Ottilie Wildermuths Leben. Nach ihren eigenen Aufzeichnungen zusammengestellt und ergänzt von ihren Töchtern Agnes Willms und Adelheid Wildermuth. Stuttgart: Kröner (1888), unter der Kapitelüberschrift "Hohe Schule" S. 55-73, Zitate S. 55. Der Begriff "Universität" wurde offensichtlich noch nahe der lat. Bedeutung "gesellschaftlicher Gesamtheit" verstanden und taucht in diesem Sinn häufiger auf. In Göttingen z. B. gab es 1805 eine exklusive "Universitäts-Töchterschule", so Dagmar Ladj-Teichmann: Erziehung zur Weiblichkeit durch Textilarbeiten. Ein Beitrag zur Sozialgeschichte der Frauenarbeit im 19. Jahrhundert. Weinheim, Basel 1983, S. 105.
[80] Ottilie Wildermuths Leben, 1888, S. 65.
[81] Ottilie Wildermuths Leben, 1888, S. 59.

gehörten Französischstunden bei dem jungen Monsieur Parmentier, dessen Unterricht seine Schülerinnen jedoch wenig fesselte. Hinzu kamen einige Übungsstunden im Zeichnen bei einer jungen Malerin. Auf den Musikunterricht verzichtete Ottilie mit Bedauern, denn sie besaß ein "entschiedenes Nichttalent". So blieben ihre Musikerlebnisse auf einige Opern, ein Konzert im Museum und die mittäglichen Klänge der Wachparade begrenzt. Besuche in gastfreundlichen Verwandtenhäusern sorgten dafür, daß das junge Mädchen Einblicke in ganz unterschiedliche Familienverhältnisse erhielt und daß kein Mangel an familiärem Umgang und geselligem Verkehr aufkommen konnte.

Die andere Autobiographin, die Handwerkertochter Florentine Gebhardt, beschreibt, wie zu ihrer Mädchenzeit um 1880, also etwa 50 Jahre später, der Bildungsgang für Bürgertöchter in der kleinen Stadt Crossen aussah: "Dieser übliche Bildungsweg war so: Schule bis zum 15. Jahr, Konfirmation. Dann Handarbeitsunterricht (entweder bei der angestellten, aber nicht geprüften Lehrerin Fräulein Thiem, die ihr winziges Gehalt durch Privatstunden aufzubessern suchte, oder bei irgend einer Dame, die Handfertigkeit besaß und sie ausnützen wollte. Gerade in jener Zeit ließ sich eine staatlich geprüfte Handarbeitslehrerin, die Schwester des Weinhändlers Probst am Markt, für Privatunterricht nieder). Nach einem oder schon einem halben Jahre folgte der Kursus in Weißnäherei, der einige Monate dauerte und bei irgend einer vielbeschäftigten Näherin oder in einem einschlägigen Geschäft abgelegt wurde. Die meisten Jungmädchen lernten dann noch schneidern, bei den gesuchten Schneiderinnen, wie Fräulein Kunze, Fräulein Sandberg u.a.m. Das kostete mindestens ein halbes Jahr. Nebenher lernte man bei 'Muttern' Haushalt und ein wenig kochen. Viele nahmen auch besondere Kochkurse in den Hotels. Seltener schon war es, daß ein Jungmädchen bürgerlicher Kreise nach auswärts 'in Pension' kam, das geschah mehr in denen der 'Honoratioren', und zu diesen gehörten unsere Eltern doch nicht. Selten auch war es, daß eine meiner Schul- und Jugendbekannten sich zu einer Berufsausbildung entschloß."[82] Zu ergänzen ist, daß Florentine Gebhardt aufgrund ihrer Familienverhältnisse den beschriebenen Bildungsweg nicht gehen konnte, weil sie schon mit 14 Jahren durch Heimarbeiten zum Familieneinkommen beitragen mußte, und deshalb bereits als Kind von ihrer Mutter nicht nur in Hausarbeiten, sondern vor allem in Nadelarbeiten unterwiesen worden war. Noch in einer anderen Hinsicht unterschied sich ihre Bildung von der ihrer Freundinnen: In ihrem bildungsorientierten Elternhaus hatte sie eine ver-

---

[82] Florentine Gebhardt: Blätter aus dem Lebensbilderbuch. Jugenderinnerungen. Berlin 1930, S. 99.

gleichsweise umfassende geistige Bildung erhalten, und zwar durch den gebildeten Vater, den studierenden Bruder und durch eigene Lektüre.

Trotz der ungleichen Familienkonstellation und eines unterschiedlichen regionalen Kontextes bieten beide Darstellungen Aufschlüsse darüber, was für Mädchen als 'übliche' Kenntnisse und Fertigkeiten in Haushaltsangelegenheiten galt und wie diese vermittelt wurden. Bis auf das Feinbügeln, das eher zur Ausbildung der Honoratiorentöchter gehörte, haben Bürgermädchen beider Zeitphasen im großen und ganzen die gleichen Haushaltsfertigkeiten gelernt. Eine Weiterbildung in Sprachen und Kunst hingegen war im Kleinbürgertum nicht selbstverständlich, ebensowenig wie Unterricht in gutem Benehmen. Offen bleibt, ob für die Ausbildung von Honoratiorentöchtern auch noch zur Zeit von Florentine Gebhardt überblicksartige Kenntnisse ausreichten.

Im Unterschied zu Ottilie Wildermuth, deren gesamte Lernphase ein halbes Jahr gedauert hatte, veranschlagten die Kleinbürgertöchter der späteren Zeit nämlich mindestens zwei Jahre als Lernzeit, obwohl sie keinen speziellen Unterricht in Sprachen oder Künsten erhielten. Man kann das dahingehend interpretieren, daß kleinbürgerliche Eltern Geld in eine längere Ausbildung investierten, zumal in textilen Handarbeiten, um für die Zukunft die Chancen der Tochter für eine – möglicherweise notwendig werdende – Erwerbsarbeit zu verbessern, obwohl die Versorgung durch eine Heirat angestrebt wurde. Ferner deuten diese intensivere Handarbeitsausbildung und das Fehlen von Benimmunterricht auf eine Trennlinie hin, die in bürgerlichen Kreisen unterhalb der Honoratiorenschicht verlief. Diese "feinen Unterschiede" grenzten die höheren Kreise von denjenigen bürgerlichen Schichten ab, in denen die Eigenleistung von Frauen im Haushalt im Bereich von Textilarbeiten auch noch gegen Ende des 19. Jahrhunderts nicht nur üblich, sondern notwendig und umfangreich war. Diese Trennlinie ließ sich selbst für Zeitgenossen und Zeitgenossinnen nur in bestimmten Situationen näher bestimmen. Für Florentine Gebhardt blieb sie während der Schulzeit weniger spürbar, trat danach aber offen zu tage: Unter ihren Privatkundinnen gab es einige Schulfreundinnen, denen sie gegen Lohn die Wäsche für die Aussteuer bestickte.

Die Ausbildung zur Lehrerin konnte mehrere Funktionen erfüllen. Lange Zeit stellte sie für Mädchen eine Möglichkeit dar, ihre Bildung im Anschluß an die reguläre Schulzeit zu vertiefen und zu ergänzen, indem sie eine Selekta[83] oder ein Lehrerinnenseminar besuchten. Eine Berufstätigkeit als

---

[83] Unter "Selekta" ist eine weiterführende Klasse zu verstehen, die einige höhere Mädchenschulen im Anschluß an die übliche Schulzeit einrichteten. In diesen "Selekten" wurden vor

Lehrerin strebten sie damit nicht an. Von den 32 Autobiographinnen haben 18 eine Lehrerinnenausbildung absolviert, von denen vermutlich 16 ein Examen ablegten.[84] Während in der ersten Generation noch über die Hälfte der Frauen ohne spezifische Ausbildung eine Lehrtätigkeit ausübte, nahm der Anteil der ausgebildeten und examinierten Lehrerinnen im Lauf der folgenden Generationen zu. In der dritten Generation besaßen fast drei Viertel der Autobiographinnen ein Examen. Zudem stieg das Niveau der Abschlüsse an: Marie Torhorst und Minna Specht legten nach einem Universitätsstudium Staatsexamina als wissenschaftliche Lehrerinnen ab. Nicht immer führte der Weg in die Lehrtätigkeit über Bildungseinrichtungen, in einigen Fällen war langjährige praktische Arbeit in Berufen die Voraussetzung.

Wie eine Analyse der von den Autobiographinnen unterrichteten Wissensbereiche und Fächer gezeigt hat,[85] unterlagen sowohl der Zugang wie die Weitergabe von Wissen geschlechtsspezifischen Beschränkungen. Im Lauf der Generationen nahm indessen das Spektrum des vermittelten Wissens zu. Insgesamt haben die Autobiographinnen die folgenden Fächer unterrichtet: als Schulfächer Deutsch; die Fremdsprachen Französisch und Englisch – außerhalb von Schule die Sprachen Spanisch, Portugiesisch, Italienisch, Latein und Altgriechisch –; Religion bzw. biblische Geschichte; Geschichte, Geographie, Politische Bildung; Mathematik bzw. Rechnen; Turnen; Philosophische Propädeutik einschließlich Psychologie.

Im Bereich Familie und Haushalt waren es der Handarbeitsunterricht, die unterschiedlichen hauswirtschaftlichen Techniken und Kochen sowie das Fach Hauswirtschaft selbst.

Im beruflichen Bereich waren es Gartenbau, Medizin, Kaufmännische Ausbildung, Öffentliche Verwaltung auf der Grundlage von Nationalökonomie und Volkswirtschaft, Sozialarbeit und der Beruf der Kindergärtnerin. Künstlerische Fächer im beruflichen Bereich waren Malerei bzw. Zeichnen; Musik inklusive Gesangsunterricht, Klavierunterricht und Harmonielehre. Relativ vage bleiben die Informationen über Unterrichtsfächer, die Autobiographinnen als Ausbilderinnen in Berufen erteilten; zum beruflichen Bereich der Lehrerinnenausbildung gehörte das Fach Pädagogik.

---

allem französische und englische Konversation, Literatur- und Kunstgeschichte betrieben. "Allein die Art dieser Bildung war eine einseitige, dilettantische, fast nur für den Salon und die Gesellschaft berechnete." So Ulrike Henschke: Fortbildung der Mädchen und Frauen. In: Rein (Hg.), Encyklopädisches Handbuch der Pädagogik. Band 2,1. 1896, S. 302-309, Zitat S. 304.

[84] Ein Examen ist fraglich bei Mittendorf und Bischoff.
[85] S. Wedel, Frauen lehren, 1997, bes. S. 128-130.

Im Arbeitsleben der Autobiographinnen spielte Lehrtätigkeit unterschiedliche Rollen. Der folgende Überblick faßt zusammen, wie sich im Generationenverlauf die Arbeitsbereiche Familie, Schule und Beruf entwickelten. Von den sieben Autobiographinnen aus der ersten Generation der "Großmütter" hat Ottilie Wildermuth[86] als die einzige "Hausfrau, Gattin und Mutter" ihre Lehrtätigkeiten im Bereich Familie ausgeübt. Ihre Klientel war heterogen; sie reichte von den eigenen Kindern über ausländische Pensionäre im eigenen Haushalt bis zu Töchtern aus den bürgerlichen Kreisen Tübingens und einer verheirateten Adligen. Allerdings beanspruchte mit wachsendem Erfolg ihre Schriftstellerei zunehmend ihre ganze Arbeitskraft.

Die beiden adligen Autobiographinnen Malwida von Meysenbug[87] und Hedwig von Bismarck[88] unterrichteten sowohl im familiären Rahmen als auch im Übergangsbereich zur Schule. Für Malwida von Meysenbug, die Anhängerin der demokratischen Ideen von 1848, brachte die Trennung von ihrer konservativen Familie auch eine neue Lebensführung mit sich. Während ihres Aufenthalts in der "Hochschule für das weibliche Geschlecht" in Hamburg lernte und lehrte sie, und sie übernahm leitende und konzeptionelle Aufgaben. In den Jahren ihres Exils in London arbeitete sie als Privatlehrerin und intensivierte ihre schriftstellerischen Versuche. Unter dem Einfluß von Alexander Herzen, dessen Töchter sie als "Pflegemutter" erzog, wandte sie sich zudem Übersetzungen zu. Als mit der Heirat von Olga Herzen Malwida von Meysenbugs Erziehungsauftrag abgeschlossen war, ließ sie sich in Rom als freie Schriftstellerin nieder.

Hedwig von Bismarcks Leben folgte demgegenüber konventionellen Bahnen, die sie nur für die Zeit ihrer Erzieherinnentätigkeit in einer Adelsfamilie und in einem privaten Mädchenpensionat in Berlin verließ. Danach führte sie ein ausgefülltes Tantenleben im Kreise ihrer Verwandten und "Wahlverwandten". Bertha Buchwald[89] hat von den Autobiographinnen aus dieser ersten Generation am längsten mit Lehrtätigkeit an Schulen ihren Lebensunterhalt verdient. Ausführlich geht sie in ihren Erinnerungen auf die wenigen Jahre ein, die sie in Chile als Erzieherin und Schulleiterin verbrachte. Sie unterhielt danach eine kleine eigene Schule in Braunschweig. Für die katholische Isabella Braun[90] schien nach dem bestandenen

---

[86] Ottilie Wildermuths Leben, 1888.
[87] Malwida von Meysenbug: Memoiren einer Idealistin und ihr Nachtrag: Der Lebensabend einer Idealistin. Neue Ausgabe. Berlin 1917.
[88] Hedwig von Bismarck: Erinnerungen aus dem Leben einer 95jährigen. 9. Aufl. Halle 1910 (1. Aufl. 1910).
[89] Bertha Buchwald: Erinnerungsblätter aus dem Leben einer deutschen Lehrerin. Weimar 1889.
[90] Isabella Braun: Aus meiner Jugendzeit. 3. stark verm. Aufl. Stuttgart, Leipzig 1872.

Lehrerinnenexamen und der Anstellung in der Volksschule in Neuburg an der Donau der weitere Lebensweg vorhersagbar. Doch als 1848 "Englische Fräulein" die weltlichen Lehrerinnen an der Schule verdrängten, mußte sie sich neu orientieren. Sie wandte sich der Schriftstellerei zu und konnte sich als Herausgeberin der "Jugendblätter" und als Jugendschriftstellerin eine neue Existenz aufbauen.

Dorette Mittendorfs[91] Lebensweg war von Unglücksfällen, Krankheiten und Sorgen um die Existenzsicherung geprägt. Sie arbeitete hauptsächlich in England als Erzieherin in verschiedenen Stellungen, als Privatlehrerin und zuletzt als Leiterin eines Heims, in dem arme Mädchen eine elementare Schulbildung erhielten und auf die Erwerbstätigkeit als Dienstmädchen vorbereitet wurden. Ihren Lebensabend verbrachte sie in Deutschland. Die Lehrtätigkeit von Wilhelmine Canz[92] lag ausschließlich im beruflichen Bereich. Sie begann erst im Alter von 40 Jahren damit, als sie in Großheppach eine Ausbildungseinrichtung für evangelische Kindergärtnerinnen gründete, die sie bis ins hohe Alter leitete.

Vergleicht man die Lebenswege dieser Autobiographinnen und ihre Persönlichkeiten, so sind zwei Momente hervorzuheben. Das erste betrifft Gegensätzlichkeiten: Malwida von Meysenbug, die radikal-demokratische Adlige, und Wilhelmine Canz, die streitbare Pietistin, verkörpern weit auseinanderliegende weltanschauliche Standpunkte. In ihrem Eifer für ihre jeweilige Überzeugung unterscheiden sie sich jedoch kaum, und gemeinsam ist beiden auch, daß sie diese "Sturm-und-Drang-Phase" im Alter zwischen 30 und 40 Jahren durchlebten. Historisch gesehen ist das etwa das Jahrzehnt um die 1848er Revolution, die für beide Frauen einen Kristallisationspunkt ihrer – gegensätzlichen – Anschauungen bildet. Eine weitere Polarität liegt in den unterschiedlichen Lebensformen. Auf der einen Seite steht Ottilie Wildermuth, die als schwäbische Hausfrau, Gattin und Mutter in ihren Erzählungen ein positiv-gemütvolles bürgerliches Familienleben propagiert, ohne allerdings Schattenseiten völlig auszublenden. Auf der anderen Seite des Spektrums stehen Bertha Buchwald, Dorette Mittendorf und Isabella Braun als ledige, berufstätige Frauen. Hedwig von Bismarck ist mit ihrer vorübergehenden Erwerbstätigkeit und mit einem ausgefüllten Tantenleben eher in der Mitte einzuordnen. Das zweite Moment betrifft Gemeinsamkeiten: Allein drei der Autobiographinnen – Ottilie Wildermuth, Isabella Braun

---

[91] [Dorette Mittendorf:] Erinnerungen aus dem Leben einer Erzieherin. "Meine Kraft ist in den Schwachen mächtig" 2. Kor. 12,9. Kassel 1909.

[92] W[ilhelmine] Canz: Giebt es einen lebendigen Gott? Antwort mit Zeugnissen. Mannheim 1896; Giebt es einen lebendigen Gott? Zweites Buch: Aus den ersten 25 Jahren der Anstalt. Tagebuchblätter an der Hand von Tagesworten. Zweite Hälfte: Seit 1870. 1897.

und Malwida von Meysenbug – waren zu ihrer Zeit bekannte Schriftstellerinnen, und auch Wilhelmine Canz erreichte mit ihrem Sensationsroman ein breites Publikum, wenn auch aus der Anonymität heraus. Von dieser dominierenden Tätigkeit des Schreibens ausgehend, lassen sich diese Autobiographinnen als die "Generation der Schriftstellerinnen" bezeichnen.

Die zweite Generation der "Mütter" ist mit 15 Autobiographinnen der Zahl nach die größte. Dem Lehrbereich Familie sind als Ehefrauen und Mütter Luise Kraft[93], Charitas Bischoff[94] und Hedwig Heyl[95] zuzuordnen. Sie haben im Familienkontext auf ganz unterschiedliche Art und Weise Lehrtätigkeiten ausgeübt. Die Bäuerin Luise Kraft bildete in ihrem Haushalt Lehrmädchen aus und gab Handarbeitsunterricht in der Volksschule ihres Dorfes. Den Hauptinhalt ihrer Erinnerungen bilden allerdings ihre Erlebnisse aus den Jahren als Mitglied in der Neuapostolischen Gemeinde. Charitas Bischoff, Tochter der Forschungsreisenden Amalie Dietrich, hatte eine Ausbildung zur Kindergärtnerin und Elementarlehrerin absolviert, arbeitete aber nur bis zu ihrer Heirat als Erzieherin. Danach widmete sie sich als Ehefrau eines Landpfarrers vor allem ihren Kindern. Für Hedwig Heyl hingegen bildete ihr eigener Haushalt als Fabrikantengattin in Berlin nicht den Endpunkt, sondern den Ausgangspunkt ihrer vielfältigen lehrenden und sozialpflegerischen Aktivitäten. Von allen Autobiographinnen hat sie sich am intensivsten und mit organisatorischem Geschick dafür eingesetzt, die Lehre über Hauswirtschaft zu verbessern und institutionell zu verankern.

Die beiden Erzieherinnen Auguste Mues[96] und N. L.[97] gehören bereits in den Übergangsbereich zur Schule. Auguste Mues verfügte über langjährige Erfahrung als Erzieherin in Deutschland und im Ausland. Als herausragende Phase beschreibt sie in ihren Erinnerung eine zweijährige Reise nach Australien, die sie als Reisebegleiterin und Erzieherin in einer englischen Familie unternahm. N. L. dagegen hatte schon nach wenigen Berufsjahren als Erzie-

---

[93] Luise Kraft: Unter Aposteln und Propheten. Erinnerungen aus meinem Leben. Hg. und bearb. von G. Zitzer. 2. Aufl. Marburg 1930.

[94] Charitas Bischoff: Augenblicksbilder aus einem Jugendleben. Leipzig 1905; dies.: Bilder aus meinem Leben. Berlin 1912.

[95] Hedwig Heyl: Aus meinem Leben. Berlin 1925; dies.: Aus meiner Kinderstube. Geschrieben für meine Kinder und Enkel (1906). In: Elise von Hopffgarten (Hg.): Hedwig Heyl. Ein Gedenkblatt zu ihrem 70. Geburtstag dem 5. Mai 1920 von ihren Mitarbeitern und Freunden. Berlin 1920, S. 16-42.

[96] A[uguste] Mues: Lebens-Erinnerungen und Reise-Eindrücke einer Erzieherin. Osnabrück 1894.

[97] Meine Erfahrungen während meiner Laufbahn als Erzieherin. Von N. L. In: Der Frauen-Anwalt. Organ des Verbandes deutscher Frauenbildungs- und Erwerb-Vereine. Hg. von Jenny Hirsch. 4 (1873/74) S. 286-291.

herin das Bedürfnis, in einem Zeitungsartikel auf die beruflichen Gefährdungen vor allem in Auslandsstellen aufmerksam zu machen.

Lehrerinnen im Hauptberuf und das vornehmlich an Schulen waren Thekla Trinks[98], Clara Jurtz[99], Anna Malberg[100], Auguste Sprengel[101], Helene Lange[102] und Elisabeth Gnauck-Kühne[103]. Unter ihnen verkörpert Thekla Trinks am deutlichsten, was im allgemeinen unter einer beruflichen Karriere verstanden wird: Mit Hilfe zahlreicher Stellenwechsel verbesserte sie stetig ihre berufliche Position, bis sie ihr Ziel erreicht hatte, ein eigenes Mädchenpensionat mit ideellem und materiellem Gewinn zu führen. Für Clara Jurtz bestimmte ein religiöses Bekehrungserlebnis den künftigen Berufsweg. Sie verwirklichte zwar ihren Wunsch, als Lehrerin im Orient zu arbeiten, aber durch ihren Status als Diakonisse unterstand sie den Weisungen des Mutterhauses in Kaiserswerth und später dem des Friedenshortes. Über den Lebensweg der späteren Institutsleiterin Anna Malberg ist wenig bekannt. In ihren Kindheitserinnerungen geht sie indessen ausführlich auf die Schulverhältnisse Ende der 1850er und Anfang der 1860er Jahre ein. Auguste Sprengel gehörte zu den Schrittmacherinnen unter den Lehrerinnen. Sie war nicht nur als erste Frau in Mecklenburg-Schwerin Leiterin einer städtischen höheren Mädchenschule, sondern sie initiierte später auch die erste Frauenschule in Berlin. Helene Langes Verdienste um die Mädchenbildung und ihre führende Position in der bürgerlichen Frauenbewegung sind bekannt, von ihren vorausgehenden Berufsjahren als Lehrerin und besonders als Ausbilderin von Lehrerinnen gilt das jedoch nur bedingt. Ähnlich wie Helene Lange war auch Elisabeth Gnauck-Kühne erst längere Zeit Lehrerin, bevor sie politisch aktiv wurde. Eine kurze, gescheiterte Ehe bildete eine Zäsur in ihrem Leben, nach der sie in Berlin Nationalökonomie studierte,

---

[98] Thekla Trinks: Lebensführung einer deutschen Lehrerin. Erinnerungen an Deutschland, England, Frankreich und Rumänien. Eisenach 1892; 2. erw. Aufl. 1897, 3. verm. Aufl. Gotha 1904.

[99] [Clara Jurtz:] Ihm zu dienen, welch ein Stand! Lebenserinnerungen einer Achtzigjährigen. Erster Teil. Gotha 1930; dies.: Fünfundzwanzig Jahre mit Mutter Eva im Friedenshort. Ihm zu dienen, welch ein Stand! Zweiter Teil. Lebenserinnerungen einer Achtzigjährigen. Gotha 1932.

[100] Anna Malberg: Aus dem Bilderbuch einer reichen Kindheit. Dresden 1906.

[101] Auguste Sprengel: Erinnerungen aus meinem Schulleben. Berlin-Lichterfeld 1932; dies.: Mitteilungen über die Familien Susemihl, Zeumer, Sprengel. Nach alten Papieren und Berichten zusammengestellt. Burg 1931.

[102] Helene Lange: Lebenserinnerungen. Berlin 1921.

[103] Elisabeth Gnauck-Kühne: Erinnerungen einer freiwilligen Arbeiterin. In: Die Hilfe 1 (1895) Nr. 6 und 7, wieder abgedruckt in: Erich Dauzenroth (Hg.): Frauenbewegung und Frauenbildung. Bad Heilbrunn 1964, S. 90-99; dies.: Kindheitserinnerungen. In: Die christliche Frau 8 (1909/1910) 2, S. 126-128.

sich öffentlich für Frauenfragen engagierte und zum Katholizismus konvertierte.

Autobiographinnen mit jeweils zwei Berufen waren Emma Vely[104] und Bertha Riedel-Ahrens[105]. Beide wandten sich nach einer Phase als Erzieherin und Lehrerin der Schriftstellerei zu, und beide taten das als alleinerziehende Mutter. Emma Vely ließ sich von ihrem Ehemann scheiden und sorgte als Schriftstellerin und Journalistin allein für ihre Tochter. Bertha Riedel-Ahrens wurde jung Witwe und verdiente den Lebensunterhalt für sich und ihre Kinder als Privatlehrerin und Schriftstellerin. Ausschließlich im beruflichen Bereich und als Privatlehrerin übten die beiden Künstlerinnen Rosa Sucher[106] und Luise Le Beau[107] ihre Lehrtätigkeiten aus. Rosa Sucher begann damit erst im Alter, als ihre erfolgreiche Karriere als Sängerin bereits hinter ihr lag. Die Pianistin und Komponistin Luise Le Beau begann noch während ihrer eigenen Ausbildung, Unterricht zu erteilen und führte ihn kontinuierlich fort.

Auch in dieser zweiten Generation der Autobiographinnen unterscheiden sich die Lebenswege beträchtlich. Hinsichtlich ihrer Lebensweise und dem sozialen Status nach sind die erweckte Diakonisse Clara Jurtz und die umschwärmte Primadonna Rosa Sucher am weitesten voneinander entfernt, aber auch die Lebenswelten der Bäuerin Luise Kraft und die der Fabrikantengattin und Organisatorin Hedwig Heyl liegen weit auseinander.

Trotzdem gibt es in dieser Generation Gemeinsamkeiten, die sie zugleich von der vorhergehenden und der nachfolgenden unterscheiden: Unter diesen "Müttern" befinden sich nicht nur die meisten Autobiographinnen, die in der bürgerlichen Frauenbewegung engagiert waren, es handelt sich zudem um leitende Persönlichkeiten wie Helene Lange und Elisabeth Gnauck-Kühne. Aktiv waren auch Auguste Sprengel und Hedwig Heyl, und zum weiteren Umfeld zählen Emma Vely und Luise Le Beau. Einige dieser Autobiographinnen waren persönlich miteinander bekannt, und es bestanden Kontakte zu Autobiographinnen der folgenden Generation. Hedwig Heyl kannte Marie-Elisabeth Lüders, und von Florentine Gebhardt wissen wir, daß sie Schülerin von Helene Lange war und sich von Elisabeth Gnauck-Kühne bei ihren Berufsplänen beraten ließ. Bedeutsamer für das Thema Lehrtätigkeit ist indessen eine weitere Gemeinsamkeit. In dieser Generation finden sich die meisten Autobiographinnen, die im Hauptberuf und für lange Zeit Lehrerin

---

[104] Emma Vely: Mein schönes und schweres Leben. Leipzig 1929.
[105] B[ertha] Riedel-Ahrens: Warum leben wir? In: Anny Wothe (Hg.): Selbsterlebtes. Aus den Werkstätten deutscher Poesie und Kunst. Bremerhaven, Leipzig 1904, S. 58-60.
[106] Rosa Sucher: Aus meinem Leben. Leipzig 1914.
[107] Luise Adolpha Le Beau: Lebenserinnerungen einer Komponistin. Baden-Baden 1910.

waren. Sie vertreten dabei ganz unterschiedliche Ausprägungen des Berufs von der Erzieherinnentätigkeit bis zu der Position einer Schulleiterin oder der einer Ausbilderin von Lehrerinnen. Von daher lassen sich diese Autobiographinnen als die "Generation der Lehrerinnen" charakterisieren.

Zur dritten Generation der "Töchter" gehören zehn Autobiographinnen. Von ihnen ist nur Else Wentscher[108] dem Lehrbereich Familie zuzuordnen. Mit einem Professor der Philosophie verheiratet und selbst philosophischen Studien nachgehend, die ihr später den Dr. phil. h. c. eintrugen, förderte sie das häusliche Lernen ihrer schulpflichtigen Kinder.

Im allgemeinbildenden Schulwesen waren Florentine Gebhardt[109], Marie Franz[110], Marie Torhorst[111] und Minna Specht[112] tätig. Florentine Gebhardt erreichte durch stufenweise Weiterqualifizierung den Status einer Volksschullehrerin im Staatsdienst, und sie behielt diese Sicherheit verheißende Stellung auch dann noch bei, als sie in der ihr mehr zusagenden Schriftstellerei Erfolge verzeichnen konnte. Marie Franz arbeitete ebenfalls als Volksschullehrerin, aber bei ihr stand die Berufsausübung im Mittelpunkt ihrer Interessen. Schon nach wenigen Jahren trat sie mit einem Bericht darüber an die Öffentlichkeit.

Marie Torhorst orientierte sich in ihren Lebensentscheidungen am Vorbild ihrer älteren Schwester Adelheid: Wie sie legte sie das Abitur ab und studierte Mathematik, wie sie entschied sie sich für den Lehrerinnenberuf, und wie sie wurde sie Sozialistin. Die Machtübernahme der Nationalsozialisten beendete abrupt ihre Lehrerinnentätigkeit an einer Reformschule in Berlin. Nach dem Zweiten Weltkrieg stieg sie im östlichen Teil Deutschlands als Bildungspolitikerin auf: Sie wurde in Thüringen Ministerin für Volksbildung. Auch die Sozialistin Minna Specht mußte 1933 ihre konzeptionelle und lehrende Tätigkeit in einem Landerziehungsheim aufgeben. Sie ging ins Exil und setzte dort ihre reformpädagogische Arbeit fort. Nach dem Zweiten Weltkrieg kehrte sie nach Westdeutschland zurück und übernahm wieder die Leitung einer Reformschule.

---

[108] Else Wentscher: Mutterschaft und geistige Arbeit. Langensalza 1926.

[109] Florentine Gebhardt: Blätter aus dem Lebensbilderbuch. Jugenderinnerungen. Berlin 1930; dies.: Der Weg zum Lehrstuhl. Hamburg 1933; dies.: Der zwiefache Weg. Lebenserinnerungen, dritter Teil. Berlin 1942.

[110] Marie Franz: Erinnerungen einer Lehrerin. in: Die Grenzboten. Zeitschrift für Politik, Literatur und Kunst. Leipzig 1905.

[111] Marie Torhorst: Pfarrerstochter, Pädagogin, Kommunistin. Aus dem Leben der Schwestern Adelheid und Marie Torhorst. Hg. von Karl-Heinz Günther. Berlin 1986.

[112] Minna Specht über sich selbst. In: Hellmut Becker; Willi Eichler; Gustav Heckmann (Hg.): Erziehung und Politik. Minna Specht zu ihrem 80. Geburtstag. Frankfurt/Main 1960 (zuerst 1958), S. 369-374.

Zu den Berufswechslerinnen zählen in dieser Generation Mathilde Ludendorff[113] und Marie-Elisabeth Lüders[114]. Mathilde Ludendorff studierte nach einigen Berufsjahren als Lehrerin Medizin und ließ sich als Ärztin nieder. Marie-Elisabeth Lüders begann nach kurzen Lehrtätigkeiten, Nationalökonomie zu studieren. Sie arbeitete nach der Promotion vornehmlich in Verwaltungen und später als Schriftstellerin. Daneben betätigte sie sich aktiv in der Politik.

Im beruflichen Bereich unterrichteten die Künstlerinnen. Nur die Malerin Gretchen Wohlwill[115] gab neben ihrer Kunstausübung längere Zeit auch an einer allgemeinbildenden höheren Mädchenschule Zeichenunterricht. 1933 wurde sie aufgrund ihrer jüdischen Herkunft zwangspensioniert, und von 1940 bis 1953 lebte sie im Exil in Portugal. Für die Pianistin Margarete Klinckerfuß[116] bildete die Tätigkeit als Klavierlehrerin lediglich eine Spielart ihres ausgedehnten gesellschaftlichen Verkehrs. Meta Diestel[117] hingegen begann bereits gegen Ende ihrer Ausbildung zur Sängerin, Musikunterricht zu erteilen. Erst als ihre Tätigkeit als freiberufliche Chorleiterin sie ganz in Anspruch nahm, gab sie das Unterrichten auf.

Wie in den vorherigen Generationen unterscheiden sich die Lebensverläufe und politischen Positionen auch in dieser Generation der "Töchter". Ihrer weltanschaulichen Überzeugung nach steht Mathilde Ludendorff als spätere Sektengründerin am äußersten rechten Rand. Einen Gegenpol bilden auf politischer Ebene die beiden Sozialistinnen Marie Torhorst und Minna Specht. Doch die doktrinäre Sozialistin unterscheidet sich in ihrem Verständnis von Sozialismus gravierend von der reformpädagogisch innovativen. Aber beide haben in ihren Altersjahren, nämlich in den Jahren nach dem Zweiten Weltkrieg, auf die Gestaltung des Bildungssystems in Deutschland – im demokratischen Westen Minna Specht, im sozialistischen Osten Marie Torhorst – eingewirkt. Neu ist in dieser Generation, daß die Hälfte der Autobiographinnen an einer Universität studiert hat. Zwar hatte in der zweiten Generation Elisabeth Gnauck-Kühne ebenfalls studiert, allerdings ohne mit

---

[113] Mathilde Ludendorff: Kindheit und Jugend. 1. Teil von: Statt Heiligenschein oder Hexenzeichen. Mein Leben. München 1937 (1. Aufl. 1932); dies.: Durch Forschen und Schicksal zum Sinn des Lebens. 2. Teil. München 1936; dies.: Freiheitskampf wider eine Welt von Feinden an der Seite des Feldherrn Ludendorff. 5. Teil. Pähl 1976.

[114] Marie-Elisabeth Lüders: Fürchte dich nicht. Persönliches und Politisches aus mehr als 80 Jahren. 1878-1962. Köln, Opladen 1963.

[115] Gretchen Wohlwill: Lebenserinnerungen einer Hamburger Malerin. Bearb. von Hans-Dieter Loose. Hamburg 1984.

[116] Margarete Klinckerfuß: Aufklänge aus versunkener Zeit. Urach 1948 (1. Aufl. 1947).

[117] Meta Diestel: Ein Herz ist unterwegs. Aus Leben und Arbeit. Mit einem Geleitwort von D. Otto Dibelius. Für die Freunde Meta Diestels hg. vom Bayerischen Mütterdienst. 3. Aufl. Nürnberg 1952 (1. Aufl. 1952).

der Promotion abzuschließen. Das war in der dritten Generation auch noch bei Else Wentscher der Fall. Sie blieb aber damit bereits eine Ausnahme, denn die anderen Frauen schlossen ihr Studium mit Examen – Minna Specht – oder Promotion – Marie Torhorst, Marie-Elisabeth Lüders und Mathilde Ludendorff – ab. Das eröffnete ihnen den Weg in neue Berufe. Von dieser Dominanz der studierten Autobiographinnen ausgehend, kann die dritte Generation als die "Generation der Akademikerinnen" charakterisiert werden.

Zusammenfassend gilt für die Autobiographinnen: Der räumlichen Herkunft nach lagen die Geburtsorte häufig im norddeutschen Raum, und im Lauf der Generationen wuchsen immer mehr Autobiographinnen in Städten auf. Die evangelische Konfessionszugehörigkeit herrschte vor. Gemessen am Status der Herkunftsfamilie gehörten die meisten Autobiographinnen zur unteren Oberschicht und oberen Mittelschicht, in der Mehrzahl sind sie also nicht dem "unbemittelten Bürgerstand" zuzuordnen. Bei der beruflichen Orientierung der Eltern überwog der Anteil der höheren und mittleren Beamten, zahlreiche Väter arbeiteten in staatsnahen Berufen. Von den Müttern der Autobiographinnen waren erst die aus der dritten Generation oft erwerbstätig, und zwar in unterschiedlichen Bereichen sowie mit und ohne Ausbildung. Charakteristisch für die Familienkonstellationen sind der relativ hohe Anteil von Autobiographinnen, deren Väter früh starben, und daß Autobiographinnen nur ausnahmsweise als Einzelkinder aufwuchsen. Das Bildungsniveau der Autobiographinnen nahm im Lauf der Generationen zu, und der Besuch einer höheren Mädchenschule wurde Standard. Außerdem stieg der Anteil der Autobiographinnen mit einer Berufsausbildung an.

Das Berufsleben der Autobiographinnen, soweit es sich außerhalb von Lehrtätigkeiten abspielte, veränderte sich im Lauf der Generationen entscheidend. Den Autobiographinnen aus der ersten Generation stand vornehmlich in der Schriftstellerei eine existenzerhaltende Erwerbstätigkeit offen. In den folgenden Generationen kamen weitere Gebiete der Kunst – Musik und Malerei – hinzu, und auch die organisatorische und gewerbliche Seite des Kunstbetriebes wie die Redaktions- und Herausgebertätigkeiten von Isabella Braun und Florentine Gebhardt oder die Chorleitung von Meta Diestel schufen neue Erwerbsmöglichkeiten. Vor allem die Schriftstellerei blieb nicht auf den literarischen Bereich begrenzt, sondern das fachbezogene Schreiben nahm durch den aufkommenden Journalismus einen immer breiteren Raum ein. Für die in der Frauenbewegung aktiven Autobiographinnen gehörte dieses fachliche Schreiben fast selbstverständlich zu ihren Aktivitäten.

Die Frauen aus der zweiten Generation, die Generation der Lehrerinnen, besetzten im Zuge der Frauenbewegung neue Tätigkeitsfelder außerhalb ihrer privaten Haushalte. In erster Linie traten sie als Organisatorinnen auf, allerdings selten in berufsnahen Strukturen und meistens ohne Bezahlung. Erst Autobiographinnen aus der dritten Generation, die Akademikerinnen, konnten in öffentlichen Verwaltungen und in dem neuen Beruf der Ärztin Fuß fassen.

Der Überblick hat gezeigt, daß Lehrtätigkeit nicht die einzige Möglichkeit des Geldverdienens darstellte, denn die Herkunft aus den oberen Gesellschaftsschichten öffnete verschiedene Weg, eine gute Bildung einzusetzen. In welchen Lebenssituationen sich die Autobiographinnen für eine Lehrtätigkeit entschieden und wie lange und wie intensiv sie das Lehren betrieben, ist Thema des folgenden Kapitels.

3. Zeiten

Die zeitlichen Dimensionen von Lehrtätigkeiten sind für biographische Entscheidungen und für die alltägliche Zeitgestaltung bedeutsam. Zu berücksichtigen ist dabei, daß im 19. Jahrhundert ein grundlegender Wandel der gesellschaftlich bedingten Zeitstrukturen stattgefunden hat.[1] Er veränderte den Umgang mit Arbeitszeit rasch und einschneidend im Bereich der Erwerbsarbeit,[2] langsamer und auf andere Weise in den privaten Haushalten. Vor allem die Rationalisierung im Zuge der Industrialisierung führte zu einer Entmischung der auf den gesamten Tageslauf verteilten Arbeitszeit: Möglichst alle Zeitanteile ohne Arbeit wurden im Interesse der Produktivitätssteigerung abgetrennt, so daß ein nach Stundenzahl entlohnter Arbeitstag entstand. Die ausgegliederten Zeitanteile bildeten dann als "Freizeit" und "Urlaubszeit" eigene Strukturen aus.[3] Diese Veränderungen wirkten sich ebenso auf die individuelle Gestaltung der eher zyklischen, sich im Tages- oder Wochenrhythmus wiederholenden Zeitstrukturen aus wie auf biographische Entscheidungen mit eher linearen Verläufen.

Auf die zeitliche Position von Lehrtätigkeiten innerhalb des Zeitbudgets einer Person wirken indessen nicht nur gesellschaftliche Zeitstrukturen. Gerade der Einfluß personaler Beziehungen, wie sie sich aus dem Zusammenleben mit anderen Personen in einem Haushalt ergeben, erweitern oder beschränken die zeitlichen Möglichkeiten und sind von daher biographisch relevant.[4] Ausgangspunkt ist im folgenden Rosemarie von Schweitzers Bestimmung der Ressourcen eines Haushalts, nach der das Humanvermögen einerseits aus dem Zeitbudget der Person oder der Personen, die zum Haushalt gehören, besteht und andererseits aus den Fähigkeiten und Qualifikationen aller Haushaltsmitglieder.[5] Die zeitliche Dimension des Humanvermö-

---

[1] Vgl. dazu den Überblick von Martina Kessel: Verfügte Zeit, gelebte Zeit. Frauen zwischen Arbeit und freier Zeit im 19. und 20. Jahrhundert. In: dies. (Hg.): Zwischen Abwasch und Verlangen. Zeiterfahrungen von Frauen im 19. und 20. Jahrhundert. Ein Lesebuch. München 1995, S. 9-30.

[2] Vgl. dazu den Überblick von Hans Pohl: Einführung. In: ders. (Hg.): Die Entwicklung der Lebensarbeitszeit. Festschrift Reinhart Freudenberg. Stuttgart 1992, S. 9-26.

[3] Vgl. Andrea Maurer: Moderne Arbeitsutopien. Das Verhältnis von Arbeit, Zeit und Geschlecht. Opladen 1994; Peter Borscheid: Vom Leben in Arbeit zu Arbeit und Leben. Die Entwicklung des Lebensarbeitszeit aus sozialhistorischer Sicht. In: Pohl (Hg.), Entwicklung der Lebensarbeitszeit, 1992, S. 27-42.

[4] Zur "gebundenen Zeit" von Frauen vgl. Bettina Dausien: Zur biographischen Konstruktion sozialer Wirklichkeit in Frauenlebensgeschichten. Bremen 1996, S. 71f.

[5] Von Schweitzer, Wirtschaftslehre, 1991, S. 156; Weiteres zu den Vermögensarten eines Haushalts s. unten im Abschnitt "Zeit und Geld".

gens setzt sich demnach aus drei Kategorien zusammen: Die sogenannte persönliche Zeit dient der eigenen Regeneration und Bildung. In ihr kann demgemäß Lehre, verstanden als Arbeit für andere, nicht stattfinden. Die sogenannte Familienzeit geht in das Konsumtivvermögen ein, das den Verbrauch und die Nutzung der internen Haushaltsressourcen aller Haushaltsangehörigen regelt. Sie bezieht sich also nicht nur auf die Mitglieder der Familie im engeren Sinn, sondern auf alle Mitglieder des Haushalts. Die sogenannte Erwerbszeit schließlich trägt zum Produktivvermögen bei, indem sie die Zeit zur Verfügung stellt, in der die externen Haushaltsressourcen erworben werden.[6] Problematisch an diesem Konzept ist allerdings, daß für die nicht mit Erwerb verbrachte Zeit, in der gleichwohl Arbeit für andere, aber außerhalb des Haushalts oder der Familie, geleistet wird, kein Zeitvolumen vorgesehen ist. Ehrenamtliche Lehrtätigkeit zum Beispiel läßt sich dann nicht mehr zeitlich zuordnen. Um auch diesen Bereich zu erfassen, habe ich die vorhandenen Kategorien um die Kategorie "Sozialzeit" ergänzt.[7]

Charakteristisch für Lehrtätigkeiten ist, daß sie nicht nur einer einzigen Kategorie zuzuweisen sind, sondern in mehreren Zeitbereichen vorkommen: In der Familienzeit, wenn die Autobiographin ihre Kinder unterrichtet, in der Sozialzeit, wenn sie in einer Sonntagsschule unterrichtet, in erster Linie jedoch in ihrer Erwerbszeit, in die auch ihre weiteren Erwerbstätigkeiten fallen.

Die "Verberuflichung" der Lehrtätigkeit im 19. Jahrhundert hat bis heute nicht zu einer zeitlichen "Durchrationalisierung" im Sinne einer Entwicklung von lebensweltlicher und beruflicher Zeit geführt. Das gilt vor allem für denjenigen Teil der Arbeit, der außerhalb des Arbeitsplatzes Schule und innerhalb des privaten Haushalts mit seiner andersartigen Zeitstruktur erledigt wird. Basis der Leistungsbemessung und damit der Entlohnung blieb demungeachtet die Anzahl der erteilten Unterrichtsstunden. Der Verzicht auf eine überprüfbarere Regelung konservierte einerseits das Konfliktpotential hinsichtlich einer "gerechten" Entlohnung, hielt aber andererseits einen größeren Spielraum im Umgang mit Zeit offen.[8] Zu berücksichtigen ist dabei, daß ein bestimmtes Zeitvolumen von Lehrtätigkeit, zu Hause aufgewendet, sich anders auf die Zeitressourcen des betreffenden Haushalts

---

[6] Von Schweitzer, Wirtschaftslehre, 1991, S. 156f.
[7] Über das Bedeutungsspektrum der im angelsächsischen Raum als sozialwissenschaftliche Kategorien verwendeten Zeitbegriffe "individual time", "family time", "historical time" bzw. "industrial time" vgl. Hareven, Familie, Lebenslauf und Sozialgeschichte, 1997, S. 19.
[8] Ein Lösung des Problems steht an, wie die heftigen Diskussionen um den Fortbestand der Halbtagsschule oder um die Einführung der ganztägigen Anwesenheitspflicht der Lehrkräfte in der Schule zeigen.

auswirkt, als wenn es außerhalb des Haushalts verbraucht wird: Während der Unterrichtsvorbereitung können zum Beispiel kleine Kinder oder eine pflegebedürftige alte Mutter im Auge behalten und bei Bedarf versorgt werden; das wäre bei Abwesenheit der Lehrerin nicht möglich.

3.1 Biographische Zeit

Lehrtätigkeiten haben innerhalb individueller Lebenswege verschiedene zeitliche Positionen eingenommen haben. Sie werden im folgenden zunächst als lineare Zeitverläufe in ihrer chronologischen Folge untersucht. Das erreichte Lebensalter der Autobiographinnen ist dafür in mehrfacher Hinsicht bedeutsam: Zum einen erweitert ein langes Leben den zeitlichen Rahmen sowohl für Lehrtätigkeiten wie für autobiographisches Schreiben. Zum andern stellt das erreichte Lebensalter eine Bezugsgröße für das "autobiographische Alter" dar, in dem die Autobiographie niedergeschrieben wird. Schon bei der Ausgangsgruppe der 804 Autobiographinnen fiel auf, daß ein großer Teil dieser Frauen ein relativ hohes Lebensalter erreicht hat. Diesen Eindruck bestätigen die hier ausgewählten 32 Autobiographinnen nicht nur, sie verstärken ihn noch, denn diese Frauen werden durchschnittlich 81 Jahre alt.[9]

Dieses Ergebnis fordert die Frage heraus, ob es einen Zusammenhang zwischen autobiographischem Schreiben und dem beobachteten hohen Lebensalter gibt und worin er bestehen könnte. Auf dieses komplexe Problem ist an dieser Stelle nicht näher einzugehen. Als Hinweis mag genügen, daß sich ganz allgemein die Lebensjahre zwischen 50 und 80 Jahren als das typische "autobiographische Alter" bezeichnen lassen. Allerdings gibt es Unterschiede zwischen den Generationen. Die Autobiographinnen aus der ersten und zweiten Generation beginnen in einem frühen Zeitraum, die der dritten in einem späteren.

Weiterhin ist zu beobachten, daß die zeitliche Dauer des autobiographischen Schreibens variiert. Sie kann kurz ausfallen und weniger als ein Jahr umfassen, sie kann sich aber auch – wie bei Emma Vely – über 50 Jahre erstrecken. Zwar brauchen die meisten Frauen bis zu fünf Jahre, um ihre Autobiographie zu beenden, aber bei fast einem Drittel der Gesamtgruppe – vor allem bei Frauen aus der zweiten Generation – zieht sich dieses Schrei-

---

[9] Ausgehend von den ermittelten Todesdaten N=24. Bei 6 Autobiographinnen sind Schätzwerte möglich: Buchwald, Mittendorf; Kraft, Mues, Riedel-Ahrens, Wentscher; nicht aber für die beiden jungen Autobiographinnen N.L. und Marie Franz.

ben länger hin. Als weiterer Aspekt von Lebenszeit ist in Betracht zu ziehen, daß es für die Autobiographinnen auch ein Leben nach der Autobiographie gibt, über das sie keine Auskunft mehr geben. Etwa die Hälfte der Autobiographinnen lebt nach dem Abschluß ihres autobiographischen Schreibens noch bis zu fünf Jahre, die anderen Frauen hatten noch eine längere Lebenszeit – soweit bekannt bis zu 25 Jahre – vor sich.

Um Aufschluß über den Zusammenhang zwischen zeitlicher Position und Funktion der unterschiedlichen Lehrtätigkeiten im Lebenslauf zu erhalten, wurden Phasen von Lehrtätigkeit mit Hilfe der Zeitbestimmungen in den Autobiographien definiert.[10] Lehrtätigkeiten außerhalb beruflicher Strukturen führten ebenso zu Abgrenzungsproblemen wie Lehrtätigkeiten, die innerhalb der eigenen Familie ausgeübt wurden. Sie ließen sich in den Autobiographien zeitlich oft nur annähernd bestimmen, und das sowohl hinsichtlich der täglich damit verbrachten Zeit als auch bezüglich der Dauer über längere oder kürzere Zeiträume hinweg. Trotz dieser Unschärfe wurden der Beginn der ersten und das Ende der letzten lehrenden Tätigkeit festgelegt und innerhalb dieser Zeitspanne weiter nach Lehrphasen differenziert.

Schon der erste Blick auf die unterschiedliche Dauer der Lehrtätigkeiten ließ erkennen, daß eine Orientierung am institutionell geregelten Schulberuf der Männer nicht weiter geführt hätte.[11] Auf die kürzeste Lehrtätigkeit von etwa fünf Jahren blickt Rosa Sucher aus der zweiten Generation zurück. Sie versuchte nach dem Ende ihrer Karriere als Sängerin im Alter von fast 60 Jahren erfolglos, sich als Gesangslehrerin zu etablieren. Den weitesten Zeitrahmen finden wir mit 54 Jahren bei Helene Lange – ebenfalls zur zweiten Generation gehörend –, die noch einmal im hohen Alter von 70 Jahren an der Sozialen Frauenschule in Hamburg einige Stunden gab.

Dieser Sachverhalt erfordert es, den Begriff Kontinuität näher zu bestimmen und zumindest eine minimale Dauer festzulegen: Im folgenden konstatiere ich Kontinuität in der Lehre immer dann, wenn ein Zeitraum von fünf Jahren vorliegt, in dem Lehrtätigkeit dominiert. Maßgebend bei der Entscheidung für diese Bezugsgröße war zum einen die Beobachtung, daß damit der kürzeste Zeitraum erfaßt wird, der bei den Autobiographinnen als Gesamtdauer von Lehrtätigkeit auszumachen ist. Zum anderen stellte eine fünf Jahre

---

[10] Bei unbestimmten Aussagen habe ich die erforderlichen Jahresangaben errechnet, abgeleitet oder geschätzt.

[11] Zur Differenzierung nach phasenspezifischen Berufsbiographietypen in den Sozialwissenschaften s. Gertrude Hirsch: Typen der Selbstdeutung von Lehrerinnen und Lehrern im Rückblick auf ihre berufliche Entwicklung. In: Bildung und Erziehung 49 (1996) S. 277-294.

dauernde Lehrtätigkeit für Zeitgenossinnen eine Zeitspanne dar, die bereits gewisse Berechtigungen verlieh. Helene Lange nennt zum Beispiel fünf Jahre als Mindestdauer von Lehrerinnentätigkeit, um in das Feierabendhaus des Vereins deutscher Lehrerinnen und Erzieherinnen in Steglitz bei Berlin eintreten zu können.[12]

Weitere Probleme bei der Bestimmung von Kontinuität lassen sich damit jedoch nicht lösen. So bleibt vorerst offen, welche Ereignisse diese Kontinuität beenden oder sie nur beeinträchtigen, zum Beispiel durch einen zyklischen oder zufällig auftretenden Zeitbedarf. Die Regelungen unseres heutigen Berufssystems bieten dafür kaum Anhaltspunkte. Zum Beispiel hatten Krankheitsfälle bis weit ins 19. Jahrhundert für Lehrerinnen außerhalb des staatlichen Schulsystems in der Regel die Entlassung zur Folge und zogen somit einen Stellenwechsel nach sich. Bevor Lehrerinnen den Beamtenstatus erhielten, besaßen im Fall von Krankheit lediglich Diakonissen eine gewisse Sicherheit durch ihr Mutterhaus, das dann für sie sorgte und anschließend eine neue Stelle vermittelte. Kontinuierlich, also vorherrschend und mindestens fünf Jahre lang, haben fast zwei Drittel der Autobiographinnen gelehrt. Bei den übrigen Autorinnen dauerten die dominanten Lehrtätigkeiten entweder keine fünf Jahre oder sie blieben der weniger wichtige Teil ihrer Tätigkeiten.

Eine Differenzierung ermöglicht die Kategorie Kontinuität bei der Frage, welche Autobiographinnen ihre Lehrtätigkeit als Hauptberuf ausübten, wobei unter Hauptberuf diejenige Tätigkeit verstanden werden soll, die über einen Zeitraum von mindestens 15 Jahren, außerhalb der eigenen Familie, gegen eine Vergütung und zu vertraglich geregelten Konditionen stattgefunden hat. Zu diesen Lehrerinnen im Hauptberuf gehören dann aus der ersten Generation lediglich Bertha Buchwald, aus der zweiten Auguste Sprengel, Auguste Mues, Thekla Trinks, Clara Jurtz, Elisabeth Gnauck-Kühne und Helene Lange und aus der dritten Generation Florentine Gebhardt, Gretchen Wohlwill und, eingeschränkt wegen der häufigen Unterbrechungen, auch Minna Specht, insgesamt also zehn der 32 Frauen. Dieses Zahlenverhältnis weist darauf hin, daß selbst mit einer elastischen Definition von Hauptberuf die lehrende Tätigkeit von Frauen im 19. Jahrhundert nur unzureichend wahrgenommen wird und daß eine lange Dauer in der Ausübung eines Hauptberufs zumindest bei den Autobiographinnen eher die Ausnahme bildet. Das heißt zugleich, daß es ein weites Feld von amtlich nicht registrierten, gering oder

---

[12] Helene Lange: "Altersversorgung der Lehrerinnen in Deutschland". In: W. Rein (Hg.): Encyklopädisches Handbuch der Pädagogik, Band 1. Langensalza 1895; S. 54-59, hier S. 59; für die Aufnahme in das "Wilhelm-Augusta-Stift" in Gandersheim wurden u. a. mindestens 15 Jahre verlangt, ebenda.

gar nicht bezahlten sowie kurzfristigen Lehrtätigkeiten von Frauen gegeben hat, die statistisch nicht berücksichtigt wurden. Die in Statistiken präsentierten Zahlen vermitteln auch deshalb ein unzutreffendes Bild, weil sie nur Querschnittsdaten bieten. Sie können somit Fluktuationen nicht erfassen. Fluktuation heißt aber, daß viel mehr Frauen Lehrerin gewesen sein können, wenn auch in kurzfristigen Arbeitsverhältnissen.

3.1.1 Der Weg in die erste Stelle

In welcher historischen Zeit und in welchem Lebensalter beginnen nun die Autobiographinnen mit einer lehrenden Tätigkeit? Von allen Autobiographinnen macht Hedwig von Bismarck aus der ersten Generation den Anfang, die 1836 mit 21 Jahren ihre erste Stelle als Erzieherin antritt. Die letzte ist Marie Torhorst aus der dritten Generation, sie fängt 1920 als 32jährige mit dem Unterricht an. Innerhalb dieser Spanne von 84 Jahren, über die sich die Tätigkeitsaufnahme insgesamt erstreckt, kommt es entsprechend den drei Altersgruppen zu drei zeitlich versetzten Startphasen. Läßt man die Verfasserinnen von "Berufsberichten" beiseite, zeigt sich ein deutlicher Unterschied der ersten Altersgruppe gegenüber der zweiten und der dritten.

Die Phase der Tätigkeitsaufnahme erstreckt sich in der ersten Generation über die 20 Jahre von 1836 bis 1856, und zwar mit relativ weit auseinanderliegenden Jahresabständen. Ein Muster ist von der zweiten Generation an erkennbar: Als erste Autobiographin dieser Altersgruppe beginnt Auguste Sprengel 1864 eine lehrende Tätigkeit, und bis 1873 haben schon weitere neun Frauen aus der Kohorte den gleichen Schritt getan, also zwei Drittel dieser Generation innerhalb von neun Jahren. Als letzte beginnt Rosa Sucher um 1908. In der Kernphase zwischen 1864 und 1873 herrschte aufgrund des Bevölkerungswachstum Lehrkräftemangel, so daß das Stellenangebot relativ günstig für Lehrerinnen war.

Bei der dritten Generation zeigt sich ein nur leicht abgewandeltes Muster. Mathilde Ludendorff beginnt als erste ihrer Altersgruppe im Jahr 1896 mit dem Unterrichten. Es folgen relativ rasch die übrigen Autobiographinnen, von denen Else Wentscher mit dem Startjahr 1907 die letzte ist. Die Kernphase liegt hier in den elf Jahren zwischen 1896 und 1907. Das entspricht etwa der Zeit der "Oberlehrerinnenbewegung" von 1887 bis 1908/13, wie sie Marion Klewitz untersucht hat.[13]

Die meisten Autobiographinnen beginnen ihre erste Lehrtätigkeit in jungen Jahren: Die Zeitspanne vom 15. bis zum 23. Lebensjahr gilt für nahezu

---

[13] Klewitz, Zwischen Oberlehrern und Müttern, 1989, zur Zeitbestimmung bes. S. 60.

drei Viertel aller Autobiographinnen. Allein acht von ihnen, also ein Viertel der Gesamtgruppe, beginnen mit 19 und 20 Jahren. Die neun älteren Frauen nehmen eine Lehrtätigkeit zwischen 26 und 56 Jahren auf, sieben von ihnen bis 35 Jahre. Nur Wilhelmine Canz ist 41 Jahre und Rosa Sucher fast 60 Jahre alt. Der großen Gruppe der jungen Anfängerinnen steht damit die kleine der alten Anfängerinnen gegenüber.

Für die einzelnen Generationen bietet sich ein unterschiedliches Bild. In der ersten Generation gehört über die Hälfte der Frauen zu den jungen Anfängerinnen, aber sie sind etwas älter als die jungen in den nachfolgenden Generationen. In der zweiten Generation tritt die Tendenz zu jüngerem Alter bei der Aufnahme von Lehre am deutlichsten zutage: Fast alle stehen in einem Alter von 16 bis 23 Jahre und die meisten von ihnen sind noch unter 21 Jahre alt. Sie bilden damit die relativ große Gruppe der jüngsten Anfängerinnen. Aus einem anderen Blickwinkel gesehen heißt das, daß es in der gesamten zweiten Generation nur zwei Frauen – Luise Kraft und Rosa Sucher – gibt, die in fortgeschrittenem Alter lehrend tätig werden. In der dritten Generation setzt sich diese Tendenz leicht abgeschwächt fort. Bemerkenswert ist, daß unter den jungen Frauen nur der kleinere Teil – nämlich Marie Franz, Minna Specht und Florentine Gebhardt – Lehrerin im Hauptberuf ist. Lehrtätigkeit verliert bei den jungen Autobiographinnen dieser Generation demnach an Bedeutung.

Die erste Generation

Auch wenn die Mehrzahl der Autobiographinnen als junge Frauen mit einer Lehrtätigkeit begonnen hatte, muß das nicht in vergleichbaren Lebensumständen und aus ähnlichen Gründen geschehen sein. Unter den verschiedenen Beweggründen spielt der Verdienst eine wichtige Rolle. Er war für die meisten Autobiographinnen aus der ersten Generation das Hauptmotiv. Allerdings strebten sie verschiedene Ziele an. Diejenigen Frauen, die mit dieser Erwerbstätigkeit den gesamten Lebensunterhalt verdienten, sind deshalb von denjenigen zu unterscheiden, für die der Verdienst wichtig, aber nicht lebensnotwendig war.

Bertha Buchwald, Isabella Braun und Dorette Mittendorf verdienten zumindest zeitweise ihren gesamten Lebensunterhalt mit ihrer Lehrtätigkeit. Sie stammten aus Familien, in denen für die Eltern kein Anlaß bestand, die Tochter auf eine spätere Erwerbstätigkeit vorzubereiten. Doch der vorzeitige Tod des Vaters und Vermögensverlust brachten die materielle Lebensgrundlage in allen diesen Familien aus dem Gleichgewicht. Für Isabella Braun zeichnete sich wohl am frühesten ab, daß sie später selbst für ihren Lebensunterhalt würde sorgen müssen. Sie war bei dem Tod ihres Vaters zwar erst zwölf Jahre alt, aber die Mutter investierte in die Zukunft ihrer Kinder und zog der besseren Ausbildung wegen von der Kleinstadt weg nach Augsburg. Isabella besuchte das Institut der "Englischen Fräulein" und erlebte dort am Beispiel der Nonnen, daß lehrende Frauen eine angesehene Stellung in der – katholischen – Gesellschaft einnehmen konnten. Für eine akzeptable Zukunftssicherung eröffnete sich dadurch ein gangbarer Weg. Im Jahr 1837 legte sie das Lehrerinnenexamen ab und trat schon bald danach ihre Anstellung an der Volksschule in Neuburg an der Donau an. Ihre Zukunft schien damit gesichert.

Ein vergleichbares Schicksal erlebte Dorette Mittendorf insofern, als auch ihre Herkunftsfamilie sich vorzeitig auflöste. Sie war allerdings schon 17 Jahre alt, als sie, nach der frühverstorbenen Mutter, auch den Vater verlor. Ihr Vormund brachte sie bei Verwandten unter, aber die abhängige Stellung und die Behandlung dort ließen Dorette den Entschluß fassen, Erzieherin zu werden. Es kostete sie offensichtlich keine große Anstrengung, den Vormund dafür zu gewinnen, denn er erlaubte ihr, eine Ausbildung zu absolvieren. Während dieser zweieinhalb Jahre in Einbeck lebte Dorette Mittendorf in einem Pensionat. Vermutlich ohne eine Prüfung abgelegt zu haben, erhielt sie ihre erste Stelle als Erzieherin bei einer Familie auf dem Land und arbeitete dort zwei Jahre lang.

Bei Bertha Buchwald führte hauptsächlich ein Vermögensverlust zu der Wende in ihrem Leben. Diese kritische Phase trat erst relativ spät ein: Der Vater war bereits pensioniert, als er um sein Privatvermögen betrogen wurde und dann schwer erkrankte. Die etwa 24jährige Bertha blieb zu Hause, um ihn zu pflegen und die kränkliche Mutter zu entlasten, da die übrigen Geschwister bereits versorgt oder selbständig waren. Angesichts dieser unsicheren Lage beschloß Bertha Buchwald, sich ihren Lebensunterhalt künftig selbst zu verdienen.

Sobald der Vater wieder gesund war, trat sie in Hamburg ihre erste Stelle als "Stütze der Hausfrau" an. Kurz darauf starb der Vater. Nach mehrmaligem Wechsel fand sie eine Stelle bei einer Familie mit zwölf Kindern, von denen sie die mittleren erziehen und unterrichten sollte. Sie gewann Freude an der für sie neuen Aufgabe des Unterrichtens, und im Lauf von sechs Jahren etablierte sie sich in der neuen Tätigkeit, die sie als Beruf aufzufassen begann: "allmählich erweiterte sich mein Schülerkreis auf acht, die kleine Schar ließ sich leicht lenken und liebte mich aufrichtig, und durch den Rat eines alten, trefflichen Lehrers, des Herrn Sönnichsen, wuchs ich in meinen

Beruf hinein und fand Gelegenheit, bei steter Anerkennung, immer mehr leisten zu können."[14]

Allen drei Frauen ist demnach gemeinsam, daß die materielle Basis der Familie schwand, sei es durch den Tod des Vaters oder durch Vermögensverlust, doch keine von ihnen suchte im Kreise der Verwandten eine dauernde Bleibe. Der Ausweg, als Lehrerin oder Erzieherin selbst für sich zu sorgen, erregte im Verwandtenkreis anscheinend keinerlei Bedenken oder gar Widerstände.

Nicht mehr einen Hauptverdienst, sondern eher einen Zusatzverdienst sollte die Lehrtätigkeit für Hedwig von Bismarck und Ottilie Wildermuth gewährleisten. Das geht aus den jeweiligen Lebensverhältnissen hervor: Beide begannen Unterricht zu erteilen, um zusätzlich zum Familieneinkommen Geld zu verdienen. Aber ihre Ausgangsbedingungen unterschieden sich ebenso grundsätzlich voneinander wie ihre Unterrichtsweise. Noch am ähnlichsten mit den vorangehend beschriebenen Situationen verlief Hedwig von Bismarcks Erwerbsaufnahme. Ihren summarischen Äußerungen ist zu entnehmen, daß sie nach dem Vermögensverlust und der Trennung der Eltern zusammen mit der Mutter in der Nähe von deren Verwandten lebte. Offensichtlich verfügte die Mutter jedoch nicht mehr über die finanziellen Mittel, den jüngeren Geschwistern – einer Tochter und einem Sohn – eine angemessene Erziehung zu bieten.

Hedwig von Bismarck war etwa 20 Jahre alt, als ihr diese prekäre Lage klar wurde. Sie beschloß daraufhin, Geld zu verdienen, um die Mutter unterstützen zu können. Um Erwerbstätigkeit ausschließlich zur Finanzierung des eigenen Lebensunterhalts ging es bei ihr demnach nicht. Durch die Vermittlung ihrer Freundin Betty von Erxleben kam sie als Erzieherin zur Familie von Langenn-Steinkeller auf Gut Birkholz. Dort arbeitete sie zehn Jahre lang und schloß mit der ältesten Tochter Clara eine Freundschaft fürs Leben. Trotz dieser günstigen Verhältnisse erinnert sich Hedwig von Bismarck noch im hohen Alter daran, wie schwer ihr damals diese Lebensumstellung gefallen ist: "Es war ein schwerer Weg für die kaum Zwanzigjährige, welche mit allen Vorurteilen damaliger Zeit gegen den Erwerb durch Arbeit, und verwöhnt bis in das Äußerste aufgewachsen war. Erzählten sich doch die Leute, meine Eltern hätten uns nur mit silbernem Spielzeug spielen lassen. Aber Gott hat diesen Weg gesegnet und mich dadurch zu glücklichem Alter geführt. Was ich, die ich so ganz unvorbereitet zu einem schweren, verant-

---

14 Buchwald, Erinnerungsblätter, 1889, S. 30.

wortungsvollen Beruf kam, versehen habe, hat Gottes Güte gnädig bedeckt. Lob sei Ihm, Dank den Menschen, die mich in Liebe getragen haben!"[15]

Hedwig von Bismarck gehörte aufgrund ihrer Herkunft aus altem Adel zu denjenigen Autobiographinnen ihrer Generation, für die nicht nur diese, sondern jede Erwerbstätigkeit einen beträchtlichen Statusverlust bedeutete. Aber den sozialen Abstieg milderte, daß es sich um eine geduldete, nicht ausschließlich auf bürgerliche Frauen beschränkte Arbeit handelte, und ihre bescheidene Schulbildung reichte offenbar aus, um im bildungsfernen Milieu einer Familie des Landadels als Erzieherin der drei Töchter und des jüngsten Sohnes die Anforderungen zu erfüllen. Zudem erleichterte es ihre Herkunft, Familienanschluß zu gewinnen.

Wenn wir von Hedwig von Bismarck nur annehmen können, daß sie in späteren Lebensjahren über genügend Einkünfte verfügte, um nicht mehr erwerbstätig sein zu müssen, so wissen wir von Ottilie Wildermuth selbst, daß sie ihre bezahlte Lehrtätigkeit als junge Ehefrau begann. Obwohl der Ehemann als Gymnasiallehrer durch zusätzliche Privatstunden und durch literarische Arbeiten hinzuverdiente, wollte sie das schmale Familieneinkommen aufbessern. Nachdem Ottilie mit Hilfe des Ehemannes ihre Englischkenntnisse verbessert hatte, begann sie unverzüglich, Tübinger Frauen Privatstunden in dieser Sprache zu geben. Eine ihrer ersten Schülerinnen war die Ehefrau von Professor Robert Mohl.[16] Lehrtätigkeit stellte für Ottilie Wildermuth eine naheliegende Möglichkeit zum Geldverdienen dar, und in den bürgerlichen Kreisen Tübingens, in denen sie verkehrte, gab es offensichtlich keinerlei Vorbehalte dagegen.

Gemeinsam ist diesen Autobiographinnen, daß Lehrtätigkeit für sie eine naheliegende und aufgrund lokaler Nachfrage auch gut zugängliche Verdienstmöglichkeit darstellte. Mit diesem Einkommen konnten sie der bedrückenden Abhängigkeit von Verwandten entgehen oder einen drohenden sozialen Abstieg verhindern, wenn ihnen der übliche Weg einer Versorgung durch Heirat nicht offenstand. Begeisterung für den Beruf der Lehrerin äußern sie in ihren Autobiographien allerdings nicht.

Für Malwida von Meysenbug und Wilhelmine Canz hatte sich die Lehrtätigkeit ihren 'höheren' Zielen unterzuordnen. Als idealistische Achtundvierziger-Demokratin die Adlige und als eifernde Pietistin die Bürgerliche verfolgten sie Erziehungsprinzipien, deren Umsetzung keine Basis im Rahmen des entstehenden bürgerlichen Schulsystems besaß. Voraussetzung für ihre Selbständigkeit und einen gewissen Handlungsspielraum war bei

---

[15] Von Bismarck, Erinnerungen, 1910, S. 73f.
[16] Ottilie Wildermuths Leben, 1888, S. 198.

beiden, daß sie über regelmäßige, wenn auch relativ geringe eigene Einkünfte verfügten, mit denen sie zumindest notdürftig ihren Lebensunterhalt bestreiten konnten. Gemeinsam ist beiden zudem, daß sie erst in vorgerückten Jahren – Malwida von Meysenbug war 32 Jahre alt und Wilhelmine Canz 35 Jahre – und durch Erbschaften zu diesen Einkünften kamen.

Malwida von Meysenbugs Leben bewegte sich lange Zeit in den üblichen Bahnen ihrer sozialen Schicht. Ihr Weg in die Lehrtätigkeit zog sich über Jahre hin und verlief sowohl auf einer praktischen wie einer theoretischen Ebene. Erst nach dem Tod ihres Vaters finanziell eingeschränkt, dachte sie an Erwerbstätigkeit, um nicht von den wohlsituierten Brüdern abhängig zu sein und die Mutter finanziell zu entlasten. Der Versuch, sich als Schriftstellerin zu etablieren, scheiterte aus Unkenntnis in Geschäftsdingen: Ihre Werke wurden zwar gedruckt, aber nicht bezahlt. Malwida spielte deshalb mit dem Gedanken, Erzieherin zu werden. Zur Realisierung dieses Vorhabens unternahm sie jedoch keine Schritte, denn ihr fehlte der Mut, ihre Familie zu verlassen. Auf ein bescheidenes Leben in der kleinen Residenz Detmold beschränkt und von Theodor Althaus, der großen Liebe ihres Lebens, verlassen, konzentrierte sich Malwida von Meysenbug auf die Erweiterung ihrer geistigen Bildung. Sie hielt sich durch Lektüre über die politischen Ereignisse auf dem Laufenden und studierte philosophische Schriften. Fichtes Reden an die deutsche Nation regten sie an, sich theoretisch mit Erziehungsfragen zu beschäftigen und über die Emanzipation der Frau nachzudenken. In dem Aufsatz "Der Schwur einer Frau" formulierte sie als künftiges Lebensziel, Frauen zu befähigen, "eine Generation freier Menschen zu bilden".[17] Doch der erste Versuch, ihre Kenntnisse weiterzugeben, scheiterte: Als sie den Dienstmädchen ihrer Mutter während der Näharbeiten Grundkenntnisse über die Geschichte der Erde beibringen wollte, untersagte das die Mutter kurzerhand.

Um sich der übermächtigen Autorität ihrer Familie zu entziehen, sah Malwida von Meysenbug keinen anderen Weg, als nach Amerika auszuwandern. Sich in Deutschland eine selbständige Existenz aufzubauen, traute sie sich wegen des vorauszusehenden Widerstandes in der Familie nicht zu. Sie sagt selbst: "Irgendwo in Deutschland als Erzieherin anzutreten, wäre eine zu große Prüfung für meine Familie gewesen, und man hätte es mir nicht erlaubt."[18] Zu dieser Zeit hörte sie von der neugegründeten "Hochschule für das weibliche Geschlecht" in Hamburg. Begeistert von der demokratischen Konzeption dieser Einrichtung, beschloß sie, als Übergangslösung zunächst

---

[17] Von Meysenbug, Memoiren I, S. 176.
[18] Von Meysenbug, Memoiren I, S. 186.

nach Hamburg zu gehen und mit vertieften Kenntnissen von da aus nach Amerika.

Malwida von Meysenbug berichtet in ihren Erinnerungen zwar ausführlich über die Zeit an der "Hochschule", aber die weiterhin bestehende starke Bindung an ihre Familie und ihre Unterordnung unter den Willen ihrer Mutter kommen darin nur unzureichend zum Ausdruck. Wir erfahren auch nicht aus den Memoiren, sondern erst aus ihren posthum veröffentlichten Briefen, daß sie an der "Hochschule" eine Ausbildung zur Kindergärtnerin absolvierte, selbst Unterricht erteilte und mit Kindern armer Leute eine Elementarklasse als Übungsklasse für die Schülerinnen der "Hochschule" aufzubauen begann. Hier in Hamburg sammelte sie also ihre ersten praktischen Lehrerfahrungen, wenn auch nicht als angestellte Lehrerin und ohne Bezahlung. In ihren Erinnerungen teilt sie lediglich mit, daß sie Mitvorsteherin der "Hochschule" war und als Mitglied der Freien Gemeinde in einer Kommission mitarbeitete, die die Gründung einer konfessionsfreien Gemeindeschule vorbereitete. Während der Zeit in Hamburg überlegte sie im Zusammenhang mit verschiedenen Zukunftsplänen mehrmals, selbst eine Schule zu gründen.[19]

Nach der Schließung der "Hochschule" im Mai 1852 ging Malwida von Meysenbug zu ihrer Freundin nach Berlin, um sich neu zu orientieren und um eine theoretische Arbeit über Erziehung zu schreiben. Dazu kam es nicht, denn eine andere Freundin vermittelte ihr eine Stelle als Erzieherin in London. Malwida ging darauf ein, machte ihre Zusage aber aufgrund des Einspruchs ihrer Mutter wieder rückgängig. Unmittelbar danach veranlaßte politische Verfolgung durch die Polizei Malwida von Meysenbug, sofort ins Exil zu gehen.

Aufgrund der bestehenden Kontakte wählte sie London als Aufenthaltsort. Hier mußte sie wegen ihrer bescheidenen Geldmittel durch Erwerbstätigkeit zu ihrem Lebensunterhalt hinzuverdienen. Nur widerwillig suchte sie eine Arbeitsmöglichkeit als Erzieherin, denn es widerstrebte ihr zutiefst, sich in diese abhängige Stellung zu begeben. Sie zog es vor, durch Deutschstunden in verschiedenen Familien Geld zu verdienen, die ihr zuerst durch das befreundete Ehepaar Kinkel vermittelt wurden: "Stundengeben war wenigstens individuelle Freiheit und Unabhängigkeit nach der Arbeit. Die Gewißheit, mich nach den Stunden in einer eigenen, wenn noch so bescheidenen Häuslichkeit zu finden, zog ich tausendmal dem Luxus vor, der mich vielleicht als Gouvernante in einem reichen Hause umgeben hätte, den ich aber mit fortwährender Unterwerfung unter einen fremden Willen und mit der

---

[19] Von Meysenbug, Memoiren I, S. 198, 199, 233; doch es blieb bei den Plänen.

Heuchelei eines Glaubens, den ich nicht mehr hatte, hätte erkaufen müssen."[20]

Als Erzieherin im üblichen Sinn verstand sich Malwida von Meysenbug nie. In ihrer späteren Position als Erzieherin der Töchter von Alexander Herzen nahm sie eher die Stellung einer Pflegemutter mit weitreichenden Befugnissen ein. Im Zusammenhang mit detaillierten Ausführungen zum privaten Erziehungssystem in England formuliert Malwida von Meysenbug in ihren Erinnerungen eine scharfe Kritik an der Position einer Gouvernante, weniger an der Berufsausübung selbst. Sie leitet ihr Verdikt mit folgenden Worten ein: "Die Stellung der Gouvernante ist eine trostlose. Sie ist eine Art Polyp, ein Übergangsgeschöpf zwischen Tier und Pflanze, d. h. zwischen Herrschaft und Dienerschaft."[21] Damit traf sie sicher ein problematisches Merkmal dieser Berufsausübung, sie schoß aber mit ihrer Verallgemeinerung über das Ziel hinaus. Wie Irene Hardach-Pinke in ihrer Darstellung des Gouvernantenberufs zeigt, gibt es durchaus Berichte von Gouvernanten über akzeptable und erfreuliche Arbeitsverhältnisse.[22]

Unter ganz anderen Umständen gelangte Wilhelmine Canz zu ihrer Lehrtätigkeit als Leiterin ihrer Ausbildungsanstalt für Kindergärtnerinnen. Schon als sie im evangelischen Pfarrhaus ihres pietistisch orientierten Bruders in Bischoffingen lebte, hatte sie einen kleinen Kindergarten für die Bauernkinder eingerichtet, den sie mit Hilfe einer Kindergärtnerin leitete. Im gleichen Jahr 1846 lernte sie Regine Jolberg[23] kennen, die in Nonnenweier eine Ausbildungseinrichtung für Kindergärtnerinnen gegründet hatte. Auf deren Anregung, ebenfalls ein Mutterhaus zu eröffnen und zu leiten, ging Wilhelmine Canz zwar nicht ein, sie bemühte sich jedoch einige Zeit später, einflußreiche Männer der Kirche zu einer derartigen Gründung zu bewegen. Diese Versuche schlugen fehl.

Als 1854 ihr Bruder starb und der Pfarrhaushalt aufgelöst wurde, fühlte sie sich frei von allen Familienbindungen. In dieser Phase der Neuorientierung kam sie auf einen alten Plan zurück. Sie beschloß, ihre Haushaltsausstattung, ihr kleines Kapital und ihre Arbeitskraft "dem Herrn" zur Verfügung zu stellen: "Ich selbst wollte in freier Liebesthätigkeit so ein wenig

---

[20] Von Meysenbug, Memoiren I, S. 297.
[21] Von Meysenbug, Memoiren I, S. 341.
[22] Irene Hardach-Pinke: Die Gouvernante. Geschichte eines Frauenberufs. Frankfurt/Main, New York 1993
[23] Die verwitwete Regine Jolberg (1800-1870) eröffnete 1840 in Leutesheim in Baden eine Strickschule für Dorfkinder, aus der 1845 das Mutterhaus für Kleinkinderpflegerinnen entstand, seit 1851 mit Sitz in Nonnenweier. S. Helmut Bornhak: Regine Jolberg. Die Gründerin des Mutterhauses Nonnenweier. Ein Abenteuer der Liebe. Stuttgart-Sillenbuch o.J.

mithelfen, aber keine verantwortliche Stellung dabei übernehmen."[24] Zum Aufbau und Unterhalt einer eigenen Anstalt reichten ihre Mittel nicht aus. Im Lauf des folgenden Jahres bemühte sie sich ohne greifbaren Erfolg, ihrem Ziel näherzukommen, zumal sie von der Seite der Kirche keinerlei Unterstützung erhielt. Unverständnis und Spott ihrer Verwandten und deren Versuche, sie von diesem Vorhaben abzuhalten, richteten jedoch nichts aus: "In einer Visite erzählte meine Cousine ihren Damen, daß ich mit meiner Nichte künftig in einem Dörflein wohnen würde, wo wir den Bauernweibern ihre Kinder umsonst zu hüten gedächten. Die Damen lachten überlaut, es wurde eine eigentliche Komödie, und ich mußte mir gefallen lassen, unter die Narren und Sonderlinge ersten Rangs gerechnet zu werden."[25]

Die Entscheidung brachte das Angebot des Pfarrers aus Großheppach im Remstal, in diesem Ort ein kleines Haus für ihr Projekt zu mieten. Im Oktober 1855 zog Wilhelmine Canz dort ein, und eine Woche später kam zu ihrer Unterstützung ihre Nichte Amalie Rhode zu ihr, die inzwischen im Mutterhaus in Nonnenweier zur Kindergärtnerin ausgebildet worden war. Noch im gleichen Jahr eröffneten beide Frauen einen Kindergarten, dessen Einkünfte sie dem Pfarrer zur Verfügung stellten, und im darauffolgenden Frühjahr gründete Wilhelmine Canz ihr "Mutterhäuschen", dem sie als "Hausmutter" vorstand, weil sie für diese Position keine geeignete Frau fand. Fünf Personen bildeten die "Familie": Wilhelmine und ihre Nichte, die beide unentgeltlich arbeiteten; ein vorübergehend aufgenommenes Bettelmädchen sowie zwei Lernschwestern, die – ohne Kostgeld zu zahlen – auf ihren Beruf als Kindergärtnerin vorbereitet wurden und deshalb auch im Kindergarten mitarbeiteten.

Wilhelmine Canz trug lange Zeit die Hauptlast des Unterrichts, unterstützt von ihrer Nichte, später von einem pensionierten Lehrer und dem Pfarrer. In ihrer Autobiographie geht sie allerdings nicht auf diese Lehrtätigkeit ein. Aus der Sekundärliteratur ist bekannt, daß sie sich zwar an dem Ausbildungskonzept im Nonnenweierer Mutterhaus orientierte, in ihren Lehrmethoden aber durchaus nach eigenen, unkonventionellen Vorstellungen handelte.[26]

---

[24] Canz, Giebt es einen lebendigen Gott? 1896 I, S. 162.
[25] Canz, Giebt es einen lebendigen Gott? 1896 I, S. 178.
[26] Kramer bezieht sich auf einen Bericht der Diakonisse Hedwig Gräfin Stosch, die 1878 Großheppach besuchte hatte, in dem sie zwar die schwach ausgebildete Methodik und Mängel in der theoretischen Ausbildung feststellte, aber insgesamt zu einem positiven Urteil über die Ausbildungsergebnisse kam; s. Carla Kramer: Wilhelmine Canz. Schriftstellerin und Gründerin der Großheppacher Schwesternschaft 1815-1901. In: Lebensbilder aus Schwaben und Franken. 14 (1980) S. 317-349, hier S. 343f.

Zusammenfassend sind zwei Aspekte hervorzuheben. Erstens gibt es in den Autobiographien dieser Generation keine Hinweise auf eine generell ablehnende Einstellung gegenüber Lehrtätigkeiten von Frauen aus dem Bürgertum – die beiden adligen Autobiographinnen fallen allerdings aus diesem Rahmen. Offenbar galt Lehrtätigkeit als eine akzeptable Form des Erwerbs, wenn Ledige damit ihren Lebensunterhalt sicherten oder Verheiratete das Familieneinkommen aufbessern wollten und solange Frauen keine Berufswünsche damit verbanden, die eine Distanzierung von ihren häuslichen Pflichten vermuten ließen. Diese Akzeptanz kann, zweitens, darauf zurückgeführt werden, daß die Vermittlung von Stellen relativ unproblematisch verlief, da der Unterricht für Mädchen innerhalb der gleichen Gesellschaftsschicht nachgefragt und auch angeboten wurde. Das Eingebundensein in lokale Kontexte erleichterte somit die Vermittlung und half, lange Suchzeiten zu vermeiden.

Die zweite Generation

Nur bei wenigen Frauen der zweiten Generation finden wir ähnliche Konstellationen wie in der vorhergehenden. Zuerst wird wiederum danach gefragt, ob Geldverdienen den Ausschlag für eine Lehrtätigkeit gab oder nicht.

Luise Kraft, die verheiratete Bäuerin, läßt sich insofern mit der älteren Ottilie Wildermuth vergleichen als auch sie das Familieneinkommen durch zeitlich begrenzte Lehrtätigkeit aufbesserte: Sie nahm ein Lehrmädchen in ihren Haushalt auf, und sie erteilte in der Dorfschule Handarbeitsunterricht. Offen bleibt, in welcher zeitlichen Reihenfolge das geschah.

N. L., die junge Erzieherin, stellte als erste dieser Autobiographinnen vorausschauende Überlegungen zum Lebensunterhalt an. Sie erkannte frühzeitig und noch während intakter Familienverhältnisse, wie ungewiß ihre Zukunft war. Der Siebzehnjährigen wurde nämlich klar, daß beim Tod ihres Vaters, eines höheren Offiziers, der Lebensstandard der Familie nicht zu halten war. Um dem Risiko eines sozialen Abstiegs vorzubeugen und später auf eigenen Füßen stehen zu können, wollte sie Erzieherin werden. Sie bat ihre Eltern deshalb darum, ihr die Ausbildung zu ermöglichen. Nach einem dreijährigen Kurs legte sie das Examen ab und trat anschließend eine Erzieherinnenstelle in einer adligen Familie in Preußen an. Diese Position befriedigte zwar ihren Ehrgeiz, aber aufgrund der dort gemachten Erfahrungen von sozialer Distanz riet sie Berufsanfängerinnen, lieber in einer einfachen Familie zu beginnen, da sie dort mit mehr Verständnis rechnen könnten. Damit sind bereits alle Autobiographinnen aus dieser Generation aufgeführt, für die Geldverdienen zur Sicherung des Lebensunterhalts im Vordergrund stand.

Bei Emma Vely hingegen spielten weder Verdienst noch der Berufswunsch eine Rolle. In ihrem Fall kommt ein Aspekt von Berufsfindung zum Tragen, der wohl häufig Familienangehörige dazu bewogen hat, die Selbständigkeitswünsche und Zukunftsphantasien eines heiratsfähigen Mädchens in eine unverfängliche Richtung zu lenken. Eine Erzieherinnenstelle in einer Familie auf dem Land bot nämlich wenig Gelegenheit für unerwünschte Eskapaden und hielt außerdem einen, wenn auch wenig attraktiven, Zugang zum Heiratsmarkt offen, ganz abgesehen davon, daß das betreffende Mädchen sich seinen Lebensunterhalt dabei auch noch selbst verdiente.

Emma Vely zum Beispiel hatte als gerade konfirmiertes Mädchen den brennenden Wunsch, zur Bühne zu gehen. Aber die verwitwete Mutter und einige Tanten fürchteten um die "Familienehre". Um den vorauszusehenden Zwistigkeiten zu entgehen, wollten sie die tatendurstige Emma vom "gefährlichen Boden" der Hauptstadt Hannover entfernen. Rückblickend beschreibt sie die Einstellung ihrer Familie folgendermaßen: "... und wenn ich durchaus Besonderes wollte, fand man es ganz praktisch, wenn für mich ein Ausweg gefunden wurde, der in Hannover für äußerst respektabel galt. 'Gouvernante!' ... hinter meinem Rücken hatte man sogar schon ausgeschaut. Die erste Offerte, die kam, verlangte eine junge Erzieherin zu sechs Kindern aufs Land – 'annehmbar' hieß es. Und ich war im Sommer siebzehn Jahre alt geworden! Da kam aber der Trotz! Furcht, Unsicherheit zeigen? – niemals!"[27]

Daß diese Zukunftsaussicht bei Emma Vely keine Begeisterung auslösen konnte, lag einerseits an ihren eigenen unerquicklichen Erfahrungen mit Gouvernanten und andererseits an dem ernüchternden Bild vom Gouvernantenberuf, das sie selbst in einer Bemerkung über das Schicksal einer armen und daher ledigen Musikertochter enthüllt. Emma Vely sagt von ihr: "So blieb ihr als Refugium England, wohin Hannover alljährlich ein Kontingent verblühter Offiziers- und Beamtentöchter sandte, um dort Gouvernanten zu werden."[28]

Ohne Ausbildung und unsicher über ihren Kenntnisstand wandte sich Emma Vely in dieser Situation an ihren früheren Schuldirektor Wilhelm Nöldeke. Er sprach ihr Mut zu und empfahl ihr, den Zöglingen gegenüber gleich zu Anfang sicher aufzutreten und ihnen zu zeigen, daß sie etwas könne. So "ausgebildet" trat Emma Vely im Januar 1866 die Erzieherinnenstelle in der Familie eines Papierfabrikanten in einem kleinen Ort im Solling

---

[27] Vely, Leben, 1929 I, S. 70f.
[28] Vely, Leben, 1929 I, S. 63.

an. Sie wurde freundlich aufgenommen, aber die Umstellung auf die ungewohnten Verhältnisse fiel ihr nicht leicht. Sie bemerkt dazu: "Ja, die Prinzessinnenzeit war um."[29] Das Unterrichten bereitete ihr keine Schwierigkeiten, denn sie beherzigte Nöldekes Rat und verblüffte die Kinder in der ersten Stunde: "ich fragte sie nach Dingen, die sie nicht wissen konnten – und der Respekt vor meiner großen Gelehrsamkeit war gesichert."[30] Um bei Lesern und Leserinnen nicht den Eindruck von Oberflächlichkeit zu erwecken, fügt sie aber sogleich hinzu, daß sie den an sie gestellten Anforderungen gewachsen war.

Diejenigen Autobiographinnen aus der zweiten Generation, bei denen sich eine mehr oder weniger ausgeprägte Neigung zur Lehrtätigkeit nachweisen läßt, bieten hinsichtlich ihrer sozialen Ausgangslage, ihrer Motive sowie ihres Berufsbeginns ein relativ einheitliches Bild. Die meisten stammten aus gutsituierten, teilweise sogar wohlhabenden Familien, für die es offenbar nicht schwierig war, eine vaterlose oder verwaiste junge Verwandte mitzuversorgen. Sowohl bei Auguste Sprengel wie bei Helene Lange traten die Großeltern als "Versorger" an die Stelle des früh gestorbenen Vaters, und Clara Jurtz hätte weiterhin bei ihrem verwitweten Vater leben können.

Eine Ausnahme bildet lediglich Charitas Bischoff, denn ihre Eltern waren arm. Selbst nachdem sich die geschäftstüchtigere Mutter vom Vater getrennt hatte, konnte sie nicht die von Charitas gewünschte Lehrerinnenausbildung finanzieren. Erst als sie aufgrund ihrer außergewöhnlichen Kenntnisse und Fähigkeiten als Botanikerin eine gutbezahlte Anstellung erhielt, verfügte sie über die erforderlichen Mittel. Da ihre neue Position sie auf eine zehnjährige Forschungsreise nach Australien führte, legte sie die Entscheidung über Charitas' weiteren Entwicklungsgang in die Hände des Ehepaares Meyer, einer begüterten und wohltätigen Familie in Hamburg. Diese sorgten für Charitas Ausbildung, die sie in Neu-Watzum, im Pensionat von Henriette Breymann, abschloß. Charitas Bischoff begann mit Lehrtätigkeit zunächst noch im Rahmen ihrer Ausbildung zur Kindergärtnerin und arbeitete dann als Elementarlehrerin an der neugegründeten Schloßschule in Wolfenbüttel.

Zwar stellt Charitas Bischoff aufgrund ihrer Herkunft einen Sonderfall innerhalb ihrer Generation dar, aber mit ihren Altersgenossinnen aus gutsituierten Familien verbindet sie nicht nur der ausdrückliche Wunsch, Lehrerin zu werden, sondern auch, daß sie sich dabei auf ein Vorbild bezieht. Neu im autobiographischen Diskurs dieser zweiten Generation sind nämlich Ausführungen der Autobiographinnen darüber, daß sie sich während ihrer Mädchen-

---

[29] Vely, Leben, 1929 I, S. 72.
[30] Vely, Leben, 1929 I, S. 73f.

zeit Lehrerinnen zum Vorbild nahmen. Diese Vorbilder konnten literarischen Werken entstammen, aber auch reale Personen sein und dann meistens die eigene Lehrerin in der Schule.

Charitas Bischoffs literarische Heldin war Johanna,[31] eine arme Waise, die "nach langen Jahren stillen Ringens und Kämpfens" Gouvernante wurde und zum Schluß einen Pfarrer heiratete. Charitas Bischoff beschreibt, wie intensiv sie sich lange Zeit in diesen Roman hineinlebte und ihrem Vorbild nachstrebte: "Ich wollte auch so ein schlichtes, schwarzes Kleid haben mit einem schmalen, weißen Streifen um Hals und Handgelenke. Wenn nur all das Schwere erst überstanden wäre, was natürlich auch für mich noch kommen würde, und wenn ich nur klug genug war, das alles zu lernen, was Johanna gekonnt hatte. Das Schwerste war doch wohl Französisch!"[32] Die Eltern konnten jedoch keine Ausbildung finanzieren, und so versuchte sie, sich anhand eines alten Französisch-Buches selbst Französisch beizubringen, scheiterte aber bald.

In sehr viel günstigeren sozialen Verhältnissen wuchs Elisabeth Gnauck-Kühne auf. Auch sie kam durch ihre Jungmädchenlektüre zu ihrem Berufsziel Lehrerin: "Einen entscheidenden Einfluß auf mein Leben gewann das Töchteralbum von Thekla von Gumpert gerade zu der Zeit, wo die Interessen der Schule mir ins Bewußtsein traten. Ich erhielt jedes Jahr einen Band. Hier fand ich Geschichten über Lehrerinnen – und bald stand der Plan fest, Lehrerin zu werden. Als ich es meiner Mutter sagte, war sie erfreut und erzählte mir, daß ich als achtjähriges Kind schon Kinder von der Straße mitgebracht, an den Kindertisch gesetzt und mit ihnen Schule gespielt habe. Auf ihre Frage, was ich ihnen denn beibringe, wäre prompt die Antwort erfolgt: 'Das Vaterunser und das Einmaleins.' Daraus hätte sie geschlossen, daß ich eine geborene Pädagogin sei, und sie würde mir helfen, die Zustimmung des Vaters zu dem Schritte zu erlangen, der damals noch als ein höchst ungewöhnlicher und nicht standesgemäßer auffiel und verurteilt wurde."[33]

Die Tatsache, daß seit etwa der Mitte des 19. Jahrhunderts literarische Heldinnen als berufstätige Frauen beschrieben wurden, darf jedoch hinsichtlich der emanzipatorischen Wirkung nicht überschätzt werden. Selbst "emanzipierte" Vormärzautorinnen, die zur ersten Generation professioneller Schriftstellerinnen gehörten und in programmatischen Schriften weitreichende Forderungen nach Arbeitsmöglichkeiten für Frauen erhoben, gingen bei der literarischen Darstellung weiblicher Berufstätigkeit nicht über bis

---

[31] In dem Roman von Henriette Stief (geb. 1805): Johanna oder Durch Nacht zum Licht. Berlin 1853. Stief war Vorsteherin einer Töchterschule in Berlin und Jugendschriftstellerin.
[32] Bischoff, Bilder aus meinem Leben, 1912, S. 110.
[33] Gnauck-Kühne, Kindheitserinnerungen, 1909/1910, S. 128.

dahin akzeptierte Bilder von Weiblichkeit hinaus, wie Renate Möhrmann nachgewiesen hat.[34] Trotz der vieldiskutierten "Lesewut" junger Mädchen drohte deshalb nicht die Gefahr, daß neue, unkonventionelle Lebensentwürfe von Romanheldinnen die jungen Leserinnen auf unerwünschte Gedanken bringen konnten.

Thekla Trinks hingegen orientierte sich an einem realen Vorbild. Sie hatte während der Schulzeit in ihrer Institutsvorsteherin eine angesehene Frau kennengelernt, die sie als "eine nach Persönlichkeit und Charakter achtunggebietende Erscheinung" in Erinnerung behielt. Dieses Fräulein Salzmann war eine Tochter des bekannten Pädagogen und Schriftstellers Christian Gotthilf Salzmann[35] und leitete das – nach Thekla Trinks' Darstellung – beste Institut in Meiningen. Wie Elisabeth Gnauck-Kühne nahm auch Thekla Trinks die Berufsrolle einer Lehrerin in ihre Spiele auf: "'Du mußt einmal Institutsvorsteherin werden!' hatten die jungen Mädchen in der Schule zuweilen zu mir gesagt. Und bei unsern Spielen und den kleinen Aufführungen, die wir zuweilen veranstalteten, war mir meist diese oder eine ähnliche Rolle zugefallen. 'Institutsvorsteherin' – ein schönes, hohes Ziel."[36]

Als sie nach der Schulzeit ins heiratsfähige Alter kam, dachte Thekla Trinks nicht an eine Ehe, sondern hoffte vielmehr, daß ihr ein anderes, und zwar ein "besseres" Schicksal bestimmt sei. Der alte Kindheitswunsch "Institutsvorsteherin" lebte wieder auf. Aber sie hatte keinerlei Vorstellung, wie sie dieses Ziel hätte erreichen können. Eine einfache Lehrerin zu werden, erschien ihr nicht erstrebenswert, denn: "Lehrerin zu werden in der Weise, wie man es damals verstand, konnte für ein junges Mädchen kaum etwas Anziehendes haben. Unverheiratet gebliebene Damen oder Witwen in reiferen Jahren griffen zuweilen – ohne jede weitere Vorbereitung – zum Unterrichtgeben, wenn es ihnen an Subsistenzmitteln fehlte. Der Unterricht war denn auch meist danach – ein Lückenbüßer im eigentlichen Sinn des Wortes."[37]

Erst als Thekla Trinks hörte, daß es in Preußen eine systematische Ausbildung in Lehrerinnenseminaren gab, sah sie einen Weg vor sich, und ihr

---

[34] Zu Fanny Lewald, Luise Mühlbach, Louise Aston vgl. Renate Möhrmann: Frauenarbeit im Spiegel der Frauenliteratur. In: Ruth-Ellen Boettcher Joeres; Annette Kuhn (Hg.): Frauenbilder und Frauenwirklichkeiten im 18. und 19. Jahrhundert. Düsseldorf 1985, S. 143-163.

[35] Christian Gotthilf Salzmann (1744-1811), evangelischer Pfarrer, Religionslehrer, Pädagoge, "Philanthropinist", seit 1781 Religionslehrer am "Philanthropinum" in Dessau, gründete 1784 die philanthropische Erziehungsanstalt Schnepfenthal bei Gotha mit dem Ziel der allseitigen Ausbildung heranwachsender Menschen durch Betonung der praktischen Lebensertüchtigung. Offen bleibt, um welche seiner Töchter es sich handelt.

[36] Trinks, Lebensführung, 1892, S. 5.

[37] Trinks, Lebensführung, 1892, S. 5.

Entschluß stand fest, Lehrerin zu werden. Sie hatte sich während eines Badeaufenthalts mit einer jungen Frau befreundet, die gerade im Lehrerinnenseminar in Elberfeld ihre Ausbildung absolvierte und Thekla Trinks Einzelheiten darüber berichten konnte. Thekla Trinks' Mutter ließ sich rasch für ihren Plan gewinnen, denn sie hatte an ihrer Ältesten schon früher Geschick im Umgang mit den fünf jüngeren Geschwistern beobachtet. Die Zustimmung der Mutter war notwendig, denn sie nahm es auf sich, den widerstrebenden Vater zu gewinnen, und sie war es auch, die mit dem Seminardirektor korrespondierte und die praktischen Dinge des Eintritts in das Seminar regelte. Der Vater willigte schließlich ein, er sah aber darin ein Abweichen von der "rechten weiblichen Art", das ihm ausgesprochen peinlich war: "So abenteuerlich und befremdend hielt man damals bei uns einen solchen Schritt, daß ich mit keiner meiner Freundinnen die Sache zu bereden wagte und daß niemand in unserem Verwandtenkreise von meinem Vorhaben in Kenntnis gesetzt wurde. Auch zuhause redeten wir nicht viel darüber. Der Vater schwieg beharrlich."[38]

Angesichts dieser niederdrückenden Stimmung wundert es nicht, daß Thekla Trinks eine wenig realistische Vorstellung von ihrer künftigen Arbeit hegte und sogar meinte, den Vergnügungen der Welt entsagen zu müssen, um den Pflichten ihres künftigen Berufes gerecht zu werden. Nach anderthalbjähriger Ausbildung im Elberfelder Lehrerinnenseminar legte sie im März 1853 das Examen vor der Königlichen Prüfungskommission in Düsseldorf ab. Voller Stolz auf ihren Erfolg und mit einem gesteigerten Selbstbewußtsein plante sie nun ihre berufliche Zukunft und beabsichtigte, zunächst nach England zu gehen. Doch der Vater war anderer Ansicht, sie fügte sich und nahm zuerst eine Stelle in Deutschland an und zwar als Lehrerin an der höheren Töchterschule in Siegen.

Bevor sie ihre Arbeit aufnahm, besuchte sie die Eltern und erlebte nun mit Genugtuung den Umschwung der Meinungen über ihren Berufsweg: "Jedermann war jetzt mit meinem Entschlusse ausgesöhnt. 'Du hättest gar nichts Klügeres thun können! – Ganz wie für dich geschaffen' hieß es jetzt. Das Gehalt – 300 Thaler – erschien enorm. 'So viel Geld kannst du verdienen! – Mehr als ein Assessor!' – Man staunte. Es kam den Leuten vor, als ob ich wie für das Leben gesichert und förmlich etabliert wäre. Und da es in dem Beamtenstande unseres Herzogtums gar manche unversorgte Tochter gab, machte mein Beispiel einen solchen Eindruck, daß in den folgenden Jahren nicht weniger als 10–12 junge Mädchen die Reise gen Elberfeld zum

---

[38] Trinks, Lebensführung, 1892, S. 7f.

Direktor Friedländer antraten."[39] Damit zeigt Thekla Trinks die Sogwirkung eines positiven Beispiels für die Weiterbildung der Mädchen auf.

Für Auguste Sprengel gaben ihre Schulerlebnisse den entscheidenden Impuls. Sie kleidet ihre Erinnerungen daran in die Form einer Anekdote, die durch die Erwachsenen tradiert wurde: "Als wir an meinem ersten Schultage beim Mittagessen saßen – so hat meine Mutter mir später erzählt –, legte ich plötzlich die Gabel hin und sagte: 'Ich weiß, was ich will.' 'Nun, was will denn mein Fräulein Tochter?' fragte der Vater. 'Ich will Lehrerin werden', antwortete ich. 'Dabei bleibe nur; das ist ein gutes Vorhaben.' Und ich bin dabei geblieben meine ganze Schulzeit hindurch, und wenn ich heute noch einmal 5 Jahre alt sein könnte, würde ich es ebenso machen. Es war, glaube ich, zunächst nicht die Schule als solche, die mich schon so frühzeitig einen Lebensplan beschließen ließ; es war vielmehr die Person unserer Lehrerin. 'Fräulein Luischen' war wie geschaffen für ihr Amt als Lehrerin der Kleinen."[40]

Zur Erklärung dieser unerwarteten väterlichen Weitsicht muß allerdings hinzugefügt werden, daß der Vater 1848 als Mitglied des linken Zentrums Abgeordneter der Deutschen Nationalversammlung in Frankfurt am Main war[41] und Frauen gegenüber offensichtlich einen liberalen Standpunkt einnahm.

Lehrerinwerden stand demnach nicht mehr ausschließlich in dem Ruf, eine geduldete Erwerbsmöglichkeit für vermögenslose bürgerliche Frauen ohne männlichen Ernährer zu sein. Wenn aber nicht mehr materielle Not allein als Legitimation für die Aufnahme einer Erwerbstätigkeit galt, dann mußten die qualitativen Anforderungen der Tätigkeit selbst stärker in den Vordergrund treten. Wie Auguste Sprengels Bewertung ihrer Lehrerin zeigt, reichte es nicht mehr aus, nach Gutdünken zu unterrichten und es mehr oder weniger dem Zufall zu überlassen, ob Schüler und Schülerinnen davon profitieren konnten. Offensichtlich wuchs – parallel zu den Diskussionen der Schulmänner und Bürokraten – auch bei Eltern und bei Schulkindern das Bewußtsein, daß Lehrtätigkeit qualitativen Anforderungen genügen sollte, wie es in anderen Berufen auch der Fall war. Auch wenn noch lange Zeit die Vorstellung von der "natürlichen" Lehrbefähigung von Frauen – wohlweislich beschränkt auf kleine Kinder – den Blick auf eine systematische Verbesserung der Lehrmöglichkeiten von Frauen vernebelte, so begann doch der

---

[39] Trinks, Lebensführung, 1892, S. 25.
[40] Sprengel, Erinnerungen, 1932, S. 5f.
[41] Sprengel, Mitteilungen, 1931, S. 32.

Ausbau des Bildungssystems für Jungen auf die Bildungschancen von Mädchen auszustrahlen.

Die zunehmende Beachtung und Wertschätzung von Bildung trug dazu bei, daß immer mehr Mädchen sich weniger fügsam und willig mit den ihnen zugedachten dürftigen Bildungsangeboten zufrieden gaben. Ein Indiz dafür bildet der zweite Motivkomplex: Bei Clara Jurtz, Helene Lange und Bertha Riedel-Ahrens steht ganz deutlich der Wunsch im Vordergrund, mehr zu lernen, als während der üblichen Schulzeit für Mädchen vorgesehen war. Und das Vorbild der auf dem Gymnasium lernenden Brüder spielte dabei eine entscheidende Rolle. Mit diesem Weiterlernen nach der Schule ein unkonventionelles berufliches Ziel zu verbinden, lag jedoch noch außerhalb ihrer Vorstellungen, zumal es während ihrer Mädchenzeit dafür so gut wie keine weiblichen Vorbilder gab.

Die genannten Autobiographinnen verhielten sich deshalb konsequent, wenn sie die Chance, nach der Schule weiterlernen zu dürfen, benutzten, um demjenigen Beruf näher zu kommen, in dem Wissensaneignung und Wissensweitergabe im Zentrum stehen. Charakteristisch für diese doppelte Orientierung waren kombinierte Lern- und Lehrphasen: Im Vordergrund stand zwar das Lernen für sich selbst, aber Lehren wurde als neue und positive Tätigkeit erlebt.

Bertha Riedel-Ahrens äußert sich nur sehr knapp darüber, weshalb sie Lehrerin wurde, aber es wird deutlich, daß der Beruf lediglich als Mittel zum Wissenserwerb diente: Grüblerisch veranlagt hatte sie die Schule als "fürchterliche Qual" empfunden, da ihre Interessen und Fragen auf kein Verständnis stießen. Um ihren Wissensdrang und ihre rastlose Sinnsuche zu befriedigen, wurde sie Lehrerin. Sie war 20 Jahre alt, als ihr ältester Bruder, der in Rio de Janeiro in Brasilien lebte, ihr dort ein Anstellung als Erzieherin vermittelte. Voller Enthusiasmus nahm sie alles "aus des Lebens tiefsten Tiefen und höchsten Höhen" in sich auf. Diese erste Stelle dauerte ein Jahr, über ihre Arbeit und ihre Lebensumstände erfahren wir nichts.

Bertha Riedel-Ahrens scheint aufgrund ihres exzessiven Weltempfindens und ihres geringen Interesses für den Lehrerinnenberuf in Kontrast zu der sachlichen und zielstrebigen Helene Lange zu stehen; diese Diskrepanz trifft für die späteren Lebens- und Berufswege beider Frauen ebenfalls zu. Die Gemeinsamkeiten betreffen die Jahre nach der Schulzeit: Beide leiden daran, daß sie ihren Wissensdurst nur unzulänglich befriedigen können, beide machen eine Phase "geistiger Kämpfe" und intensiver Sinnsuche durch, und beide sehen im Lehrerinnenberuf eine Möglichkeit, diese Probleme zu verringern.

Helene Lange gibt im Gegensatz zu Bertha Riedel-Ahrens den Lesern und Leserinnen ihrer Autobiographie einen ausführlichen und reflektierten Bericht über ihren Weg in den Lehrerinnenberuf. Unzufrieden mit dem unausgefüllten Leben einer Haustochter, bat sie ihren Vormund, das Lehrerinnenexamen machen zu dürfen. Als er das mit der Begründung verweigerte, das habe noch niemand im Oldenburger Land getan, gab Helene Lange ihr Ziel nicht auf, sie schlug aber einen anderen Weg ein.

Mit Hilfe ihrer früheren Pensionseltern, einem Pfarrerehepaar im Schwäbischen, erhielt sie eine Au-Pair-Stelle in dem Pensionat von Mademoiselle Verenet in Petit Château bei Beblenheim im Elsaß. Sie unterrichtete dort deutsche Literatur und Grammatik und hatte dafür das Recht, in der übrigen Zeit am Unterricht in den anderen Fächern als Schülerin teilzunehmen. Eine fachliche Ausbildung benötigte sie nicht. Über diese Kombination von Lehre und Lernen berichtet sie: "Mein Arbeitstag war lang und anstrengend; halb Lehrerin, halb Schülerin, hatte ich die Pflichten beider zu erfüllen und stand meistens vor Tau und Tage auf, um ihnen nachzukommen. Fehlte mir doch jede feste Wissensgrundlage. Eine Wiederholung meines Augenleidens zwang mich dann zu vorzeitigem Abbruch in Beblenheim, das ich dankbar für manche Bereicherung verließ."[42] Nach Oldenburg zurückgekehrt, begann sie, sich auf eine Erzieherinnenstelle vorzubereiten, die sie im darauffolgenden Frühjahr 1867 in der Familie des Fabrikanten Gruner auf Burg Gretesch bei Osnabrück antrat und drei Jahre lang ausübte. Die Ausbildung zur Lehrerin durfte sie nämlich nach wie vor nicht absolvieren. Erst ihre Volljährigkeit befreite sie aus der Abhängigkeit von ihrem Vormund: Im Herbst 1871 ging sie nach Berlin, um dort die Lehrerinnenprüfung abzulegen.

Aus den bisher herangezogenen Autobiographien wird deutlich, daß die Lehrtätigkeit von Frauen aus dem Bürgertum innerhalb ihrer eigenen Schicht nicht prinzipiell abgelehnt wurde. Doch nur allmählich gelang es der mittlerweile erstarkten Frauenbewegung, den Frauen Handlungsmöglichkeiten abweichend vom herrschenden Leitbild zu eröffnen. Aber selbst Zweifler unter den bürgerlichen Vätern waren pragmatischen, zumal finanziellen Argumenten zugänglich und verzichteten dann auf aktiven Widerstand. Erfolg, vermittelt über Zeugnisse, Stellung und Einkommen, konnte Geringschätzung erfahrungsgemäß ziemlich rasch in Anerkennung verwandeln und – wie bei Thekla Trinks – eine bahnbrechende Wirkung entfalten.

Vorbehalte gegen eine Ausbildung zur Lehrerin bestanden also nicht überall, und noch weniger gegen eine Erzieherinnentätigkeit. Clara Jurtz, die ihre Mutter mit zwölf Jahren verloren hatte, besuchte nach dem Ende der

---

[42] Lange, Lebenserinnerungen, 1921, S. 92f.

Schulzeit und nach der Konfirmation eine Zeitlang eine Nähschule. Sie war 16 Jahre alt, als der Vater sie fragte, ob sie gern weiterlernen wollte, und da sie das bejahte, schickte er sie in ein Töchterpensionat nach Frankfurt an der Oder. Dort wurde sie drei Jahre lang "wissenschaftlich und musikalisch" ausgebildet und schloß mit dem staatlichen Lehrerinnen-Examen für Töchterschulen ab. Weiterlernen innerhalb allgemeinbildender Einrichtungen bedeutete zu dieser Zeit für Mädchen in der Regel, eine Ausbildung zur Lehrerin zu absolvieren. Clara Jurtz erinnert sich gern an diese Zeit, in der sie ihre Neigung zum Lehren entdeckte: "Gott hatte mir Freudigkeit für den Lehrberuf ins Herz gegeben, und so bat ich meinen Vater um die Erlaubnis, den Unterricht von zwei jungen Mädchen auf dem Lande übernehmen zu dürfen."[43] Sie unterrichtete die Mädchen drei Jahre lang in allen Schulfächern.

Auf ähnliche Weise, allerdings ohne dezidiertes Bildungsstreben, kam Auguste Mues zum Lehrerinnenberuf, denn auch bei ihr entstand der Wunsch danach erst während der ersten praktischen Lehrerfahrungen. Sie hatte nach Konfirmation und Ende der Schulzeit im Elternhaus die übliche Einweisung in die Hauswirtschaft erhalten und sollte anschließend, wiederum der Konvention folgend, zur weiteren Ausbildung in eine Familie in Pension geschickt werden. Da eröffnete ein geringfügig erscheinendes Vorkommnis einen neuen Weg: Eine Lehrerin wandte sich an die Eltern, weil eine ihr befreundete Familie auf einem Gut in der Nähe ein junges Mädchen suchte, das sich im Haushalt ausbilden wollte und daneben den beiden kleinen Töchtern den ersten Unterricht erteilen konnte. Auguste Mues' Mutter lehnte dieses Angebot entschieden ab, weil sie ihre Tochter damit überfordert sah. Dem Vater indessen erschien es zumindest überlegenswert, und Auguste selbst reizte die Aufgabe, denn sie ging gern mit Kindern um. Und da im Gegensatz zum geplanten Pensionsaufenthalt keine Kosten entstanden und sogar ein Taschengeld von 25 Talern zugesichert wurde, fiel die Entscheidung zugunsten des Gutes aus.

Die Erfahrungen des nun folgenden Jahres gaben Augustes Mues Lebensweg eine unvorhergesehene Richtung: "Der Unterricht der liebenswürdigen, aufgeweckten Kinder machte mir so große Freude, daß dadurch der Entschluß in mir reifte, Erzieherin zu werden."[44] Nach Hause zurückgekehrt und mit Zustimmung ihrer Eltern bereitete sich Auguste Mues in den Jahren 1855 bis 1857 auf den künftigen Beruf vor. Der Besuch eines Lehrerinnenseminars stand offenbar nicht zur Diskussion, denn es wurde eine

---

[43] Jurtz, Ihm zu dienen, 1930, S. 8.
[44] Mues, Lebens-Erinnerungen, 1894, S. 30.

finanziell wenig aufwendige "Ausbildung" improvisiert: Auguste Mues nahm in der Töchterschule am Unterricht in den Hauptfächern teil, und zur Übung unterrichtete sie in den unteren Klassen selbst, vermutlich jeweils ohne Bezahlung. In Pädagogik, Sprachen und Musik erhielt sie Privatunterricht. Nach zwei Jahren erklärten Lehrer und Lehrerinnen, daß sie nun fähig sei, eine Stelle als Erzieherin anzutreten. Eine Prüfung fand nicht statt.

Auf eine Zeitungsannonce hin bewarb sich Auguste Mues nun als Erzieherin bei dem Gutsbesitzer Agena in Ostfriesland und bekam – unter vielen Bewerberinnen, wie sie betont – die Zusage. Das Anfangsgehalt betrug 80 Taler für vier Wochen. Sie hatte dafür zwei Söhne und die Tochter zu unterrichten. Voller Tatendrang nahm sie ihre Arbeit auf: "Von heiligem Eifer war ich für meinen Beruf erfüllt. Er schien mir groß und schön."[45] Sie füllte diese Stelle neun Jahre zur allseitigen Zufriedenheit aus.

Hatten die bisher untersuchten Autobiographinnen der zweiten Generation ihre Lehrtätigkeit in dem Gebiet der allgemeinen Schulbildung ausgeübt, so fiel der Unterricht, den die Künstlerinnen Luise Le Beau und Rosa Sucher und die Unternehmersgattin Hedwig Heyl gaben, eher in Bereiche, die heute zur Berufsbildung und Erwachsenenbildung zählen. Aus der ersten Generation war das bei Wilhelmine Canz der Fall.

Hedwig Heyl gehört insofern dazu, als ihre Lehraktivitäten sich nicht auf die in der Schule vermittelten Bildungsinhalte bezogen, sondern in ihrem Frühstadium darauf abzielten, vor allem beobachtete Defizite in den praktischen Fertigkeiten von Ehefrauen und Kindern der Fabrikarbeiter ihres Ehemannes auszugleichen. Sie selbst hatte während einer zweijährigen Ausbildung im Pensionat von Henriette Breymann in Neu-Watzum die Fröbelsche Kindergartenmethode kennengelernt und begann im aufstrebenden Berlin der 1870er Jahre als junge Unternehmersgattin, Hausfrau und Mutter, sich autodidaktisch auf allen Gebieten des Haushalts weiterzubilden. Von ihren eigenen – allerdings großbürgerlichen – Erfahrungen und Kenntnissen ausgehend, unterstützte, beriet und belehrte sie zuerst die Mütter unter den Ehefrauen der Fabrikarbeiter in Haushaltsführung und Säuglingspflege. Sie richtete auf dem Fabrikgelände einen Kindergarten für die eigenen Kinder und die der Fabrikarbeiter ein und später für die schulpflichtigen Jungen eine "Erziehungsanstalt", in der diese in der schulfreien Zeit in handwerklichen Arbeiten unterwiesen wurden. Den Töchtern der Arbeiter erteilte sie selbst hauswirtschaftlichen Unterricht. Hedwig Heyls Lehrtätigkeit entstand also aus kleinen Anfängen und im Rahmen privatwirtschaftlich motivierter "Volkserziehung".

---

[45] Mues, Lebens-Erinnerungen, 1894, S. 32f.

Ähnlich wie Hedwig Heyl hatten die beiden Künstlerinnen Luise Le Beau und Rosa Sucher nie das Ziel, Erzieherin in einer Familie oder Lehrerin in einer Schule zu werden. Beide verstanden sich als Künstlerinnen, aber Lehrtätigkeit gehörte zum traditionellen Spektrum der Berufsausübung. Hatte eine Frau aus dem Bürgertum erst einmal den vorgezeichneten Weg in die Hausarbeit verlassen und sich in einem künstlerischen Beruf etabliert, so galt Unterricht im Fach sogar als eine naheliegende und ihr Renommee beim Publikum bestätigende Tätigkeit, die zugleich eine gewisse Respektabilität verlieh.

Im Unterschied zu anderen Berufsarten gibt es im Bereich der darstellenden Kunst eine spezifische Variante von Lehre. Schauspielerinnen und Sängerinnen haben nicht nur während und neben ihrer Karriere ihr Fach unterrichtet, es gibt auch einige, die erst nach dem Ende ihres öffentlichen Wirkens mit Lehrtätigkeit begannen, quasi als altersspezifische Tätigkeit: die Weitergabe eigener Erfahrungen dominierte, das Absolvieren eines Lehrplans stand dahinter zurück.

Rosa Sucher verdiente mit 17 Jahren ihren Lebensunterhalt als Kirchensängerin, gelangte dann aber auf Umwegen zur Bühne und machte schließlich als Wagner-Sängerin Karriere. Sie hatte demnach wohl kaum finanzielle Gründe, als sie um 1908 versuchte, sich in Wien als Gesangslehrerin zu etablieren.

Luise Le Beau hingegen, die Pianistin und Komponistin, erteilte vom Beginn ihrer Künstlerinnenkarriere an Unterricht. Ihre musikbegeisterten Eltern sorgten für eine umfassende und solide Ausbildung. Nach dem Ende der Schulzeit in einem Institut erhielt sie noch mehrere Jahre lang Privatstunden in Sprachen, und sie besuchte einen Literaturkurs ihres ehemaligen Deutschlehrers Eduard Nickles. Dieser versuchte, sie dazu zu bewegen, die Lehrerinnenprüfung abzulegen. Aber sie hätte dadurch mindestens ein Jahr verloren, das für ihre Musikausbildung notwendig war, und die Entscheidung für die Kunst stand damals bereits fest: "Allerdings hielt ich ja auch unverrückt fest an dem Weg, den meine Eltern mir vorgezeichnet hatten und den ich selbst zu gehen wünschte – den dornenvollen Künstlerpfad! Man hätte es damals in Karlsruhe für viel standesgemäßer und passender gehalten, wenn meine Eltern mich gut verheiratet hätten, was selbst damals schon hätte geschehen können. Aber sie kannten ihr Kind besser!"[46] 1868 trat Luise Le Beau zum ersten Mal in einem Abonnementskonzert des Karlsruher Hoforchesters öffentlich auf.

---

[46] Le Beau, Lebenserinnerungen, 1910, S. 22f.

Noch während der eigenen Ausbildung faßte sie den Entschluß, ihre Kenntnisse zu verwerten und weiterzugeben. Hatte sie bisher zwei Freundinnen ohne Bezahlung in Gesang unterrichtet, so bemühte sie sich nun um Klavierschüler. Ihr Klavierlehrer, der Hofkapellmeister Wilhelm Kalliwoda[47], empfahl sie weiter, so daß sich bald einige Schülerinnen bei ihr meldeten. Luise Le Beau hatte somit auf einem anderen Weg den Zugang zur Lehrtätigkeit gefunden.

Zusammenfassend sind drei charakteristische Merkmale von Lehrtätigkeit für die Autobiographinnen aus der zweiten Generation festzuhalten. Das erste betrifft die Ausbildung zur Lehrerin. Sie verlief noch nicht in einheitlichen Ausbildungsgängen und bildete noch keine Voraussetzung zur Berufsausübung. Hinzu kommt, daß bereits vorhandene institutionalisierte Formen von Ausbildung – Selekta und Lehrerinnenseminar – nicht unbedingt mit dem Ziel einer anschließenden Berufsausübung absolviert wurden, sie dienten bürgerlichen Mädchen als Ersatz für fehlende Weiterbildungsmöglichkeiten.

Der zweite Aspekt bezieht sich auf die Berufsvariante Erzieherin in einer Familie. In der zweiten Generation war Erzieherinnentätigkeit typisch als erster Schritt von Lehrtätigkeit, denn sie besaß mehrere Vorteile: Erstens war eine Ausbildung zu dieser Zeit noch nicht unbedingt notwendig, es entstanden also keine Ausbildungskosten; zweitens war eine Erzieherinnenstelle in der Regel auf einige wenige Jahre befristet, sie bedeutete somit noch keine längerfristige oder gar grundsätzliche Abkehr vom traditionellen Frauendasein; drittens vollzog sich die Berufsausübung selbst ausgesprochen familiennah, sowohl was den Arbeitsplatz betraf als auch die Lebensverhältnisse im Rahmen einer meist wohlhabenden Familie. Die Position junger Erzieherinnen ähnelte häufig der einer Tochter, mit dem Arbeitgeber als Vaterfigur und den Zöglingen als jüngeren Geschwistern. Die Nachteile der Familiennähe traten demgegenüber weniger hervor. Doch der abhängige Status einer Frau innerhalb einer Familie blieb bestehen, wenn auch modifiziert. Hinzu kamen spezifische Probleme wie Isolierung und Vereinsamung.

Der dritte Aspekt bezieht sich darauf, daß Lehrerinnen als Vorbilder auftauchten, literarische wie reale, und daß Mädchen das Lehrerinsein in ihre Spiele aufnahmen. Vorbilder und spielerische Erfahrungen förderten wiederum das Entstehen von beruflichen Zielen.

In weiten Kreisen des Bürgertums begann sich offenbar seit den 1860er und 1870er Jahren die Einstellung gegenüber dem Beruf der Lehrerin und

---

[47] Wilhelm Kalliwoda (1827-1893), Pianist, Komponist, Dirigent; Sohn des berühmteren Johann Wenzel Kalliwoda.

Erzieherin zu wandeln und zwar in Richtung auf eine Polarisierung hin: Es traten nämlich neben die bestehende eher indifferente und von Nützlichkeitserwägungen geprägte Haltung zunehmend sowohl deutlich zustimmende als auch schärfer ablehnende Positionen. Die wachsende Wertschätzung einer zum Erwerb ausgeübten Lehrtätigkeit läßt sich nicht nur daran ablesen, daß Lehrtätigkeit trotz des restriktiver werdenden Frauenbildes weiterhin bei vielen als geeignetes Mittel zur Existenzsicherung galt, sondern daß Frauen der zweiten Generation nun schon in jungen Jahren den Wunsch äußerten, Lehrerin zu werden.

Es bedurfte nicht mehr einer konkreten Notlage oder aktueller Abhängigkeit von Verwandten, auch wenn diese Probleme bestehen blieben. Junge Mädchen aus wohlsituierten Familien sahen jetzt im Lehrerinnenberuf nicht nur eine an Profil gewinnende qualifizierte Erwerbstätigkeit für Frauen der eigenen Schicht, sondern auch die – einzige – naheliegende Möglichkeit, durch die Ausbildung zur Lehrerin und durch die Berufsausübung selbst ihre eigene Bildung zu fördern. Und es waren eher die Mütter der Autobiographinnen als die Väter, die die Töchter darin unterstützten. Daß die meisten Autobiographinnen dieser "Müttergeneration" ihre Lehrtätigkeit als Erzieherin in einer Familie begannen, hing mit den noch wenig entwickelten Berufsmöglichkeiten an Schulen und mit den leicht zugänglichen Arbeitsplätzen in Familien zusammen.

Die dritte Generation

Auch die dritte Generation der "Töchter" besitzt ein eigenes, aber unscharfes Profil. Die Motive, die zu einer Lehrtätigkeit führten, waren weniger stark ausgeprägt und vielfältiger. Insbesondere Verdienstnotwendigkeit und Berufswunsch verloren an Gewicht. Neu hinzukommende Motive erwecken den Eindruck, daß die Entscheidung für eine Lehrtätigkeit nun weniger zielstrebig und mit weniger Elan als in der Generation zuvor erfolgte. Aus einem anderen Blickwinkel gesehen heißt das: Die Situation war für junge Mädchen aus dem Bürgertum offener.

Zu einer gedämpften Motivation mag beigetragen haben, daß gegen Ende des 19. Jahrhunderts Lehrer zunehmend Gegenstand des literarischen und publizistischen Interesses wurden, und das meistens nicht zu ihrem Vorteil.[48] Wie Maria Blochmann beschrieben hat, sahen sich in den 1890er Jahren

---

[48] Weiteres s. unten im Kapitel "Orte" über die Volksschule, S. 241.

gerade höhere Mädchenschulen einer herabsetzenden öffentlichen Kritik ausgesetzt, und das schadete auch dem Image der dort tätigen Lehrerinnen.[49]

Von der familiären Situation während der Jugendzeit her unterscheiden sich die Autobiographinnen der dritten Generation wenig von der vorhergehenden. Der vorzeitige Tod der Väter von Minna Specht, Meta Diestel und auch Marie Torhorst führte nicht notwendigerweise zur späteren Erwerbstätigkeit dieser drei Frauen. Hinsichtlich der Vermögensverhältnisse in den Herkunftsfamilien gibt es insofern Unterschiede, als die finanzielle Basis bei einer größeren Anzahl von Familien weniger solide erscheint. Diese Unsicherheit trug immerhin dazu bei, daß die Autobiographinnen für ihr künftiges Leben eine Berufstätigkeit in Erwägung zogen, ohne sich jedoch frühzeitig auf einen bestimmten Beruf festzulegen.

Betrachten wir zunächst die einzige Autobiographin, die eindeutig wegen des Verdienstes für den Lebensunterhalt Lehrerin wird: Mathilde Ludendorff beschreibt offen, daß es den vermögenslosen Eltern nicht leicht fiel, ihren fünf Kindern eine gute Schulbildung zu ermöglichen. Ihr Vater, Gymnasialprofessor und Gefängnisseelsorger im Nebenamt, gab neben den Schulstunden noch Privatunterricht, um das Familieneinkommen aufzubessern. Angesichts der ungewissen Zukunft seiner Töchter versuchte der Vater auf konventionellem Weg, eine minimale Altersversorgung für sie zu schaffen. Er zahlte regelmäßig Beiträge in die Kreidelsche Stiftung ein, die unverheirateten Pfarrerstöchtern im Alter ein unmöbliertes Zimmer und Beköstigung gegen geringes Entgelt gewährte. Auf Mathilde Ludendorff wirkte dieses Altersleben, das ihr von Besuchen bei im Stift lebenden Tanten und Großtanten bekannt war, aber eher abschreckend und überzeugte sie von der Notwendigkeit, selbständig zu werden.

Ihrer Darstellung nach verlief ihr Weg zum Lehrerinnenberuf geradlinig. Ungestört durch Zweifel oder alternative Wünsche folgte sie dem Beispiel ihrer älteren Schwestern. Mit 16 Jahren begann ihre zweijährige Ausbildung im Lehrerinnenseminar, die sie einerseits als völlig unzureichend erlebte, andererseits als belastend empfand, und zwar aufgrund der praktizierten starren Methoden. Kurz bevor sie im Frühjahr 1896 das Examen für mittlere und höhere Töchterschulen ablegte, bewarb sie sich um eine Stelle als Privatlehrerin bei den beiden Töchtern einer reichen Arztwitwe. Da ihr Arbeitsort in Oestrich-Winkel am Rhein lag, konnte Mathilde Ludendorff bei ihren Eltern in Wiesbaden wohnen bleiben, wenn sie die tägliche Eisenbahnfahrt von jeweils einer Stunde hin und zurück in Kauf nahm.

---

[49] Maria W. Blochmann: "Laß dich gelüsten nach der Männer Weisheit und Bildung". Frauenbildung als Emanzipationsgelüste 1800-1918. Pfaffenweiler 1990, S. 64.

Eine ähnliche Konstellation mag bei Marie Franz bestanden haben. Sie äußert sich zwar nicht über die näheren Umstände ihrer Berufsentscheidung, aber aus der Autobiographie geht hervor, daß sie ein Lehrerinnenseminar absolvierte und wie Mathilde Ludendorff die Prüfung für Lehrerinnen an mittleren und höheren Mädchenschulen ablegte. Ihre Kritik an der Ausbildung richtet sich jedoch vor allem gegen die fehlende Berücksichtigung der Volksschulpraxis. Im Alter von etwa 20 Jahren und vermutlich weiter im Elternhaus lebend, begann sie ihre Arbeit als Volksschullehrerin, hielt aber rückblickend eine Anfängerin in diesem Alter für zu jung, um den Anforderungen in der Volksschule gewachsen zu sein. Ob und inwieweit finanzielle Gründe ihre Wahl bestimmten, läßt sich in den Erinnerungen nicht feststellen. Die Argumentationsweise in ihrem autobiographischen Berufsbericht spricht dafür, daß sie sich aus Überzeugung für diesen Beruf entschied.

Stand für viele Autobiographinnen aus der zweiten Generation der ausdrückliche Wunsch, Lehrerin zu werden, im Vordergrund, so finden wir in der dritten Generation dieses Motiv nur noch in abgeschwächter Form – mit Ausnahme von Florentine Gebhardt – und zudem nur bei Autobiographinnen, die zugleich künstlerisch aktiv waren, nämlich bei Meta Diestel, Margarete Klinckerfuß und Gretchen Wohlwill, und bei der Philosophin, Hausfrau und Mutter Else Wentscher. Charakteristisch für sie alle sind Ambivalenzen in der Bewertung der Berufsausübung.

Else Wentschers Lehrtätigkeit in der Familie erscheint wenig spektakulär, aber diese Autobiographin verkörpert hinsichtlich von Lehre traditionelles Verhalten ebenso wie modernes. Wie wir bereits bei den vorhergehenden Generationen gesehen haben, unterrichteten gebildete Mütter ihre Kinder selbst. In der ersten Generation war es Ottilie Wildermuth, in der zweiten gehörten Charitas Bischoff, Hedwig Heyl und Emma Vely dazu, und in der dritten Generation sind es Else Wentscher und Mathilde Ludendorff. Diese familienabhängige Form von Lehrtätigkeit besitzt demnach eine lange Tradition, über deren konkretes Ausmaß und Stellenwert im Verhältnis zum Unterricht durch Erzieherinnen und zum Schulbesuch der Kinder aber so gut wie nichts bekannt ist.

Else Wentscher hatte das Lehrerinnenexamen abgelegt, sie unterrichtete aber vornehmlich ihre eigenen Kinder. Die Berufsausbildung führte somit nicht in eine Anstellung auf dem Arbeitsmarkt. Mit dem Heranwachsen ihrer Kinder und damit dem Familienzyklus folgend, begann sie, diese zu unterrichten, und nach deren Eintritt in die Schule betreute sie nachmittags die Hausaufgaben. Daß Else Wentscher nicht nur eine gebildete Frau war, sondern ausgebildete Lehrerin, hängt mit einer Entwicklung zusammen, die wir bereits in der vorhergehenden Generation beobachten konnten: Wissensdurstige und begabte Mädchen mit verständnisvollen Eltern nutzten die Ausbildung zur Lehrerin, um nach der Schulzeit weiterlernen zu können. Das gilt auch für Else Wentscher.

Ihre verwitwete Mutter und der Großvater ermöglichten ihr eine gute Schulbildung. Beide besaßen aber nicht die Mittel, um der Tochter ein Studium zu finanzieren, das deutsche Frauen damals nur in der Schweiz aufnehmen konnten. Das Lehrerinnenseminar sollte die fehlenden Weiterbildungsmöglichkeiten ersetzen. Else Wentschers Bemerkung in den Erinnerungen: "es gab im damaligen Deutschland keine andere Möglichkeit der Mädchenbildung"[50] beschreibt die damalige Situation indessen nicht zutreffend, denn im gleichen Jahr 1893 wandelte Helene Lange in Berlin ihre Realkurse in Gymnasialkurse um, aus denen 1896 die ersten Abiturientinnen hervorgingen. Else Wentscher erwähnt diese neue Möglichkeit nicht, obwohl sie im gleichen Zeitraum am Königlichen Lehrerinnenseminar in Berlin ihre Ausbildung absolvierte und 1896 das Examen ablegte.

Noch während der Seminarzeit verlobte sie sich mit dem Philosophen Dr. Max Wentscher, den sie 1897 heiratete. Daß ihr die Anstellung als Lehrerin damit verwehrt war, berührte sie offensichtlich nicht. Sie hatte sich für einen anderen "Beruf" entschieden: "Noch ein gutes Jahr verlebte ich daheim, vormittags mit gründlicher hauswirtschaftlicher Ausbildung beschäftigt, nachmittags mit der anderen Seite der Vorbereitung für meinen künftigen Beruf als Philosophenfrau."[51] Auf der Höhe ihrer Zeit befand sie sich indessen, wenn sie ihr Lehrerinnenexamen als formelle Berechtigung benutzte, um an der Bonner Universität, an der ihr Ehemann als Privatdozent lehrte, Vorlesungen in Philosophie zu hören und philosophischen Studien nachzugehen.

Eine gewisse Neigung zur Lehrtätigkeit besaßen die drei Künstlerinnen Gretchen Wohlwill, Margarete Klinckerfuß und Meta Diestel, allerdings weniger aus pädagogischer Berufung, sondern eher weil es zu ihrem Berufsbild gehörte, Schüler und Schülerinnen als Ausdruck öffentlicher Anerkennung ihrer Kunst um sich zu versammeln. In der vorhergehenden Generation war das bei Luise Le Beau und zum Teil bei Rosa Sucher der Fall. Das Streben bürgerlicher Eltern, ihre Töchter in den schönen Künsten dilettieren zu lassen, sorgte zudem für eine stetige Nachfrage nach Unterricht.

Margarete Klinckerfuß, die in einer wohlhabenden und musikbegeisterten Familie aufgewachsen war – der Vater besaß einen Musikinstrumentenhandel und wirkte als Mäzen, die Mutter war Hof-Pianistin und Liszt-Schülerin –, erhielt schon frühzeitig und intensiv Klavierunterricht. Von 1888 bis 1896

---

[50] Wentscher, Mutterschaft und geistige Arbeit, 1926, S. 6.
[51] Wentscher, Mutterschaft und geistige Arbeit, 1926, S. 8.

besuchte sie das Stuttgarter Konservatorium. Berufstätigkeit war offenbar nicht ihr Ziel, eher eine anspruchsvolle Kunstausübung zu wohltätigen Zwecken und im geselligen Rahmen. Sie legte keine Prüfung ab und verließ das Konservatorium mit einem Zeugnis, in dem sie als Klavierspielerin für befähigt erklärt wurde, "in öffentlichen Konzerten aufzutreten und auch vorgerückten Schülern einen guten Unterricht zu erteilen."[52]

Erschüttert vom tragischen Schicksals ihres Freundes Hugo Wolf,[53] faßte Margarete Klinckerfuß den Entschluß, Krankenschwester zu werden. Doch ihre Eltern mißbilligten diese Entscheidung und konnten sie einige Jahre lang von der Realisierung fernhalten. Während dieser problematischen Phase nahm Margarete Klinckerfuß ein attraktives Angebot als Klavierspielerin an. Sie ging von 1900 bis 1901 als Klavierlehrerin und Klavierbegleiterin zuerst nach Paris und dann nach Madrid: Die frühere Schülerin ihrer Mutter, Baronin von Hermannsdorf, inzwischen mit dem mexikanischen Gesandten in Spanien Exzellenz d'Yturbe verheiratet, hatte darum gebeten, daß Margarete ihrer Tochter Piedad Klavierunterricht geben und mit ihr selbst auf zwei Klavieren spielen möge. Margarete Klinckerfuß kam nun in einen ungewöhnlich luxuriös geführten Haushalt, in dem ihr selbst mehrere "fürstliche Gemächer" zur Verfügung standen und jederzeit Wagen und Pferde. Mit dem üblichen Dasein von Klavierlehrerinnen läßt sich diese Phase nicht vergleichen.

Wenige Jahre nach Margarete Klinckerfuß absolvierte Meta Diestel ihre Musikausbildung am Stuttgarter Konservatorium. Doch die Ausgangsbedingungen beider Frauen wichen stark voneinander ab. Meta Diestels Mutter stammte zwar aus einer wohlhabenden Gutsbesitzerfamilie, aber als Professorenwitwe erhielt sie nur eine geringe Pension, so daß sie durch die Aufnahme von Pensionären in die Familie und durch Heimarbeiten Geld hinzuverdiente. Meta selbst verbrachte ungetrübte Jungmädchenjahre in der für höhere Töchter üblichen Abfolge von Schule und Pensionszeit, ohne ausgeprägte Interessen und ohne festes Ziel.

Die Initiative ergriff ihre Mutter. Auf Anregung einer Kusine Metas hin, einer ausgebildeten Sängerin, schlug die Mutter Meta vor, für ein Jahr das Stuttgarter Konservatorium zu besuchen. Da Metas Schulfreundin Lisa Ramsler dort bereits studierte und ihr die Wege ebnete, erreichte es Meta Diestel rasch, aufgenommen zu werden. Trotz der sie plagenden Minderwertigkeitsgefühle fühlte sie sich nun "berufen". Die vielseitige Ausbildung in Gesang, Klavier und Schauspiel bereitete ihr Freude, doch nach einem Jahr

---

[52] Klinckerfuß, Aufklänge, 1948, S. 32.
[53] Hugo Wolf (1860-1903), österreichischer Komponist insbesondere von "Klavierliedern", Anhänger von Richard Wagner und Franz Liszt, seit 1897 geisteskrank; er starb in Wien.

war sie sich immer noch unsicher, ob sie Gesang als Hauptberuf wählen oder ob sie Klavierlehrerin werden sollte. Auch ihr Lehrer vermied eine eindeutige Empfehlung.

Gegen Ende der Ausbildungszeit erhielt Meta Diestel bereits Anfragen aus ihrer Heimatstadt Tübingen, dort Gesangstunden zu erteilen: "Es war etwas kühn, schon zu unterrichten, aber mein liebes Tübingen wieder zu gewinnen, war zu verlockend. In rührender Weise stellte mir eine Geschäftsfrau ihr Klavierzimmer zur Verfügung, die Mutter meiner verstorbenen Freundin nahm mich einmal wöchentlich freundlich auf, und bald hatte ich zehn bis fünfzehn Schülerinnen, was für die spätere Übersiedlung nach Tübingen recht ermutigend war."[54] Um ihre Ausbildung abzuschließen, bat sie die Leitung des Konservatoriums, ein Examen ablegen zu dürfen, aber da diese Regelung immer noch nicht bestand, erhielt sie – wie vor ihr Margarete Klinckerfuß – lediglich ein Zeugnis. Es sprach ihr die Fähigkeiten einer Konzertsängerin und Klavierlehrerin für die Mittelklasse zu. 1901 zog Meta Diestel zusammen mit ihrer Mutter wieder nach Tübingen, arbeitete als Privatlehrerin und begann, sich als Sängerin im Oratorienverein auch öffentlich zu etablieren.

Ebenso unentschieden und ohne konkretes Berufsziel wie Meta Diestel fand auch die Malerin Gretchen Wohlwill erst allmählich zu ihrer Kunst. Aus einer wohlhabenden Hamburger Familie stammend, sah sich die Fünfzehnjährige hinsichtlich ihrer Berufswahl mit ganz unterschiedlichen Vorstellungen bei Vater und Mutter konfrontiert: Die Mutter wünschte, Gretchen solle in der Schweiz Naturwissenschaften studieren; der Vater hingegen ließ allen seinen Kindern volle Wahlfreiheit, denn er hielt sie aufgrund einer Erbschaft für finanziell abgesichert. Gretchen selbst schwankte zwischen dem Wunsch zu malen und dem Beruf der Kindergärtnerin, den sie bei ihrer in Brüssel lebenden Tante Fanny, einer Fröbelanhängerin, hätte erlernen können.

Nachdem sie die Selekta durchlaufen hatte, kam sie mit 17 Jahren in die Malschule von Valesca Röver, und hier entschied sich ihr künftiger Lebensweg: "Die Kunst war nun mein Leben."[55] Ein konkretes Ziel hatte sie dabei nicht vor Augen, und auch die Bemühungen der Mutter, mit Hilfe von Autoritäten Klarheit zu schaffen, blieben ohne Ergebnis. Die folgenden Jahre verbrachte Gretchen Wohlwill mit Malstudien, zum Teil während längerer Aufenthalte in Paris. Doch ihre Leistungen befriedigten sie nicht, und sie wurde sich zunehmend ihrer künstlerischen Grenzen bewußt. Um das

---

[54] Diestel, Ein Herz ist unterwegs, 1952, S. 31f.
[55] Wohlwill, Lebenserinnerungen, 1984, S. 30.

Gelernte praktisch zu verwerten, begann sie, Malunterricht zu geben, und zwar zunächst privat einigen Bürgertöchtern. Dann erteilte sie den Zeichenunterricht in der neugegründeten Reformschule des Vereins Frauenwohl.

Florentine Gebhardt nimmt in der dritten Generation eine Sonderstellung ein. Für sie bedeutete Lehrerinwerden Herzenswunsch und sozialen Aufstieg zugleich. Eine ihrer ehemaligen Lehrerinnen auf der gehobenen städtischen Mädchenschule in Crossen, ein Fräulein Kammbly, war für sie das Vorbild einer pflichtgetreuen und tüchtigen Lehrerin und erweckte in ihr den Wunsch, selbst einmal Lehrerin zu werden. Florentine Gebhardts erste Lehrtätigkeit besaß jedoch noch keinen konkreten Bezug zu einer späteren qualifizierten Berufstätigkeit: Nach der Konfirmation mußte die Vierzehnjährige durch Heimarbeit zum Familieneinkommen beitragen und ihrer jüngsten Schwester den ersten Unterricht zur Vorbereitung auf die Schule geben. Mit dieser familiengebundenen und unbezahlten Form von Lehre bewegte sie sich auf traditionellem Gebiet, wie wir es auch bei Autobiographinnen der vorhergehenden Generationen gesehen haben.

Wenige Jahre später war sie einen Schritt vorangekommen. Sie hatte sich inzwischen als Kunststickerin einen Namen gemacht und unterrichtete Schulfreundinnen der jüngsten Schwester zweimal wöchentlich in Handarbeiten. Außerdem gab sie gegen Bezahlung Schülerinnen Nachhilfeunterricht, die ihr der Rektor der Mädchenschule, die ihre Schwestern besuchten, zuwies. Rückblickend sieht sie darin die Vorstufe zu ihrem Lehrerinnenberuf: "An diesen Kindern ... habe ich mein Lehrgeschick geübt und mir die Sporen verdient, die mir später zum Reiten verhalfen."[56]

In ihrer damaligen Lebenslage zu Beginn der 1880er Jahre stand ihr Kindheitswunsch "Lehrerin" in weiter Ferne: Der Versuch, Zeichenlehrerin zu werden, scheiterte an den Kosten, die eine zweijährige Ausbildung im Lettehaus in Berlin erfordert hätte. Zwar gab es Stipendien und Freistellen, sie sollten aber nur Offiziers- und Beamtentöchtern im Alter bis 21 Jahren zugute kommen. Florentine Gebhardt war jedoch Handwerkertochter, und als ihr Vater sich für sie um ein Stipendium bemühte, wie er es für den Sohn schon oft getan hatte, erhielt er einen abschlägigen Bescheid.

Für Florentine Gebhardt war die Angelegenheit damit abgetan. Sie sah sich nach anderen Erwerbsmöglichkeiten um und ging 1891 als Direktrice für das Herrnhuter Versandhaus nach Gnadenfrei. Erst nachdem sie in dieser Stellung gescheitert war und den darauffolgenden körperlichen und seelischen Zusammenbruch überstanden hatte, orientierte sie sich neu: "Es war das erste Zukunftsbild, das mir je vorgeschwebt hatte: Als Lehrerin an einer

---

56 Gebhardt, Lebensbilderbuch, 1930, S. 103f.

Kinderschar arbeiten, sie unterweisen, mit ihr zusammen im Ernste schaffen, in Fröhlichkeit jung bleiben dürfen. Immer hatte es geheißen: 'Für die lange Seminarzeit reicht das Geld nicht aus.' Ich hatte verzichtet, als ich noch jugendlich genug, noch in der ersten Lernkraft gewesen."[57]

Doch jetzt ließ sie sich von diesem Ziel nicht mehr abbringen und absolvierte in der Zeit von Anfang 1892 bis zum Frühjahr 1893 in Berlin die Ausbildung zur Handarbeits- und Turnlehrerin und eine Weiterbildung zur Industrielehrerin. Mit dieser Qualifikation erhielt sie ihre erste Anstellung als Industrielehrerin an einem Haushaltungspensionat in Görlitz, in der sie das übliche Gehalt von 360 Mark im Jahr bei voller freier Station bezog.

Die drei übrigen Autobiographinnen dieser Generation – allesamt Akademikerinnen – hatten lange Zeit keinerlei Neigung, Lehrerin zu werden. Bei Marie-Elisabeth Lüders ist es auch bei einer distanzierten Einstellung geblieben. Minna Specht und Marie Torhorst jedoch haben es in diesem Beruf, jeweils auf ihre spezifische Weise, sehr weit gebracht: Marie Torhorst erreichte als erste Frau die Position einer Ministerin, und zwar 1946 als "Minister für Volksbildung" in Thüringen, und Minna Specht gilt heute als eine der führenden Reformpädagoginnen. Während ihrer Jugendjahre gab es bei diesen drei Autobiographinnen noch keine auffälligen Unterschiede hinsichtlich ihrer beruflichen Interessen; gemeinsam war ihnen eher eine gewisse Indifferenz in den Zukunftsvorstellungen.

Marie-Elisabeth Lüders, die Berliner Geheimratstochter, hatte eine gute Schulbildung erhalten. Ihr Wissensdrang und die Erfahrung, daß ihre Brüder zwar nicht klüger waren als sie, trotzdem aber später studieren durften, lenkten ihren Ehrgeiz auf ein künftiges Studium. Gegen das ziellose und geistig anspruchslose Dasein einer höheren Tochter empfand sie heftigen Widerwillen, und die zu dieser Zeit immerhin erwägenswerten Frauenberufe interessierten sie nicht: "Welchen 'standesgemäßen' Beruf konnte man ergreifen? – Lehrerin? Das hätte für meine Person bedeutet, den Bock zum Ziergärtner zu machen. Außerdem war das wissenschaftliche und soziale Ansehen der damals noch nicht akademisch vorgebildeten Lehrerinnen ziemlich problematisch und auch finanziell unsicher. – Krankenschwester? Das Leben in einem Schwesternverband und in einer geschlossenen Krankenanstalt mit de facto unbegrenzter Arbeitszeit war wenig verlockend. – Gesellschafterin? Nein, danke! Gesellschaften besuchen und Reisen machen konnte ich auch ohne die Anwesenheit einer 'gnädigen Frau'."[58]

---

[57] Gebhardt, Lebensbilderbuch, 1930, S. 148.
[58] Lüders, Fürchte dich nicht, 1963, S. 40.

Auf Initiative ihres Vaters hin absolvierte sie eine photographische Ausbildung und arbeitete zwei Jahre lag als Gehilfin in der Photographischen Lehranstalt Lützen. Sie war 19 Jahre alt, als eine Broschüre ihr Interesse für die neugegründete "Wirtschaftliche Frauenschule auf dem Lande" in Niederofleiden weckte. Marie-Elisabeth Lüders erhielt hier eine Ausbildung zur Lehrerin in der landwirtschaftlichen Haushaltskunde, als deren praktischer Teil die frisch erworbenen Kenntnisse im Kochen in Winterkursen den Dorfmädchen vermittelt wurden. Die Tätigkeit in einem Kindergarten des Ortes brachte sie zudem in direkte Berührung mit sozialer Not, und dieser "erste sozialpflegerische Anlauf" sollte ihren künftigen Berufsweg entscheidend prägen.

Ins Elternhaus zurückgekehrt stand sie erneut vor dem alten Dilemma fehlender Berufsmöglichkeiten und dem drohenden Dasein als höhere Tochter. Sie wählte einen konventionellen Ausweg. Um der häuslichen Öde zu entkommen, bewarb sie sich ohne Wissen der Eltern aufgrund von Annoncen in Familienblättern um Stellen auf Gütern. Sie hatte aber keinen Erfolg, weil ihr eine Ausbildung sowie Erfahrungen auf schulischem Gebiet fehlten. Um die Jahrhundertwende war es offensichtlich schwierig geworden, ohne Lehrerinnenexamen als Gouvernante eine Stelle zu finden. Schließlich erhielt sie 1901 eine Anstellung an dem Pensionat von Else von Prinz in Weimar, in der keine großen Anforderungen gestellt wurden: "Zur Beaufsichtigung von Backfischen und zum Unterricht in deutscher Sprache für verschiedene Ausländerinnen."[59]

Im Gegensatz zu Marie-Elisabeth Lüders bewegten keine unkonventionellen Wünsche Marie Torhorsts Jungmädchenleben. Als sie vierzehnjährig das elterliche Pfarrhaus verlassen mußte, um im Stift Keppel eine bessere Schulbildung zu erhalten, schloß sie sich eng an ihre ältere Schwester Adelheid an, die in Keppel bereits das Lehrerinnenseminar besuchte und an deren Entscheidungen sich Marie künftig orientierte: "Ich hatte mir fest vorgenommen, meiner Schwester Adelheid zu folgen und auch das Lehrerinnenseminar zu machen."[60] Doch dieses Vorhaben scheiterte. Als Adelheid als Erzieherin auf dem mecklenburgischen Gut der Familie von Witzleben arbeitete und Maries Erwartungen durch die formalistischen Methoden im Seminar enttäuscht wurden, kam der Wunsch der kränklichen Mutter gelegen, Marie solle nach Hause zurückkehren, ohne die Ausbildung abzuschließen. Wieder zu Hause bemühte sich der Vater um Maries Weiterbildung und unterrichtete sie in Mathematik und Latein. Vorbild war wiederum Adelheid,

---

[59] Lüders, Fürchte dich nicht, 1963, S. 43.
[60] Torhorst, Pfarrerstochter, Pädagogin, Kommunistin, 1986, S. 14.

die inzwischen ein Studium anstrebte. Außerdem gab es in einigen befreundeten Familien Töchter, die sich ebenfalls auf ein Universitätsstudium vorbereiteten.

Als der Vater 1909 starb, zog die Mutter mit Marie nach Bonn, denn Adelheid nahm dort ihr Mathematikstudium auf. Hier besuchte Marie die neueingerichteten "Realgymnasialen und gymnasialen Kurse für Mädchen", bestand das Abitur und begann 1914 ebenfalls das Studium der Mathematik. 1918 promovierte sie in diesem Fach, 1919 bestand sie das Staatsexamen und legte die praktische Prüfung für das Lehramt an höheren Schulen ab. Ihre Arbeitssuche gestaltete sich jedoch schwierig, denn sie bekannte sich inzwischen offen zum Sozialismus und fand daher keine Anstellung in Bonn. Sie wollte die Stadt aber der kranken Mutter wegen – diese starb 1923 – nicht verlassen und mußte deshalb mehrere Aushilfsarbeiten annehmen. 1920 begann sie ihre erste Lehrtätigkeit mit einigen Mathematikstunden am Cäcilien-Lyzeum der Schwestern Unserer Lieben Frau in Bonn und am Oberlyzeum im Ursulinenkloster Hersel bei Bonn. Um ihre Einstellungschancen zu verbessern, folgte Marie Adelheids Rat und erwarb mit einem Zusatzstudium das Handelsdiplom. Aufgrund dieser zusätzlichen Qualifikation erhielt sie die Stelle der Leiterin der Höheren und Einfachen Handelsschule in Bremen. Zu Ostern 1924 trat sie ihre erste feste Stelle an, die sie bis zu ihrem Wechsel nach Berlin 1929 innehatte.

Minna Spechts Weg in den Lehrerinnenberuf verlief zwar geradlinig, wurde ihr aber aufgezwungen. Sie hatte ihre Schulzeit an der höheren Mädchenschule in Bergedorf noch nicht lange beendet, als ihre verwitwete Mutter die Zukunft dieses jüngsten ihrer sieben Kinder anscheinend ohne große Umstände und im konventionellen Rahmen sichern wollte. Minna Specht berichtet auffallend distanziert über diese Entscheidung, an der sie selbst wenig Anteil hatte: "(Es) entstand die Frage, was mit der Jüngsten geschehen sollte, ein Problem, das für die anderen Mädchen nicht aufgetaucht war. Es wurde beschlossen, daß ich Lehrerin werden sollte, einer der wenigen Berufe, die damals offenbar in Frage kamen. Noch heute spüre ich, wie erschreckt ich war, und die drei Jahre, die ich im staatlichen Seminar der Klosterschule in Hamburg verbrachte, trugen nicht dazu bei, mir meinen künftigen Beruf nahezubringen."[61]

Im Februar 1899 legte sie die Prüfung für das Lehramt an Höheren Mädchenschulen ab, doch die enttäuschenden Eindrücke aus der Seminarzeit hatten weitreichende Folgen: Minna Specht arbeitete später nie in einer staatlichen Schule. Im Rückblick nimmt sie zwar einen moderaten Standpunkt

---

[61] Specht über sich selbst, 1960, S. 370.

zum staatlichen Schulsystem ein, aber die Intensität der damaligen Erfahrungen blieb ihr lebendig: "Merkwürdig stark und nachhaltend sind solche Erfahrungen. Sie verhinderten, daß ich jemals Beamtin wurde und bis jetzt meinen Beruf in der Welt der freien Erziehung ausübe."[62] Als Konsequenz begann sie ihre Berufstätigkeit 1899 als Erzieherin von zwei Töchtern in einer Familie des hinterpommerschen Landadels.

Den Autobiographinnen der dritten Generation ist gemeinsam, daß für sie der gerade Weg in eine Lehrtätigkeit mittlerweile leichter war, denn sie verfügten über eine gute Schulbildung. Es fehlte kaum noch an Ausbildungsmöglichkeiten, und viele Lehrerinnen hatten ein Examen abgelegt. Das inzwischen weiter ausgebaute Schul- und Ausbildungssystem war trotzdem noch offen genug, um Aufsteigerinnen wie der erwerbstätigen Florentine Gebhardt durch kumulative Qualifizierung und autodidaktische Vorbereitung den Seiteneinstieg in das öffentliche Schulsystem zu ermöglichen.

Der wesentliche Unterschied zur vorhergehenden Generation liegt jedoch in der deutlich abgeschwächten Motivation zum Lehrerinnenberuf. Besonders in den Darstellungen über die Jugendzeit kommt eine distanzierte Einstellung zum Ausdruck. Viele Autobiographinnen hatten keine konkreten Zukunftspläne, sondern litten an einem Mangel an Orientierung. Sie charakterisiert ein diffuses Bildungsstreben, das aber bei einigen schon die Möglichkeit eines Studiums einschloß.

3.1.2 Phasen von Lehrtätigkeit im Lebensverlauf

Positionen, Dauer, Arbeitsbereiche

Mit Hilfe des weiten Begriffs von Lehrtätigkeit konnten bislang nicht wahrgenommene oder stark vernachlässigte Arbeitsbereiche in die Untersuchung einbezogen werden. Sie verlängern die zeitliche Spanne von Arbeit im Leben, und sie verbreitern das Spektrum nebeneinander her laufender Arbeiten. Wenn man nun Lehrtätigkeit unter dem Gesichtspunkt betrachtet, in welchem Alter die Autobiographinnen mit irgendeiner Form von Lehre begannen und wie alt sie bei deren Beendigung waren, erhält man folgenden Befund: Das Durchschnittsalter aller Autobiographinnen beim Eintritt in eine Lehrtätigkeit liegt bei 23 Jahren, an deren Ende liegt es bei 53 Jahren. Diese recht groben Angaben verdecken, daß sich die Generationen hinsichtlich der

---

[62] Specht über sich selbst, 1960, S. 370.

Altersspannen, in denen Lehrtätigkeit aufgenommen und wieder aufgegeben wird, zum Teil deutlich voneinander unterscheiden.

Zwei Aspekte sind hervorzuheben: erstens das Lebensalter beim Beginn von Lehrtätigkeit – Florentine Gebhardt mit ihren 14 Jahren und Rosa Sucher mit ihren etwa 60 Jahren stellen die beiden Extreme dar –; zweitens das Lebensalter am Ende der Lehrtätigkeit, hier ist Marie Franz mit 27 Jahren die jüngste, allerdings nur rechnerisch, vermutlich nicht tatsächlich[63], und Wilhelmine Canz mit 80 Jahren die älteste. Im Unterschied zu der Altersverteilung beim Beginn unterscheiden sich beim Ende die Generationen kaum voneinander. Sie differieren aber insofern, als auch beim Ende die Frauen der ersten Generation älter sind als die der beiden folgenden Generationen. Die Autobiographinnen der ersten Generation fangen also später mit Lehre an, und sie hören auch später damit auf.

Erst wenn man die Gesamtdauer von Lehrtätigkeit in den Lebensläufen der Autobiographinnen einbezieht, wird dieses uneinheitliche Bild klarer. Lehrtätigkeiten haben sich im Durchschnitt über 24 Lebensjahre erstreckt, wobei die Extremwerte weit auseinander liegen. Mit etwa fünf Jahren ist Rosa Sucher am kürzesten tätig und am längsten Minna Specht mit 49 Jahren. Ein Vergleich zwischen den Generationen zeigt, daß eine lange Gesamtdauer von Lehrtätigkeit im Leben bei immer weniger Autobiographinnen zu finden ist. Lehrtätigkeit nimmt ihrer Dauer nach von der ersten zur zweiten Generation zu, von der zweiten zur dritten Generation verliert sie zugunsten neuer Berufsfelder an Anziehungskraft. Die Analyse der ersten Lehrtätigkeit hat charakteristische Anfangskonstellationen offengelegt, aus denen sich der künftige Verlauf des Arbeitslebens jedoch nicht ohne weiteres ableiten läßt. Wie dieses Arbeitsleben sich in seiner zeitlichen Dimension weiterentwickelte, ist im folgenden zu klären.

Im Zentrum stehen die Lehrphasen innerhalb eines Arbeitslebens, wobei unter einer Lehrphase eine relativ geschlossene Zeitspanne verstanden wird, in der eine oder mehrere Lehrtätigkeiten aufeinanderfolgenden oder gleichzeitig ausgeübt werden.[64]

Bei knapp der Hälfte der Autobiographinnen, und zwar mit fast gleichen Anteilen in den drei Generationen, bleibt es bei einer einzigen Lehrphase, die

---

[63] Die Unsicherheit beruht darauf, daß zu den folgenden Lebensjahren von Franz keine Informationen vorliegen. Ich habe deshalb die letzte definitive Jahresangabe für meine Berechnungen herangezogen.

[64] Nicht immer war es möglich, Anfang und Ende jeder Phase zeitlich exakt festzulegen, weil dafür die Informationen fehlen: Die Autobiographinnen selbst haben nicht immer die Eckdaten benannt oder benennen können oder wollen, zumal wenn fließende Übergänge in der Realität die spätere Erinnerung erschweren. In diesen Fällen habe ich als Datum eine möglichst plausible Jahreszahl festgelegt, um zumindest Annäherungswerte zu erhalten.

meistens verschiedene Lehrtätigkeiten umfaßt. In der ersten und dritten Generation sind zweite Lehrphasen selten, sie dominieren jedoch in der mittleren Generation, in der es in vier Fällen überdies zu einer dritten Lehrphase kommt. Marie-Elisabeth Lüders aus der dritten Generation bleibt mit ihrer vierten Lehrphase die Ausnahme.

Die Dauer einer Lehrphase liegt im Gesamtdurchschnitt bei 14 Jahren und damit knapp unter der Grenze von mindestens 15 Jahren, ab der von einem Hauptberuf gesprochen wird. Die ersten Lehrphasen werden im Lauf der Generationen kürzer, die zweiten Lehrphasen deutlich länger. Von den fünf Lehrerinnen im Hauptberuf, die ihn innerhalb der ersten Lehrphase ausüben, gehören vier zur mittleren Generation. Das weist auf eine starke Bindung an den Beruf hin, kann aber auch als ein Mangel an Alternativen gedeutet werden. Bei keiner Frau aus der dritten Generation kommt es indessen während der ersten Lehrphase zu einer hauptberuflichen Tätigkeit, sondern erst in der zweiten und dritten Lehrphase, also erst nach einem gewissen beruflichen Vorlauf. Lehren als Beruf wird demnach diskontinuierlich ausgeübt, mit deutlichen Unterschieden zwischen den Generationen.

Für die weitere Analyse ist es sinnvoll, zwischen Lehrtätigkeit in der Familie, in der Schule und im Beruf zu unterscheiden. Unter dem Begriff "Familienlehre" werden Lehrtätigkeiten verstanden, die aufgrund persönlicher und familienähnlicher Bindung zustande kommen und für die betreffende Zeit an das Zusammenleben von Lehrerin und Schülern und Schülerinnen in einem privaten Haushalt und ohne Bezahlung gebunden sind.

Etwa ein Drittel der Autobiographinnen hat "Familienlehre" in engem Zusammenhang mit dem Familienzyklus praktiziert.[65] Zu dieser Gruppe zählen neben den sechs verheirateten Frauen mit eigenen Kindern auch Malwida von Meysenbug als Pflegemutter, Hedwig von Bismarck als "Wahltante", Auguste Mues als Tante und Florentine Gebhardt als älteste Schwester. Keine einzige von ihnen war jedoch ausschließlich "Familienlehrerin". Mit Ausnahme von Malwida von Meysenbug findet "Familienlehre" im Rahmen einer einzigen Lehrphase und am häufigsten in der ersten statt. Als Einstieg in Lehre überhaupt ist "Familienlehre" selten: Florentine Gebhardt bereitet als Vierzehnjährige ihre jüngste Schwester auf den Schulunterricht vor, und

---

[65] Der Begriff "Familienzyklus" steht hier dem soziologischen Modell näher als dem demographischen, weil das phasenorientierte soziologische Modell Familien nach dem Bewältigungsniveau unterscheidet, auf dem sie die anfallenden Aufgaben lösen. Hier kommen Phasen von Familien mit Kindern im Vorschulalter und mit Schulkindern in Betracht. Vgl. Jan Marbach: Das Familienzyklenkonzept in der Lebenslaufforschung. In: Voges (Hg.), Methoden der Biographie- und Lebenslaufforschung, 1987, S. 367-388, hier S. 370f.

die nicht erwerbstätige, verheiratete Else Wentscher unterrichtet ihre zur Schule gehenden Kinder. Die übrigen Frauen hatten schon praktische Erfahrungen aus anderen Lehrverhältnissen, bevor sie mit "Familienlehre" begannen.

Fällt "Familienlehre" in die zweite Lehrphase, dann dominiert sie: Die beiden Verheirateten Charitas Bischoff und Emma Vely unterrichteten ihre Kinder. Hedwig von Bismarck betätigte sich aushilfsweise als Lehrerin bei den Kindern ihrer jungen Freundin Clara von Wedemeyer, und Malwida von Meysenbug nahm ihre frühere Stellung als Pflegemutter von Olga Herzen wieder ein. Für diese vier Frauen bedeutete das Ende dieser "Familienlehre" auch gleichzeitig das Ende ihrer gesamten Lehrtätigkeit, nicht aber das ihrer Arbeit.

In der dritten Lehrphase finden wir "Familienlehre" lediglich bei Auguste Mues, die nach dem Ende ihres Arbeitslebens als Erzieherin ihrem verwitweten Vetters eine Zeitlang den Haushalt führte und seinen Kindern neben der Schule Unterricht gab.

Aufgrund des engen Zusammenhangs zwischen Generationenfolge und "Familienlehre" überrascht es kaum, daß die "Familienlehrerinnen" sich altersmäßig wenig unterscheiden. Abgesehen von den beiden Außenseiterinnen Florentine Gebhardt und Auguste Mues, deren "Familienlehre" nicht nur in weit auseinanderliegenden Lebensstufen stattfindet, sondern auch relativ kurz ausfällt, beginnen die meisten "Familienlehrerinnen" etwa im Alter von 30 Jahren damit und beenden sie mit etwa 45 Jahren, je nachdem, in welchem Altersabstand wie viele Kinder heranwachsen. Von daher kann eine durchschnittliche Dauer von etwa zehn Jahren angenommen werden. Man kann feststellen, daß schon in der ersten Generation der Autobiographinnen gebildete Mütter wie Ottilie Wildermuth und ehemalige Erzieherinnen oder Lehrerinnen mit ziemlicher Sicherheit ihre eigenen oder nahestehende Kinder beim Lernen unterstützten.

"Familienlehre" von Frauen weist demnach eine Reihe charakteristischer Merkmale auf: Sie hängt eng mit dem Familienzyklus zusammen, sie findet hauptsächlich im Alter zwischen 30 und 45 Jahren statt, und sie dauert während dieser Spanne etwa zehn Jahre lang. Oft bildet sie eine eigenständige, zweite Lehrphase im Lebenslauf von bürgerlichen Frauen, und meistens endet mit ihr zwar die Lehrtätigkeit, nicht aber die Arbeit generell.

Daß sich die wissenschaftliche Forschung – auch von Frauen – bisher wenig mit diesem Bereich von "Familienarbeit" befaßt hat,[66] hängt mit einem

---

[66] Ausgehend von der Debatte aus den 1980er Jahren über die Hausaufgabenbetreuung von Schulkindern sind einige Beiträge zu diesem Thema erschienen, s. Uta Enders-Dragässer:

zu eng gefaßten Arbeitsbegriff von Lehrtätigkeit zusammen, läßt sich aber auch auf die immer noch wirksame Abwertung von Arbeiten im häuslichen Rahmen zurückführen. Sie hat offenbar schon die Autobiographinnen bewogen, diesem Thema kein großes Gewicht in der Darstellung ihres Erwachsenenlebens zuzumessen. Inwiefern hier ein Beispiel für den autobiographischen Effekt der Retrojektion vorliegt, läßt sich allerdings erst in einer eigenen Untersuchung mit Hilfe einer systematischen Inhaltsanalyse der Kindheitserinnerungen prüfen.

Diese spezifische Wahrnehmungssperre gilt ebenfalls für die zeitliche Beteiligung von Männern an "Familienlehre", vor allem von Vätern und Brüdern. Aus der Perspektive der Autobiographinnen war sie geringer als die von Frauen. Auch dieser Aspekt kann an dieser Stelle nicht weiter verfolgt werden, zumal Haushalt als ein wenig attraktiver Arbeitsbereich für Männer gilt und entsprechende Forschungen dazu fehlen.

Erzieherinnen weisen zwar aufgrund ihres Arbeits- und Lebensortes in einer Familie große Ähnlichkeiten mit den "Familienlehrerinnen" auf, sie stehen aber insofern der Gruppe der Lehrerinnen an Schulen näher, als auch bei ihnen der Erwerb Vorrang hat und persönliche Bindungen nicht konstitutiv für die Lehrtätigkeit sind.

Insgesamt waren 14 Autobiographinnen kürzer oder länger als Erzieherinnen tätig. Bei Bertha Buchwald und Hedwig von Bismarck umfaßt diese Zeitspanne den größeren Teil ihres Lehrerinnendaseins, bei Auguste Mues und – soweit bekannt – bei N. L ist sie der Hauptberuf. Erzieherinnen finden wir in allen drei Generationen, allerdings in einer auffallend unterschiedlichen Verteilung. Wie kaum anders zu erwarten, haben in der ersten Generation mehrere Autobiographinnen, nämlich mit Hedwig von Bismarck, Bertha Buchwald und Dorette Mittendorf fast die Hälfte, als Erzieherinnen gearbeitet.

Bemerkenswert ist, daß zehn Erzieherinnen zur zweiten Generation gehören, innerhalb der sie damit zwei Drittel der 15 Frauen ausmachen. Aus der dritten Generation war nur Minna Specht jemals Erzieherin und noch dazu für die kurze Zeit von drei Jahren. Dieser auffallende Unterschied zwischen den Generationen soll als Hinweis auf einen Wandel in der beruflichen

---

Arbeitskonkurrenz und Frauenspaltung in der Schule: Ein blinder Fleck in der Mütterdiskussion. In: Beiträge zur feministischen Theorie und Praxis 11 (1988) 21/22, S. 117-126; dies.: Mütterarbeit und schulische Ausgrenzung: die heimliche Ganztagsschule. In: dies.; Claudia Fuchs (Hg.): Frauensache Schule. Aus dem deutschen Schulalltag: Erfahrungen, Analysen, Alternativen. Frankfurt/Main 1990, S. 65-73.

Orientierung derjenigen bürgerlichen Frauen verstanden werden, die in den 1880er Jahren heranwuchsen.[67]

Abgesehen von der ungleichen zahlenmäßigen Verteilung auf die Generationen unterscheiden sich die Autobiographinnen jedoch kaum hinsichtlich der biographischen Position und der Dauer ihrer Erzieherinnentätigkeit. Innerhalb der zweiten Generation beginnen fast alle Frauen ihre Lehrtätigkeit als Erzieherin. Die meisten sind zwischen 16 und 21 Jahre und im Durchschnitt 19 Jahre alt. Daß diese frühe Phase praktischer Lehrtätigkeit, auch ohne Ausbildung, als ein besonders geeigneter Weg in die Lehrtätigkeit an Schulen gesehen wurde, betont Auguste Sprengel. Und auch Emma Vely sieht darin eine wichtige Etappe, in der sie Selbständigkeit und Pflichtgefühl entwickeln konnte. Bertha Buchwald indessen begann mit 27 Jahren, denn sie hatte sich erst mit 25 Jahren zu einer Erwerbsarbeit entschlossen und dann zunächst als "Stütze der Hausfrau" und als Gesellschafterin gearbeitet. Auch Thekla Trinks war schon 26 Jahre alt, als sie nach vier Jahren als Schullehrerin eine Erzieherinnenstelle in England annahm, weil sie dort ihre Sprachkenntnisse verbessern wollte. Bereits nach wenigen Jahren – im Durchschnitt sind es vier Jahre – beenden die meisten Autobiographinnen ihre Erzieherinnentätigkeit wieder. Sie sind dann zwischen 22 und 28 Jahre, im Durchschnitt 24 Jahre alt.

Erzieherinnentätigkeit erweist sich den vorliegenden autobiographischen Quellen nach nicht nur als eine stark altersabhängige Art von Lehre, sie stellt gleichzeitig die charakteristische Startphase dar. Inwieweit diese Ergebnisse sich als typische Merkmale der Erzieherinnentätigkeit verallgemeinern lassen, kann hier nicht entschieden werden. Auch in dieser Hinsicht bietet die bisherige Forschung kaum Anhaltspunkte.[68] Eine weitere Beobachtung verstärkt den Eindruck einer typischen "Einstiegstätigkeit": Keine einzige Erzieherin beendet mit dieser Lehrform ihr Lehrerinnendasein. Aufgrund der relativ kurzen Dauer der Erzieherinnentätigkeit ist es noch nicht einmal die Regel, daß die gesamte erste Lehrphase damit ausgefüllt wird, vielmehr findet noch in ihr der Wechsel zu Lehrerinnentätigkeiten außerhalb von Familie statt. In den gleichen Kontext gehört die Beobachtung, daß Erzieherinnentätigkeit im Anschluß an eine Position als Schullehrerin selten

---

[67] Das relativiert die Aussage von Irene Hardach-Pinke, die von einer "allem Anschein nach" ständigen Zunahme der Zahl der Gouvernanten bis zum Ersten Weltkrieg spricht, allerdings keine Belege dafür bringt; Hardach-Pinke, Die Gouvernante, 1993, S. 256.

[68] Auch Hardach-Pinke geht auf diesen Aspekt nicht näher ein. Sie stützt sich auf eine Zeitungsmeldung von 1893, wenn sie vage davon spricht, daß Hauslehrerinnen im 19. Jahrhundert überwiegend "junge deutsche Frauen mit Lehrerinnenexamen (waren), die langfristig eine Tätigkeit im Schuldienst anstrebten"; Hardach-Pinke, Gouvernante, 1993, S. 258. Auch an anderen Stellen äußert sie sich nur summarisch dazu, vgl. S. 179, 203, 243.

vorkommt. Diese Reihenfolge im Arbeitsleben finden wir nur bei Dorette Mittendorf, Charitas Bischoff und Thekla Trinks. Ein Wechsel in das Schulsystem war demnach relativ endgültig.

Wenn im folgenden die "Schullehrerinnen" untersucht werden, so sind damit diejenigen Lehrerinnen gemeint, die in privaten oder öffentlichen Institutionen allgemeinbildende Fächer unterrichteten. Von den Erzieherinnen unterscheiden sie sich durch das Arbeitsverhältnis, das bei ihnen nicht durch das Älterwerden der Schüler zeitlich begrenzt war, und durch den Arbeitsplatz außerhalb eines privaten Haushalts.

Fast zwei Drittel der Autobiographinnen waren kürzer oder länger als Schullehrerinnen tätig. Wir finden sie in allen drei Generationen, in der ersten und dritten Generation mit gleichem und hohem Anteil; in der zweiten Generation machen sie nur gut die Hälfte aus. Vermutlich hat keine einzige Autobiographin ausschließlich als Schullehrerin gearbeitet. Diese Form der Lehrtätigkeit steht bei Isabella Braun, Charitas Bischoff, Marie Franz und Marie Torhorst am Beginn von Lehrerinnentätigkeit. Bei Florentine Gebhardt, Minna Specht und Marie Torhorst steht sie am Ende der Lehrerinnenlaufbahn. Schullehre dominiert in allen drei Generationen in der ersten Lehrphase. In der zweiten Lehrphase gibt es sie mit einem erwähnenswerten Anteil nur in der dritten Generation.

Das durchschnittliche Alter beim Beginn der ersten Schullehrtätigkeit beträgt 26 Jahre, wobei Charitas Bischoff mit 19 Jahren die jüngste und Bertha Buchwald mit 44 Jahren die älteste von allen ist. Die Schullehrerinnen aus der dritten Generation sind beim Eintritt in die Schule am jüngsten mit einem Alter zwischen 20 und 32 Jahren. Das Durchschnittsalter am Ende von Schullehrtätigkeit liegt bei 43 Jahren. Wiederum ist Charitas Bischoff die jüngste, wenn sie schon mit 21 Jahren ihre Schullehrtätigkeit beendet, und Minna Specht mit 72 Jahren ist die älteste. Frauen aus der dritten Generation fangen mit geringen Altersabständen mit Lehrtätigkeit an, unterscheiden sich aber altersmäßig stark, wenn sie wieder aufhören. Das deutet auf eine beschleunigte Berufsaufnahme hin, denn die erste Generation zeigt eine umgekehrte Altersstruktur: Am Beginn ihrer Schullehre liegen die Altersabstände dieser "Großmütter" bis zu 22 Jahren auseinander, am Ende bis zu 23 Jahren. Bertha Buchwald ist an diesem Endpunkt mit 58 Jahren die weitaus älteste ihrer Altersgruppe.

Hinsichtlich der Gesamtdauer von Schullehre innerhalb eines Arbeitslebens nimmt die zweite Generation einen besonderen Platz ein. Im Unterschied zur vorhergehenden und zur nachfolgenden Altersgruppe blicken die meisten dieser Frauen – sowohl innerhalb ihrer Generation, als auch im Generationenvergleich – auf Schullehrzeiten von über 15 Jahren zurück.

Dieser Befund bekräftigt die oben festgestellte besondere Motivation zum Lehrerinnenberuf in der zweiten Generation. Für die Schullehrerinnen ist festzuhalten: Wohl keine einzige von ihnen war ausschließlich Schullehrerin; aber in der zweiten Generation gibt es bemerkenswert viele Autobiographinnen, die sehr lange in diesem Bereich tätig waren. Im Unterschied zu den Familienlehrerinnen und den Erzieherinnen finden wir bei ihnen auch keine ausgeprägte Altersabhängigkeit: Schullehre ist im allgemeinen innerhalb der gesamten Lehrtätigkeit eingebettet.

Anders als die Familien- und Schullehrerinnen verfügten "Berufslehrerinnen" in der Regel über mehr oder weniger umfassende Kenntnisse in einem Beruf oder einer berufsähnlichen Tätigkeit einschließlich von Hausarbeit. Sie vermittelten ihr spezifisches Wissen nur ausnahmsweise Kindern, meistens waren es junge und ältere weibliche Erwachsene.

Das Tätigkeitsfeld von Berufslehrerinnen unterscheidet sich vor allem unter folgenden Gesichtspunkten von dem der männlichen Berufslehrer: Bei der Lehre haushaltsnaher Inhalte läßt sich nicht immer unterscheiden, inwieweit sie eine Qualifikation vermitteln soll für die spätere Tätigkeit als Hausfrau in der eigenen Familie, für Erwerbstätigkeit in privaten oder anderen Haushalten, für eine Tätigkeit als "Begutachterin" von privaten Haushalten, zum Beispiel im Bereich der Fürsorge, oder für Lehrtätigkeit in Haushaltsfächern. Diese spezifische Überlagerung unterschiedlicher Ziele ist geschlechtstypisch. Sie findet sich in dieser Form und mit diesem Inhalt nicht bei männlichen Berufslehrern.

Die Anzahl derjenigen Autobiographinnen, die zumindest zeitweise als Berufslehrerinnen tätig waren, ist mit 19 Fällen relativ hoch. Sie sind in allen drei Generationen vertreten. In der ersten Generation spielt Berufslehre allerdings noch keine wichtige Rolle. Allein Wilhelmine Canz hat über einen langen Zeitraum hinweg in ihrer Anstalt Kindergärtnerinnen ausgebildet.[69] In der zweiten und dritten Generation gibt es jedoch Autobiographinnen, die sogar ausschließlich diesen Typ von Lehrtätigkeit ausgeübt haben: Luise Le Beau, Rosa Sucher, Margarete Klinckerfuß und mit Einschränkung auch Meta Diestel.

Häufig fand Berufslehre während der ersten Lehrphase statt, und immerhin fast die Hälfte der Berufslehrerinnen vollzog damit den Einstieg in Lehrtätigkeit. Das lag bei diesen Frauen einerseits an den Lehrgegenständen selbst, in denen sie erst praktische Erfahrungen sammeln mußten, anderer-

---

[69] Wildermuth hatte ihre Nichte als Lehrling im eigenen Haushalt; Mittendorf leitete ein Heim für (bedürftige) Mädchen, in dem diese Unterricht erhielten und zu Dienstmädchen ausgebildet wurden.

seits an dem Fehlen von hemmenden Ausbildungsregelungen. Hedwig Heyl und Florentine Gebhardt unterrichteten in Haushaltsfächern, in denen sie das von der eigenen Mutter erworbene Wissen weitergaben. Die anderen Autobiographinnen waren ausgebildete Künstlerinnen: als Pianistinnen Luise Le Beau und Margarete Klinckerfuß, als Sängerinnen Rosa Sucher und Meta Diestel und als Malerin Gretchen Wohlwill. Sie hatten schon früh – Luise Le Beau und Meta Diestel bereits kurz vor dem Ende ihrer Ausbildung – angefangen, Privatschülerinnen Unterricht in ihrem Metier zu geben. Eine krasse Ausnahme bildet nur Rosa Sucher, die erst nach dem Ende ihrer Sängerinnenkarriere als Gesangslehrerin wirkte. Einige dieser Künstlerinnen – Luise Le Beau, Rosa Sucher, Margarete Klinckerfuß und Meta Diestel – sind zudem bei dieser Art und Weise des Lehrens geblieben. Diese frühzeitig einsetzende und lang fortgeführte Lehrtätigkeit scheint ein Charakteristikum für Künstlerinnen gewesen zu sein. Betrachtet man die Gesamtgruppe, dann tritt eine abweichende Altersstruktur beim Beginn von Berufslehre zutage: Im Gesamtdurchschnitt sind die Frauen zu diesem Zeitpunkt nämlich bereits 33 Jahre alt. Der Anteil von jüngeren steigt aber im Lauf der Generationen.

Am Beginn von Berufslehre ähneln sich die Frauen ihrem Alter nach ebenso wie an deren Ende. Sie haben mit durchschnittlich 30 Jahren begonnen und mit durchschnittlich 52 Jahren aufgehört. Das Alter sinkt zwar im Lauf der Generationen, aber es liegt bei Berufslehrerinnen am höchsten. Sie waren im Durchschnitt 13 Jahre lang tätig, also nicht ganz so lang wie Schullehrerinnen, aber deutlich länger als Familienlehrerinnen und Erzieherinnen. Die Spannweite der Tätigkeitsdauer ist bei Berufslehrerinnen am größten, denn sie reicht von einem Jahr bis zu 40 Jahren, und in diesem Spektrum kommt es zu einer relativ gleichmäßigen Verteilung innerhalb jeder Generation ebenso wie im Generationenvergleich. Hervorzuheben ist, daß berufliche Lehre bei fast zwei Drittel der Berufslehrerinnen am Ende ihrer Lehrtätigkeit steht. Am stärksten ist die zweite Generation vertreten. Die meisten dieser Autobiographinnen führten danach ihr Arbeitsleben in anderen Bereichen und außerhalb von Lehre fort. Zusammen mit dem relativ hohen Altersdurchschnitt beim Beenden von Berufslehre kann das als Indiz interpretiert werden, daß Berufslehre häufig eine Alterstätigkeit darstellte, die oft am Ende von Lehrerinnentätigkeit stand, nicht aber am Ende des gesamten Arbeitslebens.

Zwischenphasen ohne Lehrtätigkeit

Über die Hälfte der Autobiographinnen und am häufigsten die aus der zweiten Generation haben ihrer Lehrtätigkeiten für eine gewisse Zeit unterbrochen. Im folgenden interessiert, in welchem Lebensalter und aus welchen Gründen das geschah und wie lange diese Zwischenphasen dauerten.

Am Beginn der ersten Zwischenphase sind die Autobiographinnen im Durchschnitt etwa 31 Jahre alt, und sie beenden sie mit etwa 36 Jahren.[70] Die erste Unterbrechung von Lehrtätigkeit hat durchschnittlich fünf Jahre gedauert, wobei etwas kürzere Zeitspannen überwiegen. Die fünf Autobiographinnen mit einer zweiten Zwischenphase unterscheiden sich wenig: Sie sind zu Beginn dieser zweiten Zwischenphase durchschnittlich 36 Jahre und an deren Ende durchschnittlich 45 Jahre alt. Der Durchschnittswert für die Dauer der zweiten Zwischenphase beträgt acht Jahre.[71]

An den Gründen für die Beendigung der ersten Lehrphase interessiert zunächst, ob sie eher berufsbedingt waren oder mit individuellen Gegebenheiten zusammenhingen. Möglicherweise gab es historische Ursachen. Zu fragen ist weiterhin, ob sich "sensible" Altersstufen identifizieren lassen, was die Autobiographinnen in der jeweiligen Zwischenphase taten und weshalb sie erneut mit Lehrtätigkeit begannen.

Die Hauptursachen sind zwischen den Polen berufliche und individuelle Gründe zu verorten: Ursachen, die am stärksten auf die Arbeitsverhältnisse zurückzuführen sind und auf die die jeweilige Autobiographin keinen Einfluß hatte, stehen denjenigen Ursachen gegenüber, die ausschließlich die subjektiven Wünsche der Autobiographin widerspiegeln. Dazwischen liegen diejenigen Gründe, bei denen beide Aspekte eine Rolle spielen. Ein weiterer Grund, nämlich die unmittelbare Auswirkung historischer Ereignisse, wird nur von einer Autobiographin angesprochen. Für Meta Diestel beendete der Erste Weltkrieg schlagartig die Nachfrage nach ihrem Gesangsunterricht. Sie bemerkt dazu: "Auch in der Heimat war mein Beruf zerschlagen. Wer konnte jetzt noch Stunden nehmen? Wer konnte jetzt überhaupt noch singen?"[72] Die Frage, inwieweit dieser Krieg ganz allgemein Privatlehrerinnen im künstlerischen Bereich arbeitslos machte, kann hier nicht beantwortet werden. Meta Diestels Äußerung läßt sich so verstehen, daß nicht nur sie persönlich in ihrer Berufsausübung davon betroffen war.

---

[70] Diese Durchschnittswerte verdecken jedoch die beträchtliche Spannweite des zugrundeliegenden tatsächlichen Alters. Vor allem in der zweiten Generation liegen die Altersjahre sowohl bei Beginn wie am Ende dieser Zwischenphase weit auseinander.
[71] Diese Durchschnittswerte kommen durch mehrere Extremwerte zustande.
[72] Diestel, Ein Herz ist unterwegs, 1952, S. 53.

An vorderster Stelle der berufsbedingten Unterbrechungen nach der ersten Lehrphase steht die Aufnahme einer Ausbildung zur Lehrerin. In einigen Fällen – bei Auguste Mues, Florentine Gebhardt und Gretchen Wohlwill – handelt es sich um die erste Qualifizierung zu Lehre überhaupt. Helene Lange nimmt insofern eine Zwischenposition ein, als sie zwar schon früh eine Ausbildung zur Lehrerin anstrebte, von ihrem Vormund aber keine Erlaubnis dazu erhielt. Ihr Ausweg, eine Au pair-Stelle in einem Elsässer Pensionat, verband Unterrichtspraxis, autodidaktische Weiterbildung im Unterrichten und Teilnahme am Unterricht. Erst als sie 1871 volljährig und damit selbständig wurde, beendete sie die bis dahin ausgeübte Erzieherinnentätigkeit, um nach Berlin zu gehen und dort die Lehrerinnenprüfung abzulegen. Bei ihr hing die Entscheidung für die berufliche Qualifikation also unmittelbar mit ihrem Alter und dem damit verbundenen rechtlichen Status zusammen.

Berufliche Weiterqualifikation stellt eine Spielart der berufsbedingten Unterbrechungen dar. Von den durch die bürgerliche Frauenbewegung mittlerweile erkämpften Verbesserungen im Lehrerinnenberuf profitierte Minna Specht aus der dritten Generation. Sie hatte bereits vor dem Beginn ihrer Lehrtätigkeit ein Lehrerinnenseminar absolviert, unterbrach aber nach einigen Jahren die Berufstätigkeit, um von der inzwischen vorhandenen Möglichkeit Gebrauch zu machen, ein Universitätsstudium zu absolvieren und die Wissenschaftliche Prüfung abzulegen. Nach drei Jahren Studium kehrte sie 1909 mit der neuerworbenen Qualifikation als Oberlehrerin an ihre frühere Schule zurück.

Bei allen diesen Autobiographinnen stand demnach eine höhere berufliche Qualifikation im Vordergrund ihrer Entscheidung. Ziel war eine bessere Position auf dem Arbeitsmarkt. Die Fortsetzung der Lehrtätigkeit war insofern vorauszusehen. Diese "Qualifizierungsphase" galt also hauptsächlich dem Weiterkommen im Lehrerinnenberuf, auch wenn damit gleichzeitig Bedürfnisse nach individueller Bildung befriedigt werden konnten.

Da bei dieser Art von Unterbrechung keine Autobiographin aus der ersten Generation vertreten ist, liegt es nahe, nach dem historischem Wandel zu fragen. Für die Annahme veränderter Berufsorientierung im Sinne einer zunehmenden "Professionalisierung" spricht die Beobachtung, daß Ausbildung als berufsbedingter Typ von Unterbrechung zunimmt. Ausbildung galt zwar noch nicht als "normale" Vorbereitung auf ein Berufsleben als Lehrerin, sie war aber inzwischen so wichtig, daß sie nachgeholt wurde: freiwillig wie bei Auguste Mues und Helene Lange, den beiden Autobiographinnen aus der zweiten Generation, und auch von der Aufsteigerin Florentine Gebhardt aus der dritten Generation. Oder sie wurde vom Arbeitgeber bereits gefordert, wie bei Auguste Sprengel und Gretchen Wohlwill. Bei Minna Spechts Studium handelte es sich sogar um eine zweite Ausbildungsstufe, für die zur Zeit ihrer ersten Ausbildung 1896 offensichtlich die Hürden noch zu hoch lagen.

Im krassen Gegensatz zu dieser berufsfördernden Unterbrechung stehen die – ebenfalls beruflichen – Gründe, aus denen Hedwig von Bismarck und Malwida von Meysenbug, beide aus der ersten Generation, ihre erste Lehrphase beendeten. In beiden Fällen führten die Umstände des jeweiligen Arbeitsverhältnisses zu dessen Beendigung. Hedwig von Bismarck verlor ihre Stelle in einem Berliner Pensionat, weil die Leiterin ihr Institut schließen mußte. Malwida von Meysenbug hingegen verließ ihre Position als "Pflegemutter" im Hause von Alexander Herzen aus eigenem Entschluß, weil sie dessen problematische Familienkonstellation nicht akzeptierte. Bei beiden Frauen verursachte das vorzeitige Ende ihrer Anstellung einen Abbruch, nach dem die Fortführung von Lehrtätigkeit nicht mehr zur Diskussion stand. Die Gründe dafür waren indessen weder ungewöhnlich noch selten.

Thekla Trinks schließlich gehört zu den wenigen "Ruheständlerinnen" unter den Autobiographinnen, bei denen schon die erste Lehrphase ein langjähriges Berufsleben umfaßte. Sie beendete es, weil sie genug verdient hatte und weil sie die beruflichen Anforderungen nicht länger auf sich nehmen wollte. Ihr Berufsende schien somit endgültig zu sein.

Zu den sowohl individuellen wie berufsbedingten Gründen, eine Lehrtätigkeit zu beenden, zählen Krankheiten. Auf die klimatischen Belastungen während ihrer Berufsjahre in Smyrna führte Clara Jurtz eine Erkrankung zurück, derentwegen sie ihre Lehrerinnentätigkeit in Kaiserswerth aufgeben mußte. Danach verrichtete sie leichte Büroarbeiten in Kaiserswerth, durfte allerdings nebenbei einige Unterrichtsstunden geben. Nicht aufgrund der Berufsausübung, wohl aber im Zusammenhang damit kam es zu Dorette Mittendorfs Krankheit: Nach einem Ausflug mit ihrem Zögling im Wagen scheuten die Pferde, und Dorette Mittendorf wurde aus dem Wagen geschleudert. Sie erlitt dabei schwere innere Verletzungen, die sie zuerst völlig lähmten und das vorläufige Ende einer geregelten Berufstätigkeit herbeiführten. Im Lauf des folgenden Jahrzehnts hatte sie mehrere Operationen durchzustehen, und sie konnte während dieser Zeit nur in geringem Umfang Geld durch Privatstunden verdienen. Weniger einschneidend wirkte sich Auguste Sprengels Erkrankung aus. Mehrere Ereignisse hatten bereits ihre Berufszufriedenheit beeinträchtigt, und sie begann, sich nach einem neuen Wirkungskreis umzusehen. Zur definitiven Veränderung kam es im Jahr 1900, als sie so schwer erkrankte, daß sie ihren Beruf nicht mehr voll ausüben konnte. Sie ließ sich deshalb in den Ruhestand versetzen. In ihrem

Fall beschleunigte die Krankheit also lediglich den Abschluß der ersten Lehrphase.

Ebenfalls individuell wie berufsbedingt war der Wechsel in ein neues Berufsfeld. Bertha Riedel-Ahrens beendete ihre Erzieherinnentätigkeit, um ihrer wahren Berufung, der Schriftstellerei, nachzugehen. Sie suchte deshalb keine neue Position innerhalb von Lehrtätigkeit, sondern strebte einen Berufswechsel an. Für Marie-Elisabeth Lüders hingegen stand schon am Ende der Schulzeit fest, daß sie keine Lehrerin werden wollte. Erste praktische Lehrerfahrungen während der Ausbildung an einer Frauenschule relativierten diese ablehnende Haltung nicht. So stand sie nach dieser Zeit erneut vor dem Dilemma, keinen geeigneten Beruf für sich zu sehen.

Eindeutig aus individuellen Gründen – allerdings gemäß der traditionellen Frauenrolle – beendeten Charitas Bischoff, Elisabeth Gnauck-Kühne und Emma Vely die erste Lehrphase: Sie alle heirateten. Inwiefern Unzufriedenheit mit dem Beruf dabei eine Rolle spielte, läßt sich anhand der Autobiographien nicht entscheiden. Diese Gründe stehen in enger Beziehung zum jeweiligen Lebensalter: Junge Frauen etwa Anfang zwanzig Jahre entschieden sich nach kurzer Lehrtätigkeit für eine andere Tätigkeit oder führten ihre Lehrtätigkeit nicht mehr fort.[73] Es folgen die etwa Mitte Zwanzig alten Frauen: Einige von ihnen heirateten,[74] eine größere Gruppe aber unterbrach die Lehrtätigkeit, um durch eine Ausbildungsphase bessere berufliche Chancen zu erhalten.[75] Krankheiten als Beendigungsgrund traten erwartungsgemäß erst in späteren Lebensjahren auf.[76] Betrachtet man die Altersstufen separat, zeigt sich, daß gut die Hälfte der Unterbrecherinnen zwischen 21 und 27 Jahre alt war, daß diese Altersspanne somit als besonders anfällig für Veränderungen gelten kann, und zwar im Lauf der Generationen in zunehmendem Maß.

Vergleicht man nun individuelle und berufsbedingte Gründe danach, in welchem Ausmaß die betreffenden Autobiographinnen dabei selbst eine Entscheidung getroffen haben, zeigt sich ein deutliches Übergewicht selbstbestimmten Handelns gegenüber einem bloßen Reagieren. Nur ausnahmsweise nahmen Autobiographinnen – Hedwig von Bismarck und Meta Diestel – äußere oder unbeeinflußbare Umstände passiv hin, und Clara Jurtz unterstand als Diakonisse den Anweisungen ihres Mutterhauses in Kaiserswerth. Die meisten Autobiographinnen haben die Unterbrechung selbst herbeigeführt, nicht immer allerdings mit der Absicht, später wieder eine Lehrtätigkeit aufzunehmen.

---

73 Riedel-Ahrens, Lüders.
74 Heirat: Bischoff und Vely; Gnauck-Kühne war bereits 38 Jahre alt.
75 Ausbildung: Lange, Gebhardt, Specht, Wohlwill; Mues war mit 17 Jahren sehr jung.
76 Krankheit: Jurtz, Sprengel; Mittendorf hatte mit 27 Jahren einen Unfall.

Zusammengefaßt ergeben die Art und die Verteilung der Gründe und der Altersstruktur folgendes Bild: Die beiden Pole der primär beruflichen und der primär individuell ausgerichteten Gründe für die Beendigung von Lehrtätigkeit sind unter den Autobiographinnen gleich stark und mit der größten Häufigkeit vertreten. Auf der einen Seite unterbrechen fünf Frauen die erste Lehrphase, um durch eine Ausbildung ihre berufliche Position zu verbessern. Auf der anderen Seite entscheiden sich wiederum fünf Frauen gegen den Lehrberuf, sei es durch Heirat, sei es einer anderen Tätigkeit wegen. In den übrigen sieben Fällen lösen Krankheit oder besondere Arbeitsverhältnisse die Unterbrechung aus. Die Ausnahme unter ihnen bildet Thekla Trinks, die mit ihrer Lehrtätigkeit genug Geld für eine sorgenfreies Alter verdient hatte.

Schon aus dieser Zusammenstellung läßt sich ablesen, daß mit dem vorläufigen Ende von Lehrtätigkeit nicht zugleich das Ende von Arbeit generell verbunden war. Der Vergleich der Aktivitäten während der ersten Zwischenphase macht dies noch deutlicher. Von allen 17 Frauen haben lediglich vier während dieser Spanne, und dann auch nur für eine kurze Zeit, nicht gearbeitet: Dorette Mittendorf war aufgrund ihres Unfalls zu krank dazu, Marie-Elisabeth Lüders litt als Tochter eines hohen Beamten an ihrem unausgefüllten Dasein, und Thekla Trinks und Auguste Sprengel hatten sich nach ihrem Berufsleben vorerst zur Ruhe gesetzt. Zudem blieb bei ihnen allen diese Zwischenphase mit durchschnittlich eineinhalb Jahren kurz. Lange Zeiten ungewollter ebenso wie gewollter Arbeitslosigkeit kommen demnach nicht vor. Ob vorhandene finanzielle Rücklagen oder familiäre Unterstützung dabei zeitlich verlängernd oder verkürzend wirkten, läßt sich nicht eindeutig feststellen. Diese Ressourcen haben sicher dazu beigetragen, einen zeitlichen Druck zu erneuter Aufnahme einer Erwerbstätigkeit zu verringern.

Ein weiteres Merkmal charakterisiert diese erste Zwischenphase. In der Regel füllten verschiedene Tätigkeiten nacheinander oder nebeneinander den gesamten Zeitraum aus. Aber unter den Autobiographinnen, die eine Ausbildung durchliefen, kommt es nur ausnahmsweise zu einer weiteren Tätigkeit. Die Hälfte der Frauen, die nun einer anderen Arbeit nachgingen, hat nur diese eine Tätigkeit ausgeübt: Malwida von Meysenbug arbeitete etwa drei Jahre lang als Schriftstellerin, wozu hier auch ihre journalistische Tätigkeit und die Arbeit als Übersetzerin zählen sollen. Clara Jurtz blieb 15 Jahre lang Sekretärin, bevor das Mutterhaus ihr wieder eine Lehrerinnenstelle zuwies. Von den verheirateten Autobiographinnen hat sich offenbar nur Bertha Riedel-Ahrens auf ihr Arbeitsfeld Haushalt beschränkt. Charitas Bischoff hatte daneben Pflichten als Pfarrfrau zu erfüllen und begann zu schreiben, Emma Vely behielt ihre schon während der Erzieherinnentätigkeit begonnene Schriftstellerei während der Ehe bei, und Elisabeth Gnauck-Kühne orientierte sich nach kurzer, gescheiterter Ehe neu und engagierte sich in der evangelischen Frauenbewegung.

In engem Zusammenhang mit der jeweiligen Tätigkeit während der ersten Zwischenphase steht die Art und Weise, mit der diese Spanne beendet wird. Zu einer ersten Gruppe gehören diejenigen Autobiographinnen, die eine Ausbildung im Lehrberuf absolvierten und anschließend wieder eine Lehrtätigkeit ausübten, nun aber auf höherem "Berufsniveau". Sie beginnen in der Regel in einem Anstellungsverhältnis. Nur Helene Lange bildet eine Ausnahme, denn sie war aufgrund ihrer "Bildungsbedürfnisse" nach dem Examen mehrere Jahre in ganz unterschiedlichen und nicht hauptberuflichen Arbeitsverhältnissen als Lehrerin beschäftigt, bevor sie in der Lehranstalt von Lucie Crain in Berlin eine feste Stelle annahm. Unter diesen Autobiographinnen war die Wiederaufnahme von Lehrtätigkeit absehbar. Der Zeitpunkt hing vornehmlich von der Länge der Ausbildungszeit und der Arbeitsmarktlage, nämlich der erfolgreichen Bewerbung um eine Anstellung, ab.

Zu einer zweiten Gruppe gehören Autobiographinnen, die wegen ihrer Heirat die Lehrtätigkeit unterbrochen haben und wieder damit beginnen, wenn ihre Kinder in das lernfähige Alter kommen. Das ist bei Charitas Bischoff und Emma Vely der Fall. Bei ihnen bestimmt also der Familienzyklus den Zeitpunkt der Wiederaufnahme. In einem weiten Sinn gehört auch Hedwig von Bismarck dazu, denn ihre "Tantenarbeit" in der Familie ihrer Freundin bezieht ebenfalls Lehrtätigkeit für deren heranwachsende Kinder mit ein. Diese Frauen vermitteln in ihren Erinnerungen den Eindruck, als sei es für sie ganz selbstverständlich gewesen, ihre Kinder zu unterrichten. Von Bertha Riedel-Ahrens erfahren wir darüber nichts.

Die dritte Gruppe schließlich umfaßt alle Autobiographinnen, bei denen nach dem Ende der ersten Lehrphase nicht voraussehbar ist, daß sie jemals wieder in irgendeiner Form lehren werden. Nur Auguste Sprengel plante schon zu diesem Zeitpunkt eine weitere, allerdings neue und nicht ihre ganze Zeit ausfüllende Lehrtätigkeit. Die übrigen Frauen entschieden sich erst im Lauf der Zwischenphase und in unterschiedlichen Lebensverhältnissen dazu: Dorette Mittendorf, Clara Jurtz, Bertha Riedel-Ahrens und Meta Diestel waren darauf angewiesen, sich ihren Lebensunterhalt zu verdienen, während Thekla Trinks und Elisabeth Gnauck-Kühne sich freiwillig und in selbst gewählten Bereichen erneut als Lehrerinnen betätigten. Für Marie-Elisabeth Lüders allerdings stellte diese Tätigkeit nur eine Verlegenheitslösung dar, weil sie keine akzeptable Alternative sah, auf andere Weise der Situation als müßige Haustochter zu entkommen.

Wiederum in enger Beziehung mit der Tätigkeit in der Zwischenphase steht die Art der Aufnahme einer neuen Lehrtätigkeit, und zwar sowohl hinsichtlich ihres Umfangs als Vollzeit- oder Teilzeitarbeit[77] als auch hinsichtlich der Dauer eines allmählichen Anfangens. Bei den meisten Frauen vollzog sich die Arbeitsaufnahme schrittweise: Die Mütter richteten sich nach der wachsenden Lernfähigkeit ihrer Kinder, und die Privatlehrerinnen mußten sich einen Schülerkreis erst aufbauen. Auch die beiden "Gründerinnen" Thekla Trinks und Auguste Sprengel konnten nicht sogleich mit vollem Einsatz beginnen, sondern hatten zuerst die Voraussetzungen zu organisieren. Im Unterschied zu dieser Startphase mit fließenden Grenzen finden wir ein konkretes Datum für die volle Aufnahme von Lehrtätigkeit bei den Autobiographinnen, die die Zwischenphase mit dem Eintritt in ein Anstellungsverhältnis beendeten.

In der zweiten Zwischenphase sind berufsbedingte Unterbrechungen selten: Florentine Gebhardt, die in einem Haushaltungspensionat als Handarbeitslehrerin arbeitet, erhält die Kündigung. Um dieses Mißgeschick vor den Eltern zu verheimlichen und um künftig Zugang zu besseren Arbeitsbedingungen zu erlangen, nutzt sie die Zäsur und bereitet sich auf das Examen für Volksschullehrerinnen vor. Bei den übrigen Autobiographinnen dominieren andere, gleichwohl individuelle Gründe, zum einen hinsichtlich des gesundheitlichen Befindens, zum andern weil andere Interessen die Oberhand gewinnen. Aufgrund finanzieller Not wird die kränkelnde Dorette Mittendorf so schwach, daß sie nicht mehr unterrichten kann. Eine abermalige Operation und ein Erholungsaufenthalt bei Freunden machen sie jedoch wieder arbeitsfähig. Aus Dankbarkeit für diese glückliche Wende widmet sie ihre Arbeitskraft künftig der Erziehung und Ausbildung verwahrloster Kinder und gründet zu diesem Zweck ein Kinderheim. Auguste Mues wiederum führt ihre angegriffene Gesundheit unmittelbar auf die Beanspruchung durch ihre Erzieherinnentätigkeit zurück. Als sie während dieser Zeit von einer Jugendfreundin eingeladen wird, sie auf einer Italienreise zu begleiten, gibt Auguste Mues ihre Erzieherinnenstelle auf und beendet damit ihre hauptberufliche, nicht aber jede Lehrtätigkeit.

Zu den Autobiographinnen mit veränderten Interessen gehört Helene Lange. Sie setzt ihre Arbeitskraft zunehmend politisch und organisatorisch für die bürgerliche Frauenbewegung ein und unterrichtet nur noch inoffiziell und gelegentlich. Spätestens mit dem Wiederauftreten eines alten Augenleidens wird auch diese Lehrtätigkeit ein Ende gefunden haben. Auch für die junge Marie-Elisabeth Lüders besitzt die bürgerliche Frauenbewegung eine starke Anziehungskraft. Ihre Anstellung an einem Weimarer Pensionat findet

---

[77] Zur Begriffsbestimmung von Vollzeit- und Teilzeitarbeit s. unten den Abschnitt "Arbeitszeiten".

deshalb bald ein Ende – auf die näheren Umstände geht sie nicht ein –, und im heimatlichen Berlin beginnt sie, sich auf sozialem Gebiet zu engagieren.

Als Trend für die zweite Zwischenphase läßt sich festhalten, daß nun persönliche Gründe bei der Beendigung der Lehrtätigkeit überwiegen, und zwar vor allem weil inzwischen alternative Tätigkeitsfelder zugänglich und attraktiver sind. Das zeigt sich bereits an der Art und Weise, mit welchen Tätigkeiten diese Zeitspanne ausgefüllt wird. Nur die mit ihrer beruflichen Weiterbildung beschäftigte Florentine Gebhardt strebt eine höherqualifizierte Position als Lehrerin an. Für die übrigen vier Frauen stehen – zumindest vorläufig – andere Aktivitäten im Vordergrund. Selbst Auguste Mues, die in den folgenden Jahren mehrere weite Reisen unternimmt, erfüllt daneben noch Freundschaftsdienste, unbezahlte wie für ihre verwitwete Freundin, der sie über die erste schwere Zeit der Trauer hinweghilft, oder bezahlte, als sie die Familie ihres früheren Arbeitgebers auf einer Reise nach Australien begleitet.

Der gewandelten Interessenlage dieser Frauen entspricht, daß sie die Wiederaufnahme von Lehrtätigkeit nur bedingt selbst anstrebten. Lediglich für Dorette Mittendorf blieb Lehrtätigkeit ein selbstverständlicher Bestandteil ihres neuen Wohltätigkeitsprojekts. Für Helene Lange hingegen und Marie-Elisabeth Lüders lag erneute Lehrtätigkeit nicht nahe. Als die siebzigjährige Helene Lange an der Hamburger Sozialen Frauenschule einige Unterrichtsstunden übernahm, ging es wohl weniger um die Erfüllung des Lehrplanes als vielmehr darum, der angesehenen Führerin der bürgerlichen Frauenbewegung noch einmal die Gelegenheit zu geben, jungen Frauen in persönlichem Kontakt ihre Vorstellungen zu vermitteln. Und Marie-Elisabeth Lüders war gerade aus ihrer Stelle im Kriegsministerium gedrängt worden, als sie durch Vermittlung des Düsseldorfer Regierungspräsidenten die Leitung der Niederrheinischen Frauenakademie erhielt.

Der Vergleich der ersten mit der zweiten Zwischenphase zeigt zweierlei: Erstens werden derartige Unterbrechungsarten mit zunehmendem Alter seltener; zweitens kommen berufsbedingte oder die Lehrtätigkeit fördernde Gründe kaum noch vor. Der Beginn der zweiten Zwischenphase stellt sich damit vornehmlich als eine Distanzierung von Lehrtätigkeit generell dar. Eine besondere, für Veränderungen sensible Altersstufe wie bei der ersten Zwischenphase läßt sich hier nicht beobachten. Erneutes Unterrichtgeben bleibt danach sekundär und ist eher abhängig von zufälligen Gelegenheiten als von Planungen.

3.1.3 Das Ende von Lehrtätigkeit

Wenn es im folgenden um die verschiedenen Ausprägungen von Lehrtätigkeiten als Abschluß des Arbeitslebens geht, dann ist vorauszuschicken, daß fast alle Autorinnen ihre Autobiographien nach dem Ende ihrer letzten Lehrtätigkeit verfaßt haben und danach nicht mehr lehrten. Diesen Darstellungen lag somit der Überblick auf sämtliche Lehrtätigkeiten zugrunde.[78]

Im Unterschied zu den deutlich erkennbaren Eintrittsphasen besonders der zweiten und dritten Generationen erscheint das Ende von Lehrtätigkeit uneinheitlich. Es fällt jedoch auf, daß die Frauen sich dem Alter nach stark unterscheiden.

Die Autobiographinnen der ersten Generation beenden ihre Lehrtätigkeit in den 47 Jahren von 1848 bis 1895, wobei im Jahrzehnt von 1865 bis 1875 immerhin für vier der sieben Frauen das Enddatum liegt.[79] Die Autobiographinnen in der zweiten Generation beenden in den 32 Jahren von 1888 bis 1920 ihre Lehrtätigkeit. Eine Verdichtung zeigt sich im Zeitraum zwischen 1888 und 1911, da hier neun der 15 Frauen zum letzten Mal lehren. Demgegenüber bietet die dritte Generation aufgrund einer breiten Streuung ein diffuses Bild. Auch hier kommt es zu einer langen Zeitspanne von 45 Jahren, sie reicht von 1907 bis 1952. Lediglich am Ende dieses Zeitraumes, und zwar in den Jahren 1946 bis 1952, kommt es zu einer geringfügigen Häufung: In diesen sechs Jahren beenden vier der zehn Frauen ihre Lehrtätigkeit. Diese dritte Generation wird mit zwei Entlassungswellen konfrontiert: Erstens bedroht der allgemeine Beamtenabbau von 1923/24 die Lehrerinnen an öffentlichen Schulen. Davon betroffen ist Florentine Gebhardt, sie wird vorzeitig pensioniert. Zweitens geraten sie 1933 in die von den Nationalsozialisten politisch motivierten Entlassungen. Gretchen Wohlwill und Marie Torhorst müssen ihre Lehrtätigkeit an Schulen aufgeben; Minna Specht geht ins Exil.

In welchem Alter geben die Autobiographinnen Lehrtätigkeiten endgültig auf? Innerhalb der Gesamtgruppe ist Margarete Klinckerfuß aus der dritten Generation mit etwa 30 Jahren am jüngsten und Wilhelmine Canz aus der ersten Generation mit 80 Jahren am ältesten. Gut ein Drittel der Autobiographinnen steht im Alter zwischen 56 und 64 Jahren, so daß wir ansatzweise

---

[78] Entsprechende Informationen fehlen für N. L., Franz, Malberg und Riedel-Ahrens. In Malbergs Kindheitserinnerungen finden sich nur vage Andeutungen über ihren späteren Lehrerinnenberuf, und Riedel-Ahrens ist wahrscheinlich noch als Lehrerin tätig, als sie ihre Autobiographie veröffentlicht, zumindest legen das die Angaben nahe in: Franz Brümmer: Lexikon der deutschen Dichter und Prosaisten vom Beginn des 19. Jahrhunderts bis zur Gegenwart. 6. überarb. Aufl. Leipzig 1913.

[79] 4 von 7 (1865-1875): Wildermuth, von Meysenbug, von Bismarck, Buchwald.

von einem "Ruhestandsalter" um die 60 Jahre sprechen können; eine Veränderung nach Generationen ist nicht zu beobachten.[80] Die drei Generationen unterscheiden sich im Hinblick auf das zeitliche Ende ihrer Lehre zwar nicht grundsätzlich voneinander. Läßt man jedoch bei jeder Generation die Extremfälle außer acht, dann zeigt sich die Tendenz, daß im Lauf der Generationen Autobiographinnen in immer späteren Lebensjahren aufhören und auch noch in einem hohen Alter, also jenseits des "Ruhestandes", lehrend tätig sind. Ihr lebenszeitlicher Handlungsraum für die Plazierung von Lehrtätigkeit ist somit größer geworden.

Bei den zuletzt ausgeübten Lehrtätigkeiten überrascht die Vielfalt der Arbeitsverhältnisse. Obwohl etwa ein Drittel der Frauen Lehrerinnen im Hauptberuf waren, gibt es keine einzige, die ihn in dem üblichen Ruhestandsalter von etwa 65 Jahren abschloß und danach nicht mehr arbeitete.[81] Von den übrigen zwei Dritteln beendeten nur einige Frauen aus der zweiten Generation zugleich mit der letzten Lehrtätigkeit auch ihr Arbeitsleben. Wenn demnach die meisten Autobiographinnen nicht mit Lehre ihr Arbeitsleben abgeschlossen haben, ist zu fragen, weshalb sie die letzte Lehrtätigkeit aufnahmen, weshalb sie sich davon abwandten und wie die Alternativen aussahen. Zunächst ist jedoch ein Blick auf die Rolle angebracht, die die letzte Lehrtätigkeit im Lebenszusammenhang der Frauen spielte.

Eine zentrale Funktion von Lehrtätigkeit ist es wie bei anderen Erwerbstätigkeiten auch, damit Geld für den eigenen Lebensunterhalt zu verdienen. Zwar folgen die meisten Autorinnen der autobiographischen Konvention, über Geldangelegenheiten zu schweigen. Von etwa einem Drittel der Autobiographinnen steht indessen fest, daß sie für ihre letzte Lehrtätigkeit bezahlt wurden, ein knappes Drittel arbeitete unentgeltlich, und für das letzte Drittel kann die Frage nicht beantwortet werden. Als Tendenz ist festzuhalten, daß im Lauf der Zeit immer mehr Frauen für die letzte Lehrtätigkeit bezahlt wurden. Erst in der letzten Generation bildet dieser Verdienst bei einigen Frauen die Grundlage des Lebensunterhaltes. Florentine Gebhardt und Minna Specht sind im Hauptberuf Lehrerin, bei Meta Diestel läßt sich das nicht entscheiden. Zwar hatten schon in der ersten Generation Bertha Buchwald und Isabella Braun versucht, eine dürftige Rente durch das Erteilen von Privatstunden aufzustocken. Sie gaben diese Versuche aber aufgrund der

---

[80] Zur gegenwärtigen Diskussion vgl. Gabriele Bellenberg; Peter Krauss-Hoffmann: Teilzeitbeschäftigt und früh pensioniert? Wandlungen in der Berufstätigkeit von Lehrerinnen und Lehrern. In: Die Deutsche Schule 90 (1998) Heft 1, S. 106-112.

[81] Als "Ruhestandsalter" gilt insofern das 65. Lebensjahr, als mit seiner Vollendung die Pensionsberechtigung bei körperlicher Rüstigkeit verbunden war; vgl. Lange, Altersversorgung der Lehrerinnen, 1885, S. 54; s. a. Borscheid, Vom Leben in Arbeit, 1992, S. 40ff.

unzureichenden und unsicheren Einkünfte bald wieder auf und wandten sich anderen Erwerbsmöglichkeiten zu: Isabella Braun mit Erfolg der Schriftstellerei, Bertha Buchwald vermutlich mit weniger Erfolg Arbeiten im Umfeld von Hausarbeit.

Autobiographinnen, die ohne Bezahlung und zumeist freiwillig einer Lehrtätigkeit nachgingen, haben das immer als "Teilzeitarbeit" getan. Hinsichtlich der institutionellen Anbindung gibt es allerdings auffällige Unterschiede. Wilhelmine Canz und Dorette Mittendorf aus der ersten Generation unterrichteten zwar in wie Internate geführten Schulen; es handelte sich aber um ihre eigenen Anstalten, denen sie zugleich als Leiterin vorstanden. Zumindest in der Startphase haben sie damit kein Geld verdienen können, sondern eher eigenes Geld investiert. Ob das bis zum Ende so geblieben ist, erfahren wir nicht.

Thekla Trinks aus der zweiten Generation gründete mit Unterstützung der evangelischen Kirche eine Sonntagsschule in Meiningen, die rasch expandierte und für die sie – wahrscheinlich unbezahlt – die Helferinnen ausbildete. Alle übrigen Frauen, die ohne Entgelt lehrten, taten das im privaten Bereich: als Mutter, wie Charitas Bischoff und Emma Vely aus der zweiten und Mathilde Ludendorff aus der dritten Generation, als Tante wie Auguste Mues aus der zweiten. "Wahlverwandtschaft" finden wir bei den beiden adligen Autobiographinnen aus der ersten Generation: als "Wahlmutter" Malwida von Meysenbug und als "Wahltante" Hedwig von Bismarck. Im Unterschied zu den Instituts- und Anstaltsvorsteherinnen folgt die Lehrtätigkeit der "Familienlehrerinnen" dem Familienzyklus der eigenen oder der gewählten Familie und besitzt damit einen "natürlichen" Anfang und Abschluß.

Zur Zeit ihrer letzten Lehrtätigkeit – die meisten Autobiographinnen standen nun schon im vorgerückten Alter – waren etwa zwei Drittel von ihnen ledig, und vermutlich blieben sie es auch weiterhin.[82] Bei denjenigen zehn Autobiographinnen, die eine Ehe eingingen, finden wir unterschiedliche Stadien von Familie: Hedwig Heyl, Bertha Riedel-Ahrens und Rosa Sucher[83] waren Witwen, und die ersten beiden lebten mit ihren Kindern zusammen. Charitas Bischoff wurde erst innerhalb dieser Phase Witwe und verbrachte die folgenden Jahre mit ihrem spätgeborenen Sohn. Elisabeth Gnauck-Kühne war geschieden und kinderlos. Emma Vely sowie Mathilde Ludendorff

---

[82] Franz und N. L. waren allerdings noch so jung, daß Alter kein Heiratshindernis zu sein brauchte; weitergehende Informationen liegen nicht vor.
[83] Ob Sucher wirklich einen Sohn hatte, ist unklar.

lebten zwar mit ihren Kindern zusammen, aber getrennt vom Ehemann. Von den insgesamt zehn verheirateten Frauen lebten während dieser Zeit in einem gemeinsamen Haushalt mit Ehemann und Kindern lediglich Ottilie Wildermuth, Luise Kraft und Else Wentscher, also aus jeder Generation eine Autobiographin. Fünf Frauen hingegen lebten ohne Ehemann mit ihren Kindern zusammen. Zu diesen alleinstehenden Frauen gehört auch Malwida von Meysenbug als "Wahlmutter". Unter den Autobiographinnen gibt es also eine beachtlich große Gruppe, die wir heutzutage als "alleinerziehende Mütter" bezeichnen würden. Von Malwida von Meysenbug, Charitas Bischoff, Emma Vely und Mathilde Ludendorff wissen wir zudem, daß sie die noch schulpflichtigen Kinder selbst unterrichtet haben.

Der Begriff Familie muß gerade in diesem Kontext weiter modifiziert und über die enge Bedeutung von "Kernfamilie" hinaus gefaßt werden,[84] denn es gab andere Lebensgemeinschaften, die von den Autobiographinnen selbst durchaus als "Familie" aufgefaßt wurden: Luise Le Beau, Margarete Klinckerfuß und wahrscheinlich auch Marie Franz lebten zusammen mit ihren Eltern, also in ihrer Herkunftsfamilie. Auguste Mues lebte bei ihrem verwitweten Vetter, dem sie eine Zeitlang den Haushalt führte und an dessen Kindern sie Mutterstelle vertrat; sonst bewohnte sie auf dem elterlichen Gut ein kleines Haus zusammen mit ihrer Schwester Sophie, die ihr den Haushalt führte. Dreizehn Frauen lebten somit zusammen mit Familienmitgliedern oder Verwandten. Knapp ein Drittel der Autobiographinnen lebte ohne Familienangehörige, das heißt vermutlich allein in einem eigenen Haushalt. Mit Ausnahme der verwitweten Rosa Sucher waren sie alle ledig. Die übrigen neun Frauen waren, bis auf die geschiedene Elisabeth Gnauck-Kühne, ebenfalls ledig, sie lebten aber entweder zusammen mit einer Freundin in einem gemeinsamen Haushalt, wie Thekla Trinks, Helene Lange, Elisabeth Gnauck-Kühne und Meta Diestel, oder in der Familie ihres Arbeitgebers, wie N. L. als Erzieherin. Dorette Mittendorf und Wilhelmine Canz waren als Leiterinnen ihrer eigenen Anstalt in die Haushaltsführung der Einrichtung integriert, ebenso Clara Jurtz in eine Abteilung des "Friedenshort" und Minna Specht in der als Internat geführten Odenwaldschule. Während ihrer letzten Lehrtätigkeit lebten die Autobiographinnen also in der Mehrzahl in ganz unterschiedlichen Lebensgemeinschaften, seltener allein. Von der finanziellen Unterstützung durch Familienangehörige war keine von ihnen abhängig.

---

84 Vgl. Karl Lenz; Lothar Böhnisch: Zugänge zu Familien. Ein Grundlagentext. In: diess. (Hg.): Familien. Eine interdisziplinäre Einführung. Weinheim 1997, S. 9-63, hier S. 46f.; Richard Wall: Zum Wandel der Familienstrukturen im Europa der Neuzeit. In: Ehmer (Hg.): Historische Familienforschung, 1997, S. 255-282.

Hatten bei der Aufnahme von Lehrtätigkeit die Motive des Verdienens oder der Wunsch zu lehren das größte Gewicht, so treten sie nun nur noch selten auf. Das Motiv Verdienst hat für die letzten Lehrtätigkeiten an Bedeutung verloren. Auf die Reihe der Generationen bezogen kehrt sich die Verteilung zudem nahezu um: Hatte für den Beginn von Lehrtätigkeit das Verdienstmotiv in der ersten Generation überwogen, so dominiert es nun in der dritten Generation für die letzte Lehrtätigkeit.

Gemeinsam ist den meisten dieser Autobiographinnen, daß sie neben der stundenweise ausgeübten letzten Lehrtätigkeit noch weitere Arbeiten ausführten, die diese Lehrtätigkeit schließlich verdrängten, zum einen weil diese Arbeiten mehr einbrachten, so wie die Schriftstellerei bei Isabella Braun und Bertha Riedel-Ahrens, zum andern weil sie mehr Befriedigung verschafften, wie bei Gretchen Wohlwill und Meta Diestel. Stundenweise Lehrtätigkeit und Privatunterricht stellten in der Regel keine zufriedenstellende Erwerbsmöglichkeit dar. Zwar erleichterten die noch wenig entwickelten Qualitätsansprüche an die Ausbildung den Einstieg, und es war möglich, zeitlich flexibel auf die Wünsche der Kundschaft einzugehen. Aber die Abhängigkeit von der Nachfrage und die bescheidenen Einkünfte verringerten die Attraktivität dieser Erwerbsart erheblich. Von einer "Berufung" zum Lehramt oder einer den Frauen wesensgemäßen Lehrbefähigung – außerhalb, genauer unterhalb des wissenschaftlichen Bereichs – ist zumindest bei diesen Autobiographinnen keine Rede. Sie sahen ihre Lehrtätigkeit eher nüchtern: Sie hatte Vorteile vor allem hinsichtlich der zeitlichen Flexibilität, aber es gab angenehmere oder lukrativere Alternativen. Als Notbehelf für eine Übergangszeit und als Zuverdienst erfüllte sie indessen ihren Zweck.

Wie bei den Motiven für die Aufnahme der ersten Lehrtätigkeit spielte der Wunsch dazu auch bei der Aufnahme der letzten Lehrtätigkeit für mehrere Frauen eine Rolle. Insgesamt sind es zwar deutlich weniger "Motivierte", sie machen aber immerhin fast ein Drittel der Gesamtzahl aus.[85] Und wie bei der Motivationslage zu Beginn von Lehrtätigkeit auch, stammen die meisten von ihnen aus der zweiten Generation. Aus der ersten Generation gibt es keine Autobiographin, die ihre letzte Lehrtätigkeit allein oder hauptsächlich aus Vorliebe für das Unterrichten aufnimmt. Den meisten Frauen aus der zweiten Generation ist zwar der Wunsch gemeinsam, weiterhin oder wieder als Lehrerin tätig zu sein, die damit verbundenen individuellen Lebensverhältnisse und Nebenabsichten unterscheiden sich jedoch beträcht-

---

[85] Bei der ersten Lehrtätigkeit waren es 15. Jetzt sind es insgesamt 9: Heyl, Trinks, Lange, Le Beau, Klinckerfuß, Gnauck-Kühne, Wentscher, Specht; mit Einschränkung Sucher, da sie nur über einen begrenzten Zeitraum einige Privatschüler und -schülerinnen hatte. Es handelt sich bei ihr um eine einzige Tätigkeit und nicht um einen Tätigkeits- bzw. Stellenwechsel.

lich. Sie reichen von den mitten in ihrem Arbeitsleben – auch mit Lehre – stehenden Frauen Hedwig Heyl, Luise Le Beau und auch Elisabeth Gnauck-Kühne über die noch einmal und mit begrenztem Zeitvolumen und in neuen Gebieten Lehrenden Thekla Trinks und Helene Lange bis zu Rosa Sucher, für die Lehre eine Alterstätigkeit darstellt. Bei mehreren Frauen steht zu dieser Zeit nicht fest, daß es sich um ihre letzte Lehrtätigkeit handeln wird: Hedwig Heyl, Luise Le Beau und Elisabeth Gnauck-Kühne. Für die Autobiographinnen aus der dritten Generation spielt der Wunsch zu unterrichten meistens eine Nebenrolle.

In diesem Zusammenhang ist auf "Familienbindung" als Motiv zur letzten Lehrtätigkeit hinzuweisen. Dabei geht es um einen komplexen Sachverhalt, bei dem Wünsche und Pflichtbewußtsein vermengt sind, denn er bezieht sich ebenso auf eine allgemeine Erwartungshaltung gegenüber Frauen wie auf die bei vielen Frauen vorhandene Bereitschaft, zur eigenen Zufriedenheit Bedürfnisse ihrer Familie zu erfüllen. "Familienbindung" führt dann zu "Familienlehre". Für diese "Familienlehre" in der eigenen Familie ist die Integration in die Hausarbeit und damit in die "Familienzeit" charakteristisch. Diese Form der Lehrtätigkeit wird deshalb zeitlich nur selten fest geregelt, meistens am aktuellen Bedarf ausgerichtet und neben anderen Tätigkeiten verrichtet. Das bedeutet wiederum, daß sie häufig von den lehrenden Frauen nicht explizit als Lehre wahrgenommen und bewertet wird, vor allem in wenig intensiven Anfangs- und Endphasen. Von daher sind explizite zeitliche Eckdaten in den Autobiographien kaum zu erwarten. Als Orientierungsgrößen für den Zeitrahmen eignen sich Anfang und Ende der Schulzeit der Kinder. In der Realität werden die Bedürfnisse der Kinder sowie Bildungsorientierung und Ehrgeiz der Eltern über die Dauer und Intensität von "Familienlehre" entschieden haben.

Da die meisten lehrenden Frauen im Lauf ihres Lebens verschiedene Arten von Lehre ausgeübt haben, ist zu fragen, ob es typische "letzte" Lehrtätigkeiten gab und welche konkreten Gründe zum definitiven Ende führten. Manche Frauen lehrten vor ihrem endgültigen Aufhören nur wenige Wochen, andere bis zu vier Jahrzehnten. Für die meisten Autobiographinnen gilt ein Zeitrahmen bis zu zehn Jahren Dauer. Das zahlenmäßige Übergewicht haben die kürzer tätigen Autobiographinnen. Als Tendenz ist festzuhalten, daß die letzte Lehrtätigkeit bei der Mehrzahl der Frauen nicht mehr den Umfang einer kontinuierlich ausgeübten Tätigkeit erreichte, langandauernde Lehrtätigkeit also zu den Ausnahmen gehörte.

Ein weiterer Gesichtspunkt kommt hinzu. Fast ein Drittel der Autobiographinnen führt diese letzte Lehrtätigkeit nicht in gleichbleibendem Umfang und bis zu einem von vornherein feststehenden Termin fort. Bei ihnen ist vielmehr davon auszugehen, daß sie diese Tätigkeit mehr oder weniger rasch reduziert haben, ohne sich an einem konkreten Enddatum, zum Beispiel der aufkommenden Pensionierung, zu orientieren. Dieses "Auslaufen" konnte an der spezifischen Lehrtätigkeit selbst liegen, wenn zum Beispiel Privatstunden nicht genug einbrachten und schließlich aus diesem Grund aufgegeben wurden, wie es bei Bertha Buchwald und Isabella Braun der Fall war.

Von einer abnehmenden Intensität wird man auch bei denjenigen Autobiographinnen ausgehen können, die ihre Kinder selbst unterrichteten, denn mit deren Heranwachsen und dem inzwischen üblichen Eintritt in eine Schule hörte das intensive Unterrichtetwerden durch die Mutter auf. Gerade bei dieser Variante von "Familienlehre" endete damit jedoch nur der "offizielle" Teil der Lehrtätigkeit von Müttern. Vermutlich haben sie sich auch künftig um die Schul-Hausaufgaben ihrer Kinder gekümmert.

Zu einer allmählichen Verringerung von Lehrtätigkeit kam es aber auch dann, wenn eine schon länger und gleichzeitig betriebene andere Arbeit in den Vordergrund rückte und schließlich die Lehrtätigkeit völlig verdrängte.

Beendigungsgründe können in der Person der Autobiographin liegen, auf der spezifischen Lehrtätigkeit beruhen oder von außen als historische, politische und soziale Einflüsse wirken. Und wiederum treten die genannten Gründe selten allein und in reiner Form auf. Zu den individuellen Gründen gehören Motive und Wünsche sowie biographische Faktoren wie das voranschreitende Lebensalter mit seinen Auswirkungen auf die Gesundheit und die sich wandelnden Lebensformen in Abhängigkeit vom Familienzyklus.

Keine einzige der Autobiographinnen beendet ihre letzte Lehrtätigkeit, weil sie damit genug verdient hat. Möglicherweise hängt das damit zusammen, daß Lehrtätigkeit im vorgerückten Alter weniger lukrativ ist und daß materielle Bedürfnisse auf eine andere Weise geregelt werden können oder müssen, zum Beispiel wenn eine leichtere, besser bezahlte, sicherere oder angenehmere Arbeit möglich ist. Häufig kommt es vor, daß bei "letzten" Lehrtätigkeiten der Wunsch nach einer bestimmten Zeit gestillt ist und die Lehrtätigkeit deshalb beendet wird. Das trifft zwar bei vielen Autobiographinnen zu, bedarf aber einer Einschränkung: Meistens werden Lehrtätigkeiten dann beendet, wenn der Wunsch nach einem anderen Arbeitsfeld die Oberhand gewinnt, auf dem sie sich bereits seit geraumer Zeit betätigt haben. Das Ende ihrer letzten Tätigkeit bedeutet demnach die individuelle Entscheidung für eine bessere Alternative: Für die Schriftstellerei entschieden sich Ottilie Wildermuth, Isabella Braun und Emma Vely; Hedwig Heyl und Auguste Mues konzentrierten sich auf organisatorische Tätigkeiten; Else Wentscher betrieb ihre philosophischen Studien, und Marie-Elisabeth Lüders arbeitete politisch; sie alle publizierten daneben über ihre Arbeitsgebiete. Clara Jurtz beschränkte sich auf Evangelisation, Margarete Klinckerfuß wurde Krankenschwester und Meta Diestel wandte sich völlig dem neuen Aufgabenfeld einer Chorleiterin zu.

Autobiographinnen, die ihrer Gesundheit oder ihres hohen Alters wegen das Unterrichten aufgaben, unterschieden sich ihrem Lebensalter nach beträchtlich voneinander: Auguste Mues, die jüngste von ihnen, war 47 Jahre alt und Wilhelmine Canz mit 80 Jahren die älteste. Der Durchschnittswert von 63 Jahre bietet deshalb nur eine grobe Orientierung. Der altersbedingte Gesundheitszustand war ohne Belang für Wilhelmine Canz und Dorette Mittendorf aus der ersten Generation, denn beide leiteten seit vielen Jahren ihre Anstalten, an denen sie auch in einem nicht näher feststellbaren Umfang Unterricht gaben. Beide beendeten diese Arbeit erst im Alter, als ihre Kräfte nicht mehr ausreichten: Dorette Mittendorf war 65 Jahre alt, als sie – nach 20 Jahren – ihrer schwachen Gesundheit wegen die Anstalt in London einer Nachfolgerin übergab und nach Deutschland ging, wo sie ihre kranke ältere Schwester pflegte. Wilhelmine Canz war 80 Jahre alt, als sie ihre Anstalt nach 40 Jahren – nicht ganz freiwillig – einem neuen Leiter übergab. Im Unterschied zu Dorette Mittendorf blieb sie aber auf dem Gelände der Anstalt wohnen, und zwei ältere, berufsunfähige Schwestern wurden mit ihrer Pflege betraut. Soweit es ihre Kräfte erlaubten, nahm Wilhelmine Canz weiterhin am Leben der Anstalt teil.

Bei Bertha Buchwald hingegen bestimmte ihr angegriffener Gesundheitszustand sowohl Anfang als auch Ende der letzten Lehrtätigkeit, jedoch lassen sich bei ihr keine klaren Zeitgrenzen festlegen. Nachdem sie ihrer abnehmenden Kräfte wegen ihre Privatschule aufgelöst hatte, begann die etwa Sechzigjährige einige Zeit danach, Privatstunden zu geben, weil sie – ihrer Darstellung nach – wiederholt dazu aufgefordert wurde. Dieses Pensum bewältigte sie jedoch nur kurze Zeit, vermutlich einige Wochen lang, denn sie war auch der eingeschränkten Tätigkeit gesundheitlich nicht mehr gewachsen. Sie selbst gibt "Kränklichkeit und Gedächtnisschwäche" als Beendigungsgrund an.[86]

Eine in den Grundzügen ähnliche Entwicklung finden wir bei Auguste Sprengel aus der zweiten Generation: Mit 55 Jahren ließ sie sich aufgrund einer besorgniserregenden Krankheit in den Ruhestand versetzen. Auf der Suche nach einer auch bei eingeschränkter Gesundheit zu bewältigenden Tätigkeit griff sie einen langgehegten Plan auf und eröffnete in Berlin Kurse, in denen schulentlassenen Mädchen für den "Beruf der Hausfrau und Mutter"

---

[86] Buchwald, Erinnerungsblätter, 1889, S. 129.

ausgebildet wurden. Sie selbst übernahm darin aber nur zwei Wochenstunden Unterricht, kümmerte sich um die Organisation und inspizierte den Unterricht. Daneben arbeitete sie weiterhin für die Pensionsanstalt für Lehrerinnen, aber dieser doppelten Anforderung waren ihre Kräfte nicht gewachsen. So entschied sie sich schweren Herzens für die Arbeit in der Pensionsanstalt und gab 1911 die Leitung der Frauenschule und spätestens jetzt auch ihre Lehrtätigkeit auf. Thekla Trinks schließlich mußte die Ausbildung von Sonntagsschulhelferinnen im Alter von 57 Jahren ihrer zunehmenden Erblindung wegen beenden.

Dem Lebensalter nach homogener ist die zweite Gruppe derjenigen Autobiographinnen, für die der Ablauf des Familienzyklus das Ende ihrer Lehrtätigkeit bei den eigenen heranwachsenden Kindern mit sich brachte. Charitas Bischoff, Emma Vely und Mathilde Ludendorff waren zu dieser Zeit etwa 40 Jahre alt; nur Malwida von Meysenbug, die Pflegemutter, fällt mit ihren 57 Jahren aus dem Rahmen. Auch Ottilie Wildermuth war etwa 40 Jahre alt, doch bei ihr läßt sich nicht eindeutig entscheiden, ob sie das Unterrichten aufgab, weil ihre Kinder sie nicht mehr brauchten oder weil ihr die eigene Schriftstellerei keine Zeit mehr dazu ließ. Da bei ihr das Datum der Ablösung der einen durch die andere Tätigkeit nicht feststellbar ist, kann man ihre Lehrtätigkeit erst mit dem Schulende ihres jüngsten Kindes als definitiv beendet ansehen. Ein ähnlicher Verlauf ist bei Emma Vely anzunehmen.

Das Ende der Familienlehrphase, das aufgrund des Familienzyklus' mit dem Schulende der Kinder eintritt, ist zwar den individuellen Gründen der Autobiographin zuzuordnen, unter dem Gesichtspunkt seines absehbaren, kaum beeinflußbaren Endes bildet es jedoch zugleich ein wesentliches Merkmal der zweiten Gruppe von "Beendigungsgründen", den von vornherein befristeten Lehrtätigkeiten.

Zu diesen nicht-individuellen, an die jeweilige Lehrtätigkeit gebundenen "Beendigungsgründen" gehören zeitlich befristete Verträge wie die von Erzieherinnen, wobei hier der zeitliche Rahmen ebenfalls vom Familienzyklus abhängt, nun aber mit dem des Arbeitgebers. Zeitlich begrenzt waren zudem Unterrichtskurse, wie sie Hedwig Heyl, Elisabeth Gnauck-Kühne und Marie-Elisabeth Lüders abgehalten haben. Zwar legten öffentliche Schulen zunehmend ein Pensionsalter fest, doch keine einzige der Autobiographinnen beendete auf diese "normierte" Art und Weise ihre Lehrtätigkeit. Historisch gesehen besteht also eine deutliche zeitliche Verzögerung bei der Durchsetzung und Akzeptanz des "normalen" Berufsendes ("Hauptberuf – Ruhestand") im Vergleich zu dem "normalen" Berufsbeginn. Wie oben gezeigt wurde, sind zumindest drei Frauen – Marie Franz, Minna Specht, Mathilde Ludendorff – aus der dritten Generation diesen "normalen" Weg in den Beruf mit der Abfolge von Schulende, Ausbildung, Anstellung gegangen. Die Fortführung dieser Reihe mit einer Pensionierung als "normalem" Berufsende von Lehre in diesem Sinn finden wir bei keiner Autobiographin.

Zu der dritten Gruppe der "äußeren" Gründe gehören Ereignisse, die nur annäherungsweise als "soziale" zu umschreiben sind. Der Wohnortwechsel sowohl von Helene Lange wie von Luise Le Beau bedeutete gleichzeitig das Ende ihrer letzten Lehrtätigkeit. Beide Frauen zogen zudem nicht aus eigener Initiative um, sondern weil es ihre Lebenspartner wünschten. Im Fall von Helene Lange erfolgte 1920 der Wechsel von Hamburg nach Berlin, weil ihre Lebensgefährtin Gertrud Bäumer aus beruflichen Gründen nach Berlin zog. Helene Langes Unterrichtsstunden an der – von Gertrud Bäumer geleiteten – Sozialen Frauenschule fanden damit ihr Ende. Luise Le Beau, die mit ihren Eltern in Berlin lebte, verließ gemeinsam mit ihnen 1893 die Stadt, in der sie einigen Schülerinnen Unterricht erteilt hatte. An ihrem künftigen Wohnort Baden-Baden verzichtete sie jedoch darauf, wieder zu unterrichten, weil ihr Vater nicht wünschte, daß sie als Konkurrentin für andere Musiklehrende in die Heimat zurückkehre.[87]

Im Unterschied zu diesen Autobiographinnen hatten die folgenden drei keinen Einfluß auf den Zeitpunkt der Beendigung ihrer Lehrtätigkeit, denn sie wurden entlassen. Gegen Luise Kraft richtete sich die Entlassung als individuelle Person. Sie verlor – ihrer Ansicht nach – ihre Stelle als Handarbeitslehrerin an der Dorfschule, weil der Dorfpfarrer kein Mitglied einer Sekte in der Schule dulden wollte. Es gibt allerdings keine Informationen darüber, ob sie später, nämlich nach ihrem Austritt aus der Sekte, wieder eingestellt wurde.

Florentine Gebhardt gehörte ihres vorgerückten Alters wegen zu denen, die im Zuge des Beamtenabbaus 1923/24 vorzeitig in den Ruhestand versetzt wurden. Daß Widerstand dagegen sich lohnte, erlebte sie am Beispiel ihrer jüngeren Schwester Grete, die ebenfalls von dieser Maßnahme betroffen war, sich aber erfolgreich zur Wehr setzte und ihre Stelle behielt. Florentine Gebhardt jedoch nahm ihre Entlassung hin, denn bei ihr machte sich bereits eine gewisse Berufsmüdigkeit bemerkbar: "Wohl war ich gern Lehrerin gewesen, trotz des mancherlei Bitteren, das die Berufstätigkeit mit sich gebracht, aber ich hatte ohnehin schon daran gedacht, mit dem 60. Jahre auszuscheiden; daß es nun etwas früher so kam, beklagte ich nicht. Ich war müde genug. So freute ich mich der gewonnenen Freiheit, die mir das Weiterwandernmüssen auf der Pflichtseite meines zwiefachen Weges

---

[87] Le Beau, Lebenserinnerungen, 1910, S. 210.

ersparte."[88] Marie Torhorst hingegen fiel der Entlassungswelle zum Opfer, der 1933 zahlreiche sozialistische Lehrer und Lehrerinnen ausgesetzt waren.

Abschließend ist festzuhalten, daß letzte Lehrtätigkeiten in sehr unterschiedlichen Arbeitsverhältnissen stattfanden. Eindeutige Enddaten, wie sie durch befristete Verträge, Entlassungen oder historische Ereignisse zustande kommen, stehen neben allmählich auslaufenden Phasen von Lehrtätigkeit. Und in den meisten Fällen bedeutete dieses Ende nicht das Ende des Arbeitslebens überhaupt. Diese Faktoren erklären, weshalb bei den Autobiographinnen Lehrtätigkeit nur selten in einem Ruhestandsalter um 60 Jahre zu Ende geht.

3.2 Arbeitszeiten

Im Unterschied zum linearen Verlauf des individuellen Arbeitslebens geht es im folgenden nicht mehr um die lange Dauer, sondern um die Gestaltung kurzer, meist zyklisch verlaufender Zeitspannen, also eher um Alltagszeit: Die Zeiteinheiten Tag, Woche, Monat, Jahr gehen vom Tag mit seinen 24 Stunden aus. Diese Zeitgrößen sind zwar berechenbar, doch in den Autobiographien fehlen oft die erforderlichen Angaben. Um die eher zyklischen Dimensionen zu bestimmen und um nebeneinander her laufende Lehrtätigkeiten zu erfassen, werden zusätzlich die Kategorien Vollzeit und Teilzeit herangezogen; die heutigen, am Tarifrecht orientierten Definitionen eignen sich allerdings nicht für eine historische Analyse.[89] So meint im folgenden Vollzeitarbeit ein Arbeitsvolumen, das die Arbeitskraft eines Menschen innerhalb eines Tages beansprucht. Über den zeitlichen Umfang dieses Arbeitsvolumens gibt es jedoch unterschiedliche Vorstellungen, die auf einer sich historisch wandelnden Mischung gesellschaftlicher und individueller Faktoren beruhen.[90]

Grundlage meiner Auffassung von Vollzeit ist die Annahme, daß eine zeitliche Mindestgrenze nicht unterschritten wird und daß zwei Vollzeitarbeiten innerhalb eines Tages nicht möglich sein sollen. Wo aber die untere Grenze gezogen wird und wie nahe die Höchstgrenze der absoluten Grenze von 24 Stunden kommt, steht nicht von vornherein fest. Unter Vollzeitarbeit

---

[88] Florentine Gebhardt: Der zwiefache Weg. Lebenserinnerungen, dritter Teil. Berlin: M. E. Gebhardt 1942, (als Manuskript vervielfältigt), S. 187.
[89] Zur gegenwärtigen ambivalenten Bewertung von Teilzeitarbeit innerhalb des Tarifrechts vgl. Richter/Discher, Arbeitszeiten für Frauen, 1997, bes. S. 38.
[90] Vgl. Maurer, Moderne Arbeitsutopien, 1994, bes. S. 91f.

soll hier zudem mehr als ein zeitlich meßbares Quantum an Arbeitszeit verstanden werden. Einer bloßen Addition von Teilzeiten gegenüber beinhaltet Vollzeitarbeit zusätzlich die Vorstellung eines relativ einheitlichen, wenn auch komplexen und veränderbaren Arbeitszusammenhangs, so wie er im Zuge der Ausdifferenzierung von Berufen entstand. Im Lauf des 19. Jahrhunderts ging mit der Ausbildung von Berufsprofilen auch eine stärkere Regelung ihrer zeitlichen Dimensionen einher. Die quantitative Bestimmung von Vollzeit gewann dabei an Kontur. Dazu gehört, daß unter einer hauptberuflich ausgeübten Tätigkeit in der Regel Vollzeitarbeit verstanden wird. Für den umgekehrten Fall gilt das nicht immer, denn Vollzeitarbeit muß nicht in einem Hauptberuf stattfinden.

Die Lehrtätigkeit in Schulen wurde bis heute zeitlich nicht 'durchrationalisiert', auch wenn sich im 19. Jahrhundert als Maßstab für eine volle Anstellung eine bestimmte Pflichtstundenzahl pro Woche durchsetzte.[91] Derjenige Teil der Arbeit, der weiterhin außerhalb des Arbeitsplatzes Schule, vor allem im privaten Haushalt mit seinen eigenen Zeitstrukturen, erledigt werden mußte und muß, entzog sich einer klaren zeitlichen Festlegung und hatte große Unterschiede im konkreten Zeitaufwand zur Folge. Mittlerweile werden neue Zeitmodelle diskutiert, die dieser 'gemischten' Arbeitszeit gerecht werden sollen.[92]

Im Hinblick auf Lehrtätigkeiten bedarf auch der Begriff Teilzeit einer näheren Erklärung. Von Vollzeitarbeit als Bezugsgröße ausgehend, besagt er zunächst nur, daß im Vergleich dazu in einer kürzeren Zeitspanne Arbeit verrichtet wurde; um wieviel kürzer Teilzeit ist, geht daraus noch nicht hervor. Teilzeitarbeit soll im folgenden diejenigen Zeitspannen bezeichnen, die im Tagesverlauf neben weiteren Teilzeitarbeiten vorkommen und die auch zusätzlich zu einer Vollzeitarbeit möglich sind. Der inhaltliche Bezug auf berufsähnlich strukturierte Arbeitszusammenhänge bleibt abgeschwächt bestehen. Außerdem soll der Begriff Teilzeitarbeit auch auf die nicht erwerbsmäßig organisierten, nicht bezahlten Arbeiten im privaten häuslichen wie im halb-öffentlichen ehrenamtlichen Bereich angewendet werden. Auf

---

[91] Wie sich zum Beispiel die Dimensionen von Lehrerarbeitszeit im Lauf von 100 Jahren veränderten, hat Ludolf Mevius für Hamburg untersucht; ders.: Zur Geschichte der Lehrerarbeitszeit in Hamburg von 1870 bis 1970. Schwarzbuch der Gewerkschaft Erziehung und Wissenschaft, Landesverband Hamburg. Hamburg 1982; einen Überblick gibt Peter Krauss: Lehrerarbeitszeit in der Retrospektive. Zur Entwicklung der Lehrerarbeitszeit in Deutschland. In: Recht der Jugend und des Bildungswesens. 45 (1997)1, S. 60-70.

[92] Vgl. dazu Pit Spieß: Neue Lehrerarbeitszeitmodelle in Bremen. Zur Neudefinition der pädagogischen Arbeit in der Schule. In: Die Deutsche Schule 88 (1996), S. 48-55; Bettina Liedtke: Arbeitszeit. Haste wieder keene Zeit? In: blz. Zeitschrift der GEW Berlin 53 (1999) S. 18-19.

Lehrtätigkeit bezogen heißt das, daß Teilzeitarbeit während der Erwerbszeit, der Familien- und Sozialzeit verrichtet werden kann, während Vollzeitarbeit in der Erwerbszeit stattfindet. Wie schon im Abschnitt über Einkommensstrukturen wird es also auch im folgenden weniger um den Vergleich bezifferbarer Zeitabschnitte gehen als vielmehr um die Position verschiedener Zeitspannen im gesamten Zeitbudget.

Wie stellt sich nun die Verteilung von Lehrtätigkeiten als Vollzeit- oder Teilzeitarbeiten in der Gesamtgruppe und im Generationenverlauf dar? Bei nahezu allen Autobiographinnen fand Lehrtätigkeit in der Erwerbszeit statt. Nur drei von ihnen, Wilhelmine Canz aus der ersten und Else Wentscher und Margarete Klinckerfuß aus der dritten Generation, haben ausschließlich im Rahmen von Familien- und Sozialzeit unterrichtet. Das heißt gleichzeitig, daß alle Frauen der zweiten Generation auf die eine oder andere Weise mit Lehrtätigkeit Geld verdient haben. Von den mit Lehre erwerbstätigen Frauen hat knapp die Hälfte sowohl in Vollzeit- wie in Teilzeitarbeit unterrichtet; von den übrigen lehrten sieben ausschließlich in Vollzeittätigkeiten und acht ausschließlich in Teilzeit.

Vermittelt diese Gesamtverteilung noch ein relativ ausgewogenes Bild, zeigt der Vergleich der einzelnen Generationen, daß innerhalb der zweiten Generation Frauen überwiegen, die entweder nur in Vollzeit lehrten oder nur in Teilzeit. Mit dieser Konzentration auf Lehre als Vollzeitarbeit erweist sich die zweite Generation auch insofern als die exponierte Lehrerinnengeneration. Nimmt man indessen diejenigen Frauen hinzu, die neben Vollzeit- auch Teilzeitlehre ausübten, dann wird eine andere Entwicklung erkennbar: Im Generationenvergleich nimmt Lehrtätigkeit als Vollzeitarbeit geringfügig zu. Das zahlenmäßige Übergewicht der "reinen" Lehrerinnen in der zweiten Generation bleibt also ein intragenerationelles Phänomen, das damit zusammenhängt, daß bei ihnen Teilzeitarbeit nur eine geringe Rolle spielte.

Zwar ist als allgemeine Tendenz im Generationenvergleich ein schwacher, aber stetiger Rückgang der ausschließlich in Teilzeitarbeit ausgeübten Lehre zu verzeichnen. Wenn Teilzeit aber zusätzlich vorkommt, also bei den gemischten Zeitspannen, gibt es innerhalb der zweiten Generation den niedrigsten Wert. Innerhalb der ersten und in der dritten Generation erreichen die Fälle mit Teilzeit die hohen Werte, und innerhalb der dritten Generation wird der höchste Anteil verzeichnet. Daß unter diesen jüngsten Lehrerinnen nur noch eine einzige ausschließlich in Vollzeit arbeitete – was im übrigen noch größeres Gewicht erhält, weil es sich um Marie Franz handelt, deren Berufsweg nur in seinem Beginn bekannt ist –, läßt darauf schließen, daß der Lehrerinnenberuf zwar eine wichtige Rolle für Berufsentscheidungen spielte, daß aber die Fixierung auf diesen einen Weg mittlerweile abgenommen hatte.

Der hohe Anteil von Teilzeitarbeit deutet darauf hin, daß einerseits Frauen Lehrerinnentätigkeiten sehr flexibel an ihre jeweiligen (Erwerbs-)Bedürfnisse anpaßten, daß andererseits die Möglichkeiten, mit Unterrichten Geld zu verdienen, zugenommen hatten. Vor allem die verschiedenen Formen der aufkommenden Kurse spielen dabei ein Rolle. Insgesamt zeigt sich im Generationenvergleich eine zeitliche Intensivierung von Lehrerinnentätigkeit von der ersten zur zweiten Generation, die aber zur dritten Generation hin wieder deutlich abnimmt.

Die gesamte Erwerbszeit der Autobiographinnen verteilt sich im einzelnen auf folgende Arbeitsbereiche: Von den vier Vollzeitlehrerinnen aus der ersten Generation arbeiteten drei als Erzieherinnen und eine als Volksschullehrerin. Die beiden "reinen" Teilzeitlehrerinnen, auf die ich zuerst eingehe, haben hauptsächlich Sprachunterricht erteilt. Welch großen zeitlichen Umfang dieser Sprachunterricht neben weiteren Arbeiten einnehmen konnte, zeigt das Beispiel von Ottilie Wildermuth, die neben ihrem Haushalt mit zwei kleinen Kindern und ihrer Schriftstellerei noch Privatstunden erteilte. Sie schreibt darüber an eine Freundin: "Mit Stunden bin ich wirklich hart angelegt, dreizehn die Woche, mein armer Mann aber gibt zweiundvierzig! Sie strengen mich nicht an, ich fühle mich vollkommen gesund, und es wird mir oft recht bang, ob ich es nicht zu gut habe."[93] Dieser Zustand hält jedoch nicht an, da in den folgenden Jahren ihre schriftstellerische Arbeit zunimmt. Nun tauchen in der Hauschronik und in ihren Briefen immer wieder Formulierungen wie "weiß nicht, wo ich die Zeit hernehmen sollte" auf.[94]

Vier Frauen aus der ersten Generation haben zusätzlich zur Lehrtätigkeit mit anderen Erwerbsarbeiten Geld verdient, die hinsichtlich des Zeitaspekts Gemeinsamkeit besitzen: Alle Frauen praktizierten eine Form von Erwerbsarbeit, die ohne besondere Ausbildung, zu Hause und unabhängig von bestimmten Tageszeiten verrichtet werden konnte: Ottilie Wildermuth, Malwida von Meysenbug und Isabella Braun waren Schriftstellerinnen, und Dorette Mittendorf stellte Handarbeiten in Heimarbeit her. Diese Erwerbsarbeit außerhalb von Lehre gab es in dieser Generation indessen nur, wenn Unterricht als Teilzeitarbeit stattfand, nicht also neben Vollzeitlehre, wie es später der Fall war. Das liegt vor allem daran, daß drei der Vollzeitlehrerinnen als Erzieherinnen arbeiteten, für die eine Anstellung ganz andere zeitliche Dimensionen besaß als für eine Schullehrerin. Schon allein die Tatsache, daß eine Erzieherin im Haushalt ihres Arbeitgebers lebte, reduzierte ihre

---

[93] Brief von Ottilie Wildermuth an Auguste Eisenlohr vom Juni 1850, in: Ottilie Wildermuths Leben, 1888, S. 230-231, hier S. 231. Der Ehemann war Gymnasiallehrer und gab wegen des geringen Verdienstes daneben noch Privatstunden, vgl. S. 195.
[94] Ottilie Wildermuths Leben, 1888, Hauschronik April 1852, S. 237; s. a. S. 240, 242, 254.

Familien- und auch die Sozialzeit im wesentlichen auf die Ferien, und ihre persönliche Zeit verbrachte sie zumindest teilweise zusammen mit ihren Zöglingen und deren Familie.

In der Regel hatten Erzieherinnen nicht die freie Entscheidung, was sie in ihren freien Stunden zu tun gedachten. Selbst wenn ihnen die Abendstunden dem Vertrag nach zur freien Verfügung standen, hing es doch maßgeblich davon ab, ob ihre Anwesenheit im Familienkreis erwartet wurde und ob sie dann möglicherweise noch zu weiteren Dienstleistungen herangezogen wurden, sei es als Begleiterin am Klavier, wie es vor allem in England üblich war, sei es als handarbeitende Helferin der Hausfrau. Bertha Buchwald aus der ersten Generation mußte das Erlernen der dänischen Sprache aus diesem Grund in die Nachtstunden verlegen. Sie schreibt über ihre Sprachstudien: "leider konnte ich dazu nur die nächtlichen Stunden benutzen, und das viele Übersetzen und Vocabelnsuchen im kalten Schlafzimmer, bei einem kleinen Lämpchen nach dem vorangegangenen stundenlangen Weißnähen wurde meinen armen Augen höchst nachteilig. Aber wie hätte ich es sollen anders anfangen; ich hatte ja doch meinen Beruf, der die Tageszeit vollauf in Anspruch nahm, und abends im Wohnzimmer war solch stilles Studium ebenfalls unmöglich."[95]

Aus den Berichten der Erzieherinnen läßt sich kein einheitliches Bild über ihre Arbeitszeiten zeichnen. Selbst bei der Anzahl der Unterrichtsstunden gab es eine große Spannweite, je nachdem wie alt die Kinder waren, wie viele zu unterrichten waren und ob sie einzeln oder gruppenweise an die Reihe kamen. Wenn Ende der 1860er Jahre Emma Vely in der abgelegenen Försterei Bredelar den zwei Töchtern und zwei Nachbarskindern Unterricht gab und dabei über "viel freie Zeit"[96] verfügte, so blieb für Auguste Sprengel, die Erzieherin für drei Kinder bei einer Familie auf dem Land war, kaum Zeit für sich: "Meine Zeit war von morgens um halb 8 bis abends gegen 9 Uhr völlig besetzt, da auch Spaziergänge und Spielen mit den Kindern von mir erwartet und geleistet wurde."[97]

Für die gleichaltrige Helene Lange war diese unterschiedliche und teilweise belastende Inanspruchnahme bereits Grund genug, die übliche Erzieherinnenposition aufzugeben. Hatte sie – ebenfalls Ende der 1860er Jahre – in einer Fabrikantenfamilie mit fünf Kindern noch genug Zeit zur eigenen Fortbildung, so führte sie ihre als Erzieherin begonnene Stelle in der Familie Hammacher nach einiger Zeit nur noch als Privatlehrerin fort, um mehr Zeit

---

[95] Buchwald, Erinnerungsblätter, 1889, S. 35.
[96] Vely, Leben, 1929, S. 82.
[97] Sprengel, Erinnerungen, 1932, S. 19f.

für ihre eigenen Pläne zu gewinnen.[98] Mathilde Ludendorff aus der dritten Generation trat ihre erste Anstellung in einer Familie mit zwei Mädchen von vornherein als Privatlehrerin mit täglich fünf Unterrichtsstunden an. Um ihre Unabhängigkeit, im Sinne von nicht-kontrollierbarer Zeit, zu behalten und bei den Eltern wohnen bleiben zu können, nahm sie täglich eine Hin- und Rückfahrt mit der Eisenbahn von jeweils einer Stunde in Kauf.[99]

Der Zeiteinteilung nach standen Schullehrerinnen in Anstalten den Erzieherinnen in Familien dann verhältnismäßig nahe, wenn sie in der Anstalt wohnten. Auch für diese Schullehrerinnen reduzierte das Leben in der Gemeinschaft die Gestaltung vor allem ihrer "freien" Zeit. Die Beaufsichtigung der Zöglinge, gemeinsame Mahlzeiten und eine leicht mögliche gegenseitige Kontrolle ließen wenig Spielraum für anderweitige Interessen oder für zusätzliche Erwerbstätigkeiten.

Thekla Trinks gibt in ihren Erinnerungen eine detaillierte Beschreibung des Tageslaufs von Schülerinnen und Lehrerinnen am Königlichen Preußischen Lehrerinnenseminar in Droyßig.[100] Vom Frühstück um 7.00 Uhr bis zur Abendandacht um 21.00 Uhr verlief das gemeinsame Leben und Arbeiten nach strengen Regeln. Thekla Trinks erklärt, weshalb die Spaziergänge und die Freistunden für die Lehrerinnen wenig Gelegenheit zur Erholung boten: "Man ging stets denselben Weg nach demselben sogenannten 'Ziel', was mir zuerst sonderbar vorkam; später begriff ich es sehr wohl. Da man sehr pünktlich zurück sein mußte, ging es nicht an, daß man Spaziergänge unternahm, deren Dauer sich nicht ganz genau im voraus bestimmen ließ. Auch hatten die Lehrerinnen wenig Zeit, etwaige Schönheiten des Weges wahrzunehmen. Man hatte stets zwei oder drei Schülerinnen an der Seite, und wenn man, wie ich, noch darauf zu achten hatte, daß französisch gesprochen wurde, oder fehlerhaftes Französisch zu korrigieren war – so galt es einem ziemlich gleich, welchen Weg man ging. Von 2-4 Uhr waren dann wieder Stunden, darauf folgte im Winter eine Stunde Pause. Diese konnte ein ganz gemütliches Plauderstündchen werden, denn die Schülerinnen pflegten um diese Zeit die Lehrerinnen zu besuchen."[101]

Diese "freien" Phasen erwiesen sich somit als nur oberflächlich verdeckte Arbeitszeit. Daß zudem die Gestaltung der ebenfalls "freien" Abendstunden nicht im individuellen Ermessen lag, sondern einem starken Gruppendruck ausgesetzt war, geht aus folgender Textpassage hervor: "Es war Brauch, daß die Lehrerinnen sich abends nach 9 Uhr, wenn die Zöglinge zu Bette waren,

---

[98] Lange, Lebenserinnerungen, 1921, S. 94 und 105.
[99] Ludendorff, Kindheit und Jugend, 1937, S. 155 und 160.
[100] Trinks, Lebensführung, 1892, S. 175-176; s.a. Hardach-Pinke, Gouvernante, 1993, S. 160.
[101] Trinks, Lebensführung, 1892, S. 175f.

im Zimmer der Oberlehrerin versammelten. Oft blieben sie bis gegen Mitternacht zusammen. Für mich, als Seminarlehrerin, war es während des ersten Jahres selbstverständlich nicht thunlich gewesen, mich diesen Zusammenkünften anzuschließen, da ich unter meinen Pflegebefohlenen im Seminar bleiben mußte. Seit ich aber im Gouvernanteninstitut wohnte, versuchte ich es, diesen meist recht heiteren geselligen Vereinigungen beizuwohnen; aber bald fühlte ich, daß ich das lange Aufbleiben nicht vertragen konnte. Ich hätte mich ja freilich auch früher zurückziehen können; aber war man einmal beisammen, so war dies nicht so leicht. Migräne und Mangel an Frische überhaupt überzeugten mich endlich, daß ich auf dieses Vergnügen verzichten mußte. Wer aber je in einem größeren Internat gelebt hat, wird wissen, daß der einzelne, wenn er von dem abweicht, was nun einmal Brauch ist und was alle anderen thun, sich stets im Nachteil befindet, ohne daß irgendjemanden eine Schuld trifft. Ich fühlte mich nach und nach isoliert."[102] Auf einem bestimmten Umfang an persönlicher Zeit zu bestehen, hatte demnach negative Folgen für das Arbeitsklima.

Als Thekla Trinks in späteren Jahren ein eigenes Pensionat leitete, sorgte sie dafür, ihren anspruchsvollen englischen Zöglingen nicht nur einen guten Unterricht zu bieten, sondern auch kulturell anregende und bildende Unterhaltung, wie Ausflüge in die Umgebung, Besichtigungen von Sehenswürdigkeiten und der Besuch von Konzerten. Neben diesen gelegentlichen Unternehmungen gehörte die besondere Gestaltung der Abende an Wochentagen zum Programm des Instituts. An Dienstagen und Freitagen lasen die Mädchen klassische deutsche Dramen. Die Mittwochabende waren nach englischer Sitte gestaltet und wurden zeremoniell mit festlicher Kleidung, Teestunde und Gesellschaftsspielen verbracht. An Donnerstagen wurden Charaden aufgeführt. Montags fanden Musikabende statt. Sie stellten eine Mischung aus Darbietung und Prüfung dar und ergänzten den Musikunterricht, denn die Leistung jeder Schülerin wurde benotet. An den Sonntagen schließlich war der gemeinsame Besuch des Gottesdienstes vorgesehen.[103] Wie die bei ihr angestellten Lehrerinnen über diese Zeitgestaltung dachten, berichtet sie nicht.

Läßt sich bei dieser umfassenden zeitlichen Präsenz der Lehrerin für die Schülerinnen außerhalb der Unterrichtsstunden auch nicht immer eine klare Grenze zwischen den verschiedenen Zeitebenen – vor allem zur Erwerbszeit hin – ziehen, so ist doch insgesamt von einem beträchtlichen Anteil von Erwerbszeit auszugehen.

---

[102] Trinks, Lebensführung, 1892, S. 178f.
[103] Trinks, Lebensführung, 1892, S. 237-240.

Lange Arbeitstage konnten indessen auch auf andere Weise zustande kommen. Bertha Buchwald berichtet über die Blütezeit ihrer Privatschule mit 50 Schülerinnen, daß sie oft ununterbrochen von morgens 7.00 Uhr bis abends 22.30 Uhr arbeiten mußte. Verantwortlich für diesen langen Arbeitstag war jedoch nicht der Unterricht an der Schule allein, sondern ihre zusätzlichen Tätigkeiten: So gab sie Privatstunden in Englisch, Französisch und Spanisch, und sie nahm bis zu drei Kostgängerinnen auf, obwohl ihr die Hausarbeit "recht lästig" war.[104] Mathilde Ludendorff, die ihr Medizinstudium zum Teil durch zahlreiche Privatstunden finanzieren wollte, gab diese zeitaufwendigen und wenig einbringenden Erwerbstätigkeiten schließlich auf. Statt dessen organisierte sie Vierwochenkurse für Lehrerinnen in den Semesterferien. Das kostete weniger Zeit, und sie verdiente erheblich mehr.

Von den Schullehrerinnen unter den Autobiographinnen sind nur wenige und zudem sehr unterschiedliche Angaben über ihre Arbeitszeiten bekannt. Thekla Trinks berichtet über ihre Tätigkeit Mitte der 1850er Jahre an der höheren Mädchenschule in Wesel, daß durch ihre vermehrten Sprachstunden in der Schule ihre Arbeitszeit zu Hause anwuchs, denn es fielen zusätzliche Korrekturarbeiten an. Clara Jurtz hatte Anfang der 1870er Jahre in Berlin als Klassenlehrerin 30 Unterrichtsstunden in der Woche zu bewältigen. Da diese Stunden vormittags lagen, blieb ihr noch reichlich Zeit für ihre private Weiterbildung. Gretchen Wohlwill wiederum hatte als Zeichenlehrerin an der Emilie-Wüstenfeld-Schule in Hamburg nur 14 Stunden in der Woche zu unterrichten, die sie zudem an den drei ersten Wochentagen ableisten konnte, so daß sie ab Mittwochnachmittag Zeit für ihre "eigene Arbeit", die Malerei, hatte.[105]

Lehrtätigkeiten während der Familienzeit unterlagen demgegenüber völlig anderen Zeitvorgaben. Insbesondere dann, wenn Mütter ihre Kinder unterrichteten, blieben sie nicht nur für die anfallenden Hausarbeiten zuständig, sondern hatten auch auf die Lernfähigkeit der Kinder Rücksicht zu nehmen. Wie die Mütter diesen Unterricht zeitlich regelten, läßt sich nicht genau feststellen.[106] Emma Vely schreibt darüber: "Der frühe Morgen sah mich am Schreibtisch, nachmittags wurde mein Kind von mir unterrichtet, dann ging's hinaus mit ihm, vom Hausgeist Sophie begleitet."[107] Bei Schulkindern wird

---

[104] Buchwald, Erinnerungsblätter, 1889, S. 119.
[105] Wohlwill, Lebenserinnerungen, 1984, S. 36.
[106] Bischoff bleibt vage, in: Bilder aus meinem Leben, 1912, S. 472; ebenso Heyl, Aus meinem Leben, 1925, S. 37.
[107] Velys Tochter ging zu dieser Zeit noch nicht in die Schule; Vely, Leben, 1929, S. 272; Sophie war die langjährige Haushaltshilfe.

die Betreuung der Hausaufgaben wohl in die Nachmittagsstunden gefallen sein. Von Ottilie Wildermuth berichten ihre Töchter, daß sie nie den Eindruck hatten, als ob die Mutter keine Zeit für sie habe: Zu jeder Zeit konnten sie wegen der Schulaufgaben zu ihr kommen.[108]

Zu dieser Zeit, also nach der Jahrhundertmitte, war der Begriff Doppelrolle für die doppelte Belastung einer erwerbstätigen Hausfrau und Mutter noch nicht bekannt, weder für die lohnabhängigen Proletarier- und Landfrauen noch für bürgerliche Hausfrauen, die wie Ottilie Wildermuth als Schriftstellerin arbeiteten. Das änderte sich für die Autobiographinnen aus der dritten Generation. Kurz nach der Jahrhundertwende hatte die Diskussion über das Zölibat von Lehrerinnen zu heftigen Kontroversen innerhalb der bürgerlichen Frauenbewegung geführt, wobei noch die Auffassung dominierte, daß Beruf und Mutterschaft aufgrund der hohen Belastung nicht miteinander vereinbar seien.

Else Wentscher, die sich mit dem Titel ihrer Autobiographie "Mutterschaft und geistige Arbeit" auf diese Diskussion bezieht, vertritt in ihrer Autobiographie eine vermittelnde Position. Sie beschreibt, wie sie als Ehefrau und Mutter philosophische Studien trieb und dabei die eigene philosophische Arbeit mit der Betreuung ihrer Kinder zu vereinbaren suchte: "Die Kinder nahmen mich jetzt sehr in Anspruch: früh der lebhafte, anschmiegungsbedürftige Junge und nachmittags Lottes Schularbeiten. Ich konnte mir darum nicht leisten, was ich später freilich sehr bereute, Erdmanns Vorlesung über Geschichte der neueren Philosophie zu hören. Damals habe ich überhaupt erfahren, daß man als Mutter wohl daheim geistig arbeiten könne, daß aber der Zwang, täglich fortzugehen, wie der Besuch der Vorlesung es erfordert hätte, doch für eine Mutter sehr hart ist. Darum sind meines Erachtens alle Versuche, die Frauenfrage dadurch zu entscheiden, daß man der Frau und Mutter zugleich berufliche außerhäusliche Arbeit auferlegen möchte, verfehlt. Aber daheim arbeitete ich unentwegt, stets ermutigt durch das gütige Zureden meines Gatten und nicht gestört durch die im selben Zimmer spielenden Kinder."[109] Daß für diese Konstellation aber ähnlich günstige Familienverhältnisse wie in ihrem Fall, nämlich ein gutverdienender Ehemann – ihr Ehemann war Professor – und ein zuverlässiges Hausmädchen notwendig waren, erwähnt sie hier nicht.

Für Mathilde Ludendorff, die ebenfalls Studium und Hausfrauen- und Mutterpflichten miteinander vereinbaren wollte, stellte sich das Problem jedoch in schärferer Form, denn ihr ging es nicht um – erwerbsunabhängige

---

[108] Ottilie Wildermuths Leben, 1888, S. 291.
[109] Wentscher, Mutterschaft und geistige Arbeit, 1926, S. 16f. über ihr Hausmädchen S. 9f.

– geistige Betätigung, sondern um die Berufsausbildung zur Ärztin, mit der sie notfalls die Familie ernähren konnte. Als sie 1910 nach einer mehrjährigen "Kinderpause" ihr Medizinstudium fortsetzte, war ihre Tochter vier, und die Zwillingssöhne waren ein Jahr alt. Für die Vormittage engagierte sie zur Betreuung der Kinder eine junge Witwe und besuchte während dieser Zeit die Kollegien in München. Die Nachmittage verbrachte sie mit den Kindern. Auf diese Weise gelang es ihr, trotz der enormen Arbeitsbelastung die noch fehlenden drei Semester fristgerecht zu absolvieren und im Frühjahr 1912 das Staatsexamen abzulegen. Zu dieser Zeit sollte der Schulbesuch der Tochter beginnen. Da Mathilde Ludendorff die katholische Schule in Pasing ablehnte, stellte sie mit Erfolg den Antrag, ihrem Kind Privatunterricht geben zu dürfen.

Schwieriger gestaltete sich die Fortsetzung ihrer ärztlichen Ausbildung, denn in der bevorstehenden zweijährigen Assistentenzeit hatte sie längere praktische Arbeiten an einer Klinik nachzuweisen. Es gelang ihr indessen mit Hilfe guter Zeugnisse und mit dem Argument, halbtäglich für ihre Kinder unabkömmlich zu sein, eine Reduzierung ihrer Arbeitszeit in der Klinik zu erreichen. Ihr Zeitplan sah vor, einen Teil der Monate nachmittags und den anderen Teil vormittags in der Klinik zu arbeiten, um alle Arten von Tätigkeiten zu erlernen. Die theoretischen Arbeiten wollte sie zu Hause erledigen.[110] Das ließ sich zunächst durchführen, denn der Unterricht der Tochter dauerte in der ersten Zeit nicht lange: Mathilde Ludendorff gab ihr in der Mittagszeit lediglich eine Unterrichtsstunde, während der auch die kleineren Söhne anwesend waren. Später unterrichtete sie auch die beiden Söhne. Als sie aber nach dem Vermögensverlust des Ehemannes 1915 als Ärztin den Lebensunterhalt der Familie verdienen mußte, konnte sie den Unterricht nicht mehr weiterführen und engagierte dafür einen Lehrer.[111]

Das Unterrichten der eigenen Kinder ist unter den Autobiographinnen die am häufigsten vorkommende Form von Lehrtätigkeit innerhalb der Familienzeit. Seltener gibt es Hinweise, daß eine Tante diese Aufgabe übernahm. Auguste Mues ist das einzige Beispiel dafür aus der Gesamtgruppe. Zu den Einzelfällen zählen weiterhin diejenigen Autobiographinnen, die ihren Ehemännern aufgrund ihrer eigenen Bildung zuarbeiteten. Ottilie Wildermuth beteiligte sich an den Unterrichtsvorbereitungen ihres Ehemannes, und Mathilde Ludendorff, die bereits Medizin studierte, half ihrem Ehemann bei der externen Vorbereitung auf das Abitur.[112]

---

[110] Ludendorff, Forschen und Schicksal, 1936, S. 216f.
[111] Ludendorff, Forschen und Schicksal, 1936, S. 271.
[112] Ottilie Wildermuths Leben, 1888, S. 204; Ludendorff, Forschen und Schicksal, 1936, S. 120-132.

Über Lehrtätigkeiten in der Sozialzeit fließen die Informationen in den Autobiographien nur spärlich. Aus diesem Grund beschränke ich mich auf die beiden Hauptformen Sonntagsschule und Kursunterricht. Obwohl diese Lehrtätigkeiten sich grundsätzlich voneinander unterscheiden, gibt es wichtige Gemeinsamkeiten: Die Lehrerinnen arbeiteten freiwillig und meistens ehrenamtlich – also unbezahlt – und versorgten eine Klientel, deren Lernbedürfnisse im allgemeinbildenden Schulsystem nicht oder nicht ausreichend befriedigt wurden.

Die Unterschiede beziehen sich auf die Inhalte. Sie waren bei den unter kirchlicher Regie stattfindenden Sonntagsschulen relativ eng auf den Stoff der Volksschule begrenzt, während das Lehrangebot in Kursen prinzipiell keinerlei Beschränkungen unterlag. Damit hängt zusammen, daß auch eine beträchtliche Ungleichheit der Lernenden gegeben war, sowohl dem Alter wie der sozialen Schichtzugehörigkeit nach. Die Sonntagsschulen besuchten vornehmlich Kinder im schulpflichtigen Alter, die zu den unteren Bevölkerungsschichten gehörten und ihren geringen Bildungsstand mehr oder weniger freiwillig verbessern sollten. Teilnehmer und Teilnehmerinnen an Kursen waren demgegenüber stark am Inhalt der Kurse interessiert, die meistens ein spezielles Gebiet behandelten. Und die Lernenden konnten allen Altersgruppen jenseits des Schulalters angehören und aus allen Bevölkerungsschichten stammen. Mit den genannten Unterschieden korrespondierte eine abweichende Organisationsform. Für die Sonntagsschulen standen die Zeit: einige Stunden am Sonntag, und der Ort: die Kirche selbst oder ein von der Kirche oder der Kommune zur Verfügung gestellter Raum, relativ fest. Kurse jedoch fanden in derjenigen Zeit statt, die Lehrende und Lernende erübrigen konnten, und in Bezug auf den Lernort war vom privaten Wohnzimmer der Lehrerin bis zur Schulklasse vieles möglich.

Unter den Autobiographinnen haben Thekla Trinks und Clara Jurtz an Sonntagsschulen unterrichtet, allerdings unter ganz verschiedenen Bedingungen. Clara Jurtz war Lehrerin an einer Berliner Schule, als sie 1875 nach einem Bekehrungserlebnis mit Sonntagsschularbeit begann. Mindestens ebenso wichtig wie der Unterricht in ihrer Jungenklasse war für sie indessen die Zeit, die sie mit ihrer Freundin zur Vorbereitung des Unterrichts in der Familie des zuständigen Pfarrers, des Hofpredigers Baur, verbringen konnte. Sie schreibt darüber: "So wanderten wir zu zweien Sonnabends und Sonntags dorthin und verlebten nach der Arbeit in der Sonntagsschule schöne Stunden der Gemeinschaft mit innerer Anregung bei Baurs, die uns beide häufig zum Kaffee einluden."[113]

---

[113] Jurtz, Ihm zu dienen, 1930, S. 12.

Thekla Trinks hingegen hatte sich bereits zur Ruhe gesetzt, als sie sich 1880 durch eine Predigt aufgefordert fühlte, in ihrem Wohnort Meiningen eine Sonntagsschule zu gründen. Ihrer Autobiographie[114] ist zu entnehmen, daß ihr Interesse weniger den kleinen Schülern und Schülerinnen galt als vielmehr den organisatorischen Fragen und der Gewinnung und Ausbildung der Helferinnen, zumal gerade in der Anfangsphase mehrere Mitglieder aus adligen Familien sich zur Mitarbeit bereit erklärten. Ähnlich wie bei Clara Jurtz besaßen also auch bei ihr die durch die Sonntagsschule entstandenen sozialen Beziehungen einen hohen Wert. Daß Thekla Trinks diese letzte Lehrtätigkeit aber über ihr gesamtes Berufsleben stellt,[115] beruht vermutlich auf einer durch Krankheit getrübten Altersicht. Sie schreibt über ihre Ausbildung der Helferinnen: "Wenn ich so in ihrer Mitte saß, nach eigener gründlicher Vorbereitung die Gedanken der Schrift mit ihnen besprechend – da ward es mir zu Mute, als ob mein ganzes voriges Leben eine Vorbereitung auf dieses Werk gewesen sei. Bei so manchen passenden Gelegenheiten vermochte ich ihnen meine eigenen Erfahrungen mitzuteilen, als Beleg für die Schriftwahrheit. Ich weiß, daß sich damals unsere Herzen berührten; es war eine heilige Gemeinschaft, die uns verband."[116]

Im Unterschied zu Kursen verlief die Arbeit in Sonntagsschulen in geregelten, konventionellen Bahnen. Aber eine nachhaltige Betonung des sozialen Aspekts findet sich auch bei den sehr viel flexibler gestalteten Kursen. Aus diesem Grund sind unbezahlte Lehrtätigkeiten im Rahmen von Kursen der Sozialzeit zuzuordnen. Wie unten im Abschnitt über Kurse nachzulesen ist, haben unter den Autobiographinnen Hedwig Heyl und Auguste Sprengel aus der zweiten und Marie Torhorst und Minna Specht aus der dritten Generation Kurse dieser Art abgehalten.

Zusammenfassend ist hervorzuheben: Bis auf wenige Ausnahmen in der ersten und dritten Generation haben alle Autobiographinnen im Rahmen ihrer Erwerbszeit, also bezahlt, Lehrtätigkeiten ausgeübt. Fast die Hälfte der Gesamtgruppe kombinierte dabei Lehre als Vollzeitarbeit mit Lehre als Teilzeitarbeit. Die größere Zahl von ihnen beschränkte sich zu etwa gleichen Anteilen auf Vollzeit oder auf Teilzeit, wobei ausschließliche Vollzeitarbeit in der zweiten Generation vorherrschte, während die dritte Generation den höchsten Anteil von Lehre in Teilzeit aufwies. Diese beiden Zeitdimensionen

---

[114] Trinks, Lebensführung, 1904, S. 262-267.
[115] S. Gudrun Wedel: Ledig, fromm und geschäftstüchtig: Die Lehrerinnenkarriere der Thekla Trinks als autobiographische Konstruktion. In: Ulrike Jekutsch (Hg.): Selbstentwurf und Geschlecht. Kolloquium des Interdisziplinären Zentrums der Ernst Moritz Arndt-Universität Greifswald. (Im Druck)
[116] Trinks, Lebensführung, 1904, S. 267.

sind jeweils für bestimmte Lehrerinnentypen charakteristisch: ausschließlich Vollzeitarbeit findet sich bei Erzieherinnen und Lehrerinnen an Internaten, ausschließlich Teilzeitarbeit kommt am häufigsten bei Privatlehrerinnen vor, und da vor allem in künstlerischen Fächern und bei Sprachunterricht. Wenn neben Lehrtätigkeit weitere Erwerbstätigkeiten ausgeübt wurden, handelte es sich meistens um Heimarbeit oder um heimarbeitähnliche Arbeiten, zum Beispiel die Schriftstellerei, um Arbeiten also mit hoher zeitlicher Flexibilität und geringer Arbeitsplatzbindung. Lehrtätigkeiten, die in der Familienzeit stattfanden, waren unbezahlt und galten vornehmlich den eigenen Kindern; sie fanden oft neben anderen Arbeiten statt, da sie flexibel handhabbar waren. Typisch für Lehrtätigkeiten innerhalb der Sozialzeit waren nicht nur äußere Faktoren wie ihr Teilzeitcharakter und die fehlende Bezahlung, sondern auch als "innerer" Faktor die mit der Lehrtätigkeit verbundenen sozialen Kontakte. Charakteristisch war ein ausgeprägtes Interesse an der Klientel oder an den Mitarbeitern und Mitarbeiterinnen.

3.3 Zeit und Geld

In Anbetracht der vielfältigen Zeitregelungen bei Lehrtätigkeiten ist nach dem Verhältnis von Zeitaufwand und materiellem oder immateriellem Nutzen zu fragen, wobei die Ressourcen des Haushalts einzubeziehen sind, in dem die Autobiographin gerade lebte. Als Ressourcen eines Haushalts sind nach Rosemarie von Schweitzer drei Vermögensarten zu verstehen, denen spezifische Handlungsbereiche zuzuordnen sind: Erstens das "Produktivvermögen", das aus Sach-, Geld- und Sozialvermögen bestehen kann und das, da es über marktwirtschaftliche Dispositionen erzielt wird, als externe Haushaltsressource gilt. Zweitens das "Konsumtivvermögen", das aus Sach- und Geldvermögen sowie Nutzungsrechten und privaten Sicherheiten besteht und auf dessen Grundlage die Versorgungs-, Pflege- und Erziehungsleistungen erbracht werden, die somit die internen Ressourcen des Haushalts darstellen. Schließlich, drittens, das "Humanvermögen", das sich aus dem Zeitbudget der Haushaltsangehörigen und deren Fähigkeiten und Qualifikationen herleitet, und das der persönlichen Regeneration und Bildung dient.[117] Bezogen auf die Funktion von Lehrtätigkeiten im Lebensverlauf sind mit den

---

[117] Von Schweitzer, Wirtschaftslehre, 1991, S. 155-160; sie argumentiert auf der Grundlage der Begriffsbestimmung von Erika Claupein: Vermögen und Vermögensbildungsprozesse der privaten Haushalte. Berlin 1990.

Bereichen von Einkommen und Arbeitszeit alle genannten Vermögensarten betroffen.

Auf die allgemeinen Lebensverhältnisse bezogen, sind folgende Aspekte der historischen Entwicklung im 19. Jahrhundert zu berücksichtigen. Der Lebensstandard[118] war in der ersten Jahrhunderthälfte im allgemeinen gering, und der größte Teil des Einkommens mußte für die Ernährung ausgegeben werden. Vor allem bei Lohnarbeitern gefährdete das sinkende Realeinkommen die Existenz, auch wenn der Lohn selbst nur einen Teil des Lebensunterhaltes ausmachte und sowohl durch Nebeneinkünfte des Mannes, Arbeitseinkommen der Frau und der Kinder sowie durch Naturaleinkommen ergänzt wurde.[119] Hinsichtlich der Löhne bildet die Jahrhundertmitte eine Periodengrenze, denn ab da stiegen die Reallöhne, auch wenn Ausmaß und die Modalitäten des Verlaufs unterschiedlich eingeschätzt werden.[120] Diese Entwicklung gilt nicht in gleichem Maß für Frauenlöhne. Diese stiegen zwischen 1850 und 1914 kaum an und erreichten im Durchschnitt nur etwa die Hälfte bis zwei Drittel der Männerlöhne.[121] Hauptargument war der sogenannte Familienlohn der Männer, wobei allerdings nicht berücksichtigt wurde, daß auch ein beträchtlicher Teil der Frauen ihre Familie allein oder zum größten Teil ernährten, mit ihrem geringen Einkommen daher oft in die Armut absinken mußten. Über die Einkommenssituation von Selbständigen in der ersten Jahrhunderthälfte ist aufgrund der ungünstigen Quellenlage nur wenig bekannt, man kann jedoch eine starke Differenzierung annehmen.[122]

Der Lebensstandard der mittleren und oberen Gesellschaftsschichten änderte sich um 1800. Der Zuschnitt des Lebens wurde insgesamt schlichter, das galt als "bürgerlich" und in zunehmendem Maß als vorbildlich.[123] Gleichzeitig begannen sich die Konsumgewohnheiten zu ändern: Bis dahin unerschwingliche Güter wie Kaffee, Tee und Kakao wurden nun auch für breitere Bevölkerungskreise erreichbarer, und die Bekleidungsmoden wechselten in kürzer werdenden Abständen. Max Weber hat diese Entwicklung als "Demokratisierung des Luxus" bezeichnet.[124] In der zweiten Jahrhundert-

---

[118] Zu Lebensstandard vgl. von Schweitzer, Wirtschaftslehre, 1991, S. 168-176.
[119] Kaufhold, Deutschland 1650-1850, 1993, S. 555f., spricht von einer für diese Zeit typischen "Polyfunktionalität" der Beschäftigung, S. 555.
[120] Knut Borchardt: Wirtschaftliches Wachstum und Wechsellagen 1800-1914. In: Hermann Aubin; Wolfgang Zorn (Hg.): Handbuch der deutschen Wirtschafts- und Sozialgeschichte. Band 2, Stuttgart 1976, S. 198-275, hier S. 226-228.
[121] W. Fischer, Deutschland 1850-1914, 1985, S. 382; Gerd Hohorst; Jürgen Kocka; Gerhard A. Ritter: Sozialgeschichtliches Arbeitsbuch. II: Materialien zur Statistik des Kaiserreichs 1870-1914. München 1975, S. 26.
[122] Kaufhold, Deutschland 1650-1850, 1993, S. 555.
[123] Kaufhold, Deutschland 1650-1850, 1993, S. 555f.
[124] Zitiert nach Kaufhold, Deutschland 1650-1850, 1993, S. 556.

hälfte nahm der Verbrauch an Gütern des gehobenen Bedarfs zu, und man gab deutlich mehr Geld für private Bildung aus.[125] Gleichzeitig wuchsen auch die öffentlichen Ausgaben dafür.[126] Der Nahrungsstandard verbesserte sich zwischen 1850 und 1914 beträchtlich: Die Ernährung wurde abwechslungsreicher und reichhaltiger. Ebenso machten die sanitäre und gesundheitliche Versorgung der Bevölkerung große Fortschritte.[127]

Relativ schwierig ist es, den Lebensstandard direkt als Einflußfaktor auf eine Lehrtätigkeit zu beziehen, denn zum einen muß ein tatsächlich praktizierter Lebensstandard nicht mit dem angestrebten – meistens höheren – übereinstimmen; zum andern reichen die Informationen in den Autobiographien über die mit dem Lebensstandard verbundenen Aspekte des alltäglichen Lebens und über eine mögliche Differenz zwischen Anspruch und Wirklichkeit nicht immer aus. Das Bemühen, einen Ausgleich dieser Differenz herzustellen, kann jedoch ein entscheidendes Motiv für die Gestaltung oder Veränderung von Lehrtätigkeit werden. Zu berücksichtigen sind zudem regionale Einflüsse, wie die örtlich unterschiedlichen Lebenshaltungskosten, auf die Ausprägung des realen wie gewünschten Lebensstandards und dessen Abhängigkeit von historischen Ereignissen wie Kriegen oder der Inflationszeit.

Armut sahen die Zeitgenossen und Zeitgenossinnen immer mehr als selbstverschuldet und als einen Mangel an Fleiß an. Als wirkungsvolles Mittel dagegen sollte eine systematische Erziehung zur Arbeitsdisziplin in der Volksschule dienen, zumal Arbeit – allerdings nicht jede – seit der Aufklärung einen höheren Rang im Wert- und Normgefüge erhalten hatte.[128]

Ganz allgemein nahm die Bedeutung von Naturaleinkünften ab, denn im Zuge der Industrialisierung setzten sich die Entlohnung in Geld und damit eine neue Bewertung von Arbeitszeit durch, auf dem Lande langsamer als in den Städten: Die voranschreitende Urbanisierung entzog den kleinen Nebenwirtschaften mit Garten und Kleintierhaltung den Boden. Sie mußten dem neuen Wohnungsbau mit den Mietskasernen und der Bevölkerungsverdichtung weichen. Der Funktionswandel im produktiven Bereich der privaten Haushalte verstärkte diesen Trend. Die Herstellung von Konsumgütern und die Weiterverarbeitung von Rohstoffen bis zur Konsumreife gingen zurück.

---

[125] Vgl. Armin Triebel: Zwei Klassen und die Vielfalt des Konsums. Haushaltsbudgetierung bei abhängig Erwerbstätigen in Deutschland im ersten Drittel des 20. Jahrhunderts. In: Rainer Metz (Hg.): Sonderheft 20 Jahre Zentrum für Historische Sozialforschung. Teil I: Wirtschaft und Gesellschaft. HSR 22 (1997) 2, S. 81-104.
[126] Borchardt, Wachstum, 1976, S. 219.
[127] W. Fischer, Deutschland 1850-1914, 1985, S. 389f.
[128] Kaufhold, Deutschland 1650-1850, 1993, S. 539; Kaufhold differenziert hier nicht.

Das verringerte zwar den Zeitaufwand für die Güterproduktion, vergrößerte aber die Abhängigkeit vom Markt und damit die vom Geld. Das Geldeinkommen entwickelte sich immer mehr zur entscheidenden Ressource eines Haushalts. Das Einkommen einer Familie basierte in bürgerlichen Schichten vermutlich in sehr vielen Fällen nicht allein auf der Entlohnung für eine oder mehrere Erwerbsarten, sondern setzte sich aus weiteren Einkommensquellen zusammen. Zu diesen zählten Erträge aus Vermögensbeständen wie Zinsen oder Mieten sowie Renten oder Legate, aber auch unregelmäßige oder zufällige Zuwendungen, zum Beispiel eine unerwartete Erbschaft.

Charakteristisch für Lehrtätigkeiten ist, daß sie auf ganz unterschiedliche Weise bewertet und vergütet wurden. Das gilt für marktvermittelte und nichtmarktvermittelte Lehrtätigkeiten. Eine Vergütung konnte aus der Entlohnung in Geld bestehen, die entweder monatlich oder als Stundenhonorar ausgezahlt wurde, dann aus der Gewährung von Wohnung und Verpflegung und einmaligen, vertraglich vereinbarten Zahlungen, zum Beispiel für Reisekosten. Zum Teil gehörten auch spezifische Dienstleistungen dazu, vor allem bei den ohnedies gemischten Einkommen von Erzieherinnen. In der Regel standen Erzieherinnen neben Gehalt, Kost und Logis auch das Bedientwerden durch die häuslichen Dienstboten zu. Erzieherinnen konnten auch erwarten, daß der Arbeitgeber für ihre An- und Abreise sorgte. Hedwig von Bismarck erwähnt, daß es in den 1820er Jahren auf dem elterlichen Gut Schönhausen in der Altmark zu den Lasten der Bauern gehörte, "Baufuhren zu leisten, den Arzt und die Gouvernante abzuholen, letztere gleich viel von wo".[129] Daneben gab es freiwillige Zuwendungen des Arbeitgebers zum Beispiel für Arztrechnungen. Außerhalb einer materiellen Vergütung bestand zudem die Möglichkeit, auf der Tauschebene Unterricht mit Unterricht zu vergelten.

Die Bandbreite der zu bestimmten Zeiten erzielbaren Einkommen von Lehrerinnen zeigt ein Überblick über die Einkommensentwicklung: Für den gesamten Zeitraum gilt, daß Lehrerinnen bei vergleichbarer Leistung ein geringeres Einkommen hatten als Lehrer. Das trifft für Volksschulen und in ähnlicher Form auch für die höheren Mädchenschulen zu.[130] Allerdings erschweren die unterschiedlichen Anstellungsverhältnisse einen Vergleich, und Unterschiede in der Dauer der Ausbildung, in der Zahl der Prüfungen und bei der Verwendung im Schuldienst dienten als Begründung.[131] Es war daher ein Hauptziel der bürgerlichen Frauenbewegung, diese Benachteili-

---

[129] Von Bismarck, Erinnerungen, 1910, S. 34.
[130] Albisetti, Schooling, 1988, S. 82, nennt die Einkommen an einigen Schulen als Beispiele.
[131] Vgl. Klewitz, Lehrerinnen in Berlin, 1989, S. 147; siehe auch Wilbrandt/Wilbrandt, Die deutsche Frau im Beruf, 1902, S. 328.

gungen zu beseitigen. Als weitaus zählebiger erwies sich die geschlechtsspezifisch begründete Behauptung der Behörden, von Lehrerverbänden und Schuldirektoren, daß Lehrerinnen mit weniger Geld auskommen könnten als ihre männlichen Kollegen. Vor allem der Hinweis auf das für verheiratete wie unverheiratete Männer notwendige "Familieneinkommen" wurde immer wieder und trotz entgegenstehender statistischer Daten als Argument vorgebracht.[132]

Doch die Tatsache, als billigere Arbeitskraft zu gelten, besaß für Frauen nicht nur Nachteile. Das zeigt das Beispiel von Auguste Sprengel, die der Sparsamkeit der Behörde immerhin die Position als Schulleiterin verdankte.[133] Im Zusammenhang mit der Entwicklung des Lehrerarbeitsmarktes gewann diese Benachteiligung einen positiven Aspekt. Marion Klewitz hat darauf hingewiesen, daß die billigeren Lehrerinnen während der Sparpolitik in der Zeit der Weltwirtschaftskrise weniger durch Entlassung bedroht waren als ihre teureren Kollegen.[134] "Billiger" waren Lehrerinnen vor allem auch deshalb, weil sie durchweg mit einer geringeren Gesamtstundenzahl angestellt wurden als Lehrer und die Bezahlung nicht etwa proportional zur verminderten Arbeitszeit, sondern darüber hinausgehend gekürzt wurde.[135]

Abgesehen von diesen grundsätzlichen Diskrepanzen variierten die Einkommen sowohl unter den Lehrern selbst als auch im Verhältnis zu ihren Kolleginnen: Es gab bedeutende Unterschiede zwischen Land und Stadt, zwischen den einzelnen Bundesstaaten, in Preußen zwischen östlichen und westlichen Provinzen und sogar innerhalb einer Stadt. Selbst innerhalb eines Schulkollegiums konnte es aufgrund der zahlreichen Positionen und einer Vielfalt von Einkommenszulagen zu beträchtlichen Differenzen kommen.[136]

Zu Beginn des 19. Jahrhunderts war es üblich, daß Elementarlehrer den gering entlohnten Unterricht als Nebentätigkeit zu einem Handwerk ausübten. Das galt vielfach auch für Lehrerinnen. So werden gegen Ende des 18. Jahrhunderts "Schulhalterinnen" in einem enzyklopädischen Werk als Frauen beschrieben, die entweder verheiratet sind, zum Beispiel mit einem

---

[132] Vgl. Pollmann, Lehrerinnen, 1989, S. 73. Vgl. die Diskussion über eine Bezahlung nach "Bedürfnis", wie von öffentlicher Seite vertreten, oder nach "Leistung", wie von Lehrerinnen an höheren Mädchenschulen gefordert; nur im Königreich Sachsen wurden Lehrer und Lehrerinnen für gleiche Leistung (Stundenzahl) gleich bezahlt, so Wilbrandt/Wilbrandt, Die deutsche Frau im Beruf, 1902, S. 328f.

[133] Sprengel, Erinnerungen, 1932, S. 30. Ähnliche Gründe bewogen auch Fürst Victor von Schönburg-Waldenburg bei der Stiftung des Lehrerinnenseminars Droyßig; vgl. Hardach-Pinke, Gouvernante, 1993, S. 156f.

[134] So Klewitz, Lehrerinnen in Berlin, 1989, S. 156f.

[135] Klewitz, Lehrerinnen in Berlin, 1989, S. 145.

[136] Vgl. dazu Pollmann, Lehrerinnen, 1989, bes. S. 70-80; Klewitz, Preußische Volksschule, 1981, S. 557f.; Kuhlemann, Modernisierung, 1992, bes. S. 278-291.

Handwerker, oder als eine alleinlebende Person, die für ihre Lehrtätigkeit zwar freie Miete und einen geringen Lohn erhält, daneben aber noch genug Zeit haben muß, um sich durch einen anderen Erwerb ihren Lebensunterhalt zu verdienen.[137] Mit dem Ausbau des öffentlichen Schulsystems und der Verberuflichung der Lehrtätigkeit kehrte sich dieses Verhältnis bis etwa zur Mitte des Jahrhunderts nicht nur um, in der Folgezeit entstand ein Beruf, der den Lehrer samt seiner Familie ernähren sollte. Abgesichert wurde das durch die Einrichtung von Witwen- und Waisenkassen, Pensionsregelungen und die Besoldungsgesetze von 1897 und 1909.[138] In den Jahrzehnten vor und nach der Jahrhundertwende verbesserte sich die Einkommenssituation preußischer Volksschullehrer deshalb beträchtlich.[139]

Zwar blieb die strukturelle und finanzielle Benachteiligung von Volksschullehrerinnen erhalten, aber auch ihre Einkommen wurden angehoben. 1897 betrug das Mindesteinkommen für preußische Volksschullehrerinnen 700 Mark im Jahr (das der Lehrer 900 Mark), bis 1909 war es auf 1 200 Mark gestiegen (bei Lehrern auf 1 400 Mark). Florentine Gebhardt begann 1895 als Volksschullehrerin in Hannoversch-Münden mit einem Gehalt von insgesamt 900 Mark im Jahr.[140]

Das maximale Endgehalt einer Lehrerin konnte auf 2 950 Mark im Jahr ansteigen, das eines Lehrers auf 4 200 Mark. Auch die Alterszulagen, Mietentschädigungen und Ortszulagen von Lehrerinnen wurden angehoben, erreichten aber nicht die Beträge der männlichen Kollegen. Ebenso blieben die Lehrerinnen in ihren Aufstiegschancen begrenzt.[141] Bildeten Volksschullehrer die unterste Stufe der Hierarchie der Lehrerbeamten, so standen ordentliche Professoren an deren Spitze. Um einen Eindruck von der Spannweite in der Besoldung zu geben, sei erwähnt, daß die am höchsten bezahlte Lehrergruppe, die ordentlichen Professoren an der Berliner Universität, im Jahr 1897 ein "Normalmaximum" von 9 400 Mark im Jahr erreichen konnte.[142]

---

[137] Johann Georg Krünitz, "Schulhalterinnen", Oekonomisch-technologische Enzyklopädie, Band 62 (1794) S. 161f.

[138] Herbert Deppisch; Walter Meisinger, Vom Stand zum Amt. Der materielle und soziale Emanzipationsprozeß der Elementarlehrer in Preußen. Wiesbaden 1992, S. 53, 55.

[139] Deppisch/Meisinger, Vom Stand zum Amt, 1992, S. 218.

[140] Gebhardt, Der Weg zum Lehrstuhl, 1933, S. 114.

[141] Deppisch/Meisinger, Vom Stand zum Amt, 1992, S. 220f., 225, 230. Klewitz, Preußische Volksschule, 1981, S. 557f. Vgl. auch Wilbrandt/Wilbrandt, Die deutsche Frau im Beruf, 1902, S. 323-331.

[142] Eine Überschreitung dieses "Normalmaximums" war mit Genehmigung des Finanzministeriums möglich, s. Deppisch/Meisinger, Vom Stand zum Amt, 1992, S. 263f.

Auch an den öffentlichen höheren Mädchenschulen in Preußen bestanden beträchtliche Unterschiede in den Gehältern von Lehrern und Lehrerinnen. Nach der Statistik von 1901 verfügten Schulleiter über ein Durchschnittseinkommen von 5 444 Mark im Jahr, während Leiterinnen – 1901 waren es in Preußen 28 – auf 2 221 Mark im Jahr kamen. Sie lagen damit sogar noch geringfügig unter dem Durchschnittseinkommen von 2 223 Mark der Oberlehrerinnen, von denen es 1901 in Preußen 139 gab. Auguste Sprengel verdiente 1879 in der Position einer ersten Lehrerin an der städtischen höheren Mädchenschule in Waren 1 500 Mark im Jahr.[143] Die mit 863 Personen größte Gruppe der Ordentlichen Lehrerinnen erhielt durchschnittlich 1 841 Mark im Jahr.[144]

Allgemeine Daten zur Bezahlung an privaten höheren Mädchenschulen gibt es nicht.[145] Über die höhere Mädchenschule in Wesel, an der Thekla Trinks in den Jahren 1854 bis 1857 arbeitete, berichtet der Chronist, daß die Lehrkräfte ihre Anstellung wegen unzureichender Bezahlung oft bald wieder aufgaben. Seiner Darstellung nach hatte die ständige Finanznot des Schulvereins zur Folge, daß dessen Mitglieder nahezu jährlich bedeutende Summen zuschießen mußten: "Dieser Umstand führte dazu, daß die Gehälter der Lehrkräfte möglichst niedrig gehalten und die Wochenstundenzahl möglichst hoch bemessen wurde. Da ist es erklärlich, daß die Lehrkräfte Vergleiche ihrer geldlichen Lage mit der ihrer Amtsgenossen und Amtsgenossinnen an öffentlichen Anstalten anstellten und diese nicht zu ihren Gunsten ausfielen. Klagen nach dieser Richtung und entsprechende Gesuche finden sich sehr häufig in den Sitzungsberichten des Kuratoriums. Dabei hatten die Lehrkräfte außer dem Direktor, für den ein kleiner Grundstock angelegt wurde, keinerlei Aussicht auf Ruhegehalt."[146]

Abgesehen von den hauptberuflich tätigen Lehrerinnen gab es die große, aber nicht genau zu beziffernde Zahl der nicht angestellten Lehrerinnen. Über ihre Einkommensmöglichkeiten finden sich nur verstreute Hinweise. Die Entlohnung der zahlreichen Fachlehrerinnen sah noch um die Jahrhundertwende ungünstig aus, denn die meisten von ihnen arbeiteten stundenweise an einer oder an mehreren Schulen. Oft erteilten sie nur zwei Stunden in der Woche. Die angestellten Handarbeitslehrerinnen in Berlin kamen auf 300 bis 600 Mark im Jahr, aber sie erhielten weder Mietentschädigung noch

---

[143] Sprengel, Erinnerungen, 1932, S. 30.
[144] Bäumer, Geschichte und Stand der Frauenbildung, hier Tab. VI hinter S. 128.
[145] Wilbrandt/Wilbrandt, Die deutsche Frau im Beruf, 1902, S. 327.
[146] Otto Hollweg: Die Geschichte der Anstalt. In: ders. (Hg.): Festschrift zur Feier des 75jährigen Bestehens des Städtischen Oberlyzeums i. E. in Wesel. Wesel 1928, S. 4-31, hier S. 10.

Alterszulage, und sie erwarben keine Pensionsansprüche.[147] Lehrerinnen der Hauswirtschaft verdienten, sofern sie angestellt waren, besser, denn sie erhielten um 1901 bei freier Station immerhin ein Durchschnittsgehalt von 480 Mark an aufwärts, für Leiterinnen konnte es bis auf 1 000 Mark im Jahr steigen.[148]

Etwas darunter lagen die Musiklehrerinnen, wenn sie eine Anstellung erreicht hatten. In diesem Fall konnten sie bei freier Station 300 bis 400 Mark im Jahr erzielen. Sehr viel ungünstiger sahen ihre Verdienstmöglichkeiten als Klavierlehrerin aus. Da es hier ein Überangebot an lehrwilligen, aber nicht ausgebildeten Frauen gab, drückte das die Preise. Dieser Unterricht galt ähnlich wie Näharbeit nicht als gelernte Arbeit und wurde entsprechend schlecht bezahlt. Vor allem in Großstädten brachte eine Klavierstunde oft nur 25 bis 60 Pfennige ein. Nur wenige Klavierlehrerinnen erhielten drei bis vier Mark in der Stunde.[149] Thekla Trinks hat darauf hingewiesen, daß Musikunterricht in England bedeutend teurer war als in Deutschland. Ihre Angaben für die kleine Residenzstadt Meiningen in der Zeit um 1870 liegen im oberen Bereich: Sie nennt zwei bis drei Mark pro Stunde.[150]

Im Zeitraum um die Jahrhundertwende begannen für Erzieherinnen die Gehälter bei freier Station etwa bei 300 Mark im Jahr, sie konnten bis auf 1 500 Mark oder sogar 2 000 Mark ansteigen. Als Durchschnitt galten Jahreseinkommen von etwa 600 Mark. In Auslandsstellen ließen sich indessen weitaus höhere Gehälter erzielen. Einkommensbeträge in vergleichbarer Größenordnung führt Irene Hardach-Pinke an. Sie zitiert eine Erzieherin, die nach eigener Einschätzung sowohl in der untersten wie in der höchsten Gehaltsstufe gearbeitet hat: Sie erzielte Jahreseinkommen von 150 Mark bis 2 100 Mark.[151] Thekla Trinks verdiente 1857/58 als Erzieherin in Irland 800 Mark im Jahr bei freier Station inklusive Wäsche und erhielt eine Reisekostenerstattung in Höhe von 200 Mark. Fünf Jahre später nahm sie ein Angebot aus England an, das ihr 2 000 Mark Jahresgehalt einbrachte.[152]

Erzieherinnen lagen dem Verdienst nach etwa im Bereich der Volksschullehrerinnen; das ergibt folgende Gegenüberstellung der Einnahmen: Kamen die Volksschullehrerinnen durch Grundgehalt plus Zulagen auf

---

[147] Wilbrandt/Wilbrandt, Die deutsche Frau im Beruf, 1902, S. 327.
[148] Hedwig Heyl: Die hauswirtschaftliche Schule. In: Lange/Bäumer (Hg.), Handbuch der Frauenbewegung, III. Teil, 1902, S. 158.
[149] Wilbrandt/Wilbrandt, Die deutsche Frau im Beruf, 1902, S. 331f.
[150] Trinks, Lebensführung, 1892, S. 220.
[151] Wilbrandt/Wilbrandt, Die deutsche Frau im Beruf, 1902, S. 331; Hardach-Pinke, Gouvernante, 1993, S. 176, bezieht sich auf den Artikel "Verschiedenes" in: Die Lehrerin in Schule und Haus, 1885, S. 127.
[152] Trinks, Lebensführung, 1892, S. 61, 186.

durchschnittlich etwa 1 300 Mark im Jahr, so muß für die Erzieherinnen zu den 600 Mark Gehalt die freie Station gerechnet werden, für die allerdings nur sehr schwer ein Durchschnittswert zu veranschlagen ist. Er soll hier auf etwa 800 Mark geschätzt werden. Von den nun insgesamt 1 400 Mark sind jedoch wieder Rücklagen für Krankheit und Alter sowie Ausgaben für verdienstlose Zeiten zwischen zwei Anstellungen abzuziehen. In welchem Umfang diese Rechnung für Erzieherinnen aufgehen konnte, ist bislang nicht untersucht worden.[153] Deutlich wird an dieser komplexen Einkommensstruktur und der unzureichenden Datenlage, mit welcher Vorsicht vereinzelte Gehaltsangaben zu gewichten sind.

Je nach den regionalen Verhältnissen und ob der Arbeitsplatz in einer Stadt oder auf dem Land lag, unterschieden sich die Aufwendungen für die Lebenshaltungskosten beträchtlich. Wilbrandt und Wilbrandt rechneten 1901 in ihrer Analyse über "Die gegenwärtige Lage der Frauenarbeit in Deutschland" vor, daß eine Volksschullehrerin in Berlin mit ihrem Anfangsgehalt selbst bei bescheidenster Lebensführung nicht diejenigen Bedürfnisse befriedigen konnte, die sie als "Tochter des gebildeten Mittelstandes mitbringt und als geistig arbeitende auch mitzubringen berechtigt ist."[154] Ausgangspunkt ihrer Berechnung sind als Einnahmen ein Anfangsgehalt von 1 000 Mark plus 432 Mark Mietentschädigung. Diesen 1 432 Mark stehen folgende Ausgaben für Lebensbedürfnisse gegenüber: Kost 540 M., Wohnung 300 M., Heizung 80 M., Licht 40 M., Wäsche 70 M., Kleidung 250 M.; insgesamt 1 280 M; für übrige Ausgaben: Steuern etwa 40 M., Krankenkasse, Baden, Gesundheitspflege 30 M., Reisen, Theater, Konzerte, Geschenke, Ausflüge 100 M., Bücher usw. 30 M., Vereinsbestrebungen 10 M., Stadtbahn- und Straßenbahnfahrten 40 M.; insgesamt 250 M. Beide Positionen ergeben zusammen 1 530 Mark, es entsteht also pro Jahr ein Defizit von etwa 100 Mark.[155] Diese Aufstellung bestätigt ungefähr die weiter oben mit durchschnittlich 800 Mark geschätzte freie Station, denn es ist zu berücksichtigen, daß Wilbrandt und Wilbrandt bei den genannten Beträgen für Verpflegung und Wohnen auf zusammen 960 Mark kommen; sie gehen offenbar davon

---

[153] Hardach-Pinke bemerkt dazu: "Wieviele Hauslehrerinnen tatsächlich von ihrem Gehalt einen Notgroschen für ihr Alter sparen konnten, läßt sich nicht feststellen. Jedenfalls waren die Einkommensverhältnisse schwankend." Hardach-Pinke, Gouvernante, 1993, S. 176.
[154] Wilbrandt/Wilbrandt, Die deutsche Frau im Beruf, 1902, S. 325.
[155] Wilbrandt/Wilbrandt, Die deutsche Frau im Beruf, 1902, S. 325. Vgl. dazu Deppisch/ Meisinger, die die materielle Lage der Volksschullehrer weitgehend aufgrund von Haushaltslisten untersuchen, in denen jedoch als Zähleinheit von einer Lehrerfamilie ausgegangen wird, Deppisch/Meisinger, Vom Stand zum Amt, 1992, S. 43ff. In Lehrerfamilien konnten beamtete Lehrerinnen aufgrund des Zölibats nicht leben, diese Haushaltslisten eignen sich für sie also nur begrenzt als Quellen.

aus, daß die Lehrerin als Einzelperson einen eigenen Haushalt führte. Helene Lange lebte zu Beginn der 1870er Jahre in Berlin von etwa 1 500 Mark im Jahr und hielt diesen Betrag für relativ gering, denn sie sagt von sich "ich konnte mit wenig auskommen".[156]

Als modifizierender Faktor ist miteinzubeziehen, ob eine Volksschullehrerin mit ihrem Einkommen für sich allein eine "standesgemäße" Lebensführung finanzieren konnte, wenn sie sich nicht an dem Standard von Volksschullehrerfamilien orientierte, sondern, zum Beispiel als Pfarrers- oder Offizierstochter, denjenigen ihrer Herkunftsfamilie beibehalten wollte. Die Lösung dieses Problems war um die Jahrhundertwende für Volksschullehrerinnen nur in Ausnahmefällen durch einen berufsinternen Aufstieg möglich. Angebote zur Weiterbildung, zum Beispiel zur Oberlehrerin, verursachten wiederum erhebliche Kosten.[157]

Unter bestimmten familiären und sozialen Voraussetzungen entstand dieses Einkommensproblem indessen nicht. Viele Lehrerinnen waren nämlich gar nicht darauf angewiesen, ihren Lebensunterhalt ausschließlich mit ihrem Lehrerinnengehalt zu bestreiten, weil sie über weitere Ressourcen verfügten, sei es, daß sie Einkünfte aus Vermögen erhielten oder weiterhin im Haushalt ihrer Eltern standesgemäß lebten. Die nicht abgesicherten Lehrerinnen mußten durch eine zusätzliche Erwerbstätigkeit den Mangel ausgleichen.

Charakteristisch für die Autobiographinnen ist, daß ihre materielle Basis auf gemischten Einkommen beruhte. Keine von ihnen finanzierte über die Zeit eines vollen Berufslebens, also über mindestens 40 Jahre, ihren Lebensunterhalt ausschließlich durch die Einkünfte aus ihrer Lehrtätigkeit. Das heißt nicht, daß dieser Verdienst, zumindest bei einigen, nicht zum Lebensunterhalt ausgereicht hätte. Es besagt vielmehr, daß bei fast allen die Möglichkeit bestand, bei Bedarf auf familiäre Ressourcen zurückgreifen zu können oder daß andere Erwerbsarten zugänglich waren. Zu den ungezählten Töchtern des "unbemittelten Bürgerstandes", die sich eine Erwerbstätigkeit suchen mußten,[158] gehörten die meisten der hier beschriebenen Autobiographinnen mithin nicht. Wie materielle Engpässe subjektiv empfunden und dann autobiographisch "veröffentlicht" wurden, steht wiederum auf einem anderen Blatt.

Woraus setzen sich nun diese gemischten Einkommen im einzelnen zusammen? Mit Lehrtätigkeiten, die nebeneinander ausgeübt wurden, zum

---

[156] Lange, Lebenserinnerungen, 1921, S. 105.
[157] Vgl. dazu die Angabe bei M. Blochmann, "Laß dich gelüsten ..., 1990, S. 103, die sich auf Anna Vorwerk bezieht: Jährlich waren für Studiengebühren 100 Mark und für Unterbringung und Verpflegung mindestens 500 Mark aufzubringen.
[158] Vgl. Wilbrandt/Wilbrandt, Die deutsche Frau im Beruf, 1902, S. 318.

Beispiel neben der Anstellung an einer Schule, ist bereits die häufigste Variante beschrieben; sie betrifft sieben von zehn Autobiographinnen. Bei der Mehrzahl von ihnen – Bertha Buchwald, Luise Kraft, Bertha Riedel-Ahrens, Florentine Gebhardt – ging es darum, das Einkommen aus der Schultätigkeit durch zusätzliche Lehrtätigkeit aufzustocken. Anders lagen die Verhältnisse bei Auguste Sprengel und Marie Torhorst. Sie erteilten ihre Kurse aus Engagement für Jugendliche, Torhorst aus politischen Gründen und Sprengel, um bildungswillige Mädchen zu fördern, und beide taten das vermutlich ohne Bezahlung. Gretchen Wohlwill erteilte ihre privaten Malstunden wohl nicht nur des Geldes wegen, sondern aus Interesse an begabten Schülerinnen.

Zur zweiten Variante gehören Ottilie Wildermuth und Hedwig Heyl. Sie unterrichteten ihre Kinder und praktizierten daneben noch andere Formen von Lehre, Ottilie Wildermuth als Privatlehrerin, Hedwig Heyl gab Kurse.

Clara Jurtz nimmt eine Sonderstellung ein, denn die Zeit, in der sie verschiedene Lehrtätigkeiten kombinierte, fällt in eine gesundheitliche Regenerationsphase: Während sie in Kaiserswerth mit leichter Büroarbeit beschäftigt wurde, unterrichtete sie dort einerseits einige Stunden im Waisenhaus und gab Bibelstunden im Asyl. Sie erteilte daneben aber auch in zwei Familien Klavierunterricht.[159] Diese zehn Autobiographinnen bilden zwar keine große Gruppe, aber ihr relativer Anteil bleibt mit knapp einem Drittel der Gesamtzahl über die Generationen hinweg gleich, und auch das Hauptmotiv, das Einkommen aus Schultätigkeit aufzustocken, tritt in jeder Generation auf.

Ein anderes Bild bieten diejenigen Autobiographinnen, die neben der Lehrtätigkeit einer anderen Art von Erwerb nachgingen. Insgesamt trifft das auf 19 von ihnen zu und damit auf über die Hälfte, allerdings im Zeitverlauf mit sinkender Tendenz. In der ersten Generation haben bis auf Hedwig von Bismarck alle anderen Autobiographinnen neben ihrer Lehrtätigkeit anderweitig Geld verdient. Das Spektrum dieser Tätigkeiten ist allerdings begrenzt.

Am häufigsten versuchten sich die Frauen auf dem Gebiet der Schriftstellerei. Von ihnen beließ es nur Wilhelmine Canz bei gelegentlichen Beiträgen in Zeitschriften, zum Beispiel in den "Jugendblättern". Ottilie Wildermuth und Isabella Braun hingegen gaben ihre Lehrtätigkeit völlig auf, um Zeit für das einträglichere Schreiben zu gewinnen, das jedoch nicht ihre einzige Arbeit darstellte: Isabella Braun hatte nach ihrer Entlassung als Volksschullehrerin mit Privatstunden nicht genug verdient und begann zu schreiben, später arbeitete sie gleichzeitig als Herausgeberin. Ottilie Wildermuth hatte neben ihrer Schriftstellerei weiterhin einen großen Haushalt zu leiten. Über

---

[159] Jurtz, Ihm zu dienen, 1930, S. 129.

die Einnahmen beider Frauen aus ihrer Arbeit als Schriftstellerin ist kaum etwas bekannt. Von Ottilie Wildermuth wissen wir immerhin, daß sie 1852 vom Verleger Krabbe für ein Buch 350 Gulden (600 Mark) Honorar und für die achtbändige "Erste Gesamt-Ausgabe" (1862) eine Anzahlung von 2 000 Gulden (etwa 3 400 Mark) erhielt.[160] Das waren stattliche Beträge, denn etwa zur gleichen Zeit verdiente Thekla Trinks als examinierte Lehrerin an der höheren Töchterschule in Siegen 900 Mark im Jahr.[161] Malwida von Meysenbug, die schon während ihrer Tätigkeit als Privatlehrerin in London mit schriftstellerischen Arbeiten begonnen hatte, nahm den Sprachunterricht nicht wieder auf, als sie ihre Stellung im Haus von Alexander Herzen verließ. Sie wollte künftig nur noch durch Schreiben, vor allem auf journalistischem Gebiet, und als Übersetzerin Geld verdienen.

Eine traditionelle Praxis bürgerlicher Frauen war es, durch die Aufnahme von Pensionären und Pensionärinnen einen Teil der Lebenshaltungskosten zu erwirtschaften.[162] Zahlreiche Autorinnen haben das in ihrem Elternhaus kennengelernt. Allerdings setzte das das Vorhandensein einer genügend großen Wohnung mit entsprechender Ausstattung voraus. Ottilie Wildermuth verbesserte auf diese Weise jahrelang das Familieneinkommen. Und auch Bertha Buchwald nahm neben ihren beiden Tätigkeiten als Leiterin einer Privatschule und als Privatlehrerin noch ein bis zwei Kostgängerinnen in ihren Haushalt auf. Nur Dorette Mittendorf ergänzte ihre Einnahmen als Privatlehrerin durch Heimarbeit mit Handarbeiten. Diese beiden Erwerbsarten ermöglichten es ihr, trotz ihrer Kränklichkeit, Geld zu verdienen, denn einer Stelle als Erzieherin war sie aus gesundheitlichen Gründen nicht gewachsen. Gemeinsam ist den genannten Erwerbsmöglichkeiten, daß sie keine Investition in eine Ausbildung erforderten, daß sie im eigenen Haushalt und zeitlich flexibel durchgeführt werden konnten und daß sie meistens zur Aufbesserung des Einkommens notwendig waren.

In der zweiten Generation hat gut die Hälfte der Autobiographinnen neben Lehrtätigkeiten noch auf andere Art Geld verdient. Von diesen acht Frauen haben sich sechs schriftstellerisch betätigt. Drei von ihnen – Charitas Bischoff, Emma Vely und Bertha Riedel-Ahrens – taten das im belletristischen Bereich, wobei Emma Vely und Bertha Riedel-Ahrens als alleinerzie-

---

[160] Ottilie Wildermuth in der Hauschronik zum 9.9.1852, in: Wildermuth, Leben, S. 240; über die Anzahlung vgl. Eda Sagarra: Gegen den Zeit- und Revolutionsgeist. Ida Gräfin Hahn-Hahn und die christliche Tendenzliteratur im Deutschland des 19. Jahrhunderts. In: Gisela Brinker-Gabler (Hg.): Deutsche Literatur von Frauen. Band 2: 19. und 20. Jahrhundert, 1988, S. 105-119, hier S. 106.
[161] 1853/54, Trinks, Lebensführung, 1892, S. 25.
[162] Vgl. Luise Gunga: Zimmer frei. Berliner Pensionswirtinnen im Kaiserreich. Frankfurt/Main 1995.

hende Mütter für sich und ihre Kinder den Lebensunterhalt verdienen mußten. Beide hatten während ihrer Erzieherinnentätigkeit mit dem Schreiben begonnen und bereits erste Erfolge erzielt. Lehrtätigkeit spielte bei ihnen deshalb eine immer geringere Rolle: Emma Vely unterrichtete ihre Tochter selbst; Bertha Riedel-Ahrens gab an einer Schule sowie privat einige Stunden Unterricht, aber auch für sie bildete das Schreiben zunehmend den Hauptverdienst. Hedwig Heyl, Helene Lange und Luise Le Beau schrieben über die Bereiche, in denen sie arbeiteten und lehrten. Wie hoch die Einnahmen aus diesen sachbezogenen Publikationen waren und in welchem Verhältnis sie zum Aufwand an Zeit standen, läßt sich nicht beziffern.

Die beiden übrigen Autobiographinnen sind separat zu betrachten. Das Hauptarbeitsgebiet der Bäuerin Luise Kraft blieb die Arbeit in Haus und Hof, Geldeinnahmen verschafften ihr vornehmlich ihre Tätigkeit als Handarbeitslehrerin an der Volksschule und die Heimarbeit als Stickerin. Auf die Sonderstellung von Clara Jurtz habe ich bereits hingewiesen: Daß sie mehrere Jahre lang auf Weisung ihres Mutterhauses Büroarbeiten verrichtete, lag an ihrem angegriffenen Gesundheitszustand. Als Kaiserswerther Diakonisse verfügte sie über kein eigenes Einkommen, hatte dafür aber Anspruch auf Versorgung durch das Mutterhaus.

Wie schon in der ersten Generation sind auch in der zweiten diejenigen Frauen nicht zu übersehen, die Lehrtätigkeit zugunsten der Schriftstellerei aufgaben, mit der sie bei entsprechender Begabung und Marktorientierung gut verdienen konnten. Unter diesen jüngeren Autobiographinnen publizierten mehrere in ihrem Fachgebiet, nutzten also eine spezifische Qualifikation. Abgesehen von den beiden späteren Schriftstellerinnen Emma Vely und Bertha Riedel-Ahrens handelte es sich um einen Zuverdienst, der zum Lebensunterhalt nicht unbedingt notwendig war.

In der dritten Generation hat die Hälfte der Autobiographinnen zusätzlich zur Lehrtätigkeit mit anderen Arbeiten Geld verdient. Lediglich Florentine Gebhardt verkörpert noch den Typ der Lehrerin, die von ihrem kargen Einkommen als Volksschullehrerin nicht "standesgemäß" leben konnte, zumal sie Angehörige mitversorgte. Und nur sie verdiente durch Schriftstellerei, Privatstunden und Heimarbeit hinzu. Im Unterschied zu Frauen der vorhergehenden Generation wechselte sie jedoch nicht völlig zur Schriftstellerei, denn nun band die inzwischen eingeführte Kranken- und Alterssicherung einer staatlichen Anstellung an den Beruf. Das regelmäßig steigende Lehrerinnengehalt und die zu Ende gehende Unterhaltsverpflichtung gegenüber ihren Angehörigen setzten sie zudem in die Lage, den zusätzlichen Nebenerwerb durch Privatunterricht und Heimarbeit reduzieren und schließlich ganz aufgeben zu können.

Mathilde Ludendorff wiederum entspricht dem seit der ersten Generation vorkommenden Typ der lehrenden Mutter, die noch mit anderer Tätigkeit Geld verdient. Aber in ihrem Fall handelt es sich bereits um den Beruf einer Ärztin.

Zwischen zwei Berufen standen Gretchen Wohlwill, die Malerin, und Meta Diestel, die Sängerin. Sie erteilten in ihrer Kunst Unterricht und verdienten damit Geld, in welchem Umfang bleibt unklar. Meta Diestel gab ihren Privatunterricht schließlich zugunsten der Tätigkeit als Chorleiterin ganz auf. Marie Torhorst arbeitete nur solange als Vertretungslehrerin und in einer Bibliothek, bis sie eine feste Anstellung an einer Schule erreicht hatte. Von den jüngsten Autobiographinnen ging somit keine der hauptberuflichen Lehrerinnen einer anderen Nebentätigkeit nach, bis auf Florentine Gebhardt, die besondere Anstrengungen für eine "standesgemäße" Lebensführung unternehmen mußte. Insgesamt erweiterte sich das Spektrum von Erwerbsquellen in dieser Generation, die Notwendigkeit zu zusätzlichem Erwerb nahm ab, und nicht-qualifizierte Arbeiten spielten kaum noch eine Rolle.

Betrachtet man nun diejenigen Einkommensquellen und Ressourcen der Autobiographinnen, über die sie auf Dauer und unabhängig von und neben ihren Erwerbstätigkeiten verfügten, so ergibt sich ein aufschlußreicher Befund: Die meisten von ihnen besaßen in der einen oder anderen Form weitere kontinuierliche Einkünfte oder konnten zumindest mit sozialem Rückhalt in ihrer Familie rechnen. Auch wenn die Autobiographinnen sich nicht detailliert zu diesen Ressourcen äußerten, gibt es Hinweise auf Geldeinkünfte aus Erbschaften und Renten, also relativ regelmäßige oder langfristig verfügbare Beträge. Auf sie konnte fast die Hälfte der Autobiographinnen zurückgreifen.

Daneben erhielten die meisten soziale Unterstützung durch die Familie oder durch einzelne Familienmitglieder. Damit ist einerseits die Versorgung durch den Ehemann gemeint. Bei ledigen Frauen andererseits handelte es sich vor allem um Unterbringung und Versorgung im Bedarfsfall, sowie um Hilfeleistungen wie die Beschaffung einer Wohnung, aber auch um gelegentliche Geldzuwendungen. Auf diesen Rückhalt konnten wohl die meisten Autobiographinnen zurückgreifen. Lediglich Dorette Mittendorf aus der ersten Generation verzichtete ausdrücklich darauf, und bei Emma Vely und Bertha Riedel-Ahrens aus der zweiten Generation gibt es keine Anhaltspunkte für eine Unterstützung dieser Art. Rosa Sucher ist aufgrund ihrer außergewöhnlichen Karriere aus dieser Aufstellung auszunehmen.

Allerdings bestehen zwischen den Autobiographinnen je nach Generationszugehörigkeit deutliche Unterschiede hinsichtlich der Art dieser zusätzlichen Ressourcen. Aufgrund von Erbschaften oder rentenähnlichen Zuwendungen schon während ihres Arbeitslebens waren die Frauen aus der ersten Generation am besten versorgt. Bei den beiden Adligen Hedwig von Bismarck und Malwida von Meysenbug hing das mit ihrer sozialen Herkunft zusammen, und Wilhelmine Canz, die ihre Mutter und eine Tante beerbte, konnte damit ihren Lebensunterhalt bestreiten. Isabella Braun, die 1848 als erst 33jährige ihre Anstellung als Volksschullehrerin verlor, erhielt danach eine bescheidene Pension von 175 Mark im Jahr, von der sie auch mit den unsicheren Einnahmen aus Privatstunden nicht leben konnte, so daß sie zur Schriftstellerei wechselte. Dorette Mittendorf wurde etwa zehn Jahre lang während ihrer langwierigen Erkrankung mit einer Rente von jährlich 1 050 Mark durch eine reiche, adlige Engländerin unterstützt, die sie bei einem Erholungsaufenthalt in der französischen Schweiz kennengelernt hatte. Bertha Buchwald erhielt als 60jährige und nach der Schließung ihrer Privatschule von ihrem Bruder Karl ein Legat, das ihr ein sorgenfreies Leben ermöglichte, sowie ein zweites von der Stadt Braunschweig. Ihre Bemühungen um eine "Kloster- oder Stiftsstelle" blieben indessen ohne Erfolg.

Unter den Autobiographinnen der zweiten Generation profitierten zumindest Hedwig Heyl, Helene Lange und – in geringerem Umfang – Clara Jurtz von Erbschaften. Doch nur von Emma Vely ist bekannt, daß sie ohne Anstellung eine staatliche "Rente" erhielt: Nach der erfolgreichen Aufführung ihres Theaterstücks in Stuttgart erwies ihr der Württembergische König auf ungewöhnliche Weise sein Wohlwollen. Sie schreibt: "Fünfmal kam das Stück wieder zur Aufführung. Am Tage nach der ersten erhielt ich eine Kabinettszuschrift des Inhalts, daß der König mir zur Erziehung meines Kindes eine Summe von jährlich fünfhundert Mark angewiesen habe. Mündlich wurde mir dazu vom Staatsrat von Griesinger mitgeteilt, daß Seine Majestät denke, dies sei mir lieber als das Geschenk eines Brillantarmbandes. Ich nahm die königliche Gabe dankbar an. Ein König gab sie, als einziger, der dachte, daß ich schwer mit dem Leben zu kämpfen hatte, bis zu König Karls Tode hat mein Kind dies Stipendium genossen."[163]

In der dritten Generation finden sich wieder relativ mehr Erbinnen. Diese Autobiographinnen äußerten sich nicht explizit über ihre Vermögensverhältnisse, aber einige – Marie-Elisabeth Lüders, Gretchen Wohlwill und Margarete Klinckerfuß – erwähnen eher beiläufig den Besitz oder Mitbesitz eines Hauses, sie verfügten also über dauerhafte und sichere Werte. Daß auch Minna Specht Vermögen besaß, wissen wir von ihrem Neffen, denn er

---

[163] Vely, Leben, 1929, S. 327.

berichtete, daß sie es der Walkemühle vermachte.[164] Vermutlich hat auch Marie Torhorst von ihrer wohlhabenden Mutter geerbt.

Betrachtet man nun die Autobiographinnen im Generationenvergleich, so wird deutlich, daß die in der ersten Generation materiell am besten und die in der zweiten am schlechtesten gestellt waren. Gewiß kann von diesem Sachverhalt nicht geradlinig auf die spezifische Motivationsstruktur geschlossen werden, wie sie im Abschnitt über den Weg in die erste Stelle herausgearbeitet wurde. Es ist aber nicht von der Hand zu weisen, daß einerseits die geringe Motivation zum Lehrerinnenberuf in der ersten Generation mit einer relativ guten finanziellen Ausstattung zusammentrifft und daß andererseits die finanziell eher schlecht gestellten Autobiographinnen aus der zweiten Generation in viel stärkerem Maß den Lehrerinnenberuf anstrebten, sie sogar die "Lehrerinnengeneration" darstellen. Die dritte Generation bietet ein weniger einheitliches Bild. Diesen Frauen stehen wieder häufiger finanzielle Ressourcen zur Verfügung, und sie sind von ihren beruflichen Zielen her nicht mehr so stark am Lehrerinnenberuf orientiert.

In der Regel erzielten die Autobiographinnen als Lehrerinnen keine hohen Einkommen. Das nahmen sie in Kauf, wenn zusätzliche Einkünfte vorhanden waren oder sie mit anderen Erwerbsarten das Defizit ausgleichen konnten. Einige von ihnen wechselten allerdings in einen anderen Beruf, wenn sie dort besser verdienen konnten und er ihren Neigungen eher entsprach.

Zusammenfassend bleibt festzuhalten, daß Autobiographinnen häufig ein hohes Alter erreichten und hauptsächlich in den Lebensjahren zwischen 50 und 80 Jahren ihre Autobiographie verfaßten. Die meisten von ihnen brauchten dazu bis zu fünf Jahre, einige waren aber sehr viel länger damit beschäftigt.

Die meisten Autobiographinnen und vor allem die aus der zweiten Generation, nehmen schon in jungen Jahren, etwa im Alter von 20 Jahren, eine Lehrtätigkeit auf, aber lebenslang wird sie selten ausgeübt Für die Autobiographinnen der ersten Generation gab noch die Notwendigkeit des Verdienenwollens den Ausschlag, allerdings eher zur Ergänzung des Einkommens und weniger zur Finanzierung des gesamten Lebensunterhaltes. Dieses finanzielle Motiv nahm im Lauf der Generationen ab. In der zweiten Generation trat an seine Stelle der explizite Wunsch, Lehrerin zu werden. Typisch für diese neue Einstellung war, daß Erzieherinnenstellen oft nur noch als Ein-

---

[164] Heinrich Schiemann: Verwandtschaft und Freundschaft. In: Becker u. a. (Hg.): Erziehung und Politik. Minna Specht zu ihrem 80. Geburtstag. Frankfurt/Main 1960, S. 361.

stiegstätigkeit fungierten, und eine nachgeholte Lehrerinnenausbildung mit entsprechendem Zertifikat nun den Übergang in das private oder öffentliche Schulwesen erleichterte. Die Motive der Autobiographinnen aus der dritten Generation zeigen demgegenüber keine markante Prägung. Diese Autobiographinnen kennzeichnen eher unklare Zukunftsvorstellungen, wobei eine Ausbildung zur Lehrerin als Basis für eine Berufstätigkeit und als Weiterbildungsmöglichkeit nach wie vor eine Rolle spielt. Angesichts zunehmender Berufsmöglichkeiten stieg aber auch die Bereitschaft zum Wechsel der Tätigkeit an. Neu war für die Frauen der dritten Generation, daß nicht nur eine verbesserte Schulbildung, sondern auch Lehrerinnentätigkeit den Weg zur Universität öffnete und damit neue Berufsfelder in den Blick kamen.

Entsprechend den vielfältigen Funktionen, die Lehrtätigkeiten erfüllten, kam es nur selten zu geradlinigen Tätigkeitsverläufen. Die meisten Autobiographinnen unterbrachen nach einer gewissen Zeit ihre Lehrtätigkeit, vor allem um sie nach Ausbildung und Weiterbildung auf einer höheren beruflichen Stufe fortzuführen, aber auch weil andere Tätigkeiten oder eine Heirat ihr ein vorläufiges Ende setzten. Daß die spezifische Funktion von Lehrtätigkeit und ihr jeweiliger inhaltlicher Bezug sowohl die Position im Lebensverlauf bestimmte als auch die Dauer beeinflußte, hat die ungleichmäßige Verteilung spezieller Lehrtätigkeiten innerhalb der gesamten Arbeitsbiographie gezeigt. Folgende Tendenzen treten hervor:

Die Erzieherinnen waren die jüngsten, die mit Lehrtätigkeit begannen und sie übten sie nur für wenige Jahre aus. Etwa ein Jahrzehnt älter waren die Familienlehrerinnen, die insgesamt länger unterrichteten. Ihnen folgten dem Lebensalter nach die Lehrerinnen im beruflichen Bereich. Am längste dauerten die Phasen der Schullehrerinnen. Sie begann im Alter von etwa 25 Jahren. Vor allem in der zweiten Generation nahmen diese Lehrphasen den Umfang eines Hauptberufs mit mindestens 15 Jahren Dauer an.

Das Ende von Lehrtätigkeit zeigt keine klare zeitliche Kontur. Im Unterschied zum typischen Eintrittsalter ist ein Ruhestandsalter nur ansatzweise zu erkennen. Die Beendigungsgründe sind vielfältig: berufsbedingte Gründe wie befristete Verträge oder Entlassungen dominieren, und neben allgemeinen historischen Ereignissen führen individuelle Gründe, beispielsweise ein Tätigkeitswechsel, zum Abschluß. Mit dem Ende von Lehrtätigkeit ist aber nicht zugleich das Ende von Arbeit generell verbunden.

Bei keiner der Autobiographinnen findet sich eine "normale" Lehrerinnenlaufbahn mit der Abfolge Schule – Ausbildung – Berufstätigkeit – Ruhestand. Sowohl dem zeitlichen Umfang wie den zentralen Motiven nach verkörpern die Frauen aus der zweiten Generation am deutlichsten den Lehrerinnenberuf.

Als Einkommensquelle waren Lehrtätigkeiten nicht lukrativ. Nur in einigen Fällen konnten Autobiographinnen damit eine "standesgemäße" Lebensweise sichern. Charakteristisch ist eher, daß sie diese Einnahmen vornehmlich brauchten, um vorhandene andere Einkünfte zu ergänzen. Keine einzige von ihnen hat ein volles Berufsleben lang ausschließlich mit Lehrtätigkeit ihren Lebensunterhalt verdient.

Dieses Ergebnis wird durch das bei der Analyse der Zeitstrukturen ermittelte untermauert: Lehrtätigkeit kommt als reine Vollzeittätigkeit nur bei einigen Autobiographinnen vor, und zwar hauptsächlich in der zweiten Generation. Reine Teilzeitarbeit ist ebenfalls selten. Diese Zeitdimensionen hängen einerseits mit spezifischen Arbeitsplätzen zusammen – Erzieherinnen arbeiteten immer in Vollzeit, während es sich bei Privatlehrerinnen immer um Teilzeit handelte –, andererseits wurde Lehrtätigkeit oft mit anderen Erwerbsarten kombiniert oder stellte einen Teil der Hausarbeit dar.

4. Orte

Der Ort, an dem Arbeit stattfindet, beeinflußt diese Arbeit. Das gilt auch umgekehrt. Je nachdem, wie weit die Kreise um eine arbeitende Person gezogen werden, geraten unterschiedliche Räume und damit Rahmenbedingungen von Arbeit in den Blick. Abstufungen von der weitesten Ausdehnung eines Kontinents über Nation, Land, Region bis zu Stadt, Dorf und Schloß kommen in den Autobiographien vor, allerdings mit unterschiedlicher Darstellungsdichte. Um diese geographische Lokalisierung der Arbeitsorte geht es im folgenden.[1] Anschließend sind Arbeitsorte im engeren Sinn von Arbeitsplatz mit seinen räumlichen, materiellen, institutionellen und personalen Bedingungen das Thema. Da jede Art von Lehrtätigkeit berücksichtigt wurde, kam ein breites Spektrum von Arbeitsplätzen zustande. Sie werden nach dem Muster Familie – Schule – Beruf gruppiert, wobei Überschneidungsbereiche wie die Internate oder die nur sehr schwer einzuordnenden Kurse von besonderem Interesse sind.

In den autobiographischen Darstellungen wird erkennbar, daß zwischen dem Ort des Arbeitens und dem Ort des Wohnens keine klare Trennlinie verlief.[2] Einige Beispiele aus den Autobiographien mögen dies verdeutlichen: Daß Erwerbstätigkeit innerhalb eines privaten Wohnraumes stattfinden kann, ist für (Heim-)Arbeiterinnen bekannt, für Frauen aus dem Bürgertum galt das den Zeitgenossen zumindest als nicht standesgemäß. Das hatte zur Folge, daß arbeitende Frauen aus bürgerlichen Kreisen in bestimmten Situationen ein Interesse daran hatten, den Erwerbskontext ihres Arbeitens zu verschleiern. Florentine Gebhardt hat solch eine Situation beschrieben: Als sie während der anstrengenden autodidaktischen Vorbereitung auf das Volksschullehrerinnenexamen durch die Vermittlung von Helene Lange einen Erholungsaufenthalt im schlesischen Georgsdorf verbringen konnte, nahm sie ihre Bücher und auch die von einer Fabrikbesitzersfrau bestellte Nadelarbeit mit. Sie schreibt darüber: "Auf der Veranda mit dem Fernblick ins Glatzer Bergland sitzend, lernte ich und stichelte dabei fleißig, denn die Decke mußte fertig sein, ehe ich nach Berlin zurückreiste, die 15 oder 20 Mark dafür waren mehr als nötig! Meine freundlichen Wirtsleute glaubten zwar, es würde ein Hochzeitsgeschenk für eine Freundin. Sie brauchten

---

[1] Eine Untersuchung der Bewegungsformen und -möglichkeiten in diesen Räumen, d. h. das berufsbedingte Reisen der lehrenden Frauen, stellt ein eigenes, hier nicht auszuführendes Thema dar.

[2] Die Vorstellung von eindeutig voneinander abgrenzbaren öffentlichen und privaten Räumen erwies sich als Konstruktion, denn die virtuelle Grenze wurde unterschiedlich wahrgenommen und mit verschiedenartigen Mitteln durchgesetzt oder auch durchbrochen. Auch dieses Thema kann hier nicht vertieft werden, da es die vielfältigen sozialgeschichtlichen Aspekte des Wohnens ebenso einzubeziehen hätte wie beispielsweise kommunale Baurichtlinien für Dienstwohnungen beim Schulbau.

es nicht zu wissen, daß ich selbst beim Studium und in der Erholungszeit noch ans Verdienen dachte."[3] Ein Arbeitsplatz läßt sich demnach nicht immer räumlich festlegen und abgrenzen.

Der kleinste Raum, den einige Autobiographinnen in bestimmten Arbeitsverhältnissen – als Internatslehrerin, als Gouvernante – in Anspruch nehmen konnten, war ihr Bett. Und dabei war noch nicht einmal eine Abtrennung zum umgebenden Raum selbstverständlich. Thekla Trinks, die im staatlichen Lehrerinnenseminar in Droyßig zwar ein Wohnzimmer hatte, aber zusammen mit ihren Schülerinnen schlief, galt als "anspruchsvoll", weil sie mit einem Vorhang einen kleinen Raum um ihr Bett herum abgrenzte.[4] Und Florentine Gebhardt erhielt als Lehrerin in einem privaten Haushaltspensionat kein eigenes Zimmer, ihr mußten Schränke als Abgrenzung ihres Schlafbereichs genügen. Zuerst stand ihr Bett in einem großen Badezimmer, später im Durchgangszimmer zur Küche. Reichte der Arbeitsplatz in diesen Fällen bis zum Bett, so konnte der Raum des Arbeitens in anderen Fällen bis auf die Straße reichen, wenn zum Beispiel Thekla Trinks als Pensionatsleiterin stolz ihre zwölf Zöglinge auf dem Osterspaziergang präsentierte oder wenn das unüberhörbare Klavierspielen ihrer Pensionärinnen auf sechs Instrumenten bis auf die Straße hinaus signalisierte, daß alles seinen geregelten Gang ging.[5]

4.1 Geographische Orte

Für die Gestaltungsmöglichkeiten von Arbeitsverhältnissen spielt es eine Rolle, an welchem geographischen Ort eine Tätigkeit verrichtet wird, denn die lokalen Gegebenheiten mit ihren klimatischen Verhältnissen, ökonomischen und kulturellen Angeboten und sozialen Beziehungen können einen Ortswechsel bewirken oder verhindern. Ausgangspunkt ist die Frage, ob die Autobiographinnen dorthin zogen, wo sie Arbeit fanden oder ob sie eher dort Arbeit suchten, wo sie bereits wohnten, besonders wenn es sich um den Geburts- bzw. Heimatort handelte.

Die Auswertung der geographischen Orte, an denen die Autobiographinnen einer Lehrtätigkeit nachgingen, kann sich nicht in allen Fällen auf genaue Ortsangaben stützen. Etwa bei einem Drittel der Frauen fehlen exakte Informationen darüber, unter anderem dann, wenn Autobiographinnen keine identifizierbaren

---

[3] Gebhardt, Der Weg zum Lehrstuhl, 1933, S. 94. Zur Bewertung geschlechtsspezifischer Arbeiten wie Textilarbeiten vgl. Wedel, Frauen lehren, 1997, S. 156-175, hier S. 172f.
[4] Trinks, Lebensführung, 1892, S. 158.
[5] Trinks, Lebensführung, 1892, S. 211, 225.

Orte nennen, wie zum Beispiel Auguste Sprengel, die in drei verschiedenen Stellen "auf dem Lande" als Erzieherin tätig war.[6]

Trotz dieser Ungenauigkeiten läßt sich folgendes festhalten: Die 32 Autobiographinnen waren an etwa 120 Orten in irgendeiner Weise lehrend tätig; eine einzelne Frau arbeitete demnach durchschnittlich an etwa vier Orten. Diese Relation erweist sich im Zeitverlauf als relativ stabil, denn auch bei einer Differenzierung nach Generationen gibt es keine bedeutenden Abweichungen. Ebenso zeigt eine Aufschlüsselung der Anzahl vorkommender Orte je Autobiographin, daß auf gut die Hälfte der Frauen tatsächlich bis zu vier Arbeitsorte kommen. Die meisten Lehrorte hat Minna Specht mit zwölf Angaben aufzuweisen, was jedoch zu einem Teil an mehreren Wohnort- und Stellenwechseln während ihre Exiljahre liegt. Läßt man einen gravierenden äußeren Einfluß wie das Exil außer acht, dann steht Thekla Trinks mit zehn Orten an der Spitze. Demgegenüber übten nur sieben Autobiographinnen Lehrtätigkeit ausschließlich an einem Ort aus.

Lehrerinnentätigkeit eröffnete Arbeitsplätze und damit Erfahrungsmöglichkeiten nicht nur in der Heimat und über Ländergrenzen hinaus, sondern auch in fernen Kontinenten. Von den ermittelten 120 Arbeitsorte lagen zwei Drittel (81) innerhalb der Grenzen des Deutschen Reichs und immerhin ein Drittel (39) außerhalb. Von den Auslandsorten wiederum befanden sich 33 in Europa und zwar mit folgender Verteilung auf einzelne Länder: 17 Orte in England, 4 in Frankreich, jeweils 2 in Österreich (Wien, Triest), in der Schweiz (Genf, N.N.), in Dänemark (Möllervangen, Östrupgaard) und in Rumänien (Bukarest, N.N.); jeweils einer in Italien (N.N.), Spanien (Madrid), Portugal (Lissabon) und Rußland (St. Petersburg). Außerhalb von Europa arbeiteten Autobiographinnen in der Türkei (Smyrna), in den USA (auf dem Land am Minnetonka-See), in Brasilien (Rio de Janeiro und Campos), Chile (Valparaiso) und Australien (Rarmonie). Daß besonders Gouvernanten im Ausland Stellen annahmen, hat Irene Hardach-Pinke beschrieben.[7] Ausschließlich in Orten in Deutschland arbeiteten 15 Autobiographinnen, und zwar waren es in der zweiten Generation mit einem Drittel, relativ gesehen, die wenigsten. Als einzige Frau übte Rosa Sucher Lehrtätigkeit nur im Ausland – in Wien – aus.

Die Frauen in der zweiten Generation besaßen demnach am häufigsten Lehrerfahrung in Auslandsstellen. Das bedeutet nicht, daß sie auch die längsten Auslandsaufenthalte hatten: Die meisten dieser zehn Frauen arbeiteten zwar als Erzieherinnen in einer oder mehreren Stellen, aber sie blieben nicht sehr lange dort. Nur die Erzieherin Auguste Mues und die Schullehrerin Clara Jurtz verbrachten deutlich mehr als fünf Jahre im Ausland. Aus der ersten Generation

---

[6] Sprengel, Erinnerungen, 1932, S. 18-20.
[7] Hardach-Pinke, Gouvernante, 1993, S. 206-227, bes. S. 226.

hatten sich Malwida von Meysenbug und Dorette Mittendorf für Jahrzehnte im Ausland niedergelassen. Das hing bei ihnen jedoch nicht mit Stellenangeboten zusammen. Bei den vier Autobiographinnen aus der dritten Generation war Lehrtätigkeit ebenfalls kein vorrangiges Motiv für ihren Auslandsaufenthalt: Minna Specht und Gretchen Wohlwill gingen ins Exil, und für die beiden Künstlerinnen Margarete Klinckerfuß und Meta Diestel spielte die Lehrtätigkeit im Ausland eine Nebenrolle. Auslandsaufenthalte allein einer Lehrtätigkeit wegen, sei es zur Qualifikation in Sprachen für den Lehrberuf, sei es als lukrative Erwerbsmöglichkeit, gab es unter den jüngsten Autobiographinnen mithin nicht mehr.

Da 17 Autobiographinnen und damit über die Hälfte der Gesamtgruppe einer Lehrtätigkeit im Ausland nachgingen, ist nach den näheren Umständen zu fragen, die zu dem ersten Aufbruch in ein fremdes Land führten. Für die meisten dieser Frauen lag dieser Schritt nicht am Anfang ihrer Lehrtätigkeit, denn sie hatten bereits in einer oder in mehreren Stellen als Lehrerin in Deutschland gearbeitet. Nur Helene Lange, Bertha Riedel-Ahrens und Rosa Sucher begannen damit nicht in Deutschland. Allerdings hatte auch Thekla Trinks den Wunsch, sofort nach ihrem Examen eine Stelle in England anzunehmen. Aber ihr Vater bestand darauf, daß sie zunächst in Deutschland als Lehrerin arbeitete.

Ähnlich erging es der neunzehnjährigen Emma Vely, die nach ihrer ersten und nur kurz dauernden Erzieherinnenstelle auf dem Land als Erzieherin ins Ausland gehen wollte. Sie schreibt über die Zwischenphase im Jahr 1867: "In den paar Sommermonaten hatte ich die buntesten Pläne, ein Sehnen nach der schimmernden, flimmernden Welt, in die große blaue Weite kam über mich. Nach Brasilien, nach Schottland, nach Cuba und Rumänien wurden mir Erzieherinnenstellungen angeboten – aber da begann wieder das allgemeine Schütteln des Kopfes über meine Abenteuerlust. "Bleib im Land!" Und was mir immer fehlte, trotz meiner heißen Wünsche und gestümen Worte, war der Mut zu einer Tat, mit der ich, wie ich vermeinte, auch nur irgend jemand weh tun konnte. Bis zum Herbst war die abenteuerliche Reisestimmung von den Verwandten gedämpft, ich hatte nur noch das Sehnen überhaupt hinaus. Ein mich ganz besonders anmutender Antrag kam aus Westfalen, aus der einsamen Oberförsterei Bredelar; eine feine Frauenhand, ein guter Brief, also 'in den Wald!'"[8] Und auch Auguste Mues ließ sich von Kusinen eine verheißungsvolle Erzieherinnenstelle ausreden: Sie sollte 1869 in Konstantinopel die Erziehung der beiden Töchter des Generals Wendt übernehmen.[9]

---

[8] Vely, Leben, 1929, S. 79.
[9] Mues, Lebens-Erinnerungen, 1894, S. 39.

Vorbehalte von Verwandten gegenüber einer Lehrtätigkeit im Ausland waren selten.[10] In der Mehrzahl der Fälle verhalfen gerade Verwandte, Männer ebenso wie Frauen, oder Personen aus dem Freundes- und Bekanntenkreis zu einer Anstellung im Ausland oder setzten dafür ihre eigenen Kontakte ein. Die Häufigkeit und Bereitwilligkeit zu dieser Unterstützung überrascht insofern, als sie sich nicht ohne weiteres mit den Restriktionen des bürgerlichen Frauenbildes vereinbaren läßt. Gerade Bewegungsräume außerhalb des eigenen Hauses und der Kontrolle der Familie wurden den Bürgerinnen beschnitten. Möglicherweise vermittelte die Beteiligung nahestehender Personen bei der Stellenvermittlung den Eindruck, daß dadurch die Einbindung in die Familie aufrechterhalten blieb. Tatsächlich besaß diese "Mitwirkung" einen deutlichen Vorteil: Auf diese Weise ließ sich das Risiko falscher Erwartungen für beide Seiten, für die einstellende Familie ebenso wie für die künftige Erzieherin oder Lehrerin, verringern. Die überwiegend positiven Erfahrungen der Autobiographinnen bestätigen das.

Verwandtschaftliche Hilfe führte jedoch nicht immer zu einem zufriedenstellenden Arbeitsverhältnis. Diese Erfahrung machte Bertha Buchwald, der ihr Bruder Karl ein günstig klingendes Engagement nach Valparaiso in Chile vermittelte. Aber der Arbeitgeber dort hielt sich nicht an den Vertrag. Nur mit Mühe gelang es ihr, die Entlassung durchzusetzen. Dorette Mittendorf wiederum mußte bei ihrem Aufenthalt in London erleben, daß die dort wohnenden Verwandten ihr nur widerstrebend und in geringem Maß behilflich waren. Sie spürte deutlich, daß man sie schnell wieder los werden wollte. Insgesamt erwies sich Stellenvermittlung mit Hilfe von persönlich bekannten Personen jedoch für beide am Arbeitsverhältnis beteiligten Seiten als ein probates Mittel, falsche Erwartungen zu reduzieren.

Die Gründe, die Autobiographinnen in ausländische Stellungen führten, waren begrenzt. Bei den meisten Frauen standen berufliche Überlegungen im Vordergrund: zum einen das Ziel, die Sprache des fremden Landes geläufig zu beherrschen, um sie später in Deutschland unterrichten zu können; zum andern die Aussicht, im Ausland ein besonders hohes Einkommen zu erzielen, wie es in Deutschland nur selten zu erreichen war. Aber auch ein nicht zu unterschätzendes Maß an Abenteuerlust und Neugier auf die Welt außerhalb des eigenen Gesichtskreises spielte eine Rolle.

Ortswechsel in Deutschland unterlagen demgegenüber anderen Einflüssen und beruhten teilweise auf anderen Motiven. Schon die Verteilung der Arbeitsorte zeigt auf der Fläche des Deutschen Reiches Leerstellen und Häufungen: Abgesehen von großen Städten sind vor allem die ländlichen Gebiete in

---

[10] Eine ähnliche Akzeptanz gegenüber weiten Reisen hat Hardach-Pinke für Gouvernanten beobachtet, Hardach-Pinke, Gouvernante, 1993, S. 206.

Bayern und in der gesamten norddeutschen Tiefebene kaum vertreten, ebensowenig die mittleren Territorien Thüringen, Sachsen und Mecklenburg und von Preußen die Mark Brandenburg und die östlichen Provinzen. Die östlichen Gebiete Deutschlands bleiben peripher. Eine erkennbare Häufung von Orten gibt es im Rhein-Ruhr-Gebiet und im Neckarraum, weiterhin im hessischen Mittelgebirge und im Gebiet des Harzes. Die Lehrerinnentätigkeit führte die Autobiographinnen zwar in neue Orte, im allgemeinen aber in Gebiete Deutschlands, in denen häufig schon ihre Geburtsorte lagen.

Im ländlichen Bereich sind vor allem Autobiographinnen aus der ersten und zweiten Generation als Erzieherinnen tätig, und zwar ausschließlich im nördlichen Deutschland. Schullehrerinnen auf dem Land kommen dort nicht vor. Diese arbeiteten ab der zweiten Generation hauptsächlich in Mitteldeutschland, womit hier die West-Ost-Ausdehnung des Deutschen Reichs etwa im Bereich der Mittelgebirge mit dem Einschluß von Schlesien gemeint ist. Schullehrerinnen der zweiten und dritten Generation finden wir relativ oft in den Klein- und Mittelstädten Mitteldeutschlands. Hinsichtlich der Großstädte erhält der Norden Deutschlands aufgrund der Dominanz von Berlin und Hamburg, die beide in allen drei Generationen vertreten sind, eindeutig das Übergewicht. In der mittleren Zone Deutschlands sind die Großstädte Köln, Düsseldorf und Breslau Arbeitsorte, und im Süden gehören Stuttgart und München dazu. In Sachsens Großstädten Dresden und Leipzig hat hingegen keine der hier ausgewählten Autobiographinnen als Lehrerin gearbeitet. In den Großstädten sind hauptsächlich Schullehrerinnen zu finden, wo sich ihnen Arbeitsmöglichkeiten in zahlreichen Institutionen boten. Das Spektrum reicht von allgemeinbildenden Schulen bis zu Einrichtungen für Erwachsenenbildung.

Festzuhalten ist, daß der Süden Deutschlands im gesamten Zeitraum unterrepräsentiert bleibt und damit ein wichtiger Raum, in dem vor allem katholische Lehrerinnen traditionell tätig waren. Der Norden Deutschlands hingegen und teilweise die preußischen Rheinprovinzen waren das Arbeitsfeld einerseits von evangelischen Erzieherinnen der ersten und zweiten Generation auf dem Lande, andererseits von Lehrerinnen aus allen Generationen in den unterschiedlichen schulischen Institutionen der Großstädte. In den östlichen Gebieten des Deutschen Reiches arbeiteten kaum Autobiographinnen. In der mittleren Zone Deutschlands und in Klein- und Mittelstädten findet man Schullehrerinnen vor allem aus der zweiten und dritten Generation.

Ortswechsel, die mit beruflichen Veränderungen zusammenhingen, berührten auf vielfältige Art die bisherige Lebensweise und stellten beträchtliche Anforderungen an das Anpassungsvermögen der Fortziehenden. Von den hier betrachteten Autobiographinnen haben die meisten diese Erfahrung gemacht, viele von ihnen mehrfach. Allerdings zog eine Aufnahme lehrender Tätigkeit oder eine Veränderung darin nicht zwangsläufig eine Ortsveränderung nach sich.

In welchem Ausmaß waren die Autobiographinnen zu beruflich bedingten Ortswechseln innerhalb von Deutschland bereit? Für die Gesamtgruppe ist diese Frage nicht eindeutig zu beantworten. Autobiographinnen, die während ihres Lehrerinnenlebens immer nur dieser Tätigkeit wegen umzogen, sind selten. Diejenigen hingegen, die ausschließlich an ihren Wohnorten Lehrtätigkeiten ausübten, stammen aus allen drei Generationen und bilden mit knapp einem Drittel eine beachtliche Gruppe. An ihr fallen zwei Merkmale auf. Erstens waren die meisten dieser Frauen verheiratet und hatten Kinder, und Lehre als Berufstätigkeit bildete bei ihnen nicht den Lebensmittelpunkt. Nur Charitas Bischoff und Bertha Riedel-Ahrens arbeiteten vor ihrer Heirat als Erzieherinnen im Ausland. Zweitens handelt es sich bei den übrigen Frauen um die Künstlerinnen aus der dritten Generation, die Lehrtätigkeit ebenfalls nicht als ihre vorrangige Lebensarbeit betrachteten. Aus dem Rahmen fällt allein Marie Franz, die als Volksschullehrerin nur an einem Ort tätig war; doch mit ihren 28 Jahren stand sie erst am Beginn eines Arbeitslebens. Wenn die familiäre Situation oder ein künstlerischer Beruf den Ort bestimmten, nutzten die Frauen die Möglichkeiten des Wohnortes für Lehrtätigkeiten.

Im allgemeinen war die Bereitschaft, für eine Anstellung den Wohnort zu verlassen, hoch. Über die Hälfte der Autobiographinnen nahm dafür einen Ortswechsel in Kauf, überwiegend kam das mehrfach pro Person vor, im Durchschnitt etwa dreimal. Diese beachtliche Mobilität war in der zweiten Generation am größten. Das lag jedoch weniger an den immer noch häufigen Stellen- und damit Ortswechseln von Erzieherinnen, denn dieser Mobilitätsfaktor hatte gegenüber der ersten Generation bereits abgenommen. Vielmehr kam es in der zweiten Generation zum ersten Mal zu einem Wechsel der Schule. Allein Thekla Trinks hat an Schulen in fünf verschiedenen Orten gearbeitet, ehe sie ihr eigenes Pensionat gründete.

In der dritten Generation haben Florentine Gebhardt, Minna Specht und Marie Torhorst an Schulen in verschiedenen Orten unterrichtet. Das lag vor allem daran, daß Minna Specht und Marie Torhorst mit diesen Wechseln ihren ideologischen Vorstellungen von Schule näher zu kommen suchten. Florentine Gebhardt dagegen wechselte so lange, bis sie ihr doppeltes Ziel – Sicherheit und Heimatnähe – an der Volksschule in Tegel bei Berlin erreicht hatte: die Anstellung an einer städtischen Schule mit Pensionsberechtigung und an einem Ort, der, nach dem Wunsch ihrer alten Mutter, nicht all zu fern von ihrem Heimatraum Schlesien lag. Weshalb der vorhergehende Ort Hannoversch-Münden trotz der zufriedenstellenden Arbeitsbedingungen nicht auf Dauer in Frage kam, erläutert sie ausführlich: "So lernte ich bald die Gegend mit all ihren Reizen, die Menschen und Verhältnisse der Stadt kennen. Aber auch die Schwierigkeiten, die sich dem Plan einer Uebersiedlung meiner alten, an Herzschwächen leidenden Mutter entgegensetzten. Schon durch die Lage der Stadt in dem von hohen Bergen umschlossenen Tal dreier Flußläufe. Die enge Innenstadt bot für neu Hinzuziehende wenig Wohngelegenheit, die Villen an den Berglehnen waren z. T. nicht vermietbar oder forderten für die Haushaltsführung einen Mehraufwand an Kraft, der eine stete Haushilfe nötig machte und damit beträchtliche Kosten. Kassel, durch kurze Bahnfahrt erreichbar, bot zwar Möglichkeiten für eine Berufsausbildung auch der zweiten Schwester Grete, aber der Bahnhof lag immerhin ziemlich weit ab. Dazu war es fraglich, ob meine Mutter als alternde Frau ihre lebenslangen ostdeutschen Gewohnheiten und Anschauungen auf die völlig anders geartete Landschaft und Bevölkerung und manche fremdartige Einrichtung würde umstellen können."[11]

Die zahlreichen Ortswechsel dürfen jedoch nicht darüber hinwegtäuschen, daß bei vielen der hauptberuflich lehrenden Autobiographinnen eine ausgeprägte Bindung an ihre Heimatregion, also den mehr oder weniger weit gezogenen Einzugsbereich ihres Geburtsortes, bestehen blieb. Diese regionale Bindung zeigt sich bereits an der geographischen Lage der Arbeitsorte der Erzieherinnen. Die meisten von ihnen begannen nämlich in Stellen, die nicht weiter als etwa 150 Kilometer von ihrem Elternhaus entfernt lagen. Oft war die Entfernung noch geringer.[12]

Mit dieser räumlichen Nähe war ein mehr oder weniger eng geknüpftes Netz sozialer Beziehungen verbunden. Es förderte das Zustandekommen von Arbeitsverhältnissen, denn es verringerte die Risiken auf beiden Seiten: Im Bekanntenkreis junger Mädchen wurde über vakante Erzieherinnenstellen gesprochen und nach geeigneten Bewerberinnen Ausschau gehalten, und über die Arbeitsbedingungen konnten zumindest grobe Informationen eingeholt werden. Den ersten Kontakt zwischen nachfragender Familie und Bewerberin stellte in günstigen Fällen eine beiden Seiten bekannte und vertrauenswürdige Person her. Bei Auguste Mues zum Beispiel ging die Initiative von ihrer früheren Lehrerin aus, die für eine befreundete Familie nach einer Erzieherin suchte. Die Stellensuche mit Hilfe von Zeitungsannoncen begann sich erst allmählich durchzusetzen, und nichtkommerzielle Institutionen zur Stellenvermittlung kamen erst gegen Ende des 19. Jahrhunderts auf. Meistens übernahmen Pfarrer oder Lehrer die Vermittlung.[13]

---

[11] Gebhardt, Der zwiefache Weg, 1942, S. 11.
[12] Pollmann hat für Norddeutschland, speziell für Absolventinnen des evangelischen Seminars in Augustenburg, eine weitgehende Übereinstimmung von Geburts-, Ausbildungs- und Anstellungsregion festgestellt; das gilt noch stärker für Oberbayern. Pollmann, Lehrerinnen, 1989, S. 105f.
[13] Zu den Problemen bei der Stellenvermittlung von Gouvernanten vgl. Hardach-Pinke, Gouvernante, 1993, über den hugenottischen Berliner Pädagogen J. H. S. Formey S. 128-141; zu Schulrat

Außerdem erleichterte es eine geringe Entfernung der jungen Erzieherin, Besuche im Elternhaus zu machen, wie es bei Auguste Mues, Auguste Sprengel und Emma Vely, vermutlich auch bei Bertha Buchwald der Fall war. Auguste Sprengel berichtet in ihren Erinnerungen zwar nicht darüber, wie sie zu ihrer ersten Erzieherinnenstelle kam, aber sie erwähnt, daß ihre Arbeitgeber ihre Eltern zumindest dem Namen nach kannten. Das Ansehen der Eltern verhalf der Tochter dazu, als erwerbstätige Erzieherin in der arbeitgebenden Familie eine ihrer sozialen Herkunft entsprechende Position einzunehmen. Als Maßstab dafür nennt Auguste Sprengel, daß sie am geselligen Verkehr der Familie wie deren eigene Tochter teilnahm. Sie spricht von dem "sehr hübschen Verkehr, in dem ich mich dank der allgemeinen Verehrung für meine Eltern von vornherein wohl und heimisch fühlen durfte."[14]

Doch nicht nur für junge Erzieherinnen war es vorteilhaft, wenn ihr Arbeitsplatz nicht weit von ihrem Elternhaus lag. Auch für die Anstellung an Schulen ebnete die soziale Verankerung am Schulort den Weg. Der Fall von Auguste Sprengel, Autobiographin aus der zweiten Generation, liefert dafür ein bemerkenswertes Beispiel. Auguste Sprengel arbeitete im Jahr 1869 als Erzieherin auf dem Land, als sie von maßgebender Seite – vermutlich vom Bürgermeister – ihrer Heimatstadt Waren in Mecklenburg-Schwerin per Eilbrief das Angebot erhielt, künftig als erste Lehrerin an der in Gründung befindlichen städtischen höheren Mädchenschule zu arbeiten. Daß diese Anfrage an sie gestellt wurde, hing zweifellos damit zusammen, daß sie in Waren aufgewachsen war und ihre Familie zu dem örtlichen Honoratiorenkreis zählte. Ihr früh verstorbener Vater war hier Amtsrichter gewesen, und ihre verwitwete Mutter lebte noch in der Stadt, so daß über sie der Kontakt zur auswärts arbeitenden Auguste hergestellt werden konnte. Eine Rolle spielte vermutlich auch, daß ein Mitglied des künftigen Schulvorstandes, Pastor Lehmann, während der Schulzeit ihr Religionslehrer war, sie also von daher kannte. Auguste Sprengel nahm das Angebot an. Die notwendige Voraussetzung dafür, das staatliche Lehrerinnenexamen, besaß sie zu diesem Zeitpunkt nicht. Sie akzeptierte deshalb die Bedingung, diese Prüfung nach einem Jahr nachzuholen.

Aus Auguste Sprengels Sicht hatte diese Berufsentscheidung indessen nicht nur Vorteile. Nur schwer konnte sie sich mit der Vorstellung abfinden, ihre weiter reichenden Zukunftspläne – Aufenthalte in England und Frankreich – aufgeben

---

Karl Bormann S. 170; außerdem S. 99-101, 215; zu Auslandsstellen bes. S. 215-219. Inwieweit soziale Beziehungen die Stellenvermittlung steuerten und damit auch als Kontrollinstrument für Erwerbstätigkeit von Frauen fungierten, und ab wann und in welcher Form kommerzielle und staatliche Vermittlungseinrichtungen hinzukamen, wäre eine eigene Untersuchung wert. Dafür ist hier jedoch kein Raum.

[14] Sprengel, Erinnerungen, 1932, S. 19.

zu müssen und sich "mit 22 Jahren in der kleinen Stadt festzusetzen".[15] Den Ausschlag gaben ihre Bindung an die Heimat und die Aussicht, künftig mit der Mutter zusammenleben und ihr das Leben erleichtern zu können. Aus der Sicht der Schulgründer besaß dieses Arrangement so große Vorteile, daß sie ihren Ermessensspielraum nutzten, um entgegen dem üblichen Verfahren die für eine Anstellung notwendige staatliche Lehrerinnenprüfung erst nach einem Jahr einzufordern Offensichtlich wogen Auguste Sprengels soziale Position in Waren und ihre Kenntnis der Ortsverhältnisse schwerer als ein Examenszeugnis.

Die strukturellen Bedingungen des Schulsystems auf städtischer Ebene, die durch Prüfungen den Zugang zu Arbeitsverhältnissen regelten, konnten demnach durch abweichende lokale Interessen zumindest eingeschränkt oder zeitweise außer Kraft gesetzt werden. Dieser Sachverhalt bestätigt damit für die mecklenburgische Stadt Waren Ergebnisse, zu denen Frank-Michael Kuhlemann bei seiner Untersuchung des niederen Schulwesens in Preußen gekommen ist.[16] Er hat eine ausgeprägte lokale Differenzierung und Selbständigkeit des kommunalen Handelns feststellen können, die er als die "kleine Schulpolitik vor Ort" charakterisiert.[17]

Die Vertrautheit mit den lokalen Verhältnissen aufgrund sozialer Verankerung stellte offenbar eine Qualifikation dar, die hoch zählte, zumal sie auf dem Weg der üblichen Berufsausbildung nicht erworben werden konnte.[18] Daß die Schulgründer in Waren mit ihrer flexiblen Einstellung eine zweckdienliche Lösung gefunden hatten, sollte die künftige Entwicklung dieses Schulprojekts zeigen. Auguste Sprengel legte nicht nur im vorgeschriebenen Zeitraum die Prüfung ohne jede Schwierigkeit ab, sondern sie trug wesentlich dazu bei, die Unzulänglichkeiten der Schulverhältnisse in der Anfangsphase zu überwinden. Die Schule expandierte, und schon wenige Jahre später wurde Auguste Sprengel zur Schulleiterin befördert. Daß Ortskenntnisse von Lehrkräften auch weiterhin eine Rolle bei Einstellungen spielten, läßt sich Auguste Sprengels Schulerinnerungen

---

[15] Sprengel, Erinnerungen, 1932, S. 20.
[16] Kuhlemann, Modernisierung, 1992. Auf die Bedeutung des "kommunalen Spielraums" als den "Kontext von intentional genutzter Ermessensfreiheit in Form von schulrelevanten Beschlüssen der Selbstverwaltungsorgane und sozialstrukturellem Umfeld der Schule" hat schon Marion Klewitz hingewiesen; dies.: Preußische Volksschule vor 1914. Zur regionalen Auswertung der Schulstatistik. In: Zeitschrift für Pädagogik 27 (1981) S. 551-573, hier S. 556f.
[17] Kuhlemann, Niedere Schulen, 1991, S. 187; später spricht er vom "lokalen bzw. regionalen Relativismus"; ders.: Stadt, Region und schulstruktureller Wandel im 19. Jahrhundert. Ergebnisse und Perspektiven der Forschung. In: Paedagogica Historica 28 (1993) S. 289-299, hier S. 297.
[18] Pollmann behauptet, daß es übliche Praxis kommunaler Schulpolitik war, Einheimische bei der Besetzung von Stellen zu bevorzugen; in Braunschweig gab es sogar einen Beschluß der städtischen Behörde, nur braunschweigische Bewerberinnen im städtischen Schuldienst zu berücksichtigen. Pollmann, Lehrerinnen, 1989, S. 58. Ähnliches stellt Elke Kleinau für Hamburg fest, dies., Bildung und Geschlecht, 1997, S. 212.

entnehmen: Schon um 1872 begann ihre jüngere Schwester Luise als Vertretungslehrerin an der genannten höheren Mädchenschule zu arbeiten, und 1890 wurde sie fest angestellt. Daneben konnten seit etwa 1877 bei der Einstellung von Lehrerinnen die in der eigenen Schule ausgebildeten Schülerinnen herangezogen werden, sobald sie die Lehrerinnenprüfung abgelegt hatten.[19]

Auch für Thekla Trinks spielten während ihrer bewegten Berufslaufbahn Überlegungen hinsichtlich der Vor- und Nachteile spezifischer lokaler Verhältnisse eine Rolle. In Berlin zum Beispiel, wohin sie 1863 wegen der Übernahme einer zum Verkauf angebotenen privaten höheren Mädchenschule gereist war, hatte sie zwar keine Schwierigkeiten, die Konzession zu erhalten. Der zuständige Schulrat Karl Bormann riet ihr jedoch vom Kauf ab, unter anderem mit der Begründung, daß sie die örtlichen Verhältnisse nicht kenne. Sie zitiert ihn in ihren Lebenserinnerungen folgendermaßen: "Allein offen gesprochen, Ihre Energie und Begabung vorausgesetzt – so glaube ich dennoch nicht, daß Sie Glück haben würden. Denn Sie würden scheitern an den lokalen Schwierigkeiten, die mir für eine Nicht-Berlinerin unüberwindlich scheinen."[20] Möglicherweise wollte er jedoch nur auswärtige Konkurrenz vom heimischen Arbeitsmarkt fernhalten.

Als Thekla Trinks wenige Jahre später ein eigenes Pensionat eröffnete, wählte sie ihre Geburtsstadt Meiningen, in der ihre verwitwete Mutter und ihre jüngere Schwester lebten. Sie schätzte "die Nähe der Meinigen, deren stets bereite Teilnahme für alle meine Interessen mir ein großer Trost war."[21] Neben diesen sozialen Bindungen sprachen auch die lokalen Verhältnisse für die Wahl. Thekla Trinks beschreibt die Vorzüge des Standortes: "Nicht großartige, romantische Schönheit, wohl aber liebliche, harmonische Verhältnisse charakterisieren die Gegend. Daß ein solcher Ort für ein Pensionat, das schöne, leicht zu erreichende Spaziergänge als tägliche Erholung bedarf und dessen Hauptfreude im Sommer in weiteren Exkursionen besteht, ganz besonders geeignet ist – bedarf keiner weiteren Begründung. Außerdem aber bieten im Winter klassische Theateraufführungen und herrliche Konzerte, veranstaltet von dem durch seinen Kunstsinn allberühmten Herzog Georg, eine große Anziehung."[22] Noch im ersten Jahr wuchs die Schülerinnenzahl so an, daß Thekla Trinks ihre jüngere, ebenfalls in Meiningen lebende Schwester als Musiklehrerin einstellte.

Wenn Geburtsorte neben sozialen Beziehungen zusätzlich über berufsfördernde Faktoren wie ein Mindestmaß an urbaner Struktur, eine ausreichend große, bildungswillige und finanzkräftige Klientel sowie kooperative Behörden

---

[19] Sprengel nennt in ihren Erinnerungen 5 Lehrerinnen (mit verschleierter Namensform): Frl. Schlf. (S. 30), Frl. Elv. (S. 32), zwei weitere ehemalige Schülerinnen (S. 34), Frl. Hck. (S. 35).
[20] Trinks, Lebensführung, 1892, S. 185.
[21] Trinks, Lebensführung, 1892, S. 208.
[22] Trinks, Lebensführung, 1892, S. 209.

verfügten, dann fiel auf sie regelmäßig die Wahl als Arbeits- und Wohnort. Auf diese Weise ließen sich familiäre und berufliche Verpflichtungen am günstigsten miteinander vereinbaren. Autobiographinnen aus allen drei Generation haben sich diese vorteilhaften lokalen Konstellationen zunutze gemacht: Dorette Mittendorf entschied sich für Hannover, Thekla Trinks für Meiningen und Meta Diestel für Tübingen.

Nur selten galt ortsansässige Verwandtschaft als ein Hinderungsgrund: Wilhelmine Canz hatte vor, ihre Bildungsanstalt zwar im Remstal zu gründen, aus dem ihre Mutter stammte, ihr selbst war diese Gegend aber nicht gut bekannt. In der Kleinstadt Göppingen im Remstal, in der sie bereits längere Zeit bei einer Kusine gelebt hatte, wollte sie sich nicht niederlassen, obwohl die Geistlichen des Ortes ihr Unterstützung zugesagt hatten. Wilhelmine Canz zog ein ländliches Milieu vor: "Aber ich hatte das Gefühl, ein Dorf sei besser, als so eine Fabrikstadt. Und in der Stadt hatte ich meine Verwandten. Das hätte viel Abhaltung gegeben."[23] Vermutlich wollte sie ihr Projekt "außer Sichtweite" der kritischen Verwandten und außerhalb der Kontrolle der Pfarrer beginnen.

Daß Orte trotz befriedigender Arbeitsbedingungen ihrer lokalen Verhältnisse wegen verlassen wurden, gehört ebenfalls zu den Ausnahmen. Emma Vely, die während des 1870/71er Krieges in der Familie eines Oberförsters im Sauerland als Erzieherin arbeitete, bezieht sich in ihren Lebenserinnerungen auf einen Brief aus dieser Zeit, in dem sie sich über die ländliche Einsamkeit beklagte: "Ich bin nur sehr ärgerlich, daß ich hier in der Einsamkeit sitzen muß, bei den hiesigen Landbewohnern geht alles spurlos vorüber. Das dumme Volk hat Blei in den Adern, und nichts bringt sie aus ihrer gräulichen Schwerfälligkeit, aus ihrem Phlegma. Ich kann es nicht aushalten. – Ich denke auch ernstlich daran, mir die Welt ein wenig anzusehen. So lieb wie ich Oberförsters habe, lange kann ich hier nicht mehr sein. Meine Geduld und mein Geschmack an der Einsamkeit wollen nicht mehr ausreichen."[24] Wenig später übernahm sie eine Anstellung als Sprach- und Musiklehrerin in einer Familie in Triest.

Auch Thekla Trinks gab ihre angesehene Position im Königlichen Lehrerinnenseminar in Droyßig schließlich auf, weil die abgeschiedene Lage des Ortes ihre Isoliertheit innerhalb der Anstalt verstärkte und ihr örtliche Kontakte fehlten. So beklagt sie sich: "... daß ich nicht, wie die meisten anderen Lehrer, diese oder jene persönliche Beziehung in nicht allzuweiter Ferne pflegen konnte. Bei der damaligen Abgelegenheit Droyßigs war es nach Hildburghausen, dem Wohnort meiner Eltern, noch eine Tagereise weit; außerdem aber wohnten alle meine

---

[23] Canz, Giebt es einen lebendigen Gott? 1896, S. 172.
[24] Vely, Leben, 1929, S. 94.

Freunde in den westlichen Provinzen. So kam ich mir je länger, je mehr abgeschnitten und vereinsamt vor."[25]

In der Regel zogen die Autobiographinnen aus Orten mit zufriedenstellenden Arbeitsverhältnissen nur dann fort, wenn ihnen bereits bessere Angebote vorlagen. Erst in der zweiten Hälfte des 19. Jahrhunderts und damit vor allem für die Frauen aus der zweiten Generation entfaltete die aufstrebende Reichshauptstadt Berlin ihre Anziehungskraft.[26] Auch Florentine Gebhardt schätzte an Tegel, daß es so nah an Berlin lag: "Tegel, obwohl noch ein Stück davon entfernt, war doch so gut wie Berlin selber ...".[27]

Für Ortswechsel waren in der Hauptsache berufliche Motive verantwortlich. Versprachen zum einen Auslandsstellen hohen Verdienst und die Aneignung der in Deutschland hochgeschätzten Sprachkenntnisse, so ließ sich zum anderen innerhalb von Deutschland durch Stellenwechsel der berufliche Aufstieg voranbringen. Mobilität besaß nicht nur eine räumliche Dimension, die bedeutete, an entfernten Orten zu arbeiten, sondern auch eine zeitliche, die Wechsel innerhalb kurzer Zeitspannen betraf. Seßhaftigkeit beruhte eher auf berufsfernen Motiven. Entweder gab die familiäre Situation dafür den Ausschlag, oder das urbane Ambiente einer Großstadt förderte das Heimischwerden. Im Zeitverlauf nahmen Auslandsstellen ebenso wie Stellen auf dem Land mit dem Rückgang der Gouvernantentätigkeit ab. An der prinzipiellen Bereitschaft der Autobiographinnen zum Ortswechsel änderte das nichts.

4.2 Arbeitsplätze

Im Unterschied zu der üblichen Bevorzugung des öffentlichen allgemeinbildenden Schulsystems wird im folgenden angestrebt, der tatsächlich vorhandenen Bandbreite schulischer oder anderer Einrichtungen näherzukommen. An den jeweiligen Arbeitsplätzen interessieren die räumlichen Gegebenheiten, die sozialen Komponenten wie die Klientel aus Schülern, Schülerinnen sowie deren Eltern, das Kollegium und Vorgesetzte, die "Binnenstruktur", wie sie durch die Schüler-Lehrer-Relation, eine Differenzierung nach Jahrgangsklassen und die Ausstattung mit Lernmitteln bestimmt war, die Anstellungsverhältnisse und die damit zusammenhängende Kontrolle der

---

[25] Trinks, Lebensführung, 1892, S. 180f.
[26] In Berlin gingen folgende Autobiographinnen einer Lehrtätigkeit nach: 1. Generation: von Bismarck; 2. Generation: Heyl, Jurtz, Sprengel, Lange, Le Beau; 3. Generation: (Gebhardt, Franz), Torhorst, Specht, Ludendorff, Lüders.
[27] Gebhardt, Der zwiefache Weg, 1942, S. 18.

Lehrtätigkeit. Ein ähnliches Konzept vertritt Michael von Engelhardt, der von einer sozialwissenschaftlichen Position her argumentiert. Er fordert für eine Analyse der Lehrerarbeit im Bereich der Schule, daß die materiellen Voraussetzungen der Arbeitssituation des Lehrers berücksichtigt werden, um den Arbeitscharakter von Lehrtätigkeit zu konkretisieren. Er bezieht sich dabei auf die soziologische Forschungsrichtung, die Belastungsfaktoren im Lehrerberuf untersucht. Als entscheidende Rahmenbedingungen nennt er die materielle und räumliche Ausstattung der Schule, die Größe der Lerngruppen, die Arbeitszeit und Belastungen durch Verwaltungs- und Routinetätigkeit.[28] Wie die räumliche Ausstattung und der bauliche Zustand einer Schule die Arbeitsbedingungen maßgeblich beeinflußten, hat Pollmann untersucht.[29] Da es kaum Forschungen darüber gibt, wie sich die oft zu beobachtende räumliche Nähe von Lehrtätigkeiten und Wohnen sowohl auf die Berufsausübung wie auf die Lebensführung gerade der Frauen auswirkten, werden die in den Autobiographien enthaltenen Aussagen ausgiebig herangezogen.

Um bei dem breiten Spektrum von Lehrtätigkeiten und der Vielfalt ihrer Rahmenbedingungen einen Überblick zu gewinnen, habe ich vier Hauptgruppen von Arbeitsplätzen gebildet. Maßgebend für die Zuordnung war die Nähe oder Ferne des Arbeitsplatzes zu den Strukturen eines Privathaushalts oder zu schulischen Institutionen. Für diese Einteilung habe ich mich entschieden, weil sich damit der Bezug zu den Strukturen der individuellen Lebensverhältnisse eher feststellen läßt, als es bei der Gliederung nach Schultypen oder der problematischen, da dichotomen Gegenüberstellung von privat und öffentlich möglich ist.[30] Zugleich wird damit die historische Bedeutung der familiären Erziehung und Wissensvermittlung als Basis für die Schulentwicklung zum Ausdruck gebracht.[31]

Die erste Gruppe von Arbeitsplätzen umfaßt eigene und fremde Privathaushalte. Unter die zweite Gruppe fallen unter dem Oberbegriff Internate diejenigen "Anstalten" und "Institute", die organisatorisch eng mit der Etablierung eines Haushalts verbunden sind, also neben Internaten auch Pensionate oder Landerziehungsheime. In diesen Einrichtungen wohnten entweder die Lehrkräfte oder die

---

[28] Vgl. Michael von Engelhardt: Schule und Arbeitssituation des Lehrers. In: Enzyklopädie Erziehungswissenschaft. Band 5: Organisation, Recht und Ökonomie des Bildungswesens. Hg. von Martin Baethge, Knut Nevermann. Stuttgart 1984, S. 355-372, hier S. 356.

[29] Pollmann, Lehrerinnen, 1989, S. 66-70; sie teilt allerdings nichts über deutsche Verhältnisse mit. Bereits Klewitz hat darauf hingewiesen, daß die Qualität der Ausstattung einer Schule zu den Mobilitätsanreizen für Lehrkräfte gehörte, s. Klewitz, Preußische Volksschule, 1981, S. 558.

[30] Zur Praxis in der bildungshistorischen Forschung, als Kriterium die Trägerschaft heranzuziehen, um eine Schule als private oder öffentliche zu bewerten, vgl. Kemnitz/Tenorth/Horn, Der Ort des Pädagogischen, 1998, S. 141.

[31] Vgl. Ludwig Fertig, „Schulalternativen" in historischer Sicht, 1983, S. 394f.

zu Unterrichtenden oder beide Gruppen zusammen. Zur dritten Gruppe zählen Schulen aller Art, berufsbildende wie allgemeinbildende und private wie öffentliche. Schließlich hat es sich als vorteilhaft herausgestellt, die nur schwer zu bestimmenden "Kurse" als eigene vierte Gruppe zu behandeln, auch wenn sie nur bedingt als "Arbeitsplatz" gelten können. Charakteristisch ist für sie die relative Unabhängigkeit des Arbeitsplatzes von den zeitlichen und räumlichen Strukturen von Institutionen.

In allen vier Gruppen von Arbeitsplätzen sind Autobiographinnen aus jeder Generation vertreten, allerdings in unterschiedlichem Umfang. Nicht einmal ein Viertel aller Autobiographinnen ist ausschließlich einer einzigen Gruppe zuzuordnen. Die meisten Frauen waren demnach mindestens an zwei Arten von Arbeitsplätzen tätig. Drei Frauen, Thekla Trinks und Helene Lange aus der zweiten und Minna Specht aus der dritten Generation, haben sogar Erfahrungen mit allen vier Arten gesammelt. Hinsichtlich der Häufigkeit, mit der Frauen in den unterschiedlichen Arbeitsplatzgruppen vorkommen, ergibt sich folgendes Bild: Bis auf drei Frauen haben alle in der einen oder anderen Form Lehrtätigkeit in einem Privathaushalt ausgeübt, wobei fremde Haushalte dominieren. Über die Hälfte aller Autobiographinnen war im eigenen Haushalt tätig. In Lehranstalten war gut ein Drittel der Frauen tätig und das über die Generationen hinweg etwa im gleichen Umfang. Fast zwei Drittel der Autobiographinnen hatte Lehrerfahrungen in Schulen, auch hier mit relativ gleichbleibendem Anteil in jeder Generation. Lehrtätigkeit, die in Kursen oder kursähnlicher Form stattfand, kam erst im Lauf der Generationen auf. Immerhin gut ein Drittel aller Frauen hat diese Form praktiziert. Selbst in dieser kleinen Gruppe von Lehrerinnen läßt sich damit die voranschreitende Differenzierung und Ausweitung des Schulsystems beobachten. Zu seiner angemessenen Bewertung ist jedoch zu berücksichtigen, daß daneben eine breite Zone außerschulischer Unterrichtsaktivitäten in Familie und Beruf nachgewiesen werden konnte.

4.2.1 Privathaushalte

Lehren und Lernen in privaten Haushalten hat neben der traditionellen Unterweisung der heranwachsenden durch die ältere Generation in ganz unterschiedlichen Formen stattgefunden. Beteiligt daran waren familiär miteinander verbundene ebenso wie nichtverwandte Personen, und zwar sowohl als Schüler oder Schülerinnen wie als lehrende Männer oder Frauen.

Ähnlich unterschiedlich war der Unterrichtsort, denn der Unterricht konnte sowohl im eigenen Haushalt der Lehrperson wie auch in einem fremden Privathaushalt erteilt werden. Wo der Arbeitsplatz lag, kann deshalb nur in begrenztem

Maß als Unterscheidungsmerkmal herangezogen werden; der Ort wird aber dann wichtig, wenn es darum geht, den biographisch bedeutsamen Schritt aus dem eigenen Haushalt hinaus in eine außerhäusliche Erwerbsarbeit zu gewichten, denn in diesen Fällen stellte der fremde Haushalt oft die erste Stufe dar. Aus diesem Grund dient auch nicht "Familie" als Kategorie, sondern der allgemeinere Begriff "privater Haushalt". Auch die Tatsache, ob für Lehrtätigkeit bezahlt wurde oder nicht, erlaubt keine scharfe Abgrenzung, denn Bezahlung war je nach Klientel sowohl im eigenen wie im fremden Haushalt möglich. Insgesamt ist mit zahlreichen Abstufungen, Übergangsformen und Sonderfällen bei den Arbeitsbedingungen von Lehrtätigkeiten in Privathaushalten zu rechnen. Trotz der beobachteten Fülle verschiedenartiger Personenkonstellationen treten einige Grundtypen von Lehrtätigkeit deutlich hervor, bei denen unter formalen Gesichtspunkten der Einzelunterricht dominiert.

Eine charakteristische Form der Wissensvermittlung innerhalb von Familien stellt die "Familienlehre" dar: Entsprechend ihren eigenen Kenntnissen unterrichtet eine Frau die Kinder in ihrer Familie auf den verschiedensten Gebieten, in ganz unterschiedlichem Umfang und mit unterschiedlicher Intensität. Der Begriff Familie bezieht sich hier auf mehrere Stadien des Familienzyklus'. Er ist zudem auf "Wahlfamilie" auszudehnen, weil familiäre Lebensformen zwischen nichtverwandten, aber einander nahestehenden Personen miteinbezogen werden sollen, zwischen denen die finanzielle Vergütung für Dienstleistungen im Rahmen dieser Familie keine Rolle gespielt hat.[32] Die betreffende "Familienlehrerin" kann demnach so unterschiedliche Positionen wie die einer älteren Schwester, der Mutter, einer Tante, aber auch die einer Pflegemutter oder "Wahltante" einnehmen.

Diese "Familienlehrerin" unterscheidet sich mit ihrer Lehrtätigkeit deutlich von einer angestellten Erzieherin oder Gouvernante, denn sie arbeitet unbezahlt, von ihr wird ein sehr viel breiteres Spektrum von Lehrinhalten erwartet, wenn auch meistens mit geringeren Qualitätsansprüchen, und ihre Lehrtätigkeit umfaßt in der Regel nur einen Ausschnitt der insgesamt von ihr zu bewältigenden Hausarbeit. Diese "Familienlehre" wird zeitlich nur selten geregelt und meistens am aktuellen Bedarf ausgerichtet. Viele Frauen nehmen sie deshalb nicht explizit als Arbeit wahr.

Väter hingegen, die ihren Kindern zu Hause Unterricht gaben, verwendeten dafür weniger und genauer festgelegte Zeiten; zudem richtete sich ihr Interesse vor allem auf die Bildungsfortschritte ihrer männlichen Nachkommen. In den hier ausgewerteten autobiographischen Schriften gibt es nur selten Hinweise auf "wahlverwandtschaftliche" Lebenszusammenhänge bei Männern.

---

[32] Zum Begriff Familie s. oben S. 130.

Ausgehend von der Autobiographin als Lehrender werden personelle Konstellationen im folgenden zunächst für deren eigenen Haushalt analysiert, zu dem sie als Haushaltsmitglied gehörte oder den sie selbst führte. Darin eingeschlossen sind auch Untermietverhältnisse, die einen Mischtyp zwischen privatem und "Anstaltshaushalt" darstellen.[33] Haushalte, in denen Autobiographinnen mit nichtverwandten Personen und relativ gleichberechtigt zusammenlebten, kommen als Arbeitsplätze von Lehrtätigkeit nicht vor. Zudem ist bei dieser Wohnform nicht immer eindeutig zu entscheiden, ob die Autobiographin selbst als "Haushaltsvorstand" fungierte oder ob eine andere Person diese Position einnahm. Daß Lehrerinnen in ganz unterschiedlichen Wohngemeinschaften lebten, wäre eine eigene Auswertung wert. Insgesamt haben mehrere Autobiographinnen in Gemeinschaftshaushalten gelebt, es ist aber nicht mit Sicherheit festzustellen, ob sie in dieser gemeinsamen Wohnung Unterricht an außenstehende Personen gegeben haben.

Im Anschluß daran geht es um fremde Haushalte, in denen Erzieherinnen arbeiteten. Sie nehmen dann eine Zwischenposition ein, wenn sie außerhalb des Haushalts ihres Arbeitsgebers keinem anderen Haushalt angehörten. Eine Übergangsform zwischen Privathaushalt und Internat stellen oft kleine Pensionate dar.

Der private Haushalt war aber ein Arbeitsplatz auch von Lehrerinnen, die ihrer Lehrtätigkeit außerhalb ihrer eigenen Wohnung nachgingen. Schullehrerinnen erledigten zu Hause die Vor- und Nachbereitung ihres Unterrichts und die Korrekturen. Um Lehrtätigkeit im engen Sinn handelte es sich dabei nicht. In gewisser Weise gilt das auch für Ehefrauen, wenn sie ihrem Ehemann bei der Vorbereitung des Schulunterrichts halfen. So unterstützte Ottilie Wildermuth ihren Ehemann, einen Gymnasiallehrer, bei seinen häuslichen Unterrichtsvorbereitungen, indem sie an seiner französischen Chrestomatie mitarbeitete und für ihn Texte für den Unterricht aussuchte.[34] Sie erfüllte damit als "Lehrersfrau" ihren Anteil am Beruf des Ehemannes.[35]

Lehrerin zu Hause

Wenn Autobiographinnen im eigenen Haushalt Unterricht gaben, dann konnte das der Haushalt ihrer Familie sein, sei es derjenige ihrer Herkunftsfamilie, also der ihrer Eltern, sei es derjenige, den sie bei ihrer Heirat gründeten, oder einer, in

---

[33] Auf der Untersuchungsebene von Privathaushalten stellen sie den Typ des 'Vergabehaushalts' dar. Vgl. von Schweitzer, Wirtschaftslehre, 1991, S. 25.
[34] Nach Auskunft ihrer Töchter in: Ottilie Wildermuths Leben, 1888, S. 204.
[35] Zur "Feminisierung" von Schulunterricht durch mithelfende Ehefrauen oder Töchter s. Wedel, Frauen lehren, 1997, S. 164.

dem sie mit Geschwistern oder verwandten Personen zusammenlebten. Schließlich lebten einige Autobiographinnen allein in einem Haushalt.

Als Tochter

Autobiographinnen gaben im elterlichen Haushalt vornehmlich Privatstunden. Die Wohnung der Eltern diente also mangels anderer Räumlichkeiten als Arbeitsplatz. Das war der Fall bei Florentine Gebhardt, die zu Hause einigen Schulmädchen Handarbeitsunterricht und Nachhilfestunden gab, aber auch ihre jüngste Schwester auf den Schulbesuch vorbereitete, und bei Mathilde Ludendorff, die weiblichen Kurgästen in Wiesbaden Sprachunterricht erteilte. Über die genaueren Umstände, unter denen dieser Unterricht stattfand, äußern sich die beiden Autobiographinnen jedoch nicht. Aller Wahrscheinlichkeit nach werden sie ihn im Wohnzimmer der elterlichen Wohnung gegeben haben. Ob zum Beispiel dieser Raum für die Dauer des Unterrichts dann von den übrigen Haushaltsmitgliedern nicht benutzt werden durfte oder ob besondere Vorbereitungen dafür notwendig waren, läßt sich aus den vorliegenden Quellen nicht beantworten.

Gretchen Wohlwill, die Malerin, konnte sich im Elternhaus in einem Zimmer, das der inzwischen verheiratete Bruder Heinrich bewohnt hatte, ein Atelier einrichten;[36] hier wird sie vermutlich einen Teil ihrer Privatstunden abgehalten haben. Von Margarete Klinckerfuß, der Pianistin, sind ebenfalls keine Details bekannt, in dem repräsentativen Haus ihrer musikbegeisterten Eltern hat es aber sicher ein Musikzimmer mit entsprechender Ausstattung gegeben, in dem sie dann ihrer Schülerin Anna Spitteler, die für ein Jahr als Gast in der Familie lebte,[37] Klavierstunden gab. Luise Le Beau, die Pianistin und Komponistin, hat wohl im größten Umfang und berufsmäßig Klavierunterricht erteilt. Obwohl sie nichts darüber mitteilt, ist anzunehmen, daß sie diese Stunden bei sich zu Hause, also im Haushalt der Eltern, gegeben hat. Dafür spricht, daß – wie sie hervorhebt – die regelmäßigen Prüfungskonzerte, die sie als Nachweis ihrer erfolgreichen Lehrtätigkeit veranstaltete, in einem dafür gemieteten Raum in einer Klavierfabrik stattfanden.

Völlig aus diesem Rahmen fällt Malwida von Meysenbug, die bei ihrer verwitweten Mutter lebte und deren bildungswilligen Dienstmädchen eine Art Erdkundeunterricht erteilte, während diese ihre Näharbeiten erledigten. Die Mutter untersagte ihr das.

Lehrtätigkeit stellte bei den genannten Frauen in der Regel keinen Haupterwerb dar, und bis auf Florentine Gebhardt und Mathilde Ludendorff waren sie

---

[36] Wohlwill, Lebenserinnerungen, 1984, S. 34.
[37] Klinckerfuß, Aufklänge, 1948, S. 52, 66.

nicht auf eine Erwerbstätigkeit angewiesen. Ein provisorischer Arbeitsplatz zu Hause reichte für Einzel- und Kleingruppenunterricht aus, zumal er so gut wie keine Investitionen erforderte und keine zusätzlichen Kosten verursachte.

Als Mutter

Autobiographinnen, die nach der Heirat im eigenen Haushalt eine Lehrtätigkeit aufnahmen, haben ihre eigenen Kinder unterrichtet, wenn auch in unterschiedlichem Umfang.[38] Es konnte sich um vorschulisches Lesen- und Schreibenlernen handeln, wie zum Beispiel bei Ottilie Wildermuth und Charitas Bischoff, um Hausaufgabenbetreuung der inzwischen schulpflichtigen Kinder, wie bei Else Wentscher, im Extremfall sogar um den gesamten Schulunterricht der eigenen Kinder, wie es Mathilde Ludendorff gegenüber den bayerischen Behörden durchsetzte. Aber auch diese Autobiographinnen teilten keine Einzelheiten zu den besonderen Umständen ihrer häuslichen Lehrtätigkeit mit.

Die Biographie über Beate Paulus, die ihr Sohn verfaßte, vermittelt indessen einen Eindruck, wie der Unterricht einer gebildeten Mutter zu Beginn des 19. Jahrhunderts aussehen konnte. Der Sohn erinnert sich an folgende Szene: "Die Mutter wollte die Kleinen unterrichten und war dazu allerdings schon befähigt, da sie in Münchingen beim alten Flattich Lateinisch und andere Gymnasialfächer ziemlich gut gelernt hatte. Sie fing daher mit ihnen die lateinischen Deklinationen und Konjugationen an, dabei aber mußte sie zugleich ihre Haushaltungs- und Feldgeschäfte besorgen. Da war es nun sehr oft nicht anders zu machen, als daß sie beides zu vereinigen suchte, und so kam es oft vor, daß, wenn sie gerade ein Geschäft auf dem Felde zu verrichten hatte, das ihr erlaubte, nebenher zu reden, sie sofort die Knaben vom Spiel wegriff und mit auf den Acker nahm, um ihre Deklinationen oder Konjugationen mit ihnen durchzugehen, während sie z. B. Kartoffel felgte, oder daß, wenn sie am Zuber stand und wusch, die Knaben in ihrer Nähe sich aufstellen und ihre Deklinationen aufsagen mußten."[39]

Hervorzuheben ist die häusliche Betreuung der Schulaufgaben durch die Mutter aus zwei Gründen: erstens wegen der Konstanz dieser Tätigkeit während des gesamten hier betrachteten Zeitraums, der zudem, wie das Zitat über Beate Paulus zeigt, über die erste Generation der Autobiographinnen hinaus in die Vergangenheit verlängert werden kann. Das weist auf ein traditionell etabliertes

---

[38] Auf die Bedeutung der häuslichen Unterweisung durch Hausväter, Hofmeister und Hauslehrer bis ins 19. Jahrhundert hat Ludwig Fertig hingewiesen, s. ders., Schulalternativen, 1983, bes. S. 397.

[39] Beate Paulus, geb. Hahn (1778-1842); Philipp Paulus: Was eine Mutter kann. Beate Paulus. Eine selbst miterlebte Familiengeschichte. 5. Aufl. Stuttgart 1914 (1. Aufl. 1874), S. 99.

Arbeitsfeld gebildeter Mütter im Rahmen ihrer Haushaltsführung hin.[40] Damit verbunden ist zweitens, daß im Lauf der Zeit diese Hausaufgabenbetreuung durch Mütter ganz allgemein zu einem festen Bestandteil von Hausarbeit wurde, Mütter somit für einen erheblichen Teil der Wissensvermittlung zuständig wurden.

Neben der üblichen Schulaufgabenbetreuung ihrer Kinder haben einige Hausfrauen noch weiteren Personen in ihrem eigenen Haushalt Unterricht erteilt. Ottilie Wildermuth hat in dieser Hinsicht die größte Vielfalt an Lehrtätigkeiten nebeneinander und nacheinander praktiziert: Für etwa ein Jahr nahm sie eine Nichte auf, die bei ihr die Hauswirtschaft lernen sollte. Dann erteilte sie jahrelang Tübinger Bürgerfrauen und vermutlich auch Bürgertöchtern Sprachstunden in Englisch und Französisch, und sie gab auch den Engländern, die sie als Pensionäre in ihrem Haushalt versorgte, Sprachunterricht in Deutsch. Schließlich beteiligte sie sich an den Unterrichtsvorbereitungen ihres Ehemannes und an seinen pädagogischen Publikationen.

Von den anderen Müttern unter den Autobiographinnen hatte Luise Kraft ein Lehrmädchen in ihrem Haushalt, das von ihr Weißnähen lernte; Else Wentscher gab ebenfalls Sprachstunden, und Mathilde Ludendorff half ihrem Ehemann bei seinen Vorbereitungen auf das Abitur. Die Lehraktivitäten von Hedwig Heyl im eigenen Haushalt betrafen im engeren Sinn die Kochkurse für Lehrerinnen, die sie in der eigenen Küche abhielt, im weiteren Sinn die Wöchnerinnenunterweisung für Arbeiterfrauen, die wie sie selbst auf dem Gelände der Heylschen Fabrik wohnten und später die Betreuung von deren schulpflichtigen Kindern.

Mit Ausnahme von Hedwig Heyl gehen die übrigen Autobiographinnen nicht näher darauf ein, wie sie diesen Unterricht organisierten und durchführten. Sie belassen es meistens dabei, die Personen oder Personengruppen zu beschreiben, denen sie den Unterricht erteilten. In den Autobiographien dominieren personale Aspekte offensichtlich vor der konkreten Darstellung von Arbeit.

Als Verwandte

Bei denjenigen Autobiographinnen, die zusammen mit Verwandten in einem Haushalt lebten und während dieser Zeit mit Lehrtätigkeit Geld verdienten, handelt es sich um eine möglicherweise recht verbreitete Form der Arbeitsteilung von Frauen. Florentine Gebhardt wie Meta Diestel lebten zusammen mit ihrer verwitweten Mutter, Florentine Gebhardt nahm noch zeitweise ihre Schwester Grete bei sich auf, mit deren Unterstützung sie beim Unterrichtgeben rechnen konnte. Bei beiden Autobiographinnen kümmerte sich im wesentlichen die

---

40 Darüber berichtet z. B. auch Fabricius Montanus in seinen Lebenserinnerungen, Anfang des 16. Jahrhunderts, vgl. Gabriele Jancke, Quellenkunde, Einleitung, (in Vorbereitung).

Mutter um die Haushaltsführung, so daß die Tochter mehr Zeit für ihre Privatstunden hatte. Florentine Gebhardt erwähnt, wie sie den Unterricht in ihrer Dreizimmerwohnung organisierte. Sie schreibt über ihre Privatschülerinnen: "Deren Zahl nahm stetig zu. An den Mittwochs- und Sonnabends-Nachmittagen saßen in meinem kleinen Zimmer zwei Reihen, die Schulmädchen. Die Erwachsenen, die Sticken, Maschinennähen, Brandmalen und Schnitzen usw. lernen wollten, im großen daneben, und Schwester Grete half mir. Dazu hatte ich gleich anfangs drei Examenschülerinnen. ... Alice K. war da und wohnte sogar in den Wochen vor dem Examen bei uns."[41]

Daß diese Erwerbsarbeit unter den Augen der Mutter aber auch Nachteile hatte, geht daraus hervor, daß Florentine Gebhardt in späteren Jahren einen Teil ihrer Privatstunden in die Räume der Schule verlegte, um ihre Einnahmen der mütterlichen Kontrolle zu entziehen: "Nun allein mit meiner Mutter lebend, hatte ich meine nebenberuflichen Arbeiten eingeschränkt, nur noch einmal eine wissenschaftliche Lehrerin aus einem Nachbarorte zum Handarbeitsexamen vorbereitet. Die Kinder teilte ich für die Privatstunden in zwei Kurse, die kleineren unterrichtete ich an zwei Nachmittagen in einer Schulklasse, die Erwachseneren ebensooft im Hause. Nun konnte meine Mutter, die immer noch das Wirtschaftsbuch führte, mir nicht mehr jeden Pfennig nachrechnen, und ich mir ein Sümmchen sparen zur Herausgabe einer Gedichtsammlung."[42]

Nach dem Tod der Mutter bezog Florentine Gebhardt eine kleinere Wohnung und erteilte diesen privaten Handarbeitsunterricht noch einige Jahre weiter. Sie gab allerdings die Stunden nun nicht mehr zu Hause, sondern nur noch in einer unbenutzten Schulklasse. Gretchen Wohlwill lebte nach dem Tod der Eltern und bis zu ihrer Emigration mit ihrer Schwester Sophie zusammen und gab während dieser Zeit Privatstunden in Malerei.

Als Ledige zu Hause

Autobiographinnen, die allein einen eigenen Haushalt führten und an diesem Arbeitsplatz einer Lehrtätigkeit nachgingen, sind selten. Florentine Gebhardt äußert sich ausdrücklich dazu. Für eine kurze Zeit, im Winter 1895, lebte sie allein in ihrer Wohnung, bis ihre jüngste Schwester Lise zu ihr zog "als meine Hausgenossin, Haushälterin und Schülerin".[43] Aufschlußreich ist der Grund, aus dem Florentine Gebhardt eine eigene Wohnung mietete, denn bei ihrer Ankunft in Hannoversch-Münden hatte ihr künftiger Schulrektor bereits eine Unterkunft

---

[41] Gebhardt, Der zwiefache Weg, 1942, S. 33f.
[42] Gebhardt, Der zwiefache Weg, 1942, S. 67.
[43] Gebhardt, Der zwiefache Weg, 1942, S. 14.

für sie in einem Pensionat besorgt, in dem schon eine Kollegin lebte. Doch Florentine Gebhardt konnte sich nicht mit den Wohnverhältnissen anfreunden, zumal ihr dadurch die Möglichkeit zum Nebenerwerb abgeschnitten war. Sie schreibt darüber: "Ich fühlte mich unfrei, beaufsichtigt und kritisiert, obwohl ich zahlende Kostgängerin und Inwohnerin war – mein Kommen und Gehen, mein Briefwechsel und Verkehr, mein Stundenplan – alles war ja dauernd der Beobachtung ausgesetzt. Dazu kam, daß ich unmöglich hier mir den Nebenverdienst, den ich aus wirtschaftlichen Gründen mir zu schaffen wünschte, suchen konnte – solange ich in einem Pensionate wohnte, wo junge Mädchen durch eine eigens dafür angestellte Lehrerin Handarbeitsunterricht erhielten. ... Ich sah mich noch vor Dezember nach einer eigenen Wohnung um, die ich endlich – Stube, Kammer, Küche, erstere halbmöbliert – bei einem Bäckermeister in der Burgstraße, inmitten der Stadt, fand. Ein großes Sofa, sehr viele Stühle und eine Küchenbank boten reichlich Sitzgelegenheiten für die sich bald meldenden Handarbeitsschülerinnen, die an zwei Nachmittagen in der Woche sich einfanden, bei mir Kunststickerei, Brandmalerei, Kerbschnitt und Ornamentzeichnen zu lernen; das alte tafelförmige Klavier diente als Arbeitstisch."[44]

Meta Diestel wird ihre Gesangstunden auch nach dem Tod der Mutter, mit der sie zusammengelebt hatte, in der gewohnten Art und Weise fortgesetzt haben, also wahrscheinlich in ihrer eigenen Wohnung. Dorette Mittendorf hingegen bewog ein anderer Grund, bei sich zu Hause in London Deutschunterricht zu geben. Aufgrund einer langwierigen Erkrankung war sie nämlich nicht in der Lage, weite Wege zu Schülerinnen zurückzulegen oder wieder eine Stelle als Erzieherin anzunehmen. Die "Stube und Kammer", die sie bei frommen Leuten gemietet hatte, von denen sie auch beköstigt wurde, boten ihr ausreichend Möglichkeiten, zumindest zwei Schülerinnen einige Sprachstunden in Deutsch zu geben.

Bei allen anderen Autobiographinnen, die in eigenen Haushalten wohnten, bleibt offen, wo sie ihre Privatstunden gaben, ob bei sich zu Hause oder bei ihren Schülerinnen. Das gilt für Bertha Buchwald und Isabella Braun, für Dorette Mittendorf während ihrer Zeit in Hannover und auch für Rosa Sucher in Wien.

Zusammenfassend ist festzuhalten, daß bei einem Arbeitsplatz im eigenen Haushalt vor allem zwei Konstellationen von Lehrtätigkeit auftreten: zum einen der unbezahlte Unterricht von Müttern für ihre Kinder, zum anderen Privatstunden mit einzelnen Schülern und Schülerinnen und auch mit mehreren Schülerinnen zugleich. Hier dominieren also zeitlich begrenzte und flexibel plazierbare Lehrtätigkeiten. Frauen leisteten demnach im häuslichen Bereich einen wichtigen Beitrag zur Wissensvermittlung nicht nur für ihre eigenen Kinder. Daß diese

---

[44] Gebhardt, Der zwiefache Weg, 1942, S. 4f.

Leistung bislang nicht als Arbeit wahrgenommen wurde, hängt mit der üblichen Beschränkung auf institutionalisierten Unterricht zusammen.

Lehrerin im fremden Haushalt

Betrachtet man Frauen, die im 19. Jahrhundert in einem fremden Haushalt einer bezahlten Lehrtätigkeit nachgingen, so denkt man zuerst an die Berufsausübung von Erzieherinnen oder von Gouvernanten. Das trifft auch sehr oft zu und umfaßt einen sehr wichtigen, aber nicht den gesamten Bereich. Denn die Privatlehrerinnen, die ausschließlich zum Unterrichterteilen den Haushalt ihrer Schüler oder Schülerinnen aufsuchten, fallen ebenso unter diese Kategorie. 'Fremd' bedeutet in diesem Kontext nicht zwangsläufig unbekannt oder sehr unähnlich, sondern lediglich, daß nicht der eigene Haushalt gemeint ist.

Einige Autobiographinnen erwähnen zudem Lehrtätigkeiten, die als eine Zwischenform aufzufassen sind: Sie lebten zwar in einem fremden Haushalt und unterrichteten dort, standen aber zu den Familienmitgliedern entweder in enger freundschaftlicher oder in verwandtschaftlicher Beziehung. Diesem 'familiären' Status entsprach, daß Bezahlung keine Rolle spielte und für ihren Lebensunterhalt während der Zeit des Aufenthalts in dieser Familie gesorgt war. Formal läßt sich diese Stellung als Arbeit in einem fremdem Haushalt kategorisieren, inhaltlich beziehungsweise sozial gehört sie eher in das Gebiet der unbezahlten Hausfrauenarbeit und wäre von daher den lehrenden Müttern zuzuordnen. Nicht verwandt mit ihren Zöglingen waren Malwida von Meysenbug und Hedwig von Bismarck; über beider Lehrtätigkeit in diesen familienähnlichen Beziehungen ist so gut wie nichts bekannt. Als Übergangsform zwischen Familie und außerhäuslichem Arbeitsplatz ist diese Konstellation bemerkenswert, denn sie relativiert den oft unterstellten Gegensatz von Wohnen und Arbeiten. Als Verwandte übernahm Auguste Mues für einige Zeit die Haushaltsführung bei ihrem verwitweten Vetter in St. Petersburg, dazu gehörte die Betreuung seiner beiden Kindern; der Nichte gab sie zudem Unterricht in Fremdsprachen und Musik.[45]

Über die Arbeitsverhältnisse in fremden Haushalten gibt es nur spärliche Hinweise in den autobiographischen Quellen, im Unterschied zur ausführlichen Beschreibung der entsprechenden sozialen Kontexte. So läßt sich vielfach nicht feststellen, wo Privatstunden gegeben wurden, ob im Haushalt der Lehrenden oder dem der Lernenden.[46]

---

[45] Mues, Lebens-Erinnerungen, 1894, S. 182.
[46] Zur Lebensweise von Ledigen vgl. Bärbel Kuhn: Familienstand: ledig. Lebensläufe und Mentalitäten eheloser Frauen und Männer im Bürgertum 1850-1914. (L'Homme Schriften. 5) Wien 2000

Privatlehrerinnen

Die Autobiographinnen, die als Privatlehrerinnen gearbeitet haben, taten das in höchst unterschiedlicher Art und Weise. Malwida von Meysenbug aus der ersten Generation erteilte in London Sprachunterricht in verschiedenen Familien. Sie wählte explizit diese Form von Erwerbstätigkeit, weil sie nicht bereit war, die von ihr gering bewertete Stellung einer Gouvernante in einer fremden Familie einzunehmen. Dorette Mittendorf aus der gleichen Generation gibt den knappen Hinweis, daß sie um 1853 in Hannover Privatstunden in einigen Familien und in einer Privatschule erteilte. Aus der zweiten Generation wissen wir von Clara Jurtz, daß sie während der krankheitsbedingten Zwischenphase in der Kaiserswerther Diakonissenanstalt in zwei Familien Klavierstunden gab.

Am häufigsten erwähnen Autobiographinnen aus der dritten Generation Privatstunden. Marie-Elisabeth Lüders war 1944 in Gunzenhausen untergekommen und hielt sich mit Privatunterricht in Englisch, Französisch, Latein und Griechisch über Wasser. Minna Specht gab während ihrer Exiljahre in England für eine Zeit Mathematikunterricht.

Mathilde Ludendorff finanzierte 1901 ihr Medizinstudium in Freiburg unter anderem durch eine Kombination mehrerer privater Lehrtätigkeiten. Um rasch Bargeld zu verdienen, ging sie zum Direktor der höheren Mädchenschule und zu dem des Gymnasiums und bat um Schüler für Nachhilfeunterricht. Sie schilderte den Herren ihre Lebenssituation als unbemittelte Studentin und hatte damit sofort Erfolg: "Tatsächlich hatte ich bei jedem der beiden Schulgewaltigen nach einem Besuch von kaum mehr als einer Viertelstunde Nachhilfestunden übertragen bekommen, bei dem einen französische Stunden, bei dem anderen Mathematik und Algebra, die mir alles in allem 10 Mark in der Woche eintrugen. Angesichts meiner seltsamen Lage bat ich zunächst um wöchentliche Begleichung."[47] Ohne Bargeld, aber mit materieller Vergütung blieben zwei weitere Vereinbarungen: Sie erhielt zwei kleine Dachzimmer und Frühstück im Austausch dafür, daß sie einen 12jährigen Gymnasiasten, den Sohn ihrer Vermieterin, einer Offizierswitwe, täglich bei den Hausaufgaben betreute und ihm Nachhilfe gab. Außerdem beaufsichtigte sie zweimal in der Woche die Kinder in der Familie von R. beim Klavierüben und konnte dafür an den entsprechenden Tagen dort zu Mittag essen.

Mathilde Ludendorff und offensichtlich auch Marie-Elisabeth Lüders praktizierten beide mit diesen Nachhilfestunden eine spezifische Art von schulergänzendem Unterricht, der mit dem Ausbau des öffentlichen Schulsystems aufkam. Verantwortlich dafür war die zunehmende Bedeutung des Schulerfolgs für die künftige Berufstätigkeit. Dieser privat erteilte Nachhilfeunterricht wurde schon

---

[47] Ludendorff, Forschen und Schicksal, 1936, S. 47.

frühzeitig von den Schulbehörden streng kontrolliert: Nachhilfelehrer benötigten einen Erlaubnisschein, und die Eltern waren verpflichtet, dem Schulleiter jede Form von Nachhilfe zu melden. Bis in die 1920er Jahre war es durchaus üblich, daß der Klassenlehrer selbst diesen ergänzenden Privatunterricht erteilte; aber auch ältere Schüler, Studenten und Privatleute taten das.[48] Die Preise für eine Nachhilfestunde hingen von der Qualifikation der Lehrperson, von Regelungen an der jeweiligen Schule und von der Klassenstufe des Schülers oder der Schülerin ab. Als untere Grenze galt um 1914 ein Preis von 2 Mark pro Stunde.[49]

Angesichts einer weiten Verbreitung von Nachhilfeunterricht als Einzelunterricht fällt die Vernachlässigung dieses Themas in der erziehungswissenschaftlichen wie in der bildungshistorischen Forschung ins Gewicht. Das liegt zu einem Teil an der schwierigen Quellenlage. Diese wiederum beruht auch darauf, daß – wie eine Forschergruppe für die heutige Zeit festgestellt hat – dieses Thema von Eltern und Schülern tabuisiert wurde und wird und daß auf der Seite der für Schule und Unterricht Verantwortlichen – Schulverwaltung, Schulleitung, Lehrer – eine "Wahrnehmungssperre" besteht.[50] Michael Behr hat auf dieses Defizit erneut aufmerksam gemacht.[51] In seiner empirischen Untersuchung aus den Jahren 1986 und 1987 kommt er indessen zu dem Ergebnis, daß Nachhilfeunterricht von allen Beteiligten positiv bewertet wurde und die Schulleistungen sich eindeutig verbesserten, diese Unterrichtsergänzung mithin ihre Funktion erfüllte. Dabei spielt die Einzelnachhilfe eine überragende Rolle, obwohl sie oder weil sie fast ausschließlich auf einem privaten Schwarzmarkt mit kaum identifizierbaren und noch weniger kontrollierbaren Strukturen stattfindet.[52]

Für meine Themenstellung ist diese kaum beachtete Grauzone von Lehrtätigkeit insofern bedeutsam, als sie als mögliches Arbeitsfeld von Frauen in Frage kommt. Zumindest in jüngerer Zeit sind männliche und weibliche Nachhilfelehrer

---

[48] Michael Weegen: Das Geschäft mit der organisierten Nachhilfe. In: Jahrbuch der Schulentwicklung. Band 4: Weinheim 1986, S. 236-250, hier S. 237; Weegen gibt einen knappen Überblick über den historischen Hintergrund S. 236-239.

[49] So H. Widmann: Nachhilfestunden. In: Roloff (Hg.), Lexikon der Pädagogik (1914), Sp. 798-803.

[50] Rita Langemeyer-Krohn; Dieter Krohn: Nachhilfe – Der Unterricht nach der Schule. Eine empirische Untersuchung zu einem vernachlässigten Thema. In: Die Deutsche Schule 4 (1987), S. 491-505, hier S. 491. Sie beziehen sich damit auf die Studie von Gunther Eigler; Volker Krumm: Zur Problematik der Hausaufgaben. Weinheim, Basel 1972; vgl. dazu Pierre Bourdieu, der die "Transmission kulturellen Kapitals in der Familie" als die "am besten verborgene und sozial wirksamste Erziehungsinvestition" bezeichnet; ders.: Ökonomisches Kapital, kulturelles Kapital, soziales Kapital. In: Reinhard Kreckel (Hg.): Soziale Ungleichheiten. Göttingen 1983, S. 183-198, hier S. 186.

[51] Michael Behr: Nachhilfeunterricht. Erhebungen in einer Grauzone pädagogischer Alltagsrealität. Darmstadt 1990, hier S. 3f.

[52] Behr, Nachhilfeunterricht, 1990, S. 112.

in nahezu gleicher Relation daran beteiligt.[53] Allerdings findet sich in der Sekundärliteratur kein Hinweis, ab wann Frauen diese Erwerbsmöglichkeit ergriffen haben. Aufgrund der dürftigen Forschungslage vor allem über die historische Entwicklung gewinnen selbst spärliche Hinweise wie die von Mathilde Ludendorff ein besonderes Gewicht.

Die Künstlerinnen arbeiteten in der Regel als Privatlehrerinnen. Dazu gehört Margarete Klinckerfuß, die 1900 bis 1901 in der Familie d'Yturbe in Paris und Madrid als Klavierlehrerin lebte. Gretchen Wohlwill, die Malerin, sammelte erste Lehrerfahrungen in Hamburger Bürgerfamilien. Meta Diestel, die Sängerin, begann mit ihren Gesangstunden ebenfalls in einem fremden Haushalt. Allerdings galt das bei ihr wohl nur für die Übergangszeit zwischen dem Abschluß ihrer Ausbildung am Stuttgarter Konservatorium und dem Umzug in ihren Geburtsort Tübingen. Während dieser Phase ermöglichte es ihr ein ungewöhnliches Arrangement, die ersten Schülerinnen zu sammeln: Eine Tübinger Geschäftsfrau stellte ihr nämlich für die Unterrichtsstunden ihr Klavierzimmer zur Verfügung.

Bei allen Autobiographinnen aus der dritten Generation handelte es sich demnach um Arbeitsplätze, die nur für begrenzte Zeit in Anspruch genommen wurden, sei es um eine akute materielle Notlage zu überstehen, sei es um den Einstieg in ausgedehntere Unterrichtstätigkeit einzuleiten. Auch bei Clara Jurtz aus der zweiten Generation dominierte das Provisorische. Allein die Autobiographinnen aus der ersten Generation beschreiben die Privatstunden in fremden Haushalten als "normale" Berufsarbeit, ohne also eine absehbare zeitliche Begrenzung dieser Unterrichtsart im Auge zu haben.

Erzieherinnen

Erzieherinnen oder Gouvernanten hatten nicht nur ihren Arbeitsplatz in einem fremden Haushalt, sie lebten auch im Haushalt ihres Arbeitgebers. Wenn also im folgenden die Autobiographien der 15 Erzieherinnen danach untersucht werden, wie deren Arbeitsplätze beschaffen waren und inwiefern das ihre biographischen Entscheidungen beeinflußte, dann sind zugleich die Wohn- und Lebensverhältnisse als Einflußfaktoren mit einzubeziehen.

Zur Orientierung über den Beruf von Erzieherinnen im allgemeinen konnte dabei die Untersuchung von Irene Hardach-Pinke über "Die Gouvernante"[54] herangezogen werden, die das Schwergewicht allerdings auf die Beschreibung der sozialen und lebensweltlichen Aspekte dieser Berufsgruppe legt und weniger auf eine systematische Auswertung konkreter Arbeitsverhältnisse. Zudem nimmt

---

[53] So Behr, Nachhilfeunterricht, 1990, S. 32.
[54] Hardach-Pinke, Gouvernante, 1993.

in dem genannten Werk die Darstellung von Gouvernantentätigkeit in der adligen Oberschicht einen breiten Raum ein, wohingegen die hier behandelten Erzieherinnen vornehmlich in bürgerlichen Familien arbeiteten, zumindest was ihre Stellen in Deutschland angeht.

Im Hinblick auf die bisher vorgenommene Einteilung der Arbeitsplätze nach eigenen und fremden Haushalten ist festzuhalten, daß die Zugehörigkeit der Erzieherin zum Haushalt ihres Arbeitgebers konstitutiv für das Berufsbild "Erzieherin" ist und daß die Modalitäten des Zusammenlebens weitgehend vertraglich geregelt werden konnten. Das bezog sich zum einen auf die rechtliche Stellung im Haushalt, denn Erzieherinnen gehörten nicht zu den Dienstboten, aber auch nicht zur Herrschaft. Der weit verbreitete Wunsch von Erzieherinnen nach "Familienanschluß" ist deshalb als Versuch zu verstehen, diese problematische Zwischenposition zugunsten einer größeren Nähe zur Herrschaft zu verbessern. Wenn "Familienanschluß" vertraglich zugesichert wurde, brauchte die konkrete Ausgestaltung dieses Verhältnisses aber noch lange nicht den beiderseitigen Erwartungen zu entsprechen. Zum anderen bestand von vornherein eine – quasi natürliche – zeitliche Begrenzung der Lehrtätigkeit und damit der Haushaltszugehörigkeit, die mit dem Erwachsenwerden der Zöglinge eintrat. Wie und wo die Erzieherin danach – meistens bis zur nächsten Anstellung – lebte, stand ihr frei. Üblich war allerdings, daß sie den Wohnort ihres Arbeitgebers wieder verließ, wenn es sich nicht gerade um eine große Stadt handelte. Erzieherinnen, die nicht unmittelbar anschließend eine neue Stelle fanden, kehrten in der Regel für die Zwischenphase in ihre Herkunftsfamilie zurück oder wohnten solange bei Geschwistern. Das gilt für die meisten der hier untersuchten Fälle. Nur Dorette Mittendorf und Charitas Bischoff besaßen keinen derartigen "Familienstützpunkt".

Aufgrund dieser gleichzeitigen, aber unterschiedlich strukturierten Zugehörigkeit zu zwei voneinander unabhängigen Haushalten entscheidet die jeweilige Fragestellung darüber, welche Kategorie von Haushalt Vorrang besitzen soll: Aus berufsorientierter Sicht steht der Haushalt des Arbeitgebers im Mittelpunkt, während in biographischer Perspektive die weiterbestehende Zugehörigkeit zum Haushalt der eigenen Familie oder zu dessen "Ablegern" hervortritt.

Mathilde Ludendorff wird nicht zu dieser Gruppe gerechnet, obwohl sie die wichtigsten Tätigkeiten einer Erzieherin ausübte: Sie übernahm den gesamten Unterricht der beiden Töchter einer Arztwitwe, zog aber nicht in deren Haus in Oestrich-Winkel, sondern blieb bei ihren Eltern in Wiesbaden wohnen und fuhr täglich mit der Eisenbahn zu ihrem Arbeitsplatz. Auch wenn sie sich bald "wie ein Kind vom Hause" fühlte und ihre Zöglinge während einer Ferienreise beaufsichtigte – das jedoch ausdrücklich ohne Bezahlung, um nicht als Gouvernante zu gelten – hatte sie nicht die Position einer Erzieherin, sondern die einer Privatlehrerin.

Die Arbeitsbedingungen der Erzieherinnen unterschieden sich beträchtlich sowohl von denen der Schullehrerinnen als auch von denen der Privatlehrerinnen, denn sie waren in sehr viel stärkerem Maß neben ihrer Hauptaufgabe des Unterrichtens weitergehenden Ansprüchen ihrer Arbeitgeber ausgesetzt. Die Notwendigkeit, sich mit den Lebensgewohnheiten und den unterschiedlichen Charakteren in einer fremden Familie zu arrangieren, erforderte vor allem dann reichliche Selbstverleugnung, wenn gegenseitige Sympathie fehlte, um über divergierende Vorstellungen hinwegzuhelfen. Von daher verlangte diese Tätigkeit ein hohes Maß an sozialer Kompetenz, die insofern als außerberufliche Qualifikation zu bewerten ist, als sie während der Ausbildung nicht vermittelt wurde, sondern durch die Herkunft aus "guter Familie" gewährleistet sein sollte.[55]

Als Ursache von Konflikten spielte der soziale Status des Arbeitgebers keine besondere Rolle, denn in Stellen in Deutschland bestand vielfach kein erheblicher Unterschied zwischen der sozialen Position der Familie, aus der die Erzieherin stammte, und derjenigen, in der sie arbeitete.[56] Beide Seiten gehörten mindestens zur oberen bürgerlichen Mittelschicht, meistens zur unteren Oberschicht, wobei die Arbeitgeber häufig Berufe ausübten, die ein Leben auf dem Lande mit sich brachten: Sie waren Gutsbesitzer, Forstbeamte, Pfarrer und Fabrikanten.

Die einzige Adlige unter den Erzieherinnen, Hedwig von Bismarck, arbeitete innerhalb der eigenen Schicht in der Familie des Gutsbesitzers von Langenn-Steinkeller, in die sie durch Vermittlung ihrer Schulfreundin Betty von Erxleben gekommen war.[57] Unter den bürgerlichen Erzieherinnen hatten nur drei eine Stelle in einer adligen Familie: Auguste Mues und Minna Specht äußerten sich nicht zu diesem sozialen Gefälle; lediglich N. L., die nach ihrem Examen um 1864 in ein Haus der "hohen Aristokratie" in Preußen kam, warnte Berufsanfängerinnen, gerade wenn sie aus "guter Familie" stammten, vor sozialem Ehrgeiz. Sie riet, für den Berufseinstieg eine "möglichst einfache Familie" zu wählen, weil dort mit größerem Verständnis zu rechnen sei.

Anders lagen die Verhältnisse bei Stellen im Ausland, weil neben sozialen Unterschieden die kulturellen eine zusätzliche Anpassungsleistung erforderten. Das gilt besonders für England, wohin sehr viele deutsche Erzieherinnen gingen. Ausschlaggebend dafür waren die generell guten Anstellungschancen in sehr reichen Häusern und in Familien der Aristokratie und die oft sehr hohen Gehälter. Auguste Mues, die sich 1873 um eine Stelle in England bemühte, hatte rasch

---

[55] Vgl. dazu Helene Lange: "Erzieherin". In: Rein (Hg.), Encyklopädisches Handbuch der Pädagogik, 1886, S. 9-17, bes. S. 12f.
[56] Systematische Untersuchungen dazu gibt es bislang nicht.
[57] Von Bismarck, Erinnerungen, 1910, S. 73.

Erfolg, denn zu dieser Zeit waren dort deutsche Erzieherinnen sehr gesucht.[58] Von den Autobiographinnen gingen Dorette Mittendorf, Charitas Bischoff, Auguste Mues und Thekla Trinks nach England, und zwar – mit Ausnahme von Charitas Bischoff – nicht nur einmal, sondern mehrfach. Ab Mitte der 1890er Jahre und stärker noch seit der Jahrhundertwende suchten immer weniger Erzieherinnen dort eine Stelle. Diese Entwicklung spiegelte sich in dem Rückgang der Mitgliederzahlen des "Daheim", eines Lehrerinnenvereins in London, der sich die Betreuung stellensuchender deutscher Erzieherinnen zur Aufgabe gemacht hatte. Sowohl die schlechteren Arbeitschancen aufgrund eines verbesserten Schulangebots in England wie die günstigeren Berufsmöglichkeiten in Deutschland und die inzwischen verbreitete Altersversorgung dürften den Rückgang verursacht haben.[59]

Zusätzlich zur sozialen Position der einstellenden Familie beeinflußten Anzahl und Alter der Zöglinge die Arbeitsverhältnisse gravierend. Obwohl nicht alle Erzieherinnen sich dazu äußern, lassen sich einige Tendenzen erkennen. Was die Anzahl der Zöglinge angeht, waren Erzieherinnen oft für nur ein Kind in der Familie zuständig, in der Mehrzahl der Fälle handelte es sich aber um bis zu drei Kinder. Vier und fünf Kinder kommen zwar einige Male vor, aber mit acht und neun Kindern hatte allein Bertha Buchwald zu tun. Von der ersten zur zweiten Generation der Erzieherinnen zeichnet sich dabei eine Tendenz zu größeren Gruppen ab. Das heißt nicht, daß Familien mit mehreren Kindern zunehmend eine Erzieherin einstellten, vielmehr kamen zu den Kindern des Arbeitgebers noch Kinder aus der Nachbarschaft oder von Verwandten hinzu. Vor allem nicht sehr reiche Familien auf dem Lande senkten auf diese Weise die Ausbildungskosten. Für die Erzieherin wiederum konnte diese Regelung den Vorteil haben, daß die Kinder geringere Altersunterschiede aufwiesen als eine zahlreiche Geschwisterschar, was sowohl Unterrichtszeit wie Vorbereitungszeit verkürzte.

Von der Anzahl der Zöglinge ist nicht geradlinig auf eine entsprechende Zunahme des Arbeitsaufwandes der Erzieherin zu schließen. Schwierige einzelne Kinder verursachten manchmal erheblich mehr Mühe als eine Gruppe leicht zu lenkender und lernwilliger Kinder. Als Thekla Trinks zum ersten Mal Einzelunterricht erteilen sollte, brauchte sie einige Zeit, bis sie sich daran gewöhnt hatte, denn ihr Lehreifer fand keinerlei Anklang bei ihrer Schülerin: "Miß Lucy, sechzehn Jahre alt, hatte zu ihrem Leidwesen noch zwei bis drei Jahre 'im Schulzimmer zuzubringen', wie man es in England nennt. Während dieser Zeit wollte und

---

[58] Mues, Lebens-Erinnerungen, 1894, S. 57; vgl. auch Hardach-Pinke, Gouvernante, 1993, S. 231ff.
[59] So Magdalene Gaudian: Helene Adelmann. Ein Lebensbild. In: Dem Andenken an Helene Adelmann. Hg. vom Vorstand des Vereins deutscher Lehrerinnen in England. Berlin 1916. S. 22f.; vgl. auch Lange, "Erzieherin", 1896, bes. S. 14f.

sollte sie sich so wenig wie möglich anstrengen."[60] Obwohl Thekla Trinks unmittelbar vor dieser Erzieherinnenstelle eine leitende Position am Gouvernanteninstitut in Droyßig eingenommen hatte, verfügte sie offensichtlich über keine spezifischen Kenntnisse zur Gestaltung von Einzelunterricht. Möglicherweise wurde in Droyßig auch nicht dafür ausgebildet.[61]

Anscheinend gab es auch anderswo keine spezielle Ausbildung für Einzelunterricht, denn auch Helene Lange konnte für die besonderen Anforderungen an Erzieherinnen keine professionellen Methoden benennen: "Da heißt es häufig lavieren und eigene Methoden ersinnen, um das Interesse der Kinder, besonders ganz allein unterrichteter Kinder, wach zu halten. Die beste Methode, die allein dauernd Erfolg verspricht, ist zwar wie in der Schulthätigkeit: der Kinder Liebe gewinnen und damit auch ihr Interesse."[62] Auch für die ausgebildete Elementarlehrerin Charitas Bischoff bedeutete Einzelunterricht eine Umstellung: "An den Einzelunterricht mußte ich mich auch sehr gewöhnen, ich dachte oft: 'Lieber dreißig als eine.' Der Wetteifer fehlt ..."[63] Sie spricht hier eine Unterrichtsform an, die mit dem Ausbau des Schulsystems rapide zurückging und nach der Jahrhundertwende kaum noch – professionelle – Befürworter fand.[64] Daß damit eine Unterrichtsform aus dem pädagogischen Blick verschwand, die im Bereich der häuslichen Schulaufgabenbetreuung und des Nachhilfeunterrichts bis heute weiter praktiziert wird und dort durchaus Vorteile besitzen kann, hat – wie bereits erwähnt – bisher wenig Beachtung gefunden.[65]

Demgegenüber hat Bertha Buchwald mit acht und in einer späteren Stelle mit neun Zöglingen die größten Gruppen als Erzieherin unterrichtet. An ihrem Beispiel läßt sich zeigen, daß eine hohe Zahl von Zöglingen nicht zwangsläufig eine hohe Belastung zur Folge haben mußte. Ihre erste Stelle als nicht ausgebildete Erzieherin führte sie in die Familie K. Von den zwölf Kindern erzog und unterrichtete sie zunächst die mittleren vier, und im Lauf der Jahre erweiterte sich die Zahl auf acht. Auch wenn Bertha Buchwald in der ersten Zeit mit Mutlosigkeit zu kämpfen hatte, erleichterten ihr die Zuneigung und Lenkbarkeit der Kinder die Arbeit, und die Unterstützung eines alten Lehrers glich ihre fehlende

---

[60] Trinks, Lebensführung, 1892, S. 195.
[61] Hardach-Pinke nennt keine Institutionen, die explizit für Einzelunterricht ausbildeten, sondern spricht vage von "wenigen Ausbildungsplätzen", Hardach-Pinke, Gouvernante, 1993, S. 171.
[62] Lange, "Erzieherin", 1896, S. 14.
[63] Brief von Charitas Bischoff an ihre Mutter Amalie Bischoff aus London vom 30. Juli 1870, in: Bischoff, Amalie Dietrich, 1911, S. 392-401, hier S. 393.
[64] Im Lexikon der Pädagogik wird im Artikel "Einzel- und Klassenunterricht" von J. Geyser das Für und Wider beider Unterrichtsformen dargestellt, das Ergebnis fällt zugunsten des Klassenunterrichts als der zeitgemäßeren und sozialeren Form von Lernen aus; Roloff (Hg.), Lexikon der Pädagogik, 1913, Sp. 969-977.
[65] Behr, Nachhilfeunterricht, 1990, S. 81f., weist auf diese Vernachlässigung hin.

Ausbildung aus. Nach ihrer eigenen Einschätzung ließ sie das in den Beruf hineinwachsen und steigerte ihre Leistungsfähigkeit, zumal es ihr an stetiger Anerkennung nicht fehlte.

Ganz andere Erfahrungen machte sie einige Jahre später in ihrer Erzieherinnenstelle in Valparaiso. Auch hier arbeitete sie in einer Familie mit zwölf Kindern, von denen einige aber schon erwachsen waren, und auch hier begann sie erst mit einer kleineren Gruppe, bis sie schließlich neun Kinder unterrichtete. Entscheidend für die nun sehr viel stärker empfundene Arbeitsbelastung waren mehrere Faktoren. So war ihr der Familienvater von Anfang an unsympathisch, und er verstärkte ihre Abneigung noch durch sein betrügerisches Verhalten. Mit der Mutter der Kinder, seiner zweiten Frau, kam Bertha Buchwald besser zurecht, aber deren leidenschaftliche Gefühlsausbrüche und die unlenkbaren Kinder stellten eine erhebliche Belastung dar: "Manchmal aber war der Unterricht und die Behandlung dieser zuweilen ganz störrischen Kinder grenzenlos schwierig; was sie einmal nicht wollten, erlangte eben niemand von ihnen. Oft fehlten mir die Worte, sie zu lenken; sie verstanden mich ganz gut, wollten es aber nicht thun. Daneben führten die größeren Mädchen fortwährend einen unsichtbaren Krieg gegen ihre Stiefmutter, dem ich machtlos gegenüberstand."[66]

Als Zumutung empfand es Bertha Buchwald zudem, daß sie als Protestantin an dem katholischen Religionsunterricht der Kinder teilnehmen mußte. Er wurde von einem alten Priester erteilt, und sie war deshalb als Anstandsdame vonnöten. Das alles trug zu einem wachsenden Gefühl der Überforderung bei. In ihren Erinnerungen beschreibt sie ihre Niedergeschlagenheit: "Oft wollte mir freilich der fröhliche Mut vergehen, meine schweren Pflichten treulich zu erfüllen, ja, es gab Stunden, wo ich mich verlassen und todestraurig fühlte und den Tod als Erlösung herbeiwünschte, dann aber kam die mahnende Stimme des Gewissens und die Religion, jene göttliche Freundin aller bekümmerten Menschenkinder richtete mich tröstend auf ..."[67] Erst als eine anfangs harmlose Erkältung sie an den Rand des Grabes brachte, wurde ihr bewußt, daß andauernder Ärger und ständige Überlastung ihre gute Gesundheit untergraben hatten, und sie setzte ihre Entlassung aus dem Vertrag durch. Einzelunterricht hat bei einer derart großen Kinderschar wohl nur sehr begrenzt stattgefunden.

Wie andere Erzieherinnen den Unterricht bei mehreren Kindern organisierten, bleibt in den meisten Fällen im dunkeln. Nur von Thekla Trinks und Helene Lange, die beide in Stellen mit fünf Mädchen arbeiteten, wissen wir, daß sie jeweils drei Untergruppen bildeten. Helene Lange erläutert allerdings nicht, nach welchen Gesichtspunkten sie die Zöglinge gruppierte. Thekla Trinks, die haupt-

---

[66] Buchwald, Erinnerungsblätter, 1889, S. 71.
[67] Buchwald, Erinnerungsblätter, 1889, S. 87f.

sächlich für den Deutschunterricht ihrer irischen Zöglinge zuständig war, folgte altersspezifischen Gesichtspunkten: Sie unterrichtete die sechzehnjährige Emma gemeinsam mit der fünfzehnjährigen Florence und die zwölfjährige Lucy zusammen mit der acht Jahre alten Bella; der achtzehnjährigen Marion gab sie Einzelunterricht.[68] Aus den vagen Äußerungen der Erzieherinnen insgesamt läßt sich nur vermuten, daß sie, schon aus Zeitgründen, Einzel- und Gruppenunterricht kombinierten.

Der zweite Punkt bezieht sich auf das Alter der Zöglinge, wobei hier von demjenigen Lebensalter der Zöglinge ausgegangen wird, in dem die berichtende Erzieherin die Lehrtätigkeit aufnahm. Zunächst fallen trotz magerer Datenlage die geschlechtsspezifischen Unterschiede ins Auge. Es überrascht nicht, daß die Jungen deutlich jünger sind als die Mädchen, denn mit etwa zehn Jahren, in Deutschland also im Gymnasialalter, übergaben Eltern ihre Söhne meistens nicht mehr dem Unterricht einer Erzieherin. Das erklärt, weshalb bei den Jungen eine sehr viele kürzere Altersspanne – von sechs bis elf Jahren – vorkommt als bei den Mädchen, bei denen sie von sieben bis achtzehn Jahren reicht. Die Durchschnittswerte des Alters, sie liegen für Jungen bei neun Jahren und für Mädchen bei zwölfeinhalb, bieten insofern nur eine grobe Orientierung.

Eine genauere Untersuchung lohnt bei den Mädchen, denn sie führt zu drei Resultaten: Erstens sind hier die Fälle im Altersspektrum nicht gleichmäßig gestreut, sondern zeigen zwei auffallende Häufungen: Die erste liegt mit einem Drittel der Fälle bei den Altersjahren von zehn bis zwölf, die zweite liegt mit ebenfalls gut einem Drittel bei den Altersjahren 15 und 16. Die Erzieherinnen trafen also am häufigsten auf Mädchen in diesen beiden Altersphasen.[69]

Das zweite Resultat hängt damit zusammen und trägt zur Erklärung des Zustandekommens der älteren Gruppe bei: Bei den meisten dieser 15- bis 16jährigen Mädchen handelt es sich um junge Engländerinnen, von denen die Mehrzahl adligen Familien angehörte.[70] Die drei Erzieherinnen – Dorette Mittendorf, Auguste Mues und Thekla Trinks – unterrichteten demnach in England fast erwachsene Mädchen. Diese standen in einem Alter, in dem Mädchen in Deutschland in der Regel aus der Obhut von Erzieherinnen entlassen wurden. Selbst wenn hier keine vergleichenden Daten über deutsche Mädchen aus dem Adel herangezogen werden können, bleibt festzuhalten, daß die weiblichen Zöglinge in Deutschland eine andere Altersstruktur aufwiesen als die Mädchen in England. Das wird sich auf die beruflichen Anforderungen der englischen Eltern

---

[68] Trinks, Lebensführung, 1892, S. 70, 72.
[69] Ausgangspunkt sind die Daten von 27 Mädchen; 10-12 Jahre alt sind 10 Mädchen, 15 und 16 Jahre alt sind ebenfalls 10; zusammen sind das knapp drei Viertel der Mädchen.
[70] Von den 15 und 16 Jahre alten Mädchen waren 8 Engländerinnen, ebenso die einzige 18jährige; von diesen 9 Mädchen gehörten 6 zum Adel.

an die deutsche Erzieherin ausgewirkt haben, in welcher Weise, ob zum Beispiel hinsichtlich der Fächerwahl oder des Bildungsniveaus, kann hier nicht weiter verfolgt werden. Von einem höheren Alter des Zöglings kann man jedenfalls nicht geradewegs auf ein höheres Bildungsniveau des Unterrichts schließen, wie das Beispiel der oben erwähnten lernunwilligen sechzehnjährigen Lucy gezeigt hat. Andererseits hatte Auguste Mues als Erzieherin der 15 und 16 Jahre alten Töchter einer englischen Familie des Hochadels durchaus hohen Anforderungen zu genügen. Sie schreibt darüber: "Meine Stellung als finishing Governess bei den fast erwachsenen Mädchen und in d i e s e r Familie war nicht leicht; ich mußte meine ganze Kraft zusammennehmen."[71]

Als drittes Resultat ist zu konstatieren, daß die Erzieherinnen sowohl Mädchen wie Jungen unterrichteten, die Mädchen waren aber deutlich in der Überzahl. Von den 77 Zöglingen, von denen die Geschlechtszugehörigkeit bekannt ist, waren immerhin 66 Mädchen.[72] Zu den Erzieherinnen von Mädchen und Jungen gehören Hedwig von Bismarck, Bertha Buchwald, Dorette Mittendorf und Auguste Mues. Doppelt so viele Erzieherinnen hatten ausschließlich weibliche Zöglinge, nämlich Malwida von Meysenbug, Charitas Bischoff, Thekla Trinks, Clara Jurtz, Auguste Sprengel, Helene Lange, vermutlich auch Emma Vely, ferner Minna Specht. Nur Dorette Mittendorf gab in einer sogenannten Ferienstelle und bloß für wenige Wochen einem einzelnen Jungen Unterricht.

Zusammenfassend läßt sich sagen, daß die Erzieherinnen hauptsächlich Mädchen aller Altersstufen unterrichtet haben, wobei es sich bei den älteren Mädchen meistens um Engländerinnen handelte. Unterricht bei nur einem Kind kam vor, meistens waren die Erzieherinnen aber für mehrere Kinder zuständig. Keiner dieser Faktoren allein führte dazu, daß eine Erzieherin vorzeitig eine Stelle aufgab. Es kamen in diesen Fällen andere Erschwernisse hinzu, die oft mit problematischen Eigenschaften der Arbeitgeber, aber auch der Zöglinge zusammenhingen.

Neben dem Unterricht selbst hatten Erzieherinnen meistens weitere Pflichten zu erfüllen, die nicht immer als Arbeit aufgefaßt wurden und deshalb selten einer vertraglichen Regelung unterlagen. Die Beaufsichtigung der Kinder außerhalb der Unterrichtsstunden gehörte zu den üblichen Aufgaben einer Erzieherin, konnte allerdings recht unterschiedliche Zeit beanspruchen. Regelmäßige Spaziergänge mit den Kindern fielen darunter und vielfach auch deren Beschäftigung beim Spielen. Zu Unstimmigkeiten kam es hingegen leicht, wenn die Eltern – zumal die Mutter – von der Erzieherin Hilfsdienste im Haushalt erwarteten.

---

[71] Mues, Lebens-Erinnerungen, 1894, S. 60; Sperrung im Original.
[72] Insgesamt lassen sich 92 Zöglinge zählen; die Angaben dazu fehlen für 9 der 41 Anstellungsverhältnisse.

Die Grenzen zwischen Arbeit und Freizeitbeschäftigung waren in diesem Bereich fließend. Besonders das Anfertigen weiblicher Handarbeiten während der abendlichen Familiengeselligkeit unterband erfolgreich den Eindruck, daß es sich dabei um Arbeit handelte. Bertha Buchwald beschreibt eine derartige Situation: "Jetzt kam mir auch wieder meine Übung in allerlei weiblichen Handarbeiten zustatten, und um die Frau Pastorin zu erfreuen, nähte ich ihr abends nach dem Unterrichte noch Hemden und feine andere Wäsche. – Wir saßen dann alle gemeinsam in der kleinen Wohnstube ..."[73] Auch auf die junge Auguste Sprengel wirkte die familiäre Situation in ihrer ersten Erzieherinnenstelle in ähnlicher Weise. Sie fühlte sich dort wie eine älteste Tochter behandelt, und das hieß für sie, daß sie "als solche teilnahm an verschiedenen wirtschaftlichen Arbeiten sowie an dem sehr hübschen geselligen Verkehr".[74]

Die ständige Anwesenheit der Erzieherin im Haushalt, auch nach der Erledigung der vereinbarten Lehrtätigkeit, führte wohl manche Mutter in Versuchung, einen Teil der eigenen – zeitlich unbegrenzten – Hausarbeiten auf die bezahlte Kraft abzuwälzen. Je nach Temperament konnte das mehr oder weniger diskret in die Wege geleitet werden. Emma Vely, die sich als Erzieherin zwar ganz zur Familie ihrer Zöglinge gehörig fühlte, setzte einem derartigen Begehren frühzeitig ein Ende: "Mir blieb, selten durch die Außenwelt abgezogen, viel freie Zeit, ich musizierte und las fleißig. Dem einzigen Versuche der Hausfrau, über den bedingten Unterricht hinaus häusliche Hilfe zu verlangen, setzte ich höflich bestimmten Widerstand entgegen, und so kam die schüchtern aufgeworfene Frage nicht wieder zur Erörterung."[75]

Über eine andere, von Erzieherinnen möglicherweise oft übernommene Arbeit berichtet Dorette Mittendorf. Als kurz vor der Reise von London nach Schottland aufs Land die Kinderfrau erkrankte und zurückbleiben mußte, übernahm Dorette Mittendorf die Betreuung ihrer beiden Zöglinge und zusätzlich die des Babys, denn die Eltern gingen für einige Zeit auf Reisen. Da das Kleinkind nach der Ankunft schwer erkrankte und bald darauf auch seine Geschwister, war Dorette Mittendorf vollauf mit der Krankenpflege der drei Kinder beschäftigt. Erst die Ankunft der Kinderfrau beendete diese Tätigkeit.

Wie oft Erzieherinnen sich zu derartigen Pflegearbeiten oder zu Hausarbeiten verpflichtet fühlten oder dazu herangezogen wurden, läßt sich hier nicht klären. N. L. weist in ihren Erinnerungen indessen ausdrücklich darauf hin, daß es in bestimmten Ländern – sie bezieht sich auf ihre Erfahrungen in Rumänien – durchaus als Aufgabe einer Erzieherin angesehen wurde, Näharbeiten für den

---

[73] Buchwald, Erinnerungsblätter, 1889, S. 35.
[74] Sprengel, Erinnerungen, 1932, S. 19.
[75] Vely, Leben, 1929, S. 82.

Haushalt zu erledigen, die Kinder anzuziehen und weitere Dienstleistungen im Haus zu verrichten. Das lag vor allem an der dort wenig ausgeprägten Unterscheidung zwischen der Stellung eines Kindermädchens und der einer Erzieherin. N. L. rät ihren Leserinnen deshalb, in dem Vertrag die zu leistenden Arbeiten exakt und vollständig aufzuführen und lieber davon zurückzutreten, wenn der Arbeitgeber nicht darauf eingehen wolle.

Ging es bei Hausarbeiten und Krankenpflege noch um Arbeitsvorgänge, die die arbeitgebende Familie bei entsprechendem Wohlstand ihren bezahlten Dienstboten oder Fachkräften übertrug, so ließen sich die Tätigkeiten von Erzieherinnen im Rahmen familiärer Geselligkeit nicht ohne weiteres als Arbeit identifizieren und entsprechend delegieren. Charakteristisch für Arbeitsverhältnisse in England war die Erwartung, daß Erzieherinnen abends beim geselligen Beisammensein im Wohnzimmer durch Klavierspielen oder Vorsingen zur Unterhaltung beitrugen.

Thekla Trinks, deren Berufserfahrungen als Erzieherin sich auf jeweils eine Anstellung in Irland und in England beschränkten, schreibt über ihre Zeit bei der Familie Sidney: "Ich hatte stets abends vorzuspielen, wenn Gäste kamen; es ging jetzt ganz erträglich mit meinem Spiel. Bald merkte ich aber, daß ich mich auf ein neues Genre von Musik würde einüben müssen: Tanzmusik. Oft waren junge Damen und Herren anwesend, Töchter und Söhne befreundeter Familien. Im Sommer ging man bei gutem Wetter nach dem Diner noch ein Stündchen in den Garten; wie aber sollte der Rest des Abends, namentlich in der trüberen Jahreszeit hingebracht werden, wenn nicht Gesellschaftsspiele gespielt oder getanzt wurde? – Zum Tanz zu spielen, ist die unzweifelhafte Aufgabe der Gouvernante. Und wahrlich keine leichte Aufgabe! ... und während der nächsten zwei Stunden giebt es nur kurze Pausen der Erholung für mich. Aber da gilt es aushalten und bei dem vielen Angenehmen, das die Stelle bietet, auch das Unangenehme hinnehmen."[76] Bei Auguste Mues verliefen die Abende in der Familie Baiss ähnlich. Mit ihrer Verallgemeinerung geht Thekla Trinks jedoch zu weit, denn eine vergleichbar bindende Verpflichtung gab es für Erzieherinnen in Deutschland nicht.

Wohl am diffizilsten war es für eine Erzieherin, sich außerhalb ihrer Unterrichtsstunden im Kreis der Familie ihrer Zöglinge zu bewegen. Vor allem die erwähnte abendliche Geselligkeit bot Anlaß zu Unstimmigkeiten, denn sie konnte je nach Familiengewohnheit ganz unterschiedliche Anforderungen mit sich bringen. In Kreisen des englischen Hochadels zum Beispiel hatte abends auch die Erzieherin in aufwendiger Kleidung zu erscheinen. Für Auguste Mues bedeuteten diese Abende nur sehr begrenzt Erholung von der Tagesarbeit, wie ihren Erinnerungen zu entnehmen ist: "Abends wurde immer große Toilette gemacht. Die

---

[76] Trinks, Lebensführung, 1892, S. 199f.

Familie versammelte sich nach dem Abendessen im Salon, wo gelesen und musiziert wurde. Meine Zöglinge erschienen, auch wenn kein Besuch da war, immer in weißen Kleidern und weißen Atlasschuhen. Auch für mich war für den Salon ein Schleppkleid mit ausgeschnittener Taille unerläßlich. Viel lieber wäre ich oft gemütlich in meinem Zimmer geblieben. Bei manchen Gelegenheiten habe ich viel Selbstverleugnung üben müssen und, trotz aller dankenswerten Vorzüge meiner Stellung, doch oft das Joch der Dienstbarkeit empfunden, manchen moralischen Schweißtropfen vergossen."[77]

Die Entscheidung über eine Teilnahme an dieser abendlichen Geselligkeit lag nicht im Ermessen der Erzieherin. Thekla Trinks, die ihrem Vertrag nach zwar frei über ihre Abendstunden verfügen konnte und diese Zeit lieber zur eigenen Weiterbildung im Englischen nutzen wollte, erhielt von Lady St. John den Rat, sich abends nicht von der Familie abzuschließen, weil das erfahrungsgemäß "nicht gut wirke".[78] Daß die Teilnahme an der familiären Geselligkeit aber die berufliche Belastung beträchtlich verstärken konnte, hat Auguste Mues berichtet. Aufgrund dieser Überforderung kündigte sie schließlich: "Der rege Verkehr, der Unterricht der sehr lebhaften Kinder, hatten eine gewisse Überreizung meiner Nerven hervorgerufen. Ich sehnte mich nach Ausspannung von meiner Tätigkeit."[79]

Zusammenfassend ist für das Arbeitsvolumen von Erzieherinnen festzuhalten, daß es sich generell um ausschließliche Vollzeitarbeit mit ausgesprochen langen täglichen Arbeitszeiten handelte. Das Zusammenleben mit der arbeitgebenden Familie verlängerte die Arbeitszeit nämlich meistens noch über die Unterrichts- und Vorbereitungszeit hinaus, nicht nur wenn eine Beaufsichtigung oder Beschäftigung der Zöglinge vertraglich vereinbart war, sondern auch, wenn von der Erzieherin erwartete wurde, daß sie ihre abendliche Freizeit nicht für sich allein, sondern im Kreis der Familie verbrachte. In angenehmen Arbeitsverhältnissen konnte die Erzieherin das durchaus als arbeitsfreie Zeit empfinden, in weniger angenehmen Konstellationen nahm sie es wohl eher als zur ihrem Beruf gehörend wahr.

Einfluß auf die Arbeitszeit hatten zudem Faktoren wie die Anzahl der Zöglinge und ihre Altersverteilung, sie lassen jedoch keine einfachen Schlüsse auf den Arbeitsaufwand zu, denn der Charakter der Zöglinge und die persönliche Beziehung zwischen Lehrenden und Lernenden konnten die Arbeit erleichtern oder erschweren.

---

[77] Mues, Lebens-Erinnerungen, 1894, S. 60f.
[78] Trinks, Lebensführung, 1892, S. 87-89.
[79] Mues, Lebens-Erinnerungen, 1894, S. 69.

Da Erzieherinnentätigkeit häufig nur für einige Jahre und meistens von jungen Frauen ausgeübt wurde, traten die Nachteile oft in den Hintergrund, und die Vorteile kamen eher zur Geltung: Das Zusammenleben mit einer fremden Familie förderte die soziale Kompetenz; vor allem in Auslandsstellen erweiterte es den kulturellen Horizont, und die während dieser Zeit erworbenen Sprachkenntnisse ließen sich später auf verschiedene Art und Weise verwerten.

4.2.2 Internatsschulen

Unter Internat werden im folgenden alle diejenigen Einrichtungen jenseits der Privathaushalte verstanden, in denen die Lernenden und Lehrenden nicht nur für die Dauer des Unterrichts zusammenkamen, sondern gemeinsam in einem "Anstaltshaushalt" lebten. Bei der Abgrenzung zum privaten Familienhaushalt gibt es eine Übergangszone, mit der vor allem bei sehr kleinen Internaten oder in der Gründungsphase zu rechnen ist.

Die von den Autobiographinnen beschriebenen Internate bilden unter dem Gesichtspunkt ihrer Trägerschaft zwei Gruppen: zur ersten gehören die von Privatpersonen geführten Pensionate, zur zweiten diejenigen Anstalten, deren Träger die evangelische Kirche, der Staat oder größere Personengruppen – zum Beispiel in Vereinen organisierte Eltern – waren.

Den Internaten kommt unter den Arbeitsplätzen lehrender Frauen insofern eine Sonderrolle zu, als in ihnen spezifische leitende und unternehmerische Tätigkeiten mit dem Unterrichterteilen verbunden sein konnten. Von daher wird denjenigen Internaten, die von einer Frau geleitet wurden, besondere Aufmerksamkeit zugewandt, zumal von den insgesamt 14 Autobiographinnen, die hier unterrichteten, die Hälfte Leiterin oder Mitleiterin einer Lehranstalt war. Leitungstätigkeit kam indessen nicht nur im Bereich der privaten Mädchenschulen vor, sondern auch in Diakonissenanstalten und in Vereinseinrichtungen. Lehrtätigkeit fand in Lehranstalten unter teilweise ähnlichen strukturellen Bedingungen wie in Privathaushalten statt, weil Arbeitsplatz und Wohnbereich eng miteinander verbunden waren, und das Zusammenleben mit Kollegen, Kolleginnen und Schülern und Schülerinnen die Abtrennung eines privaten Rückzugsbereichs einschränkte, wenn nicht verhinderte.

Pensionate als private Unternehmen

An Pensionaten haben Autobiographinnen aus allen drei Generationen unterrichtet, und zwar vor allem an privaten Mädchenpensionaten, nur Florentine Gebhardt an privaten Haushaltspensionaten. Ihre Darstellungen geben etwa für die Zeit von der Jahrhundertmitte bis zum Jahrhundertende Einblick in einen Bereich des Schulwesens, auf den ein Großteil der bürgerlichen und adligen Mädchen angewiesen war, wenn die Eltern keine Erzieherin einstellen wollten oder konnten.[80] Für Lehrerinnen wiederum boten diese privaten Pensionate zahlreiche Arbeitsmöglichkeiten, wenn auch unsichere und meist schlecht bezahlte. Allerdings ist der gegenwärtige Wissensstand sowohl über Anzahl, Größe wie Struktur dieser Einrichtungen dürftig.

Für Hedwig von Bismarck aus der ersten Generation geht es weniger um die konkreten Arbeitsverhältnisse in einem Pensionat, sondern um zwei andere Aspekte, die gleichwohl mit den Existenzbedingungen von Mädchenpensionaten zu tun hatten: Zum einen gehörten für sie von Kindheit an städtische Pensionate zu den üblichen Bildungseinrichtungen, zum andern waren kleine Pensionate von dem Vertrauen der Eltern abhängig. Daß Pensionatsaufenthalte in Hedwig von Bismarcks Familie Tradition besaßen, geht aus ihren Erinnerungen hervor: Die Mutter,[81] die ihre Mutter früh verloren hatte, war in dem Pensionat von Friederike Lehmann in Schöneberg erzogen worden, zu der sie auch noch in späteren Jahren in freundschaftlicher Beziehung stand. So besuchte sie 1820 mit ihren Kindern die ehemalige Lehrerin, die seit 1811 als erste Vorsteherin die renommierte Luisenstiftung in Berlin leitete.[82]

Die beiden älteren Brüder Hedwigs, Emil und Hermann,[83] waren ebenso wie die Schönhauser Vettern Bernhard und Otto von Bismarck in der Knabenpension von Madame Plamann in Berlin untergebracht.[84] Um 1825 zogen die Eltern vom Lande nach Berlin. Dort kamen Hedwig und ihre zwei Jahre ältere Schwester Adelheid in die Erziehungsanstalt der Schwestern Mayet, allerdings als sogenannte Tagespensionärinnen, denn sie blieben bei den Eltern wohnen und gingen nur von morgens bis abends in das Pensionat. Nach Hedwig von Bismarcks Erinnerungen galt diese Anstalt als "eine(r) der ersten jener Zeit", konnte aber einem Vergleich zu denen, wie sie in ihrem Alter existierten, nicht standhalten. Räumlichkeiten und Ausstattung waren bescheiden.

---

[80] Vgl. dazu den Überblicksartikel von Marie Mellien: "Pensionate für Mädchen". In: Rein (Hg.): Encyklopädisches Handbuch der Pädagogik. Band 5. 1898, S. 281-286.

[81] Hedwig von Bismarcks Mutter: Charlotte, geb. von Bredow, geb. 1786 Lochow bei Friesack, gest. 1850 Köpenick; Heirat 1805.

[82] Von Bismarck, Erinnerungen, 1910, S. 40f. Zur Luisenstiftung siehe Hardach-Pinke, Gouvernanten, 1993, S. 148f.: Die Luisenstiftung wurde 1811 als eine der ersten öffentlichen Lehrerinnenbildungseinrichtungen in Deutschland gegründet, deren Seminarbetrieb bis 1928 bestand. Sie hatte die Rechtsform einer privaten Stiftung und war dem Unterrichtsministerium unterstellt. Sie ging auf Pläne der Königin Luise zurück.

[83] Emil 1806-1835, Hermann 1810-1876.

[84] Von Bismarck, Erinnerungen, 1910, S. 40.

Die relativ genaue Beschreibung wird hier ausführlich wiedergegeben, weil sie vermutlich typisch für zahlreiche kleine Pensionate ist: "Drei Schwestern, die Mamsellen Mayet, wie sie damals genannt wurden, hatten eine sehr einfache Wohnung inne, zwei Treppen hoch, an der Ecke der Friedrich- und Französischen Straße. Die Ausstattung des größten Raumes, der gleichzeitig als Schul- und Eßzimmer diente, bestand aus zwei großen Bücherschränken und einem schmalen, langen Tisch, an dem auch Mittags gegessen wurden. Die einzige Sitzgelegenheit waren Holzbänke, ohne Lehnen; nur Caroline, die älteste Schwester, saß Mittags auf einem Stuhl, den sonst, während des Unterrichtes, der Lehrer einnahm. Dies Eßzimmer war der Raum für die 2. Klasse, die am zahlreichsten besetzt war. Die 1. und 3. Klasse befanden sich in einem kleinen Nebenzimmer. Da stand auf der einen Seite, am Fenster, auch ein schmaler, aber kleiner Tisch mit Bänken. Auf der anderen Seite, vor dem steifen kleinen Sofa, ein größerer Tisch, der für die beiden Klassen zur gemeinsamen Zeichen- und Schreibstunde benutzt wurde. In einer Ecke war noch ein kleines Etablissement mit ganz niedrigen Bänken – hier wurden einige ABC-Schützen unterrichtet. Im hinteren Raum, dem Mädchenzimmer, wurden die Sachen der nur zum Unterricht kommenden Kinder abgelegt. Was für eine Bazillentheorie würde man heute auf der Tatsache kultivieren, daß die nassen Mäntel und Hüte der jungen Mädchen dort stundenlang auf den nicht immer blütenweißen Betten des Dienstmädchens lagen."[85] Und auch die Beköstigung war sparsam: "Das Essen war sehr einfach. Einige Gänse abgerechnet, die pommersche Eltern im Herbst schickten, habe ich keinen Braten gesehen. Alle 3 Wochen, Mittwochs, wurde in der Küche gewaschen; dann gab es Mehlsuppe, wir nannten sie Seifenwasser, und Kartoffelklöße mit Mussauce. Käme das jetzt in einem Pensionat vor, ich glaube, die Eltern schickten Extrazüge, um ihre Kinder abholen zu lassen. Uns ist es ganz gut bekommen ..."[86]

Im Rückblick waren für Hedwig von Bismarck nicht der Unterricht und die hier erhaltene Bildung wichtig, sondern daß sie während dieser Zeit mit anderen Pensionärinnen aus preußischen Adelsfamilien Freundschaften für das ganze Leben schloß. Der Unterricht der drei Schwestern Mayet, die vermutlich zur Französischen Kolonie gehörten und hauptsächlich Französisch gaben, erfüllte nicht die Erwartungen von Hedwig von Bismarcks Eltern, zumal die Mutter selbst eine ungewöhnlich gute Ausbildung erhalten hatte. Sie schickten ihre Töchter deshalb nach zwei Jahren in die Büttnersche Schule, denn diese "war sehr besucht und genoß den besten Ruf".[87]

---

[85] Von Bismarck, Erinnerungen, 1910, S. 54f.
[86] Von Bismarck, Erinnerungen, 1910, S. 55.
[87] Von Bismarck, Erinnerungen, 1910, S. 65.

Als Hedwig von Bismarck in Berlin etwa zwanzig Jahre später als Erzieherin in das Mädchenpensionat von Fräulein Weiß eintrat, traf sie vermutlich auf ähnliche Verhältnisse wie in ihren Mädchenjahren. Die etwa 15 bis 20 Zöglinge stammten auch hier weitgehend aus Adelsfamilien, und das Pensionat befand sich in einer großen Wohnung am Leipziger Platz. Für erzählenswert hält Hedwig von Bismarck indessen nicht ihre Tätigkeit dort, sondern die aufregenden Ereignisse in den Märztagen 1848, in deren Folge die Pensionatsleiterin, von den kursierenden Gerüchten über mörderische Barrikadenkämpfer in Angst und Schrecken versetzt, mit ihren Zöglingen für einige Wochen nach Sachsen aufs Land floh. Diese unbesonnene und konfuse Aktion brachte das Pensionat so stark in Mißkredit, daß die meisten Eltern ihre Kinder abmeldeten; und es verging kein Jahr, bis das Institut ganz aufgelöst wurde. Fräulein Weiß trat in den Ruhestand und zog nach Potsdam, und auch Hedwig von Bismarck beendete ihr Erwerbsleben als Erzieherin. Zwar äußert sich Hedwig von Bismarck nicht zum Unterrichtsbetrieb des Pensionats, aus ihrer Schilderung wird aber deutlich, wie abhängig die Existenz einer derartigen Einrichtung von dem Zutrauen der Eltern war. Diese begegneten Mängeln, fachlichen ebenso wie personellen, nicht durch Einflußnahme mit dem Ziel einer Verbesserung, sondern schickten ihre Kinder umstandslos in ein anderes Institut. Offensichtlich gab es genug Einrichtungen dieser Art.

Wiederum zwei Jahrzehnte später, im Jahr 1868, gründete Thekla Trinks ein Mädchenpensionat in ihrer Heimatstadt Meiningen. Sie war zu dieser Zeit 37 Jahre alt und hatte seit 15 Jahren in verschiedenen Stellen sowohl als Schullehrerin wie als Erzieherin gearbeitet. Unter den Autobiographinnen ist sie zwar nicht die einzige Unternehmerin, wie das Beispiel von Hedwig Heyl zeigt, aber sie ist die einzige Lehrerin, die für längere Zeit ein kleines Unternehmen nach kapitalistischen Gesichtspunkten gründete und erfolgreich führte. Auf die beiden anderen Gründerinnen, Wilhelmine Canz und Minna Specht, trifft das nicht zu.

Um die unternehmerischen Tätigkeiten einer Pensionatsvorsteherin bestimmen zu können, sind indessen einige Erläuterungen vorauszuschicken, zumal die Forschungslage zu weiblichen Unternehmerinnen immer noch ungünstig ist. Offenbar bereitet es große Schwierigkeiten, Frauen als Unternehmerinnen wahrzunehmen. Das hat mehrere Gründe. Der erste besteht darin, daß gerade über die kleinen und mittleren Unternehmer, die Jürgen Kocka als das "breite unternehmerische Fußvolk nach der Industriellen Revolution" bezeichnete, wenig bekannt ist, vor allem in vergleichender Perspektive.[88] Kocka benennt zentrale Kategorien

---

[88] So Jürgen Kocka: Unternehmer in der deutschen Industrialisierung. Göttingen 1975, S. 127; zum Mangel an vergleichenden Untersuchungen S. 11. Ähnlich Martina Voigt, Bearbeiterin des DFG-Forschungsprojekts "Unternehmerinnen – geschlechtsspezifische Besonderheiten der Gründung und Führung von Unternehmen." (Nr. 92/1993), Projektbericht 1990-1992, S. 1.

und steckt den Kreis der zu untersuchenden Aspekte ab. Er definiert die Unternehmer-Funktion relativ offen als "das Treffen von wesentlichen ('strategischen') Entscheidungen über die Zielsetzung des Unternehmens, seine Position auf dem Markt und seine Beziehungen zur Umgebung überhaupt, wobei Profit- und Rentabilitätserwägungen eine hervorragende Bedeutung zukommt; zu diesen Entscheidungen gehören insbesondere Entscheidungen über die Mobilisierung und die Kombination der Produktionsfaktoren, so vor allem über Investitionen und die Anstellung des leitenden Personals."[89]

Diese Definition läßt sich, modifiziert, auf die privaten Betreiber und Betreiberinnen von Schulen anwenden. Die von Kocka zugrundegelegte Ausrichtung auf die Entstehung des Fabriksystems[90] erschwert es jedoch, Dienstleistungen als Produkte einzubeziehen. Bereiche wie der des Bildungssystems bleiben bei ihm insofern ausgeschlossen. Und darin liegt ein zweiter Grund, der den Blick auf private Schulen als kapitalistisch betriebene Bildungseinrichtungen verstellt. Auch wenn im Schulwesen das zunehmende Engagement des Staates und der Gemeinden schließlich zu einer nahezu vollständigen Monopolisierung der Bildungsvermittlung in öffentlicher Hand führte, ist nicht zu übersehen, daß im langen 19. Jahrhundert ein beträchtlicher Teil der Bildungseinrichtungen von privaten Trägern betrieben wurde, von denen wiederum eine bedeutende Gruppe Marktmechanismen folgte und profitorientiert handelte. Welche Faktoren im einzelnen zum Scheitern dieses Segments des tertiären Wirtschaftssektors beitrugen, wäre erst noch näher zu untersuchen. In Preußen beobachteten Behörden seit den 1880er Jahren, daß es seit 1861 einen Rückgang von Privatschulen gab. Er wurde auf das größere Engagement der Kommunen in Schulangelegenheiten zurückgeführt sowie auf die Existenzschwierigkeiten besonders der sehr kleinen Anstalten, die häufig in öffentliche Schulen oder in größere Privatschulen übergingen.[91]

Der dritte Grund hängt eng damit zusammen. Im ausgedehnten Bereich der privaten höheren Mädchenschulen, der eine Domäne weiblicher Lehrerinnen war, gab es zahlreiche Frauen, die eine derartige Einrichtung besaßen und leiteten, sei

---

[89] Kocka, Unternehmer, 1975, S. 14. Seine Abgrenzung gegenüber der Manager-Funktion sowie der Funktion des Kapitalisten spielt aufgrund der hier behandelten kleinen Betriebe keine große Rolle. Kocka selbst weist darauf hin, daß alle drei Funktionen in kleinen Betrieben häufig von derselben Person wahrgenommen wurden und werden, ebd. S. 14f.; zum Begriff "Unternehmer" s. a. Hans Jaeger: "Unternehmer". In: Geschichtliche Grundbegriffe, Band 6, Stuttgart 1990, S. 708-732.

[90] Kocka, Unternehmer, 1975, S. 13.

[91] Vgl. Karl Schneider; A. Petersilie: Das gesammte Volksschulwesen im preußischen Staate im Jahre 1891. Berlin 1893, S. 271; Karl Schneider; A. Petersilie: Das gesammte niedere Schulwesen im preußischen Staate im Jahre 1896. Berlin 1898, S. 105; s. a. Eckardt K. Deutscher: Private Schulen in der deutschen Bildungsgeschichte. Ein Beitrag zum Verhältnis von Schule und Staat. Frankfurt/ Main 1976.

es als Schule oder als Internat. Daß diesen Schulleiterinnen in zeitgenössischer Perspektive durchaus unternehmerisches Handeln zugesprochen wurde, belegt zum Beispiel Helene Langes Urteil über Lucie Crain, der sie bei der Führung ihrer Anstalten ausgeprägten Erwerbssinn und organisatorisches Talent bescheinigte.[92] In der neueren Unternehmensforschung findet dieser Sektor allerdings keine Beachtung. Selbst die Untersuchung von Elke Hlawatschek über "Die Unternehmerin" im Zeitraum von 1800 bis 1945 folgt der traditionellen Bevorzugung von Unternehmen in der Industrie.[93] Auch hier bleiben infolgedessen die privaten Mädchenschulen von Klein-Unternehmerinnen ausgeklammert. Zur Größenbestimmung ist anzumerken, daß trotz der in der Literatur diskutierten bedenkenswerten Einwände gegen eine Unterscheidung nach den Größenklassen von Betrieben in Klein-, Mittel- und Großunternehmen[94] im folgenden der Begriff Klein-Unternehmerin für kleine Unternehmen mit bis zu 19 Beschäftigten verwendet wird. Diese Bezugsgröße verhilft zu Eindeutigkeit und erleichtert Vergleiche.

In welcher Weise agierte nun Thekla Trinks als Klein-Unternehmerin, wenn man – nach Kockas Definition – folgende zentrale Kategorien zugrundelegt: die Zielsetzung, die Bestimmung über Marktposition und Standort, die Profitkalkulation sowie die Investitions- und Personalplanung?[95] Trinks' unternehmerische Handlungen und Entscheidungen sollen als Beispiel für eine erfolgreiche Unternehmensführung in ihrem zeitlichen Verlauf dargestellt werden, wobei folgende Phasen genauer betrachtet werden: 1. eine Vorbereitungs- und Planungsphase, 2. eine Anlaufphase, 3. Krisenzeiten und schließlich 4. der Verkauf des Betriebes.

---

[92] Lange, Erinnerungen, 1921, S. 114-117. Zur Schule von Lucie Crain s. unten S. 243.

[93] Hlawatschek sieht diese Beschränkung durchaus und erwähnt "weitere Bereiche". Sie benennt diese allerdings nicht und verschiebt deren Berücksichtigung auf einen "zweiten Schritt"; Elke Hlawatschek: Die Unternehmerin (1800-1945). In: Hans Pohl (Hg.): Die Frau in der deutschen Wirtschaft. Referate und Diskussionsbeiträge des 8. Wissenschaftlichen Symposiums der Gesellschaft für Unternehmensgeschichte e.V. am 8. und 9. Dezember 1983 in Essen. Stuttgart 1985, S. 127-146, hier S. 129, bes. Anm. 13.

[94] Hlawatschek kritisiert eine Orientierung an der Beschäftigtenzahl als zu formal, um für einen Zeitraum von 150 Jahren gelten zu können; Hlawatschek, Unternehmerin, 1985, S. 128. Kocka zählt Betriebe mit weniger als 100 Beschäftigten zu den kleinen und mittleren Unternehmen; ders., Unternehmer, 1975, S. 127. Heinz Hartmann gibt in seiner empirischen Studie: Die Unternehmerin. Selbstverständnis und soziale Rolle. Köln 1968, einige der Beschäftigtenzahlen, die der Bestimmung von Klein-, Mittel- und Großbetrieben zugrundegelegt werden. Entsprechend der von ihm genannten Extremwerte handelt es sich im Bereich von 1-19 Beschäftigten um Kleinbetriebe – er selbst begrenzt diese auf 5-9 Beschäftigte –, im Bereich von 6-199 Beschäftigten um Mittelbetriebe, ab 50 Beschäftigten werden Großbetriebe definiert, ebd. S. 12, bes. Anm. 7.

[95] Kocka, Unternehmer, 1975, S. 14.

Die Vorbereitungsphase

Etwa zehn Jahre vor Gründung ihres Pensionats beginnt Thekla Trinks, darüber nachzudenken, was alles dazu gehört, in Deutschland ein eigenes Pensionat zu eröffnen. Als nützlich dafür bewertet sie die Erfahrungen, die sie als Leiterin beim Aufbau der evangelischen Pensionatsschule in Bukarest sammelte. Sie betreffen sowohl Ausstattung wie Lehrangebot. Daß "Menschenführung", der Umgang mit Mitarbeitern und Mitarbeiterinnen, keine leichte Aufgabe war, hatte Thekla Trinks an sich selbst erfahren: Ihre "angeborene Selbständigkeit" hatte verhindert, daß sie Diakonisse wurde, und in leitender Position im Gouvernanteninstitut in Droyßig fiel es ihr nicht leicht, mit den Kolleginnen ein einvernehmliches Verhältnis aufzubauen. Sie beginnt deshalb, über Mittel und Wege zu einer eigenen Lehranstalt nachzudenken. Offen ist zunächst, ob es sich um eine höhere Mädchenschule, ein Pensionat oder um eine Kombination von beidem handeln solle.

Zwei Bereiche sind zuerst zu regeln: die Beschaffung des Startkapitals und die Wahl einer Mitvorsteherin. Hinsichtlich des notwendigen Kapitals stellt sie folgende Kalkulation auf: "Zur Übernahme oder Begründung einer Anstalt gehörten Mittel. Handelte es sich um eine höhere Mädchenschule, so genügten dazu einige hundert Thaler, die ich mir leicht verschaffen konnte. Anders verhielt es sich mit einem Pensionat. Zur Anschaffung des Hausinventars, sowie als Reservekapital, falls die Anstalt nicht gleich rentieren sollte, waren mindestens zweitausend Thaler nötig, wie ich glaubte. Über eine solche Summe verfügte ich aber nicht und borgen wollte ich sie nicht, denn sie konnte verloren gehen."[96]

Eine Mitvorsteherin hält sie für notwendig, weil sie ihre eigenen beruflichen Fähigkeiten zwar hoch einschätzt, sich aber deren Einseitigkeit bewußt ist. Ähnlich wie bei den von Kocka untersuchten frühen Unternehmern, die als Teilhaber Verwandte bevorzugten,[97] versuchte Thekla Trinks zuerst, eine ältere Freundin zu gewinnen. Deren fehlende berufliche Qualifikation wäre nicht nur durch Vertrauenswürdigkeit aufgewogen worden, sondern auch durch deren haushälterische Fähigkeiten. Denn diese besaß Thekla Trinks nicht, sie waren aber zur Pensionatsführung unerläßlich.

In diesem Zusammenhang sind die Ergebnisse von Hartmanns Untersuchung interessant, denn bei der Frage nach der Vorbereitung auf die Unternehmertätigkeit verwiesen immerhin die Hälfte der befragten Unternehmerinnen auf die häusliche Erziehung als nützliche Erfahrung.[98] Dieses Ergebnis sowie die

---

[96] Trinks, Lebensführung, 1892, S. 182.
[97] Jürgen Kocka: Familie, Unternehmer und Kapitalismus. An Beispielen aus der frühen deutschen Industrialisierung. In: Zeitschrift für Unternehmensgeschichte. 24 (1973) 3, S. 99-135, hier S. 112.
[98] Hartmann, Die Unternehmerin, 1968, S. 20.

Beispiele Thekla Trinks und Hedwig Heyl stehen insofern Hlawatscheks Auffassung entgegen, als diese behauptet, daß eine hauswirtschaftliche Ausbildung von Mädchen "keineswegs eine unternehmerische Tätigkeit begünstigte".[99] Die komplexe Struktur und die hohen organisatorischen Anforderungen haushälterischen Handelns werden von Hlawatschek stark unterschätzt.[100] Daß Thekla Trinks dann in Emma Meyer, einer früheren Kollegin, die geeignete Mitarbeiterin und Teilhaberin fand, lag nur zum Teil an deren beruflicher Qualifikation, wichtig war vielmehr die Tatsache, daß es sich um eine Freundin handelte, deren Zuverlässigkeit sich bereits in Bukarest, also unter schwierigen Arbeitsbedingungen, erwiesen hatte. Zudem erklärte Emma Meyer sich bereit, einen Teil des Einlagekapitals bereitzustellen. Ein männlicher Teilhaber stellte für Thekla Trinks augenscheinlich keine Alternative dar.

Thekla Trinks selbst will ihren Anteil durch Aufnahme einer hochbezahlten Erzieherinnenstelle in England beschaffen, und sie beginnt, sich um eine derartige Stelle zu bewerben. Zugleich will sie in England persönliche Kontakte aufbauen, um die Werbung künftiger Pensionärinnen zu fördern. Während die Stellensuche in England läuft, prüft sie das Angebot, eine höhere Mädchenschule in Berlin zu kaufen. Sie orientiert sich vor Ort und läßt sich die Bücher vorlegen. Da diese kaum Gewinn ausweisen, bittet sie den für die Konzessionserteilung zuständigen Schulrat Bormann um seine Einschätzung des Geschäfts. Er rät ihr ab, zum einen wegen ihrer fehlenden Ortskenntnis, zum andern weil höhere Mädchenschulen allein nicht rentabel seien und ein Überschuß erst durch das Hinzukommen von Pensionärinnen zu erzielen sei. Als ihr schließlich eine in der Mädchenschule arbeitende Lehrerin mitteilt, daß die Vorsteherin jetzt im Alter nahezu mittellos sei, wenn sie nicht ihr Haus mit beträchtlichem Gewinn verkaufen könne, zieht sich Thekla Trinks von diesem Geschäft zurück.

Drei Dinge hat sie daraus gelernt. Erstens die Bedeutsamkeit von Ortskenntnis: Sie wählt später als Standort ihre Geburtsstadt Meiningen, in der Angehörige leben; zweitens die Quelle für Profit: Sie eröffnet ein Pensionat; drittens die Handhabung von Investitionen und Sicherheiten: Sie etabliert ihren Betrieb sobald wie möglich in einer wertvollen Immobilie.

In den folgenden Jahren setzt sie die gewonnenen Einsichten um. Von 1863 bis 1866 arbeitet sie in einer hochdotierten Stelle in England. Als Anfang 1867 ihr Vater stirbt und Mutter und Schwester zurück nach Meiningen ziehen, beschließt Thekla Trinks, dort ihr Pensionat zu eröffnen, denn sie hält den Ort für

---

[99] Hlawatschek, Die Unternehmerin, 1975, S. 134.

[100] Vgl. besonders von Schweitzer, Wirtschaftslehre, 1991, passim, sowie die Diskussion in der Zeitschrift Hauswirtschaft und Wissenschaft seit den 1980er Jahren. In der dokumentierten Diskussion zu dem Vortrag, der Hlawatscheks Aufsatz zugrunde lag, relativiert sie selbst diese Abwertung von Hausarbeit, dies., Die Unternehmerin, 1975, S. 148.

sehr geeignet. Aber sie wartet noch, um für den Start einige Pensionärinnen zusammenzubringen. Durch Zufall erfährt sie, daß eine ältere Professoren-Witwe ihr renommiertes Pensionat aufgeben wolle, sobald ihre Tochter eine ihr zusagende Anstellung in England gefunden habe. Thekla Trinks kommt mit der Witwe überein, daß sie der Tochter eine Stelle in England besorgen werde und als Gegenleistung dann die noch im Pensionat vorhandenen Zöglinge übernehmen könne. Die Zeit bis dahin überbrückt Thekla Trinks in einer Stelle als erste Lehrerin in der höheren Mädchenschule in Dortmund. Als die Stelle in England gefunden ist, kündigt sie und beauftragt ihre Angehörigen in Meiningen, eine Wohnung für das künftige Pensionat zu mieten. Sie übernimmt von der Witwe zwei Pensionärinnen, und ihre künftige Teilhaberin kündigt eine junge Engländerin an. Gut vorbereitet eröffnet Thekla Trinks – zunächst allein – das Pensionat: Die Kapitalfrage ist geklärt, Räumlichkeiten und Ausstattung stehen zur Verfügung, und die ersten Pensionärinnen sind angemeldet.

Die Anlaufphase

Im April 1868 bezieht Thekla Trinks die neue Wohnung. Die meisten Stunden gibt sie ihren drei Pensionärinnen vorerst selbst, für Musik und Handarbeiten beschäftigt sie andere Lehrkräfte. Als im Juli zwei weitere Pensionärinnen eintreten, ist der Zeitpunkt erreicht, zu dem Emma Meyer als Teilhaberin die Mitarbeit aufnehmen soll, denn Thekla Trinks kann die anfallenden Aufgaben nun nicht mehr allein bewältigen. Emma Meyer trifft im August ein. Beide Frauen regeln jetzt die Verteilung der Aufgaben entsprechend ihren jeweiligen Fähigkeiten: "an dem Unterricht würden wir uns beide beteiligen; außerdem sollte ich die Korrespondenz mit den Eltern und die Vertretung des Pensionats nach außen übernehmen. Emma wollte das Hauswesen leiten und besondere erzieherische Pflichten bei den Pensionärinnen ausüben, z. B. die Ordnung in Zimmern, Schränken, Kommoden und Schreibpulten beaufsichtigen."[101] Die Zahl der Zöglinge steigt stetig, und Ostern 1869 sind mit zwölf Mädchen die vorhandenen Räumlichkeiten ausgelastet. Mit dieser Anzahl von Zöglingen betrachtet Thekla Trinks das Pensionat als etabliert, und sie präsentiert sich mit ihren Pensionärinnen der Öffentlichkeit: "Wie stolz waren wir, als wir zu Ostern zum erstenmal mit unseren zwölf Pflegetöchtern spazieren gehen durften. Diese Zahl rechtfertigte nun wirklich den Namen, die Bezeichnung eines Instituts."[102]

Im Interesse einer weiteren Expansion steht die Entscheidung für ein größeres Domizil zur Diskussion, und die beiden Vorsteherinnen entschließen sich, ein

---

[101] Trinks, Lebensführung, 1892, S. 210.
[102] Trinks, Lebensführung, 1892, S. 211.

Haus zu kaufen. Da das Anfangskapital bereits für die Anschaffung des Mobiliars und von zwei Klavieren ausgegeben worden war, mieten sie ein zum Verkauf angebotenes, geeignetes Haus mit 20 Zimmern in drei Stockwerken. Über die Finanzierung dieser Investition schreibt Thekla Trinks: "Wir erfuhren, daß die Hälfte des Kaufgeldes bei der Landeskreditkasse gegen erste Hypothek geliehen werden könne. Zur Deckung der zweiten Hälfte fanden sich gütige Freunde, welche bereit waren, die uns noch fehlenden Mittel zu leihen."[103] Offensichtlich besaßen beide Frauen bereits ein solides Renommee, nicht nur im Freundeskreis, sondern auch als Geschäftspartnerinnen.

Kocka hat darauf hingewiesen, daß Familienangehörige finanzielle Unterstützung nicht nur für die Gründung eines Unternehmens gewährten, sondern auch während der weiteren Unternehmensentwicklung helfend einsprangen.[104] Das war der Fall bei Hedwig Heyl, die zeitweise als Unternehmerin tätig wurde: Ihr Onkel beteiligte sich am Unternehmen ihres Ehemannes. Sie war im Unterschied zu Thekla Trinks aber sowohl Erbin als auch Gründerin. Daß diese Unterstützungsbereitschaft auch auf Freundeskreise auszudehnen ist, zeigt das Beispiel von Thekla Trinks.

Gut ein Jahr nach Eröffnung besitzt das Pensionat somit eine solide Geschäftsbasis. Die folgenden Jahre bringen eine kontinuierliche Expansion. Zum einen steigt die Zahl der Pensionärinnen bis auf 28 an. Zum andern gelingt es den beiden Vorsteherinnen, wie angestrebt, vor allem junge Engländerinnen zu gewinnen, die offensichtlich bedeutend besser zahlten als deutsche Mädchen.[105] Diese Klientel sichert den Bestand des Instituts auf Jahre. Schließlich verbessert der Kauf einer Villa, die den Pensionärinnen ausgedehnte und komfortable Gelegenheit zum Aufenthalt im Freien bot, nicht nur das Leistungsangebot des Instituts, sondern bildet eine weitere, sichere Kapitalanlage.

Krisen

Bedrohlich für die Existenz des Instituts wirkten mehrere, ganz unterschiedliche Ereignisse. Die erste Krise wurde durch den 1870/71er Krieg gegen Frankreich ausgelöst, denn englische Eltern schickten nun die angekündigten Töchter nicht mehr, und auch deutsche Eltern behielten ihre Töchter lieber zu Hause. Die Zahl der Zöglinge sank bis auf sechs, und das große Haus stand zum Teil leer. Die Wende zum Besseren trat ein, als im Frühjahr 1871 mit zunehmenden Friedens-

---

[103] Trinks, Lebensführung, 1892, S. 212.
[104] Kocka, Familie, 1973, S. 109.
[105] Trinks, Lebensführung, 1892, S. 214, nennt die wenig Gewinn abwerfenden Beiträge deutscher Mädchen: Um 1870 lag der Pensionspreis in Thüringer Pensionaten bei 600 Mark pro Jahr.

hoffnungen die englischen Eltern ihre Töchter nach Meiningen schickten. Damit war diese Existenzbedrohung überwunden.

Im Unterschied zu dem schicksalhaft erlebten Krieg hing die zweite Krise mit einer unzureichenden Planung der Institutsräumlichkeiten zusammen: Beide Vorsteherinnen hatten bei der Einrichtung des Hauses nicht genügend für Krankheitsfälle vorgesorgt, so daß die bei ansteckenden Krankheiten notwendigen abtrennbaren Räume fehlten. Als Fälle von Scharlachfieber auftraten und eine Pensionärin an Diphtherie erkrankte – sie starb bald darauf –, bereitete die getrennte Unterbringung der Patientinnen große Mühe. Glücklicherweise gab es in Meiningen ein gut ausgestattetes Hospital, in dem einige der Erkrankten zufriedenstellend untergebracht werden konnten.

Die dritte Krise schließlich war ein Schicksalsschlag, denn bei dem großen Brand in Meiningen am 5. September 1874, dem 219 Häuser zum Opfer fielen, brannte auch das Pensionat völlig nieder. Thekla Trinks, die zu dieser Zeit – es waren noch Ferien – Bad Boll besuchte, behielt einen kühlen Kopf und entwarf noch auf der Heimreise den Plan zur Fortführung des Pensionats in Stuttgart. Meiningen als Schauplatz der Katastrophe kam für besorgte Eltern kaum noch als geeigneter Aufenthaltsort für ihre Töchter in Frage. Die von Kocka festgestellte geringe Mobilität der frühen Unternehmer[106] trifft deshalb auf Thekla Trinks kaum zu, denn unter veränderten Bedingungen und im Interesse des Geschäfts entschied sie sich kurzerhand für einen neuen Standort.

Ein weiterer Aspekt dieser schnellen Umstellung verdient Beachtung. Thekla Trinks entsprach mit ihrem Verhalten nicht dem zeitgenössischen Bild vom passiven, emotionsverhafteten Wesen der Frau, und sie selbst hatte offenbar keine Schwierigkeiten mit einer realitätsnahen Bewertung ihrer Aktivitäten. Allerdings relativierte sie – verbal – ihre Leistungen und Entscheidungen in der Autobiographie durchgängig dadurch, daß sie sie als strikte Beachtung des göttlichen Willens darstellte.[107] Es gelingt ihr aber kaum, den Eindruck einer selbstbewußten und zielstrebigen Geschäftsfrau zu verwischen. Zu diesem Selbstbewußtsein gehört, daß sie offenbar zu keiner Zeit daran dachte, sie könne den geschäftlichen Anforderungen aufgrund ihrer Zugehörigkeit zum weiblichen Geschlecht nicht genügen. Insofern entspricht sie dem Bild, das Hlawatschek in ihrer Untersuchung von Unternehmerinnen gibt.[108] In der hier beobachteten selbstbewußten

---

[106] Kocka, Familie, 1973, S. 125.
[107] Zu Trinks' pietistischer Religiosität s. Gudrun Wedel: Ledig, fromm und geschäftstüchtig. Die Lehrerinnenkarriere der Thekla Trinks als autobiographische Konstruktion. In: Ulrike Jekutsch (Hg.): Selbstentwurf und Geschlecht. Kolloquium des Interdisziplinären Zentrums der Ernst Moritz Arndt-Universität Greifswald. (Greifswald) 2000 (im Druck).
[108] Hlawatschek, Die Unternehmerin, 1985, S. 136: "Auffällig ist jedoch, daß in den meisten Fällen jegliche Problematisierung dieser für eine Frau ungewöhnlichen Rolle als Unternehmerin fehlt."

Haltung zeigt sich besonders deutlich die Differenz zwischen dem individuellen Selbstbild von Frauen und dem öffentlich verbreiteten restriktiven Frauenbild.

Wie wenig Thekla Trinks' Handeln mit diesem "idealen" Frauenbild zu vereinbaren war und wie selbstverständlich sie – im Jahr 1874 – die üblichen Anstandsregeln für bürgerliche Frauen überging, belegt anschaulich ihre Schilderung der Situation, in der sie sich für eine Fortführung ihres Pensionats entschied: Nachts auf einen Anschlußzug wartend, entwickelte sie ihr Konzept für Stuttgart. Sie schreibt weiter: "So weit in meinen Überlegungen gekommen, ging ich wieder zurück in den inzwischen dämmerig gewordenen Wartesaal. Mehrere Männer unterhielten sich halblaut, während andere zu schlafen suchten. Da glaubte ich, schwäbische Laute in der Unterhaltung zu vernehmen. 'Ist hier vielleicht jemand aus Stuttgart?' fragte ich auf gut Glück. 'Ich, Joseph Weil aus Stuttgart', tönte es mir aus dem Halbdunkel entgegen. Ich bat den Mann, mir auf einige Augenblicke auf den Perron zu folgen. Es war ein Kaufmann; ein recht verständiger Mann, wie es schien. Ich setzte ihm kurz meine Lage auseinander, und fragte ihn dann, ob ich wohl Aussicht habe, in Stuttgart sofort ein Haus oder doch mehrere Etagen zu mäßigem Preis zu mieten. Er sagte mir, daß dazu alle Aussicht vorhanden sei; daß man sich in Stuttgart etwas 'überbaut' habe, weshalb es an guten leerstehenden Wohnungen gar nicht fehle. Ich bat ihn noch um die Adresse eines einigermaßen zuverlässigen Kommissionärs. Die Anwesenheit jenes Stuttgarter Mannes an diesem Orte, zu dieser Stunde, schien mir ein bestätigendes Zeichen, daß Gott uns nach Stuttgart führen, uns die Wege dahin ebnen wolle."[109]

Bereits nach drei Wochen hat Thekla Trinks in Stuttgart ein Haus gemietet und pensionatsgerecht eingerichtet. Ende September konnten außer den beiden Vorsteherinnen 24 Pensionärinnen, zwei Lehrerinnen, eine Haushälterin und drei Dienstboten in die Villa einziehen, die mit 15 Zimmern, zwei Balkonen, einer Veranda und einem Garten hinter dem Haus großzügig ausgestattet war. Die Jahresmiete betrug 2 500 Mark. Thekla Trinks beschreibt ihre Erleichterung nach der überstandenen Notlage: "Wir waren durch eine große Lebenskrisis hindurchgegangen; alles hätte verloren sein können; der allmächtige Gott aber hatte alles zum besten gelenkt. Ja, wir standen sicherer da als vor dem Brand; wir hatten unser Kapital, das in dem Hause angelegt gewesen, und von dem die darauf lastenden Hypotheken schon zur Hälfte abgetragen, jetzt in Händen; auch die Villa war bei dem in Meiningen herrschenden Mangel an Wohnungen schnell und gut verkauft worden. Vor allem aber erfüllte es uns mit Zuversicht, daß Gott die Herzen der Eltern unserer Zöglinge so gelenkt hatte, daß alle mit der Wahl des

---

[109] Trinks, Lebensführung, 1892, S. 233.

neuen Wohnorts sehr wohl zufrieden waren."[110] Bereits 1876 mußte für die nunmehr 28 Pensionärinnen ein größeres Haus gemietet werden. Es war eleganter und teurer und entsprach damit den hohen Ansprüchen, die die Engländerinnen, um die es sich nun vornehmlich handelte, stellten.

Der Verkauf

Das Unternehmen blühte, und die Anstrengungen und Investitionen der beiden Vorsteherinnen zahlten sich aus. Bereits Ende der 1870er Jahre hatten sie so viel verdient, daß sie von den Zinsen des erworbenen Kapitals sorgenfrei hätten leben können. Allerdings empfanden sie mittlerweile ihre Tätigkeit derart belastend, daß sie an den Ruhestand dachten. Vor allem war es schwierig, für die anspruchsvollen und sehr selbstbewußten Engländerinnen geeignete Erzieherinnen zu finden. Nach Thekla Trinks' Einschätzung gingen Lehrerinnen, die sich ihrer pädagogischen Fähigkeiten bewußt waren, lieber in eine Schule, als hauptsächlich Pensionatszöglinge zu beaufsichtigen. Diese ungünstigen Arbeitsbedingungen hatten eine hohe Fluktuation der Lehrkräfte zur Folge und sorgten für entsprechend große Unruhe. Beide Frauen faßten deshalb einen Verkauf des Pensionats ins Auge. Als eine geeignete Nachfolgerin gefunden war, die sich zudem bereit erklärte, das wertvolle Inventar zu zwei Drittel des Ankaufspreises zu übernehmen, wurde die Übergabe vorbereitet. Sie fand am 15. Oktober 1879 statt.

Erwähnenswert ist, daß den Verkauf anscheinend keine emotionalen Bindungen an das Unternehmen belasteten, wohingegen Kocka bei Unternehmern Familienorientierung als sinnstiftendes Motiv hervorgehoben hat.[111] Bei einer Pensionatsleiterin war es jedoch wahrscheinlicher, daß sie den Betrieb primär für die eigene Person führte und ihn nicht für die eigene Familie langfristig erhalten wollte. Durch den Zwang zum Zölibat bei Lehrerinnen hatten diese in der Regel keine eigenen Nachkommen. Das Fehlen dieser Zukunftsperspektive erleichterte zweifellos die Trennung vom Unternehmen sowie eine sachbezogene Abwicklung. Thekla Trinks entspricht hinsichtlich der Motive Gewinnstreben und Selbständigkeitsstreben oder ethischer Momente eher dem üblichen Bild von Unternehmern als dem von Unternehmerinnen, wie Hlawatschek es gezeichnet hat.[112]

Daß in den autobiographischen Quellen nicht alle Pensionatsleiterinnen in ihrer Geschäftsführung so erfolgreich wie Thekla Trinks erscheinen, liegt zum Teil an

---

[110] Trinks, Lebensführung, 1892, S. 237.
[111] Kocka, Familie, 1973, S. 102.
[112] Hlawatschek, Die Unternehmerin, 1985, vermißt in ihren Quellen zu Unternehmerinnen Hinweise auf derartige Motive, S. 133.

der Perspektive der Darstellung: Erinnerungen von Besitzerinnen vermitteln sicher einen anderen Blick auf ein Pensionat als die Erinnerungen der darin angestellten Lehrerinnen. Die Berichte von angestellten Lehrerinnen tragen indessen mit ihrer Sicht dazu bei, den realen Verhältnissen näher zu kommen.

Ein Beispiel für diese andere Perspektive geben die Erinnerungen von Mathilde Ludendorff, die in den Jahren 1896 bis 1899 in Biebrich in einem Pensionat mit Privatschule arbeitete. Sie hatte dafür eine ihr zusagende Stelle als Privatlehrerin in einer Familie aufgegeben, zum einen weil die Pensionatsvorsteherin während der Schulzeit ihre Lehrerin gewesen war und sie diese in guter Erinnerung hatte; zum andern weil die Vorsteherin ankündigte, daß ihr Institut "die größte Aussicht" habe, zur Hälfte von der Gemeinde übernommen zu werden, weshalb sie ihren Lehrerinnen eine Anstellung mit Aussicht auf Pension anbieten könne. Diese "Verstaatlichung" trat jedoch erst unter ihrem Nachfolger ein. Doch schon die angekündigte Möglichkeit einer Versorgung im Alter gab den Ausschlag, daß Mathilde Ludendorff und ihre Schwester Gustel das Angebot annahmen. Beide schreckte auch nicht die Klausel, daß bei einer Kündigung das Anrecht auf die Alterspension verloren gehe. Sie verpflichteten sich zudem, in das Pensionat zu ziehen, um die Pensionärinnen zu beaufsichtigen und mit ihnen die gesamte Zeit nach dem Unterricht zu verbringen.

Mathilde Ludendorff war zusammen mit ihrer Schwester in einer kargen Dachkammer untergebracht, und auch die Verpflegung ließ zu wünschen übrig. Schwerer wog allerdings für Mathilde, daß sie kein erträgliches Verhältnis zur Vorsteherin aufbauen konnte. Sie beschreibt ihre Vorgesetzte als verschroben, frömmelnd und falsch. Belastend wirkte, daß Mathilde Ludendorff der Tochter des Bürgermeisters, deren Klassenlehrerin sie war, keine bevorzugte Behandlung einräumte, wozu die Vorsteherin sie mit Blick auf die angestrebte "Verstaatlichung" gedrängt hatte. Die Spannung wurde dadurch verschärft, daß die Vorsteherin Mathilde Ludendorffs Unerfahrenheit im Unterrichten auszunutzen suchte, um sie in den Augen der Schülerinnen herabzusetzen. Als sie schließlich Mathilde Ludendorff dafür verantwortlich machen wollte, daß eine reiche Pensionärin in ein anderes Pensionat wechselte, war diese bereit zu gehen, woraufhin die Vorsteherin ihr kündigte. Mathilde Ludendorff beschreibt diese Phase als Pensionatslehrerin als Leidenszeit. Sie betont aber, daß daran nicht die Lehrtätigkeit selbst schuld war und schon gar nicht der Umgang mit ihren Schülerinnen. Als Schullehrerin arbeitete sie danach nicht mehr, denn sie hatte sich noch während ihrer Zeit in Biebrich zu einem Medizinstudium entschlossen.

Daß die Interessen von Lehrerinnen leicht in Konflikt mit denen von gewinnorientierten Besitzerinnen von Pensionaten geraten konnten, geht auch aus den Lebenserinnerungen von Florentine Gebhardt hervor. Bei ihr handelte es sich im Unterschied zu den beschriebenen Mädchenpensionaten um zwei Anstellungsverhältnisse in Haushaltspensionaten: 1893 arbeitete sie in Görlitz und 1894 in Halberstadt jeweils vier Monate lang. Die Entlohnung war mit 360 Mark im Jahr bei freier Kost und Logis gleich, doch die unterschiedlichen Arten der Pensionatsleitung führten dazu, daß sie selbst im ersten Pensionat kündigte und im zweiten gekündigt wurde. Ihre Leistungen als Lehrerin waren in beiden Fällen nicht der Grund dafür, sondern die Rahmenbedingungen.

Das Haushaltspensionat in Görlitz besaß und leitete ein Fräulein K., deren hemmungsloses Gewinnstreben nach Florentine Gebhardts Darstellung zu unhaltbaren Zuständen führte: Abgesehen von den beengten Räumlichkeiten und der unzureichenden Ausstattung des Haushaltspensionats war die Beköstigung nicht nur schlecht, sondern so knapp bemessen, daß Florentine Gebhardt vor Hunger krank wurde und sich Nahrungsmittel selbst kaufen mußte. Außerdem mußte sie für Unkosten, die bei der Beaufsichtigung der Pensionärinnen entstanden, zum Beispiel Fahrkarten und Eintrittskarten, selbst aufkommen. Nach Florentine Gebhardts Schilderung versuchte die Vorsteherin zudem, die Eltern der Pensionärinnen vertraglich zur vollen Bezahlung der festgesetzten Zeitspanne zu zwingen, selbst wenn sie die Tochter lange vorher aus der Lehranstalt nahmen. Und sie verschaffte sich eine kleine, aber stetig fließende Einnahme dadurch, daß sie Strafgelder verhängte: Jede Schülerin, die einen Fehler machte oder bei einer Ungeschicklichkeit ertappt wurde, bekam einen "Strich", und für jeden "Strich" mußte ein Pfennig bezahlt werden.

Aus diesem Grund war es kein Wunder, daß die Vorsteherin Mühe hatte, die Pensionärinnen zu halten und auch dabei auf Winkelzüge verfiel: So sollten die Schülerinnen nicht schon vor Weihnachten die Feinheiten des Maschinennähens lernen und auch nicht das Feinplätten, weil sie dann, wenn sie schon alles konnten, möglicherweise nach den Weihnachtsferien nicht mehr ins Pensionat zurückkehrten.

Ein wichtiger Grund für Florentine Gebhardts Kündigung war das schikanöse Verhalten der Vorsteherin, den Ausschlag gab aber, daß der geringe Verdienst durch unerwartete Ausgaben noch geschmälert wurde und daß für Nebentätigkeiten aufgrund der nahezu ununterbrochenen Belastung durch Unterricht und Beaufsichtigung keine Zeit blieb. Sobald Florentine Gebhardt den Vertrag für eine neue Anstellung in einem Haushaltspensionat in Halberstadt in den Händen hielt, kündigte sie. Wie sie später erfuhr, blieben bald danach die meisten Pensionärinnen aus, denn in Görlitz gab es besser geführte Mädchenpensionen. Die Vorsteherin konnte das Pensionat nicht mehr halten und verließ die Stadt.

Das Haushaltspensionat in Halberstadt wurde von zwei Schwestern B. auf der Grundlage einer klaren Konzeption geführt, so daß Florentine Gebhardt die Arbeitsbedingungen hier als "ansprechender und befriedigender" empfand. Allerdings litt sie darunter, daß es für sie keinen Ort gab, an den sie sich zurückziehen konnte. Ihr Zimmer mußte sie mit einer Kollegin teilen, und während ihrer Unterrichtsstunden stand sie unter Aufsicht der älteren der beiden Schwestern B., denn diese saß immer mit einer Strickarbeit hinten in der Klasse. Unter diesen Umständen gelang es Florentine Gebhardt kaum, durch Nebentätigkeiten, zum Beispiel durch Schreiben, etwas hinzuzuverdienen. Als durch eine fehlgeleitete Honorarsendung – sie sollte eigentlich Florentines Schwester in Berlin zugestellt werden – ihre Schriftstellerei bekannt wurde, hatte das nachteilige Folgen für sie, denn sie stand nun im Verdacht heimlicher Schriftstellerei. Die Vorsteherinnen stellten sie deswegen zur Rede. Florentine Gebhardt gab ihr Schreiben zu und rechtfertigte es mit der Bedürftigkeit ihrer Familie. Das brachte ihr folgende Zurechtweisung durch die Vorsteherin ein: "Für eine Handarbeitslehrerin schickt es sich nicht, Gedichte zu machen oder gar Geschichten zu schreiben! Wenn Sie wissenschaftliche Lehrerin wären, wollte ich nichts sagen. Aber eine Handarbeitslehrerin hat keine anderen Interessen zu pflegen, als ihr Fach, sonst kann sie darin nichts leisten!"[113]

Ein weiteres Vorkommnis belastete das Verhältnis, denn die Vorsteherinnen zogen nun Erkundigungen über Florentine Gebhardts Familie in Crossen ein und erhielten wohl keine günstige Auskunft.[114] Erschwerend kam hinzu, daß Florentine Gebhardt ihrem Habitus und Auftreten nach nicht in den Rahmen des Pensionats paßte, denn sie gab sich – in völliger Fehleinschätzung der Verhältnisse – so bescheiden, anspruchslos und gefügig wie möglich. Da hier aber junge Mädchen vom Lande ihren letzten Schliff erhalten sollten, wurde von einer Lehrerin "ein durchaus sicheres und selbstbewußtes Auftreten" sowie eine stets "modische, elegante Kleidung" verlangt.[115]

Das alles bewog die Vorsteherinnen, Florentine Gebhardt zu entlassen. Diese hatte mit einer solchen Konsequenz nicht gerechnet, denn sie beschreibt die Situation folgendermaßen: "Es traf mich doch hart, als noch im März, kurz vor Ostern, Fräulein B. mir schonend mitteilte, sie hielte es für besser, wenn wir uns trennten und ich schon zum ersten April ginge, das Aprilgehalt sollte ich natürlich ausgezahlt bekommen. Es täte ihr sehr leid, und gegen mich persönlich und meine Leistungen und Fähigkeiten hätte sie nichts einzuwenden – aber es gäbe eben Verhältnisse – und sie müßte auf ihre Anstalt Rücksicht nehmen – – –."[116]

Wahrscheinlich hat Florentine Gebhardt zumindest mit der Zeit die Gründe verstanden und auch akzeptiert. Da sie im Rückblick dieses "Mißgeschick" als Auslöser für ihre bedeutsame Entscheidung, das Examen für Volksschullehrerin-

---

[113] Gebhardt, Der Weg zum Lehrstuhl, 1933, S. 83.
[114] Gebhardt legt in ihren Erinnerungen ausführlich dar, weshalb es zu einer ungünstigen Beurteilung ihrer Familie kommen konnte; dies., Der Weg zum Lehrstuhl, 1933, S. 84.
[115] Gebhardt, Der Weg zum Lehrstuhl, 1933, S. 81; vgl. Bourdieu, Ökonomisches Kapitel, 1983.
[116] Gebhardt, Der Weg zum Lehrstuhl, 1933, S. 85.

nen abzulegen, darstellt, mildert sie die das Selbstbild trübende Wirkung einer Entlassung.

Zusammenfassend lassen sich die Vorteile und Nachteile einer Lehrtätigkeit an Pensionaten auf die beiden Seiten des Arbeitsverhältnisses zuspitzen: Die Nachteile überwogen für angestellte Lehrerinnen, denn geringer Verdienst ohne Alterssicherung, extrem lange Arbeitszeiten aufgrund zusätzlicher Betreuungspflichten sowie eine permanente soziale Kontrolle, die zudem jeden Nebenerwerb erschwerte oder verhinderte, konnten den Vorteil, überhaupt eine Anstellung gefunden zu haben, nicht ausgleichen. Zudem gefährdete die Abhängigkeit von den zahlenden Eltern den Bestand eines Pensionats. Die Vorteile überwogen nur dann, wenn eine Lehrerin Besitzerin des Pensionats war und über unternehmerische und kommunikative Fähigkeiten verfügte. In diesem Fall konnte sie innerhalb weniger Jahre beachtliche Summen verdienen, wie die unternehmerische Karriere von Thekla Trinks gezeigt hat.

Diakonissenanstalten

Ganz anderen Rahmenbedingungen unterlagen kirchliche Lehranstalten, da als deren Träger keine Privatperson, sondern eine Institution fungierte. Im folgenden handelt es sich um Diakonissenanstalten der evangelischen Kirche, denen Schulen angeschlossen waren.

Drei Autobiographinnen – Wilhelmine Canz, Clara Jurtz und Thekla Trinks – haben hier Lehrtätigkeiten ausgeübt, die sich in Umfang, Dauer und Inhalt ebenso voneinander unterschieden wie in den damit verbundenen Positionen. Nicht einmal die Motive der drei Frauen weisen eine starke Ähnlichkeit auf. Dennoch beeinflußte die nicht nur organisatorische Bindung an die Kirche die Ausgestaltung des jeweiligen Arbeitsplatzes. Sie wirkte sich zudem auf biographische Entscheidungen aus.

Hinsichtlich der Dauer und der Intensität der beruflichen Bindung an die Kirche liegen Wilhelmine Canz und Thekla Trinks am weitesten auseinander: Wilhelmine Canz, die Gründerin einer eigenen Schwesternschaft, hat mindestens 30 Jahre lang unter dem Dach der Kirche ihre Ausbildungsanstalt geleitet, wohingegen Thekla Trinks es übernahm, die evangelische Pensionatsschule für Mädchen in Bukarest aufzubauen und für diese, nur ein Jahr dauernde Tätigkeit, als Diakonisse eingesegnet wurde. Allerdings gibt es auch Gemeinsamkeiten: Beide Frauen traten durch ihre Aufbauarbeit hervor, und bei beiden Frauen geschah das etwa im gleichen Zeitraum: Wilhelmine Canz gründete ihre Anstalt 1855/1856, und Thekla Trinks kam 1858 nach Bukarest. Gemeinsam ist beiden zudem die weitreichende Selbständigkeit, mit der sie handelten, wenn auch auf unterschiedlicher Basis: Wilhelmine Canz auf eigenes Risiko und zu Beginn ohne festumrissenes Ziel, während Thekla Trinks, vertraglich abgesichert und gegen festen Lohn, einen Auftrag erfüllte.

Clara Jurtz hingegen nahm im Vergleich zu ihnen eine mittlere Position ein. Sie arbeitete viele Jahre als Lehrdiakonisse in unterschiedlichen Einrichtungen; drei Jahre lang hatte auch sie eine leitende Position inne, allerdings in einer eher bescheidenen Einrichtung, nämlich als Leiterin des Waisenhauses in Altdorf.

Auf welche Weise beeinflußte nun der Status als Diakonisse die Arbeitsverhältnisse und die damit verbunden biographische Entscheidungen? Obwohl Wilhelmine Canz und Thekla Trinks unterschiedlichen Generationen angehörten und auch ihren Aktivitäten ganz unterschiedliche Motive zugrunde lagen, profitierten beide von einer relativ offenen Situation um die Jahrhundertmitte, in der sich das christliche Engagement evangelischer Frauen in besonderem Maß außerhalb der Familie entfalten konnte.

Seit den 1830er Jahren hatten einige Pfarrer begonnen, von der Wiederbelebung des Diakonissengedankens ausgehend, Diakonissenhäuser einzurichten.[117] Maßstäbe setzte Theodor Fliedners Anstalt in Kaiserswerth, die er 1836 gründete.[118] Aber auch einige Frauen aus Adel und Bürgertum gründeten seit den 1840er Jahren Mutterhäuser.[119] 1856, also etwa zur gleichen Zeit wie Wilhelmine Canz, eröffnete Frau Rätin Tholuck in Halle ein Diakonissenmutterhaus.[120] Gleichzeitig begann Elise Averdieck, beeinflußt von Wilhelm Löhe, in Hamburg mit einer "christlichen Krankenpflege", die 1860 dem Kaiserswerther Verband der Diakonissen-Mutterhäuser beitrat.[121] Nach Einschätzung von Luise Döring entstanden bis in die 1860er Jahre neben dem sich in vielfältigen Formen ausbildenden Diakonissenwesen eine Vielzahl kleinerer Einrichtungen, die ihre Gründerinnen relativ selbständig leiteten.[122]

---

[117] Neben Fliedner: Pfarrer Goßner 1837 in Berlin; Pfarrer Franz Härter 1842 in Straßburg; Pfarrer Wilhelm Löhe gründete 1854 seine "Muttergesellschaft" in Neuendettelsau, so Luise Döring: Frauenbewegung und christliche Liebestätigkeit. Leipzig 1917, S. 66-73.

[118] Zu Fliedners erfolgreichem Konzept der "Ersatz-Familie" s. Catherine M. Prelinger: Die deutsche Frauendiakonie im 19. Jahrhundert. Die Anziehungskraft des Familienmodells. In: Joeres/Kuhn (Hg.), Frauen in der Geschichte, 1985, S. 268-285.

[119] Eine Frauengruppe um die Gräfin Hohental-Königsbrück eröffnete 1844 ein Diakonissenhaus in Dresden; 1843 initiierte die Gräfin Schönburg-Wechselburg ein Diakonissenstift in Wechselburg im Königreich Sachsen, das allerdings 1848 wieder einging; 1847 eröffnete Helene von Bülow bei Ludwigslust ein Kinderhospital, das 1851 zum Diakonissenhaus erweitert wurde; 1854 wurde in Stuttgart auf Anregung von Charlotte Reihlen ein Mutterhaus gegründet; so Döring, Christliche Liebestätigkeit, 1917, S. 73-75, 91. 1845 gründete Regine Jolberg in Leutesheim in Baden ein Mutterhaus; vgl. Bornhak, Regine Jolberg, o. J.

[120] Döring, Christliche Liebestätigkeit, 1917, S. 75.

[121] Vgl. Elise Averdieck (1808-1907): Lebenserinnerungen. Aus ihren eigenen Aufzeichnungen zusammengestellt von Hannah Gleiss. Hamburg 1908, S. 313-315.

[122] Döring, Christliche Liebestätigkeit, 1917, S. 96f.

Die beiden folgenden Jahrzehnte brachten indessen eine Verengung der Handlungsmöglichkeiten von Frauen, da innerhalb dieses Diakonissenwesens männliche Leitung die Oberhand gewann.[123] Mit dem erneuten Aufschwung der bürgerlichen Frauenbewegung zu Beginn der 1890er Jahre kam es unter dem Schlagwort "Diakonissenfrage" zu einer öffentlichen Diskussion über Nutzen und Grenzen des Diakonissenberufs und zur Stagnation dieses Berufsfeldes.[124] Diese Entwicklung ist hier nicht weiter zu verfolgen; festzuhalten ist jedoch, daß die bemerkenswerte Selbständigkeit, mit der Wilhelmine Canz und Thekla Trinks agieren und ihre Arbeitsplätze organisieren konnten, zwar nicht üblich für ihre Zeitgenossinnen war, daß beide damit aber auch nicht allein standen.

Wilhelmine Canz besaß im Vergleich zu Thekla Trinks zweifellos die größere Handlungsfreiheit, denn sie handelte auf eigene Verantwortung und strebte keinen materiellen Gewinn an; sie wollte auf ihre eigene Weise "Gott dienen". Zumindest in den Anfangsjahren vermied sie jede finanzielle Abhängigkeit und darauf beruhende Einflußnahme von kirchlicher Seite. Von der Konzeption her sah sie im Mutterhaus von Regine Jolberg[125] ihr Vorbild. Doch so eigenwillig, wie sie ihre eigene kleine Anstalt führte, so selbstsicher bestimmte sie über die Inhalte der Ausbildung und die Gestaltung des Unterrichts. Nach den Mitteilungen der Biographin Carla Kramer trug Wilhelmine Canz lange Zeit die Hauptlast des Unterrichts. Die einjährige Ausbildungszeit zielte darauf ab, die meist geringe Allgemeinbildung der Schülerinnen zu verbessern und ihnen umfangreiche Kenntnisse in biblischer Geschichte und einen festen Bestand an Gebeten und Liedern zu vermitteln. Daneben besaßen hauswirtschaftliche und landwirtschaftliche Tätigkeiten für den Bedarf der Anstalt großes Gewicht. Die Lehrstunden fanden ohne festen Zeitplan, je nach den Erfordernissen des Tages, statt.[126] Doch mit der Etablierung und Ausdehnung der Einrichtung ließ sich ein selbständiger Status in der Verantwortung einer Einzelperson schwer aufrechterhalten. 1881, nach 25jährigem Bestehen, erhielt die Anstalt neue Statuten und den rechtlichen Status einer juristischen Person. Wilhelmine Canz blieb zwar Leiterin, aber die "Bildungsanstalt für Kleinkindpflegerinnen", wie sie ab da hieß, unterstand nun der Oberaufsicht der Zentralleitung des Wohltätigkeitsvereins in Stuttgart. Als Wilhelmine Canz 1896 in den Ruhestand trat, erhielt die Anstalt einen männlichen Leiter.

---

[123] Döring, Christliche Liebestätigkeit, 1917, S. 133f., 146.

[124] Döring, Christliche Liebestätigkeit, 1917, S. 146-149.

[125] Regine Jolberg (1800-1870), konvertierte Jüdin, Witwe mit zwei Töchtern und einer Pflegetochter, eröffnete 1840 in Leutesheim in Baden eine Strickschule für Dorfkinder, aus der 1845 das Mutterhaus für Kleinkindpflegerinnen entstand, seit 1851 in Nonnenweier; s. Helmut Bornhak: Regine Jolberg. Die Gründerin des Mutterhauses Nonnenweier. Ein Abenteuer der Liebe. Stuttgart-Sillenbuch o. J.

[126] Kramer, Wilhelmine Canz, 1980, S. 343f.

Dieser Prozeß der Verrechtlichung und Institutionalisierung verlief parallel zu der erwähnten Ausbreitung des Diakonissenwesens. Er bedeutete gleichzeitig den Übergang von der "weiblich-monarchischen" Variante der Gestaltung von Diakonissenhäusern zur "männlich-monarchischen", wie Döring die Grundtypen der Anstaltsführung charakterisierte, wobei sie als dritte Variante die "demokratische" anführte.[127]

Thekla Trinks' Aufbauarbeit unterlag anderen Bedingungen, denn die Initiative zur Gründung des Mädchenpensionats in Bukarest ging nicht von ihr aus, sondern sie wurde aufgrund von spezifischen kirchenpolitischen Interessen damit beauftragt. Zur Umsetzung des Plans bedurfte es einer tatkräftigen Person, denn die Situation in Bukarest war schwierig. Die Ursachen für den ungewöhnlichen und labilen Status von Thekla Trinks erhellt ein Blick auf die Hintergründe des Unternehmens.

Aus Thekla Trinks Autobiographie läßt sich folgende Ausgangslage rekonstruieren, die sie selbst allerdings erst im Lauf der Zeit in Erfahrung brachte: Da es in Bukarest als einzige Ausbildungseinrichtung für Mädchen nur das katholische Erziehungshaus der "Dames du Sacré Coeur" gab, sollte für die Töchter aus evangelischen Familien ein eigenes Pensionat gegründet werden. Angesichts der zu erwartenden Konkurrenzsituation wollte man der Anstalt einen ausgesprochen religiösen Charakter geben und plante deshalb ein Diakonissen-Lehrhaus. Initiator, Geldgeber und Förderer dieses Plans war der Königlich Preußische Generalkonsul Baron von Meusebach, Ritter des Johanniterordens, in Bukarest. Die Verhandlungen mit dem Kaiserswerther Diakonissen-Mutterhaus um die Aussendung von Lehrschwestern scheiterten ebenso wie der Versuch, Diakonissen von Pfarrer Louis Germond[128] aus St. Loup in der französischen Schweiz zu erhalten. Um das Projekt nicht zu gefährden, begnügte man sich schließlich damit, christlich gesinnte Lehrerinnen anzuwerben. Die Vermittlung lief offensichtlich über Mitglieder des Johanniter-Ordens, denn von Berlin aus waren daran Graf Bismarck-Bohlen, Flügeladjutant des Kaisers, und Graf Eberhard zu Stolberg, Kanzler des Johanniterordens, beteiligt. Beide standen in Verbindung mit Pfarrer Wolters, dem früheren Vorgesetzten von Thekla Trinks. Dieser machte ihr das Angebot, Vorsteherin der zu gründenden Anstalt zu werden.

Thekla Trinks nahm an und reiste nach Berlin, um dort Näheres zu erfahren. Im Diakonissenhaus Bethanien, dem die Oberin Gräfin Stolberg vorstand, erhielt sie Informationen über die Anstalt und lernte die ihr unterstellte zweite Lehrerin Minna F. kennen. Diese Beziehung zu Bethanien läßt auf dessen konzeptionellen

---

[127] Döring, Christliche Liebestätigkeit, 1917, S. 77.
[128] Pfarrer Louis Germond (1796-1868) gründete 1842 das erste Diakonissenhaus Sanct-Loup in Echallens (Waadt) in der Schweiz.

Einfluß schließen, und der wiederum erklärt zu einem großen Teil, weshalb Thekla Trinks künftige Position – trotz ihres jugendlichen Alters von 26 Jahren – mit außerordentlicher Selbständigkeit ausgestattet wurde. Graf Bismarck-Bohlen hatte ihr nämlich brieflich zugesichert: "Ihre Stellung wird eine wesentlich selbständige sein. Niemand wird sich in die Leitung der inneren Angelegenheiten der zu errichtenden Anstalt mischen."[129] Außerdem wies er sie an die Oberin von Bethanien, Gräfin Stolberg. Im Unterschied zum Kaiserswerther Diakonissen-Mutterhaus lag hier in Bethanien die gesamte Leitung in der Hand der Oberin. Döring hat diese Anstalt deshalb als typisch für die "weiblich-monarchische" Variante der Anstaltsleitung bezeichnet.[130] Genauere Instruktionen erhielt Thekla Trinks indessen von Geheimrat Stiehl. Er stellte ihr das Projekt als "große, herrliche Lebensaufgabe" vor, versprach ihr aber auch, daß er ihr eine Anstellung im Lehrerinnenseminar in Droyßig verschaffen werde, wenn sie nicht in Bukarest bleiben wolle.[131]

Als Thekla Trinks von Berlin aus mit der zweiten Lehrerin nach Bukarest abreiste, hatte sie immer noch keine Klarheit darüber, wie ihre Position in dem geplanten Diakonissen-Lehrhaus aussehen würde. In Bukarest angekommen, stellte sich die Situation folgendermaßen dar: Generalkonsul von Meusebach und der evangelische Pfarrer Neumeister bestanden auf dem geistlichen Charakter der Anstalt, schon im Hinblick auf das jugendliche Alter der Leiterin, und erwarteten von beiden Frauen, daß sie als Diakonissen auftreten würden. Diese erklärten sich einverstanden. Allerdings stellten sie ihrerseits die Bedingung, zunächst nur für ein Jahr verpflichtet zu werden. Thekla Trinks entwarf eine Tracht, und in einem feierlichen Gottesdienst ließ sie sich zusammen mit ihrer Kollegin von Pfarrer Neumeister als Diakonisse einsegnen und als Oberin der Gemeinde vorstellen.[132] Sie galt nun offiziell als "La Supérieure des Diaconesses de l'Ordre de St. Jean". Schon nach zwei Wochen waren zehn Pensionärinnen eingetreten, denen Thekla Trinks den Unterricht erteilte; die 20 Mädchen der Externenklasse unterrichtete hingegen Schwester Minna. Zwei weitere Lehrerinnen mußten nun eingestellt werden. Thekla Trinks, die dabei völlig freie Hand hatte, gewann ihre ehemalige Kollegin und Freundin Emma Meyer, und diese warb eine frühere Mitschülerin aus ihrem Seminar. Beide waren bereit, als Probeschwestern aufzutreten und die Tracht zu tragen.

---

[129] Brief von Graf Bismarck-Bohlen an Thekla Trinks, Berlin, 20.2.1858. In: Trinks, Lebensführung, 1892, S. 95-96, hier S. 96.

[130] Döring, Christliche Liebestätigkeit, 1917, S. 77; zu Bethanien s. Ursula Röper: Mariane von Rantzau und die Kunst der Demut. Frömmigkeitsbewegung und Frauenpolitik in Preußen unter Friedrich Wilhelm IV. Stuttgart 1997.

[131] Trinks, Lebensführung, 1892, S. 107.

[132] Nach Auskunft von Pfarrer Neumeister war er berechtigt, Diakonissen einzusegnen, so Trinks, Lebensführung, 1892, S. 110.

Mit dem Aufblühen der Anstalt wuchs auch Thekla Trinks' Renommee, und sie hatte als Oberin vielfältige Repräsentationspflichten zu erfüllen. Dies schuf mit der Zeit eine Kluft zu den Lehrschwestern, denen fast jede Abwechslung fehlte. Thekla Trinks sah selbst deren Isolation: "Niemand erwartete, sie sich vorgestellt zu sehen oder von ihnen besucht zu werden."[133] Thekla Trinks führte rückblickend die entstehenden Konflikte vor allem auf diese Statusdifferenz zurück, zumal sie es versäumte, rechtzeitig für Ausgleich zu sorgen. Selbstkritisch schreibt sie darüber: "Aber ich war doch zu jung, zu unfertig, um den einzelnen Schwestern in ihren persönlichen christlichen Bedürfnissen Stütze und Weiterbauung bieten zu können. Auch will ich gern bekennen, daß die großen Vorrechte, die namentlich in den Ländern des Ostens der Oberin vor den Schwestern eingeräumt werden, mein Selbstgefühl gesteigert hatten und ich nicht genug darauf bedacht war, die Härten, welche eine so bevorzugte Stellung für andere mit sich bringt, durch geduldiges, demütiges Dienen auszugleichen. So wuchs allmählich die Verstimmung und das Mißtrauen, das Schwester Minna und Schwester Mary mir von Anfang an entgegengebracht hatten."[134]

Als es schließlich zwischen ihr und Schwester Mary zu einer heftigen Auseinandersetzung kam, sah Thekla Trinks das Ende ihrer Tätigkeit nahen. Zwar konnten nach dem Ausscheiden der beiden widerspenstigen Lehrerinnen ohne Schwierigkeiten Nachfolgerinnen gefunden werden, und die Anstalt stand mit nunmehr 35 Pensionärinnen als gesichert da. Aber sowohl Thekla Trinks als auch ihre Freundin Emma Meyer sahen sich durch Querelen mit künftig einzustellenden Lehrkräften und deren häufigem Wechsel überfordert. Thekla Trinks nahm deshalb Verhandlungen mit der Direktion des Kaiserswerther Mutterhauses zur Übernahme des Pensionats auf. Der Vertrag kam zustande, und im Oktober 1859 übergab sie die Geschäfte an ihre Nachfolgerin Schwester Hermine.

Später überlegte Thekla Trinks, ob sie nicht definitiv den Kaiserswerther Diakonissen beitreten solle, denn sie fragte sich, ob das Geborgensein in diesem Verband nicht "das Opfer der freien Selbstbestimmung wert" sei. Aber ihr Unabhängigkeitsbedürfnis stand dem entgegen. In der Autobiographie stellt sie diese Entwicklung als das Wirken Gottes dar: Sie überläßt Gott die Entscheidung und interpretiert das Stellenangebot in Droyßig dahingehend, daß sie nach göttlichem Willen nicht Diakonisse werden sollte.

Im Unterschied zu Wilhelmine Canz und Thekla Trinks kann Clara Jurtz als typische Kaiserswerther Lehrdiakonisse gelten. Auch wenn es in ihrem Lebensweg lange Zeiten vor und nach ihrer Zugehörigkeit zur Kaiserswerther Schwesternschaft gab, so unterlag sie in den Jahren 1876 bis 1906 dem Kaiserswerther

---

[133] Trinks, Lebensführung, 1892, S. 130.
[134] Trinks, Lebensführung, 1892, S. 130f.

Reglement: Grundsätzlich entschied die Direktion darüber, welche Qualifikation sie sich anzueignen hatte, an welchen Arbeitsplatz sie kam, welche Stellung sie dort hatte und wie lange sie bleiben sollte. Sie erhielt für ihre Arbeit keinen Lohn, wurde aber durch das Mutterhaus auch im Krankheitsfall versorgt. Damit war der äußere Rahmen ihrer Lehrtätigkeit relativ klar festgelegt. Das erleichterte einerseits die Orientierung, denn Raum für Handlungsalternativen war praktisch nicht vorhanden und der Umfang der Verantwortlichkeit entsprechend gering. Gleichzeitig schuf diese Konstellation ein relativ hohes Maß an Sicherheit. Andererseits entstanden aus dieser spezifischen Abhängigkeit besondere Probleme, die bei selbstverantwortlichen Entscheidungen möglicherweise gar nicht erst auftraten und gegebenenfalls in individueller Form geregelt werden konnten.

Clara Jurtz' erster Arbeitsplatz wird 1877 das Kaiserswerther "Institut des Diaconesses" in Smyrna, das Theodor Fliedner um 1852 gegründet hatte. Dieses Institut bestand aus einem ganzen Komplex von Häusern, die luxuriös ausgestattet waren, um den Ansprüchen der Schülerinnen aus der Oberschicht zu genügen. Etwa 130 Schülerinnen, Pensionärinnen und Externe, wurden zu dieser Zeit von 10 Lehrdiakonissen sowie vier weiteren Lehrerinnen, vor allem Sprachlehrerinnen, unterrichtet und erzogen. Jede Schwester verfügte über ein eigenes Zimmer und hatte daneben die Aufsicht über einen Schülerinnenschlafsaal. Clara Jurtz betreute fünf Griechinnen und vier Engländerinnen und unterrichtete die Mittelklasse. Ihre 25 Schülerinnen waren 12 und 13 Jahre alt und gehörten verschiedenen Nationalitäten an: "Dieselben bildeten ein buntes Gemisch der orientalischen Bevölkerung. Griechinnen, Armenierinnen, Engländerinnen, Französinnen und Deutsche mußten mit Berücksichtigung der nationalen Eigenart unter einen Sprachhut gebracht werden. Die Arbeit war schwer, aber vielseitig und interessant. Es galt, sich in die Verschiedenheit der Individualität hineinzuleben."[135]

Umfangreiche Unterrichtsvorbereitungen waren vor allem deshalb notwendig, weil der gesamte Unterricht in französischer Sprache erteilt wurde. Wenn Clara Jurtz die fast sechsjährige Lehrtätigkeit von 1877 bis 1882 in Smyrna rückblickend als "Sehr schwer, aber gesegnet für mich"[136] bewertet, so lag das jedoch nicht nur an der beträchtlichen Arbeitsbelastung. Für sie stellten die ungewohnten Lebensverhältnisse im Institut wie in dem fremden kulturellen Umfeld der Stadt ebenfalls eine nicht zu unterschätzende psychische Belastung dar. Clara Jurtz äußert sich zwar nicht näher, aber aus ihrer zusammenfassenden Einschätzung der damaligen Situation geht hervor, daß es nicht ihr allein schwer fiel, die vielfältigen und teilweise widerstreitenden Anforderungen zu bewältigen. Sie schreibt darüber: "Bei all dem äußeren Schönen zog ein tiefes Weh durch die Herzen.

---

[135] Jurtz, Ihm zu dienen, 1930, S. 26.
[136] Jurtz, Ihm zu dienen, 1930, S. 25.

Weltgeist und Gottesgeist stritten im Kampf widereinander: orientalischer Verfall, übertüncht mit europäischer Bildung und äußerer Pracht, daneben aber wenig Leben aus Gott und wenig Pflege des inwendigen Menschen. Für ein junges Gotteskind gab es da Leidenstiefen und innere Anfechtungen. Mutter Fliedner hatte mir bei der Aussendung gesagt: 'Smyrna kostet uns die meisten Lehrschwestern.' Ich verstand es erst an Ort und Stelle, was das sagen wollte. Manche der Schwestern war den großen Schwierigkeiten nicht gewachsen, wurde zaghaft und kehrte in eine freie Unterrichtstätigkeit des Abendlandes zurück. So entstanden in Smyrna immer wieder Lücken, die von Kaiserswerth ausgefüllt werden mußten. Mein Entschluß stand fest: mit Gottes Hilfe auszuhalten, zu kämpfen und zu ringen, bis Er abrief."[137] In besonderem Maße belastend wirkte auf Clara Jurtz, deren Erweckungserlebnis noch nicht lange zurücklag, daß die Diakonissen in Smyrna "streng orthodox kirchlich gesinnt" waren.[138]

Nach einem längeren Aufenthalt in Deutschland erhielt sie 1883 erneut eine Auslandsstelle zugewiesen, aus gesundheitlichen Gründen aber nicht mehr im Orient, sondern in Bukarest, dort also, wo 25 Jahre vorher Thekla Trinks ihre Aufbauarbeit begonnen hatte. Clara Jurtz geht nicht näher auf diese Zeit ein. Sie erwähnt lediglich, daß sie die dritte Oberklasse erhielt und einen "reichhaltigen" Stundenplan erfüllen mußte. Zudem hatte sie sich auf die hier üblichen Unterrichtsmethoden umzustellen. Diese Stelle fand für Clara Jurtz auf eine für Diakonissen ungewöhnliche Weise ein Ende: 1886 reiste sie nach Deutschland, da ihr inzwischen 75jähriger Vater den Wunsch geäußert hatte, sie noch einmal wiederzusehen. Im allgemeinen traten nämlich persönliche Wünsche einer Diakonisse hinter den Anordnungen der Direktion in Kaiserswerth zurück. Nach dem Familientreffen in Berlin erhielt Clara Jurtz einen neuen Arbeitsplatz an der Seminar-Vorschule in Kaiserswerth, der ihr sehr zusagte. Aus gesundheitlichen Gründen mußte sie ihn jedoch schon 1888 aufgeben. Die nächsten 15 Jahre wurde sie in Kaiserswerth mit leichter Büroarbeit und verschiedenen, geringfügigen Lehrtätigkeiten beschäftigt.

Erst 1903 erhielt sie einen auswärtigen Posten als Leiterin der Waisenhausschule in Altdorf in Oberschlesien. Clara Jurtz bewältigte das Arbeitspensum bei 70 großen und kleinen Waisenkindern und "in der Ungunst der Verhältnisse", wie sie vage bemerkt, nur mit Mühe und dank der Unterstützung des zuständigen Schulinspektors Superintendent Nowack. Neue Probleme entstanden um 1905, zu denen sie sich jedoch nicht äußert. Aus den Erinnerungen von Eva von Tiele-Winckler über diese Zeit geht indessen hervor, daß Clara Jurtz bei der Sicherung der gefährdeten Existenz des Altdorfer Waisenhauses eine aktive Rolle spielte:

---

[137] Jurtz, Ihm zu dienen, 1930, S. 24f.; ähnlich S. 42f.
[138] Jurtz, Ihm zu dienen, 1930, S. 31.

Die Leitung im Kaiserswerther Mutterhaus überlegte nämlich um 1905, diese Anstalt abzugeben. Um eine Verstaatlichung zu verhindern, setzte sich Clara Jurtz dafür ein, daß der Friedenshort von Eva von Tiele-Winckler das Waisenhaus übernehmen möge. Zwar lehnte der Vorstand des Friedenshortes dieses Vorhaben ab, aber Eva von Tiele-Winckler war bereit, die Anstalt auf eigenes Risiko hin zu führen. Sie gründete zu diesem Zweck einen Verein und kaufte das Waisenhaus. Ab April 1906 lösten Schwestern aus dem Friedenshort die Kaiserswerther Diakonissen in Altdorf ab.[139] Über die "weiblich-monarchische" Variante im Friedenshort ist anzumerken, daß Eva von Tiele-Winckler nicht weniger rigide als die Direktion in Kaiserswerth über andere Personen verfügte.

In dieser Situation nahm Clara Jurtz das bereits seit einiger Zeit bestehende Angebot von Eva von Tiele-Winckler an, in deren Schwesternschaft Friedenshort überzutreten und junge Schwestern auszubilden. Wie lange sie diese Lehrtätigkeit ausübte, läßt sich nicht genau feststellen. Vermutlich erforderte ihre anfangs nur gelegentlich praktizierte, von Eva von Tiele-Winckler aber sehr geförderte Evangelisationsarbeit mit der Zeit ihre ganze Kraft. Etwa seit 1910 hat sie wohl nicht mehr als Lehrerin gearbeitet.

Abschließend ist festzuhalten, daß eine Lehrtätigkeit als Diakonisse unter sehr unterschiedlichen Verhältnissen stattfinden konnte. Im allgemeinen standen der geringen Einflußmöglichkeit auf den Arbeitsplatz und der widerspruchslosen Unterordnung unter die Anstaltsregeln eine relative Sicherheit und Versorgung gegenüber. Die Gewißheit, in der zugewiesenen Position "den Willen Gottes" zu erfüllen, half über manchen Konflikt hinweg. Im einzelnen gab es indessen weitreichende Handlungsspielräume. Je nach der spezifischen Position der Lehrerin – Wilhelmine Canz agierte völlig unabhängig, und Thekla Trinks hatte in Pfarrer Wolters einen einflußreichen Fürsprecher – verfügte sie über mehr oder weniger Einfluß auf die Gestaltung ihrer Arbeit. Das hing damit zusammen, daß auf kirchlicher Seite durchaus die Bereitschaft bestand, im Interesse langfristiger Ziele, zum Beispiel der Etablierung eines evangelischen Mädchenpensionats in Bukarest, zu pragmatischen, wenn auch unüblichen Regelungen zu greifen.

Deutlich wird aus den Berichten der drei Autobiographinnen aber auch, daß das Anstaltsleben selbst ein beträchtliches Maß an Kraft erforderte, sei es als Leiterin oder auch als weniger exponierte Lehrschwester. Bei Positionen im Ausland kam erschwerend der Umgang mit der fremden Kultur hinzu. Das alles

---

[139] Eva von Tiele-Winckler: Nichts unmöglich! Erinnerungen und Erfahrungen. Dresden 1929, S. 320f.; vgl. auch die Biographie von Gerhard Meyer: Eva von Tiele-Winckler. (1866-1930). In serviendo consumor. Im Dienst des Nächsten verzehre ich mich. Ulm 1967. Über eine Tätigkeit im Waisenhaus in Altdorf berichtet zudem Margot Witte, die aber erst nach der Übernahme durch den Friedenshort dort als Lehrerin die zweiklassige Volksschule leitete. Margot Witte: Das große Wagnis. Erinnerungen an Eva von Tiele-Winckler. 2. Aufl. Berlin 1957 (zuerst Stuttgart 1949).

hatte eine hohe Fluktuation der Lehrkräfte zur Folge, die wiederum selbst als belastend empfunden wurde.

Das Königlich Preußische Lehrerinnenseminar in Droyßig

Da im 19. Jahrhundert beim Ausbau des Mädchenschulwesens private Träger von Schulen und Anstalten die Hauptrolle spielten, überrascht es kaum, daß unter den Autobiographinnen nur eine einzige in einer staatlichen Anstalt unterrichtet hat: Thekla Trinks war von 1860 bis 1863 am Königlichen Preußischen Lehrerinnenseminar in Droyßig angestellt.[140] Diese Anstalt beruhte auf einer privaten Initiative. Fürst Otto Victor von Schönburg-Waldenburg hatte sie 1852 gestiftet und dem preußischen Kultusministerium unterstellt. Sie bestand zunächst aus einem Seminar für Elementarlehrerinnen und wurde 1855 um ein evangelisches Gouvernanteninstitut und ein Töchterpensionat erweitert. Der Fürst hatte sich für sein Konzept unter anderem an den Kaiserswerther Einrichtungen orientiert, da er mit Theodor Fliedner bekannt war.[141]

Als Thekla Trinks 1860 aufgrund der Protektion von Geheimrat Stiehl, der im preußischen Kultusministerium arbeitete und die Examina in Droyßig abnahm, ihre neue Stelle als Leiterin des Seminars antrat, stellte sich heraus, daß dieser Einsatzbereich ihren Qualifikationen nicht entsprach. Ihr war nicht klar gewesen, daß im Seminar die Elementarlehrerinnen und im Gouvernanteninstitut die Lehrerinnen für höhere Mädchenschulen ausgebildet wurden. Sie sah sich nun vor die Aufgabe gestellt, Elementarlehrerinnen auszubilden, unter anderem in Handarbeiten und Zeichnen, beides Fächer, in denen sie keinerlei Fertigkeiten besaß, schon aufgrund ihrer hochgradigen Kurzsichtigkeit. Da Thekla Trinks deshalb nur bedingt eingesetzt werden konnte, verbrachte sie die ersten Monate voller Ungewißheit über ihre Zukunft. Zwei Umstände kamen ihr zu Hilfe: erstens die Tatsache, daß Mademoiselle Petitpierre, die Französischlehrerin, kündigte, zweitens die Protektion durch Geheimrat Stiehl. Er hatte sich offensichtlich nicht nur für ihre definitive Anstellung eingesetzt, sondern übertrug ihr die Leitung des gesamten französischen Unterrichts im Gouvernanteninstitut. Daß bei dieser neuen Regelung andere Lehrerinnen Benachteiligungen in Kauf nehmen mußten, sah Thekla Trinks. Sie unterschätzte allerdings das daraus entstehende Mißtrauen im Kollegium ihr gegenüber.

Rückblickend erklärt sie ihre damalige Haltung folgendermaßen: "Ich sah freilich Schwierigkeiten voraus; denn mußten nicht andere Lehrerinnen aus ihren Stellungen erst verdrängt werden, um mir Platz zu machen? Damals aber wähnte

---

[140] Trinks, Lebensführung, 1892, S. 154-187.
[141] Zur Geschichte der Anstalten in Droyßig vgl. Hardach-Pinke, Gouvernante, 1993, S. 156-162.

ich, daß die mächtige Hand, welche diese Anordnungen traf, auch imstande sein werde, Kompensationen zu schaffen, welche mildernd und versöhnend wirken konnten. Dies war ein Irrtum. Auch darf ich nicht leugnen, daß meine Eitelkeit durch den mir gestellten Antrag und die verbindliche Weise, in der mir derselbe von dem Geheimrat Stiehl entgegengebracht wurde, eine große Genugthuung empfand. Ich hatte ein ganzes Jahr unter dem Druck einer ungewissen Zukunft, einer zweifelhaften Stellung gelebt. Menschlich geredet: war es mir zu verdenken, wenn ich jetzt, mich wie erlöst fühlend, mich rückhaltlos der Freude hingab, künftig eine mir völlig zusagende, wichtige Stelle am Gouvernanteninstitut einzunehmen?"[142]

Verschlimmert wurde die Situation noch dadurch, daß Thekla Trinks mit Hilfe von Stiehl als weitere Neuerung durchsetzte, daß sie ein Zimmer im Gouvernanteninstitut erhielt, um mitten unter ihren Schülerinnen zu wohnen. Das war nicht vorgesehen und hatte mehrfache Umbelegungen von Zimmern zur Folge. Selbst Stiehl war sich über die gespannte Lage im klaren, denn er versuchte in einem vertraulichen Gespräch mit Thekla Trinks, zwei Lehrerinnen und dem Direktor, die Wogen zu glätten. Thekla Trinks zitiert ihn mit den Worten, die er an alle richtete: "Wollen Sie mir nicht vor meiner Abreise die Zusicherung geben, daß eine jede von Ihnen an ihrem Teil, soweit es Ihnen möglich, den Frieden halten, den Satan bekämpfen und das Reich Gottes bauen helfen will?"[143] Doch sein Appell zeigte wenig Wirkung.

Obgleich Thekla Trinks in der darauffolgenden Zeit zu ihren Schülerinnen ein vertrauensvolles Verhältnis aufbauen konnte und die Lehrtätigkeit ihr Freude bereitete, gelang es ihr nicht, die distanzierte Haltung ihrer Kolleginnen zu überwinden. Sie fühlte sich immer mehr isoliert, und fehlende private Kontakte in der näheren Umgebung von Droyßig verstärkten das Gefühl der Vereinsamung. Zudem bedrückte sie die Gleichförmigkeit des Anstaltslebens, dessen "gewisse Engheit" sie auf seine staatliche Organisationsform zurückführte. Ein Vergleich mit Kaiserswerth fiel negativ aus: "Aber Droyßig war nur Lehranstalt, kein Privatinstitut, sondern durch das königliche Unterrichtsministerium verwaltet. So verstand es sich von selbst, daß den Mitgliedern der Anstalt kein Einblick und Überblick in bezug auf das Ganze verstattet werden konnte."[144] Da Thekla Trinks keine Möglichkeit sah, diese Isolierung zu überwinden, begann sie, über Alternativen nachzudenken, und sie faßte den Plan, eine eigene Anstalt zu gründen. Daß sie damit mehr Erfolg hatte, ist im Abschnitt über Pensionate bereits beschrieben worden.

---

[142] Trinks, Lebensführung, 1892, S. 168f.
[143] Trinks, Lebensführung, 1892, S. 170.
[144] Trinks, Lebensführung, 1892, S. 180.

Vereine

Die dritte Gruppe unter den institutionellen Trägern von Anstalten bilden Vereine. Hierfür gibt es indessen nur wenige Beispiele. Aus der ersten Generation der Autobiographinnen hat Malwida von Meysenbug während ihrer Zeit in Hamburg von 1850 bis 1852 an der "Hochschule für das weibliche Geschlecht" in geringem Umfang Lehrtätigkeiten an der angeschlossenen Elementarschule ausgeübt. Wichtiger für die Institution der "Hochschule" wurde ihr Engagement bei deren Leitung, denn sie übernahm zeitweise und auf Wunsch von Emilie Wüstenfeld die Leitung des Pensionats.[145] Festzuhalten bleibt, daß Malwida von Meysenbug unter den Autobiographinnen zwar nicht zum engeren Kreis der Schulgründerinnen und -leiterinnen zählt, daß sie aber zumindest zeitweise an einer neugegründeten Anstalt mitwirkte.

Aus der dritten Generation der Autobiographinnen hat allein Minna Specht als Lehrerin und Leiterin in verschiedenen Internaten gewirkt. In ihrer kurzen Autobiographie nimmt die Beschreibung der Arbeitsverhältnisse wenig Raum ein. Die folgenden Informationen stammen deshalb aus der umfassenden Untersuchung von Inge Hansen-Schaberg zu Minna Spechts pädagogischem Werk.[146] Gemeinsam ist diesen Einrichtungen – Haubinda, Walkemühle, Odenwaldschule –, daß sie reformpädagogische Ziele verfolgten, die in der Organisationsform von Landerziehungsheimen umgesetzt werden sollten. Bis auf die kurze Zeit 1918, in der Minna Specht als Mathematiklehrerin im Landerziehungsheim von Hermann Lietz in Haubinda in Thüringen arbeitete, liegen ihre Lehrtätigkeiten in Internaten sämtlich in der Zeit nach dem Kaiserreich.

Von 1924 bis 1933 leitete sie das Landerziehungsheim Walkemühle bei Melsungen, an dessen Konzeption sie bereits in den Jahren davor zusammen mit Leonard Nelson gearbeitet hatte. Welche Rechtsform dieses Landerziehungsheim besaß, läßt sich nicht genau bestimmen. Nach Hansen-Schaberg erhielt das Projekt bedeutende Geldmittel von Privatpersonen.[147] Es wurde in der Walkemühle etabliert, in der zuvor Ludwig Wunder, früher Leiter des Landerziehungsheims Haubinda, ein eigenes Erziehungsheim eröffnet hatte. Ludwig Wunder stellte

---

[145] Zu den Spannungen zwischen den Fraktionen, den unterschiedlichen Zielvorstellungen und den konzeptionellen Schwächen s. Elke Kleinau: Ein (hochschul-)praktischer Versuch. Die "Hochschule für das weibliche Geschlecht" in Hamburg. In: Kleinau/Opitz (Hg.), Geschichte der Mädchen- und Frauenbildung, 2, 1996, S. 66-82, 557-560.

[146] Inge Hansen-Schaberg: Minna Specht – Eine Sozialistin in der Landerziehungsheimbewegung (1918 bis 1951). Untersuchung zur pädagogischen Biographie einer Reformpädagogin. Frankfurt/Main 1992.

[147] Die Schule erhielt Schenkungen und Spenden von der "Gesellschaft der Freunde der Philosophisch-Politischen Akademie", vor allem durch den Seifenfabrikanten Max Wolff (1887-1948) und den reichen Geschäftsmann Hermann Roos (1864-1939), vgl. Hansen-Schaberg, Minna Specht, 1992, S. 38, 45.

1924 beim preußischen Kultusministerium den Antrag auf "Genehmigung des Erziehungsheims Walkemühle bei Melsungen" und erhielt bald darauf die Zusage. Er war dort jedoch nur noch bis Ende 1924 als Lehrer und Mitleiter tätig, weil er mit Nelsons pädagogischem Konzept in Konflikt geriet. Von da an war Minna Specht alleinige Leiterin der Schule.[148] Sie blieb dort bis 1933, mit einer kurzen Unterbrechung 1931/32, während der sie in Berlin politisch und publizistisch arbeitete. 1933 wurde die Walkemühle enteignet, und Minna Specht ging mit einer Gruppe der Kinder nach Dänemark ins Exil.

Dieser Arbeitsplatz läßt sich aus mehreren Gründen kaum mit den bisher beschriebenen Lehranstalten vergleichen. Das liegt erstens daran, daß die finanzielle Unabhängigkeit ein außergewöhnlich hohes Maß an Gestaltungsfreiheit ermöglichte. Zweitens entstand das Projekt erst nach dem Ende des Kaiserreichs und unterlag damit den neuen rechtlichen Rahmenbedingungen des staatlichen Schulsystems in der Weimarer Republik. Damit hängt als Drittes zusammen, daß das Projekt mit seiner spezifischen Zielsetzung, die eine politische Erziehung nach den Vorstellungen des Göttinger Philosophen Leonard Nelson vorsah, außerhalb der Ziele des öffentlichen Schulsystems stand. Mit Blick auf Minna Spechts Wirken hat Hellmut Becker auf die bedeutsame Rolle derartiger Versuchsschulen hingewiesen, die als Experimentierfeld für neue pädagogische Vorstellungen in einer Zeit voranschreitender Bürokratisierung und Reglementierung dienten.[149]

Abgesehen von diesen Rahmenbedingungen beschränkt schließlich, viertens, die organisatorische Konzeption der Walkemühle einen Vergleich der Arbeitsplätze. Sämtliche Lehrkräfte und sonstigen Hilfskräfte arbeiteten unentgeltlich gegen Unterkunft und Verpflegung, die Lebensweise war ausgesprochen einfach und die Ernährung aus ideologischen Gründen vegetarisch. An den unterschiedlichen Reproduktionsarbeiten nahmen alle teil, wenn auch nicht im gleichen Umfang. Hansen-Schaberg charakterisiert die Walkemühle deshalb folgendermaßen: "Die Walkemühle hatte den Charakter einer Insel, auf der ein sozialistisches Gemeinschaftsleben erprobt werden sollte und wurde."[150] Diese Konzeption wies zwar Gemeinsamkeiten mit vielen anderen Landerziehungsheimen auf, sie bildete aber durch die Ausrichtung der praktischen Pädagogik an Nelsons philosophischen und politischen Ideen eine Ausnahme.[151]

---

[148] Vgl. Hansen-Schaberg, Minna Specht, 1992, S. 36-43.
[149] Hellmut Becker: Die freie Schule in der modernen Gesellschaft. In: Becker u. a. (Hg.), Erziehung und Politik, 1960, S. 144-151.
[150] Hansen-Schaberg, Minna Specht, 1992, S. 173, ausführlich zum Schulleben S. 44-59.
[151] Einen Vergleich der Walkemühle mit anderen Landerziehungsheimen gibt Hansen-Schaberg, Minna Specht, 1992, S. 170-180.

Hatte Minna Specht bei ihrer Tätigkeit in der Walkemühle noch die Überzeugung, durch persönlichen Einsatz ein Stück sozialistischer Zukunft zu erproben, so stand ihre Lehr- und Leitungstätigkeit an der Odenwaldschule, die sie 1946 übernahm, unter anderen Vorzeichen. Nach Hansen-Schaberg war nun ihr Hauptmotiv der Wunsch, diese von Paul Geheeb gegründete Heimschule zu retten. Die Schule hatte während der Zeit des Nationalsozialismus weiterbestanden und geriet deshalb nach dem Ende des Zweiten Weltkrieges in eine schwierige Lage. Mit Unterstützung der Alliierten organisierte Minna Specht den Wiederaufbau, und sie setzte es durch, daß die Odenwaldschule 1948 direkt dem hessischen Kultusministerium unterstellt wurde. Das war ein wichtiger Schritt zur Sicherung als Musterschule. Als deren Träger fungierte ab 1949 der gemeinnützige Verein "Odenwaldschule e.V."[152]

Im Jahr 1951 legte Minna Specht die Schulleitung nieder. Das hatte mehrere Gründe. Die schwierigen Verhältnisse in der Nachkriegszeit belasteten die mittlerweile 70jährige, und 1950 hatte sie eine Brustkrebsoperation zu überstehen. Schwerer wog nach Einschätzung von Hansen-Schaberg, daß Minna Specht wieder stärker politisch arbeiten wollte, um die Ideen Leonard Nelsons zu verbreiten, und daß es ihr mißfiel, daß ihre Reformarbeit in der Schule vornehmlich einer wirtschaftlich bevorzugten Schicht von Kindern zugute kam.[153] Ein Ende ihres pädagogischen Wirkens bedeutete ihre Kündigung jedoch nicht.

Lehrtätigkeiten an Anstalten mit Institutionen als Trägern besaßen somit den Vorteil, einen relativ sicheren Arbeitsplatz zu bieten. Auch wenn die Abhängigkeit von einer zahlenden Klientel eine Rolle spielte, wirkte sich das doch in weit geringerem Maß auf die Sicherheit einer Lehrerinnenstelle aus als bei den privat geführten Pensionaten. Im Fall der Diakonissen gewährleistete das Mutterhaus zudem eine Versorgung bei Krankheit und im Alter, und je nach beruflicher Qualifikation der Lehrenden waren Anstaltsleitungen bereit, die prinzipiell rigiden Verhaltensnormen zu lockern. Die Einordnung in das Anstaltsleben stellte dennoch ein permanentes Problem dar, das in kirchlichen Einrichtungen zwar durch religiöse Einflußnahme unterdrückt werden konnte, aber einer der häufigen Kündigungsgründe blieb.

---

[152] Vgl. Hansen-Schaberg, Minna Specht, S. 109-119; zu den Reformen an der Odenwaldschule S. 118-123.
[153] Hansen-Schaberg, Minna Specht, 1992, S. 126-129.

4.2.3 Schulen

Beim Unterricht an Schulen sind für die Lehrtätigkeiten in der Regel zwei Arten von Arbeitsplätzen notwendig: Der Unterricht selbst findet meistens in den Räumen der Schule statt, während Unterrichtsvorbereitung und Korrekturen in der Wohnung der Lehrperson erledigt werden.[154]

Zu dem häuslichen Arbeitsplatz der Lehrerinnen gibt es in den Autobiographien kaum Informationen. Lediglich Thekla Trinks beschreibt, wie sie die Korrekturen für ihren Sprachunterricht bei sich zu Hause ausführte: "Ich benutzte dazu meist die freien Nachmittage, klappte meinen Sofatisch auf, der dann eine ansehnlich lange Tafel bildete, und schichtete die verschiedenen Stöße Hefte auf. Es lagen manchmal acht bis zehn solcher Stöße vor mir, wenn ich mich zum Werk niedersetzte. Ich legte meine Uhr daneben und suchte durch eine gewisse Zeiteinteilung raschere Förderung in die Arbeit zu bringen. Die mehr mechanischen Korrekturen der Exerzitien, deren Sätze ich alle längst auswendig wußte, suchte ich mir dadurch lebendiger zu machen, daß ich während derselben öfters ein Lied sang. Desto mehr hatte ich den Geist bei der Durchsicht der freien Arbeiten anzustrengen."[155]

Volksschulen

An Elementar- oder Volksschulen haben zwar nur wenige Autobiographinnen als Lehrerinnen gearbeitet, aber sie sind in allen drei Generationen vertreten. Diese sechs Frauen besaßen nur zum Teil ein Lehrerinnenexamen. Ohne Examen arbeitete Malwida von Meysenbug aus der ersten Generation, die in Hamburg im Zusammenhang mit dem Projekt der "Hochschule für das weibliche Geschlecht" eine Elementarklasse für eine Armenschule aufzubauen begann. In ihren Erinnerungen geht sie nicht näher auf diese Tätigkeit ein.[156] Möglicherweise besaß auch Charitas Bischoff aus der zweiten Generation kein staatliches Lehrerinnenexamen, als sie 1867 in der von Henriette Schrader-Breymann gegründeten Schloßschule in Wolfenbüttel ihre ersten Lehrerfahrungen sammelte.[157] Diese Lehrtätigkeit besaß eher Übungscharakter für Charitas, wie aus einem Brief an die Mutter hervorgeht: "Jetzt darf ich auch schon im Schloß unterrichten. Das habe ich mir

---

[154] Vgl. von Engelhardt, Schule und Arbeitssituation des Lehrers, 1984, S. 367.
[155] Trinks, Lebensführung, 1892, S. 59.
[156] Von Meysenbug, Memoiren, 1, 1917, S. 204f.
[157] Zur Schloßschule in Wolfenbüttel s. Lyschinska, Henriette Schrader-Breymann, 1927, S. 298ff.; Ingeborg Ohlerich: Anna Vorwerk 1839-1900. In: Niedersächsische Lebensbilder 8 (1973) S. 266-297.

schon lange gewünscht, denn man möchte doch gern anwenden, was man gelernt hat."[158]

Sowohl Malwida von Meysenbug als auch Charitas Bischoff waren nur kurz, etwa ein bis zwei Jahre, an der jeweiligen Schule tätig. Beide beendeten diese Tätigkeit indessen nicht von sich aus: Malwida von Meysenbug verließ Hamburg, als die "Hochschule" geschlossen wurde. Charitas Bischoff hatte zwar gehofft, noch lange in dieser ihr zusagenden Stellung bleiben zu können, aber die für ihren Ausbildungsweg verantwortliche Marie Meyer wollte sie zu größerer Selbständigkeit erziehen und stellte sie deshalb vor die Entscheidung, entweder als Erzieherin nach London zu gehen, und zwar in die Familie ihrer dort lebenden Nichte Mrs. Buxton, oder aber nach Hamburg als Elementarlehrerin. Auch in Hamburg hätte sie Charitas mit ihren Kontakten die Wege geebnet. Charitas berichtete ihrer Mutter über die Vorschläge von Marie Meyer. Diese sagte: "'Am Paulsenstift in Hamburg sucht man eine Lehrerin für die Elementarklasse. Da wir [das Ehepaar Meyer, GW] sowohl mit Frau Wüstenfeld wie mit Fräulein Wohlwill bekannt sind, so könntest du durch Herrn Doktors Fürsprache gewiß die Stelle bekommen. Solltest du Lust dazu haben, so könntest du jetzt, da in Hamburg keine Ferien sind, dahin reisen und täglich hospitieren. Ich würde sofort eine Pension für dich besorgen. "[159] Charitas Bischoff entschied sich trotz der angebotenen Protektion für London, vor allem weil sie Mrs. Buxton von früheren Besuchen im Hause Meyer bereits kannte.

Von den anderen Volksschullehrerinnen besaß vermutlich Luise Kraft kein "wissenschaftliches" Examen, denn sie war Handarbeitslehrerin an einer Dorfschule. Über ihre Lehrtätigkeit und die Arbeitsverhältnisse berichtet sie nichts, sie erwähnt lediglich, daß sie – vermutlich auf Veranlassung des Ortsgeistlichen – dieses Amt wegen ihrer Zugehörigkeit zu einer Sekte verlor.[160] Isabella Braun, die einzige Lehrerin aus der ersten Generation mit Examen und damit die früheste aus der Gesamtgruppe, äußert sich ebenfalls nicht zu ihrer Lehrerinnentätigkeit. Sie war von 1837 bis 1848 an der Volksschule in Neuburg an der Donau tätig. Aus der biographischen Literatur ist bekannt, daß sie als katholische, weltliche Lehrerin mit einer kleinen Pension vorzeitig in den Ruhestand versetzt wurde, weil die Schule in klösterliche Leitung überging. Keine der genannten Frauen beschreibt ihre Lehrtätigkeit als eine Belastung, der sie als Frauen nicht gewachsen waren. In den Autobiographien ist ein selbstverständlicher Umgang mit den

---

[158] Charitas Bischoff, Brief an Amalie Dietrich, Wolfenbüttel, den 28.7.1867. In: Bischoff, Amalie Dietrich, 1911, S. 359-361, hier S. 360.
[159] Charitas Bischoff, Brief an Amalie Dietrich, Wolfenbüttel, den 2.9.1868, in: Bischoff, Amalie Dietrich, 1911, S. 368-371, hier S. 370.
[160] Kraft, Unter Aposteln und Propheten, 1930, S. 55.

beruflichen Anforderungen die Regel, und die Berufstätigkeit erscheint nicht als eine ungewöhnliche Tätigkeit für Bürgerinnen.

Erst die beiden Volksschullehrerinnen aus der dritten Generation, Florentine Gebhardt und Marie Franz, gehen ausführlich auf ihre Tätigkeiten ein. Ihre Lebenswege bis zur ersten Anstellung in einer Volksschule unterscheiden sich gravierend. Gehörte Florentine Gebhardt noch zu denjenigen Frauen, die erst spät und unter großen Anstrengungen das Examen ablegten, so ging Marie Franz bereits den direkten Weg über Schule und Seminar in den Beruf. Da sie ihre Erinnerungen aber in sehr jungen Jahren verfaßte, bleibt offen, wie sich ihr weiterer Berufsweg gestaltete.

Hauptthema ihrer Ausführungen ist indessen weniger die Darstellung ihrer persönlichen Arbeitssituation als vielmehr der Versuch, aufgrund ihrer Kenntnisse des Berufsalltags einen allgemeineren Überblick über die belastenden Arbeitsbedingungen und die vielfältigen Anforderungen an eine Volksschullehrerin in einer Großstadt zu geben. Auf ihren eigenen Arbeitsplatz geht sie nur am Rande ein. Wir erfahren, daß sie in einer Großstadt Preußens, vermutlich Charlottenburg bei Berlin, bei ihren Eltern lebt. In die Volksschule, an der sie arbeitet, gehen etwa 2 600 Kinder, von denen 385 als "bedürftig" eingestuft sind. Während ihres ersten Berufsjahres, etwa 1899, unterrichtet sie eine Klasse mit 70 Kindern, in ihrer gegenwärtigen Klasse sind es nur noch 56 Kinder.[161] Zu ihren männlichen Kollegen verhält sie sich distanziert. Sie begründet das damit, daß diese aufgrund einer kleinbürgerlichen Herkunft mit den Umgangsformen einer höheren Tochter nicht vertraut seien, was sich auch nachteilig auf die gemeinsame Arbeit auswirke.

Marie Franz beschreibt das gespannte Verhältnis folgendermaßen: "Das gemeinsame Arbeiten mit den Lehrern ist oft nicht leicht und führt zu manchen Unzuträglichkeiten und ärgerlichen Situationen. Das Gemeinsame ist oft nur die Arbeit, verschieden dagegen sind die ganze Erziehung, die Vorbildung und die Lebenskreise und die Lebensauffassung. Hier sollen zwei verschiedene Gesellschaftsklassen im täglichen Verkehr ohne Reibung miteinander auskommen! Denn noch gehören viele Volksschullehrerinnen den ersten Kreisen an, während sich die Lehrer aus dem Kleinbürgerstande rekrutieren. Ich habe die größte Hochachtung vor der Arbeit und dem Streben der Lehrer, aber das hat mit meiner Ansicht vom Standesunterschiede, trotz des scheinbar gleichen Standes, nichts zu tun. Man hat im Reichstage gesagt: 'Es ist nicht recht, daß man seine Töchter einen Beruf wählen läßt, der für die Söhne nicht standesgemäß ist.' Es liegt viel Wahrheit in diesen Worten. Hört man zum Beispiel die Kollegen über das Heer schimpfen und über die Offiziere witzeln, so empört sich das Blut der Lehrerin-

---

[161] Franz, Erinnerungen, 1905, S. 10 und 47. Vergleichszahlen s. oben S. 37.

nen, deren Väter, Brüder und Verwandte Offiziere sind. Man schließt sich eben dann an die an, die gleichen Kreisen angehören, und zieht sich mehr von denen zurück, die dafür kein Verständnis haben."[162]

Damit der soziale Unterschied zwischen Lehrern und Lehrerinnen nicht zum Nachteil der Lehrerinnen ausfällt, tritt Marie Franz dafür ein, daß Rektoren akademisch gebildet sein sollen und nicht seminaristisch: "Denn ab und zu macht es sich doch bemerkbar, daß die Rektoren mehr Verständnis und Liebe für die Lehrer, ihre frühern Kollegen haben, als für die Lehrerinnen."[163] Der Hinweis auf die Position des Rektors zeigt, daß solidarisches Verhalten in Berufsfragen zwischen Lehrern und Lehrerinnen nicht unbedingt zu erwarten war, vor allem dann nicht, wenn zum Geschlechtunterschied ein soziales Gefälle hinzu kam. Zudem trug dieses soziale Spannungsfeld zur Separierung im Privatleben bei.

Um so bemerkenswerter wirkt bei Marie Franz das Engagement für ihre Schulkinder, die zum größten Teil aus den unteren Volksschichten stammten. Marie Franz investierte Zeit und Kraft, um durch eigene Anschauung deren Lebensverhältnisse kennenzulernen und sie hinsichtlich ihrer schulischen Leistungsfähigkeit besser verstehen zu können. Sie machte regelmäßig Hausbesuche, meistens einen pro Woche, und veranstaltete etwa dreimal im Jahr Mütterabende.[164] Grundlage dieser Einsatzfreude war die Absicht, volkserzieherisch zu wirken, was sie in ihrem Bericht immer wieder hervorhebt.[165] Es wird deutlich, daß Marie Franz für diese zusätzliche "soziale Arbeit" einen Teil ihrer Freizeit einsetzte, denn im Zeitrahmen ihrer Berufsausübung waren Aktivitäten dieser Art nicht geregelt.[166] Dann also, wenn die Statushierarchie eindeutig war und die übergeordnete eigene Position außer Frage stand, konnte die zeitliche und soziale Trennung von Privatleben und Berufsleben, hier bezogen auf die Klientel, teilweise wieder aufgehoben werden.

Für Florentine Gebhardt hatte der Arbeitsplatz Volksschule eine ganz andere Bedeutung für ihre Lebensführung: Ihr ging es vordringlich darum, den Arbeitsaufwand möglichst gering zu halten, um Freiraum für den zum standesgemäßen

---

[162] Franz, Erinnerungen, 1905, S. 71.
[163] Franz, Erinnerungen, 1905, S. 73.
[164] Daß sie mit diesen Aktivitäten kein Einzelfall war, sondern eine zu dieser Zeit aufkommende Initiative von Lehrerinnen aufgriff, geht hervor aus Klewitz, Zwischen Oberlehrern und Müttern, 1989, S. 84.
[165] In diese Richtung verallgemeinernd haben Klewitz und Leschinsky angenommen, daß Bemühungen um "Versittlichung" und politisch-soziale Erziehungsanstrengungen im Schulalltag in Volksschulen eine bedeutende Rolle spielten und das Bild von der Volksschule gegenüber weiterführenden Schulen stärker prägten, als es Lehrplanvergleiche erkennen lassen; so diess., Institutionalisierung des Volksschulwesens, 1984, S. 86.
[166] Daß die soziale Dimension der Lehrtätigkeit immer noch unterschätzt wird, kritisiert Dietlind Fischer: Beruf: Lehrerin. Wie Lehrerinnen Professionalität entwickeln. In: Die Deutsche Schule 89 (1997) S. 446-458, bes. S. 451.

Lebensunterhalt notwendigen Nebenerwerb zu gewinnen und um sich ihren höheren Interessen, der Dichtkunst, widmen zu können. Als sie 1895 mit dreißig Jahren ihre erste Stelle im Staatsdienst an der städtischen Volksschule in Hannoversch-Münden antrat, fand sie keine günstigen Arbeitsverhältnisse vor. Die Schule war geteilt: In der B-Schule, der "niederen" und unentgeltlichen Abteilung, leitete sie die dritte Mädchenklasse und unterrichtete auch in gemischten Mittelklassen. In der "gehobenen" A-Schule erteilte sie Turn- und Handarbeitsunterricht. Da die Kinder der B-Schule aus ärmlichen Verhältnissen stammten, fehlten vor allem die Mädchen häufig, denn sie wurden zu Hause im Haushalt und bei der Beaufsichtigung jüngerer Geschwister gebraucht. Florentine Gebhardt berichtet über den Umfang von Fehlzeiten: "... Gesuche um Beurlaubung vom Unterricht liefen fast täglich ein. Weigerte der Lehrer ihn, so fehlten sie eben unentschuldigt. Das mußte den Unterricht erschweren und den Erfolg beeinträchtigen."[167] Auch Marie Franz bezeichnet in ihren Erinnerungen die häufigen Fehlzeiten von Kindern als Problem.

Die räumlichen Verhältnisse der Schule, die in einer ehemaligen Fabrik untergebracht war, ließen Florentine Gebhardts Beschreibung nach zu wünschen übrig. Die Klassenzimmer hatten Ofenheizung, die im Winter durch den Lehrer oder die Lehrerin oder eine besonders dazu beauftragte Schülerin zu beaufsichtigen war. Die zehn- bis zwölfsitzigen Schulbänke waren alt und unbequem, und auch in den Pausen gab es kaum Gelegenheit für die Kinder, sich frei zu bewegen: Der Pausenhof war so klein, daß den Kindern nur reihenweises Herumgehen im Kreis erlaubt war. Mit Lehrmitteln war die Schule hingegen zufriedenstellend ausgestattet.

Der Umgang mit Vorgesetzten und Kollegen, mit Kindern und Eltern bereitete Florentine Gebhardt keine Probleme. Sie erwähnt allerdings, daß sie mit ihrer Auffassung von Pflichterfüllung kein Verständnis fand: "Von den männlichen Gliedern des großen Lehrkörpers ließ sich aus übergroßem Amtseifer keiner 'den Rock zerreißen'. Noch lange nach Stundenbeginn standen plaudernde Grüpplein auf den Korridoren. Ich selber habe meine Stunden, wie ich das in Sprottau gewöhnt war, pünktlich angefangen, und man hat sich später darüber beklagt, man hätte mich ja garnicht recht kennen lernen können, ich wäre doch gar zu übereifrig."[168] Scharf kritisiert sie indessen die jährlich stattfindende "öffentliche Prüfung" vor Ostern, in der die Kinder vor den Schuldeputierten und den Eltern von den Lehrern geprüft wurden, allerdings mit vorher eingeübten Fragen und Antworten. Auch später wird sie Kontrollen ihres Unterrichts als Belastung

---

[167] Gebhardt, Der zwiefache Weg, 1942, S. 6.
[168] Gebhardt, Der zwiefache Weg, 1942, S. 7.

beschreiben und Handlungsspielräume innerhalb ihrer Lehrtätigkeit in der Schule hervorheben. Sie gab diese Stelle aus familiären Gründen auf.

Seit Januar 1897 arbeitete Florentine Gebhardt dann an der städtischen Volksschule in dem aufstrebenden Industrieort Tegel bei Berlin, und zwar bis zu ihrer vorzeitigen Pensionierung im Jahr 1924. Das Schulhaus, ein dreistöckiger Backsteinbau mit einem ummauerten Hof dahinter, war erst wenige Jahre alt. Die Schule verfügte über sechs Schulstufen, von denen Florentine Gebhardt als Lehrerin für die dritte, damals noch gemischte, Klasse vorgesehen war. Daß diese Kinder im Unterschied zu denen in Hannoversch-Münden weniger leicht zu lenken waren, führte Florentine Gebhardt vor allem auf deren soziale Herkunft und die damit zusammenhängende hohe Fluktuation zurück: "Die Vorortsbevölkerung war keine bodenständige. Die Familien wechselten häufig ihren Wohnort, wie die Väter die Arbeitsstellen. Lehrplan wie Lehrbücher stimmten weder in den einzelnen Vororten noch mit Berlin überein, denn es gab noch nicht das heutige Groß-Berlin, ein einheitliches Vorwärtsgehen, ein erfolgreicher Unterricht war dadurch erschwert, zumal mitten im Vierteljahr Kinder aus-, bezw. eingeschult wurden. Am Ende des Schuljahrs hatten die Klassen zwar wohl dieselbe Schülerzahl, aber kaum ein Drittel war das ursprüngliche Schülermaterial. Viele Katholiken polnischer Abkunft befanden sich unter ihnen, da eine Konfessionsschule noch nicht bestand, und fehlten wegen ihrer Feiertage häufig, sodaß dann nichts Neues im Unterricht behandelt werden durfte, auch im Stundenplan darauf Rücksicht genommen werden mußte."[169]

Die Beziehung zwischen Lehrern und Lehrerinnen war in Tegel, im Gegensatz zu Hannoversch-Münden, gespannt. Florentine Gebhardt gibt als Grund dafür an, daß sie in Tegel zu den ersten Lehrerinnen an der Schule gehörte, die männlichen Kollegen also noch nicht an eine Zusammenarbeit mit Frauen gewöhnt waren. Für die mangelnde Hilfsbereitschaft machte sie jedoch auch Unterschiede in der sozialen Herkunft verantwortlich: "Daß man mich nicht durch Rat unterstützen wollte, lag z. T. an der Bequemlichkeit der Lehrer, z. T. an dem Umstand, daß man weibliche Lehrkräfte überhaupt als 'minderwertig' betrachtete. Waren hier bisher doch die Kinder, den Handarbeitsunterricht abgerechnet, noch nie zuvor von Lehrerinnen unterrichtet worden. Höchstens ließ man gelten, daß meine jüngere Kollegin und bisherige Vertreterin eine unterste Klasse verwaltete. Mittel- und Oberstufe wollte man einer Frau nicht überlassen oder sah dann scheel dazu. War das nur männlicher Eigendünkel oder Neid, aus dem dunklen Gefühl heraus, daß die Mehrzahl der Lehrerinnen, weil besseren Ständen entstammend, eine größere Allgemeinbildung besaß, als damals die seminaristisch gebildeten, z. T. in Internaten erzogenen Volksschullehrer, meist Söhne

---

[169] Gebhardt, Der zwiefache Weg, 1942, S. 24f.

kleiner Handwerker oder Bauern? Ausnahmen bestätigten auch hier die Regel!"[170] Im Lauf der Jahre fand sie indessen zu einem einvernehmlichen Umgang. Mit ihren Vorgesetzten, vor allem dem Ortsschulinspektor, einem Pfarrer, und dem Kreisschulinspektor, später auch dem Oberregierungsrat, konnte sie sich nicht arrangieren, was in erster Linie an ihrem eigenen ausgeprägten Standesbewußtsein lag.

Sowohl Marie Franz als auch Florentine Gebhardt betonen ihr Standesbewußtsein nachdrücklich und bestärken damit das zeitgenössische Klischee von der Volksschullehrerin, die sozial über ihrem männlichen Kollegen steht. Marion Klewitz hat indessen darauf hingewiesen, daß es vermutlich mehr Volksschullehrerinnen aus unteren Bevölkerungsschichten gab, als allgemein angenommen wurde und wird.[171] Dafür findet sich in den hier herangezogenen autobiographischen Quellen kein Beleg. Das ist aufgrund der vornehmlich bürgerlichen Herkunft von Autobiographinnen aber auch kaum zu erwarten. Allerdings läßt die Betonung der sozialen Distanz bei beiden Autobiographinnen darauf schließen, daß "standesbewußte" Volksschullehrerinnen, die sich zu den "besseren" Kreisen zählten, Wert darauf legten, sich gegenüber Angehörigen aus dem Kleinbürgertum abzugrenzen. Für die Betrachtung aus biographischer Perspektive ist dieser Abgrenzungsdiskurs von Frauen insofern wichtig, als er Statusprobleme als Spannungsfelder in ihrer Berufsausübung sichtbar macht, die weniger für die Berufswahl selbst als für die langfristige Berufsorientierung und damit für biographische Entscheidungen eine Rolle spielten.

Es hat jedoch auch ähnliche Spannungen unter den männlichen Volksschullehrern gegeben, da viele von ihnen "zu den gebildeten Leuten gezählt" werden wollten und eine bessere allgemeine Bildung geradezu als Befestigung der Standesehre verstanden, wie Konrad Fischer in seiner "Geschichte des Deutschen Volksschullehrerstandes" ausführt.[172] Vom Anfang der 1860er Jahre berichtet er, daß die besser ausgebildeten Lehrer der "vorregulativischen Zeit" folgende Vorwürfe gegen jüngere, kürzer ausgebildete Kollegen erhoben: "Ihre Ausbildung sei mangelhaft; ein Streben nach Weiterbildung werde nur selten wahrgenommen; ihr Auftreten in anständiger Gesellschaft sei unbeholfen, sogar den Anstand verletzend, und völlige Charakterlosigkeit sei ihr Kennzeichen."[173] Eine auf sozialen und beruflichen Bewertungen beruhende Kluft ging also auch quer durch die männliche Lehrerschaft. Die soziale Distanz zwischen Volksschullehrern und

---

[170] Gebhardt, Der zwiefache Weg, 1942, S. 27.
[171] Klewitz, Zwischen Oberlehrern und Müttern, 1989, S. 77; s. a. Barbara Stolze, Ausbildung und Berufstätigkeit, 1995, S. 266.
[172] So Konrad Fischer: Geschichte des Deutschen Volksschullehrerstandes. Band 2: Von 1790 bis auf die Gegenwart. Hannover 1892, S. 181.
[173] K. Fischer, Geschichte des Deutschen Volksschullehrerstandes, 1892, S. 300.

den Volksschullehrerinnen aus "besseren" Kreisen wurde erst in der zweiten Hälfte des 19. Jahrhunderts virulent. Die geschlechtsspezifische Benachteiligung der Frauen verschärfte diese Distanz noch in besonderem Maß.

Da die Schule infolge des ökonomischen und demographischen Aufschwungs in Tegel rasch expandierte, wurden die gemischten Klassen in Mädchen- und Jungenklassen geteilt und neue Lehrer angestellt. Das empfand Florentine Gebhardt einerseits als Erleichterung der Arbeit, andererseits stellte sie der Unterricht in Jungenklassen vor neue Anforderungen, und zwar aufgrund ihres weiblichen Geschlechts: "In mittleren Knabenklassen gab ich Realunterricht und mußte mich erst in Respekt setzen – auch durch den Bakel – bei den Jungen, die sich darüber lustig machten, weil sie 'bei einem Mädel' lernen sollten."[174] Ansonsten war sie für den gesamten Handarbeitsunterricht zuständig und leitete die zweitunterste Klasse. Etwa um 1900 erhielt die Schule einen eigenen Rektor. Bald wurde ein neues Schulhaus gebaut,[175] und die Zahl der Lehrkräfte wuchs kontinuierlich. Allerdings war auch die Fluktuation unter ihnen hoch. Florentine Gebhardt führte das zumindest teilweise auf die Heiraten junger Lehrerinnen zurück: "Junge Vertreterinnen traten ein, verlobten sich und machten anderen Platz."[176] Hinsichtlich der Klassen- und Fachzuteilung blieben die Lehrerinnen weiterhin benachteiligt, denn die Leitung von Oberklassen erhielten nur Lehrer. Und sie bemängelt die Verteilung von Fächern: "Nie habe ich in dem unterrichten dürfen, was meiner Neigung und Begabung am nächsten lag – in Literatur und Geschichte. Das lag den Herren ob, und höchstens der an Jahren ältesten ostpreußischen Lehrerin Berta R."[177]

Zu erheblicher Unruhe unter der Lehrerschaft kam es um die Jahrhundertwende durch die Revisionstätigkeit des neuen Oberregierungsrates Ullmann, dessen als herabsetzend empfundenen Beurteilungen kaum ein Lehrer entging. Lehrerinnen waren dem in besonderem Maße ausgesetzt, weil viele von ihnen nicht über eine seminaristische Ausbildung verfügten, sondern – wie Florentine Gebhardt – das Examen nach selbständiger Vorbereitung als Externe abgelegt hatten. Dem ehemaligen Seminardirektor Ullmann unterstellte sie deshalb wohl nicht zu Unrecht eine gewisse Voreingenommenheit. Florentine Gebhardt schreibt darüber: "In jener Zeit entstand auch die Bezeichnung 'Ullmanie' für die Lehrerangst vor der Revision – die wohl auch viele Rektorenherzen verspürt haben." Und sie nennt eine Reihe von Beispielen.[178]

---

[174] Gebhardt, Der zwiefache Weg, 1942, S. 45. Mit "Bakel" ist der Schulmeisterstock gemeint.
[175] Gebhardt, Der zwiefache Weg, 1942, S. 43, 70.
[176] Gebhardt, Der zwiefache Weg, 1942, S. 83.
[177] Gebhardt, Der zwiefache Weg, 1942, S. 70.
[178] Gebhardt, Der zwiefache Weg, 1942, S. 54-56.

Selbst als Ullmann nicht mehr für Tegel zuständig war und die Schularbeit in ruhigeren Bahnen verlief, herrschte nach Florentine Gebhardts Auffassung in den preußischen Volksschulen noch lange ein von den Aufsichtsbehörden geförderter Ungeist, der das Arbeitsleben erschwerte: "So hart es klingt, wahr ist es doch, daß damals der Volksschullehrer der rechtloseste Mensch unter der Sonne war. Durch hundert Vorschriften eingezwängt und der Möglichkeit zu freier, selbstschöpferischer Entfaltung seines Erziehertalents behindert, blieb ihm wirklich nur die Wahl: 'Trottel oder Anarchist' zu werden (Schnitzler: 'Dr. Bernhardi'). Anarchist schien jeder, der eigne Wege suchte. Und es waren nicht die Schlechtesten aus unseren Reihen, die in jener Zeit gemaßregelt oder aus dem Schuldienst gedrängt worden sind."[179] Daß Florentine Gebhardt damit keine Einzelmeinung äußert, sondern ein zeitgenössisches Phänomen anspricht, geht aus Gerhardt Petrats sozialgeschichtlicher Untersuchung der Schulerziehung hervor. Er betont, daß besonders im Jahrzehnt von 1897 bis 1907 die Institution Schule und die sie repräsentierenden Lehrer die bevorzugte Zielscheibe von Dramatikern und Erzählern waren.[180]

In den folgenden Jahren führten die umfangreichen Nebentätigkeiten von Florentine Gebhardt zu Erschöpfungszuständen und Krankheiten, so daß sie über die regulären Ferienzeiten hinaus Erholungsurlaube nehmen mußte. Um 1912 ließ sie sich zudem vom Kreisarzt aus gesundheitlichen Gründen vom Turnunterricht befreien.

Mit ihren bezahlten Nebentätigkeiten stockte Florentine Gebhardt das unzureichende Lehrerinnengehalt auf. Abgesehen von ihren vielfältigen schriftstellerischen Arbeiten nahmen Privatstunden vor allem in Handarbeiten zeitlich einen großen Raum ein. Auf das Arbeitsverhältnis hatten diese Privatstunden insofern Einfluß, als sie den dienstlich zulässigen Rahmen von sechs Stunden pro Woche überschritten. Florentine Gebhardt verhielt sich in dieser Hinsicht bewußt unkorrekt, was aber angesichts ihrer Lebensverhältnisse geduldet wurde. Sie schreibt darüber: "Eigentlich waren uns Lehrern nur sechs Privatstunden wöchentlich gestattet, mehr habe ich auch nicht angemeldet. Obschon es öffentliches Geheimnis war, daß die erlaubte Zahl überschritten ward. Von der Arbeit, die mir Bestellungen auf Musterzeichnungen und Stickereien oder Brandmalereien brachten, nicht zu reden. Man legte mir keinen Stein in den Weg, denn man wußte, daß mein Gehalt nur klein war und ich Mutter und Schwester ernähren mußte."[181]

---

[179] Gebhardt, Der zwiefache Weg, 1942, S. 68f.; der korrekte Titel des Theaterstücks von Arthur Schnitzler lautet "Professor Bernhardi" (1912).
[180] Petrat bezieht sich auf eine Untersuchung von Karl Lorenz (Deutsche Schule 1907, S. 185ff.), in: Petrat, Schulerziehung, 1987, S. 286; zur Kritik an höheren Mädchenschulen s. oben S. 100f.
[181] Gebhardt, Der zwiefache Weg, 1942, S. 37.

Weniger Toleranz fand indessen ihre schriftstellerische Tätigkeit, obwohl gerade diese als Nebentätigkeit von Lehrern keiner Genehmigungspflicht unterlag.[182] Von einem ebenfalls schreibenden Kollegen berichtet sie, daß er aus Neid versuchte, ihr "möglichst vielen Aerger zu bereiten". Und besonders ihre Vorgesetzten schienen in ihrer Schriftstellerei eine Beeinträchtigung der Berufsausübung zu sehen.[183] Mißfallen erregte es zudem bei dem ihr gegenüber ohnehin negativ gestimmten Ortsschulinspektor, einem Pfarrer, daß sie nicht bereit war, an Sonntagen Helferinnendienste im Kindergottesdienst zu übernehmen, denn diese Nebentätigkeit zählte zu den üblicherweise erwarteten – unbezahlten – Leistungen von Lehrkräften.

Florentine Gebhardt selbst bezeichnet ihr Arbeitsleben während dieser Jahre als ein Durchhalten: "Ich habe ja fortan durchhalten können. Den Privatunterricht stellte ich nun endgültig ein. Das Gehalt war ja auch etwas gestiegen, wie ja auch meine schriftstellerischen Erfolge."[184] Die mit der Zeit wiedererlangte Gesundheit, eine distanzierte Haltung gegenüber dem "Schulärger" sowie ein "friedlich-freundliches" Verhältnis zu den Kollegen und Kolleginnen ließen sie die Schularbeit wieder positiver sehen. Als sie jedoch 1924 im Zuge des Beamtenabbaus in den vorläufigen Ruhestand versetzt wurde, nahm sie das resigniert hin.

Zusammenfassend ist festzuhalten, daß es unter den verschiedenen Bedingungen, die die Berufsausübung erleichtern oder erschweren konnten, für Florentine Gebhardt mehrere belastende Faktoren gab, die generell mit dem Arbeitsplatz an einer Volksschule und speziell mit deren lokalen Besonderheiten zusammenhingen: Die soziale Distanz zu Schülern und Kollegen sowie Mängel in der eigenen Ausbildung belasteten den Schulalltag ebenso wie die geschlechtsspezifische Benachteiligung von Lehrerinnen, die vor allem in der Beschränkung auf untere Klassenstufen und in der schlechten Bezahlung zum Ausdruck kam. Diese Erschwernisse veranlaßten jedoch keinen Stellenwechsel, zumal er voraussichtlich nur graduelle Veränderungen gebracht hätte, sie führten aber zu außerberuflichem Engagement und schließlich zu Berufsmüdigkeit. Der entscheidende Vorteil, zumindest für Florentine Gebhardt, lag indessen in der Sicherheit der Anstellung und der Versorgung bei Krankheit und im Alter. Obwohl bei Marie Franz die ganz anderen Lebensverhältnisse ein stärkeres Interesse an der Berufsausübung bewirkten, gibt es Gemeinsamkeiten: Auch für sie stellten Mängel in der Ausbildung, selbst ihrer seminaristischen, sowie die soziale Distanz zu Kollegen unverkennbar Belastungen im Berufsalltag dar. Mit dem Blick auf die beiden Autobiographinnen Florentine Gebhardt und Marie Franz

---

[182] Franz Körnig: "Nebenämter der Lehrer", in: Roloff (Hg.), Lexikon der Pädagogik, Band 3 (1914), Sp. 870-874.
[183] Gebhardt, Der zwiefache Weg, 1942, S. 45.
[184] Gebhardt, Der zwiefache Weg, 1942, S. 119.

erscheint die Bindung von Lehrerinnen an ihren Arbeitsplatz an einer Volksschule als nicht sehr stark.

Höhere Mädchenschulen

An höheren Mädchenschulen arbeiteten insgesamt zehn der Autobiographinnen, und zwar stammten sie aus allen drei Generationen. In der dritten Generation erreichten sie den relativ höchsten Anteil. Die meisten von ihnen sind nicht näher auf ihre Arbeitsverhältnisse eingegangen. Ausgesprochen knapp äußert sich Dorette Mittendorf aus der ersten Generation. Sie begann um 1852 in Hannover an einer Privatschule zu arbeiten, bis diese etwa ein Jahr später "einging".[185]

Von Clara Jurtz aus der zweiten Generation wissen wir, daß sie ab etwa 1872 in Berlin an der Aßmusschule Klassenlehrerin war und diese Position als eine ihr "zusagende Lebensstellung" betrachtete, die sie allerdings 1876 nach einem religiösen Erweckungserlebnis aufgab, um als Diakonisse "Heidenkinder" zu unterrichten.[186] Auch die gleichaltrige Helene Lange beschreibt die anderthalb Jahrzehnte, die sie ab 1876 in Berlin als Lehrerin an der höheren Mädchenschule von Lucie Crain verbrachte, nur am Rande. Sie erwähnt, daß die Schulleiterin ihr bei der Unterrichtsgestaltung freie Hand ließ und sich sogar auf ihre Seite stellte, als es zu Spannungen mit den Behörden kam. Als günstig hebt sie die kleinen Klassen dieser Schule hervor und das Engagement der Lehrerinnen aus "guter Familie", die häufig aus Idealismus ihren Beruf ausübten. Zudem ließ die geschäftstüchtige Lucie Crain ein repräsentatives Schulgebäude errichten, das Helene Lange als "das stattlichste Heim von allen Berliner Privatschulen" bezeichnete, das mit seiner räumlichen Ausstattung der von öffentlichen Schulen nicht nachstand. Zum guten Ruf der Schule gehörte auch, daß die Lehrerinnengehälter als vergleichsweise "anständig" galten.[187]

Auch die Autobiographinnen aus der dritten Generation widmen ihrer Lehrtätigkeit an Mädchenschulen wenig Aufmerksamkeit. Minna Specht unterrichtete im Zeitraum von 1902 bis 1914 in Hamburg an der privaten höheren Mädchenschule von Mary Henckel, die sie während ihrer Lehrerinnenausbildung an der Klosterschule dort als Lehrerin kennengelernt hatte. Die Arbeitsbedingungen unter Mary Henckels Schulleitung waren offenbar so günstig, daß Minna Specht nun ihre Begabung und Begeisterung für das Unterrichten entdeckte.[188] Ihre

---

[185] Mittendorf, Erinnerungen, 1909, S. 11.
[186] Jurtz, Ihm zu dienen, 1930, S. 9, 12.
[187] Lange, Lebenserinnerungen, 1921, S. 114-117.
[188] Specht, Über sich selbst, 1960, S. 370f.

einjährige Tätigkeit an der Berliner Elisabeth-Schule 1917/1918 erwähnt sie in ihren Erinnerungen nicht.[189]

Gretchen Wohlwill, die – ebenfalls in Hamburg – um 1904/05 an der Reformschule des Vereins Frauenwohl als Zeichenlehrerin arbeitete, besaß zwar zu dieser Zeit noch kein Examen, die Behörden hatten ihr jedoch eine Lizenz als "Examensaspirantin" ausgestellt, die sie verpflichtete, das Zeichenlehrerinnenexamen nachzuholen. Diese Schule bestand jedoch nur von 1901 bis 1905, da sie im Konkurrenzkampf mit anderen höheren Mädchenschulen unterlag.[190] Etwa 1910, nach bestandener Prüfung, erhielt Gretchen Wohlwill eine Anstellung als Zeichenlehrerin an der privaten Emilie-Wüstenfeld-Schule, an der sie bis zu ihrer Zwangspensionierung 1933 tätig war. Auf ihre Schultätigkeit geht sie kaum ein, zumal sie daran keinen Gefallen fand. Als "wohltuende Veränderung" erwähnt sie, daß die Schulleiterin Bertha Itzko, die sie "unsere Tyrannin" nennt, pensioniert wurde und daß Anfang der 1920er Jahre die Schule im Zuge der Verstaatlichung eine Selbstverwaltung erhielt.[191] Positiv bewertet sie im Rückblick die Beziehungen zu Kolleginnen und zu begabten Schülerinnen.

Marie Torhorst schließlich, die jüngste aus der dritten Generation, arbeitete 1920 bis 1922 aushilfsweise als Mathematiklehrerin an zwei katholischen Mädchenschulen: am Cäcilien-Lyzeum der Schwestern Unserer Lieben Frau in Bonn und am Oberlyzeum im Ursulinenkloster im nahen Hersel. Sie erwähnt lediglich, daß diese Aushilfsarbeit sie auf Dauer nicht zufriedenstellen konnte, so daß sie sich um neue Arbeitsmöglichkeiten bemühte.[192] Ihre Anstellung als Studienrätin an der Berliner städtischen Karl-Marx-Schule, einer Reformschule,[193] fällt insofern aus dem hier gewählten zeitlichen Rahmen, als sie diese Stelle erst 1929 antrat.

Unter den Lehrerinnen an höheren Mädchenschulen ist Bertha Buchwald die älteste, und sie ist die einzige, die eine allgemeinbildende Schule für Mädchen gründete und über längere Zeit betrieb. Inwieweit diese kleine private Schule in Braunschweig als "höhere" anzusprechen ist, läßt sich ihrer Autobiographie nicht entnehmen. Da die Schülerinnen aber aus bürgerlichen Kreisen stammten und

---

[189] Nachweis bei Hansen-Schaberg, Minna Specht, 1992, S. 28.
[190] Wohlwill, Lebenserinnerungen, 1984, S. 35, Anm. 17.
[191] Wohlwill, Lebenserinnerungen, 1984, S. 50. Das "Gesetz über die Selbstverwaltung der Schulen" trat am 1.5.1920 in Hamburg in Kraft, s. Hans-Peter de Lorent: Schule ohne Vorgesetzte. Geschichte der Selbstverwaltung der Hamburger Schulen von 1870 bis 1986. Hamburg 1992, S. 88.
[192] Torhorst, Pfarrerstochter, Pädagogin, Kommunistin, 1986, S. 26f.
[193] Zum Konzept dieser Schule siehe den Bericht ihres Schulleiters Fritz Karsen: Neue Schule in Neukölln. In: Die Weltbühne 25 (1929) Nr. 18, S. 670-672; wiederabgedruckt in: Radde u. a. (Hg.), Schulreform, 1, 1993, S. 172-174; im gleichen Band gibt Radde einen Überblick über diese Schule: Fritz Karsens Reformwerk in Berlin-Neukölln, ebd. S. 175-187; dort auch weiterführende Literatur.

Bertha Buchwald mehrere moderne Sprachen unterrichten konnte, lag das Niveau mit Sicherheit über dem von Volksschulen. Zwar gibt auch Bertha Buchwald keine ausführliche Beschreibung ihrer Tätigkeit als Schulleiterin, aber sie äußert sich zumindest über die Rahmenbedingungen ihres Unternehmens, genauer ihrer beiden Unternehmen, denn sie war bereits in Chile Teilhaberin einer kleinen Schule gewesen.

Im Jahr 1860, nach dem Vertragsende ihrer Erzieherinnenstelle in Valparaiso, hatte sie keine neue Erzieherinnenstelle angenommen, sondern es nach dem Vorschlag des englischen Predigers Mr. Trumbull vorgezogen, dort mit seiner Schwägerin Miß Fitch eine kleine englische Schule zu gründen: "Ich willigte ein, kaufte die nötigen Schulsachen, mietete eine Wohnung und fing schließlich mit zehn Schülerinnen in Gottes Namen an."[194] Der Anfang war schwer, denn die Teilhaberin besaß weder eine berufliche Qualifikation noch Interesse am Unterrichten, so daß fast die gesamte Last der Unterrichtsstunden auf Bertha Buchwald ruhte. Sie beschreibt ihr Arbeitspensum folgendermaßen: "Nun mußte ich mit einem Male nicht nur Konversationsstunden, sondern den gesamten Unterricht in englischer Sprache erteilen, nur eine Stunde hatte ich täglich Spanisch und eine Französisch zu lehren; dann war außer dem Hauptunterricht auch noch Zeichnen und die Anfangsgründe der Musik meine Aufgabe. Sonntags ging es zweimal einen weiten, sonnigen Weg zur Kirche, in der ich auch Nachmittags den dort üblichen Religionsunterricht zu geben hatte."[195]

Ihre Einsatzfreude hatte Erfolg. Die Zahl der Schülerinnen stieg auf 32, und damit stiegen auch die Einnahmen. Aber ihre Gesundheit hielt der hohen Belastung nicht stand, und der Arzt riet zu einer langen Erholung. Da sich zu dieser Zeit gerade eine günstige Möglichkeit zur Schiffsreise nach Deutschland bot, entschloß sich Bertha Buchwald zur Rückkehr. Der Prediger kaufte ihr das Inventar und ihren Anteil an der Schule ab und versprach, ihr erspartes Geld sicher anzulegen. Ende Juli 1861 traf Bertha Buchwald in Braunschweig ein, wo ihr Bruder Karl, ein Apotheker, mit seiner Familie lebte. Hier eröffnete sie erneut eine kleine Schule. Über diesen Vorgang schreibt sie: "Bruder Karl mietete mir nach einigen Wochen eine niedliche Wohnung, besorgte die Möbel dazu und vertraute mir seine beiden ältesten Töchter zum Unterrichte an. Mit 4–5 Schülerinnen begann ich so eine kleine Schule, hatte aber im Anfange mehr Schwierigkeiten dabei als im fernen Auslande. Zuvor mußte ich im Stadthause vor dem Oberbürgermeister ein förmliches Verhör bestehen, dann wurde bestimmt, daß der Religionsunterricht, welchen ich doch sogar in der dänischen Pfarre [als

---

[194] Buchwald, Erinnerungsblätter, 1889, S. 113.
[195] Buchwald, Erinnerungsblätter, 1889, S. 114.

Erzieherin, GW] ganz selbstverständlich erteilt hatte, von einem Prediger überwacht werden müsse, welches Amt Herr Pastor D. freundlichst übernahm."[196]

Außerdem gab sie Privatstunden in Fremdsprachen und nahm Kostgängerinnen auf. Die Schule florierte, und bis 1870 war die Zahl der Schülerinnen auf 50 gestiegen. Daß sie dieses beträchtliche Arbeitspensum nicht ohne Anstrengung bewältigen konnte, geht aus mehreren Bemerkungen über diese Zeit hervor. Sie spricht von "meinem schweren Berufe", über ihr "arbeitsreiches Dasein", und von Jahren "ruhiger, steter Arbeit".[197] Doch sie war auch dieser Arbeitsbelastung gesundheitlich auf die Dauer nicht gewachsen und mußte deshalb die Zahl der Unterrichtsstunden reduzieren. Eine Gegenüberstellung von Einnahmen und Ausgaben veranlaßte sie schließlich um 1873/1874, die Schule aufzugeben: "Da ich weniger Stunden geben konnte, hatte ich natürlich auch weniger Einnahmen, dabei war der Preis von Miethe, Feuerung und Lebensmitteln so hoch geworden, daß ich beschloß, die Schule aufzugeben, auch die beiden Kostgängerinnen gehen zu lassen ..."[198] Daß Bertha Buchwalds Schule aus ökonomischen Gründen scheiterte, war kein Einzelfall, sondern bezeichnet ein für private Mädchenschulen im Lauf des 19. Jahrhunderts zunehmendes wirtschaftliches Problem. Die ansteigenden Unterhalts- und Lebenshaltungskosten ließen sich mit dem Schulgeld nicht mehr ausgleichen und bedrohten die Existenz gerade kleiner Privatschulen mit einem beschränkten Bildungsangebot. Verschärft wurde dieser Existenzkampf durch die allmählich wachsende Anzahl kommunaler höherer Mädchenschulen.

Die beiden Autobiographinnen aus der zweiten Generation, die an höheren Mädchenschulen unterrichteten, blicken auf ganz unterschiedliche Berufswege zurück. Thekla Trinks, die ältere von beiden, hat Stellungen in verschiedenen Arbeitszusammenhängen häufig und mit dem Ziel des beruflichen Aufstiegs gewechselt. Auguste Sprengel hingegen blieb nach dem Übergang von der Erzieherinnentätigkeit in den Schuldienst bis zu ihrem vorzeitigen Ruhestand an derselben Schule tätig.

Charakteristisch für Thekla Trinks' Berufsweg sind ihre zahlreichen Stellen, von denen sie vier an höheren Mädchenschulen einnahm. Wenige Wochen nach dem bestandenen Lehrerinnenexamen trat sie 1853 ihre erste Stelle an der höheren Mädchenschule in Siegen (Provinz Westfalen) an. Von Anfang an mißfielen ihr dort die Schulverhältnisse. Das begann schon mit den Räumlichkeiten. Thekla Trinks beschreibt sie folgendermaßen: "Die Schule wurde im – Rathause gehalten! – Und dies städtische Gebäude diente nicht nur, wie in anderen Orten, den

---

[196] Buchwald, Erinnerungsblätter, 1889, S. 119.
[197] Buchwald, Erinnerungsblätter, 1889, S. 120, 121, 128.
[198] Buchwald, Erinnerungsblätter, 1889, S. 129.

städtischen Angelegenheiten im allgemeinen, sondern es gestaltete sich in seinen unteren Räumen zur Markthalle; die Hökerinnen verkauften dort ihre ländlichen Produkte. Dies wäre jedoch zu ertragen gewesen, wenn es auch in mancher Hinsicht störend blieb. Im Rathause wurden aber auch die Schwurgerichtssitzungen gehalten; die Rekruten ausgehoben! Wüste Scenen spielten sich da manchmal ab, und den Schülerinnen, namentlich den erwachsenen, wurde Ärgernis und Anstoß gegeben."[199]

Ein weiterer Kritikpunkt war für sie die Schulorganisation. Die Schule hatte drei Klassen, und das Lehrerkollegium bestand aus drei Personen: Neben dem vorstehenden Lehrer Gärtner und Thekla Trinks gab es noch die Handarbeitslehrerin Fräulein Simmesbach. Da aber für die Schule im Rathaus nur zwei Räume zur Verfügung standen, hielt die Handarbeitslehrerin ihren Unterricht bei sich zu Hause ab, so daß eine Klasse immer unterwegs war. Weiterhin kritisiert Thekla Trinks, daß die Schülerinnen diese Schule nur wenige Jahre lang besuchten, denn in der Stadt war es üblich, daß die Kinder – "selbst die der besten Familien", wie sie hervorhebt[200] – bis zum neunten oder zehnten Lebensjahr in die Elementarschule gingen. Mit dreizehn oder vierzehn Jahren war für sie die Schulzeit zu Ende. Den Abschluß bildete die Konfirmation oder der Besuch einer Pension. Unter diesen Umständen sah sich Thekla Trinks in ihren hohen Erwartungen enttäuscht: "Daß das Lehrziel unter so ungünstigen Umständen ein niedriges, die Leistungen namentlich in den Sprachen nur geringe sein konnten, versteht sich von selbst. So bot mir die Schule zur eigenen Fortbildung keine besondere Anregung. Das Weiterstreben, Weiterarbeiten aber war uns vom Direktor Friedländer stets zur Pflicht gemacht worden. Ganz von diesem Gedanken beherrscht, hielt ich die Stelle trotz aller sonstigen Vorteile auf die Dauer nicht passend für mich."[201] Die günstigen Lebensverhältnisse und der erfreuliche gesellige Verkehr in Siegen wogen für sie diese beruflichen Nachteile nicht auf. Mit Unterstützung ihres Seminardirektors Friedländer erhielt sie bald darauf ein Angebot, das sie 1854 in ihre zweite Schulstelle führte.

Hier in Wesel am Niederrhein, an der privaten evangelischen höheren Töchterschule, traf sie auf Schulverhältnisse, die ihr zunächst ideal erschienen. Die Schule, über deren langjährige Geschichte eine Festschrift berichtet,[202] bestand erst seit 1853. Sie war aus der privaten Mädchenschule von Frau Minna Becker

---

[199] Trinks, Lebensführung, 1892, S. 28.
[200] Trinks, Lebensführung, 1892, S. 31.
[201] Trinks, Lebensführung, 1892, S. 34f.
[202] Otto Hollweg (Hg.): Festschrift zur Feier des 75jährigen Bestehens des Städt. Oberlyzeums i. E. in Wesel. Wesel 1928; darin vom gegenwärtigen Studiendirektor Otto Hollweg: Die Geschichte der Anstalt. S. 4-31. Obwohl die Schule "evangelisch" hieß, besuchten sie auch katholische und jüdische Schülerinnen, vgl. S. 8f.

hervorgegangen, die nun als Lehrerin übernommen wurde, ebenso deren Lehrmittel und die meisten ihrer Schülerinnen. Vor allem Lehrermangel hatte bei dieser bereits bestehenden sowie bei der zweiten privaten Mädchenschule im Ort den Unterricht stark beeinträchtigt. Um ihren Töchtern einen kontinuierlichen Unterricht zu sichern, hatten sich einige Väter zu einem Verein zusammengeschlossen, der sich die Gründung und Erhaltung einer höheren Töchterschule zum Ziel setzte. Die Stadt war zu dieser Zeit noch nicht bereit, selbst eine höhere Mädchenschule einzurichten. Erst 1878, als es sich zeigte, daß auch ein privater Verein eine anspruchsvolle Schule nicht finanzieren konnte, ging die Schule in städtische Verwaltung über.[203]

Zuständig für alle Schulangelegenheiten wurde ein fünfköpfiges Kuratorium, dem die Regierung in Düsseldorf allerdings nicht die Konzession gewährte, weil das nur bei Einzelpersonen möglich war. Die Konzession erhielt Pfarrer Wolters, der zwar Beisitzer im Kuratorium, nicht aber Mitglied im Schulverein[204] war, und in dessen Händen die Leitung der Schule lag. Daß diese Konstellation den Rektor Friedrich Fischer in eine schwierige Lage brachte und ihm seine Aufgabe als "Stellvertreter" erschwerte, wurde Thekla Trinks rasch bewußt. Sie kritisierte an ihm jedoch vornehmlich, daß er die nötige "Schulzucht" nicht durchsetzen konnte. Thekla Trinks stellte sich im Kollegium auf die Seite von Pfarrer Wolters. Sie geriet in eine ungünstige Lage, als sowohl Pfarrer Wolters als auch die mit ihr übereinstimmenden Kollegen die Schule verließen. Die Furcht, isoliert zu sein, bewog sie schließlich, eine andere Stelle anzunehmen. Pfarrer Wolters, dessen Predigt bei Thekla Trinks eine Art Bekehrungserlebnis ausgelöst hatte, wurde für sie in den folgenden Jahren ein "Berater in allen wichtigsten Angelegenheiten meines Lebens"[205]. Er verschaffte ihr nicht nur die anschließende Stelle als Erzieherin in Irland, sondern er veranlaßte sie auch, als Vorsteherin die evangelische Schule in Bukarest aufzubauen.[206]

Als Thekla Trinks in die Schule in Wesel eintrat, besaß diese bereits ein eigenes neues Schulgebäude, in dessen zweitem Stock einige Zimmer von Lehrerinnen bewohnt wurden, zu denen auch Thekla Trinks gehörte. Das Kollegium bestand aus dem Rektor, vier Lehrern und vier Lehrerinnen. Hatte die Schule bei ihrer Gründung drei Klassen mit insgesamt 51 Schülerinnen, so war deren Zahl bis Ostern 1855 bereits auf 130 angewachsen und erforderte eine vierte Klasse

---

[203] Vgl. Hollweg, Geschichte der Anstalt, 1928, S. 12ff.
[204] Mitglied im Schulverein konnten außer den Gründern nur diejenigen werden, deren Kinder die Schule besuchten. Zum Schulverein und Kuratorium vgl. Hollweg, Geschichte der Anstalt, 1928, S. 12f.; er nennt die 24 Mitglieder der Gründungsversammlung von 1852, S. 5.
[205] Trinks, Lebensführung, 1892, S. 58, 43.
[206] Vgl. dazu die auszugsweise wiedergegebenen Briefe von Pfarrer Wolters an Thekla Trinks, Bonn, vom 28.1.1858 und 15.2.1858. In: Trinks, Lebensführung, 1892, S. 90-92, 94f.

und 1857 bereits eine fünfte Klasse.[207] Und auch das Kollegium wurde größer. Der Ausbau der Schule vergrößerte zudem für Thekla Trinks das Arbeitspensum, denn sie mußte nun mehr Sprachstunden geben und hatte deshalb mehr Korrekturarbeit. Daß 1857 nicht nur Thekla Trinks die Schule verließ, sondern auch zwei weitere Lehrer, war nicht ungewöhnlich. Wie aus der Festschrift der Schule hervorgeht, kam Lehrerwechsel häufig vor: "Es war keine Seltenheit, daß Lehrer und Lehrerinnen nach kaum einem Jahre die Schule wieder verließen; wenige sind mehr als vier Jahre geblieben. Um 1870 haben allein in vier Jahren sechzehn Lehrkräfte die Schule verlassen. Von den im Jahre 1878 von der Stadt übernommenen Lehrkräften war außer dem Rektor nicht eine länger als vier Jahre an der Anstalt tätig."[208]

Die Gründe für diese beträchtliche Fluktuation sieht der Chronist der Festschrift in der unzureichenden Bezahlung der Lehrkräfte. Ausschlaggebend für Thekla Trinks' Kündigung war indessen weniger der finanzielle Aspekt als vielmehr das Zusammentreffen einiger anderer Mängel: Wachsende Arbeitsbelastung, fehlende "Schulzucht", der Weggang von gleichgesinnten Kollegen und nicht zuletzt die eigenen ungünstigen Lebensverhältnisse bewogen sie dazu, dem langgehegten Wunsch nach einer Erzieherinnenstelle im Ausland nachzugeben, als ein lukratives Angebot vorlag.

Thekla Trinks arbeitete in späteren Jahren noch an zwei weiteren höheren Mädchenschulen, ebenfalls nur für kurze Zeit. Ihr Ziel war es indessen nicht mehr, eine zusagende Lebensstellung zu erlangen, sondern die Zeitspanne bis zu einer bereits in Aussicht stehenden besseren Berufsmöglichkeit zu überbrücken. Ostern 1860 nahm sie die Stelle als erste Lehrerin an der höheren Mädchenschule in Schwelm in Westfalen an, obwohl die Schule nur zweiklassig geführt wurde und entsprechend bescheiden ausgestattet war. Doch Thekla Trinks brauchte kurzfristig ein "Unterkommen". Sie sah bald, daß die Arbeit sie hier nicht ausfüllte, und als ihr die erwartete Position, eine Anstellung in Droyßig, angeboten wurde, kündigte sie unverzüglich.[209] Noch einmal, vom Sommer 1867 bis April 1868, arbeitete sie als erste Lehrerin an einer höheren Mädchenschule, und zwar in Dortmund. Zu dieser Zeit liefen bereits ihre Vorbereitungen für die Gründung eines eigenen Pensionats, und sobald ein bestimmter Zwischenschritt erreicht war, beendete sie ihre Tätigkeit an der Schule. Entsprechend knapp fallen ihre Erinnerungen an diese Zeit aus.[210]

---

[207] Abweichend davon spricht Thekla Trinks für 1854 von einem "sechsklassige(n) Organismus", s. Trinks, Lebensführung, 1892, S. 38.
[208] Hollweg, Geschichte der Anstalt, 1928, S. 9.
[209] Trinks, Lebensführung, 1892, S. 43-152.
[210] Trinks, Lebensführung, 1892, S. 205f.

Auguste Sprengel hingegen erreichte ihren beruflichen Aufstieg nicht durch Stellenwechsel, sondern innerhalb einer Schule. Als sie 1870 mit 22 Jahren in ihrer Heimatstadt Waren als erste Lehrerin an der gerade neu gegründeten "Städtischen Höheren Töchterschule" begann, war diese öffentliche Einrichtung die erste ihrer Art in Mecklenburg-Schwerin. Bis dahin waren Mädchen auf "Bürgerschulen" oder Privatschulen angewiesen.

Ausführlich beschreibt Auguste Sprengel die Verhältnisse der Anfangsphase, vor allem um ihrem Lesepublikum den beträchtlichen Unterschied zu den Schulverhältnissen zwei Generationen später vor Augen zu führen. Da mehrere Autobiographinnen ebenfalls Gründungsphasen an Schulen miterlebten, aber im Unterschied zu Auguste Sprengel nicht genauer auf die besonderen Probleme eingehen, werden diese Phasen im folgenden ausführlicher dargestellt. Auguste Sprengel beginnt mit der Beschreibung der räumlichen Verhältnisse der Schule, die in einem Haus mitten in der Stadt untergebracht war. Sie schreibt: "Der untere Stock des Schulhauses war in den ersten Jahren vermietet. Wir kamen über einen hübschen Hausflur, der durch eine Glastür abgeschlossen war, an unsere Treppe. Sie war auf einen sehr kleinen Raum beschränkt, mußte sich also drehen, so daß die mittleren Stufen an der einen Seite fast spitz, jedenfalls sehr schmal ausliefen. Wie gut unsere Schülerinnen gewöhnt wurden, nur die breite Seite zu benutzen, beweist der Umstand, daß während der 25 Jahre, in denen wir in diesem Hause wohnten, kein einziger Unfall vorgekommen ist. Die Treppe führte auf einen engen Flur; von hier gelangte man in die 4 Klassen, in denen die 60 Schülerinnen leidlich genügend Platz hatten. 3 Klassen lagen nach Westen; die vierte hatte nach Norden ein großes Fenster, das auf den engen Hof des Nachbarhauses ging. In Waren gab es damals noch keine Kanalisation. Die Einrichtung der Klassen war so bescheiden wie möglich: für den Lehrer 1 Pult, für die Schülerinnen Bänke – meistens zu sechs Sitzen – nebst Stuhl und Tische, in die manche Schülergeschlechter ihre Namen eingeschnitten, eine Wandtafel, ein Schrank – das war alles. Mir fiel es damals nicht als Mangel auf, hatte ich doch noch nirgends besseres gesehen. ... Der Schulhof war freundlich; in seiner Mitte stand ein herrlicher Nußbaum, der große Liebling der Kinder, zumal im Herbst, wenn die Nüsse herunterfielen."[211]

Größere Probleme bereitete die Schulorganisation, denn die Schule war "kurzer und leichter Hand ins Leben gerufen"; aber Schulvorstand und Kollegium verband das Bewußtsein, "eine große Aufgabe klug gelöst zu haben".[212] Zum Schulvorstand gehörten Bürgermeister Schlaaff, Pfarrer Lehmann, Pfarrer Wolff und Senator Prätorius. Die Leitung der Schule übernahm Rektor Kortüm, der

---

[211] Sprengel, Erinnerungen, 1932, S. 21f.
[212] Sprengel, Erinnerungen, 1932, S. 22.

bereits die Knaben-Bürgerschule, die Mädchen-Bürgerschule und die Volksschule leitete. Über das Kollegium schreibt Auguste Sprengel: "Das eigentliche Kollegium bestand aus 3 Personen: aus Frl. Hg., Herrn Schwanck und mir. Herr Schw. war für Klasse IV angestellt und brachte aus seinem Seminar in Neukloster eine ausgezeichnete Vorbildung für den Elementar-Unterricht mit; er hatte angenehme Umgangsformen, eine natürliche Freundlichkeit den Kindern gegenüber und, was die Hauptsache war, einen feinen Herzenstakt, so daß unsere Kleinen nicht besser versorgt sein konnten. Fräulein Hg. dagegen, die 7 Jahre älter war als ich, die das Seminar in Hannover besucht und bereits manche zweckmäßige Schuleinrichtung kennen gelernt hatte, fand – angesichts der tatsächlich vorhandenen Mängel – viel Veranlassung zu Spott und Tadel. Ich besaß noch die glückliche Unbefangenheit der Jugend, dazu eine Fülle von Arbeitskraft und freute mich auf meine Arbeit von einem Tage zum anderen."[213] Diese Andeutung läßt vermuten, daß es wohl häufiger zu Spannungen zwischen seminaristisch gebildeten Lehrerinnen und den "Praktikerinnen" kam, vor allem wenn – wie in diesem Fall – die "Praktikerin" jünger war und zudem die höhere Position innehatte. Den Handarbeitsunterricht übernahm eine Lehrerin von der Volksschule, und der Rektor gab zehn Stunden in Klasse I.

Um den geplanten Unterricht erteilen zu können, reichten diese Lehrkräfte jedoch nicht aus, so daß die Stadtverwaltung zu einer unpopulären Maßnahme griff. Auguste Sprengel schreibt darüber: "Die Stadtverwaltung wußte indessen einen weiteren Ausweg, der an sich berechtigt und für die städtische Kasse allerdings vorteilhaft war, im übrigen aber zu mancherlei Schwierigkeiten führte. An den drei städtischen Schulen war eine größere Zahl seminaristisch gebildeter Lehrer angestellt. Jeder von ihnen war vertraglich zu 32 wöchentlichen Unterrichtsstunden verpflichtet; doch keiner gab so viele. Die Höchstzahl war 26 oder 28. Nun wurden verschiedene von ihnen beauftragt, in der "Höheren Töchterschule" außerdem je 2 Wochenstunden zu übernehmen, für die aber, da sie der Zahl nach innerhalb der pflichtgemäßen 32 Stunden lagen, kein Gehalt gezahlt werden würde; dagegen sollten ihre Töchter schulgeldfrei sein. Der eine oder andere der Herren empfand das als eine ungerechte Belastung oder doch als eine ungehörige Beschränkung seiner freien Zeit, die er vielfach gebrauchte, um Privatunterricht zu erteilen."[214]

Aufschlußreich an dieser Maßnahme ist zweierlei, erstens, daß normative Regelungen von Arbeitszeiten nur annähernd über die tatsächlich geleistete Arbeitszeit informieren, und zweitens, daß die erwähnten Privatstunden vor allem dazu dienten, das Einkommen auch der männlichen Lehrkräfte aufzubessern.

---

[213] Sprengel, Erinnerungen, 1932, S. 23.
[214] Sprengel, Erinnerungen, 1932, S. 24.

Schließlich erhalten wir erneut einen Hinweis darauf, daß für private Wissensvermittlung neben der Schule durchaus eine Nachfrage bestand.

Aus den folgenden Jahren des Ausbaus der Schule berichtet Auguste Sprengel mehr summarisch. Eines der Hauptthemen ist die hohe Fluktuation der Lehrkräfte und die Rekrutierung von Lehrerinnen aus den ehemaligen Schülerinnen der Schule. Eher beiläufig teilt sie mit, wie ihr Aufstieg zur Schulleiterin vonstatten ging. Blieb ihr dabei auch die finanzielle Besserstellung verwehrt, so bedeutete die neue Position doch beträchtlich mehr Einfluß und Handlungsspielraum. Die Gründe für diesen Aufstieg waren die Expansion der Schule, die Sparsamkeit der Kommune und die unterstellte und einkalkulierte Bescheidenheit von Frauen. Sie schreibt darüber: "Da sagte Hofrat Schlaaff eines Tages zu mir: 'Der Rektor hat mit seinen 3 Schulen genug zu tun. Unsere Höhere Töchterschule muß einen Kopf für sich haben. Wenn wir dafür einen Akademiker berufen, so wird er sich bald nach einer besser besoldeten Stelle umsehen; denn wir können kein hohes Gehalt geben. Ein ewiger Wechsel würde die Folge sein, und der taugt natürlich nicht. Für eine Dame könnte es eine Lebensstellung werden. Wollen Sie sie haben?' Gewiß wollte ich und mit Freude. 'Mehr Gehalt aber können wir Ihnen nicht geben.' Die Gehälter waren in den letzten Jahren dank Fräulein Jenr.'s Bemühungen mehrmals aufgebessert: ich erhielt 1500, die 2. Lehrerin 1200 Mark; ich verlangte also nicht mehr. Der größeren Arbeit, die mir durch die Leitung zufiel, sah ich mit Zuversicht entgegen."[215]

Wie diese zusätzliche Leitungstätigkeit im einzelnen aussah, geht aus den Erinnerungen zwar nicht hervor, allerdings lassen sich folgende Gebiete ausmachen: Die anhaltende Fluktuation der Lehrkräfte erforderte ständige Personalentscheidungen und einen entsprechenden Aufwand an Einarbeitung. Gleichzeitig brachte Auguste Sprengel den qualitativen Ausbau der Schule voran: In den darauffolgenden Jahren verfaßte sie für die Schule Schulgesetze, sie erarbeitete einen neuen Lehrplan, den sie kontinuierlich weiterentwickelte, und sie erweiterte die Stufengliederung der Schule. 1895, zum 25jährigen Jubiläum der Schule, konnte aufgrund ihres Einsatzes eine neues Schulhaus bezogen werden, dessen mustergültige Ausstattung sie beschreibt. Voraussetzung für dieses umfangreiche und vielfältige Arbeitspensum waren ihre konstruktive Zusammenarbeit mit dem Schulvorstand sowie die tatkräftige Unterstützung durch den Bürgermeister. Daß Auguste Sprengel diese Position vorzeitig aufgab, lag zum einen an personellen Veränderungen: Der bewährte alte Bürgermeister starb, und ein von ihr nicht näher bezeichneter "Gegner" erschwerte ihr die Arbeit. Entscheidend war jedoch zum andern, daß eine schwere Krankheit sie am regelmäßigen Arbeiten hinderte. 1902 trat sie deshalb in den Ruhestand.

---

[215] Sprengel, Erinnerungen, 1932, S. 30.

An einer privaten höheren Mädchenschule arbeitete Florentine Gebhardt aus der dritten Generation. Im Herbst 1894, kurz nach dem soeben bestandenen Volksschullehrerinnenexamen, begann sie in Sprottau als Lehrerin für die Unterstufe, in der drei Jahrgänge in einer Klasse zusammengefaßt waren. Sie war für den Handarbeits-, Turn- und Zeichenunterricht in allen Klassen zuständig. Die Schule war klein und in einem Mietshaus untergebracht, in dem die Schulleiterin wohnte. Die Besitzerin und Leiterin Fräulein Tiede hatte die Schule um 1872 gegründet. Als Florentine Gebhardt eintrat, gab es zunächst noch die erste Lehrerin Fräulein Martha Bartsch. Keine dieser drei Frauen hatte eine seminaristische Ausbildung absolviert, sie alle hatten das Examen als "Wilde" gemacht. Entsprechend frei von theoretischen Kenntnissen erteilten sie den Unterricht. Er folgte keinem festen Lehrplan, sondern sollte nur ein ungefähr angegebenes Klassenziel erreichen. Jede Lehrerin unterrichtete deshalb nach ihren eigenen Vorstellungen. Bis zum Eintritt der vierten Lehrerin gab ein Lehrer der Volksschule in den oberen Klassen Gesang und Rechnen. Bald nach Florentine Gebhardt kam als neue Lehrerin Fräulein Bertha P. hinzu, mit seminaristischer Ausbildung und vollem Examen einschließlich von Sprachen und mit den Gewohnheiten einer "modernen Weltdame".

Die Schülerinnen stammten aus bürgerlichen Familien, zu ihnen gehörten auch Töchter von Offizieren, deren Familien die "höchsten" örtlichen Gesellschaftskreise bildeten. Weder die Schulvorsteherin noch die Lehrerinnen hatten privat und auf gesellschaftlicher Ebene Zugang zu diesen Kreisen. Die Möglichkeiten zu sozialem Kontakt auf privater und geselliger Ebene innerhalb der bürgerlichen Schichten dieser Kleinstadt waren relativ begrenzt: Die Schulvorsteherin gehörte als Schwester eines Professors am örtlichen Gymnasium zu den besseren Kreisen. Dessen Ehefrau, ihre Schwägerin, wiederum strebte danach, vor allem im Hinblick auf ihre heiratsfähigen Töchter, in den höheren Kreisen der Offiziersfamilien zu verkehren. Sie zeigte kein Interesse an den Lehrerinnen, sondern betrachtete diese nach Florentine Gebhardts Urteil als "untergeordnete Wesen", "zu denen man sich nur aus Rücksicht auf die Schwägerin bzw. Tante Schulvorsteherin herabließ."[216]

Florentine Gebhardt und ihre Kollegin Martha Bartsch, eine Lehrerstochter, verkehrten in den Kreisen "der guten Bürgerschaft und Beamten", wozu zum Beispiel die Tochter einer Arztwitwe und die Tochter eines Bankiers zählten. Florentine Gebhardt sah darin für sich eine Statusverbesserung, allerdings mit begrenztem Nutzen, denn sie schreibt: "Im Vergleich zum Verkehrskreis meiner Jungmädchenzeit stand ich hier ohnehin auf gehobener Stufe und war damit zufrieden, wenn auch von besonderer geistiger Anregung durch solche Gesellig-

---

[216] Gebhardt, Der Weg zum Lehrstuhl, 1933, S. 100.

keit für mich kaum die Rede war."[217] Florentine Gebhardt hatte in Sprottau eine "angenehme" Anstellung gefunden, in der ihr das Arbeiten nicht schwer fiel, auch wenn die privaten Beziehungen ihrer Kolleginnen zueinander sich zunehmend problematisch gestalteten und den Schulbetrieb störten. Aus familiären Gründen bemühte sie sich jedoch um eine sichere Anstellung im Staatsdienst, die sie nach einem Jahr antreten konnte.

Höhere Mädchenschulen in privater Trägerschaft stellten eine Domäne für Lehrerinnen dar und boten ein breites Spektrum von Arbeitsmöglichkeiten. Allerdings bedeutete die Abhängigkeit von den zahlenden Eltern der Schülerinnen auch hier ein Risiko. Hinzu kam die wachsende Konkurrenz kommunaler Schulen, die sicherere Stellen und eine Alterspension gewährleisteten. Die oft "naturwüchsige" Schulorganisation bei privaten wie städtischen Schulen führte indessen zu einer hohen Fluktuation der Lehrkräfte.

Berufsbildende und weiterbildende Schulen

Von den insgesamt sechs Autobiographinnen, die an den unterschiedlichen Typen von berufsbildenden und weiterbildenden Schulen tätig waren, gehören die meisten, nämlich Hedwig Heyl, Auguste Sprengel, Helene Lange und Bertha Riedel-Ahrens, zur zweiten Generation, zur dritten Generation gehören Marie Torhorst und Marie-Elisabeth Lüders. Aus der ersten Generation stammt keine der Autobiographinnen. Das überrascht nicht, denn die Entwicklung schulischer Einrichtungen zur beruflichen Bildung von Mädchen fand erst gegen Ende des 19. Jahrhunderts auf breiterer Ebene statt.

Mit Ausnahme von Hedwig Heyl gehen diese Frauen in ihren Erinnerungen nicht ausführlich auf die jeweilige Lehrtätigkeit im beruflichen Bildungsbereich ein. Das ist vor allem deshalb bedauerlich, weil die meisten von ihnen eine leitende Stellung innehatten, zum Teil sogar Gründerin einer Schule waren, und bisher wenig über die Anfänge des berufsbildenden Bereichs von Frauen bekannt ist. Die Angaben in den Autobiographien ermöglichen Vermutungen, inwieweit die Verhältnisse am jeweiligen Arbeitsplatz eine Lehrtätigkeit förderten oder behinderten und welche biographischen Gegebenheiten dabei Einfluß ausübten oder davon berührt wurden.

An der Heterogenität der einzelnen Arbeitsverhältnisse liegt es, daß im Vergleich zu denen im allgemeinbildenden Schulsystems, den oben beschriebenen Volksschulen und höheren Mädchenschulen, bereits der Eintritt in die Stelle anderen Rahmenbedingungen unterlag: Hatte dort der Wunsch nach geregelter Lehrtätigkeit einem relativ offenen Stellenangebot gegenüber gestanden,

---

[217] Gebhardt, Der Weg zum Lehrstuhl, 1933, S. 100.

wobei auf der Grundlage von Examina durch das Bewerbungsverfahren sowie durch persönliche Empfehlungen das Arbeitsverhältnis zustande kam, so spielten hier im noch weniger ausgebauten Bereich der beruflichen Bildung zusätzliche konzeptionelle und organisatorische Fähigkeiten sowie ein bereits vorhandenes berufsbezogenes und auch von der politischen Position bestimmtes Netz von persönlichen Kontakten eine Rolle. Ein geradliniger Verlauf des Arbeitslebens mit der ausgeübten Position als Ziel kommt deshalb nicht vor. Die Dominanz dieser zur Lehrtätigkeit zusätzlichen "Qualifikation" der Organisationskompetenz legt es nahe, diese bei der Untersuchung als unterscheidendes Merkmal heranzuziehen: Im Bereich der beruflichen Bildung lassen sich die in Frage kommenden Autobiographinnen dann in zwei Gruppen einteilen. Die eine umfaßt diejenigen, die ausschließlich lehrend tätig waren. In der anderen Gruppe sind diejenigen vertreten, die zusätzlich eine leitende Position einnahmen.

Zur ersten Gruppe gehört Helene Lange aufgrund ihrer Lehrtätigkeit im privaten Lehrerinnenseminar von Lucie Crain; allerdings äußert sie sich in ihren Erinnerungen dazu nur sehr allgemein. Im weiteren Sinn zählen auch noch ihre wenigen Unterrichtsstunden an der Sozialen Frauenschule in Hamburg dazu. Von Bertha Riedel-Ahrens ist aus der biographischen Sekundärliteratur lediglich bekannt, daß sie in Halle an einer Industrieschule unterrichtete. In ihren Erinnerungen geht sie nicht darauf ein. Marie-Elisabeth Lüders schließlich hat nach dem Zweiten Weltkrieg für kurze Zeit in Berlin als Dozentin an verschiedenen Hochschulen gelehrt. Auch sie äußert sich nicht zu den Arbeitsverhältnissen.

Zur zweiten Gruppe der "Leiterinnen" gehören neben Hedwig Heyl, die allerdings eine Sonderstellung einnimmt, noch Auguste Sprengel, Marie Torhorst und wiederum Marie-Elisabeth Lüders. Die Sonderstellung von Hedwig Heyl beruht darauf, daß nur sie aufgrund ihrer privaten Ressourcen an Kapital und materieller Ausstattung sowie den Einflußmöglichkeiten auf eine Klientel über ein Experimentierfeld verfügte, auf dem sie ihre volksbildnerischen Vorstellungen zunächst frei erproben konnte, bevor sie diese dann als funktionsfähige Einrichtungen einem allgemeineren Gebrauch zugänglich machte.

Das traf auf das Jugendheim in Charlottenburg zu, das aus schulergänzenden Unterrichtsangeboten für die schulpflichtigen Kinder der Arbeiter ihres Ehemannes auf dem Fabrikgelände entstand. Das galt ebenso für ihre Gartenbauschule, die ihren Ursprung in dem geglückten Versuch von Hedwig Heyl hatte, sich selbsttherapeutisch durch Gartenarbeit zu heilen. Und das war auch der Fall, als sie die geplante Ausbildung von Kochlehrerinnen zuerst in der eigenen Küche konzipierte und erprobte, bevor dieser Unterricht in das Pestalozzi-Fröbel Haus integriert wurde. In allen Fällen bildete der ihr zur Verfügung stehende großbürgerliche Haushalt auf dem Gelände der eigenen Fabrik die materielle Basis und den Ausgangspunkt ihrer Unternehmungen. Der Zeitpunkt der jeweiligen Aktivität hing demnach mit ihrer jeweiligen Lebenslage zusammen.

Auguste Sprengel hingegen konnte ihr Engagement für die Planung und Einrichtung einer Frauenschule erst gegen Ende ihres Berufsweges in die Tat umsetzen. Sie hatte sich zwar schon seit den 1880er Jahren, als sie noch die höhere Mädchenschule in Waren leitete, mit dem Konzept einer Fortbildungseinrichtung im Anschluß an die höhere Mädchenschule beschäftigt, dessen Realisierung kam aber zunächst nicht zustande. In ihren Erinnerungen geht sie auf ihr neues Projekt nicht näher ein, sie erwähnt lediglich, daß sie Ostern 1903 in Berlin "Kurse zur Ausbildung für den Beruf der Hausfrau und Mutter"[218] einrichtete, für die sie "hervorragende" Lehrkräfte gewann.[219] Aus diesen Kursen entstand 1904 die erste deutsche Frauenschule, die sie bis 1911 leitete.[220]

Der Schwerpunkt ihrer Arbeit lag im konzeptionellen Bereich. Sie beschränkte ihre Lehrtätigkeit auf zwei Wochenstunden, um Zeit für Unterrichtsbesuche und für ihre publizistischen Arbeiten zu gewinnen. 1909 erschien ihre Schrift über dieses Projekt "Die Allgemeine Frauenschule", in der sie sich als "Leiterin der Neuen Fortbildungsanstalt Frauenschule zu Charlottenburg" vorstellt und in deren Einleitung sie einige Hinweise zur Gründungsphase der Schule gibt. Förderlich war für diese Unternehmung, daß sie Rat und Unterstützung bei Geheimrat Waetzoldt – und damit auch bei der preußischen Regierung – fand, der selbst einen ähnlichen Plan verfolgte. Außerdem gelang es ihr, von kommunaler Seite Unterstützung zu erhalten: Der Magistrat der Stadt Charlottenburg stellte ihr in der neuerbauten Auguste-Viktoria-Schule die benötigten Räume zur Verfügung und gestattete ihr die Benutzung der dort in reicher Auswahl vorhandenen Lehrmittel.[221] In der erwähnten Schrift kündigt sie bereits an, daß sie Ida Klockow zur Nachfolgerin bestimmt habe, und in ihren 1932 veröffentlichten Erinnerungen nennt sie 1911 als das Jahr, bis zu dem sie die Leitung der Schule innehatte. Sie begründet ihr Ausscheiden mit ihrer ständig anwachsenden Tätigkeit für die Altersversorgung von Lehrerinnen, die eine Entscheidung für eines der beiden Arbeitsgebiete angesichts nachlassender Kräfte erforderlich machte.[222]

---

[218] Die genaue Bezeichnung der Kurse lautete anfangs: "Kurse zur Ausbildung unserer jungen Mädchen für ihren Beruf in der Familie und auf dem Gebiete der öffentlichen Wohlfahrtspflege", vgl. Sprengel, Die Allgemeine Frauenschule, 1909, S. 2.

[219] Sprengel, Erinnerungen, 1932, S. 44.

[220] Über den Modellcharakter von Auguste Sprengels Gründung s. Gabriele Neghabian: Frauenschule und Frauenberufe. Ein Beitrag zur Bildungs- und Sozialgeschichte Preußens (1908-1945) und Nordrhein-Westfalens (1946-1974). Köln 1993, S. 35; die Zeit vor 1908 wird darin nur kursorisch behandelt.

[221] Sprengel, Allgemeine Frauenschule, 1909, S. 3.

[222] Sprengel, Erinnerungen, 1932, S. 44.

Marie-Elisabeth Lüders geht in ihrer Autobiographie kaum auf ihre Tätigkeit als Leiterin der "Niederrheinischen Frauenakademie" in Düsseldorf ein, die der Arzt Professor Dr. Arthur Schloßmann gegründet hatte.[223] Sie übernahm diese Stelle auf Wunsch des Düsseldorfer Regierungspräsidenten Dr. Kruse im Mai 1918, hatte also die Schule unter den durch den Krieg und seine Folgen erschwerten Bedingungen aufzubauen.[224] Angeblich wegen ihrer politischen Arbeit als Mitglied der Nationalversammlung im Jahr 1919 und später des Reichstages mußte sie diese Stelle 1922 aufgeben.[225] Ähnlich knapp fällt in ihren Erinnerungen die Passage über ihre – vermutlich kurzfristige – Tätigkeit als Leiterin der 1945 von der amerikanischen Militärbehörde in Oberammergau eingerichteten Militärschule aus. Sie erwähnt, daß sie freie Hand in der Gestaltung des Lehrplans und in Personalfragen erhielt und daß sie auch selbst unterrichtete.[226]

Marie Torhorst übernahm Ostern 1924 die Leitung der Höheren und Einfachen Handelsschule in Bremen, deren Träger der Bremer Frauen-Erwerbs- und Ausbildungsverein war. Direktorin der Schule war Agnes Heineken.[227] Marie Torhorst erteilte dort auch Unterricht, ebenso an den angeschlossenen Seminaren für Gewerbe- und Handarbeitslehrerinnen und für Kindergärtnerinnen. Darüber, wie sie diese Aufgaben bewältigte, gibt sie in ihren Erinnerungen keine Auskunft. Von ihrer schulpolitisch aktiven Schwester Adelheid beeinflußt, bewarb sie sich 1928 an der Reformschule von Fritz Karsen in Berlin-Neukölln und wurde dort Ostern 1929 als Studienrätin angestellt.[228]

Gemeinsam ist den hier genannten Autobiographinnen, daß sie in einem nicht sehr breiten Spektrum der beruflichen Bildung tätig wurden. Abgesehen von Marie-Elisabeth Lüders' kurzer Tätigkeit in der amerikanischen Militärschule handelt es sich um Berufe, die Frauen aus mittleren bürgerlichen Schichten im sich ausdifferenzierenden Berufssystem bevorzugten: Einrichtungen zur Ausbildung im weiten Bereich der Fürsorge, der kaufmännischen Berufe, aber auch im gewerblichen Bereich. Das Lehrerinnenseminar und die Dozententätigkeit an

---

[223] Einen Bericht über die Entwicklung der Jugend- und Wohlfahrtarbeit in Düsseldorf gibt die fast gleichaltrige Marie Baum (1874-1964), die von 1907 bis 1916 als Geschäftsführerin des – ebenfalls von Schloßmann gegründeten – Vereins für Säuglingsfürsorge arbeitete, dies.: Rückblick auf mein Leben. Heidelberg 1950, Kapitel: Arbeitsjahre in Düsseldorf, S. 135-172, bes. S. 146-152. Marie Baum sollte auf Wunsch von Schloßmann zu Beginn der 1920er Jahre wieder in Düsseldorf arbeiten, möglicherweise als Nachfolgerin von Marie-Elisabeth Lüders, sie lehnte dieses Angebot aber ab, s. Baum, Rückblick, 1950, S. 162f.
[224] Lüders, Fürchte dich nicht, 1963, S. 72f.
[225] Lüders, Fürchte dich nicht, 1963, S. 74; zu dem kritischen Jahr 1922 in ihrer Biographie vgl. Wedel, Frauen lehren, 1997, S. 514f.
[226] Lüders, Fürchte dich nicht, 1963, S. 151.
[227] Torhorst, Pfarrerstochter, Pädagogin, Kommunistin, 1986, S. 36.
[228] Torhorst, Pfarrerstochter, Pädagogin, Kommunistin, 1986, S. 36.

Universitäten gehören demgegenüber zum weiteren Bereich des allgemeinen Bildungssystems.

Lehrtätigkeit im berufsbildenden Schulsystem spielt bei den hier betrachteten Frauen keine große Rolle. Dieser Eindruck wird verstärkt durch die marginale Stellung, die diesen Tätigkeiten in den Lebenserinnerungen eingeräumt werden. Möglicherweise reproduzieren die Frauen hier auf subjektiver Ebene eine gesellschaftliche Abwertung dieses Bereichs. Unter diesem Gesichtspunkt liefern die autobiographischen Quellen zwar Informationen über das Vorkommen spezifischer Tätigkeiten, sie bieten aber wenig weiterführende Informationen über die Rahmenbedingungen und die konkrete Ausgestaltung dieser Arbeitsplätze. Eine Grenze setzt zudem die Einsilbigkeit derjenigen Autobiographinnen, die in leitenden Positionen tätig waren. Das gilt in verstärktem Maß für die jüngere Generation. Bei Frauen aus der älteren Generation, wie Auguste Sprengel und Hedwig Heyl, war das Bewußtsein, eine Vorreiterrolle zu spielen, noch deutlicher ausgeprägt und fand auch einen stärkeren Niederschlag in den Erinnerungen.

4.2.4 Kurse

Im folgenden werden unter dem Begriff Kurs vielfältige Unterrichtsformen zusammengefaßt, die von den bisher betrachteten Typen von Arbeitsplätzen abweichen. Sie lassen sich nur bedingt gruppieren, denn es handelt sich bei dem nun ins Auge gefaßten Lehrbereich um eine Vielzahl unterschiedlicher Vermittlungsformen.

Das liegt nur zu einem Teil daran, daß die Autobiographinnen den Begriff Kurs umgangssprachlich verwenden oder den gemeinten Sachverhalt umschreiben, der Begriff in den Quellen also auf ein nicht exakt zu bestimmendes Bedeutungsfeld bezogen wird. Verantwortlich für die unscharfe Bedeutung ist vor allem der Entstehungskontext zu Beginn des 19. Jahrhunderts. Schon Joachim Heinrich Campe, der als Schöpfer des meist synonym gebrauchten Begriffs "Lehrgang" gilt, hat damit unterschiedliche, sowohl organisatorische wie didaktische Aspekte des Unterrichtens verbunden.[229] Da dieser Begriff in der folgenden Zeit seine Bedeutung ausdehnte und dabei immer wieder kritisiert, relativiert und umgedeutet wurde, hat sich bis in die Gegenwart keine zufriedenstellende Definition eingebürgert. Die für den allgemeinen Sprachgebrauch geltende Bestimmung von "Kurs" bzw. "Lehrgang" als eine "zusammengehörende Folge von

---

[229] Vgl. Herbert Tilch: Zur Definition des Terminus "Lehrgang". In: Die berufsbildende Schule 29 (1977) S. 428-438.

Unterrichtsstunden, Vorträgen o. ä."[230] bleibt für den vorliegenden Anwendungsbereich zu undifferenziert; die geltende synonyme Verwendung von "Kurs" und "Lehrgang" behalte ich bei, verwende aber vorzugsweise den Begriff Kurs.

Herbert Tilch, der mit Blick auf die Curriculum-Diskussion der 1970er Jahre die Begriffsgeschichte von "Lehrgang" nachzeichnete, orientiert sich dabei an dem Bereich der außerschulischen beruflichen Aus- und Weiterbildung, in dem sich der Begriff Lehrgang seit den 1920er Jahren ausbreitete. Von seinen Vorschlägen zur Verwendung dieses Begriffs lassen sich einige Gesichtspunkte für den hier zu behandelnden Zeitraum und Geltungsbereich verwenden: Unter Kurs ist dann "eine Bildungsmaßnahme von zeitlich begrenzter Dauer mit fester organisatorischer Form, fest umschriebenem Teilnehmerkreis und festem inhaltlich-thematischem Rahmen" zu verstehen. Im Unterschied zur Schule fehlt Kursen die dauerhafte Einrichtung und die Vielzahl der inhaltlichen Schwerpunkte; als zeitliche Obergrenze gilt die Dauer von längstens einem Jahr.[231]

Wenn im folgenden das breite Spektrum der als Kurs stattfindenden Lehrtätigkeiten der Autobiographinnen in zwei Hauptgruppen geteilt wird, die grob mit "Schule" und "Erwachsenenbildung" überschrieben werden können, so geschieht das in der Absicht, nicht nur charakteristische Felder von Lehrtätigkeit voneinander abzugrenzen, sondern um gleichzeitig den historischen Wandel in Form von entstehenden und verschwindenden Lehrmöglichkeiten und damit Arbeitsplätzen zu erfassen.

Vor allem die erste Gruppe der auf Schule bezogenen Kurse läßt sich als eine Übergangserscheinung beschreiben, die etwa in den beiden Jahrzehnten vor und nach der Jahrhundertwende um 1900 vorkam. Unter Bezogenheit auf Schule ist hier zu verstehen, daß diese Kurse entweder eine Vorstufe zu bestimmten Schultypen oder Schulstufen darstellten und mit deren Etablierung überflüssig wurden oder daß sie als Ergänzung zum schulischen Bildungsangebot gedacht waren. Die Vorreiterfunktion gilt für die Realkurse und die daraus entstandenen Gymnasialkurse, die Helene Lange 1889 und 1893 in Berlin begründete, um Mädchen einen institutionalisierten Weg zum Abitur zu schaffen. Sie selbst unterrichte nur das Fach philosophische Propädeutik, weil ihr als Nicht-Akademikerin die Qualifikation für die Hauptfächer fehlte. Ebenfalls eine Vorstufe stellen die von Auguste Sprengel initiierten "Kurse zur Ausbildung für den Beruf der Hausfrau und Mutter" dar.[232]

In beiden Fällen engagierten sich Autobiographinnen, die über langjährige Berufserfahrungen als Lehrerinnen in herausgehobenen Positionen verfügten,

---

[230] Duden. Das Große Fremdwörterbuch. Herkunft und Bedeutung der Fremdwörter. Hg. vom Wissenschaftlichen Rat der Dudenredaktion. Mannheim 1994.
[231] Tilch, Lehrgang, 1977, S. 436f.
[232] Sprengel, Erinnerungen, 1932, S. 44.

Auguste Sprengel als Schulleiterin und Helene Lange als Ausbilderin von Lehrerinnen. Ebenso überwog bei beiden die organisatorische Arbeit. Die Gestaltung dieser besonderen Arbeitsplätze war demnach aufgrund ihres Ziels, der Etablierung als schulische Institution, von vornherein auf ein Ende hin konzipiert, auch wenn dieses Datum sich zeitlich nicht genau vorherbestimmen ließ.

Die Kurse, die Auguste Sprengel in den 1890er Jahren noch während ihrer Schulleiterinnentätigkeit in Waren für schulentlassene Mädchen gab, beruhten ebenfalls auf dem noch defizitären Angebot des öffentlichen Schulsystems für Mädchen. Die von ihr geleitete höhere Mädchenschule hatte einen zehnjährigen Aufbau, der den Schülerinnen die Vorbildung für den Besuch eines Lehrerinnenseminars bot. Für diejenigen Mädchen jedoch, die nach der Schulentlassung keine Berufsausbildung anstrebten, aber weiterlernen wollten, gab es keine Bildungsmöglichkeit. Für diese Klientel richtete Auguste Sprengel ihre Kurse ein. An jedem Mittwochnachmittag gab sie interessierten ehemaligen Schülerinnen Unterricht, der über das Lehrangebot der Schule hinausging. Jeweils für ein Jahr behandelte sie Themen eines bestimmten Schulfaches als Lehrstoff. Sie nennt Deutsch, Geschichte und Erdkunde. Diese Kurse verliefen erfolgreich, aber Auguste Sprengel war sich über den provisorischen Charakter im klaren.

Der Versuch, dieses von privater Initiative abhängige Bildungsangebot zu institutionalisieren und mit einer Weiterbildung in Hauswirtschaft zu verbinden, scheiterte jedoch am Widerstand der Stadtväter, denn diese wollten dafür kein Geld zur Verfügung stellen. In deren Augen hatten die Familien selbst für die Weiterbildung ihrer Töchter aufzukommen, und speziell von den Müttern erwarteten die Stadtväter die erforderliche Lehrtätigkeit. Über die Realisierung machten sie sich keine weiteren Gedanken.[233] Wie oben beschrieben, hatte Auguste Sprengel mit ihrem Bildungskonzept für schulentlassene Mädchen in Berlin mehr Erfolg.

Kurse als Vorstufe einer auszubauenden Schulstufe oder eines Schultyps stellten eine spezifische Form von Lehrtätigkeit dar. Einerseits dienten sie in der Regel nicht zur Finanzierung des Lebensunterhalts, zumal ihr Übergangscharakter zu einem höher gesteckten Ziel den Initiatorinnen bewußt war. Auf der anderen Seite setzten sie sowohl Berufserfahrung als auch konzeptionelle und organisatorische Fähigkeiten voraus. Darüber hinaus erforderten sie die Fähigkeit, einflußreiche Bündnispartner zu gewinnen.

Die zweite Gruppe der im Bereich der Erwachsenenbildung anzusiedelnden Kurse läßt sich nach allgemeinbildenden und berufsorientierten Kursen differenzieren. Die vornehmlich allgemeinbildenden Kurse haben Autobiographinnen aus der zweiten und dritten Generation veranstaltet. Mit der zeitlichen Distanz

---

[233] Sprengel, Erinnerungen, 1932, S. 43.

zwischen beiden Altersstufen geht gleichzeitig ein formaler wie inhaltlicher Wandel der Kurse einher.

Luise Le Beau aus der zweiten Generation gab neben ihren üblichen Klavierstunden seit Ende der 1870er Jahre einen "Privat-Musikkurs in Klavier und Theorie für Töchter gebildeter Stände", und ab 1880 hielt sie in jedem Winter einen Kurs für Harmonielehre ab. Den "Privat-Musikkurs" bezeichnete sie zwar als ihre "kleine Schule", aber eine Schulgründung hatte sie ausdrücklich vermieden. Angesichts der ungünstigen Arbeitsmarktlage für Klavierlehrerinnen wollte sie sich nicht darauf einlassen, Lehrkräfte einzustellen. Die Organisationsform als Kurs bedeutet hier demnach, daß sie die Vorstufe zu einer privaten Musikschule als Dauereinrichtung praktizierte, um das größere Risiko eines eigenen Schulbetriebs zu umgehen. Da Luise Le Beau keine Arbeit delegierte, hatte sie alle Aufgaben selbst auszuführen. Sie blieb dabei aber unabhängig und entsprechend flexibel in ihren Entscheidungen hinsichtlich des Volumens, der Qualität und des Preises ihres Lehrangebots. Auf jeden Fall waren die Kurse Teil ihrer Erwerbstätigkeit als Pianistin und Komponistin.

Die beiden Autobiographinnen aus der dritten Generation, Marie Torhorst und Minna Specht, haben demgegenüber in einem völlig anderen Kontext unterrichtet. Obwohl beide nicht näher auf die Rahmenbedingungen eingehen, werden die Unterschiede deutlich. Die Differenzen beziehen sich auf die Inhalte der Kurse und auf deren Position außerhalb des Hauptberufs. Anders als bei Luise Le Beau handelt es sich bei Marie Torhorst und Minna Specht um ideologisch motivierte Kurse über politische Inhalte.

Minna Specht, die 1917 zusammen mit Leonard Nelson den "Internationalen Jugendbund" (IJB) gegründet hatte, veranstaltete mit ihm ab dem Sommer 1918 jährliche Wochenkurse, in denen philosophische und politische Themen behandelt wurden.[234] Ähnliches gilt auch für Marie Torhorst, denn deren Kurse hatten einen vergleichbaren, politisch-ideologischen Charakter. Sie engagierte sich in den 1920er Jahren neben ihrer Schulleiterinnentätigkeit in Bremen politisch, und dazu gehörte auch Lehrtätigkeit in Kursen. Sie schreibt darüber: "Zusammen mit KPD-, SPD- und demokratischen Lehrern rief ich Abendkurse für volksschulentlassene Jugendliche ins Leben. Wir unterrichteten dort in Fächern, die es in den üblichen Volkshochschulen nicht gab. Ich übernahm zum Beispiel das Fach Politische Geographie und beschäftigte mich vor allem mit der Sowjetunion und ihrer Entwicklung seit der Gründung im Jahre 1922. Die dafür notwendigen Materialien besorgte ich mir in dem reich ausgestatteten Kommunistischen Literaturvertrieb."[235] Beide Frauen betätigten sich mithin im Interesse ihrer sozialistischen

---

[234] So Hansen-Schaberg, Minna Specht, 1992, S. 29.
[235] Torhorst, Pfarrerstochter, Pädagogin, Kommunistin, 1986, S. 31.

Weltanschauung in einem Bereich der Politischen Bildung, und zwar in einem Sektor, der zu dieser Zeit bereits zu einem bedeutenden Teil von den Volkshochschulen versorgt wurde.

Im berufsbildenden Bereich hatten die von den Autobiographinnen abgehaltenen Kurse im wesentlichen Ergänzungsfunktion, und zwar einerseits unmittelbar im Rahmen schulischer Institutionen und andererseits als bedarfsabhängige Einzelveranstaltung.

In engem Zusammenhang mit einer berufsbildenden Schule standen die Kochkurse, die Marie-Elisabeth Lüders Ende der 1890er Jahre während ihrer Ausbildung an der "Wirtschaftlichen Frauenschule auf dem Lande" in Niederofleiden zusammen mit Mitschülerinnen für Dorfmädchen gab.[236] Damit war in doppelter Hinsicht eine berufliche Ausbildung verbunden: die Schülerinnen der Frauenschule lernten, ihre Kenntnisse als Unterricht zu organisieren und weiterzugeben, und die Dorfmädchen erhielten eine Ausbildung für ihre spätere Arbeit in einem ländlichen Haushalt.

Ebenfalls mit einer berufsbildenden Schule verbunden, aber unter anderen Vorzeichen, fand der Kurs statt, den Elisabeth Gnauck-Kühne 1917 an der städtischen Wohlfahrtsschule in Köln abhielt. Sie wurde als erfolgreiche Theoretikerin für begrenzte Zeit und offenbar für spezifische Themen herangezogen, um das reguläre Angebot der Schule zu erweitern.

Eine Zwischenstellung zwischen diesen in den Lehrplan von Schulen integrierten Kursen und denjenigen Kursen, in denen qualifizierte Personen aus einem Berufsfeld den Berufstätigen aus einem anderen Tätigkeitsfeld ergänzendes Wissen vermittelten, nimmt die Hamburger Malerin und Lehrerin Gretchen Wohlwill mit ihrem Weiterbildungsangebot für Lehrer und Lehrerinnen ein. Vermutlich auf Betreiben der Hamburger Schulverwaltung und speziell von Emmy Beckmann gab Gretchen Wohlwill in den 1920er Jahren einen Abendkurs für Zeichenlehrer und Zeichenlehrerinnen.[237]

Zu dem eben angesprochenen zweiten Bereich von Lehrtätigkeit in verschiedenen, sich ergänzenden Berufsfeldern sind die Kurse von Hedwig Heyl und Mathilde Ludendorff zu rechnen. Beide Frauen agierten aus völlig unterschiedlichen Motiven: Hedwig Heyl verfolgte ihr zentrales Ziel, die Verbreitung und Verbesserung hauswirtschaftlicher Kenntnisse, während Mathilde Ludendorff eine arbeitssparende Möglichkeit des Geldverdienens suchte.

Hedwig Heyl gab in den 1890er Jahren in Berlin einer Reihe von Ärzten einen praktischen Kochkurs und setzte damit einen thematisch begrenzten, praktisch orientierten Weiterbildungskurs für Ärzte in Gang.

---

[236] Lüders, Fürchte dich nicht, 1963, S. 42.
[237] Wohlwill, Lebenserinnerungen, 1984, S. 50.

Im Unterschied zu den bisher betrachteten Kurslehrerinnen unter den Autobiographinnen führte Mathilde Ludendorff zielstrebig eine kurze, effektive, d. h. profitorientierte, und zur eigenen Weiterbildung gedachte, Lehrtätigkeit durch. Ausgangspunkt war das Problem, daß sie während ihres ersten Studiensemesters in Medizin aufgrund ihrer umfangreichen Lehrtätigkeiten, mit denen sie das Studium unter anderem finanzierte, einige wichtige Kollegien wie das in Entwicklungsgeschichte nicht besuchen konnte. Um das Versäumte nachzuholen, ihre Finanzen aufzubessern und damit mehr Zeit für das Studium im folgenden Semester zu gewinnen, veranstaltete sie in den Semesterferien in ihrem Heimatort Wiesbaden einen Einführungskurs mit dem Thema Entwicklungsgeschichte. Über ihre ausgesprochen pragmatische Vorgehensweise berichtet sie in ihrer Autobiographie.

Da es nur sehr wenige Informationen zu den konkreten Voraussetzungen solcher Unternehmungen zumal von Frauen gibt, gehe ich im folgenden näher auf dieses Projekt ein: Als ersten Schritt schaffte sich Mathilde Ludendorff von ihren Ersparnissen ein Grundlagenwerk über Entwicklungsgeschichte an, über dessen Inhalt sie ihren Kurs abhielt. Der zweite Schritt galt der Organisation des Lehrortes. Sie besuchte zu diesem Zweck ihren ehemaligen Lehrer F., der mittlerweile Direktor eines Knabeninstituts war. Ihn bat sie, ihr während der Ferien ein leerstehendes Klassenzimmer seiner Schule zu vermieten. Erfreut über den Besuch seiner früheren Schülerin, sagte er zu, lehnte aber jede Mietzahlung ab. Mathilde Ludendorff verpflichtete sich indessen, die Reinigung des Klassenraums zu bezahlen.

Aufwendiger war es, die Kursteilnehmerinnen zu gewinnen. Mathilde Ludendorff knüpfte wiederum an ihre frühere Zeit in Wiesbaden an: Sie war damals Mitglied im dortigen Lehrerinnenverein und wußte, daß in regelmäßigen Abständen im Turnsaal der Mädchenschule Versammlungen des Vereins stattfanden. Noch von Freiburg aus hatte sie mit der Vereinsvorsitzenden vereinbart, zum ersten möglichen Termin ihrer Semesterferien an dem Lehrerinnenabend teilzunehmen und über ihre Erfahrungen an der Universität zu berichten. Die Vereinsmitglieder interessierte das Thema, sie erschienen zahlreich, und der Vortrag fand Anklang. Im Anschluß daran kündigte Mathilde Ludendorff ihren Kurs an. Sie schreibt darüber: "Dann sagte ich, daß ich eine Liste aufgelegt habe, in die diejenigen sich eintragen möchten, die an zwei zweistündigen Vorträgen wöchentlich über Entwicklungsgeschichte teilnehmen wollten, die vier Wochen währen sollten und Mittwoch und Samstag abends in der Adelheidstraße von 5–7 Uhr stattfänden. Da trug sich eine sehr stattliche Zahl Hörerinnen ein. Nun wußte ich schon an diesem Abend, daß meine Einnahmen sogar bei einigem Haushalten noch in den kommenden Winter hineinreichen konnten, endlich einmal wieder einen Winter mit geheiztem Raume zuließen. So war ich recht froh und fühlte mich reich."[238] Der Kurs war für Mathilde Ludendorff sowohl vom Wissenszuwachs für ihr Medizinstudium wie von seinem finanziellen Ertrag her so erfolgreich, daß sie ihn in den folgenden Semesterferien – inhaltlich vertieft – noch einmal wiederholte.

So unterschiedlich die beschriebenen Kurse nach Inhalt, Klientel und Durchführung auch waren, so zeichnen sich doch im Zeitverlauf deutliche Tendenzen ab: Zum einen wird das Spektrum der behandelten Themen breiter, zum anderen sind immer mehr Kursteilnehmer und Kursteilnehmerinnen bereit, sich in ihrer freien Zeit politisch oder beruflich weiterzubilden.

Die Auswertung der autobiographischen Schriften unter dem Aspekt "Orte" hat vielschichtige Ergebnisse gezeigt. So wurde deutlich, daß Autobiographinnen sich nicht nur an gegebene Verhältnisse anpaßten, sondern Handlungsspielräume intensiv nutzten, vor allem aber selbst die Initiative ergriffen und sich bei der Umsetzung ihrer Vorstellungen nicht allzusehr von dem restriktiven Frauenbild beeinträchtigen ließen.

Aus der Analyse der Arbeitsorte ging hervor, daß die Autobiographinnen zwar eine beachtliche Bindung an ihren Geburtsort beziehungsweise den Wohnort ihrer Familienangehörigen besaßen, aber Ortswechsel stellten keinen Hinderungsgrund dar, wenn sich Arbeitsmöglichkeiten oder Aufstiegschancen boten. Diese Mobilitätsbereitschaft blieb nicht auf Deutschland begrenzt, sondern führte die Autobiographinnen ins europäische Ausland und nach Übersee.

Im gesamten Zeitraum nutzten Autobiographinnen ihren eigenen Haushalt als Arbeitsplatz für Lehrtätigkeiten. Für die Mütter unter ihnen war es üblich, den eigenen Kindern Unterricht zu erteilen, wenn auch in unterschiedlichem Umfang. Erst im Lauf des Jahrhunderts setzten Autobiographinnen den elterlichen Haushalt als Arbeitsplatz für Privatunterricht ein, denn Einzel- oder Kleingruppenunterricht erforderte in der Regel keine besonderen Investitionen. Andere Privatlehrerinnen wieder gingen zum Unterrichten in fremde Privathaushalte. Für Erzieherinnen hingegen war der Arbeitsplatz Haushalt nicht nur konstitutiv für ihre Lehrtätigkeit, er prägte auch nahezu ihre gesamte persönliche Zeit. Ihr Arbeitsaufwand hing nur bedingt von der Zahl der Zöglinge und deren Alter ab. Weitergehende Ansprüche an Dienstleistungen der Erzieherin oder persönliche Unstimmigkeiten mit der Familie konnten das Arbeitsverhältnis schwer belasten oder sogar zu seiner Auflösung führen.

Eine spezifische Ausbildung für Lehrtätigkeiten in Privathaushalten gab es nicht, denn stammte die Lehrende aus den oberen Gesellschaftsschichten, wurde die entsprechende Qualifikation vorausgesetzt. Das erleichterte zwar lange Zeit

---

[238] Ludendorff, Forschen und Schicksal, 1936, S. 75.

den Zugang zu diesen Stellen. Mit dem expandierenden Schulsystem stiegen aber auch hier die Anforderungen, so daß Erzieherinnen in zunehmendem Maß Lehrerinnenexamina vorweisen mußten und das auch konnten. Diese Qualifikation wiederum nutzten viele von ihnen, um in die höher bewerteten Schulstellen zu wechseln.

Im Übergangsbereich zwischen Erzieherinnentätigkeit und Anstellungen an Schulen lagen die Internate. Wie am Beispiel von Thekla Trinks gezeigt werden konnte, gab es hier gute Möglichkeiten, als Besitzerin mit unternehmerischen Fähigkeiten beachtliche Gewinne zu erzielen. Aus der Perspektive von angestellten Lehrerinnen überwogen demgegenüber die Nachteile: geringer Verdienst, lange Arbeitszeiten, soziale Kontrolle und unsichere Stelle. Internate mit institutionellem Träger verringerten in der Regel das Existenzrisiko der Anstalt, vergrößerten aber oft, wie bei kirchlichen Einrichtungen, den Druck zur Unterordnung. Doch auch im Einflußbereich der Kirche gab es Positionen, in denen Frauen sich relativ große Handlungsspielräume sicherten oder in denen sie ihnen zugestanden wurden.

Lehrtätigkeiten an privaten und öffentlichen Schulen boten im Vergleich dazu größere Freiräume. Allerdings sahen sich Volksschullehrerinnen aufgrund der Klientel spezifischen Belastungen gegenüber, die durch die soziale Distanz zu zahlreichen Kollegen in der subjektiven Wahrnehmung noch vergrößert wurden. An höheren Mädchenschulen konnten Lehrerinnen zwar mit kleineren Klassen rechnen und mit Schülerinnen, die ihnen sozial näher standen. Aber bei der Ausstattung der Schulen gab es große Qualitätsunterschiede und auch die Schulorganisation kennzeichneten noch lange eher Improvisation und lokale Besonderheiten als die Einlösung allgemeiner Richtlinien. Das führte zu einer beträchtlichen Fluktuation unter den Lehrkräften, die nicht nur von den Autobiographinnen beobachtet wurde, sondern allgemein verbreitet war. Und diese Annahme wiederum stützt die Vermutung, daß erheblich mehr Frauen Lehrerinnen waren, wenn auch nur kurzzeitig, als es Statistiken und auch der gegenwärtige Forschungsstand ausweisen.

Im berufsbildenden Bereich entstanden erst im Lauf des 19. Jahrhunderts Arbeitsplätze für Lehrerinnen. Einige Autobiographinnen wirkten hier als Schrittmacherinnen. Die Verbindung mit praktischer Arbeit setzte ihrer Lehrtätigkeit aber meistens zeitliche Grenzen.

Lehrtätigkeit, die in Form von Kursen organisiert war, spielte bei der Ausdifferenzierung des Mädchenschulwesens insofern eine Vorreiterrolle, als angestrebte Ausbildungsgänge bis zu ihrer rechtlichen Etablierung als Kurse angeboten wurden, wie es beispielsweise bei Helene Langes Gymnasialkursen der Fall war. Im Bereich der Erwachsenenbildung ergänzten Kurse zwar ebenfalls das schulische Bildungsangebot, allerdings auf Dauer. Im berufsbildenden Bereich wurden Kurse vor allem auf aktuelle und spezifische Bedürfnisse der nachfragenden Klientel abgestimmt. Sie boten damit zeitlich begrenzte, zum Teil lukrative Verdienstmöglichkeiten.

Als Ergebnis ist festzuhalten, daß Arbeitsplätze in Privathaushalten, eigenen wie fremden, und in Schulen überwiegen, wobei die Anteile im Bereich Schule im Zeitverlauf am stabilsten bleiben. Kaum Veränderungen im Zeitverlauf zeigt auch der Anteil von Arbeitsplätzen in Anstalten, der jedoch mit etwa einem Drittel nicht dominiert. Ein deutlicher Anstieg im Lauf der Generationen ist bei kursähnlich organisierten Lehrtätigkeiten zu beobachten, bei denen der Unterricht an ganz unterschiedlichen konkreten Orten stattfinden konnte. Quantitativ bestand Kontinuität bei den Arbeitsplätzen in der eigenen Familie und in Schulen; Wandel ist zu beobachten bei Arbeitsplätzen in fremden Familien, denn dort verschwinden sie nahezu, und im Anstieg von Lehrtätigkeit im Rahmen von Kursen.

Ausblick

Frauen aus dem 19. Jahrhundert haben in sehr viel größerer Zahl Lehrtätigkeiten ausgeübt als bisher angenommen wird. Erst der Blick über die Institution Schule hinaus in die Bereiche von Familie und Beruf ließ die Vielfalt der Lehrformen und Lehrorte erkennen. Selbst die kleine Zahl von Autorinnen, die in ihren Autobiographien ihre Lehrtätigkeiten beschreiben, erweitert unsere Kenntnisse darüber, wie Wissen und Bildung in der Gesellschaft im Verlauf mehrerer Generationen vermittelt wurden, beträchtlich. Diese Quellen machen zudem klar, daß der Beruf der Schullehrerin nur eine der zahlreichen Varianten des Lehrens darstellte, die Frauen im Lauf ihres Lebens nacheinander oder nebeneinander und aus unterschiedlichen Gründen praktizierten.

Ihrer Herkunft nach konnten die Autorinnen mit einem Leben als Hausfrau, Gattin und Mutter rechnen, das sie von Erwerbsarbeit freistellte. Die meisten von ihnen stammten aus wohlsituierten bürgerlichen Familien, in denen die Mütter den Haushalt führten und die meisten Väter als mittlere oder höhere Beamte, aber nur selten als Lehrer, berufstätig waren. Eine besondere Nähe zum Lehrberuf bestand in den Elternhäusern demnach nicht. Die Eltern ließen ihren Töchtern die übliche Bildung zukommen und setzten sie damit in die Lage, später als Mütter wiederum die eigenen Kinder unterweisen zu können. Dieser "Familienlehre" hat die Forschung bislang kaum Aufmerksamkeit zugewandt; lediglich da, wo es sich um bezahlte und berufsähnlich ausgeübte Lehrtätigkeiten wie bei den Erzieherinnen handelte, liegen mittlerweile Ergebnisse vor.

Die autobiographischen Quellen machten es möglich, eine Vielfalt von Lehrtätigkeiten der Autorinnen zu erkennen und im Kontext ihrer Lebensumstände und ihrer Lebensläufe zu verstehen. Dabei bewährte es sich, einen weit gefaßten Arbeitsbegriff anzuwenden: Es trat zutage, daß Lehren als Arbeit für Frauen verbreitet ist und eine lange Tradition besitzt. So konnte gezeigt werden, daß Autobiographinnen aus allen drei Generationen ihre heranwachsenden Kinder, insbesondere ihre Töchter, vor, während und nach der Schulzeit beim Lernen unterstützt und für die Aneignung "standesgemäßer" Fertigkeiten und Verhaltensweisen gesorgt haben. Daran hat sich bis heute wenig geändert. Nur die völlige Befreiung schulpflichtiger Kinder vom Schulbesuch, wie Mathilde Ludendorff es für ihre Kinder erreichte, spielte seit der Weimarer Zeit keine Rolle mehr.

Bei dieser Thematik war der autobiographische Effekt der Retrojektion zu beobachten, der die zeitlich in die Kindheit verlegte Behandlung wichtiger

Themen bedeutet. Die Mütter unter den Autobiographinnen beschreiben sich zwar in ihren Erinnerungen an die Kindheit als Lernende, sie gehen aber nicht darauf ein, wie sie später als Mütter ihre eigenen Kinder unterrichteten.

Welch hohen Wert die Herkunft "aus guter Familie" besaß, geht daraus hervor, daß sie bis in die zweite Hälfte des 19. Jahrhunderts für Erzieherinnen und Schullehrerinnen die berufliche Ausbildung ersetzen konnte. Auguste Sprengel ist eine Beispiel dafür: Ihre gute Bildung und der gute Ruf der Eltern hoben nicht nur ihren Status in ihrer ersten Erzieherinnenstelle, sondern verschafften ihr auch – ohne das mittlerweile obligatorische Examen zu besitzen – in ihrer Heimatstadt Waren die Anstellung als Lehrerin an der neugegründeten Städtischen Höheren Mädchenschule.

Aufgrund ihrer Herkunft lag es für viele Autobiographinnen nahe, vor allem für die aus der ersten Generation, als Lehrerin Geld zu verdienen, wenn der Lebensunterhalt zusätzlich durch Erwerbsarbeit gesichert werden mußte. Von einer besonderen Neigung zum Lehrberuf berichten diese Autobiographinnen nichts, und Lehren beschränkte sich in ihren Lebenswegen auf Nebentätigkeiten. Für Ottilie Wildermuth, Isabella Braun und Malwida von Meysenbug bot die Schriftstellerei eine lukrativere Einkommensquelle.

Anhand der Autobiographien wurde aber auch deutlich, daß die soziale Herkunft als außerberufliche "Qualifikation" ihre Bedeutung behielt, obwohl mit der Etablierung des öffentlichen Schulsystems meßbare Leistungen in Form von Noten als Maßstab für Berechtigungen gelten sollten. Fehlte diese verborgene "Qualifikation", konnte das den Verlauf des Berufsweges nachhaltig beeinflussen, wie es die Entlassung von Florentine Gebhardt enthüllte: Da sie das von ihr geforderte kulturelle Einfühlungsvermögen nicht besaß, erkannte sie nicht, daß ihr bescheidenes Auftreten in einem Pensionat, das Mädchen den "letzten Schliff" verleihen sollte, Fehl am Platz war.

Frauen konnten als Lehrende unangefochten arbeiten, solange sie Kindern, – eigenen wie fremden – Basiswissen, Grundfertigkeiten und soziales Verhalten sowie die "feinen Unterschiede" beibrachten. Die Schwierigkeiten begannen dort, wo sie die lange Zeit gegenüber Frauen institutionell errichteten Grenzen zu überschreiten begannen und in den von Männern geschaffenen Bereichen des "höherwertigen" gymnasialen Unterrichts und der universitär organisierten Wissenschaft einen Lehrberuf ausüben wollten.

Über Erfahrungen dieser Art berichten vor allem die Autobiographinnen aus der zweiten Generation. Doch nicht nur darin unterscheiden sie sich von der ersten. Bei den jüngeren Frauen kommt eine neue Einstellung zur Lehrtätigkeit zum Ausdruck. Erzieherinnenstellen fungierten vornehmlich als Einstieg in den Lehrberuf. Nicht mehr finanzielle Notlagen bewirkten die Erwerbsaufnahme, sondern ein starkes Bildungsbedürfnis und der explizite

Wunsch, den Beruf der Lehrerin zu ergreifen. Als neues Element kam hinzu, daß Frauen nun das Thema Beruf bereits als Kindheitserinnerung in ihrer Lebensgeschichte plazieren: So beschreiben sie erstmals Lehrerinnen als Vorbilder für ihre spätere Berufsentscheidung. Vorbilder konnten unmittelbar erlebt werden, wie Auguste Sprengel über die erste Begegnung mit ihrer Lehrerin berichtete, oder aus der Lektüre von Mädchenbüchern stammen, wie es bei Elisabeth Gnauck-Kühne der Fall war.

Die besondere Anziehungskraft des Lehrerinnenberufs in der mittleren Generation kam darin zum Ausdruck, daß dafür Ausbildungszeiten absolviert und Examina nachgeholt wurden. Lehrerinsein wurde zum Hauptberuf und ermöglichte erfolgreiche Karrieren wie die der geschäftstüchtigen Thekla Trinks als Gründerin und Leiterin verschiedener Lehrinstitute.

Schließlich haben sich mehrere Autobiographinnen dieser Generation aktiv an der Überwindung von Bildungsschranken gegenüber Frauen beteiligt, indem sie Konzepte zur Verbesserung der Mädchenbildung und zur "Professionalisierung" des Lehrerinnenberufs entwickelten und durchsetzten. Sie waren in der Frauenbewegung aktiv, wie Helene Lange und Elisabeth Gnauck-Kühne, oder standen ihr nahe wie Hedwig Heyl, Anna Malberg, Auguste Sprengel, Emma Vely und Luise A. Le Beau.

Eine Generation später ging es nicht mehr um den bloßen Zugang zu einer qualifizierten Lehrtätigkeit, sondern um andere Lebensziele: Die seminaristische Ausbildung zur Lehrerin blieb ein naheliegendes Mittel zur persönlichen Weiterbildung, auch ohne spätere Berufsabsichten, aber die Berufspraxis öffnete nun neue Wege, insbesondere zur Aufnahme eines Universitätsstudiums. Dieser Schritt konnte zum Wechsel des Berufs führen, zum Beispiel bei Mathilde Ludendorff zu dem der Ärztin.

Eine zufriedenstellende Lehrtätigkeit hing in hohem Maß von dem jeweiligen Anstellungsverhältnis ab. Wie die Analyse der Arbeitsplätze gezeigt hat, findet man bei den Gründerinnen und Besitzerinnen von Ausbildungseinrichtungen der verschiedensten Art sowie bei angestellten Lehrerinnen in leitender Position eine ausgeprägte Berufszufriedenheit. Ihnen war es auch am ehesten möglich, das Etikett "standesgemäß" mit ihrer beruflichen Praxis in Übereinstimmung zu bringen. Für die stundenweise arbeitenden oder angestellten Lehrerinnen war das wesentlich schwerer zu erreichen. Ein häufiger Stellenwechsel war die Folge.

Als besonders problematisch und konfliktanfällig konnten private Internate und Pensionate identifiziert werden, die eine Übergangsform zwischen "Familienlehre" und Schule darstellten. In den meist kleinen Einrichtungen lagen die Interessen der Lehrerinnen, je nach ihrer Position als Arbeitgeberin oder als Arbeitnehmerin, am weitesten auseinander. Konflikte aufgrund dieser Diskrepanz gefährdeten den Bestand dieser Unternehmen und erhöhten die Attraktivität gesicherter Anstellungen im Staatsdienst. Arbeiten und Wohnen in einem Haus außerhalb familienähnlicher Strukturen stellte besonders hohe Anforderungen an die soziale Kompetenz der Frauen. Unter den Lehrkräften ging es neben der Unterrichtsgestaltung um das Ausbalancieren unterschiedlich gelagerter Hierarchien, die Machtkämpfe und Spannungen hervorriefen: hinsichtlich der unterschiedlichen Bewertung von Fächern und damit ihrer Vertreterinnen und Vertreter; hinsichtlich der beruflichen Kompetenz, die oft mit einer seminaristischen Ausbildung gleichgestellt wurde; hinsichtlich des Ranges als Leiterin, als erste oder als weitere Lehrerin oder als Honorarkraft; hinsichtlich von internen Gruppenbildungen und der genauen Beobachtung, wer mit wem die freie Zeit verbrachte; ganz zu schweigen von Unverträglichkeiten aufgrund weltanschaulicher oder charakterlicher Unterschiede.

Die meisten Autobiographinnen verfügten über Erfahrungen in verschiedenen Arbeitszusammenhängen. Das verringerte die Bindung an einen bestimmten Arbeitsplatz und manchmal auch an den Beruf. Daraus resultierte die Bereitschaft, Handlungsmöglichkeiten in neuen Tätigkeitsfeldern zu suchen. In diesen Kontext ist die Erkenntnis einzuordnen, daß bei keiner einzigen Autobiographin ein Berufsleben als Lehrerin vorkommt, das der "normalen" Berufsbiographie von Männern "Ausbildung – Beruf – Ruhestand" entspricht.

Anhand der Autobiographien konnte nachgewiesen werden, daß die als Beruf ausgeübte Lehrtätigkeit nur einen Ausschnitt aus dem breiten Spektrum der von Frauen praktizierten Formen des Lehrens darstellt. Lehrtätigkeit hatte ihren Nutzen für die eigene Lebensgestaltung immer erst zu erweisen. Die Formel vom einzigen "standesgemäßen" Beruf, zumal als Lebensberuf, besaß in erster Linie als Element des öffentlichen Diskurses Bedeutung. Biographische Entscheidungen orientierten sich eher an Nützlichkeitserwägungen, und für diese spielten die Familie und private Haushalte als Orte des Lehrens eine große Rolle. Aber erst wenn man diese Art der Wissensvermittlung in der Familie einbezieht, ist zu verstehen, wie in einer Gesellschaft Wissen vermittelt wird.

Anhang: Kurzbiographien

Charitas Bischoff

7.3.1848 Siebenlehn/Sachsen – 24.2.1925 Blankenese; ev.
Vater: Wilhelm August Salomo Dietrich, Apotheker, Naturforscher und Botaniker; Mutter: Amalie, Tochter des Beutlers Nelle, Botanikerin, Naturalienhändlerin, 1863-73 Forschungsreise durch Australien. 1872 Verlobung, 1873 Heirat mit Christian Bischoff, Pfarrer, gest. 1894; Kinder: Charitas 1874, Käthe 1876; Adolf 1886.

Schule, als Kind Hilfsarbeiten für die Eltern, lebt während der Sammelreisen der Eltern bei fremden Leuten, für die sie arbeiten muß; ab 1863 in der Kaufmannfamilie Meyer in Hamburg; höhere Mädchenschule; 1864 im Pensionat von Julie Traberth in Eisenach; 1865 bis 1869 im Pensionat von Henriette Breymann in Neu-Watzum, dort Ausbildung zur Kindergärtnerin und Lehrerin; 1869 bis 1871 Erzieherin in London; danach in Kiel Lehrerin für Patienten der "Akademischen Heilanstalten" und Arbeit in der Krankenhaus-Bibliothek. Lebt 1874 bis 1890 als Pfarrfrau im Dorf Roagger an der dänischen Grenze; beginnt hier mit Schriftstellerei. 1890 Umzug nach Rendsburg; lebt als Witwe bei Hamburg; Schriftstellerin, Journalistin, Übersetzerin.

Autobiographie: "Augenblicksbilder" (1905): Kindheits- und Jugenderinnerungen bis zur Heirat, entstanden nach einer Reise in die sächsische Heimat um 1904; sie beginnt um 1905, Material für die Biographie ihrer Mutter zu sammeln (1909); "Bilder ..." (1912): gesamtes Leben.

Hedwig von Bismarck

10.8.1815 Gut Schönhausen bei Stendal – 11.2.1913 Berlin; ev.
Vater: Friedrich von Bismarck-Schönhausen, Offizier, später Gutsbesitzer, gest. 1846; Mutter: Charlotte, geb. von Bredow, gest. 1850; 2 ältere Brüder, 1 jüngerer Bruder, 1 ältere und 1 jüngere Schwester;

Kindheit auf Gut Schönhausen; hat Erzieherin und Hauslehrer; 1825 bis 1827 in Berlin als Tagesschülerin in der Erziehungsanstalt der Schwestern Mayet; danach in der Büttnerschen Schule bis 1831. Verarmung der Familie, Trennung der Eltern; Hedwig zieht mit ihrer Mutter zu deren Verwandten nach Friesack bei Nauen.

1836 bis 1846 Erzieherin in der Familie von Langenn-Steinkeller auf Gut Birkholz, danach bis 1849 Erzieherin in Berlin im Pensionat von Fräulein Weiß. Freundschaftliche Beziehung und Tantenleben in der Familie ihrer Schülerin Clara, verheiratete von Wedemeyer. 1870/71 Leiterin der Küche im Baracken-Lazarett auf dem Tempelhofer Feld.

Autobiographie: gesamtes Leben; Niederschrift mit etwa 95 Jahren, um die Erinnerungen für die folgenden Generationen festzuhalten; Vorwort von Helene von Krause.

Isabella Braun

12.12.1815 Jettingen – 2.5.1886 München; kath.
Vater: Bernhard Braun, Rentamtmann des Grafen Schenck von Stauffenberg, gest. 1827; Mutter: Euphemia, Tochter des gräflichen Amtsschreibers Anton von Merklin; 1 älterer Bruder, gest. 1833; 1 jüngere Schwester.

Volksschule; Unterricht beim Vater; nach dessen Tod Umzug nach Augsburg, dort im Institut der "Englischen Fräulein"; lebte nach dem Tod des Bruders in der Familie des Onkels. 1837 Lehrerinnenexamen; Stelle an der Volksschule in Neuburg/Donau bis 1848; danach Privatunterricht; lebt ab 1854 als Schriftstellerin in München; Herausgeberin der "Jugendblätter".

Autobiographie: verfaßt als 50jährige nach dem Tod der Mutter, Erinnerungen an Kindheit und Jugend; verfolgt als Jugendschriftstellerin erzieherische Absichten.

Bertha Buchwald

26.11.1816 Wilhelmshütte bei Gandersheim – nach 1889; ev.
Vater: Beamter der Berg- und Hüttenwerke Wilhelmshütte, heiratet als Witwer eine Pfarrerstochter, Berthas Mutter; drei Stiefgeschwister, ältere und jüngere Geschwister: drei Brüder, zwei Schwestern.

Erhält Unterricht von einem Hauslehrer; Aufenthalte bei Verwandten; Vermögensverlust des Vaters, seine Erkrankung; Bertha pflegte ihn. Sie arbeitete ab 1841 als Stütze einer Hausfrau in Hamburg, dann als Gesellschafterin; arbeitet 6 Jahre als Erzieherin und Lehrerin in einer Familie mit 12 Kindern; dann Erzieherin in einer Försterfamilie in Münden; 1849 in einem Pfarrhaus in Nordschleswig; von 1855 bis 1861 als Erzieherin in Chile, betreibt zeitweise eine eigene Schule in Valparaiso; 1861 Rückkehr nach Deutschland; gründet in Braunschweig, dem Wohnort der Brüder Karl und Wilhelm, eine Privatschule; gibt daneben Privatstunden in Englisch,

Französisch und Spanisch; Aufgabe der Schule aufgrund sinkender Einnahmen etwa Mitte der 1870er Jahre; verschiedene Beschäftigungen, unter anderem als private Krankenpflegerin und als "Helfetante" bei einer Nichte in Berlin.

Autobiographie: gesamtes Leben; Niederschrift um 1888 auf Wunsch von Verwandten und Bekannten; Berufsbericht: Thema ist vor allem die Zeit als Erzieherin in Chile.

Wilhelmine Canz

27.2.1815 Hornberg – 15.1.1901 Großheppach; ev.
Vater: Gottlieb Canz, verwitweter Oberamtsarzt, gest. 1823; Mutter: Christine Wilhelmine, Tochter des Kammerrats und Gutsbesitzers Cronmüller; 1 Stiefschwester, 1 älterer Bruder.

Schulbesuch; nach dem Tod des Vaters Umzug nach Tübingen; geht dort in eine Mädchenschule, erhält Ergänzungsunterricht; nimmt nach der Konfirmation Privatstunden; dann autodidaktische Weiterbildung, auch durch den studierenden Bruder und seine Freunde. Zieht mit der Mutter zum Bruder, als dieser Pfarrer in einem Schwarzwalddorf wird, um ihm den Haushalt zu führen. Kontakte zur Brüdergemeine. Fühlt sich aufgrund einer Vision beauftragt, in einem Buch die Existenz Gottes zu beweisen und die Junghegelianer zu widerlegen; der erste Entwurf dieses Schlüsselromans bleibt unvollendet. 1844 mit Bruder und Mutter Umzug nach Bischoffingen; sie gründet dort 1849 eine Kinderschule nach dem Vorbild von Regine Jolberg. Die Heirat des Bruders und der Tod der Mutter 1850 lösen Depressionen aus; Wilhelmine gelobt, ihr Leben dem Dienst Gottes zu opfern; sie vollendet den Roman "Eritis sicut Deus" (1853 anonym erschienen).

Gründet 1855 in Großheppach zusammen mit ihrer Nichte einen Kindergarten mit Ausbildung für Kinderpflegerinnen; in den ersten Jahren finanziert durch ihr Erbe und durch Spenden; ab 1859 mit kirchlicher Unterstützung geführt. Expansion der Anstalt; 1881 institutionelle Etablierung. Wilhelmine lebt ab 1896 im Ruhestand in der Anstalt.

Autobiographie: entstanden im Lauf von 25 Jahren; sie will anhand ihres Lebensweges den "objektiven Nachweis" für die Existenz Gottes liefern; der Text wurde durch den von ihr beauftragten Herausgeber gekürzt; Zeiträume: 1. Buch bis 1855, 2. Buch bis 1880, 3. Buch bis 1897.

Meta Diestel

17.6.1877 Tübingen – 24.4.1968 (Degerloch); ev.
Vater: Ludwig Diestel, Professor der Theologie, gest. 1879; Mutter: Emmy, Tochter des Gutsbesitzers Anton Heinrich Delius, gest. 1923; 3 ältere Schwestern, 2 ältere Brüder.

Mittelschule, Mädcheninstitut, Klavierunterricht; Pensionszeit bei Verwandten. Musikausbildung in Gesang und Klavier am Konservatorium in Stuttgart; gibt privat Gesangstunden. Lebt ab 1901 zusammen mit der Mutter in Tübingen. Debüt als Sängerin im Tübinger Oratorienverein, Engagements, Konzertreisen nach England und Italien. Der Erste Weltkrieg unterbricht die Karriere; Meta arbeitet im Nationalen Frauendienst in der Mütterberatung, konzertiert zu wohltätigen Zwecken, Mitglied im Evangelischen Volksbund. Nach Kriegsende wieder Lehrtätigkeit, sie will mit ihrer Musikausübung popularisierend wirken. 1923 Konzertreise nach Amerika. Durch Kontakt zur evangelischen Singbewegung Praxis als Chorleiterin erworben; sie organisiert das "Müttersingen"; lebt seit 1939 mit ihrer Freundin Heidi Denzel in Degerloch.

Autobiographie: Leben bis 75 Jahre; Geleitwort von Otto Dibelius, Evangelischer Bischof von Berlin.

Marie Franz

um 1878 (Charlottenburg) – nach 1905; (ev.)
Sie stammte aus dem mittleren städtischen Bürgertum. Berufsausbildung in einem Lehrerinnenseminar; seit 1898 Lehrerin an einer Volksschule.

Autobiographie: Berufsbericht 1898 bis 1905, der aber weniger den Unterricht und seine Inhalte behandelt als die gesellschaftlichen Rahmenbedingungen von Schule und die Anforderungen an Lehrkräfte; zuerst anonym veröffentlicht.

Florentine Gebhardt

18.4.1865 Crossen – 10.7.1941 Berlin; ev.
Vater: Goldschmiedemeister, Auktionator, Eichmeister, Gerichtstaxator, Fleischbeschauer, 1895 gest.; Mutter: Pfarrerstochter, macht Heimarbeiten; 1 älterer Bruder, jüngere Schwestern Grete und Lise.

Erhält zu Hause Unterricht in Sticken und Stricken, um den Eltern bei der Heimarbeit zu helfen; Volksschule, dann gehobene städtische Mädchenschule; muß 14jährig die Schule verlassen, da sie als Arbeitskraft gebraucht wird; ist kurzfristig als Direktrice in dem Versandhaus der Brüdergemeine in Gnadenfrei angestellt; ab 1892 Ausbildung zur Handarbeits- und Turnlehrerin in Berlin, anschließend zur Industrielehrerin. 1893 Lehrerin in Haushaltspensionat in Görlitz; 1894 Handarbeitslehrerin in Haushaltungspensionat in Halberstadt; autodidaktische Vorbereitung auf das Examen für Volksschullehrerinnen, Prüfung in Frankfurt an der Oder; danach Lehrerin an einer höheren Privatschule in Sprottau; 1895 Lehrerin an der städtischen Volksschule in Hannoversch-Münden; ab 1897 an der Volksschule in Tegel bei Berlin; Zusammenleben mit der Mutter; gibt neben der Schultätigkeit Privatunterricht, macht Heimarbeiten und verdient Geld mit schriftstellerischen und journalistischen Publikationen; Mitglied in Vereinen; 1924 vorzeitig pensioniert. 1927 Umzug nach Berlin und Zusammenleben mit der jüngsten Schwester, einer pensionierten Lehrerin.

Autobiographie: Lebenserinnerungen in 3 Bänden. 1. Band (1930): Kindheit und Jugend bis zum Beginn der Lehrerinnenausbildung, vermutlich zuerst als eine Reihe von Aufsätzen publiziert; 2. Band (1933): die Ausbildungszeiten in Berlin und die ersten Anstellungen; 3. Band (1942): Berufsbericht, die erste staatliche Anstellung sowie über die Altersjahre bis 1939, posthum von ihrer Schwester Margarete als Manuskript veröffentlicht.

Elisabeth Gnauck-Kühne

2.1.1850 Vechelde – 12.4.1917 Blankenburg; ev., 1900 kath.
Vater: August Kühne, Staatsanwalt; 1 ältere Schwester, 1 älterer Bruder; 1888 Heirat mit Dr. Rudolf Gnauck, Nervenarzt in Pankow bei Berlin, 1890 Scheidung.

Schulbesuch; Ausbildung im Königlich Sächsischen Lehrerinnenseminar Callnberg, Examen; Erzieherin in Frankreich und England. 1875 Gründung eines eigenen Lehr- und Erziehungsinstituts für Töchter höherer Stände in Blankenburg. Nach Scheidung Engagement in der bürgerlichen Frauenbewegung; Studium der Nationalökonomie in Berlin; gründet 1894 die Evangelisch-sozialen Frauengruppen; 1903 Mitgründerin des Katholischen Deutschen Frauenbundes. Vereins- und Vortragstätigkeit; Verfasserin wissenschaftlicher und dichterischer Werke; gibt Unterricht an der städtischen Wohlfahrtsschule in Köln.

Autobiographie: Aufsatz über ihre Erfahrungen als ungelernte Arbeiterin in einer Berliner Kartonfabrik (1895); Aufsatz über Kindheitserinnerungen (1909), die zu ihrem 60. Geburtstag veröffentlicht werden.

Hedwig Heyl

5.5.1850 Bremen – 23.1.1934 Berlin; ev.
Vater: Eduard Crüsemann, Kaufmann und Reeder; Mutter: Henriette, Tochter des Geheimsekretärs und Gutsbesitzers Gottfried Böhm in Gatow bei Berlin; 2 jüngere Schwestern, 2 jüngere Brüder. 1869 Heirat mit dem Fabrikbesitzer Georg Heyl in Berlin, gest. 1889; Kinder: Eduard 1869, Hans 1871, 1873, Rose 1880, Victor 1886.

Privatschule, Klavierunterricht, Privatstunden in Handarbeit und Französisch; ab 1860 Schulzirkel von Ottilie Hoffmann; dann Mädchenschule; 1865-67 im Pensionat von Henriette Breymann in Neu-Watzum, Ausbildung in Kindererziehung nach Fröbel; in Berlin volkserzieherisches Engagement zuerst für die Kinder der Arbeiter in der eigenen Fabrik, dann in Vereinen. Organisation von Unterricht in der Hauswirtschaft, im Gartenbau; entwickelt 1884 die Konzeption des Kochunterrichts für das Pestalozzi-Fröbel Haus. Leitet als Witwe die Fabrik bis etwa 1896. Organisiert Bazare, Ausstellungen, darunter "Die Frau in Haus und Beruf" 1912, den internationalen Frauenkongreß 1904; organisiert während des Ersten Weltkrieges Volksspeisungen in Berlin. Danach Stadtverordnete im Charlottenburger Stadtparlament; zieht sich an ihrem 70. Geburtstag aus allen Ämtern zurück.

Ehrungen: Luisenorden erster und zweiter Klasse, drei Medaillen des Roten Kreuzes, Ehrendoktorwürde in Medizin der Berliner Friedrich-Wilhelms-Universität

Autobiographie: gesamtes Leben; beendet die Niederschrift kurz vor ihrem 75. Geburtstag; der Erinnerungsband zu ihrem 70. Geburtstag enthält Jugenderinnerungen, die sie 1906 für ihre Kinder und Enkel verfaßt hatte.

Clara Jurtz

29.4.1850 Küstrin – nach 1932 (Berlin); ev.
Bürgerliche Herkunft; die Mutter stirbt 1861; 2 ältere Schwestern, 2 jüngere Brüder.

Töchterschule, Nähunterricht, Töchterpensionat in Frankfurt/Oder; 1869 Examen für höhere Mädchenschulen; Erzieherin auf dem Land; Lehrerin an der Aßmusschule in Berlin; daneben Weiterbildung. 1875 Bekehrungserlebnis in einer Bibelstunde des Hofpredigers Baur; unterrichtet als Sonntagsschullehrerin; wünscht, als Lehrerin im Orient zu missionieren, tritt deshalb in Diakonissenmutterhaus in Kaiserswerth ein; 1877 Aussendung als Lehrerin nach Smyrna ins "Institut des Diaconesses"; 1882 Urlaub in Deutschland; 1883 Aussendung nach Bukarest; 1886 Besuch ihrer Familie in Deutschland;

danach Lehrerin an der Kaiserswerther Seminar-Vorschule; aus gesundheitlichen Gründen zu Büroarbeit eingeteilt; gibt einige Unterrichtsstunden. 1903 Leiterin der Schule des Waisenhauses in Altdorf in Schlesien; aufgrund eines Erweckungserlebnisses Übertritt in den "Friedenshort" von Eva von Tiele-Winckler; arbeitet zunächst als Lehrerin, dann in der Evangelisation unter anderem bei Grubenarbeitern, in Frauengefängnissen und für strafentlassene Frauen und Mädchen; im Ersten Weltkrieg in der Soldatenmission. Ab 1918 bis zum 80. Geburtstag Leiterin des Erziehungsheims für Mädchen in Berlin-Friedenau.

Autobiographie: verfaßt auf Anregung von Eva von Tiele-Winckler, Niederschrift etwa ab Mitte der 1920er Jahre; 1. Teil: Leben bis 1904; 2. Teil: 1904 bis 1930, nach Diktat von I. von Brockhausen-Lepel aufgeschrieben.

Margarete Klinckerfuß

18.10.1877 Stuttgart – 1959; (ev.)
Vater: Apollo Klinckerfuß; Besitzer eines Pianofortelagers, Hofrat; Mutter: Johanna, Tochter des Kapellmeisters Heinrich Schultz, Liszt-Schülerin, Pianistin; 3 (ältere) Brüder, 1 jüngere Schwester.

Schulzeit im Königlichen Katharinenstift; privater Musikunterricht; 1888-1896 am Stuttgarter Konservatorium Ausbildung in Klavier, Gesang, Theorie; Privatunterricht bei angesehenen Pianisten; Beziehung zu dem Komponisten Hugo Wolf; sein Schicksal veranlaßt Margarete, Krankenschwester zu werden; 1900/01 als Klavierlehrerin in Madrid in der Familie d'Yturbe; Klavierunterricht für Frauen aus dem Bekanntenkreis; konzertiert zusammen mit ihrer Mutter für wohltätige Zwecke; Konzertreisen. Pflegt ihre kranken Brüdern; aufgrund einer politischen Äußerung 1937-1940 und wieder 1941-1943 als geisteskrank in Kliniken untergebracht.

Autobiographie: gesamtes Leben; nicht chronologisch, sondern assoziativ dargestellt; Motiv: sie will Spekulationen in der Öffentlichkeit über ihr Schicksal entgegentreten; Niederschrift etwa 1942-1947; enthält Auszüge aus ihrer Korrespondenz mit Prominenten; sie hatte bereits 1932 Erinnerungen an Carl Spitteler verfaßt.

Luise Kraft

1850 Rodenbach in Hessen – nach 1913; ev.
Ihre Eltern betrieben eine kleine Landwirtschaft. Heiratet den Bauern Peter Kraft; 10 Kinder.

Schulbesuch; 1865-1866 als Dienstmagd bei einem Bauern; arbeitet als Bäuerin; bildete Lehrmädchen im Weißzeugnähen aus; Handarbeitsunterricht in der Volksschule; verdient mit Kunststickerei für Trachten Geld; 1894 bis etwa 1898 Mitglied der neuapostolischen Gemeinde, in der sie zeitweise eine aktive Rolle spielte; dadurch entstehende Konflikte mit dem "Apostel" führen zu Kritik; aufgrund von Anfeindungen kommt es zur Lösung von der Sekte.

Autobiographie: verfaßt um 1898; vom herausgebenden Pfarrer sind die Erinnerungen an ihre Sektenmitgliedschaft sowie Berichte über althessische Sitten und Gebräuche ausgewählt.

Helene Lange

9.4.1848 Oldenburg – 13.5.1930 Berlin; ev.
Vater: Carl Theodor Lange Kaufmann, gest. 1864; Mutter: Johanne, Tochter des Kaufmanns Nicolaus tom Dieck, gest. 1855; 1 älterer, 1 jüngerer Bruder.

Vorschulen; höhere Mädchenschule; 1864/65 Pensionsjahr im Pfarrhaus in Eningen, dann als "Haustochter" bei Verwandten; 1866 als Lernende und Lehrende in einem Mädchenpensionat im Elsaß; 1867 bis 1870 Erzieherin in der Familie des Fabrikanten Gruner; ab 1871 in Berlin, um die Lehrerinnenprüfung abzulegen; nach dem Examen Erzieherin in der Familie Hammacher, dann Privatlehrerin; autodidaktische Weiterbildung; Kontakt zu Vertreterinnen der Frauenbewegung; 1876 bis etwa 1890 Lehrerin am Seminar und der höheren Mädchenschule von Lucie Crain. Vereinstätigkeit und bildungspolitisches Engagement für eine Verbesserung der Mädchenbildung; 1889 Einrichtung von Realkursen für Frauen, die 1893 in Gymnasialkurse umgewandelt werden; Herausgeberin der Monatschrift "Die Frau". Ab 1899 Zusammenarbeit und Zusammenleben mit Gertrud Bäumer; 1918-1920 in Hamburg, dort Abgeordnete der Hamburger Bürgerschaft; danach wieder in Berlin.

Ehrenbürgerin von Oldenburg, Ehrendoktorwürde der Rechts- und Wirtschaftswissenschaftlichen Fakultät der Universität Tübingen; große Staatsmedaille der Preußischen Regierung.

Autobiographie: Leben bis etwa 1914; persönliche Entwicklung und Privatleben nach den Jugendjahren bleiben weitgehend ausgeklammert; 1920 verfaßt.

Luise Adolpha Le Beau

25.4.1850 Rastatt – 2.7.1927 Baden-Baden; ev.
Vater: Offizier, musikalisch begabt, gest. 1896; Mutter: Karolin, geb. Barack, gest. 1900.

Erster Unterricht durch die Eltern, Klavier- und Musikunterricht beim Vater; erhält 7jährig Violinunterricht; verfaßt 8jährig ihre erste Komposition; in Karlsruhe Gesangunterricht; 1861 Mitsingen im Cäcilien-Verein; 1863 bis 1866 in neugegründetem Mädchen-Institut; danach Privatstunden in Sprachen und Literaturkurs. 1867 Debüt in einem Konzert des Philharmonischen Vereins; gibt Gesang- und Klavierstunden; nimmt 1873 einige Klavierstunden bei Clara Schumann. 1874 Umzug mit den Eltern nach München; dort Unterricht in Harmonielehre bei Musikprofessoren; gibt Unterricht, ab 1880 als Kurs; Erfolg mit dem ersten eigenen Konzert 1878, auch mit eigenen Kompositionen; bildet sich autodidaktisch im Instrumentieren aus; Rezensententätigkeit; Konzertreisen durch Deutschland, Holland und Österreich. 1885 Umzug nach Wiesbaden; Konzerte, Lehrtätigkeit. 1890 Umzug nach Berlin, wenige Schülerinnen, arbeitet vor allem an ihrer Hadumoth-Partitur. 1893 Umzug nach Baden-Baden; eingeschränkte Kunstausübung, da zunehmend durch die Pflege der alten Eltern in Anspruch genommen; 1903 letzter Auftritt in einem öffentlichen Konzert. Italienreisen 1906, 1907 und 1909.

Autobiographie: Niederschrift kurz vor dem 60. Geburtstag abgeschlossen, sie will die Gründe für ihren frühen Rückzug aus dem Künstlerleben offenlegen; enthält den Abdruck von Rezensionen.

Mathilde Ludendorff

4.10.1877 Wiesbaden –12.5.1966 Tutzing; ev., um 1905 aus der Kirche ausgetreten.
Vater: Bernhard Spieß, Gymnasialprofessor und Prediger; Mutter: Johanna, geb. Peipers, Lehrerinnenexamen; 2 ältere Schwestern, 1 jüngerer Bruder, 1 jüngere Schwester; 1904 Heirat mit Gustav Adolf von Kemnitz, gest. 1917; Kinder: 1906 Ingeborg, 1909 Zwillinge Hanno und Asko; 1919 2. Ehe mit dem Major a. D. Edmund Georg Kleine, 1921 Scheidung; 3. Ehe 1926 mit Erich Ludendorff, gest. 1937.

Zunächst auf privatem Mädcheninstitut, ab etwa 1891 Städtische Töchterschule; anschließend auf dem Lehrerinnenseminar; Examen für mittlere und höhere Töchterschulen. 1896 Privatlehrerin bei den Töchtern einer Arztwitwe in Oestrich-Winkel; Lehrerin an einer Privatschule mit Pensionat in Biebrich. Entschluß zum Medizinstudium; weitgehend autodidaktische

Vorbereitung auf das Mädchengymnasium in Karlsruhe; 1901 Abitur. Medizinstudium in Freiburg, finanziert durch Unterrichtgeben und ein Stipendium des Allgemeinen Deutschen Frauenvereins; 1904 Physikum; klinische Semester in Berlin; 1905 Umzug nach Planegg in Bayern, 1910 nach Pasing; Teilzeitstudium in München; 1912 Examen; Assistentenzeit, 1913 Dissertation; Approbation. Eröffnet 1914 ihre Praxis als Psychiaterin in München; Ärztin im Kurheim Kainzenbad in Partenkirchen; Leiterin eines eigenen Genesungsheims für Offiziere in Garmisch und Privatpraxis. Entwicklung ihrer Lehre von der "Gotterkenntnis"; gemeinsam mit Erich Ludendorff Gründung der antisemitischen und rassistischen Religionsgemeinschaft "Deutschvolk"; von ihr nach dem Zweiten Weltkrieg weitergeführt.

Autobiographie: gesamtes Leben bis zum Tod von Erich Ludendorff 1937 in 6 Bänden, publiziert von 1932-1968; 1. Band über Kindheit, Jugend und ihre Lehrerinnentätigkeit; 2. Band über Gymnasialzeit, Studium, Ehe und Tätigkeit als Ärztin bis 1917.

Marie-Elisabeth Lüders

25.6.1878 Berlin – 23.3.1966 Berlin; ev.
Vater: Carl Christian Lüders hoher Beamter im Preußischen Kultusministerium; Mutter Friederike, Tochter des Gymnasiumsdirektors Peter Hinrich Jessen; 3 ältere Brüder, 2 ältere Schwestern, 1 jüngere Schwester; Sohn Uwe 1922 geb.

Höhere Töchterschule von Auguste Weyrowitz; auf Privatschule in Grunewald bis 1894; Ausbildung im Fotografieren in der Photographischen Lehranstalt des Lette-Vereins, weitere Ausbildung und Arbeit als Gehilfin in einer privaten Photographischen Lehranstalt; 1897 Ausbildungsjahr an der landwirtschaftlichen Frauenschule in Niederofleiden; gibt 1901 Deutschunterricht in einem Pensionat in Weimar. Engagement in der Frauenbewegung; in Berlin ehrenamtliche Mitarbeit in den "Mädchen- und Frauengruppen für soziale Hilfsarbeit". Studium der Nationalökonomie seit 1909; 1910 Abitur; Promotion 1912. In Charlottenburg angestellt als Wohnungspflegerin bis 1914; 1915 in der Zivilverwaltung in Brüssel tätig; organisiert 1916 bis 1918 mit anderen Frauen Frauenarbeit unter Kriegsbedingungen. Leiterin der Niederrheinischen Frauenakademie in Düsseldorf, 1922 entlassen. 1919 Abgeordnete (DDP) im Reichstag; Mitarbeit in Ausschüssen, an Konferenzen, in Vereinen; journalistische Arbeit; 1933 Arbeitsverbot, 1934 (1937) Veröffentlichungsverbot. 1937 unter dem Vorwurf der Heimtücke im Gefängnis. Lebt während des Krieges in Süddeutschland; 1946 Leiterin der amerikanischen Militärschule in Oberammergau; ab 1947 in Berlin. 1948 Mitglied (FDP) der Stadtverordnetenversammlung und Stadträtin; Hochschuldozentin; 1953 bis 1961 Abgeordnete des Bundestages in Bonn.

Ehrungen: Großes Bundesverdienstkreuz, 1952 Dr. med. h.c. der Freien Universität Berlin, 1958 Dr. jur. h.c. der Universität in Bonn, 1962 Dorothea-Schlözer-Medaille der Georg-August-Universität in Göttingen.

Autobiographie: gesamtes Leben, Lücken; Niederschrift 1961 bis 1963.

Anna Malberg

15.6.1850 Berlin – vermutlich 1929 Weimar; ev.
Vater: Ingenieur bei der Eisenbahn, kath., früh gestorben; Mutter: Pfarrerstochter; 2 jüngere Brüder, 1 jüngere Schwester.

Erhält Unterricht bei einer Erzieherin und einem Schullehrer; dann in der Mittelschule; Anfang 1860er Umzug nach Görlitz; um 1870 Weiterbildung am Viktoria-Lyzeum in Berlin; Lehrerin, Schulleiterin in Breslau.

Autobiographie: Kindheitserinnerungen, verfaßt etwa ab 1900.

Malwida von Meysenbug

28.10.1816 Kassel – 26.4.1903 Rom; ev., um 1851 Mitglied der Freien Gemeinde in Hamburg.
Vater: Carl Rivalier von Meysenbug, Hofrat, 1825 geadelt, gest. 1847; Mutter: Ernestine, geb. Hansel; 6 ältere Brüder, 2 ältere Schwestern, 1 jüngere Schwester.

Privatunterricht durch Lehrer; lebt ab 1832 in Detmold; Klavierunterricht, Malunterricht; Wohltätigkeit; enge Beziehung zu Theodor Althaus, unter dessen Einfluß sie sich zur Demokratin entwickelt; autodidaktische Studien in Philosophie. Sie geht 1850 zur Weiterbildung und mit Auswanderungsplänen nach Hamburg an die "Hochschule für das weibliche Geschlecht", hört wissenschaftliche Vorträge, gibt selbst Unterricht und ist an der Konzeption und dem Aufbau einer konfessionsfreien Gemeindeschule beteiligt; geht nach der Schließung der Hochschule nach Berlin, wird dort aufgrund ihrer Kontakte zu Demokraten verhört, flieht deshalb nach London ins Exil. Die befreundete Johanna Kinkel vermittelt ihr Sprachschüler; ab 1853 mit Unterbrechungen Lehrerin und Erzieherin der Kinder von Alexander Herzen. Arbeit als Schriftstellerin, Journalistin und Übersetzerin; ab 1860 "Pflegemutter" von Olga Herzen bis zu deren Heirat 1873 mit dem Historiker Gabriel Monod. Lebt danach in Rom als freie Schriftstellerin.

Autobiographie: gesamtes Leben, in mehreren Stufen verfaßt. Beginnt 1858 mit der Niederschrift von Lebenserinnerungen, die 1869 anonym und in französischer Sprache erscheinen; die Fortsetzung über die Jahre 1860 bis 1873 erscheint 1876; der Nachtragsband über ihre Altersjahre erscheint 1898, die Ausgabe von 1917 enthält die Fortsetzung bis 1903.

Dorette Mittendorf

8.12.1826 Hannover – nach 1909 (Kassel); (ev.)
Vater: Lehrer, gest. 1843; Mutter gest. in den 1830er Jahren; 1 älterer Bruder, 1 ältere Schwester.

Ausbildung zur Erzieherin etwa 1844 bis 1846 in Einbek; dann als Erzieherin in einer Familie auf dem Land; ab 1849 in Erzieherinnenstellen in England; kehrt einer Erkrankung wegen nach Hannover zurück, gibt dort nach ihrer Genesung Privatstunden in Familien und in einer Privatschule; hat erneut eine Stelle in London; wird durch Unfall berufsunfähig, mehrere Operationen haben wenig Erfolg; wird religiös; gibt zeitweise Deutschunterricht; Erholungsaufenthalt in der Schweiz. Ihr Lebensunterhalt wird 10 Jahre lang von einer befreundeten Engländerin finanziert. Eröffnet 1868 in London aus religiösen Motiven auf der Basis eigener Ersparnisse und mit Hilfe von Spenden ein Heim zunächst für verwahrloste Kleinkinder, später für Mädchen, die zu Dienstmädchen ausgebildet werden. Übergibt 1888 wegen schwacher Gesundheit die Leitung des Heims an ihre Mitarbeiter. Rückkehr nach Deutschland, um ihre kranke Schwester zu pflegen; nach deren Tod Umzug nach Kassel; lebt dort betreut von einer "Nichte".

Autobiographie: gesamtes Leben, verfaßt in mehreren Phasen etwa von 1852 bis 1907; Berufsbericht; enthält einen Zeitungsbericht über das Heim in London, Auszüge aus den Jahresberichten, und Briefe sowie einen anonymen Bericht von fremder Hand über die Jahre 1887 bis 1909.

Auguste Mues

4.4.1838 Gut Musenburg bei Osnabrück – gest. nach 1891; ev.
Vater: Gutsbesitzer; 3 ältere Brüder, 3 ältere Schwestern.

Schule bis etwa 1854; Erzieherin in Familie auf dem Lande; erhält danach zwei Jahre lang eine privat organisierte Weiterbildung zur Lehrerin; 1868 bis 1867 Erzieherin in der Gutsbesitzerfamilie Agena in Ostfriesland; bis 1869 Erzieherin eines geistig behinderten Mädchens; 1869 bis 1873 Erzieherin in der Familie Baiss in Kent; 1873 bis 1875 als finishing governess in der Familie Fitz Roy in Blackwater in Hampshire; 1875 bis 1878 Erzieherin in der Familie Tindal, die sie 1879 bis 1881 auf einer Australienreise begleitet. (Tanten-) Reisen nach Italien, Amerika, St. Petersburg und innerhalb von Deutschland; lebt im Alter auf dem elterlichen Gut.

Autobiographie: gesamtes Leben; Berufsbericht; ausführlich über ihre Tätigkeit als Erzieherin und Gesellschafterin in einer englischen Familie in Australien; Niederschrift 1893 auf Wunsch von Verwandten, enthält umfangreiche Auszüge aus Briefen und Tagebüchern.

N. L.

um 1844 – nach 1874; (ev.)
Vater: höherer Offizier.

Legt nach dreijähriger Ausbildung zur Lehrerin Examen ab; Berufsbericht; Erzieherin in einer Adelsfamilie in Preußen; Sprachausbildung in Französisch in Genf, die sie durch Unterrichtgeben finanziert; Erzieherin in einer griechischen Familie in Rumänien.

Autobiographie: verfaßt um 1873; anonymisiert veröffentlicht; warnt aufgrund ihrer eigenen Erfahrungen vor dem Beruf der Erzieherin.

Bertha Riedel-Ahrens

16.9.1850 Lübeck – nach 1908
Sie stammt aus bürgerlichen Kreisen; 1 älterer Bruder; 1872 Heirat mit dem Zahnarzt A. F. Riedel, gest. 1883; 2 (oder 3) Kinder.

Schule; Lehrerinnenausbildung im Institut des Predigers Münzenberger. Geht 1869 durch Vermittlung ihres Bruders als Erzieherin nach Rio de Janeiro; arbeitet dann als Erzieherin auf einer Farm bei Campos. Beginnt zu dichten und wird gedruckt. Arbeitet in Rio bis zu ihrer Hochzeit als Gesellschafterin einer russischen Schriftstellerin; um 1882 Rückkehr mit der Familie nach Deutschland. Lebt als Witwe in Halle; gibt Sprachunterricht; schreibt daneben Romane; Hinwendung zur Theosophie.

Autobiographie: gesamtes Leben; Auftragsarbeit für einen Sammelband, 1904 erschienen.

Minna Specht

22.12.1879 Schloß Reinbek bei Hamburg – 3.2.1961 Bremen; ev., 1919 aus der Kirche ausgetreten.
Vater: Wilhelm Specht, Hotelbesitzer, gest. 1881; Mutter: Mathilde, führt als Witwe das Hotel weiter; 4 ältere Schwestern, 2 ältere Brüder.

Zuerst Erziehung und Unterricht durch eine Gouvernante; kommt 1884 in eine Privatschule in Reinbek; 1888 bis 1893 in der Höheren Mädchenschule in Bergedorf; sie wird auf Familienbeschluß Lehrerin; Ausbildung 1896 bis 1899. Arbeitet bis 1902 als Erzieherin in einer Adelsfamilie auf dem Land in Hinterpommern; ist danach Lehrerin bis 1914 an der privaten höheren Mädchenschule von Mary B. Henckel in Hamburg, unterbrochen 1906 durch Studium in Göttingen: Geschichte, Geographie, Philosophie; 1909 Wissenschaftliche Prüfung. Ab 1914 Mathematikstudium in Göttingen und Arbeit als Erzieherin und Schullehrerin. Bekanntschaft mit dem Philosophen und Sozialisten Leonard Nelson; Mitgründerin des Internationalen Jugendbundes 1917. 1918 Lehrerin im Landerziehungsheim von Hermann Lietz in Haubinda. 1923 Eröffnung der Walkemühle bei Melsungen als eigenes Landerziehungsheim, arbeitet dort als Leiterin und Lehrerin. 1925, 1927 Studienreisen in die Sowjetunion. 1931/32 politische und redaktionelle Arbeit in Berlin. Im März 1933 Emigration mit den Kindern der Walkemühle nach Dänemark; 1938 nach England; 1940 bis 1941 auf der Isle of Man interniert; verdient danach mit verschiedenen Arbeiten ihren Lebensunterhalt, gibt u. a. Unterricht und verfaßt eine Studie über englische Privatschulen. 1946 bis 1951 Leiterin der von Paul Geheeb gegründeten Odenwaldschule, danach bis 1953 im UNESCO-Institut für Pädagogik in Hamburg tätig; 1954 bis 1959 von Bremen aus Inspektion und Beratung von Landerziehungsheimen.

Autobiographie: kurzer Überblick über ihr gesamtes Leben, 1957/58 für einen Sammelband über Frauen in der Politik verfaßt.

Auguste Sprengel

9.8.1847 Waren/Müritz – 22.10.1934 Berlin; ev.
Vater: Albert Johann Friedrich Sprengel, Rechtsanwalt und Stadtrichter, gest. 1854; Mutter: Marie, Tochter des begüterten Kaufmanns Zeumer; 2 jüngere Schwestern, 1 jüngerer Bruder.

Ab 1853 Privatschule für Mädchen; Niedergang der Schule unter neuem Leiter, erhält deshalb ergänzenden Privatunterricht; 1860 bis 1863 in öffentlicher Mädchen-Bürgerschule; zum Besuch der Höheren Mädchenschule bis 1864 in Pension in Rostock. Anschließend in drei Stellen als Erzieherin in

Familien auf dem Land. 1870 Lehrerin an der neugegründeten Städtischen Höheren Töchterschule in Waren; 1871 Examen nachgeholt; ab 1879 Schulleiterin. Ab 1880 aktiv im Deutschen Verein für das höhere Mädchenschulwesen und Engagement für Alterssicherung von Lehrerinnen. 1900 Erkrankung, geht 1902 in den Ruhestand. Eröffnet 1903 in Berlin "Kurse zur Ausbildung für den Beruf der Hausfrau und Mutter", 1903 als Frauenschule fortgeführt; ab 1911 nur noch Arbeit für die Pensionsanstalt für Lehrerinnen.

Autobiographie: als Berufsbericht im hohen Alter verfaßt, 1932 erschienen; enthält den Lebensweg ohne Altersjahre; veröffentlichte im Jahr zuvor Familienerinnerungen, zu denen sie der Vorstand des Heimatmuseums in Waren angeregt hatte.

Rosa Sucher

23.2.1849 Velburg/Oberpfalz – 16.4.1937 (Eschweiler bei Aachen); kath. Vater: Josef Hasselbeck, Schulrektor und Chorregent; 7 ältere Geschwister; 1878 Heirat mit dem Dirigenten Josef Sucher, gest. 1908; (1 Sohn).

Schule; singt schon als fünfjährige im Kirchenchor mit; wird 17jährig Kirchensängerin in Geiselhöring; dann Haushälterin bei einem Onkel, der Geistlicher ist; danach Kirchensängerin in Donauwörth und Freising; um 1868 am Münchener Hoftheater, scheitert dort; Engagements in Trier, Königsberg, Berlin, Danzig. Ab 1877 in Leipzig, 1878 in Hamburg; zahlreiche Gastspiele. Ab 1886 regelmäßige Auftritte in Bayreuth; ab 1888 an der Berliner Hofoper; 1903 Abschiedsvorstellung. Der Versuch, sich um 1908 in Wien als Gesanglehrerin zu etablieren, hat nicht den erwarteten Erfolg.

Autobiographie: gesamtes Leben; Niederschrift um 1913 abgeschlossen.

Marie Torhorst

28.12.1888 Ledde/Westfalen – 7.5.1989 Lehnitz bei Berlin; ev., 1928 aus der Kirche ausgetreten.
Vater: Arnold Torhorst, Pfarrer, gest. 1909; Mutter: Luise, geb. Smend, gest. 1923; 4 ältere Brüder, 2 ältere Schwestern; enge Beziehung zu ihrer Schwester Adelheid.

Klavierunterricht, Englischunterricht bei der Mutter; Dorfschule; 1902 im Stift Keppel bei Siegen; besucht dort das Lehrerinnenseminar, bricht Ausbildung 1905 ab, um zur Mutter zurückzukehren; nimmt Klavierunterricht, erhält vom Vater Unterricht in Mathematik und Latein. 1909 Umzug nach Bonn, besucht dort die "realgymnasialen und gymnasialen Kurse für

Mädchen"; 1913 Abitur. Studium der Mathematik, Physik, Geographie; 1918 Promotion. Kriegsgegnerin und Hinwendung zum Sozialismus. 1919 Staatsexamen für das Lehramt; Aushilfsarbeiten in Bibliothek und Vertretungslehrerin an Schulen; 1922 Handelslehrerdiplom. 1924 Leiterin der Höheren und Einfachen Handelsschule in Bremen; gibt daneben Abendkurse für junge Arbeiter. 1928 Mitglied der SPD; 1929 bis 1933, also bis zu ihrer Entlassung aus dem Schuldienst, Studienrätin an der Karl-Marx-Schule in Berlin-Neukölln. 1932 Studienaufenthalt in der Sowjetunion. Aushilfsarbeiten als Küchenhilfe in einem Restaurant, arbeitet als Sprechstundenhilfe und Stenotypistin, in Archiv und Bibliothek. Aktiv im Widerstand gegen die Nationalsozialisten; 1943 im Strafarbeitslager Hallendorf. Nach Kriegsende Arbeit beim Berliner Rundfunk; dann in der Lehrerbildung. 1947 bis 1950 Ministerin für Volksbildung in Thüringen. Lebt ab 1951 mit Adelheid in Lehnitz. Bis 1964 im Bildungsbereich tätig, unter anderem als Mitglied der Schulkommission beim Politbüro der SED; danach freiberufliche Arbeit.

Ehrungen: Verdienter Lehrer des Volkes; Vaterländischer Verdienstorden in Gold; Karl-Marx-Orden; 1988 Dr. paed. h. c. der Akademie der Pädagogischen Wissenschaften der DDR; Großer Stern der Völkerfreundschaft.

Autobiographie: gesamtes Leben; Berufsbericht; Niederschrift etwa 1980-1982, von dem Herausgeber Karl-Heinz Günther überarbeitet.

Thekla Trinks

4.10.1831 Meiningen – 6.10.1900 Braunschweig; ev.
Vater: Rechtsanwalt, seit 1850 Appellationsgerichtsrat in Hildburghausen; 4 jüngere Brüder, 1 jüngere Schwester.

Schule bis 1846; Privatstunden in Musik, Französisch, Englisch; Tanzunterricht; 1851-1853 Lehrerinnenseminar in Elberfeld, Examen; 1853 Lehrerin in höherer Mädchenschule in Siegen in Westfalen; 1854 bis 1857 an der höheren Mädchenschule in Wesel am Niederrhein; ab 1857 Erzieherin in der Familie St. John in Irland; ab 1858 Aufbau des Evangelischen Mädchenpensionats in Bukarest mit dem Status einer Diakonissen-Oberin; 1860 Lehrerin an der höheren Mädchenschule in Schwelm in Westfalen; 1860 bis 1863 Seminarlehrerin am Königlichen Lehrerinnenseminar in Droyßig; 1863 bis 1866 Erzieherin in der Familie Sidney auf Tavis Court in Devonshire; 1867/68 Lehrerin an der höheren Mädchenschule in Dortmund. 1868 Gründung eines eigenen Mädchenpensionats in Meiningen; 1874 Umzug nach Stuttgart, 1879 Verkauf des Pensionats. Zusammen mit ihrer Partnerin im Ruhestand in Meinigen; dort Gründung und Leitung einer Sonntagsschule; Erblindung; 1894 Umzug nach Braunschweig.

Autobiographie: Berufsbericht; die 1. Auflage 1892 beschreibt das Leben bis 1879, in 2. Auflage von 1897 bis 1896 fortgeführt. In der 3. Auflage 1904 gibt der Bruder in seinem Nachwort Auskunft über die Zeit bis zu ihrem Tod.

Emma Vely

8.8.1848 Braunfels/Lahn – 5.5.1934 Berlin; ev.
Vater: Heinrich Couvely, Waffenschmied, 1851 gest.; Mutter: Tochter des Hofrüstmeisters Tanner in Hannover; 1 jüngere Schwester. 1871 Heirat mit C. F. Simon, Redakteur; 1 Sohn stirbt nach der Geburt 1872; 1874 Tochter; um 1888 Scheidung.

Aufgewachsen bei Großeltern und bei Verwandten; Privatschule, Volksschule, Französischunterricht durch die Mutter, Stadttöchterschule in Hannover, erhält Privatunterricht in Englisch, Tanzunterricht; Theaterbegeisterung; arbeitet 1866 bis 1867 als Erzieherin in der Familie eines Papierfabrikant auf dem Land; 1867 als Erzieherin in der Familie des Oberförsters in Bredelar in Westfalen; verfaßt aus Langeweile Novellen, die gedruckt und bezahlt werden; 1870 als Sprach- und Musiklehrerin in der Familie Rimini in Triest. Lebt nach der Heirat in Stuttgart, dort schriftstellerische Tätigkeit; muß aufgrund des Bankrotts des Ehemannes 1878 Geld verdienen; lebt in Herzberg im Harz, schreibt und gibt der Tochter Unterricht. Zieht aus beruflichen Gründen 1889 nach Berlin; arbeitet vor allem als Journalistin, daneben Redakteurin eines Frauenblattes; besucht 1914 die Tochter in Amerika.

Ehrungen: erhält vom württembergischen König die Goldene Medaille für Kunst und Wissenschaft

Autobiographie: gesamtes Leben; führte Tagebuch; Vorstufen: schreibt 1878 Jugenderinnerungen; 1900 Kindheitserinnerungen, die als Zeitungsaufsatz publiziert werden; verfaßt Mitte der 1920er Jahre eine Selbstdarstellung für ihre Tochter; Endfassung der Lebenserinnerungen um 1925-1928.

Else Wentscher

31.1.1877 Wüstegiersdorf/Schlesien – nach 1943; ev.
Vater: Schwedler, Fabrikbeamter, gest. um 1880; Mutter: Tochter des Waisenhausdirektors Kranz, lebt als Witwe bei ihren Eltern und arbeitet als Leiterin des Fabrikkindergartens; 1 Bruder. 1897 Heirat mit Dr. Max Wentscher, Prof. der Philosophie; Kinder: 1898 Lotte, 1903 Heinz, (Mathilde).

Unterricht beim Großvater; 1889 in Pension nach Breslau, besucht dort die Augustaschule. In Berlin Ausbildung im Königlichen Lehrerinnenseminar, Examen. Lebt nach Heirat in Bonn; besucht Universitätsvorlesungen in Philosophie und Religionswissenschaft; Schülerin von Benno Erdmann; publiziert ihre philosophischen Studien. 1904 bis 1907 in Königsberg der Berufung des Ehemannes wegen. Gewinnt Preisausschreiben der Akademie der Wissenschaften zum Thema des Kausalproblems in der neueren Philosophie, 1921 publiziert.

1924 Ehrendoktorwürde der Philosophischen Fakultät der Universität Köln.

Autobiographie: gesamtes Leben; Schwerpunkt sind ihre philosophischen Studien; Niederschrift 1926 als Beitrag zur Reihe "Schriften zur Frauenbildung" und als Ergänzung zu dem Werk von Adele Gerhard und Helene Simon: Mutterschaft und geistige Arbeit. Berlin 1901. Autobiographisches enthält ihr Werk: Im Wandel der Zeiten. Briefwechsel zweier Generationen. Berlin 1938.

Ottilie Wildermuth

22.2.1817 Rottenburg/Neckar – 12.7.1877 Tübingen; ev.
Vater: Gottlob Rooschüz, Kriminalrat, ab 1819 Oberamtsrichter; Mutter: Leonore, geb. Scholl; 3 jüngere Brüder. 1843 Heirat mit Dr. Johann David Wildermuth, Philologe und Gymnasiallehrer in Tübingen; Kinder: 1844 Agnes, 1848 Adelheid; 1852 Hermann; 2 Söhne (1846, 1856) sterben kurz nach der Geburt.

Aufgewachsen in Marbach; Privatunterricht, Volksschule; halbjähriger Pensionatsaufenthalt in Stuttgart. Ab 1847 Publikation von Erzählungen; wird eine erfolgreiche Schriftstellerin.

Erhält 1871 die große goldene Verdienstmedaille für Kunst und Wissenschaft.

Autobiographie: Kindheit bis 1842, dem Jahr des Selbstmordes ihres Bruders; Niederschrift ab Anfang 1870er Jahre; von den Töchtern ergänzt um zahlreiche Auszüge aus der Hauschronik und aus Briefen, um Reisebeschreibungen und Gedichte; posthum von den Töchtern veröffentlicht.

Gretchen Wohlwill

27.2.1878 Hamburg – 17.5.1962 (Hamburg); aus assimilierter jüdischer Familie, konfessionslos aufgewachsen.

Vater: Dr. Emil Wohlwill Chemiker, zunächst Lehrer an der Gewerbeschule, ab 1877 bei der Norddeutschen Affinerie, Galileiforscher; Mutter: Luise, Tochter des Arztes Elias Salomon Nathan; 2 ältere Schwestern, 1 älterer Bruder, 1 jüngerer Bruder.

Ab etwa 1875 in privater Mädchenschule; erhält Zeichenunterricht, ab 1883 höhere Mädchenschule; ab 1894 in der Malschule von Valesca Röver, unterbrochen 1897 durch einen halbjährigen Aufenthalt auf dem Land, um Hauswirtschaft zu lernen. 1904 und 1910/11 Parisaufenthalte zu Malstudien. Gibt Privatunterricht in Malerei; Lehrerin für Zeichenunterricht an der Reformschule des Vereins Frauenwohl. Autodidaktische Vorbereitung auf das Zeichenlehrerinnenexamen, legt das Examen für Volks- und Mittelschulen in Berlin ab, erweitert es durch eine zusätzliche Prüfung im folgenden Jahr für die Lehrberechtigung an höheren Schulen. Um 1910 Anstellung an der Emilie-Wüstenfeld-Schule in Hamburg, betreibt weiterhin Malerei. Sie wird 1933 aus dem Schuldienst entlassen; gibt Privatstunden; baut ein Haus in Finkenwerder; erhält als "entartete" Künstlerin Ausstellungsverbot. 1940 Emigration nach Portugal; lebt zunächst bei ihrem Bruder in Lissabon; geht verschiedenen kunstgewerblichen Erwerbstätigkeiten nach, um ihren Lebensunterhalt zu verdienen; erteilt dann Privatunterricht in Sprachen, selten in Malerei; arbeitet als Erzieherin in Familien, gibt auch Einzelunterricht; in den Ferien Malerei, Teilnahme an Ausstellungen.

Autobiographie: gesamtes Leben, 1953 während einer Genesungszeit verfaßt; Auslöser ist ihr Zweifel, ob es richtig war, aus dem Exil nach Hamburg zurückzukehren (1953). Durchbrochene Chronologie der Darstellung: Sie beginnt mit den Jahren des Exils, fährt danach mit Kindheitserinnerungen fort.

Literaturverzeichnis

Autobiographien und andere Selbstzeugnisse

Averdieck, Elise: Lebenserinnerungen. Aus ihren eigenen Aufzeichnungen zusammengestellt von Hannah Gleiss. Hamburg 1908.
Baum, Marie: Rückblick auf mein Leben. Heidelberg 1950.
Bäumer, Gertrud: Dr. h .c. Hedwig Heyl zum achtzigsten Geburtstag. In: Die Frau 37 (1929/30) S. 472-473.
– : Geschichte in acht Ringen. Zum 80. Geburtstag von Helene Lange. In: Die Frau 35 (1927/28) S. 385-413.
– : Helene Lange zu ihrem 70. Geburtstage. 2. Aufl. Berlin 1918.
– : Helene Lange. In: dies.: Gestalt und Wandel. Frauenbildnisse. Berlin 1939, S. 349-400.
– : Lebensweg durch eine Zeitenwende. Tübingen 1933, 8. Aufl. (1. Aufl. 1933).
Beckmann, Emmy (Hg.): Was ich hier geliebt. Briefe von Helene Lange. Mit einem Lebensbild von Gertrud Bäumer. Tübingen 1957.
– : Helene Lange. Zum 9. April 1938. In: Die Frau 45 (1937/38) S. 342-345.
Bertholet, Hanna: Gedanken über die Walkemühle. In: Becker u. a. (Hg.), Erziehung und Politik, 1960, S. 269-286.
Bischoff, Charitas, geb. Dietrich: Unsere "Vermittlung der Gegensätze". In: Arnold Breymann (Hg.): Festschrift zum 50jährigen Jubiläum des Breymannschen Instituts. Wolfenbüttel 1906, S. 76-81.
– : Amalie Dietrich. Ein Leben. 9. Tsd., Berlin: Grote 1911, 443 S., mit Abb. (1. Aufl. 1909) (enthält Briefe 1863-1872, S. 259-432).
– : Augenblicksbilder aus einem Jugendleben. Leipzig: Wallmann 1905, 192 S.
– : Bilder aus meinem Leben. Berlin: Grote 1912, 544 S., mit Abb.
Bismarck, Hedwig von: Erinnerungen aus dem Leben einer 95jährigen. Mit dem Bilde der Verfasserin. 9. Aufl. Halle: Mühlmann 1910, VIII, 220 S. (1. Aufl. 1910).
Braun, Isabella: Aus meiner Jugendzeit. Mit colorirtem Titelbilde. 3. stark vermehrte Aufl., Stuttgart, Leipzig: Risch 1872, 316 S. (1. Aufl. 1871).
[Buchwald, Bertha] Erinnerungsblätter aus dem Leben einer deutschen Lehrerin. Herausgegeben von Bertha Buchwald. Weimar: Jüngst 1889, 147 S.

Canz, W(ilhelmine): Giebt es einen lebendigen Gott? Antwort mit Zeugnissen. Mannheim: Haas, 1. Band (1896), 303 S.; 2. Band: Zweites Buch: Aus den ersten 25 Jahren der Anstalt. Tagebuchblätter an der Hand von Tagesworten. Zweite Hälfte: Seit 1870. (1897), 242 S.

[Canz, Wilhelmine] Cantz, Max: Wilhelmine Canz. Eine christliche Glaubenszeugin aus dem neunzehnten Jahrhundert. Kaiserslautern 1935, 112 S., mit Abb. (Enthält Briefe von Wilhelmine Canz S. 93-107).

Diestel, Meta: Ein Herz ist unterwegs. Aus Leben und Arbeit. Mit einem Geleitwort von D. Otto Dibelius. Für die Freunde Meta Diestels hg. vom Bayerischen Mütterdienst. 3. Aufl. Nürnberg: Laetare-Verlag 1952, 103 S., mit Bild (1. Aufl. 1952).

Ettlinger, Anna: Lebenserinnerungen für ihre Familie verfaßt. Privatdruck undatiert, verfaßt 1915-1920.

[Franz, Marie] Erinnerungen einer Lehrerin. In: Die Grenzboten. Zeitschrift für Politik, Literatur und Kunst. Leipzig: Grunow, 64 (1905) S. 210-220, 384-392, 438-445, 546-553.

Franz, Marie: Erinnerungen einer Lehrerin. Leipzig: Grunow 1905, 96 S.

Gebhardt, Florentine: Blätter aus dem Lebensbilderbuch. Jugenderinnerungen. Berlin: Galle 1930, 151 S. (zuerst abgedruckt im Crossener Tageblatt um 1920).

– : Der Weg zum Lehrstuhl. Hamburg: Agentur des Rauhen Hauses 1933, 117 S.

– : Der zwiefache Weg. Lebenserinnerungen, dritter Teil. Berlin: M. E. Gebhardt 1942, 280 S., als Manuskript vervielfältigt.

Gnauck-Kühne, Elisabeth: Erinnerungen einer freiwilligen Arbeiterin. In: Die Hilfe 1 (1895) Nr. 6 u. 7; wieder abgedr. in: Erich Dauzenroth (Hg.): Frauenbewegung und Frauenbildung. Bad Heilbrunn 1964, S. 90-99.

– : Kindheitserinnerungen. In: Die christliche Frau. 8 (1909/1910) Heft 2, S. 126-128 (Den Kindheitserinnerungen sind zwei biographische Beiträge vorangestellt: Carl Sonnenschein: Elisabeth Gnauck-Kühne I, S. 117-121; Hedwig Dransfeld: Elisabeth Gnauck-Kühne II, S. 122-126).

Grüneisen, Johanna: Drittes Erinnerungsblatt: Tante Meta. In: dies.: Ich kann noch staunen. Und vieles andere kann ich auch. Sechs Kapitel wider die Angst im Alter. Eschbach 1982, S. 124-133.

Heyl, Hedwig: Aus meiner Kinderstube. Geschrieben für meine Kinder und Enkel (1906). In: Hopffgarten (Hg.), Gedenkblatt, 1920, S. 16-42.

– : (geb. Crüsemann): Aus Briefen an meine Mutter. In: Arnold Breymann (Hg.): Festschrift zum 50jährigen Jubiläum des Breymannschen Instituts. Wolfenbüttel 1906, S. 81-93 (Briefe aus den Jahren 1865-1867 in Neu Watzum).

– : Aus meinem Leben. Berlin: Schwetschke 1925, 174 S., mit Abb. (Weibliches Schaffen und Wirken. 2).

[Jurtz, Clara] Ihm zu dienen, welch ein Stand! Lebenserinnerungen einer Achtzigjährigen. Erster Teil. Gotha: Evangelische Buchhandlung Ott (1930), 134 S.

– : Fünfundzwanzig Jahre mit Mutter Eva im Friedenshort. Ihm zu dienen, welch ein Stand! Zweiter Teil. Lebenserinnerungen einer Achtzigjährigen. Gotha: Evangelische Buchhandlung Ott (1932), 93 S., mit Bild.

Karg von Bebenburg, (Ingeborg); Hanno und Asko von Kemnitz: Mutter und Kinder. In: General Ludendorff (Hg.), Mathilde Ludendorff, 1937, S. 22-38.

Klinckerfuß, Margarete: Aufklänge aus versunkener Zeit. 6.-15. Tsd. Urach: Post Verlag 1948, 245 S., mit Abb. (1. Aufl. 1947).

Klotz, Leopold (Hg.): Ströme der Liebe. Ein Briefwechsel. Gotha, Leipzig 1936 (Briefwechsel zwischen Hedwig Heyl und dem Maler Eugen Vinnai aus den Jahren 1929-1934).

Kraft, Luise: Unter Aposteln und Propheten. Erinnerungen aus meinem Leben. Hg. und bearb. von G. Zitzer. 2. Aufl. Marburg 1930, 108 S. (1. Aufl. 1913 als 3. Heft der "Hessischen Lesestube"); darin von Pfarrer Lic. J. Rößle (Niederscheld): Die neuapostolische Gemeinde. Ein Nachwort, S. 93-108.

Lange, Helene: Hedwig Heyl. In: Die Frau 27 (1919/20) S. 245.

– : Lebenserinnerungen. Berlin: Herbig 1921, 278 S.

Le Beau, L(uise) A(dolpha): Erinnerungen eines alten Flügels. In: Neue Berliner Musikzeitung 18, vom 28.4.1892, S. 228-229.

– : Lebenserinnerungen einer Komponistin. Baden-Baden: Sommermeyer 1910, 289 S., mit Abb.

Ludendorff, Erich: Als Lebens- und Kampfgefährtin. In: ders. (Hg.): Mathilde Ludendorff ihr Werk und Wirken. Pähl 1937, S. 39-69.

Ludendorff, Margarethe: Als ich Ludendorff's Frau war. (1909-1926). München 1929.

Ludendorff, Mathilde (Dr. von Kemnitz): Kindheit und Jugend. 1. Teil von: Statt Heiligenschein oder Hexenzeichen. Mein Leben. München: Ludendorff 1937 (1. Aufl. 1932), 246 S., mit Abb.

– : (Dr. von Kemnitz): Durch Forschen und Schicksal zum Sinn des Lebens. 2. Teil von: Statt Heiligenschein oder Hexenzeichen mein Leben. München: Ludendorff 1936, 296 S., mit Abb.

– : Freiheitskampf wider eine Welt von Feinden an der Seite des Feldherrn Ludendorff. 5. Teil von: Statt Heiligenschein oder Hexenzeichen mein Leben. Pähl: von Bebenburg 1967, 248 S., mit Abb.

Lüders, Marie-Elisabeth: Dorothee von Velsen. Versuch zu einem Lebensbild. Eine Würdigung zu ihrem 80. Geburtstag am 29.11.1963. Bonn 1963, 20 S.

– : Fürchte dich nicht. Persönliches und Politisches aus mehr als 80 Jahren. 1878-1962. Köln, Opladen: Westdeutscher Verlag 1963, 247 S., mit Abb.

Malberg, Anna: Aus dem Bilderbuch einer reichen Kindheit. Dresden: Reißner 1906, 174 S.
– : Vormundschaft. Ein Erinnerungsblatt aus der Kindheit der Bewegung. In: Die Frau 25 (1918) S. 298-300.
Meysenbug, Malwida von. Briefe an ihre Mutter. Hamburg 1850-1852. Hg. von Gabriel Monod. In: Deutsche Revue 30 (1905) 3: S. 217-226; 4: S. 229-241, 344-353; 31 (1906) 1: S. 359-370; 2: S. 252. London 1852 bis 1858 und Paris 1860: 33 (1908) 1: S. 48-58, 202-214, 316-325; 2: S. 89-100.
– : Im Anfang war die Liebe. Briefe an ihre Pflegetochter. Hg. von Berta Schleicher. 3. Aufl. München 1927 (Briefe an Olga Herzen).
– : Memoiren einer Idealistin und ihr Nachtrag: Der Lebensabend einer Idealistin. Neue Ausgabe. Berlin: Schuster und Loeffler 1917, 2 Bände, XVI, 475 S., 555 S. (Mit einem Nachruf von Gabriel Monod).
– : Memoiren einer Idealistin. Hg. von Berta Schleicher. Gesammelte Werke Band 1 und 2. Stuttgart, Berlin, Leipzig 1922.
[Mittendorf, Dorette] Erinnerungen aus dem Leben einer Erzieherin. "Meine Kraft ist in den Schwachen mächtig" 2. Kor. 12,9. Kassel: Röttger (1909), 96 S.
Mues, A(uguste): Lebens-Erinnerungen und Reise-Eindrücke einer Erzieherin. Osnabrück: Hoppenrath 1894, 211 S.
[N. L.] Meine Erfahrungen während meiner Laufbahn als Erzieherin. Von N. L. In: Der Frauen-Anwalt. Organ des Verbandes deutscher Frauenbildungs- und Erwerb-Vereine. Hg. von Jenny Hirsch. 4 (1873/74) S. 286-291.
Paulus, Philipp: Was eine Mutter kann. Beate Paulus. Eine selbst miterlebte Familiengeschichte. 5. Aufl. Stuttgart 1914.
Puttkamer, Albert von: 50 Jahre Bayreuth. Berlin 1927 (zu Rosa Sucher).
Riedel-Ahrens, B(ertha): Warum leben wir? In: Anny Wothe (Hg.): Selbsterlebtes. Aus den Werkstätten deutscher Poesie und Kunst. Bremerhaven, Leipzig: v. Vangerow 1904, 136 S., mit zahlreichen Illustrationen, S. 58-60, mit Bild.
Rossi, Stefania (Hg.); Yoko Kikuchi (Mitarb.): Malwida von Meysenbug. Briefe an Johanna und Gottfried Kinkel 1849-1885. Bonn 1982.
Schiemann, Heinrich: Verwandtschaft und Freundschaft. In: Becker u. a. (Hg.), Erziehung und Politik, 1960, S. 356-366 (Neffe von Minna Specht).
Schrader-Breymann, Henriette; Brief an Charitas Bischoff, Berlin W. 3.12.1885. In: Mary J. Lyschinska: Henriette Schrader-Breymann. Ihr Leben aus Briefen und Tagebüchern zusammengestellt und erläutert. Berlin 1927, Band 2, S. 316-318.
Schulze-Smidt, Bernhardine (Hg.): Ottilie Wildermuths Briefe an einen Freund. Mit einer Lebensskizze. Bielefeld, Leipzig 1910, 192 S. (26 Briefe aus den Jahren 1859-1877 an Gustav Heinrich Wagner).

Simon, Helene: Elisabeth Gnauck-Kühne. M.Gladbach. Band 1: Eine Pilgerfahrt, 1928, 248 S., 3 Taf.; Band 2: Heimat, 1929, 339 S., Titelbild (Band 2 enthält Briefe u. a. Schriften).

[Specht, Minna] Minna Specht über sich selbst. In: Hellmut Becker; Willi Eichler; Gustav Heckmann (Hg.): Erziehung und Politik. Minna Specht zu ihrem 80. Geburtstag. Frankfurt/Main: Verlag Öffentliches Leben 1960, S. 369-374 (Zuerst: Minna Specht. Pädagogin und Schulreformerin. In: Frauen machen Politik. Schriftenreihe für Frauenfragen Nr. 4. Hg. vom Vorstand der SPD. Bonn 1958, S. 5-8).

Sprengel, Auguste: Erinnerungen aus meinem Schulleben. Berlin-Lichterfelde: Verlag des Reichsverbandes freier (privater) Unterrichts- und Erziehungsanstalten 1932, 46 S.

– : Mitteilungen über die Familien Susemihl, Zeumer, Sprengel. Nach alten Papieren und Berichten zusammengestellt. Burg: Hopfer 1931, 38 S.

Stahl, Frieda, geb. Spieß: Aus dem Leben mit meiner Schwester. In: General Ludendorff (Hg.), Mathilde Ludendorff, 1937, S. 5-21.

Sucher, Rosa: Aus meinem Leben. Leipzig: Breitkopf und Härtel 1914, 95 S., mit Abb.

Tiele-Winckler, Eva von: Nichts unmöglich! Erinnerungen und Erfahrungen. Dresden 1929.

Torhorst, Marie: Meine Erinnerungen an Robert Alt. In: Jahrbuch für Erziehungs- und Schulgeschichte 20 (1980) S. 183-192.

– : Pfarrerstochter, Pädagogin, Kommunistin. Aus dem Leben der Schwestern Adelheid und Marie Torhorst. Hg. von Karl-Heinz Günther. Berlin (O): Dietz 1986, 151 S., mit Abb.

– : Unvergeßliche Erlebnisse. In: Im Zeichen des roten Sterns. Erinnerungen an die Traditionen der deutsch-sowjetischen Freundschaft. Berlin (O): Dietz 1974, S. 221-238.

– : Zur Liquidierung reformerischer Tendenzen in der Sowjetpädagogik in den 30er Jahren und zur Auseinandersetzung mit deutscher Reformpädagogik in den Jahren von 1945 bis 1956. Persönliche Erinnerungen und Analysen. In: Jahrbuch für Erziehungs- und Schulgeschichte 17 (1977) S. 165-180.

Trinks, Thekla: Lebensführung einer deutschen Lehrerin. Erinnerungen an Deutschland, England, Frankreich und Rumänien. Eisenach: Wilckens 1892, 244 S.; dass.: 2. erw. Aufl. 1897, 269 S.; dass.: 3. verm. Aufl., (Christliche Lebensbilder für das deutsche Haus) Gotha: Perthes 1904, XII, 288 S., mit Bild (Mit einem Nachwort von Friedrich Trinks).

Velsen, Dorothee von: Im Alter die Fülle. Erinnerungen. Tübingen 1956.

Vely, Emma: Mein schönes und schweres Leben. Leipzig: Frankenstein 1929, 485 S. (in 2 Teilen).

Wegscheider, Hildegard: Weite Welt im engen Spiegel. Erinnerungen. Berlin 1953.

Weise-Minck, Mathilde: Kindertage in Reinbek. (Hamburg) 1948 (Schwester von Minna Specht).
Wentscher, Else: Im Wandel der Zeiten. Briefwechsel zweier Generationen. Berlin 1938.
– : Mutterschaft und geistige Arbeit. Langensalza: Beyer 1926, 28 S. (Schriften zur Frauenbildung, hg. von Jakob Wychgram, Heft 10; Friedrich Mann's Pädagogisches Magazin. Abhandlungen zum Gebiete der Pädagogik und ihrer Hilfswissenschaften. Heft 1115).
[Wildermuth, Ottilie] Ottilie Wildermuths Leben. Nach ihren eigenen Aufzeichnungen zusammengestellt und ergänzt von ihren Töchtern Agnes Willms und Adelheid Wildermuth. Stuttgart: Kröner (1888), 415 S., mit Abb. (Enthält Ottilie Wildermuths Jugenderinnerungen: S. 1-129).
Witte, Margot: Das große Wagnis. Erinnerungen an Eva von Tiele-Winckler. 2. Aufl. Berlin 1957 (zuerst Stuttgart 1949).
Wohlwill, Gretchen: Lebenserinnerungen einer Hamburger Malerin. Bearb. von Hans-Dieter Loose. Hamburg: Gesellschaft der Bücherfreunde 1984, 74 S.

Allgemeine Literatur

Albisetti, James C.: Professionalisierung von Frauen im Lehrberuf. In: Kleinau/Opitz (Hg.), Geschichte der Mädchen- und Frauenbildung, Band 2, 1996, S. 189-200.
– : Schooling German Girls and Women. Secondary and Higher Education in the Nineteenth Century. Princeton, N. J. 1988.
Apel, Hans-Jürgen: Sonderwege der Mädchen zum Abitur im Deutschen Kaiserreich. In: Zeitschrift für Pädagogik 34 (1982) S. 171-189.
Armbruster, Christof; Ursula Müller; Marlene Stein-Hilbers (Hg.): Neue Horizonte? Sozialwissenschaftliche Forschung über Geschlechter und Geschlechterverhältnisse. Opladen 1995.
Arnold, Rolf: Qualitative Forschung im Bereich der beruflichen Bildung – Eine prospektive Bilanzierung. In: König/Zedler (Hg.), Bilanz qualitativer Forschung. Band 1, 1995, S. 169-182.
Assmann, Jan: Das kulturelle Gedächtnis. Schrift, Erinnerung und politische Identität in frühen Hochkulturen. München 1992.
– : Kollektives Gedächtnis und kulturelle Identität. In: ders.; Tonio Hölscher (Hg.): Kultur und Gedächtnis. Frankfurt/Main 1988, S. 9-19.
Bahrdt, Hans-Paul: Autobiographische Methoden, Lebensverlaufforschung und Soziologie. In: Wolfgang Voges (Hg.), Methoden der Biographie- und Lebenslaufforschung. (Biographie und Gesellschaft. 1) 1987, S. 77-85.

Barth-Scalmani, Gunda: Die (Volksschul)Lehrerin. Zur historischen Dimension eines Frauenberufes. In: Beiträge zur Historischen Sozialkunde 25 (1995) S. 113-119.

– : Geschlecht: weiblich, Stand: ledig, Beruf: Lehrerin. Grundzüge der Professionalisierung des weiblichen Lehrberufes in Österreich bis zum Ersten Weltkrieg. In: Brigitte Mazohl-Wallnig (Hg.): Bürgerliche Frauenkultur in Österreich. Wien 1995, S. 343-400.

Basikow, Ursula; Karen Hoffmann: Marie Torhorst 1888-1989. In: Gerd Radde u. a. (Hg.): Schulreform. Kontinuitäten und Brüche. Das Versuchsfeld Berlin-Neukölln. Band 2: 1945-1972. Opladen 1993, S. 240-243, mit Bild.

Bäumer, Gertrud: Geschichte und Stand der Frauenbildung in Deutschland. In: Helene Lange; dies. (Hg.): Der Stand der Frauenbildung in den Kulturländern. (Handbuch der Frauenbewegung. 3) Berlin 1902, S. 1-128.

Becher, Jutta: Kindermädchen. Ihre Bedeutung als Bezugspersonen für Kinder in bürgerlichen Familien des Zweiten Deutschen Kaiserreichs (1871-1918). Frankfurt/Main 1993; zugl. Köln, Univ. Diss. 1992.

Becker, Hellmut: Die freie Schule in der modernen Gesellschaft. In: Becker u. a. (Hg.), Erziehung und Politik, 1960, S. 144-151.

Becker, Hellmut; Willi Eichler; Gustav Heckmann (Hg.): Erziehung und Politik. Minna Specht zu ihrem 80. Geburtstag. Frankfurt/Main 1960.

Becker-Schmidt, Regina: Diskontinuität und Nachträglichkeit. Theoretische und methodische Überlegungen zur Erforschung weiblicher Lebensläufe. In: Diezinger u. a. (Hg.), Erfahrung mit Methode, 1994, S. 155-182.

Behr, Michael: Nachhilfeunterricht. Erhebungen in einer Grauzone pädagogischer Alltagsrealität. Darmstadt 1990.

Bellenberg, Gabriele; Peter Krauss-Hoffmann: Teilzeitbeschäftigt und früh pensioniert? Wandlungen in der Berufstätigkeit von Lehrerinnen und Lehrern. In: Die Deutsche Schule 90 (1998) S. 106-112.

Berg, Christa (Hg.): 1870-1918. Von der Reichsgründung bis zum Ende des Ersten Weltkriegs. (Handbuch der deutschen Bildungsgeschichte. 4) München 1991.

– : Die Okkupation der Schule. Eine Studie zur Aufhellung gegenwärtiger Schulprobleme an der Volksschule Preußens (1872-1906). Heidelberg 1973.

Bleek, Wilhelm: Zum 100. Geburtstag der Pädagogin Marie Torhorst. In: Deutschland-Archiv 22 (1989) S. 139-141.

Blochmann, Elisabeth: Das "Frauenzimmer" und die "Gelehrsamkeit". Eine Studie über die Anfänge des Mädchenschulwesens in Deutschland. Heidelberg 1966.

Blochmann, Maria W.: "Laß dich gelüsten nach der Männer Weisheit und Bildung". Frauenbildung als Emanzipationsgelüste 1800-1918. (Frauen in Geschichte und Gesellschaft. 11) Pfaffenweiler 1990.

Bock, Gisela; Barbara Duden: Arbeit aus Liebe – Liebe als Arbeit. Zur Entstehung der Hausarbeit im Kapitalismus. In: Gruppe Berliner Dozentinnen (Hg.): Frauen und Wissenschaft. Beiträge zur Berliner Sommeruniversität für Frauen Juli 1976. Berlin 1977, S. 118-199.

Bogerts, Hildegard: Bildung und berufliches Selbstverständnis lehrender Frauen in der Zeit von 1885 bis 1920. (Eruditio. 5) Frankfurt/Main 1977.

Bölling, Rainer: Sozialgeschichte der deutschen Lehrer. Ein Überblick von 1800 bis zur Gegenwart. Göttingen 1983.

Borchardt, Knut: Wirtschaftliches Wachstum und Wechsellagen 1800-1914. In: Hermann Aubin; Wolfgang Zorn: Handbuch der deutschen Wirtschafts- und Sozialgeschichte. Band 2. Stuttgart 1976, S. 198-275.

Borkowsky, Anna; Ursula Streckeisen: Arbeitsbiographien von Frauen. Eine soziologische Untersuchung struktureller und subjektiver Aspekte. (Reihe Arbeits- und Sozialwissenschaft. 12) Grüsch (Schweiz) 1989.

Bornhak, Helmut: Regine Jolberg. Die Gründerin des Mutterhauses Nonnenweier. Ein Abenteuer der Liebe. Stuttgart-Sillenbuch o. J.

Borscheid, Peter: Vom Leben in Arbeit zu Arbeit und Leben. Die Entwicklung der Lebensarbeitszeit aus sozialhistorischer Sicht. In: Pohl (Hg.), Entwicklung der Lebensarbeitszeit, 1992, S. 27-42.

Bourdieu, Pierre: Die feinen Unterschiede. Kritik der gesellschaftlichen Urteilskraft. 11. Aufl. Frankfurt/Main 1999.

– : Ökonomisches Kapital, kulturelles Kapital, soziales Kapital. In: Reinhard Kreckel (Hg.): Soziale Ungleichheiten. Göttingen 1983, S. 183-198.

Brednich, Rolf Wilhelm: Zum Stellenwert erzählter Lebensgeschichten in komplexen volkskundlichen Feldprojekten. In: ders.; Hannjost Lixfeld; Dietz-Rüdiger Moser; Lutz Röhrich (Hg.): Lebenslauf und Lebenszusammenhang. Autobiographische Materialien in der volkskundlichen Forschung. Vorträge der Arbeitstagung der Deutschen Gesellschaft für Volkskunde in Freiburg i. Br. vom 16. bis 18. März 1981. Freiburg i. Br. 1982, S. 46-70.

Brehmer, Ilse (Hg.): Mütterlichkeit als Profession? Lebensläufe deutscher Pädagoginnen in der ersten Hälfte dieses Jahrhunderts. Band 1. Pfaffenweiler 1990.

– ; Enders-Dragässer, Uta (Hg.): Die Schule lebt – Frauen bewegen die Schule. Dokumentation der 1. Fachtagung in Gießen 1982 und der 2. Fachtagung in Bielefeld 1983 Frauen und Schule. (Materialien für die Elternarbeit. 12) München 1984.

– ; Karin Ehrich (Hg.): Mütterlichkeit als Profession? Lebensläufe deutscher Pädagoginnen in der ersten Hälfte dieses Jahrhunderts. Band 2: Kurzbiographien. (Frauen in Geschichte und Gesellschaft. 5) Pfaffenweiler 1993.

– ; Karin Ehrich; Barbara Stolze: Berufsbiographien von Lehrerinnen. Vom Anfang des 19. Jahrhunderts bis zum 1. Drittel dieses Jahrhunderts. In: Hohenzollern/Liedtke (Hg.), Der weite Schulweg der Mädchen, 1990, S. 313-334.

Briesen, Detlef; Rüdiger Gans: Über den Wert von Zeitzeugen in der deutschen Historik. Zur Geschichte einer Ausgrenzung. In: BIOS 6 (1993) S. 1-32.

Brüggemeier, Franz-Josef: Aneignung vergangener Wirklichkeit. Der Beitrag der Oral History. In: Voges (Hg.), Methoden der Biographie- und Lebenslaufforschung, 1987, S. 145-169.

Brümmer, Franz: Lexikon der deutschen Dichter und Prosaisten vom Beginn des 19. Jahrhunderts bis zur Gegenwart. 8 Bände. Sechste völlig überarbeitete und stark vermehrte Auflage. Leipzig 1913.

Bruss, Elizabeth W.: Die Autobiographie als literarischer Akt. In: Niggl (Hg.), Die Autobiographie, 1989, S. 258-279 (zuerst frz. 1974).

Bühler, Adelheid: Else Wentscher. In: Ursula I. Meyer; Heidemarie Bennent-Vahle (Hg.): Philosophinnenlexikon. Aachen 1994, S. 351-352.

Busch-Geertsema, Bettina: Schule wird Pflicht. Niederes Schulwesen zwischen Nachbarschaft und Staat. Erste bildungspolitische Ansätze im niederen Schulwesen Bremens im frühen 19. Jahrhundert. Münster 1996.

Bussemer, Herrad-Ulrike: Bürgerliche Frauenbewegung und männliches Bildungsbürgertum 1860-1880. In: Frevert (Hg.), Bürgerinnen und Bürger, 1988, S. 190-205.

– : Frauenemanzipation und Bildungsbürgertum. Sozialgeschichte der Frauenbewegung in der Reichsgründungszeit. (Ergebnisse der Frauenforschung. 7) Weinheim, Basel 1985.

– : Zwischen Anpassung und Emanzipation. Frauenbewegung im wilhelminischen Deutschland. In: Praxis Geschichte 1990, S. 32-37.

Claupein, Erika: Vermögen und Vermögensbildungsprozesse der privaten Haushalte. Berlin 1990.

Clephas-Möcker, Petra; Kristina Krallmann: Akademische Bildung, eine Chance zur Selbstverwirklichung für Frauen? Lebensgeschichtlich orientierte Interviews mit Gymnasiallehrerinnen und Ärztinnen der Geburtsjahre 1909 bis 1923. Weinheim 1988.

Conen, Gabriele: Generationenbeziehungen sind auch Geschlechterbeziehungen. In: Zeitschrift für Frauenforschung 16 (1998) S. 137-153.

Conze, Werner: Sozialgeschichte 1800-1850 (und) Sozialgeschichte 1850-1900. In: Hermann Aubin; Wolfgang Zorn (Hg.): Handbuch der deutschen Wirtschafts- und Sozialgeschichte. Band 2. Stuttgart 1976. S. 426-494 und S. 602-684.

Dausien, Bettina: Biographie und Geschlecht. Zur biographischen Konstruktion sozialer Wirklichkeit in Frauenlebensgeschichten. Bremen 1996.

– : Biographieforschung als "Königinnenweg"? Überlegungen zur Relevanz biographischer Ansätze in der Frauenforschung. In: Diezinger u. a. (Hg.), Erfahrung mit Methode, 1994, S. 129-153.

Dauzenroth, Erich: Elisabeth Gnauck-Kühne. In: Katholische Frauenbildung 65 (1964) S. 355-361.

Deppisch, Herbert; Walter Meisinger: Vom Stand zum Amt. Der materielle und soziale Emanzipationsprozeß der Elementarlehrer in Preußen. Wiesbaden 1992 (Diss. Frankfurt/Main 1990).

Deutscher, Eckhardt K.: Private Schulen in der deutschen Bildungsgeschichte. Ein Beitrag zum Verhältnis von Schule und Staat. Frankfurt/Main 1976.

Diezinger, Angelika; Hedwig Kitzer; Ingrid Anker; Irma Bingel; Erika Haas; Simone Odierna (Hg.): Erfahrung mit Methode. Wege sozialwissenschaftlicher Frauenforschung. Freiburg i. Br. 1994.

Döring, Luise: Frauenbewegung und christliche Liebestätigkeit. Leipzig 1917.

Drechsel, Wiltrud Ulrike: Die Professionalisierung des "Schulstands" und die "unbrauchbar gewordenen" Elementarlehrerinnen. In: Kleinau/Opitz (Hg.), Geschichte der Mädchen- und Frauenbildung, Band 2, 1996, S. 161-173.

Dressel, Gert: Historische Anthropologie. Eine Einführung. Wien 1996.

Drewek, Peter: Geschichte der Schule. In: Harney/Krüger (Hg.), Einführung in die Geschichte, 1997, S. 183-207.

Ehmer, Josef (Hg.); Markus Cerman; Christa Hämmerle (Mitarb.): Historische Familienforschung. Ergebnisse und Kontroversen. Michael Mitterauer zum 60. Geburtstag. Frankfurt/Main 1997.

Ehrich, Karin: Karrieren von Lehrerinnen 1870-1930. In: Elke Kleinau (Hg.): Frauen in pädagogischen Berufen. Bad Heilbrunn 1996, S. 76-104.

Ehrig, Karin: Städtische Lehrerinnenausbildung in Preußen. Eine Studie zu Entwicklung, Struktur und Funktionen am Beispiel der Lehrerinnen-Bildungsanstalt Hannover 1856-1926. Frankfurt/Main 1995.

– : Stationen der Mädchenschulreform. Ein Ländervergleich. In: Kleinau/Opitz (Hg.), Geschichte der Mädchen- und Frauenbildung, Band 2, 1996, S. 129-148.

Eigler, Gunther; Volker Krumm: Zur Problematik der Hausaufgaben. Weinheim. Basel 1972.

Enders-Dragässer, Uta: Arbeitskonkurrenz und Frauenspaltung in der Schule: Ein blinder Fleck in der Mütterdiskussion. In: Beiträge zur feministischen Theorie und Praxis 11 (1988) 21/22, S. 117-126.

– : Mütterarbeit und schulische Ausgrenzung: die heimliche Ganztagsschule. In: dies.; Claudia Fuchs (Hg.): Frauensache Schule. Aus dem deutschen Schulalltag: Erfahrungen, Analysen, Alternativen. Frankfurt/Main 1990, S. 65-73.

Engelbrecht, Jörg: Autobiographien, Memoiren. In: Bernd-A. Rusinek; Volker Ackermann; ders. (Hg.): Einführung in die Interpretation historischer Quellen. Paderborn 1992, S. 61-79.

Engelhardt, Michael von: Schule und Arbeitssituation des Lehrers. In: Enzyklopädie Erziehungswissenschaft. Band 5: Organisation, Recht und Ökonomie des Bildungswesens. Stuttgart 1984, S. 355-372.

Engelsing, Rolf: Analphabetentum und Lektüre. Zur Sozialgeschichte des Lesens in Deutschland zwischen feudaler und industrieller Gesellschaft. Stuttgart 1973.

Federspiel, Ruth: Soziale Mobilität im Berlin des 20. Jahrhunderts. Frauen und Männer in Berlin-Neukölln 1905-1957, Phil. Diss. Freie Universität Berlin 1994.

Feidel-Mertz, Hildegard (Hg.): Schulen im Exil. Die verdrängte Pädagogik nach 1933. Reinbek 1983.

Felden, Heide von: ... greifen zur Feder und denken die Welt ... Einleitung: Zur Geschichte der schreibenden Frau. In: dies. (Hg.), ... greifen zur Feder und denken die Welt. Frauen-Literatur-Bildung. (Informationen zur wissenschaftlichen Weiterbildung. 44) Oldenburg 1991, S. 7-44.

Fend, Helmut: Sozialgeschichte des Aufwachsens. Bedingungen des Aufwachsens und Jugendgestalten im zwanzigsten Jahrhundert. Frankfurt/Main 1988.

Fertig, Ludwig: "Schulalternativen" in historischer Sicht. Anmerkungen zum Verhältnis von Familienerziehung und öffentlichem Schulwesen im 18. und 19. Jahrhundert. In: Neue Sammlung 23 (1983) S. 390-406.

Fieseler, Beate; Birgit Schulze (Hg.): Frauengeschichte: gesucht – gefunden? Auskünfte zum Stand der historischen Frauenforschung. Köln 1991.

Filchner, M. Sieglinde: Isabella Braun und die Jugendblätter. Studie zum 100jährigen Geburtstag der Jugendschriftstellerin. In: Die Bücherwelt, Heft 3, Dez. 1915, S. 52-63.

Fischer, Dietlind; Juliane Jacobi; Barbara Koch-Priewe (Hg.): Schulentwicklung geht von Frauen aus. Zur Beteiligung von Lehrerinnen an Schulreformen aus professionsgeschichtlicher, religionspädagogischer und fortbildungsdidaktischer Perspektive. Weinheim 1996.

Fischer, Konrad: Geschichte des Deutschen Volksschullehrerstandes. Band 2: Von 1790 bis auf die Gegenwart. Hannover 1892.

Fischer, Wolfram: Deutschland 1850-1914. In: ders. (Hg.): Europäische Wirtschafts- und Sozialgeschichte von der Mitte des 19. Jahrhunderts bis zum Ersten Weltkrieg. (Handbuch der europäischen Wirtschafts- und Sozialgeschichte. 5) Stuttgart 1985, S. 357-442.

– : Wirtschaft und Gesellschaft Europas 1850-1924. In: ders. (Hg.): Europäische Wirtschafts- und Sozialgeschichte von der Mitte des 19. Jahrhunderts bis zum Ersten Weltkrieg. (Handbuch der europäischen Wirtschafts- und Sozialgeschichte. 5) Stuttgart 1985, S. 1-207.

Fischer-Rosenthal, Wolfram; Gabriele Rosenthal: Warum Biographieanalyse und wie man sie macht. In: Zeitschrift für Sozialisationsforschung und Erziehungssoziologie 17 (1997) S. 405-427.

Flaake, Karin: Berufliche Orientierung von Lehrerinnen und Lehrern. Eine empirische Untersuchung. Frankfurt/Main 1989.

Forberg, Angela: Rollen- und Führungsverständnis von Schulleiterinnen beruflicher Schulen. Eine berufsbiographisch-orientierte Untersuchung. Weinheim 1997.

Frevert, Ute (Hg.): Bürgerinnen und Bürger: Geschlechterverhältnisse im 19. Jahrhundert. (Kritische Studien zur Geschichtswissenschaft. 77). Göttingen 1988.

– : Männergeschichte oder die Suche nach dem 'ersten' Geschlecht. In: Manfred Hettling; Claudia Huerkamp, Paul Nolte, Hans-Walter Schmuhl (Hg.): Was ist Gesellschaftsgeschichte? Positionen, Themen, Analysen. München 1991, S. 31-43.

Gahlings, Ilse; Elle Moering: Die Volksschullehrerin. Sozialgeschichte und Gegenwartslage. (Beiträge zur Soziologie des Bildungswesens. 2). Heidelberg 1961.

Gaudian, Magdalene: Helene Adelmann. Ein Lebensbild. In: Dem Andenken an Helene Adelmann. Hg. vom Vorstand des Vereins deutscher Lehrerinnen in England. Berlin 1916. S. 7-30.

Gehlhaus, Christa: Malwida von Meysenbug (1816-1903). Eine Frau gegen ihr Jahrhundert. In: Lippische Mitteilungen aus Geschichte und Landeskunde 57 (1988) S. 207-250.

Gerhard, Ute: Unerhört. Geschichte der deutschen Frauenbewegung. Reinbek 1990.

– : Verhältnisse und Verhinderungen. Frauenarbeit, Familie und Rechte der Frauen im 19. Jahrhundert. Mit Dokumenten. Frankfurt/Main 1978.

Gestrich, Andreas: Einleitung. Sozialhistorische Biographieforschung. In: ders.; Peter Knoch; Helga Merkel (Hg.): Biographie – sozialgeschichtlich. Göttingen 1988, S. 5-28.

Geyser, J.: "Einzel- und Klassenunterricht". In: Roloff (Hg.), Lexikon der Pädagogik, 1913ff., Sp. 969-977.

Glagau, Hans: Die moderne Selbstbiographie als historische Quelle. Eine Untersuchung. Marburg 1903.

Glaser, Edith; Susanne Stiefel: Ottilie Wildermuth – eine Marlitt der bürgerlichen Gesellschaft. In: diess.: Zwischen Waschzuber und Wohltätigkeit. Tübinger Frauengeschichte(n) im 19. und frühen 20. Jahrhundert. Tübingen 1991, S. 11-15.

Glumpler, Edith (Hg.): Mädchenbildung – Frauenbildung. Beiträge der Frauenforschung für die LehrerInnenforschung. Bad Heilbrunn 1992.

Goodman, Kay R.: Die große Kunst, nach innen zu weinen. Autobiographien deutscher Frauen im späten 19. und frühen 20. Jahrhundert. In: Wolfgang Paulsen (Hg.): Die Frau als Heldin und Autorin. Neue kritische Ansätze zur deutschen Literatur. Bern, München 1979, S. 125-135.

– : German Women and Autobiography in the Nineteenth Century. Louise Aston, Fanny Lewald, Malwida von Meysenbug and Marie von Ebner-Eschenbach. Diss. Univ. of Wisconsin, Madison 1977.

– : Weibliche Autobiographien. In: Hiltrud Gnüg; Renate Möhrmann (Hg.): Frauen Literatur Geschichte. Schreibende Frauen vom Mittelalter bis zur Gegenwart. Stuttgart 1985, S. 289-299.

Greven-Aschoff, Barbara: Die bürgerliche Frauenbewegung in Deutschland 1894-1933. (Kritische Studien zur Geschichtswissenschaft. 46) Göttingen 1981.

Gruhle, Hans W.: Die Selbstbiographie als Quelle historischer Erkenntnis. In: Melchior Palyi (Hg.): Hauptprobleme der Soziologie. Erinnerungsgabe für Max Weber. Band 1. München, Leipzig 1923, S. 155-177.

Grumbach, Detlef: Malwida von Meysenbug und die "Hamburger Hochschule für das weibliche Geschlecht". In: Grabbe-Jahrbuch 11 (1992) S. 149-161.

Gunga, Luise: Zimmer frei. Berliner Pensionswirtinnen im Kaiserreich. Frankfurt/Main 1995.

Hahn, Alois: Biographie und Religion. In: Hans-Georg Soeffner (Hg.): Kultur und Alltag. Göttingen 1988, S. 49-60.

Hämmerle, Christa (Hg.): Plurality and Individuality. Autobiographical Cultures in Europe. Proceedings of an International Research Workshop at IFK Vienna, 21. –22. October 1994. Wien 1995.

– : "Ich möchte das, was ich schon oft erzählt habe, schriftlich niederlegen ..." Entstehung und Forschungsaktivitäten der Dokumentation lebensgeschichtlicher Aufzeichnungen in Wien. In: BIOS 4 (1991) S. 261-278.

Hänsel, Dagmar: Wer ist der Professionelle? Analyse der Professionalisierungsproblematik im Geschlechterzusammenhang. In: Zeitschrift für Pädagogik 38 (1992) S. 873-893.

Hansen-Schaberg, Inge: Minna Specht – Eine Sozialistin in der Landerziehungsheimbewegung (1918-1951). Untersuchung zur pädagogischen Biographie einer Reformpädagogin. (Studien zur Bildungsreform. 22) Frankfurt/Main 1992.

– ; Christine Lost: Minna Specht (1879-1961) Reformpädagogische Konzepte im internationalen Kontext. In: Neue Sammlung 33 (1993) S. 142-152.

– ; Christine Lost: Minna Specht (1879-1961): Reformpädagogin und Sozialistin. Zur Geschichte doppelter Verdrängung und vertaner Chancen. In: Andreas Pehnke (Hg.): Ein Plädoyer für unser reformpädagogisches Erbe. Protokollband der internationalen Reformpädagogik-Konferenz am 24. September 1991 an der Pädagogischen Hochschule Halle-Köthen. Neuwied 1992, S. 151-163.

Hardach-Pinke, Irene: Die Gouvernante. Geschichte eines Frauenberufs. Frankfurt/Main, New York 1993.

Harder-Gersdorff, Elisabeth: Minna Specht. Sozialismus als Lebenshaltung und Erziehungsaufgabe. In: Brehmer, Ilse (Hg.): Mütterlichkeit als Profession? Lebensläufe deutscher Pädagoginnen in der ersten Hälfte dieses Jahrhunderts. Band 1. Pfaffenweiler 1990, S. 165-174.

Hareven, Tamara K.: Familie, Lebenslauf und Sozialgeschichte. In: Ehmer (Hg.), Historische Familienforschung, 1997, S. 17-37.
Harney, Klaus; Heinz-Hermann Krüger (Hg.): Einführung in die Geschichte von Erziehungswissenschaft und Erziehungswirklichkeit. Opladen 1997.
– : Geschichte der Berufsbildung. In: ders./Krüger (Hg.), Einführung in die Geschichte, 1997, S. 209-245.
Hartewig, Karin: Neue Forschungen zur Frauen- und Geschlechtergeschichte. In: Archiv für Sozialgeschichte 35 (1995) S. 419-444.
Hartmann, Heinz: Die Unternehmerin. Selbstverständnis und soziale Rolle. Köln, Opladen 1968.
Hausen, Karin: Geschlecht und Ökonomie. In: Gerold Ambrosius (Hg.): Moderne Wirtschaftsgeschichte. Eine Einführung für Historiker und Ökonomen. München 1996, S. 89-103.
– : Wirtschaften mit der Geschlechterordnung. Ein Essay. In: dies. (Hg.): Geschlechterhierarchie und Arbeitsteilung. Zur Geschichte ungleicher Erwerbschancen von Männern und Frauen. Göttingen 1993, S. 40-67.
Hauser-Schäublin, Brigitta; Birgitt Röttger-Rössler (Hg.): Differenz und Geschlecht. Eine Einleitung. In: diess. (Hg.): Differenz und Geschlecht. Neue Ansätze in der ethnologischen Forschung. Berlin 1998, S. 7-22.
Heimpel, Elisabeth: Isabella Braun. In: NDB 2 (1953) S. 553.
Heinsohn, Kirsten: Der lange Weg zum Abitur. Gymnasialklassen als Selbsthilfeprojekte der Frauenbewegung. In: Kleinau/Opitz (Hg.): Geschichte der Mädchen- und Frauenbildung. Band 2. 1996, S. 149-160, 570-572.
Henschke, Ulrike: Fortbildung der Mädchen und Frauen. In: Rein (Hg.), Encyklopädisches Handbuch der Pädagogik. Band 2,1. 1896, S. 302-309.
Hering, Sabine: Deutsch und nichts als Deutsch – Mathilde Ludendorff ohne "Heiligenschein und Hexenzeichen". In: Ariadne (1990) 18, S. 40-46.
Herrmann, Ulrich: Das Konzept der "Generation". Ein Forschungs- und Erklärungsansatz für die Erziehungs- und Bildungssoziologie und die Historische Sozialisationsforschung. In: Neue Sammlung 27 (1987) S. 354-377.
Heuser, Magdalene (Hg.): Autobiographien von Frauen. Beiträge zu ihrer Geschichte. (Untersuchungen zur deutschen Literaturgeschichte. 85) Tübingen 1996.
Heydebrand, Renate von (Hg.): Kanon Macht Kultur. Theoretische, historische und soziale Aspekte ästhetischer Kanonbildung. Stuttgart, Weimar 1998.
– : Probleme des 'Kanons' – Probleme der Kultur- und Bildungspolitik. (Plenumsvortrag) In: Johannes Janota (Hg.): Kultureller Wandel und die Germanistik in der Bundesrepublik. Band 4: Germanistik, Deutschunterricht und Kulturpolitik. Tübingen 1993, S. 3-24.
– : Wertung, literarische. In: Reallexikon der deutschen Literaturgeschichte. 2. Aufl. 1984, S. 828-871.

Heyl, Hedwig: Die hauswirtschaftliche Schule. In: Lange/Bäumer (Hg.), Handbuch der Frauenbewegung, III. Teil, 1902, S. 153-160.

Hinz, Renate: Lehrerinnen im Bildungsauftrag des frühen 19. Jahrhunderts. In: Heike Fleßner (Hg.): Aufbrüche – Anstöße. Frauenforschung in der Erziehungswissenschaft. Oldenburg 1995, S. 79-113.

Hirsch, Gertrude: Typen der Selbstdeutung von Lehrerinnen und Lehrern im Rückblick auf ihre berufliche Entwicklung. In: Bildung und Erziehung 49 (1996) S. 277-294.

Hlawatschek, Elke: Die Unternehmerin (1800-1945). In: Pohl (Hg.), Die Frau in der deutschen Wirtschaft, 1985, S. 127-146, 147-154.

Hoeppel, Rotraut: Historische Biographieforschung. In: König/Zedler (Hg.), Bilanz qualitativer Forschung, Band 2, 1995, S. 289-308.

– : Weiblichkeit als Selbstentwurf. Autobiographische Schriften als Gegenstand der Erziehungswissenschaft. Eine exemplarische Untersuchung anhand ausgewählter Texte aus der frühen bürgerlichen und der neuen autonomen Frauenbewegung. Diss. Würzburg 1983.

Hoffmann, Volker: Tendenzen in der deutschen autobiographischen Literatur 1890-1923. In: Niggl (Hg.), Autobiographie, 1989, S. 482-519, (Originalbeitrag 1980).

Hohenzollern, Johann Georg Prinz von; Max Liedtke (Hg.): Der weite Schulweg der Mädchen. Die Geschichte der Mädchenbildung als Beispiel der Geschichte anthropologischer Vorurteile. (Schriftenreihe zum Bayerischen Schulmuseum Ichenhausen. 9) Bad Heilbrunn 1990.

Hohorst, Gerd; Jürgen Kocka; Gerhard A. Ritter: Sozialgeschichtliches Arbeitsbuch. Materialien zur Statistik des Kaiserreichs 1870-1914. München 1975.

Holdenried, Michaela (Hg.): Geschriebenes Leben. Autobiographik von Frauen. Berlin 1995.

Holland, Hyacinth: Isabella Braun. In: ADB 47 (1903) S. 194-196.

Hollweg, Otto: Die Geschichte der Anstalt. In: ders. (Hg.): Festschrift zur Feier des 75jährigen Bestehens des Städtischen Oberlyzeums i. E. in Wesel. Wesel 1928, S. 4-31.

Holzkamp, Klaus: Lernen. Subjektwissenschaftliche Grundlegung. Frankfurt/Main 1993.

Hopf, Caroline: Frauenbewegung und Pädagogik: Gertrud Bäumer zum Beispiel. Bad Heilbrunn 1997 (zugl. Erlangen, Nürnberg, Univ., Diss., 1997).

Hopffgarten, Elise von: Lebensbild. In: dies. (Hg.): Hedwig Heyl. Ein Gedenkblatt zu ihrem 70. Geburtstage dem 5. Mai 1920 von ihren Mitarbeitern und Freunden. Berlin 1920, S. 11-63.

Horn, Klaus-Peter: Der Ort des Pädagogischen. Eine Sammelbesprechung bildungshistorischer Lokal- und Regionalstudien. In: Zeitschrift für Pädagogik 44 (1998) S. 127-147.

Horstkemper, Marianne: Von der "Bestimmung des Weibes" zur "Dekonstruktion der Geschlechterdifferenz". Theoretische Ansätze zu Geschlechterverhältnissen in der Schule. In: Die Deutsche Schule 90 (1998) S. 1-26.

Huinink, Johannes; Matthias Grundmann: Kindheit im Lebenslauf. In: Manfred Markefka; Bernhard Nauck (Hg.): Handbuch der Kindheitsforschung. Neuwied 1993, S. 67-78.

Hüttenberger, Peter: Überlegungen zur Theorie der Quelle. In: Bernd-A. Rusinek; Volker Ackermann, Jörg Engelbrecht (Hg.): Einführung in die Interpretation historischer Quellen. Paderborn 1992, S. 253-265.

Imhof, Arthur E.: Die gewonnenen Jahre. Von der Zunahme unserer Lebensspanne seit dreihundert Jahren oder von der Notwendigkeit einer neuen Einstellung zu Leben und Sterben. Ein historischer Essay. München 1981.

– : Die Lebenszeit. Vom aufgeschobenen Tod und von der Kunst des Lebens. München 1988.

Jacobi, Juliane (Hg.): Frauen zwischen Familie und Schule. Professionalisierungsstrategien bürgerlicher Frauen im internationalen Vergleich. (Studien und Dokumentationen zur vergleichenden Bildungsforschung. 55) Köln 1994.

– : "Geistige Mütterlichkeit". Bildungstheorie oder strategischer Kampfbegriff gegen Männerdominanz im Mädchenschulwesen? In: Die Deutsche Schule. Beiheft 1990, S. 209-224.

– : "Öffentliche" und "private" Erziehung aus der Sicht der pädagogisch-historischen Frauenforschung. In: Dieter Timmermann (Hg.): Bildung und Erziehung zwischen privater und öffentlicher Verantwortung. Bielefeld 1993, S. 39-52.

– : Die Reformpädagogik. Lehrerinnen in ihrer Praxis, Geschlechterdimensionen in der Theorie. In: Fischer u. a. (Hg.), Schulentwicklung geht von Frauen aus, 1996, S. 29-44.

– : Modernisierung durch Feminisierung? Zur Geschichte des Lehrerinnenberufs. In: Zeitschrift für Pädagogik 43 (1997) S. 929-946.

– : Zwischen Erwerbsfleiß und Bildungsreligion – Mädchenerziehung in Deutschland. In: Georges Duby; Michelle Perrot (Hg.): Geschichte der Frauen. Band 4: Geneviève Fraisse; Michelle Perrot (Hg.): 19. Jahrhundert. Frankfurt/Main, New York, Paris 1995, S. 267-281.

Jacobi-Dittrich, Juliane: Growing Up Female in the Nineteenth Century. In: John C. Fout (Hg.): German Women in the Nineteenth Century. A Social History. New York 1984, S. 197-217.

Jaeger, Hans: "Unternehmer". In: Geschichtliche Grundbegriffe. Historisches Lexikon zur politisch-sozialen Sprache in Deutschland. Hg. von Otto Brunner; Werner Conze; Reinhart Koselleck. Band 6. Stuttgart 1990, S. 708-732.

– : Generationen in der Geschichte. Überlegungen zu einer umstrittenen Konzeption. In: Geschichte und Gesellschaft 3 (1977) S. 429-452.

Jancke, Gabriele: Autobiographische Texte – Handlungen in einem Beziehungsnetz. Überlegungen zu Gattungsfragen und Machtaspekten im deutschen Sprachraum von 1400 bis 1620. In: Schulze (Hg.), Ego-Dokumente, 1996, S. 73-106.

– : Gruppenkultur, Beziehungen und Handeln in Kontexten. Autobiographische Schriften des 15. und 16. Jahrhunderts im deutschen Sprachraum. (Freie Universität) Berlin 2000.

Jeismann, Karl-Ernst (Hg.): Bildung, Staat, Gesellschaft im 19. Jahrhundert. Mobilisierung und Disziplinierung. Stuttgart 1989.

– : Zum Bildungsbegriff in den preußischen Gymnasialprogrammen des Vormärz. In: Reinhart Koselleck (Hg.): Bildungsbürgertum im 19. Jahrhundert. Band 2: Bildungsgüter und Bildungswissen. Stuttgart 1990, S. 317-345.

– ; Peter Lundgreen (Hg.): 1800-1870. Von der Neuordnung Deutschlands bis zur Gründung des Deutschen Reiches. (Handbuch der deutschen Bildungsgeschichte. 3) München 1987.

Jurczyk, Karin; Maria S. Rerrich: Einführung: Alltägliche Lebensführung: der Ort, wo "alles zusammenkommt". In: diess. (Hg.): Die Arbeit des Alltags. Beiträge zu einer Soziologie der alltäglichen Lebensführung. Freiburg i. Br. 1993, S. 11-45.

Kaelble, Hartmut: Historische Mobilitätsforschung. Westeuropa und die USA im 19. und 20. Jahrhundert. (Erträge der Forschung. 85) Darmstadt 1978.

Kaiser, Astrid; Monika Oubaid (Hg.): Deutsche Pädagoginnen der Gegenwart. Köln, Wien 1986.

Karsen, Fritz: Neue Schule in Neukölln. In: Gerd Radde u. a. (Hg.): Schulreform – Kontinuitäten und Brüche. Das Versuchsfeld Berlin-Neukölln. Band 1: 1912 bis 1945. Opladen 1993, S. 172-174.

Käthner, Martina; Elke Kleinau: Höhere Töchterschulen um 1800. In: Kleinau/Opitz, Geschichte der Mädchen- und Frauenbildung. Band 1, 1996, S. 393-408.

Kaufhold, Karl Heinrich: Deutschland 1650-1850. In: Ilja Mieck (Hg.): Europäische Wirtschafts- und Sozialgeschichte von der Mitte des 17. Jahrhunderts bis zur Mitte des 19. Jahrhunderts. (Handbuch der europäischen Wirtschafts- und Sozialgeschichte. 4). Stuttgart 1993, S. 523-588.

Keiner, Edwin: Rezension zu Lundgreen/Kraul/Ditt, Bildungschancen und soziale Mobilität in der städtischen Gesellschaft des 19. Jahrhunderts. Göttingen 1988. In: Paedagogica Historica 1990, S. 143-146.

Kemnitz, Heidemarie; Heinz-Elmar Tenorth; Klaus-Peter Horn: Der Ort des Pädagogischen. Eine Sammelbesprechung bildungshistorischer Lokal- und Regionalstudien. In: Zeitschrift für Pädagogik 44 (1998) S. 127-147.

Kessel, Martina (Hg.): Zwischen Abwasch und Verlangen. Zeiterfahrungen von Frauen im 19. und 20. Jahrhundert. Ein Lesebuch. München 1995.
Kleinau, Elke: Bildung und Geschlecht. Eine Sozialgeschichte des höheren Mädchenschulwesens in Deutschland vom Vormärz bis zum Dritten Reich. Weinheim 1997.
– : Ein (hochschul-)praktischer Versuch. Die "Hochschule für das weibliche Geschlecht" in Hamburg. In: Kleinau/Opitz (Hg.), Geschichte der Mädchen- und Frauenbildung. Band 2, 1996, S. 66-82.
– : Reformpädagogik und Mädchenbildung – zur Relevanz sozialhistorischer Forschung im Kontext heutiger Ausbildung von Lehrerinnen und Lehrern. In: dies.; Katrin Schmersahl; Dorion Weickmann (Hg.): "Denken heißt Grenzen überschreiten". Beiträge aus der sozialhistorischen Frauen- und Geschlechterforschung. Eine Festschrift zum 60. Geburtstag von Marie-Elisabeth Hilger. Hamburg 1995, S. 193-208.
– ; Christine Mayer (Hg.): Erziehung und Bildung des weiblichen Geschlechts. Eine kommentierte Quellensammlung zur Bildungs- und Berufsbildungsgeschichte von Mädchen und Frauen. 2 Bände. (Einführung in die pädagogische Frauenforschung. Band 1/1.2) Weinheim 1996.
– ; Claudia Opitz (Hg.): Geschichte der Mädchen- und Frauenbildung. Band 1: Vom Mittelalter bis zur Aufklärung. Band 2: Vom Vormärz bis zur Gegenwart. Frankfurt/Main 1996.
Klewitz, Marion: Gleichheit als Hierarchie. Lehrerinnen in Preußen (1900-1930). In: Jacobi (Hg.), Frauen zwischen Familie und Schule, 1994, S. 78-107.
– : Lehrerinnen in Berlin. Zur Geschichte eines segregierten Arbeitsmarktes. In: Benno Schmoldt (Hg.): Schule in Berlin gestern und heute. Berlin 1989, S. 141-162.
– : Lehrerinnenausbildung 1890-1925 (in Preußen). In: Jutta Dalhoff; Uschi Frey; Ingrid Schöll (Hg.): Frauenmacht in der Geschichte. Beiträge des Historikerinnentreffens 1985 zur Frauengeschichtsforschung. (Geschichtsdidaktik. Studien, Materialien. 41) Düsseldorf 1986, S. 113-124.
– : Preußische Volksschule vor 1914. Zur regionalen Auswertung der Schulstatistik. In: Zeitschrift für Pädagogik 27 (1981) S. 551-573.
– : Professionalisierung in eigener Regie. Beispiele von Selbstorganisation und Selbstbildung von Lehrerinnen um die Jahrhundertwende. In: Fischer u. a. (Hg.), Schulentwicklung geht von Frauen aus, 1996, S. 65-78.
– : Zwischen Oberlehrern und Müttern. Professionalisierung im Lehrerinnenberuf (1870-1920). In: dies.; Ulrike Schildmann; Theresa Wobbe (Hg.): Frauenberufe – hausarbeitsnah? Zur Erziehungs-, Bildungs- und Versorgungsarbeit von Frauen. (Frauen in Geschichte und Gesellschaft. 12) Pfaffenweiler 1989, S. 59-98.
– ; Achim Leschinsky: Institutionalisierung des Volksschulwesens. In: Enzyklopädie Erziehungswissenschaft. Band 5: Organisation, Recht und Ökonomie des Bildungswesens. Stuttgart 1984, S. 72-97.

Klüger, Ruth: Zum Wahrheitsbegriff in der Autobiographie. In: Heuser (Hg.), Autobiographien von Frauen, 1996, S. 405-410.
Knapp, Ulla: Frauenarbeit in Deutschland. 2 Bände. München 1984.
Kocka, Jürgen: Familie, Unternehmer und Kapitalismus. An Beispielen aus der frühen deutschen Industrialisierung. In: Zeitschrift für Unternehmensgeschichte 24 (1973) 3, S. 99-135.
– : Sozialgeschichte zwischen Strukturgeschichte und Erfahrungsgeschichte. In: Wolfgang Schieder; Volker Sellin (Hg.): Sozialgeschichte in Deutschland. Entwicklungen und Perspektiven im internationalen Zusammenhang. Band 1: Die Sozialgeschichte innerhalb der Geschichtswissenschaft. Göttingen 1986, S. 67-88.
– : Unternehmer in der deutschen Industrialisierung. Göttingen 1975.
König, Eckard; Peter Zedler (Hg.): Bilanz qualitativer Forschung. Band 1: Grundlagen qualitativer Forschung. Band 2: Methoden. Weinheim 1995.
Körnig, Franz: Nebenämter der Lehrer. In: Roloff (Hg.), Lexikon der Pädagogik, 1914, Sp. 870-874.
Koschwitz-Newby, Heidi: Hedwig Heyl. Die beste Hausfrau Berlins. In: Christiane Eifert; Susanne Rouette (Hg.): Unter allen Umständen. Frauengeschichte(n) in Berlin. Berlin 1986, S. 60-79.
Koselleck, Reinhart (Hg.): Bildungsbürgertum im 19. Jahrhundert. Band 2: Bildungsgüter und Bildungswissen. Stuttgart 1990.
Kramer, Carla: Wilhelmine Canz. Schriftstellerin und Gründerin der Großheppacher Schwesternschaft 1815-1901. In: Lebensbilder aus Schwaben und Franken. 14 (1980) S. 317-349.
Kramer, Helgard: Einleitung. In: dies.; Christel Eckart; Ilka Riemann; Karin Walser: Grenzen der Frauenlohnarbeit. Frauenstrategien in Lohn- und Hausarbeit seit der Jahrhundertwende. (Studienreihe des Instituts für Sozialforschung Frankfurt/Main). Frankfurt/Main 1986, S. 11-49.
Kraul, Margret: Normierung und Emanzipation. Die Berufung auf den Geschlechtscharakter bei der Institutionalisierung der höheren Mädchenbildung. In: Jeismann (Hg.), Bildung, Staat, Gesellschaft, 1989, S. 219-231.
– : Weibliche Bildung – männliche Bildung – allgemeine Bildung. In: Neue Sammlung 35 (1995) S. 23-45.
– ; Christoph Lüth: Symposion 10. Der Einfluß von Religion und Kirche auf geschlechtsspezifische Sozialisation, Bildung und Ausbildung im europäischen Vergleich. In: Dietrich Benner; Dieter Lenzen (Hg.): Bildung und Erziehung in Europa. (Zeitschrift für Pädagogik. 32. Beiheft) Weinheim 1994, S. 301-315.
Krauss, Peter: Lehrerarbeitszeit in der Retrospektive. Zur Entwicklung der Lehrerarbeitszeit in Deutschland. In: Recht der Jugend und des Bildungswesens. 45 (1997) S. 60-70.
Kröll, Joachim: Malwida von Meysenbug. In: Archiv für Geschichte von Oberfranken 46 (1966) S. 241-328.

Krünitz, Johann Georg: "Die Land-Schulen sowohl wie Lehr- als auch Arbeits- und Industrie-Schulen"; "Schulhalterinnen". In: ders.: Oekonomisch-technologische Enzyklopädie, Band 61 und 62, Berlin 1793 und 1794.

Kuhlemann, Frank-Michael: Modernisierung und Disziplinierung. Sozialgeschichte des preußischen Volksschulwesens 1794-1872. (Kritische Studien zur Geschichtswissenschaft. 96) Göttingen 1992.

– : Niedere Schulen. In: Berg (Hg.), Handbuch der deutschen Bildungsgeschichte. Band 4, 1991, S. 179-217.

– : Stadt, Region und schulstruktureller Wandel im 19. Jahrhundert. Ergebnisse und Perspektiven der Forschung. In: Paedagogica Historica 28 (1993) S. 289-299.

Kuhn, Bärbel: Das Unterste zuoberst gekehrt. Beiträge zu Theorie und Praxis von Hausarbeit im 19. und 20. Jahrhundert. In: Fieseler/Schulze (Hg.), Frauengeschichte, 1991, S. 22-46.

– : Familienstand: ledig. Lebensläufe und Mentalitäten eheloser Frauen und Männer im Bürgertum 1850-1914. (L'Homme Schriften. 5) Wien 2000

Ladj-Teichmann, Dagmar: Erziehung zur Weiblichkeit durch Textilarbeiten. Ein Beitrag zur Sozialgeschichte der Frauenarbeit im 19. Jahrhundert. Weinheim, Basel 1983.

Lange, Helene: "Altersversorgung der Lehrerinnen in Deutschland" In: Rein (Hg.), Encyklopädisches Handbuch der Pädagogik. 1. Band. 1885, S. 54-59.

– : "Erzieherin". In: Rein (Hg.), Encyklopädisches Handbuch der Pädagogik. 2. Band 1896, S. 9-17.

– : Kampfzeiten. Aufsätze und Reden aus vier Jahrzehnten. 2 Bände. Berlin 1928.

Langemeyer-Krohn, Rita; Dieter Krohn: Nachhilfe – Der Unterricht nach der Schule. Eine empirische Untersuchung zu einem vernachlässigten Thema. In: Die Deutsche Schule 4 (1987) S. 491-505.

Lehmann, Albrecht: Erzählstruktur und Lebenslauf. Autobiographische Untersuchungen. Frankfurt/Main 1983.

Lejeune, Philippe: Der autobiographische Pakt. In: Niggl (Hg.), Autobiographie, 1989, S. 214-257.

Lenz, Karl; Lothar Böhnisch: Zugänge zu Familien. Ein Grundlagentext. In: diess. (Hg.): Familien. Eine interdisziplinäre Einführung. Weinheim 1997, S. 9-63.

Leschinsky, Achim: Die Institutionalisierung von Lehren und Lernen. Beiträge zu einer Theorie der Schule. (Zeitschrift für Pädagogik. Beiheft 34) Weinheim 1996.

Liedtke, Bettina: Arbeitszeit. Haste wieder keene Zeit? In: blz. Zeitschrift der GEW Berlin 53/68 (1999) 11, S. 18-19.

Lipp, Carola: Alltagskulturforschung im Grenzbereich von Volkskunde, Soziologie und Geschichte. Aufstieg und Niedergang eines interdisziplinären Forschungskonzepts. In: Zeitschrift für Volkskunde 89 (1993) S. 1-33.

– : Überlegungen zur Methodendiskussion. Kulturanthropologische, sozialwissenschaftliche und historische Ansätze zur Erforschung der Geschlechterbeziehung. In: Frauenalltag – Frauenforschung (Beiträge zur 2. Tagung der Kommission Frauenforschung in der deutschen Gesellschaft für Volkskunde, Freiburg 22. – 25. Mai 1986). Frankfurt/Main 1988, S. 29-46.

Loser, Fritz; Ewald Terhart: (Vorwort zum Themenheft "Von Beruf Lehrer"). In: Bildung und Erziehung 49 (1996) S. 253-256.

Luckemeyer, Ludwig: Marie-Elisabeth Lüders. In: NDB 15 (1987) S. 454-456.

Lundgreen, Peter; Margret Kraul; Karl Ditt: Bildungschancen und soziale Mobilität in der städtischen Gesellschaft des 19. Jahrhunderts. Göttingen 1988.

Lyschinska, Mary J.: Henriette Schrader-Breymann. Ihr Leben aus Briefen und Tagebüchern zusammengestellt und erläutert. 2. Aufl. unter Mitwirkung von Dr. Arnold Breymann. 2 Bände. Berlin, Leipzig 1927.

Maiwald, Kai-Olaf: Die Wirklichkeit des Lebens und seiner Deutung. Auf dem Weg zu einer Methodologie der Biographieforschung (Sammelbesprechung). In: Soziologische Revue 19 (1996) S. 465-473.

Marbach, Jan: Das Familienzyklenkonzept in der Lebenslaufforschung. In: Voges (Hg.), Methoden der Biographie- und Lebenslaufforschung, 1987, S. 367-388.

Marotzki, Winfried: Qualitative Bildungsforschung. In: König/Zedler (Hg.), Bilanz qualitativer Forschung. Band 1, 1995, S. 99-133.

Maurer, Andrea: Moderne Arbeitsutopien. Das Verhältnis von Arbeit, Zeit und Geschlecht. Opladen 1994.

Mayer, Christine: Zur Kategorie "Beruf" in der Bildungsgeschichte von Frauen im 18. und 19. Jahrhundert. In: Elke Kleinau (Hg.): Frauen in pädagogischen Berufen. Bad Heilbrunn 1996, S. 14-38.

Mayer, Karl-Ulrich (Hg.): Lebensverläufe und sozialer Wandel. (Sonderheft 31 der KZfSS) Opladen 1990.

– : Lebensverläufe und gesellschaftlicher Wandel. Eine Theoriekritik und eine Analyse zum Zusammenhang von Bildungs- und Geburtenentwicklung. In: Johann Behrens; Wolfgang Voges (Hg.): Kritische Übergänge. Statuspassagen und sozialpolitische Institutionalisierungen. Frankfurt/Main 1996, S. 43-72.

Mellien, Marie: "Pensionate für Mädchen". In: Rein (Hg.), Encyklopädisches Handbuch der Pädagogik. Band 5. 1898, S. 281-286.

Mevius, Ludolf: Zur Geschichte der Lehrerarbeitszeit in Hamburg von 1870 bis 1970. Schwarzbuch der Gewerkschaft Erziehung und Wissenschaft, Landesverband Hamburg. Hamburg 1982.

Meyer, Gerhard: Eva von Tiele-Winckler. Im Dienst des Nächsten verzehre ich mich. Ulm 1967.

Milz, Helga; Ingeborg Wegehaupt-Schneider: Der respektlose Umgang mit Frauenarbeit oder: Von Gratisarbeit und Niedriglohn. In: Brigitte Brück; Heike Kahlert; Marianne Krüll; Astrid Osterland; diess.: Feministische Soziologie. Eine Einführung. Frankfurt/Main 1992, S. 93-133.

Misch, Georg: Geschichte der Autobiographie. 4 Bände. Frankfurt/Main 1907-1969.

Mitterauer, Michael: Sozialgeschichte der Jugend. Frankfurt/Main 1986.

Möhrmann, Renate: Frauenarbeit im Spiegel der Frauenliteratur. In: Ruth-Ellen Boettcher Joeres; Annette Kuhn (Hg.): Frauenbilder und Frauenwirklichkeiten. Interdisziplinäre Studien zur Frauengeschichte in Deutschland im 18. und 19. Jahrhundert. (Frauen in der Geschichte. 6) Düsseldorf 1985, S. 143-163.

Müller, Günter: "So vieles ließe sich erzählen..." Von der Geschichte im Ich und dem Ich in den Geschichten der popularen Autobiographik. In: Institut für Wirtschafts- und Sozialgeschichte, Universität Wien (Hg.): Wiener Wege der Sozialgeschichte. Themen – Perspektiven – Vermittlungen. Wien 1997, S. 335-356.

Müller, Sebastian F.; Heinz-Elmar Tenorth: Professionalisierung der Lehrertätigkeit. In: Enzyklopädie Erziehungswissenschaft. Band 5: Organisation, Recht und Ökonomie des Bildungswesens. Stuttgart 1984, S. 153-171.

Müller, Walter; Angelika Willms; Johann Handl: Strukturwandel der Frauenarbeit 1880-1980. Frankfurt/Main, New York 1983.

Narweleit, Gerhard: Die Wandlungen der ökonomischen Territorialstruktur im Deutschland des 19. Jahrhunderts unter dem Einfluß der ökonomischen Revolution. In: Jahrbuch für Wirtschaftsgeschichte (1989) S. 175-182.

Neghabian, Gabriele: Frauenschule und Frauenberufe. Ein Beitrag zur Bildungs- und Sozialgeschichte Preußens (1908-1945) und Nordrhein-Westfalens (1946-1974). (Studien und Dokumentationen zur deutschen Bildungsgeschichte. 49) Köln 1993.

Neugebauer, Wolfgang: Absolutistischer Staat und Schulwirklichkeit in Brandenburg-Preußen. Berlin, New York 1985.

Neumann, Bernd: Identität und Rollenzwang. Zur Theorie der Autobiographie. Frankfurt/Main 1970.

Nieswandt, Martina: Lehrerinnenseminare. Sonderweg zum Abitur oder Bestandteil höherer Mädchenbildung? In: Kleinau/Opitz (Hg.), Geschichte der Mädchen- und Frauenbildung, Band 2, 1996, S. 174-188, 573-577.

Niggl, Günter (Hg.): Die Autobiographie. Zu Form und Geschichte einer literarischen Gattung. (Wege der Forschung. 565) Darmstadt 1989; 2., um ein Nachwort zur Neuausgabe und einen bibliographischen Nachtrag erg. Aufl. 1998.

Nittel, Dieter: Zertifikate ohne Ende. Einige Anmerkungen über "abschlußbezogene" Varianten des lebenslangen Lernens. In: Hessische Blätter für Volksbildung 46 (1996) S. 243-255.

Nolte, Paul: 1900. Das Ende des 19. und der Beginn des 20. Jahrhunderts in sozialgeschichtlicher Perspektive. In: Geschichte in Wissenschaft und Unterricht 47 (1996) S. 281-300.

Nyssen, Elke; Bärbel Schön: Traditionen, Ergebnisse und Perspektiven feministischer Schulforschung. In: Zeitschrift für Pädagogik 39 (1992) S. 858-871.

Ohlerich, Ingeborg: Anna Vorwerk 1839-1900. In: Niedersächsische Lebensbilder 8 (1973) S. 266-297.

Ostner, Ilona: Beruf und Hausarbeit. Die Arbeit der Frau in unserer Gesellschaft. Frankfurt/Main 1978.

Pekrun, Reinhard; Andreas Helmke: Schule und Kindheit. In: Manfred Markefka; Bernhard Nauck (Hg.): Handbuch der Kindheitsforschung. Neuwied 1993, S. 567-576.

Peters, Dietlinde: Marie-Elisabeth Lüders. In: Henrike Hülsbergen (Hg.): Stadtbild und Frauenleben. Berlin im Spiegel von 16 Frauenporträts. Berlin 1997, S. 123-150.

Petrat, Gerhardt: Schulerziehung. Ihre Sozialgeschichte in Deutschland bis 1945. München 1987.

– : Schulunterricht. Seine Sozialgeschichte in Deutschland 1750-1850. München 1979.

Plato, Alexander von: Oral History als Erfahrungswissenschaft. Zum Stand der "mündlichen Geschichte" in Deutschland. In: BIOS 4 (1991) S. 97-119.

Pohl, Hans (Hg.): Die Entwicklung der Lebensarbeitszeit. Festschrift für Reinhart Freudenberg; im Auftrag der Gesellschaft für Unternehmensgeschichte e.V. (Zeitschrift für Unternehmensgeschichte. Beiheft 75) Stuttgart 1992.

– : (Hg.): Die Frau in der deutschen Wirtschaft. Referate und Diskussionsbeiträge des 8. Wissenschaftlichen Symposiums der Gesellschaft für Unternehmensgeschichte e.V. am 8. und 9. Dezember 1983 in Essen. (Zeitschrift für Unternehmensgeschichte. Beiheft 35) Stuttgart 1985.

Pollmann, Birgit: Lehrerinnen in Deutschland und in den USA zwischen Emanzipation und Anpassung. (Europäische Hochschulschriften, Reihe 31, Politikwissenschaft. 141) Frankfurt/Main 1989.

Prelinger, Catherine M.: Die deutsche Frauendiakonie im 19. Jahrhundert. Die Anziehungskraft des Familienmodells. In: Ruth-Ellen Boetcher-Joeres; Annette Kuhn (Hg.): Frauenbilder und Frauenwirklichkeiten. (Frauen in der Geschichte. 6) Düsseldorf 1985, S. 268-285.

Radde, Gerd: Fritz Karsens Reformwerk in Berlin-Neukölln. In: Gerd Radde; u. a. (Hg.): Schulreform – Kontinuitäten und Brüche. Das Versuchsfeld Berlin-Neukölln. Band 1: 1912 bis 1945. Opladen 1993, S. 175-187.

Radler, Rudolf: Mathilde Ludendorff. In: NDB 15 (1987) S. 290-292.

Ramm, Elke: Warum existieren keine "klassischen" Autobiographien von Frauen? In: Holdenried (Hg.), Geschriebenes Leben, 1995, S. 130-141.

Rang, Brita: Frauen und Weiblichkeit in pädagogischer Perspektive. Ein Beitrag zur Theoriegeschichte. In: Jahrbuch für Pädagogik 1994. Geschlechterverhältnisse und die Pädagogik. Frankfurt/Main 1994, S. 201-223.

Rappold, Elfriede; Helmut Bornhak: Folge mir nach. Hundert Jahre Mutterhaus Grossheppach 1856-1956. Stuttgart-Rohr 1956.

Rein, W. (Hg.): Encyklopädisches Handbuch der Pädagogik. 7 Bände. Langensalza 1895-1899.

Richter, Gudrun; Inga Discher: Arbeitszeiten für Frauen. Zur Geschlechtsspezifik von Arbeitszeitformen. In: Zeitschrift für Frauenforschung 15 (1997) 3, S. 35-51.

Roloff, Ernst M. (Hg.): Lexikon der Pädagogik. 5 Bände, Freiburg i. Br. 1913-1917.

Röper, Ursula: Mariane von Rantzau und die Kunst der Demut. Frömmigkeitsbewegung und Frauenpolitik in Preußen unter Friedrich Wilhelm IV. Stuttgart 1997.

Roth, Leo (Hg.): Handlexikon zur Didaktik der Schulfächer. München 1980.

Sagarra, Eda: Gegen den Zeit- und Revolutionsgeist. Ida Gräfin Hahn-Hahn und die christliche Tendenzliteratur im Deutschland des 19. Jahrhunderts. In: Gisela Brinker-Gabler (Hg.): Deutsche Literatur von Frauen. Band 2: 19. und 20. Jahrhundert. München 1988, S. 105-119.

– : Quellenbibliographie autobiographischer Schriften von Frauen im deutschen Kulturraum 1730-1918. In: Internationales Archiv für Sozialgeschichte der deutschen Literatur 11 (1986) S. 175-231.

Sauer, Michael: Bildungsgeschichte (Literaturbericht) Teil I. In: Geschichte in Wissenschaft und Unterricht 49 (1998) S. 761-772.

Schaser, Angelika: Helene Lange und Gertrud Bäumer. Politik als Beruf vom Kaiserreich bis zur Bundesrepublik Deutschland. Habil.-Schr. Berlin 1998/99 (Druck i.V.).

– : Helene Lange. In: Henrike Hülsbergen (Hg.): Stadtbild und Frauenleben. Berlin im Spiegel von 16 Frauenporträts. Berlin 1997, S. 171-201.

Schenda, Rudolf: Von Mund zu Ohr. Bausteine zu einer Kulturgeschichte volkstümlichen Erzählens in Europa. Göttingen 1993.

Schissler, Hanna: Soziale Ungleichheit und historisches Wissen. Der Beitrag der Geschlechtergeschichte. (Einleitung) In: dies. (Hg.): Geschlechterverhältnisse im historischen Wandel. Frankfurt/Main 1993, S. 9-36.

Schmid, Pia: Deutsches Bildungsbürgertum. Bürgerliche Bildung zwischen 1750 und 1830. Phil. Diss. Frankfurt/Main 1985.

Schneider, Karl; A. Petersilie: Das gesammte niedere Schulwesen im preußischen Staate im Jahre 1896. (Preußische Statistik 151) Berlin 1898.

– ; A. Petersilie: Das gesammte Volksschulwesen im preußischen Staate im Jahre 1891. (Preußische Statistik 120) Berlin 1893.

Schott, Theodor: Ottilie Wildermuth. In: ADB 42 (1898) S. 504-507.

Schröder, Wilhelm Heinz: Kollektive Biographien in der historischen Sozialforschung: Eine Einführung. In: ders. (Hg.): Lebenslauf und Gesellschaft: Zum Einsatz von kollektiven Biographien in der historischen Sozialforschung. (Historisch-sozialwissenschaftliche Forschungen. 18) Stuttgart 1985, S. 7-17.

Schulze, Winfried: (Hg.): Ego-Dokumente. Annäherung an den Menschen in der Geschichte. Berlin 1996.

– : Ego-Dokumente: Annäherung an den Menschen in der Geschichte? In: Bea Lundt; Helma Reimöller (Hg.): Von Aufbruch und Utopie. Perspektiven einer neuen Gesellschaftsgeschichte des Mittelalters. Für und mit Ferdinand Seibt aus Anlaß seines 65. Geburtstags. Köln 1992, S. 417-450.

Schüren, Reinhard: Soziale Mobilität. Muster, Veränderungen und Bedingungen im 19. und 20. Jahrhundert. St. Katharinen 1989.

Schweitzer, Rosemarie von: Einführung in die Wirtschaftslehre des privaten Haushalts. Stuttgart 1991.

Seitter, Wolfgang: Geschichte der Erwachsenenbildung. In: Harney/Krüger (Hg.), Einführung in die Geschichte, 1997, S. 311-329.

Siegrist, Hannes: Bürgerliche Berufe. Die Professionen und das Bürgertum. In: ders. (Hg.): Bürgerliche Berufe. Zur Sozialgeschichte der freien und akademischen Berufe im internationalen Vergleich. Göttingen 1988, S. 11-48.

Spieß, Pit: Neue Lehrerarbeitszeitmodelle in Bremen. Zur Neudefinition der pädagogischen Arbeit in der Schule. In: Die Deutsche Schule 88 (1996) S. 48-55.

Sprengel, Auguste: Die Allgemeine Frauenschule. Die Fortsetzung der höheren Mädchenschule. Leipzig, Berlin 1909.

Steinbach, Lothar: Bewußtseinsgeschichte und Geschichtsbewußtsein. Reflexionen über das Verhältnis von autobiographischer Geschichtserfahrung und Oral History. In: BIOS 8 (1995) S. 89-106.

Stief, Henriette: Johanna oder Durch Nacht zum Licht. Berlin 1853 (Roman).

Stodolsky, Catherine: Geschlecht, soziale Schicht und die Professionalisierung der Lehrtätigkeit der Volksschullehrerinnen im Kaiserreich. In: Jacobi (Hg.), Frauen zwischen Familie und Schule, 1994, S. 151-163.

Stoehr, Irene: Frauenerwerbsarbeit als Kriegsfall. Marie-Elisabeth Lüders: Variationen eines Lebensthemas. In: Gunilla-Friederike Budde (Hg.): Frauen arbeiten. Weibliche Erwerbstätigkeit in Ost- und Westdeutschland nach 1945. Göttingen 1997, S. 62-77.

Stolze, Barbara: Ausbildung und Berufstätigkeit von Volksschullehrerinnen in Westfalen 1832-1926. Eine institutionengeschichtliche und berufsbiografische Studie. Pfaffenweiler 1995.

Streckeisen, Ursula: Statusübergänge im weiblichen Lebenslauf. Über Beruf, Familie und Macht in der Ehe. Frankfurt/Main 1991.

Sturm, Gabriele: Wie forschen Frauen? Überlegungen zur Entscheidung für qualitatives oder quantifizierendes Vorgehen. In: Diezinger u. a. (Hg.), Erfahrung mit Methode. 1994, S. 85-103.

Supprian, Karl: Frauengestalten in der Geschichte der Pädagogik. Kulturgeschichtliche Skizzen zur Frauenfrage. Leipzig 1897.

Tenorth, Heinz Elmar: Biographie und gelebtes Leben. Notiz über einige unvermeidliche Fiktionen. In: Inge Hansen-Schaberg (Hg.): "etwas erzählen". Die lebensgeschichtliche Dimension in der Pädagogik. Bruno Schonig zum 60. Geburtstag. Baltmannsweiler 1997, S. 189-200.

– : Die professionelle Konstruktion der Schule – Historische Ambivalenz eines Autonomisierungsprozesses. In: Leschinsky (Hg), Die Institutionalisierung von Lehren und Lernen, 1996, S. 285-298.

Terhart, Ewald: Der Kontext des Forschungsprojekts. In: ders. u. a. (Hg.), Berufsbiographien, 1994, S. 15-32.

– : Lehrerbiographien. In: König/Zedler, Methoden, 1995, S. 225-264.

– ; Kurt Czerwenka; Karin Ehrich; Frank Jordan; Hans Jochim Schmidt: Berufsbiographien von Lehrern und Lehrerinnen. Frankfurt/Main 1994.

Tesar, Eva: "... wie ganz besonders sich ein Krokodil zur Erziehung einer Eidechse eignet." Professionalisierung, Selbstverständnis und Kämpfe der ersten Lehrerinnengeneration in Österreich. In: Birgit Bolognese-Leuchtenmüller; Michael Mitterauer (Hg.): Frauen-Arbeitswelten. Zur historischen Genese gegenwärtiger Probleme. Wien 1993, S. 149-167.

Tilch, Herbert: Zur Definition des Terminus "Lehrgang". In: Die berufsbildende Schule 29 (1977) S. 428-438.

Titze, Hartmut; Axel Nath; Volker Müller-Benedict: Der Lehrerzyklus. Zur Wiederkehr von Überfüllung und Mangel im höheren Lehramt in Preußen. In: Zeitschrift für Pädagogik 31 (1985) S. 97-126.

Treiber, Hubert; Heinz Steinert: Die Fabrikation des zuverlässigen Menschen: Über die "Wahlverwandtschaft" von Kloster- und Fabrikdisziplin. München 1980.

Triebel, Armin: Zwei Klassen und die Vielfalt des Konsums. Haushaltsbudgetierung bei abhängig Erwerbstätigen in Deutschland im ersten Drittel des 20. Jahrhunderts. In: Rainer Metz (Hg.): Sonderheft 20 Jahre Zentrum für Historische Sozialforschung. Teil 1: Wirtschaft und Gesellschaft. HSR 22 (1997) 2, S. 81-104.

Uhlig, Christa: Professionalisierung in eigener Regie. Beispiele von Selbstorganisation und Selbstbildung von Lehrerinnen um die Jahrhundertwende. In: Fischer u. a. (Hg.), Schulentwicklung geht von Frauen aus, 1996, S. 65-78.

Ungermann, Silvia: Kindheit und Schulzeit von 1750-1850. Eine vergleichende Analyse anhand ausgewählter Autobiographien von Bauern, Bürgern und Aristokraten. Frankfurt/Main 1997, zugl. Wuppertal, Univ. Diss. 1996.

Voges, Wolfgang (Hg.): Methoden der Biographie- und Lebenslaufforschung. (Biographie und Gesellschaft. 1) Opladen 1987.

Vogt, Marianne: Autobiographik bürgerlicher Frauen. Zur Geschichte weiblicher Selbstbewußtwerdung. Würzburg 1981.

Vogt, P.: Philosophische Propädeutik. In: Roloff (Hg.) Lexikon der Pädagogik 1914, Sp. 1277-1280.

Voigt, Martina: Projektbericht 1990-1992. DFG-Forschungsprojekt "Unternehmerinnen – geschlechtsspezifische Besonderheiten der Gründung und Führung von Unternehmen". Nr. 92/1993.

Wagner, Gisela: Malwida von Meysenbug. In: Westfälische Lebensbilder 12 (1979) S. 104-127.

Wall, Richard: Zum Wandel der Familienstrukturen im Europa der Neuzeit. In: Ehmer (Hg.), Historische Familienforschung, 1997, S. 255-282.

Walter, Paula: Isabella Braun. Eine katholische Jugendschriftstellerin. In: Gelbe Hefte. Historische und politische Zeitschrift für das katholische Deutschland. 4 (1928) 2. Halbband, 10. Heft, S. 814-821.

Wedel, Gudrun: Bemerkungen zum Altwerden und Altsein von Frauen im 19. Jahrhundert als Themen in ihren autobiographischen Schriften. In: Christoph Conrad; Hans-Joachim von Kondratowitz (Hg.): Gerontologie und Sozialgeschichte. Wege zu einer historischen Betrachtung des Alters. Beiträge einer internationalen Arbeitstagung am Deutschen Zentrum für Altersfragen. Berlin, 5.-7. Juli 1982. Berlin 1983. (Beiträge zur Gerontologie und Altenarbeit. 48) S. 105-119.

– : Frauen lehren. Arbeit im Leben von Autobiographinnen aus dem 19. Jahrhundert. (Diss. Freie Universität Berlin) Berlin 1997.

– : Frauen schreiben über sich selbst: Lebensläufe im 19. Jahrhundert. In: Weibliche Biographien. Beiträge 7 zur feministischen Theorie und Praxis. Dokumentation der Tagung Weibliche Biographien, Bielefeld Oktober 1981, hg. von Sozialwissenschaftliche Forschung und Praxis für Frauen e.V. München 1982, S. 18-22.

– : Ledig, fromm und geschäftstüchtig. Die Lehrerinnenkarriere der Thekla Trinks als autobiographische Konstruktion. In: Ulrike Jekutsch (Hg.): Selbstentwurf und Geschlecht. Kolloquium des Interdisziplinären Zentrums der Ernst Moritz Arndt-Universität Greifswald. (Greifswald) 2000 (im Druck).

– : Rekonstruktionen des eigenen Lebens. Autobiographien von Frauen aus dem 19. Jahrhundert. In: Gisela Brinker-Gabler (Hg.): Deutsche Literatur von Frauen. Band 2: 19. und 20. Jahrhundert. München 1988, S. 154-165.

– : Vom Wert der Arbeit und der Kunst. Die Lebenserinnerungen der Florentine Gebhardt. In: Heuser (Hg.), Autobiographien von Frauen, 1996, S. 350-367.

Weegen, Michael: Das Geschäft mit der organisierten Nachhilfe. In: Jahrbuch der Schulentwicklung. Band 4. Weinheim 1986, S. 236-250.

Weigand, Gabriele: Die weiblichen Schulorden und die Mädchenbildung. In: Hohenzollern/Liedtke (Hg.), Der weite Schulweg der Mädchen, 1990, S. 127-147.

Weiser, Johanna: Das preußische Schulwesen im 19. und 20. Jahrhundert. Ein Quellenbericht aus dem Geheimen Staatsarchiv Stiftung Preußischer Kulturbesitz. Köln 1996.

Widmann, H.: Nachhilfestunden. In: Roloff (Hg.), Lexikon der Pädagogik, 1914, Sp. 798-803.

Wilbrandt, Robert: Die Frauenarbeit. Ein Problem des Kapitalismus. (Aus Natur und Geisteswissenschaft. Sammlung wissenschaftlich-gemeinverständlicher Darstellungen. 106) Leipzig 1906.

– ; Lisbeth Wilbrandt: Die deutsche Frau im Beruf. (Handbuch der Frauenbewegung. 4) Berlin 1902, S. 323-331.

Willms-Herget, Angelika: Frauenarbeit. Zur Integration der Frauen in den Arbeitsmarkt. Frankfurt/Main, New York 1985.

Winko, Simone: Wertungen und Werte in Texten. Axiologische Grundlagen und literaturwissenschaftliches Rekonstruktionsverfahren. (Konzeption Empirische Literaturwissenschaft. 11) Braunschweig, Wiesbaden 1991.

Wirth, Günter: Zum Hintergrund eines Lebensbildes (Nachwort). In: Charitas Bischoff. Bilder aus meinem Leben. Berlin 2. Aufl. 1984, S. 417-468.

Wolf, Gertraud: Der Frauenerwerb in den Hauptkulturstaaten. Nach amtlichen statistischen Quellen. München 1916.

Wychgram, Jakob (Hg.): Handbuch des Höheren Mädchenschulwesens. Leipzig 1897.

Zier, Kurt: Minna Specht in der Odenwaldschule In: Becker u. a. (Hg.), Erziehung und Politik, 1960, S. 287-308.

Zorn, Wolfgang: Territorium und Region in der Sozialgeschichte. In: Wolfgang Schieder; Volker Sellin (Hg.): Sozialgeschichte in Deutschland. Entwicklungen und Perspektiven im internationalen Zusammenhang. Band 2: Handlungsräume des Menschen in der Geschichte. Göttingen 1986, S. 137-161.

Zymek, Bernd: Konjunkturen einer illegitimen Disziplin. Entwicklung und Perspektiven schulhistorischer Forschung in der Bundesrepublik Deutschland. In: Peter Albrecht; Ernst Hinrichs (Hg.): Kultur und Gesellschaft in Norddeutschland zur Zeit der Aufklärung. 2: Das niedere Schulwesen im Übergang vom 18. zum 19. Jahrhundert. Tübingen 1995, S. 1-14.

Register

Personen

Agena (Gutsbesitzer) 97, 282
Althaus, Theodor 83, 281
Averdieck, Elise 220

Baiss (englische Familie) 201, 283
Bartsch, Martha 253
Bäumer, Gertrud 40, 136, 278
Baur (Berliner Hofprediger) 147, 276
Becker, Hellmut 231
Becker, Minna 247
Beckmann, Emmy 262
Behr, Michael 191
Bischoff, Adolf 271
Bischoff, Charitas 271
Bischoff, Charitas, geb. Dietrich 27, 53, 57, 66, 89f., 102, 113, 116, 122-124, 129f., 135, 160, 173, 185, 193, 195f., 199, 233f., 271
Bischoff, Christian 271
Bischoff, Käthe 271
Bismarck, Adelheid von 204
Bismarck, Emil von 204
Bismarck, Hedwig von 27, 50, 58, 64f., 78, 81f., 112-114, 121f., 124, 129, 152, 159, 163, 189, 194, 199, 204-206, 271f.
Bismarck, Hermann von 204
Bismarck, Otto von 42, 204
Bismarck-Bohlen, von (Flügeladjutant) 222f.
Bismarck-Schönhausen, Charlotte von, geb. von Bredow 271
Bismarck-Schönhausen, Friedrich von 271
Blochmann, Maria 100

Böhm, Gottfried 276
Bormann, Karl 177, 210
Braun, Bernhard 272
Braun, Euphemia, geb. von Merklin 272
Braun, Isabella 27, 50, 52f., 64f., 79f., 116, 128f., 131, 133, 140, 159, 163, 188, 234, 268, 272
Briesen, Detlef 17
Buchwald, Bertha 27, 50, 53, 58f., 64f., 77, 79f., 114-116, 128f., 133f., 141, 144, 159f., 163, 171, 188, 195-197, 199f., 244-246, 272
Buchwald, Karl 163, 171, 245, 272
Buchwald, Wilhelm 272
Buxton (englische Familie) 234

Campe, Joachim Heinrich 258
Canz, Christine Wilhelmine, geb. Cronmüller 273
Canz, Gottlieb 273
Canz, Wilhelmine 27, 50, 53, 65f., 82f., 85f., 97, 111, 117, 127, 129f., 134, 139, 159, 163, 178, 206, 219-221, 224, 227, 273
Couvely, Heinrich 287
Crain, Lucie 124, 208, 243, 255, 278
Crüsemann, Eduard 276
Crüsemann, Henriette, geb. Böhm 276

Dausien, Bettina 20, 30
Dekker, Rudolf 17
Delius, Anton Heinrich 274
Denzel, Heidi 274
Dibelius, Otto 274

319

Dieck, Nicolaus tom 278
Diestel, Emmy, geb. Delius 274
Diestel, Ludwig 274
Diestel, Meta 28, 51, 54f., 57f., 70f., 101-105, 117-119, 122, 124, 128, 130f., 162, 170, 178, 186, 188, 190, 274
Dietrich, Amalie, geb. Nelle 55, 66, 89, 233, 271
Dietrich, Wilhelm August Salomo 271
Dilthey, Wilhelm 13
Döring, Luise 220, 222f.

Engelbrecht, Jörg 18f.
Engelhardt, Michael von 180
Erdmann, Benno 145, 288
Erxleben, Betty von 81, 194

Falk, Adalbert 42
Fichte, Johann Gottlieb 83
Fischer, Friedrich 248
Fischer, Konrad 239
Fitch (Lehrerin) 245
Fitz Roy (englische Familie) 283
Flattich (Pfarrer) 185
Fliedner, Karoline, geb. Bertheau 226
Fliedner, Theodor 220, 225
Franz, Marie 28, 69, 79, 102, 111, 116, 130, 135, 139, 173, 235-237, 239, 242, 274
Freund (Nählehrerin) 60
Friedländer (Seminardirektor) 247
Friedrich III., Kaiser 45
Fröbel, Friedrich 97, 105, 276

Gans, Rüdiger 17
Gärtner (Lehrer) 247
Gebhardt, Florentine 28, 51, 53f., 61f., 68f., 71, 77, 79, 102, 106, 110-113, 116, 118, 120, 125-128, 136, 154, 159, 161f., 167f., 173f., 179, 184, 186-188, 203, 216-218, 235-242, 253f., 268, 274
Gebhardt, Grete 136, 174, 186f., 274
Gebhardt, Lise 187, 274
Geheeb, Paul 232, 284
Georg, Herzog von Meiningen 177
Gerhard, Adele 288
Germond, Louis 222
Gnauck, Rudolf 275
Gnauck-Kühne, Elisabeth, geb. Kühne 28, 51f., 57f., 67f., 70, 77, 90f., 122-124, 129f., 132, 135, 262, 269, 275
Godeffroy, Cäsar 55
Griesinger, von (Staatsrat) 163
Gruner (Fabrikant) 95, 278
Guilliaume, Fanny, geb. Wohlwill 105
Gumpert, Thekla von 90
Günther, Karl-Heinz 286

Hammacher (Familie) 141, 278
Hänsel, Dagmar 8
Hansen-Schaberg, Inge 230-232
Hardach-Pinke, Irene 85, 156, 169, 192
Hareven, Tamara K. 3
Hartmann, Heinz 209
Hasselbeck, Josef 285
Heineken, Agnes 257
Henckel, Mary R. 243, 284
Herzen, Alexander 64, 85, 121, 160, 281
Herzen, Olga 58, 64, 85, 113, 282
Heuser, Magdalene 15
Heyl, Eduard 276
Heyl, Georg 276
Heyl, Hans 276
Heyl, Hedwig, geb. Crüsemann 28, 51, 66, 68, 97f., 102, 118, 129, 132f., 135, 148, 159, 161, 163, 186, 206, 210, 212, 254f., 258, 262, 269, 276
Heyl, Rose 276
Heyl, Victor 276

Personenregister

Hlawatschek, Elke 208, 210, 213, 215
Hoffmann, Ottilie 276
Holdenried, Michaela 15
Hollweg, Otto 155, 249
Hüttenberger, Peter 19
Huttenlocher (Betreiberin einer Speiseanstalt) 60

Itzko, Bertha 244

Jacobi, Juliane 24f.
Jessen, Peter Hinrich 280
Jolberg, Regine 85, 221, 273
Jurtz, Clara 28, 51, 67f., 77, 94-96, 121-124, 130, 134, 144, 147f., 159, 161, 163, 169, 190, 192, 199, 219f., 224-227, 243, 276

Kalliwoda, Wilhelm 99
Kammbly (Lehrerin) 106
Karl, König von Württemberg 163, 287
Karsen, Fritz 257
Kemnitz, Asko von 279
Kemnitz, Gustav Adolf von 146, 186, 279
Kemnitz, Hanno von 279
Kemnitz, Ingeborg von 146, 279
Kinkel, Gottfried 84
Kinkel, Johanna 84, 281
Kleine, Edmund Georg 279
Klewitz, Marion 78, 153, 239
Klinckerfuß, Apollo 55, 277
Klinckerfuß, Johanna, geb. Schultz 55, 103, 277
Klinckerfuß, Margarete 28, 51, 70, 102-104, 117f., 127, 130, 134, 139, 163, 170, 184, 192, 277
Klockow, Ida 256
Kocka, Jürgen 206-209, 212f., 215
Kortüm (Schulleiter) 250
Krabbe (Verleger) 160

Kraft, Luise 27, 58, 66f., 79, 87, 130, 136, 159, 161, 186, 234, 278
Kraft, Peter 278
Kramer, Carla 221
Kranz (Waisenhausdirektor) 287
Krause, Helene von 272
Kruse (Regierungspräsident in Düsseldorf) 257
Kuhlemann, Frank-Michael 35, 176
Kühne, August 275
Kümmerle (Tanzlehrer) 60
Kunze (Schneiderin) 61

Lange, Carl Theodor 278
Lange, Helene 27, 43, 45, 51, 67f., 76f., 89, 94f., 103, 120, 124-126, 130, 132, 136, 141, 158, 161, 163, 167, 170, 181, 196f., 199, 208, 243, 254f., 259f., 265, 269, 278
Lange, Johanne, geb. tom Dieck 278
Langenn-Steinkeller, von (Familie) 194, 272
Le Beau, Karolin, geb. Barack 279
Le Beau, Luise Adolpha 28, 51, 57, 68, 97-99, 103, 117f., 130, 132, 136, 161, 184, 261, 269, 279
Lehmann (Pfarrer) 175, 250
Lehmann, Albrecht 21
Lehmann, Friederike 204
Lette, Adolf 44
Lietz, Hermann 230, 284
Liszt, Franz 55
Löhe, Wilhelm 220
Ludendorff, Erich 57, 279f.
Ludendorff, Mathilde, geb. Spieß 28, 52, 54f., 57, 59, 70f., 78, 101f., 129f., 135, 142, 144-146, 162, 184-186, 190, 192f., 216, 262-264, 267, 269, 279
Lüders, Carl Christian 280
Lüders, Friederike, geb. Jessen 280

Lüders, Marie-Elisabeth 28, 51, 54, 59, 69, 70f., 107f., 112, 122-126, 133, 135, 163, 190, 254f., 257, 262, 280
Lüders, Uwe 280
Lundgreen, Peter 28

Malberg, Anna 28, 66, 269, 281
Mayet, Betty 204, 271
Mayet, Caroline 204f., 271
Mayet, Lotte 204, 271
Meusebach, von (Generalkonsul in Bukarest) 222f.
Meyer, Adolf 89, 271
Meyer, Emma 210f., 215, 223f.
Meyer, Marie, geb. Toberentz 89, 234, 271
Meysenbug, Carl Rivalier von 281
Meysenbug, Ernestine von, geb. Hansel 281
Meysenbug, Malwida von 27, 50, 52, 58f., 64-66, 82-85, 112f., 121, 123, 129f., 135, 140, 160, 163, 170, 184, 189f., 199, 230, 233f., 268, 281
Misch, Georg 13
Mittendorf, Dorette 27, 54, 65, 79f., 114, 116, 121, 123-126, 129f., 134, 140, 160, 162f., 170f., 178, 188, 190, 193, 195, 198-200, 243, 282
Mohl, Robert 82
Möhrmann, Renate 91
Monod, Gabriel 282
Mues, Auguste 28, 51, 58, 66, 77, 96f., 112-114, 120, 125f., 129f., 133f., 146, 169f., 174f., 189, 194f., 198f., 201f., 282
Mues, Sophie 130
Münzenberger (Prediger) 283

N. L. 28, 51, 66, 87, 114, 130, 194, 200f., 283
Nathan, Elias Salomon 289

Nelson, Leonard 230-232, 261, 284
Neugebauer, Wolfgang 35
Neumann, Bernd 18
Neumeister (Pfarrer) 223
Nickles, Eduard 98
Nöldeke, Wilhelm 88f.
Nowack (Superintendent) 226

Parmentier (Französischlehrer) 61
Paulus, Beate, geb. Hahn 185
Petitpierre (Französischlehrerin) 228
Petrat, Gerhardt 241
Plamann (Pensionsleiterin) 204
Prätorius (Senator) 250
Prinz, Else von 108
Probst (Handarbeitslehrerin) 61

Ramsler, Lisa 104
Rhode, Amalie 86, 273
Riedel, A. F. 283
Riedel-Ahrens, Bertha 28, 51, 58, 68, 94f., 122-124, 129, 131, 159-162, 170, 173, 254f., 283
Rooschüz, Gottlob 56, 288
Rooschüz, Leonore, geb. Scholl 288
Röver, Valeska 105, 289

Sagarra, Eda 15
Salzmann (Institutsvorsteherin) 91
Salzmann, Christian Gotthilf 91
Sandberg (Schneiderin) 61
Schäfer (Nählehrerin) 60
Schlaaff (Bürgermeister) 250, 252
Schloßmann, Arthur 257
Schönburg-Waldenburg, Fürst Otto Victor von 228
Schrader-Breymann, Henriette 89, 97, 233, 271, 276
Schultz, Heinrich 277
Schulze, Winfried 17

Schumann, Clara 55, 279
Schwanck (Lehrer) 251
Schwedler (Fabrikbeamter) 287
Schweitzer, Rosemarie von 73f., 149f.
Sidney (englische Familie) 201, 286
Sidney, Lucy 195f., 199
Siegrist, Hannes 7
Simmesbach (Handarbeitslehrerin) 247
Simon, C. F. 289
Simon, Helene 288
Sönnichsen (Lehrer) 80
Specht, Mathilde 284
Specht, Minna 28, 51f., 54, 57, 59, 62, 69-71, 77, 79, 101, 107, 109, 111, 114, 116, 120f., 128f., 130, 135, 148, 163, 169f., 173, 181, 190, 194, 199, 206, 230-232, 243, 261, 284
Specht, Wilhelm 284
Spieß, Johanna, geb. Peipers 55, 279
Spieß, Bernhard 55, 101, 279
Spieß, Gustel 216
Spitteler, Anna 184
Spitteler, Carl 277
Sprengel, Albert Johann Friedrich 175f., 284
Sprengel, Auguste 28, 51, 67f., 77f., 89, 93, 121, 123-125, 134, 141, 148, 153, 155, 159, 169, 175f., 199f., 246, 250-252, 254-256, 258-260, 268f., 284
Sprengel, Luise 177
Sprengel, Marie, geb. Zeumer 284
St. John (irische Familie) 201f., 286
Stiehl, Anton Wilhelm Ferdinand 223, 228f.
Stockhausen, Julius 55
Stolberg, Eberhard Graf 222
Stolberg, Gräfin (Oberin) 222f.
Sucher, Josef 285
Sucher, Rosa 27, 52, 54, 58, 68, 76, 78f., 97f., 103, 111, 117f., 129f., 132, 162, 169f., 188, 285
Supprian, Karl 40, 43

Terhart, Ewald 31
Thiem (Handarbeitslehrerin) 61
Tholuck (Pfarrfrau) 220
Tiede (Schulleiterin) 253
Tiele-Winckler, Eva von 226f., 277
Tilch, Herbert 259
Tindal (englische Familie) 283
Torhorst, Adelheid 69, 108f., 116, 257, 285f.
Torhorst, Arnold 285
Torhorst, Luise, geb. Smend 285
Torhorst, Marie 28, 51f., 59, 63, 69-71, 78, 101, 107-109, 127, 137, 148, 159, 162, 164, 173, 244, 254f., 257, 261, 285
Traberth, Julie 271
Trinks, Thekla 28, 32, 51, 67, 77, 91-93, 95, 115f., 121, 123-125, 129f., 132, 135, 142-144, 147f., 155f., 160, 168-170, 173, 177-179, 181, 195-199, 201f., 206, 208-215, 219-224, 226-229, 233, 246-249, 265, 269, 286
Trumbull (Prediger) 245

Ullmann (Oberregierungsrat) 240f.

Vely, Emma 27, 57, 68, 75, 88, 102, 113, 115, 122-124, 129f., 133, 135, 141, 144, 160-163, 170, 178, 199f., 269, 287
Verenet (Pensionatsleiterin) 95

Waetzoldt, Stephan 256
Weber, Max 150
Wedemeyer, Clara von, geb. von Langenn-Steinkeller 58, 81, 113, 272
Weil, Joseph 214

Weiß (Pensionatsleiterin) 206, 272
Wendt (General) 170
Wentscher, Else, geb. Schwedler 28, 51, 53f., 57f., 69, 71, 78, 102f., 113, 130, 133, 139, 145, 185f., 287
Wentscher, Heinz 287
Wentscher, Lotte 145, 287
Wentscher, Max 103, 287
Wenzel, Nane 60
Weyrowitz, Auguste 280
Wilbrandt, Lisbeth 157
Wilbrandt, Robert 9, 157
Wildermuth, Adelheid 288
Wildermuth, Agnes 288
Wildermuth, Hermann 288
Wildermuth, Johann David 183, 288
Wildermuth, Ottilie, geb. Rooschüz 27, 50, 56f., 60-62, 64f., 81f., 87, 102, 113, 130, 133, 135, 140, 145f., 159f., 160, 183, 185f., 268, 288

Witzleben, von (Familie) 108
Wohlwill, Anna 234, 248
Wohlwill, Emil 289
Wohlwill, Gretchen 28, 51f., 70, 77, 102f., 105, 118, 120f., 127, 131, 144, 159, 162f., 170, 184, 187, 190, 244, 262, 289
Wohlwill, Heinrich 184
Wohlwill, Luise, geb. Nathan 289
Wohlwill, Sophie 187
Wolf, Gertraud 9
Wolf, Hugo 104, 277
Wolff (Pfarrer) 250
Wolters, Albrecht 222, 227, 248
Wunder, Ludwig 230f.
Wüstenfeld, Emilie 230, 234

Yturbe, d', geb. von Hermannsdorf 104, 277
Yturbe, Piedad d' 104, 192

Orte

Altdorf 220, 226f., 277
Amerika 83, 169, 274, 283, 287
Augsburg 50, 80, 272
Australien 55, 66, 89, 126, 169, 271, 283

Bad Boll 213
Baden-Baden 136, 279
Bayern 42, 172
Bayreuth 285
Beblenheim/Elsaß 95, 120
Bergedorf 109, 284
Berlin 44, 49-51, 64, 66f., 69, 84, 95, 97, 103, 106f., 109, 120f., 124, 126, 134, 136, 144, 147, 154f., 157f., 167, 172, 177, 179, 204-206, 210, 218, 222f., 226, 231, 238, 243f., 255-257, 259f., 262, 271-281, 284-289
Biebrich 216, 279
Bischoffingen 85, 273
Blankenburg 275
Blankenese 271
Bonn 59, 103, 109, 244, 281, 285, 288
Brasilien 169f.
Braunfels 49, 287
Braunschweig 64, 163, 244f., 272, 286f.
Bredelar 141, 170, 287
Bremen 49, 109, 257, 261, 276, 284, 286
Breslau 172, 281, 288
Brüssel 105, 280
Bukarest 169, 209f., 219, 222-224, 226f., 248, 277, 286

Callnberg 275
Campos 169, 283
Charlottenburg/Berlin 235, 255f., 276, 280
Chile 64, 169, 171, 245, 272f.
Crossen 49, 61, 106, 218, 274

Dänemark 169, 231, 284
Danzig 285
Degerloch 274
Detmold 83, 281
Donauwörth 285
Dortmund 211, 249, 286
Dresden 172
Droyßig 142f., 168, 178, 196, 209, 223f., 228f., 249, 286
Düsseldorf 92, 126, 172, 248, 257, 280

Einbek 80, 282
Eisenach 271
Elberfeld 92, 286
Elsaß 95, 278
England 65, 85, 88, 115, 141, 156, 169f., 175, 190, 194f., 198f., 201f., 210f., 274f., 282-284, 286
Eningen 278
Eschweiler/Aachen 285

Finkenwerder 289
Frankfurt/Main 93
Frankfurt/Oder 96, 275f.
Frankreich 169, 175, 212, 275
Freiburg 190, 280
Freising 285
Friesack 271

Gandersheim 49
Garmisch 280
Gatow/Berlin 276
Geiselhöring 285
Genf 169, 283
Georgsdorf 167
Gnadenfrei 106, 275
Göppingen 178

Görlitz 107, 217, 275, 281
Göttingen 231, 281, 284
Großheppach 65, 86, 273
Gunzenhausen 190
Gut Birkholz 81, 272
Gut Musenburg 49, 51

Halberstadt 217, 275
Halle 220, 255, 283
Hallendorf 286
Hamburg 49, 51, 55, 83f., 89, 105, 109, 126, 136, 144, 172, 192, 220, 230, 233f., 243f., 255, 262, 271f., 278, 281, 284f., 289
Hannover 49, 88, 178, 188, 190, 251, 282, 287
Hannoversch-Münden 154, 173f., 187, 237f., 275
Harz 172
Haubinda 230, 284
Hersel 109, 244
Herzberg 287
Hessen 172
Hildburghausen 178, 286
Hinterpommern 110, 284
Holland 279
Hornberg 49, 273

Irland 156, 198, 201, 248, 286
Isle of Man 284
Italien 125, 169, 274, 279, 283

Jettingen 49, 272

Kaiserswerth 121, 159, 190, 220, 226, 276
Karlsruhe 59, 98, 279f.
Kassel 49, 174, 281f.
Keppel 108, 285
Kiel 271

Köln 172, 262, 275, 288
Königsberg 285, 288
Konstantinopel 170
Kuba 170
Küstrin 49, 276

Ledde 49, 285
Lehnitz 285f.
Leipzig 172, 285
Lissabon 169, 289
London 64, 84, 160, 171, 188, 190, 195, 200, 234, 271, 281f.
Lübeck 49, 283

Madrid 104, 169, 192, 277
Marbach 56, 288
Mecklenburg 108, 172
Mecklenburg-Schwerin 67
Meiningen 49, 91, 129, 148, 156, 177f., 206, 209-214, 286f.
Melsungen 230f., 284
Minnetonka-See 169
Möllervangen 169
München 146, 172, 272, 279f., 285
Münchingen 185

Neckarraum 172
Neuburg/Donau 65, 80, 234, 272
Neu-Watzum 89, 97, 271, 276
Niederlande 17
Niederofleiden 108, 262, 280
Nonnenweier 85f.
Nordschleswig 272

Oberammergau 257, 281
Oestrich-Winkel 101, 193, 279
Oldenburg 49, 95, 278
Orient 67, 225f., 276
Osnabrück 49, 95, 282
Österreich 169, 279

Ostfriesland 97, 282
Östrupgaard 169

Pankow/Berlin 275
Paris 104f., 289
Partenkirchen 280
Pasing 146, 280
Planegg 280
Portugal 70, 169, 289
Potsdam 206
Preußen 35, 37, 40, 44f., 49, 52, 87, 91, 153-155, 172, 176, 194, 207, 235, 246, 274

Rarmonie 169
Rastatt 49, 279
Reinbek 49, 284
Remstal 86, 178
Rendsburg 271
Rhein-Ruhr-Gebiet 172
Rio de Janeiro 94, 169, 283
Roagger 271
Rodenbach 49, 278
Rom 64, 281
Rostock 284
Rottenburg 49, 288
Rumänien 169f., 200, 283
Rußland 169

Sachsen 172, 206, 271
Sauerland 178
Schlesien 173
Schöneberg/Berlin 204
Schönhausen 49, 152, 271
Schottland 170, 200
Schweden 33
Schweiz 103, 105, 163, 169, 222, 282

Schwelm 249, 286
Siebenlehn 49, 271
Siegen 92, 160, 246f., 286
Smyrna 121, 169, 225f., 276
Solling 88
Sowjetunion 261, 286, 284
Spanien 169
Sprottau 237, 253f., 275
St. Loup 222
St. Petersburg 169, 189, 283
Steglitz/Berlin 77
Stuttgart 49, 55, 60, 104, 163, 172, 192, 213f., 221, 274, 277, 286, 288

Tegel/Berlin 173, 179, 238-242, 275
Thüringen 69, 107, 172, 230, 286
Trier 285
Triest 169, 178, 287
Tübingen 49f., 64, 82, 105, 178, 186, 192, 273f., 287, 288
Türkei 169
Tutzing 279

Valparaiso 169, 171, 197, 245, 272
Vechelde 275
Velburg 49, 285

Walkemühle 164, 230-232, 284
Waren/Müritz 49, 155, 175-177, 250-252, 256, 260, 268, 284f.
Weimar 43, 55, 108, 125, 280f.
Wesel 144, 155, 247f., 286
Wien 12, 98, 169, 188, 285
Wiesbaden 49, 101, 184, 193, 263, 279
Wilhelmshütte 49, 272
Wolfenbüttel 89, 233
Wüstegiersdorf 49, 55, 287

Sachbegriffe

Abendkurse 261f., 286
Abendschule 38
Abitur 35f., 45, 59, 69, 103, 109, 146, 186, 259, 280, 286
Akademikerin 71f., 107, 259
Altgriechisch-Unterricht 63, 190
Armenschule 233
Armut 88, 150f.
Ärztin 71, 72, 146, 162, 269, 280
Aßmusschule/Berlin 243, 276
Augustaschule/Breslau 288
Auguste-Viktoria-Schule/Berlin 256
Aussteuer 62

Bäuerin 58, 66, 68, 87, 161
Beamtenabbau 127, 136, 242, 275
Benimm-Unterricht 60
Berufsbericht 26-30, 78, 102, 274, 285, 287
Berufsvererbung 54, 56
Bibelstunde 159, 276
Botanikerin 55, 89, 271
Brief 10f., 13, 84, 140, 170, 175, 178, 188, 211, 222f., 233, 277, 282f., 288
Brüdergemeine 273, 275
Bügel-Unterricht 60, 62, 217
Büttnersche Schule/Berlin 205, 271

Cäcilien-Lyzeum/Bonn 109, 244
Chorleiterin 70, 134, 162, 274

Dames du Sacré Cœur/Bukarest 222
Deutsch-Unterricht 43, 63, 84, 95, 108, 143, 186, 188, 198, 260, 280, 282
Diaconesses de l'Ordre de St. Jean/Bukarest 222-224
Diakonissen 67f., 77, 122, 161, 190, 203, 209, 219-228, 232, 243, 276, 286

Diakonissenmutterhaus Kaiserswerth 67, 121f., 159, 161, 190, 220, 222-229, 276f.
Dienstboten 152, 193, 201, 214, 282
Dienstmädchen 65, 83, 174, 185, 205
Dienstwohnung 58, 167
Dilettantismus 63, 103
Direktrice 106, 275

Ehescheidung 57, 68, 130, 275, 279, 287
Ehetrennung 57, 81, 89, 130, 271
Einzelunterricht 182, 191, 195f., 198f., 289
Emanzipation 83
Emilie-Wüstenfeld-Schule/Hamburg 144, 244, 289
Englische Fräulein 65, 80
Englisch-Unterricht 43, 63, 82, 144, 186, 190, 245, 272, 285-287
Entlassung 42, 77, 127, 136f., 153, 159, 165, 171, 197, 218, 268, 280, 286, 289
Entwicklungsgeschichte/Unterricht 263
Erbschaft 83, 105, 152, 162f., 212, 273
Erdkunde-Unterricht 63, 184, 260
Ernährung 150f., 216, 231
Erwerbszeit 74, 139f., 143, 148
Erzieherin 26, 41f., 58, 64-66, 68f., 77f., 80-85, 87f., 94-100, 102, 108, 110, 113-118, 120, 122f., 125, 130, 135, 140-142, 149, 152, 156f., 160, 165f., 169-175, 178, 182f., 189, 192-202, 204-206, 210, 215, 234, 245f., 248f., 264f., 267f., 271-273, 275f., 278, 281-284, 286f., 289
Erziehungsanstalt Mayet/Berlin 204f., 271
Evangelisation 134, 277
Evangelisch 52, 65, 71, 85, 124, 129, 172, 203, 209, 219f., 222f., 227f., 247f., 271-288

Examen 26, 45, 55, 63, 65, 71, 80, 87, 92, 95f., 101-103, 105, 108-110, 124f., 146, 167, 170, 175f., 187, 194, 218, 233-235, 240, 244, 246, 253, 268
Exil 64, 69f., 84, 127, 169f., 187, 190, 231, 284, 289

Familieneinkommen 61, 81f., 87, 101, 106, 153, 160
Familienlehre 112-114, 117f., 129, 132f., 165, 182, 267, 269
Familienlohn 150
Familienzeit 74, 132, 139, 141, 144, 146, 149
Familienzyklus 102, 112f., 124, 129, 133, 135, 182
Fluktuation 40, 78, 215, 227, 238, 240, 249, 252, 254, 265, 269
Fotografie-Gehilfin 108, 280
Französisch-Unterricht 43, 61, 63, 90, 142, 144, 183, 186, 190, 205, 225, 228, 245, 272, 276, 283, 286f.
Frauenbewegung 42, 44f., 67f., 71f., 95, 120, 124-126, 145, 152, 220, 269, 275, 278, 280
Frauenschule 67, 76, 108, 122, 126, 135f., 255f., 262
Freie Gemeinde 84
Freizeit 73, 200, 202, 236
Friedenshort 67, 130, 226f., 277

Garten 63, 151, 201, 214, 255
Gartenbauschule 255
Gartenbau-Unterricht 63
Geistig Behinderte 283
Gesanglehrerin 63, 76, 98f., 118f., 192, 274, 279, 285
Geschichts-Unterricht 43, 63, 83, 145, 221, 240, 260, 284
Geselligkeit 61, 143, 175, 200-202, 253

Gesellschafterin 107, 115, 272, 283
Gewerbelehrerin 257
Gouvernante 6, 48, 51, 59, 84f., 88, 90, 108, 143, 152, 168f., 179, 182, 189f., 192f., 196, 201, 209, 228f., 284
Gymnasialkurse 45, 103, 109, 259, 265
Gymnasiallehrer 7, 54f., 82, 101, 183
Gymnasium 35f., 38, 59, 94, 185, 190, 198, 253, 268

Habilitation 46
Handarbeiten 62, 140f., 160, 200, 276
Handarbeitslehrerin 61, 63, 66, 87, 106f., 125, 136, 155, 161, 184, 187f., 211, 218, 228, 234, 237f., 240f., 247, 251, 253, 257, 275, 278
Handelsschule 109, 257, 286
Handelsschullehrerin 286
Harmonielehre 63, 261, 279
Hauptberuf 25, 67f., 77, 79, 105, 112, 114, 124f., 128, 135, 138, 155, 162, 165, 174, 261, 269
Hausbesitz 97, 130, 161, 163, 186, 210-212, 289
Hauschronik 11, 140, 288
Hausfrau 1, 6, 8, 56, 58, 64f., 80, 97, 102, 115, 117, 134, 141, 145, 186, 189, 200, 256, 259, 267, 272, 285
Haushälterin 187, 214, 285
Hauslehrer 59, 271f.
Hauswirtschaft 63, 96, 103, 221, 289
Hauswirtschaftslehrerin 66, 97, 156, 186, 209, 260, 262, 276
Heimarbeit 9, 55, 61, 104, 106, 140, 149, 160f., 241, 274f.
Heirat 47, 53-55, 57, 62, 64, 66, 69, 82, 87f., 90f., 98, 103, 112f., 122-124, 130, 153, 165, 173, 183, 185, 240, 253, 271-273, 275f., 278f., 282f., 285, 287f.
Herausgeberin 65, 159, 272, 278

Hochschule für das weibliche Geschlecht/ Hamburg 64, 83f., 230, 233f., 281
Hochschule 255, 281
Honoratioren 61f., 175
Hunger 217

Industrielehrerin 107, 275
Industrieschule 255
Institut des Diaconesses/Smyrna 225f., 276
Italienisch-Unterricht 63

Journalistin 68, 71, 123, 160, 271, 275, 280f., 287
Jüdisch 52, 70, 221, 247, 289

Karl-Marx-Schule/Berlin 244, 286
Katholisch 42, 52, 64, 68, 80, 146, 172, 197, 222, 234, 238, 244, 272, 275, 281, 285
Kindergarten 55, 85f., 97, 108, 273, 287
Kindergärtnerin 63, 65f., 84-86, 89, 105, 117, 257, 271
Kirche 33, 52, 85f., 98, 129, 147, 203, 219, 221f., 226f., 232, 234, 242, 245, 265, 273, 279, 284f.
Kirchensängerin 98, 285
Klavier 55, 104, 141, 168, 184, 188, 190, 192, 201, 211, 261
Klavierlehrerin 70, 104f., 156, 192, 261, 277, 279
Klavierunterricht 55, 63, 99, 103f., 156, 159, 184, 190, 261, 274, 276f., 279, 281, 285
Kleidung 60, 90, 143, 150, 157, 201f., 218, 223
Klosterschule/Hamburg 109, 243
Kochen 63
Kochkurse 60f., 108, 186, 262
Kochlehrerin 255, 276

Komponistin 68, 98, 184, 261, 279
Konfession 52, 71, 84, 238, 281
Konfessionslos 52, 289
Königliches Katharinenstift/Stuttgart 277
Konservatorium 55, 104f., 192, 274, 277
Krankenpflege 200f., 220, 272f., 277
Krankenschwester 104, 107, 134, 288
Krankheit 45, 65, 77, 80, 94, 108f., 121-123, 125, 134, 148, 157, 161, 163, 188, 190, 197, 200, 212f., 217, 224, 232, 242f., 245, 252, 277, 282, 285
Krieg 46, 69f., 119, 126, 151, 178, 197, 212, 232, 255, 257, 272, 274, 276f., 280f., 286
Küchenhilfe 286
Kulturkampf 42
Kündigung 125, 202, 211f., 216f., 228, 232, 249
Kunststickerin 106, 188, 278
Kustodin 55

Landerziehungsheim 69, 180, 230f., 284
Latein-Unterricht 36, 63, 108, 185, 190, 285
Lebensstandard 87, 150f.
Legat 152, 163
Lehrmädchen 66, 87, 186, 278
Lektüre 62, 83, 90f.
Lette-Verein 44, 106, 280
Luisenstiftung/Berlin 204

Malerei 63, 71, 144, 187, 289
Malerin 61, 70, 105, 118, 162, 187, 192, 262
Mathematik-Unterricht 63, 69, 108f., 190, 230, 244, 284-286
Mäzen 103
Medizin 70, 144, 146, 190, 216, 263f., 276, 280
Medizin-Unterricht 63

Miete 86, 152, 154f., 157, 184, 187f., 211, 214, 245, 250, 263
Militär 53, 87f., 106, 158, 190, 235f., 253, 257, 271, 279f., 283
Militärschule 257, 281
Ministerin 69, 107, 286
Mitgift 2, 48
Mobilität 173, 179, 213, 264
Motive 3, 23, 30f., 79, 89, 94, 97, 100, 102, 110, 112, 131-133, 151, 159, 164f., 170f., 179, 215, 219f., 232, 236, 262, 277, 279, 282
Musik 55, 61, 63, 70f., 88, 96-98, 103f., 143, 156, 184, 189, 201, 245, 274, 277, 279, 286
Musiklehrerin 136, 143, 156, 177f., 211, 261, 287
Musikschule 261

Nachhilfe 106, 184, 190f., 196
Nähschule 96
Näh-Unterricht 60f., 96, 141, 156, 186f., 217, 276, 278
Nationalökonomie/Unterricht 53, 67, 70, 275, 280
Natur 43, 55f.
Naturaleinkommen 150f.
Naturalienhändlerin 55
Naturwissenschaft 105
Niederrheinische Frauenakademie 126, 257, 280
Nonnen 42, 80, 234

Oberlehrer 38
Oberlehrerin 44f., 78, 120, 143, 155, 158
Odenwaldschule 130, 230, 232, 284
Oral History 16f., 20, 24

Pädagogik-Unterricht 63, 97, 231, 284
Paulsenstift/Hamburg 234

Persönliche Zeit 74, 141, 143, 264
Pestalozzi-Fröbel Haus/Berlin 255
Pfarrfrau 123
Philosophie 63, 69, 83, 103, 145, 231, 259, 261, 281, 284, 287
Philosophin 69, 102, 133, 145, 288
Philosophische Propädeutik/Unterricht 63, 259
Photographische Lehranstalt Lützen 108, 280
Pianistin 55, 68, 70, 98, 103f., 118, 184, 261, 277
Pietistisch 65, 82, 85
Politikerin 69f., 280
Politische Bildung/Unterricht 63, 261f.
Portugiesisch-Unterricht 63
Presse (Schule) 40
Privatlehrerin 64f., 68, 101, 105, 119, 125, 141f., 149, 159f., 166, 189f., 192, 194, 216, 264, 278f.
Profession 7f., 44, 90, 196
Professionalisierung 120
Promotion 70f., 109, 280, 286
Prüfung 42-45, 80, 83, 92, 95, 97f., 102, 104, 109, 120, 143, 152, 175-177, 184, 237, 244, 275, 278, 284, 289
Psychiaterin 280
Psychologie-Unterricht 63

Rechen-Unterricht 63
Redakteurin 287
Reformpädagogik 69f., 107, 230, 232
Reformschulen 69, 106, 244, 257, 289
Reisen 66, 89, 92, 107, 125f., 152, 156f., 170, 178, 200, 213, 245, 271, 274, 277, 279, 283f., 288
Religion 47, 52, 67, 197, 213f., 222-224, 226f., 243, 248, 273, 276, 280, 288
Religionsunterricht 63, 175, 197, 245
Rente 128, 152, 162f.

Retrojektion 22, 114, 267
Ruhestand 121, 128, 133-137, 165, 206, 215, 221, 234, 242, 246, 252, 270, 273, 285, 287

Sängerin 68, 70, 98, 104f., 118, 162, 192, 274, 285
Schmuck 163
Schriftstellerin 26, 64-66, 68-71, 83, 90, 122f., 129, 131, 133, 135, 140, 145, 149, 159-161, 163, 218, 241f., 268, 271f., 275, 281-283, 287f.
Schulbau 213, 243, 246-248, 250, 252f.
Schulhalterin 153
Schulmeisterin 41
Sekretärin 123
Selekta 62, 105
Seminar 38, 41f., 44, 62, 91f., 96, 99, 101-103, 107-109, 120, 142f., 168, 178, 223, 226, 228, 235f., 238, 240, 242, 247, 251, 253, 255, 257, 260, 269f., 274f., 277-279, 285f., 288
Sonntagsschule 38, 74, 129, 135, 147f., 287
Sozialarbeit 108
Sozialarbeit/Unterricht 63
Soziale Frauenschule/Hamburg 255
Sozialzeit 74, 139, 141, 147-149, 236
Spanisch-Unterricht 63, 144, 245, 272
Spaziergang 60, 141f., 168, 177, 199, 211
Spiel 81, 90f., 99, 141, 143, 145, 185, 199, 201
Sprechstundenhilfe 286
Stadträtin 281
Standesgemäß 1f., 48, 90, 98, 107, 158, 161f., 166f., 235f., 267, 269f.
Statistik 8f., 78, 153, 155, 265
Stellenvermittlung 171, 174, 210
Stenotypistin 286
Stick-Unterricht 60, 187, 274

Strafen 217, 240
Strick-Unterricht 60, 274
Studium 45, 62f., 67, 69-71, 83, 103-105, 107, 109f., 120f., 133, 144-146, 190, 216, 263f., 269, 273, 275, 280f., 284, 286, 288
Stütze der Hausfrau 115

Tagebuch 10f., 13, 65, 287
Tanzmusik 201
Tanzunterricht 60, 286f.
Teilzeitarbeit 125, 129, 137-140, 148f., 166, 280
Theosophie 283
Turnen 63
Turnlehrerin 107, 275

Übersetzerin 64, 123, 141, 160, 271, 281
Universität 35, 44f., 60, 63, 70, 103, 109, 120, 154, 165, 258, 263, 268f., 276, 278, 281, 288
Unternehmerin 32, 39, 203, 206-209, 212f., 215, 219, 265
Urlaub 73, 241
Ursulinen 104, 244

Verein Frauenwohl 106, 244, 289
Verwaltungslehre/Unterricht 63
Viktoria-Lyzeum/Berlin 44, 190
Vision 273
Volkserziehung 33, 97, 236
Volkshochschule 44, 261f.
Vollzeitarbeit 125, 137-140, 148f., 166, 202
Vorbild 56, 69, 89-94, 99, 106, 108, 221, 269
Vormund 80, 95

Waisenhaus 159, 220, 226f., 277, 287

Weiterbildung 59, 62, 93, 99, 103, 107f., 120, 126, 144, 158, 165, 202, 239, 259f., 262f., 269, 273, 276, 278, 281f.
Winkelschule 40
Wirtschaftliche Frauenschule/Niederofleiden 108, 262, 280
Wohlfahrtsschule/Köln 262, 275
Wohnen 58, 101, 105, 130, 134, 141-143, 145, 147, 151f., 157, 160, 162, 167f., 174, 180, 183f., 186-190, 192f., 195, 200-206, 211, 214, 216-218, 225, 229, 231, 233, 235, 237, 245, 248, 270

Zeichenlehrerin 106, 144, 244, 262, 289
Zeichen-Unterricht 61, 63, 70, 106, 144, 188, 205, 228, 241, 244f., 253, 262, 289
Zölibat 46, 145, 215

böhlauWienneu

L´Homme Schriften
Reihe zur Feministischen Geschichtswissenschaft

Edith Saurer (Hg.)
Die Religion der Geschlechter
Historische Aspekte religiöser Mentalitäten
(L´Homme Schriften Bd. 1)
1995. 296 S. 4 SW-Abb. Br. m. SU
ISBN 3-205-98388-2

Die Beiträge des Bandes geben Einblick in die innere Welt von Religionen, vor allem des Katholizismus. Religionen haben Diskurs und Praxis der Geschlechterbeziehungen tief beeinflußt. Dieser Einfluß war umso weitreichender, als die religiöse Sprache bis in das 19. Jahrhundert für die Artikulation von Bedürfnissen und Widerständigkeiten der zentrale Bezugspunkt war. In diesem Zusammenhang zeigen die Beiträge die Ambivalenz und Komplexität der Beziehungen von Frauen zu Religion auf, die von Freiräumen und Gestaltungsmöglichkeiten bzw. Ausschlüssen, Repressionen und Reglementierungen gekennzeichnet waren. Sie zeigen auch auf, wie stark in das religiöse Symbolsystem geschlechtsspezifische Bedeutungen eingetragen sind.

böhlauWien

Erhältlich in Ihrer Buchhandlung!

böhlau Wien **neu**

Brigitte Mazohl-Wallnig (Hg.)
Bürgerliche Frauenkultur im 19. Jahrhundert
(L'Homme Schriften, Bd. 2)
1995. 443 S. m. SW-Abb. Br. m. SU
ISBN 3-205-05539-X

Bürgerliche Frauenkultur im 19. Jahrhundert ist geprägt von den scheinbar gegensätzlichen Polen des Öffentlichen und Privaten. Das gilt für die Lebenswirklichkeit des Alltags bürgerlicher Frauen wie für den ideologischen Diskurs über sie. Beidem wird im vorliegenden Band nachgespürt, dem literarisch-populären und wissenschaftlich-ökonomischen Denken über die Figur und die Tätigkeit der bürgerlichen Hausfrau, den Aktivitäten bürgerlicher Frauenvereine, der Präsentation von Frauenarbeit auf der Wiener Weltausstellung von 1873, dem Kampf von Frauen um politische Gleichberechtigung und bessere Bildungschancen, der Erziehung der Mädchen ebenso wie den (mangelnden) Maßnahmen des Staates zur Verbesserung der Mädchen(aus)bildung, der bedeutenden Rolle der Lehrerinnen in privaten, kirchlichen und staatlichen Bildungssystemen und schließlich, als positiver Ausblick auf die Zukunft, dem erfolgreichen Durchbruch von Frauen in der Geschichtswissenschaft.

böhlauWien

Erhältlich in Ihrer Buchhandlung!

böhlau Wien neu

Bärbel Kuhn
Familienstand: ledig
Ehelose Frauen und Männer im Bürgertum
(1850–1914)
(L'Homme Schriften, Bd. 5)
2000. X, 488 S. Br.
ISBN 3-412-12999-2

Während in den letzten Jahren zahlreiche soziologische Untersuchungen über „Singles" erschienen sind, wissen wir fast nichts über unverheiratete Frauen und Männer des 19. Jahrhunderts. Die Untersuchung greift damit ein Thema auf, das eine empfindliche Forschungslücke darstellt. Ausgehend von Briefen und autobiographischen Schriften fragt sie nach den Lebens-, Wahrnehmungs- und Verarbeitungsformen von Ehelosigkeit inerhalb des deutschsprachigen Bürgertums zwischen 1850 und 1914.

böhlau Wien

Erhältlich in Ihrer Buchhandlung!